황극편皇極編 2

이 책은 2022년도 정부(교육부)의 재원으로
한국고전번역원의 지원을 받아 수행된 특수고전협동번역사업의 결과물임

황극편皇極編 2

번역과 주해

김용흠·원재린·김정신 역주

혜안

책머리에

조선후기 정치사는 흔히 당쟁사로 인식되었다. 조선왕조 국가의 멸망 원인으로서 지금까지도 당쟁망국론이 거론될 정도로 당쟁은 조선후기 정치사를 부정적으로 묘사하는 개념이 되었다. 16세기에 붕당이 형성된 이후 이를 기반으로 삼아서 전개된 정치적 대립과 갈등을 17세기 붕당정치, 18세기 탕평정치, 19세기 세도정치로 유형화하여 이해하는 시각이 제시되기도 하였지만 당쟁에 대한 부정적 인식이 크게 불식되지는 못하였다.

조선후기 정치사에서 개인의 권력욕이나 사리사욕, 당리당략에 의한 모략과 음모 등이 난무한 것은 사실이지만 이것만으로 모든 정치적 갈등을 설명할 수는 없다. 여기에는 개인의 권력욕이나 당리당략을 합리화하는 논리와 이에 의거하여 기득권을 유지 고수하려는 세력만이 있었던 것이 아니라 민생을 안정시켜 국가를 유지 보존하려는 세력과 논리도 역시 존재하였다. 이들은 현실 정치 속에서 서로 대립 갈등할 수밖에 없었는데, 당론서에는 바로 이러한 배경 속에서 발생한 다양한 사건들과 갈등 당사자들의 현실인식, 사유형태 등이 풍부하게 담겨 있다. 당론서를 통해서 표출된 주장과 논리는 이처럼 정책과도 긴밀하게 연관되어 있었다.

조선후기에는 당쟁이 격렬하였던 것만큼이나 각 당파의 정당성을 주장하는 수많은 당론서가 생산되고 필사를 통해 전파되었다. '당론서(黨論書)'란 17세기 이후 서인과 남인의 대립 갈등이 격화되는 가운데 생성되어, 이후 노론과 소론, 시파와 벽파의 갈등을 거치면서 각 정파의 행적과 논리의 정당성을 천명하기 위해 의도적으로 편찬된 자료를 지칭한다. 당론서는 국가의 공식 기록인 《조선왕조실록》이나 《승정원일기》와 같은 연대기, 또는 개인이나 문중에서 편찬하는 문집이나 전기류 등과는 구별되는 독특한 체제와 내용을 담고 있다.

여기에는 해당 시기 정계와 학계를 주도했던 인물들의 정치 행적뿐만 아니라 그들의 현실인식과 세계관, 이에 입각하여 정치적 과제를 설정하고 대처해 나가는 모습 등이 구체적으로 담겨있다. 이에 대해서 당대의 사회경제적 제반 조건과 관련지어 체계적이고 과학적으로 분석해야만 조선후기 정치적 갈등이 정책과 어떻게 관련되어 있는지를 드러낼 수 있을 것이다. 따라서 당론서는 조선후기 정치사를 과학적으로 인식하는 관건이 되는 자료라고 말할 수 있다.

조선후기 당론서는 현재 확인되는 것만도 그 규모가 방대하고 대부분이 한문 원자료 상태로 남아 있어 일반인의 접근이 어려운 것이 현실이다. 그리고 일부 번역된 것도 있지만 원문 번역에 그쳐서 일반인이 이해하기는 쉽지 않다는 문제가 있었다. 그리하여 관련 연구자가 전공 지식에 바탕을 두고 정밀한 역주를 통해서 친절하게 안내할 필요가 있다는 지적이 있어왔다.

본서의 번역에 참여한 세 사람의 전임연구원들은 모두 조선시대 정치사, 정치사상사 전공자들로서 다년간에 걸쳐서 당론서 번역 사업을 수행해왔다. 2006년에는 한국연구재단의 지원을 받아서 '당론서 3종 번역과 주석 및 표점 작업'을 진행하여 《갑을록(甲乙錄)》(소론), 《아아록(我我錄)》(노론), 《동소만록(桐巢漫錄)》(남인)을 번역하는 사업을 완료하고, 《동소만록》은 2017년에 간행하였다. 이어서 2013년과 2014년에는 '신규장각 자료구축사업'의 일환으로 서울대 규장각 한국학연구원의 지원을 받아 한국학자료총서로서 『사도세자의 죽음과 그 후의 기억－《현고기(玄皐記)》 번역(飜譯)과 주해(註解)』(2015), 『충역의 시비를 정하다－《정변록(定辨錄)》 역주』(2016)를 간행하였다. 이와 병행하여 2011년에는 한국역사연구회, 2016년에는 한국사상사학회 주관으로 학술대회를 통해서 연구 성과를 발표하기도 하였다. 또한 한국고전번역원의 '특수고전 정치사분야 협동번역사업'의 일환으로 2015년 《형감(衡鑑)》, 2016년 《족징록(足徵錄)》과 《진감(震鑑)》, 2017년 《유문변록(西門辨錄)》과 《대백록(待百錄)》 등의 번역이 완료되었고, 2019년 《형감》(혜안)을, 2020년 《대백록》(혜안)을 각각 출간한 바 있다.

현재 본 번역팀에서는 2018년부터 2단계 사업에 착수하여 대상서목 3종인 《동남소사(東南小史)》와 《수문록(隨聞錄)》, 《황극편(皇極編)》의 번역과 주해 작업을 완료하였다. 그 중에서 《동남소사》와 《수문록 1》은 2020년 특수고전협동번역사업(정치사) 1차년도 우수성과 원고 출판지원을 받아 2021년 출간을 완료하였고, 《수문록 2》와 《황극편 1》은 2021년도 우수성과 원고 출판지원을 받아서 2022년에 출간되었다. 올해에는 2022년도 우수성과 원고 출판지원을 받아서 《황극편 2》와 《황극편 3》을 출간하게 되었다.

《황극편》은 정조가 탕평책을 추진하는 과정에서 붕당으로 분열되어 있던 신료들을 설득하여 정치에서 타협과 공존을 모색하기 위해 편찬한 당론서이다. 그 궁극적인 목적은 국가의 유지 발전을 위한 정책 마련이라는 정치의 본령을 회복하려는 것에 있었으므로, 그 가장 큰 걸림돌이 되었던 붕당은 타파되어야 한다는 시각에서 이전의 당쟁을 정리하였다. 이를 통해서 독자들은 선조부터 영조대까지 진행된 조선후기 당쟁에 대해 당대인의 시각으로 정리한 가장 객관적인 내용을 살펴볼 수 있을 것이다.

현존하는 《황극편》은 전체가 13권으로 구성되어 있는데, 본 팀은 전체를 4책으로 나누어 《황극편》 권1~3을 《황극편 1》로 출간한 것에 이어서, 《황극편》 권4~6을 《황극편 2》로, 《황극편》 권7~9를 《황극편 3》으로 출간하게 되었다. 《황극편 2》에서는 1601년(선조34)부터 1694년(숙종20)까지 17세기의 거의 전 시기에 걸쳐서 정치적 갈등 양상을 정리하였고, 《황극편 3》에서는 1696년(숙종22)부터 1721년(경종1)까지의 양상을 제시하였다.

《황극편 1》에서는 사림(士林)이 동인과 서인으로, 그리고 동인이 남인과 북인으로, 다시 북인이 대북·소북, 골북·육북으로 분열되기에 이른 과정을 보여주었다면, 《황극편 2》에서는 서인과 남인의 대립에 초점을 맞추어서, 예송(禮訟)과 환국(換局) 등 17세기 약 100년에 이르는 기간에 걸쳐서 정치적 갈등이 격화되어 가는 과정과 이를 극복하기 위해 탕평론(蕩平論)이 등장한 것을 보여주었다. 이어서 《황극편 3》에서는 노론과 소론의 대립에 초점을 맞추어서 숙종대 후반과 경종 원년에 이르는 약 25년이라는, 상대적으로 짧은 기간에 걸쳐서 진행된 정치적 갈등이 왕위 계승과 관련되어 전개되고 있음을 볼 수 있다. 이것이 노론과 소론이 본격적으로 대립한 1단계라면 내년에 출간될 《황극편》 권10~13에서는 노론과 소론이 대립한 2단계와 이를 극복하려는 영조대 탕평책의 전개 양상을 보게 될 것이다.

본 사업을 진행하면서 많은 분들의 도움을 받았다. 한국고전번역원의 신승운 원장님 이하 권경열 기획처장, 장미경 평가실장 등 관련 임직원 여러분들이 당론서의 사료 가치를 공유하고 적극적으로 지원하여 이 사업이 완수될 수 있었다. 《황극편》 역주본의 출간을 앞두고 진심으로 감사를 표하는 바이다. 또한 한국고전번역원 출범의 산파 역할을 했던 유기홍 국회의원의 적극적인 후원에도 감사드린다. 연세대학교 국학연구원의 김성보 원장님 이하 임직원 여러분들의 도움에도 감사드린다.

그리고 세 사람의 전임연구원과 함께 20년이 넘는 기간 같이 전공 세미나를 전개하며 물심양면으로 도움을 준 정호훈, 구만옥, 정두영 선생 등과도 출간의 기쁨을 함께 나누고 싶다. 당론서를 비롯한 국학 자료 출판에 애정을 갖고 더딘 번역 작업을 인내심을 갖고 기다려 주신 혜안 출판사 오일주 사장님과 난삽한 원고를 깔끔하게 정리해주신 김현숙, 김태규 선생께도 감사드린다.

2023년 2월

김 용 흠

차례

번 역

皇極編二 校勘·標點

《황극편 2》 해제

《황극편 2》는 《황극편(皇極編)》 권4~6까지를 번역하고 주해한 책이다. 권4는 1601년(선조34)부터 1674년(숙종즉위)까지, 권5는 1675년(숙종1)부터 1680년(숙종6)까지, 권6은 1681년(숙종7)부터 1694년(숙종20)까지로 구성되어 있다. 왕대별로 보면 권4에는 선조부터 광해군·인조·현종·숙종까지, 효종을 제외하고 왕대별로 전개하여, 《황극편》 가운데 가장 많은 왕대를 포괄하게 되었다. 권5는 숙종대 초기 6년을, 권6에는 숙종대 중기 14년을 대상으로 삼아서 숙종대에 당쟁이 본격화되고 있음을 보여주었다.

권4~6까지 모두 부제는 '서(西)·남(南)'으로 되어 있어 서인과 남인의 갈등이 본서를 관통하는 주요 내용임을 보여주는데, 권4에는 그 아래 작은 글씨로 '대북(大北)'과 '소북(小北)'이라고 추가하여 광해군대가 포함되어 있음을 보였고, 권6에는 그 아래 '노(老)·소(少)'라고 붙여서 서인이 노론과 소론으로 분열되어 갈등한 것이 여기에 추가되었음을 나타내었다.

17세기 정치사에서 주요 사건인 예송(禮訟)과 환국(換局)이 각 권의 중심 내용이 될 수밖에 없는데, 권4에서는 예송과 그 결과 서인에서 남인으로 정국 주도세력이 교체되는 과정을, 권5에서는 1680년 경신환국(庚申換局)으로 그것이 남인에서 서인으로 교체되는 과정을, 권6에서는 서인에서 남인으로 교체되는 1689년 기사환국(己巳換局)과 남인에서 서인으로 교체되는 1694년 갑술환국(甲戌換局)이 전개된다. 말하자면 각 권은 17세기 정국 주도세력의 교체를 상징하는 환국의 배경과 과정 및 이것을 극복하기 위한 당대의 처방과 모색을 보여주는 내용이라고 볼 수도 있을 것이다.

먼저 권4에는 선조 말 서인과 북인, 광해군대 북인의 분기, 인조대 이후 서인 대 남인의 갈등과 관련한 기사들이 실려 있다. 즉 기축옥사(1589, 선조22) 당시 성혼(成渾) 배후설이 재부상하면서 당파간 갈등이 고조되었고, 이어서 광해군으로의 왕위계승을 두고 북인이 분화되었다. 효종 사후 불거진 예송은 서인 대 남인 간의 대립을 첨예하게 만든 견인차가 되었다.

1601년(선조34)은 북인의 성혼 탄핵으로 시작된다. 왜란으로 파천하였다가 서울로 돌아온 뒤 북인이 우세한 정국 위에서 북인은 스스로 대북과 소북, 골북과 육북 등으로 끝없이 분열하면서 다투었을 뿐만 아니라 여타의 당파와도 사사건건 부딪쳤다. 이귀(李貴)가 전 장령 정인홍이 권세를 믿고 불법을 저질렀다고 추궁하자 정인홍의 문도 문경호(文景虎) 등이 성혼을 공격하였다. 이미 종결된 기축옥사가 정쟁의 소재로 다시 등장한 것이었다. 문경호 측에서는 성혼과 정철(鄭澈)이 기축년 역변(逆變)을 일신의 유감을 푸는 기회로 삼았다고 비난하면서 성혼의 죄가 정철보다 무겁다고 주장하였다. 특히 최영경(崔永慶)이 죽게 된 데에는 성혼이 그를 길삼봉(吉三峯)으로 지적했기 때문이라고 강변하였다.

서인 측에서는 대사헌 황신(黃愼)이 나서서 문경호의 주장을 중상모략으로 간주하고 그 배후를 의심하였다. 지평 윤의립(尹義立) 역시 최영경을 죽였다는 혐의를 부정하였다. 하지만 선조는 옥사 처리 과정에서 보인 정철의 방자한 소행의 배후에 성혼이 있다고 하면서 군주로서 시비(是非)를 바로잡지 않을 수 없다고까지 하였다.

국왕의 의중을 확인한 북인은 정광적(鄭光績)을 앞세워 성혼이 실질적으로 주도했다는 주장을 다시 한번 제기하였다. 선조가 이에 호응하자 대사간 권희(權憘)가 공세를 펼쳤는데, 기왕의 혐의에 더해 임진왜란 당시 파천(播遷)할 때 나와서 문안을 드리지 않은 행적을 군신의 대의를 끊은 행위로 규정하여 비난하였다. 집의 이효원(李效元)은 광해군이 이끌던 분조(分朝)에 끝내 나오지 않은 처신도 지적하였다.

이러한 북인의 공세에 맞서 좌의정 이항복(李恒福)은 처음과 달리 '최영경은 성혼으로 말미암아 죽었다.' 등으로 언설이 자주 바뀐 점을 들어 그 신빙성에 의문을 표시하였다. 유생 김휘(金翬) 역시 변무소(辨誣疏)를 올려 자신의 아비로부터 전해들은 증언을 근거로 문경호의 주장을 구체적으로 반박하면서 그 배후에 정인홍의 사주가 있다고 주장하였다.

이어지는 기사에서 선조는 정철은 천고의 간흉(奸凶)이고, 성혼은 정철의 심복이라고 규정하였다. 여기에 더해 성혼의 인물됨을 거론하고 왜란 당시 화의(和議)를 구걸한 사실을 지적하면서 이것을 성혼의 죄안(罪案)으로 확정하였다.

기축옥사에 대한 선조의 입장이 명확해지자 이귀는 그간의 정인홍의 행적을 열거하면서 평생 사사로운 원한으로 남을 모함하기 위해 하지 못하는 짓이 없었다고 공격하였다. 그러자 정인홍이 직접 해명에 나섰고, 선조 역시 정인홍을 지지하였다. 그리고 최영경의 동생 최여경(崔餘慶)에게 참의 벼슬을 특별히 추증하고, 문경호를 송라 찰방(松羅察訪)으로 임명하는 등 북인의 손을 들어주었다.

그렇지만 선조가 후계구도를 확정하는 과정에서 뜻하지 않은 변수가 발생하였다. 1607년(선조40) 영의정 유영경(柳永慶)이 세자로의 전위(傳位)를 막은 일이었다. 병이 깊어진 선조가 대리청정(代理聽政)의 교서를 내렸다가 유영경의 만류로 곧 거둬들였다. 이 사건을 계기로 북인이 영창대군(永昌大君)을 지지하는 유영경 등 소북과 광해군을 지지하는 정인홍·이이첨(李爾瞻) 등 대북으로 나누어지게 되었다.

1608년(선조41) 기사에서는 본격적으로 북인 내 갈등 양상을 소개하였다. 정인홍은 유영경이 동궁을 동요하게 하고 종사(宗社)를 위태롭게 만들었다고 비난하였다. 유영경은 정인홍이 전선(傳禪)을 핑계 삼아 은밀히 화를 전가시키려는 계책을 꾸민다고 역공하였다. 이에 선조는 특명을 내려 정인홍과 이이첨 등을 유배보냈다. 하지만 광해군이 즉위하면서 전세가 곧 역전되었다. 신왕(新王)은 정인홍 등 유배된 사람을 소환하여 등용하고, 소북파는 모두 유배보냈다.

소수파였던 대북이 정국을 주도하게 되면서 여러 방면에서 갈등이 촉발되었다. 대표적인 사건이 오현 종사(五賢從祀) 문제였다. 1611년 정인홍이 오현 가운데 이언적(李彦迪)과 이황(李滉)의 과거 행적을 비판하며 문묘(文廟) 종사에 부족하다는 주장을 내놓았다. 이에 도승지 김시헌(金時獻) 등이 상소하여 정인홍을 배척하였고, 관학 유생 이목(李楘) 등이 이언적·이황에 대해 변무하였으며, 성균관에서는 정인홍의 이름을 청금록(靑衿錄)에서 삭제하기에 이르렀다.

여기에 더해 1617년 폐모론(廢母論)이 제기되어 갈등은 증폭되었다. 정조(鄭造)·윤인(尹訒)·이위경(李偉卿) 등이 논의를 주도하였고, 허균(許筠)이 김개(金闓)·이강(李茳)을 시켜 여론을 선동하였다. 이에 영의정 기자헌(奇自獻)을 선두로 이항복·정홍익(鄭弘翼)·김덕함(金德諴) 등이 반대 행렬에 참여하였다가 유배되었다.

혼란한 정국은 인조반정(仁祖反正)으로 마감되었고, 정계는 서인이 주도하는 가운데 남인과 소북이 통용되는 양상으로 재편되었다. 이때 인조는 반정공신들이 득세하는 상황에서 남인을 이용하여 서인을 견제하려 하였다. 이를 눈치챈 김류(金瑬)는 이조참판 이하는 당색에 구애되지 않고 남인을 모두 허통(許通)하여 함께 올리게 하되, 이조판서 및 의정부는 일체 허통하지 못하게 조처하였다. 이같은 내부지침은 서인내 갈등의 소지로 작용하였다. 대표적인 사례로 1625년(인조3) 남이공(南以恭) 등용 문제를 소개하였다.

이조판서 김류가 조정(調停)의 의론을 힘써 주장하며 남이공을 중용하려 하자 청론(淸論)을 주장하는 연소배가 불평하였고, 또다시 대사헌에 제수하려 하자 불만이 폭주하였다. 이에 김류는 이들을 붕당으로 지목하고, 노서(老西)·소서(少西)의 설을 경연(經筵)에서 진달(陳達)하기에 이르렀다.

최명길(崔鳴吉)은 이 문제로 반정공신(反正功臣)인 김류와 이귀, 두 집안

간의 불화로 이어질까 우려하여, 반정 이후의 정국을 진단하고 그 대안을 제시하려 하였다. 그는 붕당의 명목을 말세의 풍습으로 규정하면서 그나마 반정 초기 청서(淸西)·공서(功西)라는 명목이 있었지만 끝내 무사할 수 있었던 것은 조정에서 시비를 분별하지 않고 무심하게 대처하였기 때문이라고 진단하였다. 그러면서 인조에게 근원의 도를 밝혀 편협한 사사로움을 제거하라고 촉구하였다. 인조대의 갈등을 배경으로 당쟁을 해소하려는 모색이 최명길을 통해 시도되었음을 보인 것이었다.

이어지는 현종대에서는 예송을 소상히 다루었다. 1659년 효종이 죽자 자의대비(慈懿大妃)의 복제(服制)를 둘러싸고 논란이 불거졌는데, 이것이 1차 예송, 즉 기해예송(己亥禮訟)이었다. 송시열(宋時烈)은 효종이 비록 승중(承重)하였어도 둘째 아들[次嫡]에 해당하므로 마땅히 기년복(朞年服, 1년복)을 입어야 한다고 주장하였다. 반면 윤휴(尹鑴)는 《의례(儀禮)》에 보이는 가공언(賈恭彦)의 소(疏)에서, '첫째 아들이 죽으면 적처 소생의 둘째 아들을 세워, 또한 맏아들[長子]이라고 부른다.'는 구절을 근거로 자최(齊衰) 삼년복을 입어야 한다고 주장하였다.

그런데 논쟁 과정에서 송시열이 효종을 사종설(四種說) 가운데 '체이지만 정이 아닌 경우[體而不正]'에 해당된다고 주장하면서 논란을 키웠다. 이에 영의정 정태화(鄭太和)가 《대명률(大明律)》과 국제(國制)에 따라 모두 기년복을 입는다는 규정에 따라 예송을 마무리하였다.

그런데 1660년(현종1) 허목(許穆)이 '체이부정(體而不正)' 문제를 재론하면서 논란이 다시 일어났다. 그는 삼년복을 입을 수 없는 것은 승중자가 첩자(妾子)인 경우로 한정하였다. 따라서 적자인 효종이 왕위에 올라 정체의 존귀함을 이었기 때문에, 삼년복을 입을 수 없다는 말은 근거가 없다고 비판하였다.

여기에 윤선도(尹善道)가 가세하면서 상대 당파와의 공존을 부정하는 정쟁으로 비화되었다. 그는 송시열의 예설을 '군부를 낮춘다.[貶薄君父]'고 비판하였고, 서인 측에서는 이를 정치공세로 단정하였다. 즉 송시열 측에서는 송시열이 효종의 정통성을 부정하는 것으로 몰아 일망타진하려는 계책을 세운 것이라고 윤선도를 비난하였다. 이후 윤선도가 유배되면서 남인계 관료들과 유생들의 거센 반발이 있었지만 모두 처벌되었다. 이처럼 1차 예송은 남인들의 반발에도 불구하고 서인의 승리로 귀결되었던 것이다.

1674년(현종15) 기사는 두 번째 예송, 즉 갑인예송(甲寅禮訟)을 다루고 있다. 그해 인선대비(仁宣大妃, 효종 비)가 죽자 예조에서 자의대비의 복제를 대공복(大功服)으로 정할 것을 청하였다. 이에 영남 유생 도신징(都愼徵)이 기해년 기준으로 볼 때 기년복이 맞다고 주장하였다. 국조 전례의 뭇 며느리[衆子婦]를 위한 대공복을 입는 것은 사리에 맞지 않다는 논리였다.

현종이 재차 근거를 물었지만 김수흥 등은 사종설을 거듭 내세울 뿐이었다. 이에 국왕은 예관을 추국(推鞫)하고 군신의 의리가 지엄한데 이를 무시하였다고 비판하였다. 그리고 특별히 김수흥에 대해서는 임금을 잊고 나라를 저버린 죄를 물어 외딴 섬으로 유배보냈다.

결국 갑인예송으로 정국 주도 세력이 서인에서 남인으로 바뀌었으며, 그로 인한 정신적 부담을 이기지 못하고 현종이 서거하고 말았다. 이어서 나이 어린 숙종이 즉위하여, 서거 직전 부왕의 정치노선을 견지하였으므로 남인과 서인 사이의 정치적 갈등은 깊어갔다.

진주 유학(幼學) 곽세건(郭世楗)이 송시열은 통서(統緖)를 어지럽혔기 때문에 효종의 죄인이자 현종의 죄인이라고 비난하였다. 이에 대사헌 민시중(閔蓍重) 등이 추국을 청하였지만 숙종은 유생의 상소를 쓰지 않으면 그만이라고 하면서 불허하였다.

예론에 대한 국왕의 불편한 심기를 되돌리기 위해 대신들은 곽세건에 대한 공세에 나섰다. 도승지 김석주(金錫胄)는 영남인들이 출사길이 막히자 불만을 품고 상소를 올렸다고 평가절하하였다. 이단하(李端夏)는 한 발 더 나아가 선왕을 격하하였다고 한 논리에 대해 송시열을 신임했던 현종의 하교를 거론하며 전면 부정하였다. 그리고 기해예송에서 기년복으로 확정된 것은 송시열이 고집을 부려서 된 것이 아니라 《대명률》과 국제를 따른 것임을 재확인하면서 갑인예송은 아예 그와는 무관하다고 주장하였다.

이에 대해 남인은 복제를 군신 관계와 연관지어 반론을 펼쳤다. 장령 남천한(南天漢) 등은 송시열이 '체이부정'에 억지로 끼어 맞추어 기년복으로 낮춘 결과 군부를 폄하하는 지경에 이르렀다고 주장하였다.

권5는 1675년(숙종1) 이후 본격화된 서인과 남인의 갈등을 종통(宗統) 문제로까지 확대된 예송과 경신환국(1680)을 중심으로 소개하였다. 논란의 중심은 예의 송시열이었다. 1675년 장령 남천한(南天漢)은 송시열을 산림(山林)에 가탁하여 조정의 권력을 좌지우지하며 오로지 당여를 심어 자기와 다른 이를 배척하는데 힘쓴 인물이라고 비난하였다. 여기에 더해 영릉(寧陵, 효종 능)을 옮기면서 조롱한 일, 민신(閔愼)으로 하여금 아비를 폐하게 한 일, 예송을 통해 군부를 폄강(貶降)한 사실 등을 적시하였다. 그 결과 송시열은 덕원부(德原府)로 유배되기에 이르렀다.

이처럼 수세에 처한 서인의 반발로 불거진 사건이 이른바 '삼복(三福)' 사건이었다. 효종의 동생인 인평대군(麟坪大君)의 세 아들이었던 복창군(福昌君) 이정(李楨), 복선군(福善君) 이남(李柟), 복평군(福平君) 이연(李㮒)은 병약한 숙종을 대신하여 보위를 넘볼 수 있는 위치에 있었으며, 남인과 가까운 사이였다. 이에 국구였던 청풍부원군(淸風府院君) 김우명(金佑明)이 상소하여 복평군과 복창군이 궁중에서 벌인 추문을 폭로하였다. 이것을 남인들이 부정하자 현종비이자 숙종의 모친인 명성대비(明聖大妃)까지 나서서 복평군 형제를 공격하였다.

이에 맞서 남인은 다시 한 번 서인을 압박하는 수단으로 예송을 적극 활용하였다. 윤휴는 송시열의 예론을 '종통을 낮추고 지존을 둘로 만든[卑宗貳尊]' 것이라고 맹비난하였다. 이에 맞서 청주 유생 유필명(柳弼明)이 송시열의 예설을 옹호하는 상소를 올렸는데, 그가 인용한 은(殷)나라 태자 태정(太丁)의 아들 태갑(太甲)이 결국 왕위에 올랐다는 사실은 소현세자(昭顯世子)의 아들이 왕통을 이어야 한다는 논리로 비약될 수 있었다. 이 점을 간파한 윤휴가 그를 패역(悖逆)으로 몰아가니, 숙종이 역률(逆律)로써 심문하도록 하였다.

여기에 더해 유학(幼學) 박헌(朴潓)은 김우명이 제기한 삼복 사건이 예송을 무마하기 위한 송시열의 계략에서 나왔다고 주장하였다. 즉 송시열이, '선왕이 그 정상을 훤히 알게 된 것은 서너 명의 공자(公子) 때문일 것'이라는 음험한 말을 지어내어 일망타진할 계략으로 삼았다는 것이다.

이때 자전(慈殿, 명성왕후)이 연루된 듯한 대목이 나오자, 명성왕후(明聖王后, 현종 비)가 직접 나서서 차마 들을 수 없는 모욕[주약신강지설(主弱臣强之說)]이 선왕에게 미쳤고, 자신으로 인해 박헌의 상소에서 '(송시열이 대비와 은밀히 통해) 자성을 놀라게 하여 동요시켰다[驚動慈聖]'고 한 말을 듣게 되었다고 통탄해하였다. 이에 대해 판부사 김수항(金壽恒)은 '신하가 강하다[臣强]'는 말의 주어가 송시열이 아니라는 점을 밝히면서 남인 상소에서 기술된 '자전의 동정을 살피라[照管]'는 어구를 문제 삼았다.

앞서 삼복을 둘러싼 논쟁의 와중에 명성왕후의 처신이 거론되었는데, 참판 홍우원(洪宇遠)이 이정과 이연 등을 치죄하는 과정에서 대비가 갑자기 전실(殿室)에 들어와 국정에 간여한 혐의가 있다고 지적하였다. 그리고 윤휴 등이 명성대비가 정치에 관여하는 것을 제재하도록 숙종에게 요청하였는데, 그때 사용한 말이 '조관자성(照管慈聖)'이었다.

서인은 윤휴가 "자성의 행동을 단속[管束]하여 절대로 이와 같은 거조가 없게 하셔야 합니다."라는 패륜적인 말을 한 것으로 간주하였다. 김수항이 이것을 자식으로서 부모의 동정을 살피게 만들려 했다고까지 하면서 예론에서 비롯된 수세 국면을 반전시키려 하였다.

1676년 기사에서는 송시열의 죄과를 종묘에 고하는 문제를 둘러싼 공방을 소개하였다. 유학(幼學) 이잠(李潛) 등이 고묘(告廟)를 주장하였고, 지평 김총(金璁)과 권환(權瑍) 등이 그 뒤를 따랐다. 판부사 정지화(鄭知和) 등이 신하가 지은 죄를 가지고 고묘한 적이 없다고 반대하였고, 허적·권대운(權大運) 역시 고묘를 거행할 경우 조제(調劑)할 방도가 없어진다고 하면서 송시열을 죽인다면 결국 성주(聖主)의 관대한 덕이 훼손된다고 주장하였다. 반면 허목은 예를 무너뜨리고 종통을 어지럽힌 죄를 물어 고묘해야 한다고 강변하였고, 대사간 유명천(柳命天)·판결사 조사기(趙嗣基)·응교 유명현(柳命賢) 등이 이에 동조하였다.

고묘 문제를 둘러싼 갈등은 1678년으로까지 이어졌으며, 이듬해인 1679년 강화도에서 투서(投書)의 변고로 새로운 전기를 맞이하였다. 좌의정 권대운과 병조판서 김석주 등이 이유정(李有湞)이 작성하여 이우(李偶)에게 투서하게 했다는 흉서(凶書)를 바쳤다. 그 내용은 임창군(臨昌君, 소현세자의 손자)을 추대하여 반정(反正)하자는 것이었다. 남인은 송시열이 잘못된 예론을 주창했기 때문에 이유정이 "종통이 순서를 잃었으므로 왕손을 추대해야 한다."는 흉서를 작성했다고 주장하면서 이유정을 사주한 자는 송시열이라고 주장하였다.

여기에 더해 도성 안 파자교(把子橋)에 익명의 괘서가 걸리는 일이 발생하였다. 벽서에는 이익상(李翊相)을 비롯하여 민정중(閔鼎重)·김익훈(金益勳) 등 서인 주요 인사의 이름이 적시되었다. 이 사건을 계기로 숙종은 역적을 토벌한 일을 종묘에 고하고 중외에 교서를 반포하였다.

남인이 득세한 정국에서 분기의 조짐이 나타났다. 허목은 영의정 허적에 대해 권세와 지위가 성대해지자 외척들과 결탁하여 세력을 형성하고 내시 및 측근의 귀인들을 이용하여 이들을 밀객(密客)으로 삼고 임금의 동정을 엿보며 그 뜻에 영합한다고 비판하였다. 특히 그의 얼자(孼子) 견(堅)의 행실을 지적하여 공격하였다.

유학(幼學) 이후평(李后平) 역시 허목의 차자를 근거로 허적은 본래 경박하여 사류의 반열에 끼이지 못한다고 비난하면서 허적이 외척과 결탁한 점을 집중 공격하였다. 즉 허적이 김익훈을 충청 병사와 어영대장으로, 김석주(金錫胄)를 병조판서와 어영대장으로 추천한 사실을 거론하였다. 홍우원도 허적이 6년간 영의정에 재직하면서 볼만한 치적이 없고 조정의 기강은 날로 문란해졌다고 비난하였다.

본서에서는 이러한 내분 양상을 다음과 같이 정리하였다. 남인내 준격한 의론을 주장하는 정파를 청남(淸南)으로 규정하고 대표적인 인사로 허목·권대운·홍우원·오정위·이관징·이옥(李沃)·이봉징(李鳳徵)·이식(李湜) 등을 들었다. 여기에 대응하는 탁남(濁南)은 항상 온건한 논의를 주장하였다고 평가하였다. 대표적인 인사로 허적·민희(閔熙)·유명천(柳命天)·유하익(兪夏益)·오정창(吳挺昌)·오시복(吳始復) 등을 들었다.

이 같은 분기가 발생한 원인은 앞서 거론하였듯이 송시열 처벌을 둘러싼 이견이었다. 청남은 송시열을 처벌해야한다고 힘껏 주장한 반면 탁남은 불가하다고 하였는데, 이로 말미암아 청론을 주장하는 자들은 기필코 허적을 제거하고자 하였다는 것이다.

1680년 기사에서는 서인이 수세에서 벗어나 경신환국을 통해 재집권하는 과정을 소개하였다. 이를 주도했던 것은 국왕이었다. 숙종은 먼저 군권을 외척과 서인에게 맡기는 인사를 단행하였다. 광성부원군(光城府院君) 김만기(金萬基)를 즉시 훈련대장에 임명하고, 유혁연(柳赫然) 대신 신여철(申汝哲)을 총융대장(摠戎大將)에 임명하였다. 이어서 인사 전횡 문제를 거론하며 이조판서 이원정(李元禎)의 관작을 삭탈하였다. 이에 영의정 허적, 좌의정 민희, 우의정 오시수 등이 모두 인책(引責)하며 면직을 청하자 곧바로 수락하였다.

남인에 대한 압박은 여기서 그치지 않았다. 앞서 김수항이 논척했던 윤휴의 '자성(慈聖)을 살피라[照管]'고 한 말을 재론하면서 김수항을 다시 서용할 것을 명하였다. 해당 기사 뒤에 바로 환국의 단서가 되었던 허적의 유차일(油遮日) 사건이 소개되었다.

환국이 단행된 이후 연이어 정원로(鄭元老)가 허견과 종실 이정·이남 등이 역모를 꾸몄다고 고변한 사건이 발생하였다. 본서에서는 해당 옥사를 김석주가 주도하였고, 그를 서인과 남인 사이 알력을 이용하여 권력을 유지한 인물로 평가하였다.

해당 사건이 마무리되면서 김석주 등 6인은 보사공신(保社功臣)에 녹훈되었고, 얼마 뒤 발생한 이원성(李元成)의 고변을 계기로 이사명(李師命)·김익훈·조태상(趙泰相)·신범화(申範華)·이광한(李光漢) 등 5인이 보사공신에 추록되었다.

그런데 추록을 계기로 이번에는 서인이 분화되었다. 조지겸(趙持謙)·박태보(朴泰輔)·한태동(韓泰東)·임영(林泳)·송광연(宋光淵) 등이 보사공신을 추록하자는 논의가 나오자 크게 반발하였다. 이들은 삼사의 신료로서 모두 젊고 명성 높은 관료로서 청론(淸論)을 주장하며 직언(直言)을 자임하였다.

그렇지만 송시열과 김수항, 김석주 등 대신들이 힘을 써서 김익훈을 비롯한 이사명 등 6인의 추록이 확정될 수 있었다. 즉 송시열은 경신환국 과정에서 벌어진 기찰(譏察)과 같은 부도덕한 방법은 작은 흠절(欠節)에 불과하고 경신환국을 주도한 김익훈·김석주 등 훈척의 충성은 종사를 보전한 훈업(勳業)이라 보았던 것이다. 이에 실망한 조지겸 등 서인 소장파는 훈척에 영합하는 태도라고 반발하였다.

권6에서는 1681년(숙종7) 이후 정국 변동 및 기사환국(1689)과 갑술환국(1694) 등을 소개하였다. 대체로 서인의 공세에 맞선 남인의 반격 및 그 과정에서 불거진 노·소론 갈등을 주요하게 다루었다.

먼저 서인과 남인의 갈등은 이이(李珥)와 성혼(成渾)에 대한 문묘 종사 문제로 시작되었다. 양현(兩賢)에 대한 문묘 종사 논의는 1635년(인조13) 이래 꾸준히 제기되었으나, 남인의 반발과 국왕의 암묵적 반대로 실현되지 못하였다. 그러다가 경신환국(1680)을 기점으로 서인이 집권하면서 이듬해 입향(入享)되었다. 이에 생원 박성의(朴性義) 등이 이이가 선문(禪門)을 따라 섬기고, 성혼이 국난(國難)에 나아가지 않았던 사실을 지적하며 반대하였다.

그해 가을에는 1670년(현종11) 복선군 이남이 청나라에서 돌아와 전한 신강설(臣强說)이 다시 한 번 정국의 뇌관으로 등장하였다. 서인은 정치적 공세의 빌미가 된 이 문제를 정리하지 않을 수 없었다. 이에 그 경과 과정을 자세히 소개하면서 오시수와 이남이 서로 화응(和應)하여 송시열을 모함하려고 이 같은 말을 만들어내었다고 주장하였다. 그리고 이는 숙종의 하교로 사실로 인정받게 되었다.

그렇지만 사간 조지겸(趙持謙)과 대사간 윤지완(尹趾完) 등은 소문의 출처가 다른 나라 사람이고, 증거가 또 역관의 무리라는 점을 들어 신중하게 처리할 것을 주문하였다. 이후 관련 기사는 이 문제를 둘러싼 서인 내 공방을 지평 김진귀(金鎭龜)와 영의정 김수항 등의 차자(箚子)를 통해 소개하였다.

1682년 기사에서는 임술년 옥사를 주요하게 다루었다. 무인 김환(金煥)의 고변으로 알려진 남인계 허새(許壐)와 허영(許瑛)의 반역 음모는 경신환국 이후 김석주·김익훈 등이 남인 세력을 완전히 몰아내기 위해 사주한 사건이었다. 이에 지평 유득일(兪得一)과 박태유(朴泰維) 등은 다른 사람을 협박하여 무고한 죄를 물어 김익훈을 탄핵하였다. 숙종이 유득일 등을 외직으로 내쫓자 대사성 조지겸이 전익대(全翊戴)가 유명견(柳命堅)을 무고한 세 건은 지어냈거나 사주 받은 일이라고 하면서 조작된 옥사임을 분명히 하였다. 이 같은 서인 내 갈등은 송시열과 박세채(朴世采)의 대립으로까지 확대되었다.

그해 여름 봉조하(奉朝賀) 송시열이 효종의 신주를 불천위 세실로 옮길 것과 태조의 시호를 새롭게 추상(追上)할 것을 제안하였는데, 태조 휘호(徽號)에서 위화도(威化島) 회군의 의리를 넣은 '소의정륜(昭義正倫)' 등의 글자를 추가하여 올릴 것을 청하였다. 이에 대해 박세채는 그것이 반드시 존주(尊周)의 의리에서 나온 것은 아니라고 하면서 반대하였다. 이로부터 소배(少輩, 소론)들이 사당(私黨)을 세우려고 암암리에 대로(大老, 송시열)를 비방하고, 서로 의심하고 어그러진 것이 격렬해지면서 다시는 화합할 수 없게 되었다는 진단이 내려졌다.

우의정 김석주는 양측간의 갈등을 부추기는 발언을 내놓았다. 그는 사당의 주도자로 조지겸·오도일·한태동을 지목하였다. 숙종은 색목(色目) 가운데서 또 당을 나눈 것이 이와 같은 지경에 이르렀다고 하면서 거론된 인물들에 대한 인사조처를 취하였다. 그러자 박세채가 나서서 김석주를 배척하니, 김석주 역시 젊은이가 어른을 능멸하고, 그른 것을 따르고 거짓을 굳게 지키니 간사한 붕당의 자취가 날로 드러났다고 거칠게 반발하였다.

본서에서는 이로써 노론과 소론의 색목이 비로소 나뉘졌고, 박세채가 산림으로부터 나와 소배들과 합세하자 젊고 청론을 주장하는 자들이 모두 그에게 의지하여 붙었다고 보았다.

양측간 갈등은 점차 지방으로까지 확산되었다. 이는 옥천(沃川) 유생 조광한(趙匡漢)을 통해 확인할 수 있다. 그는 소론에 대해서 경신환국 이후 뜻을 잃은 무리들이 지어낸 사특한 설을 따라 원훈(元勳)을 배격할 뜻을 품고서 눈앞의 명예를 꾸미고 뒷날의 복을 구한 부류로 규정하였다. 이에 맞서 한태동은 다시 한 번 임술년 옥사의 배후에 김익훈이 있다고 하면서 허적과 결탁한 사실을 재론하였다.

바로 이때 노·소론 사이의 분열을 격화시키는 상소가 최신(崔愼)에 의해 올려졌다. 이 상소는 송시열과 윤증(尹拯) 사이의 개인적 갈등이었던 회니시비(懷尼是非)를 조정 차원의 정치 쟁점으로 만들었다. 그는 윤증(尹拯)이 송시열에게 보내려고 작성했다가 박세채의 만류로 보내지 않은 〈신유의서(辛酉擬書)〉의 내용을 가지고 윤증이 스승을 배반하였다고 공격하였다. 또한 윤선거(尹宣擧)의 배향을 막은 목천(木川)의 일과, 윤선거 부자가 역적 윤휴와 교유를 유지한 사실 및 송시열이 작성한 윤선거 묘문(墓文)을 둘러싼 갈등도 언급하였다.

회니시비를 둘러싼 공방은 전방위적으로 확산되었다. 위로는 현직 정승들로부터 삼사 언관에 이르기까지 논의가 격화되었고, 사학(四學)과 성균관을 비롯하여 보은(報恩)과 옥천(沃川) 등 충청도 지역에까지 확대되었다. 마침내 1687년 봄 송시열이 윤선거의 일을 직접 거론하였다. 윤선거가 윤휴와의 관계를 끊지 않았다고 주장하면서 윤휴에게 중독되어 세도(世道)에 해를 끼쳤고, 윤증 역시 강화도의 일로 자신을 깊이 책망했다는 것이다.

이에 대해 전 현감 나양좌(羅良佐) 등은 스승 윤선거를 변론하고, 송시열이 간사한 말로 윤선거를 윤휴와 당이 되었다는 죄과에 몰아넣었다고 반격하였다. 그는 갈등의 근원(根源)으로 윤선거가 작성한 〈기유의서(己酉擬書)〉를 거론하면서 그 주요 내용을 소개하였다. 이밖에도 강화도의 일에 대해서도 상당한 분량을 할애하였다.

1689년 기사는 기사환국을 주요하게 다루었다. 그 발단은 1688년에 태어난 왕자를 원자(元子)로 삼을 것과 소의(昭儀) 장씨(張氏)를 희빈(禧嬪)으로 책봉하는 여부였다. 유학(幼學) 유위한(柳緯漢)이 시급히 국본(國本)을 정하자고 상소하였는데, 송시열이 송나라 사례를 들어 반대하였다. 그러자 숙종은 국가의 형세가 미약하고 인심이 어지러운 상황에서 이를 방치하면 임금을 무시하는 무리들이 계속 나타날 것이라고 경고하면서 그의 관작을 삭탈하고, 목내선(睦來善)과 김덕원(金德遠)을 좌의정과 우의정에 임명하였다.

남인의 득세는 곧 경신환국으로 희생된 자파에 대한 신원(伸冤)으로 이어졌다. 대표적인 인사가 윤휴였다. 숙종이 직접 '동정을 살핀다.[照管]'는 두 글자는 애초 관속(管束, 통제)이라는 뜻이 아니었고, 이환(李煥)의 익명서에도 관여하지 않았다고 하여 이전의 결정을 번복하였다. 아울러 양현에 대한 출향도 결정되었다. 회니시비에 대해서 숙종은 송시열이 사람을 죽이고 나라를 병들게 하였으며, 심지어 윤증을 배척하는 데 힘썼다고 윤증 편을 들었다.

이어지는 기사는 갑술환국을 다루고 있다. 1694년 우의정 민암이 궁녀들과 내통하여 인현왕후 복위를 도모했던 함이완(咸以完)의 일을 아뢰었다. 숙종은 이 사안을 남인이 옥사를 크게 확대하여 서인을 몰아내려는 의도로 보고, 국문에 참가한 대신에 대해 모두 관작을 삭탈하고, 도성 밖으로 내쫓았다. 반면 김진귀를 필두로 김수흥과 조사석(趙師錫)을 유배에서 풀어주거나 복관시켰다. 특별히 김석주와 김익훈 역시 복관시키고 적몰(籍沒)한 재산을 돌려주도록 하였다.

그런데 남인 처벌을 둘러싸고 영의정 남구만은 중전의 승출(陞黜) 문제와 관련하여 신중한 태도를 유지해야 한다고 호소하였다. 이미 국모 지위에 오른 장희빈에 대해서 그 지위를 도로 낮추는 것은 부당하다고 보았다. 즉 남구만은 왕비는 복위된 것이 아니라 교체된 것이라고 주장하였다. 이는 기본적으로 국왕의 선택의 문제일 뿐이며, 이로 인해 초래된 파행은 국왕의 책임이라는 왕권론(王權論)을 전개한 것이었다. 이에 대해 왕비가 복위된 것으로 보는 노론의 입장은 인현왕후에 대한 의리를 절대화하고, 이것을 국왕권보다 우선시하는 신권론(臣權論)으로 표출되었다.

보덕(輔德) 박만정(朴萬鼎)은 원량(元良, 세자)을 낳아 키우고 지존의 배필이었던 점을 들어 여러 빈(嬪)들과는 특별히 다르게 대우하여 6년 동안 국모로 있었던 의리를 표시해야 한다고 주장하였다. 이에 맞서 지평 최중태(崔重泰)는 폐출 당시 남인들이 반나절만 정청(庭請)하다가 그친 혐의를 들어 반박하였다. 숙종은 더 이상의 사안이 확대되는 것을 염려하여 양측 모두의 주장을 받아들이지 않았다.

이 같은 분위기 속에서 좌의정 박세채가 황극(皇極) 탕평론(蕩平論)을 내놓았다. 그는 북극성(北極星)이 제자리에 있고 여러 별이 이것을 둘러싸는 것처럼 군주가 황극의 도에 따라 표준을 세워야 사방의 사람들에게 올바른 것을 취하게 할 수 있다고 주장하였다. 이어서 그간 당쟁의 경과 과정을 정리하면서 이른바 남인 가운데에도 이름난 유학자와 훌륭한 신하들이 많이 나왔다고 주장하였다.

그렇지만 경신환국 이후 현부(賢否)를 지나치게 분별하여 공정한 도리를 행할 수 없게 되었고, 패퇴한 자에 대해서 가혹하게 처벌하는 폐단이 생겨났다고 지적하였다. 그 결과 색목에 따라 상대 당파면 모두 의심하여 귀양 보내고 파직하고 삭탈하는 지경에 이르렀다는 것이다.

그는 이러한 정치적 파행을 해결하기 위한 방안으로서 탕평을 건의하였다. 즉 어질고 능력이 있어 등용할만한 자는 일단 사면하여 죄를 씻어주고 점차 등급을 갖추게 하여 원통함이 없게 해야 한다고 하였다. 이를 위해서는 무엇보다 군주가 우뚝하게 자립하여 인륜을 살피고 정성을 다하여, 저 황극의 도를 세워서 밝게 군림해야 하는 것이었다.

즉 거듭되는 환국으로 인해 초래된 정치적 위기를 극복할 방안으로 탕평론을 소개하며 본서를 마무리한 것이었다. 이후의 정국은 이러한 탕평책에 대한 찬반을 중심으로 전개되었는데, 그것을 《황극편 3》을 통해서 살펴볼 수 있을 것이다.

《황극편 2》는 1601년부터 1694년까지 17세기의 거의 전 시기에 걸쳐서 정치적 갈등 양상을 정리하였다. 《황극편 1》이 사림이 동인과 서인으로, 그리고 동인이 남인과 북인으로, 다시 북인이 대북·소북, 골북·육북으로 분열되기에 이른 과정을 보여주었다면, 《황극편 2》에서는 서인과 남인의 대립에 초점을 맞추어서 17세기에 정치적 갈등이 격화되어 가는 과정을 제시한 셈이었다. 그 과정에서 양반 지식인의 일각에서 붕당간 갈등은 결국 국가의 위기로 직결될 수밖에 없다는 자각이 이루어지면서 탕평론이 등장하였지만 그것이 정책으로 채택되지 못하는 과정을 사실대로 보여주었다.

그리하여 1683년에 박세채가 황극탕평론을 제출한 뒤에도 기사환국과 갑술환국이라는 두 차례의 환국을 거치고 서야 비로소 탕평책은 추진될 수 있었다. 숙종은 갑술환국 이후 남구만·박세채 등 소론 탕평파 대신을 등용하여 탕평책을 추진하려 하였지만 그것은 노론의 반발을 받으면서 굴절되지 않을 수 없었고, 경종대에는 이러한 당파 사이의 갈등이 왕위계승과 결부되면서 극단으로 치닫게 되는 과정이 이어지는 《황극편 3》의 주요 내용을 구성하였다.

* 《황극편 2 번역과 주해》의 底本은 서울대학교 규장각 한국학연구원 소장 《皇極編》(奎古 4250-34)이며, 對校本으로서 국립중앙도서관 소장 《御製皇極編》(한古朝56-나105)과 전남대학교 중앙도서관 소장 《皇極編》(OC 2A5 황18ㅈ)을 사용하였다.

** 《皇極編》 刊本에 대한 자세한 해제는 《황극편1 번역과 주해》에 실린 「《황극편(皇極編)》과 《황극편 1》 해제」를 참고할 수 있다.

번 역

황극편(皇極編) 권4

서·남(西南) 대북(大北)·소북(小北)

신축년(1601, 선조[1]34) 봄, 체찰사 이덕형(李德馨)[2]이 이귀(李貴)[3]를

1) 선조(宣祖) : 1552~1608. 조선 제14대 임금(1567~1608)이다. 본관은 전주(全州), 초명은 균(鈞), 뒤에 연(昖)으로 개명하였다. 중종(中宗)의 손자이며, 덕흥대원군(德興大院君) 초(岹)의 셋째 아들이고, 어머니는 증영의정(贈領議政) 정세호(鄭世虎)의 딸인 하동부대부인(河東府大夫人) 정씨(鄭氏)이다. 비는 박응순(朴應順)의 딸 의인왕후(懿仁王后)이며, 계비는 김제남(金悌男)의 딸 인목왕후(仁穆王后)이다. 명종의 사랑을 받았으며 성장하여 하성군(河城君)에 봉해졌고, 1567년 명종이 후사 없이 죽자 즉위하여, 훈구세력(勳舊勢力)을 물리치고 사림(士林)들을 대거 등용하였다. 선조대에 들어와 정국을 주도하던 사림들은 1575년(선조8)에 이르러 김효원(金孝元)·심의겸(沈義謙)을 각각 중심 인물로 하는 당쟁을 벌여 동인(東人)·서인(西人)으로 분당되었으며, 정론(政論)이 둘로 갈라져 조정이 시끄러워졌다. 1592년(선조25) 임진왜란으로 의주로 피난 갔다가 1593년 10월 돌아왔다. 왜란이 끝난 뒤 1604년에 호성(扈聖)·선무(宣武)·청난(淸難) 등의 공신을 녹훈하여 전쟁을 마무리 짓고 전후 복구 사업에 힘을 기울였다. 그러나 흉년이 거듭되고 동인·서인의 당쟁은 더욱 격심해져서 커다란 시련을 받았다. 죽기 직전에 측근을 불러 적자 영창대군을 보필해달라고 유언했으나 뜻을 이루지 못하고 광해군의 즉위와 함께 영창대군의 수명을 단축하는 결과만 가져왔다. 시호는 소경정륜입극성덕홍렬지성대의격천희운현문의무성예달효대왕(昭敬正倫立極盛德洪烈至誠大義格天熙運顯文毅武聖睿達孝大王)이고, 묘호는 선조(宣祖)이며, 능호는 목릉(穆陵)으로 경기도 구리시 인창동에 있다.

2) 이덕형(李德馨) : 1561~1613. 본관은 광주(廣州), 자는 명보(明甫), 호는 한음(漢陰)·쌍송(雙松)·포옹산인(抱雍散人), 시호는 문익(文翼), 봉호는 한원부원군(漢原府院君)이다. 이산해(李山海)의 사위로, 1580년(선조13) 대과에 급제하고, 이항복(李恒福)과 함께 사가독서(賜暇讀書)하였다. 1608년 진주사(陳奏使)가 되어 광해군 책봉에 대한 인준을 받았으며, 영창대군의 처형과 폐모론(廢母論)에 적극 반대하였다. 벼슬이 영의정에 올랐으며, 문집인 《한음문고(漢陰文稿)》가 전한다.

3) 이귀(李貴) : 1557~1633. 본관은 연안(延安), 자는 옥여(玉汝), 호는 묵재(默齋), 시호는 충정(忠定)이다. 이이(李珥)·성혼(成渾)의 문하에서 수학해 문명을 떨쳤다. 광해군의 난정을 개탄하고, 김류(金瑬)·신경진(申景禛)·최명길(崔鳴吉)·김자점(金自點) 및 두 아들 시백(時白)·시방(時昉) 등과 함께 반정을 준비하였다. 1623년 3월 광해군을 폐하고 선조의

영남에 보내어 군무(軍務)를 감독하게 하였는데, 전 장령 정인홍(鄭仁弘)[4]이 권세를 믿고 횡포를 부리며 불법을 많이 자행하였으므로 이귀가 책임을 추궁하였다.

그러자 정인홍이 노하여 그의 문도 문경호(文景虎)[5] 등을 사주하여, 상소로 성혼(成渾)[6]을 탄핵하게 하였는데, 그 대략의 내용은 다음과 같다.

"지난 경인년(1590, 선조23) 연간에 처사(處士) 최영경(崔永慶)[7]이 권간 정철(鄭澈)[8]의 무함에 빠져 잡혀 들어와 온갖 고초 끝에 옥사하였습니다. 그러나

손자인 능양군 종(綾陽君倧)을 왕으로 추대, 정사공신(靖社功臣) 1등에 책록되었다. 그 뒤 호위대장(扈衛大將)·이조참판 겸 동지의금부사·우참찬·대사헌·좌찬성 등을 역임하고, 연평부원군(延平府院君)에 봉해졌다. 영의정에 추증되었으며, 인조 묘정에 배향되었다.

4) 정인홍(鄭仁弘) : 1535~1623. 본관은 서산(瑞山), 자 덕원(德遠), 호 내암(來菴)이다. 조식의 문인으로, 우의정·영의정 등을 역임하였다. 광해군대 대북정권을 이끌고 큰 영향을 미쳤으나 인조반정으로 참형되었다. 정인홍을 비롯한 북인(北人) 측은 기축옥사 때 최영경의 죽음을 두고 성혼이 정철(鄭澈)을 사주하여 죽인 것이라 여겨 성혼과 정철에 대한 공격을 집요하게 전개하였다. 이에 1597년(선조30) 4월, 박성(朴惺)이 최영경의 죽음과 관련하여 성혼과 정철을 논죄하는 상소를 올렸고, 1601년(선조34) 12월 문경호(文景虎)가 다시 이 문제를 제기함으로써 성혼·정철은 결국 삭탈관작 되었다.

5) 문경호(文景虎) : 1556~1620. 본관은 남평(南平), 자는 군변(君變), 호는 역양(嶧陽)으로 정인홍의 문인이다. 1592년(선조25) 임진왜란 때 곽재우와 함께 의병으로 활동하였다. 1601년(선조34) 생원으로서 상소하여 처사 최영경이 죽은 일은 정철과 성혼이 주도한 것이었다고 논척하였다.

6) 성혼(成渾) : 1535~1598. 본관은 창녕(昌寧), 자는 호원(浩原), 호는 우계(牛溪)·묵암(默庵), 시호는 문간(文簡)이다. 성수침(成守琛)의 아들이자 이이(李珥)의 친우이다. 정인홍을 비롯한 북인 측은 기축옥사 때 최영경의 억울한 죽음을 두고 성혼이 정철을 사주하여 죽인 것이라 여겼으므로, 성혼은 정철과 함께 북인의 집요한 공격을 받았다. 1597년 4월, 박성(朴惺)이 최영경의 죽음과 관련하여 성혼과 정철을 논죄하는 상소를 올렸고, 1601년 12월 문경호(文景虎)가 다시 이 문제를 제기함으로써 성혼·정철은 결국 삭탈관작 되었다. 이후 성혼은 1633년(인조11) 복관사제(復官賜祭) 되고, 1681년(숙종7) 문묘에 배향되었다가 1689년(숙종15) 기사환국으로 출향(黜享)되었고, 1694년(숙종20) 갑술환국으로 재차 배향되는 등, 집권층의 당색에 따라 포폄의 기복을 겪었다.

7) 최영경(崔永慶) : 1529~1590. 본관은 화순(和順), 자는 효원(孝元), 호는 수우당(守愚堂)이다. 조식 문인이다. 1589년 정여립의 모반 사건 때, 그가 곧 역모의 주모자 길삼봉이라는 무고를 받고 투옥되어 문초를 받다가 옥사했다. 사후 신원되어 대사헌에 추증되고 진주의 덕천서원에 배향되었다.

너무나 다행스럽게도 신료들이 일일이 논핵하며 다투자 전하께서 밝게 헤아리시어, 영경의 억울한 옥사가 이미 신원되었고[9] 간악한 신하의 정상 또한 상당 부분 폭로되었습니다. 그런데 간악한 괴수는 집에서 늙어 죽었으나 그의 앞잡이는 조정에서 현달해 있으니, 기세 등등 부화뇌동하는 저 무리는 입에 올리기에도 부족합니다."

또 말하였다.

"아무리 무도하다 한들 어찌 처사를 죽인 때가 있었습니까? 반드시 죽이고 싶으나 이유가 없으면 또한 전하께서 듣지 않으실 줄 알고 터무니없는 길삼봉(吉三峰)의 이름을 씌워[10] 그를 구속하고 악독한 형을 가하여 반드시 죽게

8) 정철(鄭澈) : 1536~1593. 본관은 연일(延日), 자는 계함(季涵), 호는 송강(松江), 시호는 문청(文淸)이다. 1562년(명종17) 별시 문과에 장원급제하여 벼슬이 좌의정에 이르렀다. 동·서 분당 이래 정철은 이발·정인홍 등을 사림으로 인정하지 않았으며, 이이의 조제보합(調劑保合)에도 반대하는 등 시종일관 동인과 대립각을 세워 왔다. 1589년 정여립 모반사건 때 위관으로서 옥사를 다스렸으나, 2년여에 걸친 옥사의 처리 과정에서 약 1,000여 명의 동인(東人)들이 화를 입었던 까닭에 이후 정인홍을 비롯한 북인들로부터 많은 공격을 받았다. 1591년 건저문제(建儲問題)를 제기하여 광해군(光海君)의 왕세자 책봉을 건의하였다가 파직되어 진주(晉州)로 유배되었고, 이어 다시 강계(江界)로 이배(移配)되었다. 1592년 임진왜란이 일어나자 선조의 부름을 받고 의주(義州)까지 호종하였으며, 다음 해 사은사(謝恩使)로 명나라에 다녀왔다. 이후 동인의 탄핵으로 사직하고 강화의 송정촌(松亭村)에 우거하다가 죽었다. 저서로는 시문집인 《송강집》과 시가 작품집인 《송강가사(松江歌辭)》가 있다.

9) 영경의 …… 신원되었고 : 1593년(선조26) 정철이 사망한 후 그가 양천경(梁千頃)을 사주해 길삼봉에 관한 말을 퍼뜨리고 이로써 최영경을 무함해 죽였다는 주장이 전면화되었고, 마침내 1594년(선조27) 그 관작이 추탈되었다. 최영경은 정철의 관작이 추탈되었던 1594년 신원되어 대사헌(大司憲)에 추증되었고, 사제(賜祭)의 특전을 받았다.

10) 길삼봉(吉三峰) …… 씌워 : 길삼봉은 본디 충청도 천안(天安)의 사노(私奴)로서 민간에 많은 폐해를 끼친 불한당이라고도 하고 정여립의 역모가 일어났을 때 정여립의 모사로서 신병(神兵)을 이끌고 지리산과 계룡산에 웅거한다고도 하였는데, 어느 쪽도 실제 확인된 바는 없다. 1590년(선조23) 기축옥사가 한창 진행되고 있던 때 호남 유생 양천경·강해가 역모의 모주(謀主) 길삼봉은 최영경(崔永慶)이라고 고변한 일로 인해 결국 최영경이 유령의 인물 길삼봉이라는 지목을 받고 옥사하였다. 이듬해인 1591년(선조24) 서인이 실각하자 양사(兩司)가 이들이 무고한 사실을 밝혀 바로 다스려야 한다고 합계(合啓)하고 체포하여 국문하였는데, 양천경 등은 정철의 사주를 받고 허위사실을 지어냈음을 자백하였다. 양천경·강해는 장형(杖刑)을 받고 북도(北道)로 유배되어 가는 도중에 장독(杖毒)으

하고야 그만두었으니, 간특한 사람들이 화를 끼친 것이 참혹합니다!

양천경(梁千頃)의 초사(招辭)에서 말하기를, '정철이 불러서 꾀기를, 「네가 만약 상소하여 최영경을 가리켜 길삼봉이라 한다면 좋은 벼슬을 할 수 있다.」 하였습니다.' 하였습니다. 이에 대해 당초부터 대간이 상세하게 변론하여 배척하였으며, 성상의 하교에서도, '최영경은 악독한 정철의 손에 죽은 것이다.' 하시고 또, '정철의 일은 논하면 입이 더러워질까 염려된다.' 하셨습니다.[11]

비록 그러하나 정철은 특히 주색을 좋아하는 무리요 경박한 사람이라, 그 당파에서 존중함이 성혼에 미치지 못하므로, 정철도 성혼을 믿고 의지하였으니, 정철은 논할 만한 것이 못되고 성혼의 죄가 중합니다.

최영경이 도성 안에 있을 때 고요하고 평안한 마음으로 스스로를 지키며 세상과 교유하지 않았는데, 성혼이 예물을 갖추어 만나기를 청한 후 용문(龍門)에 오른 듯[12]이 기뻐하면서 일찍이 많은 사람들에게 영경을 칭찬하여 말하기를, '당대의 제일일 뿐만 아니라 옛 사람과 비교해보아도 쉽게 얻을 수 없는 사람이다.' 하였습니다.

로 죽었다. 《宣祖實錄 24年 8月 13日》《己丑錄 庚寅年姜滉上疏》 강해는 강견(姜涀)이라고 개명하였으므로, 사료에 따라서는 강해를 강견으로 적고 있다. 《燃藜室記述 宣祖朝故事本末 辛卯時事》 기축옥사로 많은 피해를 입은 동인 측에서는 최영경이 곧 길삼봉이라는 이들의 고변이 최영경을 역모로 얽어 죽이고자 한 정철의 사주를 받고 행한 것이라 주장하였다. 반면 서인 측에서는 신묘년 서인의 실각 후 이루어진 양천경·강해의 자복이야말로 정철을 무고하고자 양천경 등을 혹독히 고문한 동인 홍여순(洪汝淳)의 계략이었다고 보았다. 서인 측에서는 최영경이 곧 길삼봉이라는 소문이 전파될 때 당시 전라 감사였던 홍여순이 경상 감사 김수(金睟)에게 글을 보내 최영경을 체포하게 했으므로, 최영경 죽음의 직접적 책임은 서인이 아닌 동인에게 있다고 주장하였다. 《我我錄》

11) 성상의 …… 하셨습니다 : '정철의 일은 논하면 입이 더러워질까 염려된다'는 선조의 하교는 《선조실록 27년 8월 9일》 기사에 보이나, '최영경은 악독한 정철의 손에 죽은 것'이라 했다는 선조의 직접적 확언은 보이지 않는다.

12) 용문(龍門)에 오른 듯 : 명망이 드높은 현인(賢人)과 교유함을 이른다. 후한(後漢) 때 이응(李膺)이 명망이 매우 높아 그의 인정을 받은 선비들의 명망도 함께 높아졌는데, 이로부터 성망(聲望)이 높은 이의 접견을 받거나 그와 교유하는 것을 일러 '등용문(登龍門)', 곧 용문에 오른다는 말이 나왔다. 《後漢書 卷67 李膺列傳》

그 후 영경이 성혼을 방문하려 하였는데 성혼이 심의겸(沈義謙)[13]과 함께 있느라 손님을 사절한다는 말을 듣고 중도에서 돌아와 이후 다시는 보러 가지 않았으니, 시기와 미움이 쌓인 것으로 이로부터 시작되었습니다.

심의겸이 조정에서 용납되지 못하게 되자, 성혼이 분하고 원통함을 이기지 못하여 사류 보기를 원수 보듯 하였고, 심지어 노수신(盧守愼)[14]이 모친상을 당하자 짧은 편지를 보내 축하하기까지 하자, 영경이 마침내 절교하였습니다. 이에 성혼이 이를 갈고 입술을 떨면서 영경에게 한번 독기를 부리고자 한 것이 오래되었습니다.

기축년(1589, 선조22)의 역변이 조정 관료에게서 일어나자, 성혼과 정철은 국가의 재앙을 다행으로 여기며 자기 일신의 유감을 푸는 기회로 삼았습니다. 그리하여 마침내 팔을 걷어붙이고 도성으로 들어와 그 도당을 지휘하여 드디어 무함하는 계교를 꾸몄습니다.

심지어 김종유(金宗儒)는 성혼의 문객인데, 당시 영남에서 올라와 성혼을 찾아가 만나자, 성혼이 은밀히 묻기를, '그대는 최영경이 길삼봉인 줄을 알고 있는가?' 하니, 김종유가 깜짝 놀라 말하기를, '어찌하여 이런 말을

---

13) 심의겸(沈義謙) : 1535~1587. 본관은 청송(靑松), 자는 방숙(方叔), 호는 손암(巽菴)이다. 명종의 비인 인순왕후(仁順王后)의 동생으로, 자신이 척신(戚臣)이었으나 척신의 전횡을 비판하고 사림을 옹호하였다. 1562년(명종17) 문과에 급제한 후 병조좌랑·정언·제학·동부승지·대사간·이조참의 등을 역임하였다. 김효원(金孝元)과 함께 동·서 분당의 시발점이 된 인물로, 이를 우려한 이이(李珥)의 상소로 김효원과 더불어 외직으로 밀려나 개성 유수·전라 감사 등을 지냈다. 1580년 다시 등용되었다가 정인홍(鄭仁弘)의 탄핵을 받고 동인의 득세로 파직 당하였으나 이후 청양군(靑陽君)에 봉해지고 나주 월정서원(月井書院)에 제향되었다.

14) 노수신(盧守愼) : 1515~1590. 본관은 광주(光州), 자는 과회(寡悔), 호는 소재(蘇齋)·이재(伊齋)·암실(暗室)·여봉노인(茹峰老人)이다. 1543년(중종38) 식년문과(式年文科)에 장원급제하였고, 인종 즉위 후 정언(正言)으로 재직하며 이기(李芑)를 논핵, 파직시켰다. 을사사화 때 파직되고 1547년(명종2) 순천(順天)에 유배되었다. 양재역 벽서사건(良才驛壁書事件)으로 가중 처벌되어 진도(珍島)로 이배, 19년 동안 귀양살이를 하였다. 1567년 선조가 즉위하자 다시 등용되어 1585년 영의정에 이르렀다. 1589년 기축옥사 때 과거 정여립(鄭汝立)을 천거하였다 하여 파직되었다.

하십니까?' 하였습니다. 그러자 성혼이 잠자코 좋아하지 않는 내색을 하였고, 이로 말미암아 김종유를 사절하였으니, 정철이 최영경을 가리켜 삼봉이라 한 것은 결국 성혼에게서 나온 것이 아니겠습니까?

그때 정철이 날마다 삼사(三司)를 인솔하고 성혼의 집에 모임으로써, 마침내 성혼의 집을 옥사를 다스리는 하나의 관아로 삼았습니다. 최영경이 죽음에 임박하여 또한 말하기를, '평생 털끝만한 죄도 범한 일이 없건만, 단지 성혼과 절교한 것 때문에 이러한 지경에 이르렀다.' 하였으니, 그 말이 슬픕니다.

그 행적을 논한다면 성혼의 죄는 가볍고 정철의 죄는 무겁지만, 그 정상을 따진다면 정철의 죄는 작고 성혼의 죄는 큽니다. 그 귀역(鬼蜮)[15] 같은 음모와 무함하는 계략은 신의 한두 마디 말을 빌릴 필요도 없을 것인데, 악독한 정철에 대해서는 가볍게나마 관작을 추탈하는 처벌을 내렸지만, 흉악한 성혼은 죽어서도 여전히 명성과 지위를 보전하고 있어서, 그 문생과 도당이 요직을 차지하고 앉아 맑은 조정을 수치스럽고 욕되게 하고 있으니, 어떻게 이미 백골이 된 원혼을 위로하며 이미 움츠러든 사기(士氣)를 펴게 하겠습니까?

임진년(1592, 선조25) 변란에 어가(御駕)가 그 집 앞을 지나는데도 거만하게 문을 닫아걸고 나와 보지 않았으니, 그가 임금을 저버리고 나라를 배신한 죄는 여기에서 또한 극에 달하였으므로 최영경을 죽인 한 가지 일은 진실로 말할 것도 못 됩니다."

○ 대사헌 황신(黃愼)[16]이 다음과 같이 아뢰었다.

---

15) 귀역(鬼蜮) : 귀역은 음모를 꾸며 남을 해치는 사람을 비유하는 말이다. 《시경(詩經)》 〈소아(小雅) 하인사(何人斯)〉에 "귀신이 되고 물여우가 된다.[爲鬼爲蜮]"라고 한 데서 온 말로, 그 풀이에 "물여우는 단호(短狐)라고 하는데 강회(江淮)의 강물에 모두 살고 있다. 물여우가 모래를 머금었다가 물속에 비친 사람의 그림자에 모래를 뿜으면 사람이 문득 병이 들게 되는데, 그 형체는 보이지 않는다."라고 하였다.

16) 황신(黃愼) : 1560~1617. 본관은 창원(昌原). 자는 사숙(思叔), 호는 추포(秋浦), 시호는 문민(文敏)이다. 성혼(成渾)·이이(李珥)에게 수학했다. 1589년 기축옥사 때 이산해(李山海)를 탄핵하다가 이듬해 고산 현감으로 좌천당한 데 이어, 1591년에는 정철(鄭澈)의 일당이

"삼가 문경호(文景虎) 등의 상소를 살펴보니 성혼이 최영경을 무함하여 죽였다고 극력 주장하였는데, 터무니없는 거짓말로 극도로 헐뜯고 배척하였으니 신은 적이 비통한 마음입니다.

신은 약관(弱冠)의 나이 이래 성혼의 문하에서 수학하였는데, 늘 들은 말이라곤 최영경의 집안에서의 올바른 행실과 그의 지조, 효심에 대해 칭찬하는 것이었고, 다만 글을 읽지 않아 식견이 부족하고 향중(鄕中)에서 처신을 잘하지 못하는 것이 단점이라고 하였습니다.

기축년 역변이 일어나자, 역적의 무리가 초사에서 길삼봉을 역적의 괴수라 칭하였고, 이어 역적의 초사에서 길삼봉을 최삼봉이라 하였으며, 또 지리산 아래 산다는 주장들이 있었습니다. 당시 떠도는 말들 중에 드디어 최영경을 가리켜 삼봉이라 하는 말이 온 나라에 시끄럽게 퍼져나가니 흉흉하기 그지없었습니다.

신이 경인년(1590, 선조23) 봄에 마침 사간원 정언(正言)이 되어, 성혼의 집을 방문했더니, 성혼이 신에게 말하기를

'최영경은 집안에서 효도하고 우애하며 또한 기개와 지조가 있는 사람으로, 비록 병통이 많다 하나 그의 장점은 높이 살만하다. 근자에 떠도는 말들은 전혀 이치에 맞지 않으니, 혹 그러한 말을 하는 자가 있더라도 절대 부화뇌동해서는 안 된다.'

하였습니다. 그 후 과연 대간(臺諫) 중에 완석(完席)[17]에서 그러한 발언을 하는 자가 있자, 신이 이르기를,

---

라 하여 파직되었다. 1601년 정인홍(鄭仁弘)의 문인 문경호(文景虎)가 스승인 성혼과 그 문인들을 탄핵하는 상소를 올리자, 대사헌으로서 이에 맞서다가 북인들에 의해 관작이 삭탈되었다. 1613년 계축옥사가 일어나자 다시 관작을 삭탈당하고 옹진에 유배되어 그곳에서 죽었다. 인조반정으로 서인 정권이 들어서자 우의정에 추증되었고, 공주 창강서원(滄江書院)에 제향되었다.

17) 완석(完席) : 원의석(圓議席), 완의석(完議席)의 줄임말이다. 대간이 비공개로 풍헌(風憲)에 관계되는 일과 탄핵, 서경(署經) 등을 의논하는 자리를 이른다. 여기에서 모두 합의가 된 뒤에 임금에게 아뢰었다.

'성명(聖明)한 세상에 유언비어로 사람에게 죄를 주는 것은 옳지 않다. 더구나 최영경은 도(道) 전체에서 명망이 두터운데, 지금 애매한 말로 죄를 주면 반드시 도 전체의 인심을 잃을 것이니 이는 염려하지 않을 수 없는 일이다.'

하였습니다. 그때 사간 유근(柳根)[18] 또한 그렇게 여겨, 마침내 그 의논이 중지되었습니다. 그때 신은 실상 최영경의 사람됨을 알지 못하였지만, 스승과 벗의 논의를 굳게 믿었던 까닭에 이와 같이 힘껏 변별하였던 것입니다. 유근이 아직도 있으니 지금 하문하여 증험할 수 있습니다.

성혼이 과연 최영경을 해칠 마음을 먹었다면, 당시 대간 중에 성혼과 친밀한 이로는 신만 한 사람이 없었으니, 반드시 먼저 신에게 말했을 것입니다. 그런데 성혼이 신에게 한 말들은 이미 아뢴 바와 같으니, 성혼의 심사는 이로써 추정할 수 있습니다.

그 후 신은 외직에 보임되었고 성혼 또한 물러갔는데, 한 달여가 지난 뒤 옥사가 비로소 일어났습니다. 다시 국문하자는 계사(啓辭)는 최영경이 방면된 당일에 있었으니,[19] 백리 밖에 있던 성혼이 어찌 이 사실을 알 수

---

18) 유근(柳根) : 1549~1627. 본관은 진주(晉州), 자는 회부(晦夫), 호는 서경(西坰)·고산(孤山), 시호는 문정(文靖)이다. 1572년(선조5) 별시 문과에 장원하였으며, 1576년 질정관(質正官)으로 중국에 다녀왔다. 1591년 좌승지로서 정철(鄭澈)의 일파로 탄핵 받고 파직되었다. 1613년(광해군5) 폐모론(廢母論)에 반대하다가 관작이 삭탈되었으며, 이후 대북파(大北派)가 전횡하자 괴산(槐山)에 은거하였다. 1627년 정묘호란 때 강화로 왕을 호종하던 중 통진(通津)에서 죽었다. 괴산의 화암서원(花巖書院)에 제향되었다. 문집으로 《서경집(西坰集)》이 전한다.

19) 다시 …… 있었으니 : 최영경이 다시 수감되어 국문을 받게 된 이유는, 훗날 실록 기록에 따르면 "산을 파 길을 내고 도의 경계를 넘어서 역적 정여립과 서로 교유하였다.[鑿山通道, 越境相從爲言.]"는 것이었다. 《宣祖實錄 27年 11月 13日》 당시 최영경이 정여립과 평소 친밀히 교유했다는 주장은 정여립이 최영경의 집을 방문한 일이 있다는 소문으로 확대되며 최영경을 궁지로 몰아넣고 있었다. 조정에서는 소문의 진상을 정확하게 파악하기 위해 이 소문을 퍼뜨렸다고 지목된 경상 도사 허흔(許昕)을 불러 신문하였는데, 허흔은 경상 감사 김수(金睟)에게 들었다고 하였다. 이에 김수가 소환되어 심문을 받았는데, 진주 판관 홍정서(洪廷瑞), 진주 품관 정홍조(鄭弘祚) 등 소문의 진원지라 지목된 이들이 모두 관련 사실을 부인함으로써 소문의 진상은 미궁에 빠졌고, 최영경은

있었겠습니까? 그러한즉 성혼이 시종일관 이 옥사에 털끝만큼도 간여한 일이 없음은 변론을 거치지 않아도 분명히 알 수 있는 사실입니다.

문경호 무리가 감히 중상모략을 일삼는 것은 누군가의 사주를 받아 조정에 알력을 일으키려는 계략이니, 어찌 상대하여 따질 필요가 있겠습니까? 그러나 그 상소에 '그 문생과 도당이 요직을 차지하고 앉아 있다.' 하였습니다. 신은 성혼의 문생으로 이미 이러한 논척을 받았으니 어찌 감히 자리에 그대로 있을 수 있겠습니까?"

주상이 답하기를, "사퇴하지 말라." 하였다.

집의 이성록(李成祿)[20] -장령 조익(趙翊),[21] 지평 민유경(閔有慶)[22]- 등이 대략 다음과 같이 아뢰었다.

"최영경이 결국 잡혀와 국문을 받은 것은 실로 양남(兩南)의 감사와 병사의 장계 때문이었습니다.[23] 국문할 때, 영경이 역적과 안면이 있고 서신을 왕래한

옥사하기에 이르렀다.

20) 이성록(李成祿) : 1559~1627. 본관은 전주(全州), 자는 성지(成之)이다. 영의정 이경여(李敬輿)의 백부(伯父)이다. 1591년(선조24) 식년문과에 급제하여 청요직을 두루 역임하였다. 최영경 옥사에 성혼이 관련되었다는 동인의 주장에 대하여 성혼·정철 등을 옹호하였다 하여 동인의 탄핵을 받아 삭직되었다. 1613년 계축옥사에 연루되었으나 사촌 매부인 이이첨의 도움으로 벗어났다. 인조반정 이후 이천부사, 형조참의 등을 역임하였다.

21) 조익(趙翊) : 1556~1613. 본관은 풍양(豊壤), 자는 비중(棐仲), 호는 가휴(可畦)이고, 정구(鄭逑)의 문인이다. 1582년(선조15) 생원시를 거쳐 1588년 알성문과에 급제하여 병조좌랑·광주목사(光州牧使)·장령 등을 지냈다. 1592년 임진왜란이 일어났을 때에는 호남지방에서 의병을 일으키기도 하였다. 상주의 속수서원(涑修書院)에 제향되었다.

22) 민유경(閔有慶) : 1565~1632. 본관은 여흥(驪興), 자는 이길(頤吉). 호는 풍돈(楓墩) 또는 도촌(陶村)이다. 상촌(象村) 신흠(申欽)과 함께 청강 이제신(李濟臣)에게 수학하다가 두 사람 모두 그의 사위가 되었다. 1589년(선조22) 생원시와 진사시에 모두 합격하고, 1594년 정시문과에 급제하여 1600년 홍문록에 오르고, 1602년 지평이 되었다. 이때 정인홍의 사주를 받은 문경호가 성혼의 관작을 추탈하라고 상소하자 대사헌 황신과 함께 무고임을 주장하다가 전주판관으로 좌천되고 이어서 파직, 6년 동안 봉산에 유배되었다. 1613년 교리가 되어 인목대비의 폐모론(廢母論)에 반대하였다.

23) 양남(兩南)의 …… 장계 : 《진감(震鑑)》·《아아록(我我錄)》 등 노론 당론서에는 최영경이 길삼봉이라는 설을 처음 발설한 것은, 진주(晉州)의 품관(品官) 정홍조(鄭弘祚)라고 보았다. 즉 그가 진주 판관(判官) 홍정서(洪廷瑞)에게 "길삼봉은 최영경의 별호(別號)이다."라

일에 대해 대략 진술하고, 이어 말하기를, '모년(某年) 이후로는 결코 서신을 왕래한 일이 없다.' 하였는데, 전하께서 내리신 두 장의 서찰은 영경이 모년 이후로 주고받은 서찰이었습니다.

이로 인해 바로 '하늘의 그물이 넓고 넓으니 그가 벗어나기는 참으로 어려울 것이다.' 하교하시고, 그의 관직을 깎아버린 다음 방면을 명하셨으니, 이는 성상의 지극히 인자하신 덕이었습니다. 그런데 그때 갑자기 대간이 다시 국문할 것을 아뢰었으니, 이는 식견 있는 자들이 모두 탄식하고 애석해 한 바로, 이 어찌 당시 일치된 논의에서 나온 말이었겠습니까?

그가 죽음에 이르게 된 것이 원통하였으므로, 대사헌의 벼슬을 증직하고 그 처자에게 늠료(廩料)를 지급하기에 이르렀으니, 조정에서 최영경을 신원해 준 것이 지극하다 할 만합니다. 하물며 성혼 같은 사람은 길삼봉이라는 근거 없는 낭설에 대해 최영경을 구하려는 말을 분명하게 하였고, 또 그의 효성과 우애를 칭찬하였는데, 어찌 한때의 형적이 조금 달랐다는 이유로 성혼을 가리켜 최영경을 무함해 죽였다고 한단 말입니까? 연좌시키고 파급시키고자 문생이다 도당이다 지목하여 일망타진할 기회로 삼고 있으니, 아! 또한 참혹합니다.

고 말한 것을 홍정서가 밀양 교수(密陽敎授) 강경희(康景禧)에게 말하자, 강경희가 경상 감사 김수(金睟)에게 말하고 김수가 경상 도사(都事) 허흔(許昕)에게 말하자 허흔이 경상 병사(兵使) 양사영(梁士瑩)에게 말하였으며, 정여립의 처족(妻族) 김극관(金克寬)이 또 이 말을 듣고 제원 찰방(濟原察訪) 조응기(趙應琪)에게 말하였고 조응기가 전라 감사 홍여순(洪汝諄)에게 말하자 여순이 급히 장계를 올리는 한편 경상 감사 김수에게 글을 보내 최영경을 체포하게 했으므로 최영경이 수금(囚禁)되었다는 것이다. 기축옥사로 많은 피해를 입은 동인 측에서는 최영경이 곧 길삼봉이라는 이들의 고변이 최영경을 역모로 얽어 죽이고자 한 정철의 사주를 받고 행한 것이라 주장하였다. 반면 서인 측에서는 최영경이 곧 길삼봉이라는 소문이 전파될 때 당시 동인이자 전라 감사였던 홍여순이 경상 감사 김수에게 글을 보내 최영경을 체포하게 했으므로, 최영경 죽음의 직접적 책임은 서인이 아닌 동인에게 있다고 주장하였다. 이처럼 최영경의 나국(拿鞫)을 모략 때문이 아닌 양남(兩南)의 감사와 병사가 공무를 행하다 불가피하게 빚어진 이른바 공죄(公罪) 때문이라거나 홍여순의 책임에 더 무게를 두는 시각은 노론 당론서의 공통된 정론이다.

근년 이래로 풍습이 좋지 못하여 조정을 무함하려 할 때는 반드시 먼저 초야의 의론에 가탁하여 그 계략을 이룹니다. 지금 문경호 등의 이 상소는 그 마음이 어찌 이미 죽어 문드러진 백골만을 위한 것이겠습니까? 옛날에 이른바, '공론이 초야에 있다.'는 것이 어찌 이 무리를 말하는 것이겠습니까? 참으로 이러한 풍조가 자라나도록 그대로 두어서는 안 됩니다.

성혼이 최영경의 옥사에 애당초 간여하지 않았고, 시종일관 그를 구하려 했던 것은 사람들이 모두 알고 있는 사실입니다. 대사헌 황신은 비록 성혼의 문생이라고는 하나 원래 피혐할만한 이유가 없는데, 어찌 그들의 무함을 따라 경솔하게 언관을 갈아 치워서 그들이 하고자 하는 바를 그대로 이루어 줄 수 있겠습니까?"

답하였다.

"이미 지나간 최영경의 일을 시끄럽게 다시 논의하는 것은 옳지 않다. 다만 영경을 이미 국문한 후 임금이 그를 석방하라 명하였는데도 양사가 논란하였으니 이는 무슨 의도였는가? 이것은 반드시 영경을 이로써 끝내 죽이려는 의도가 있었던 것이니, 사람들이 원통하다고 하는 것 또한 당연하지 않은가?

성혼을 지목하여 운운하는 말들은 내가 아는 바는 아니나, 다만 영남의 선비들이 전부터 이러한 주장들을 해 왔으니, 그 속에 시비와 허실이 섞여있다 하더라도 그 도의 인심은 반드시 이와 같은 것이다. 만약 이를 두고 덫과 함정이라 운운한다면 영남 선비들의 마음은 복종하지 않을 것이다.

성혼의 사람됨은 뒤에 와 그의 마음을 쓰는 자취가 드러났으니, 책망할 필요도 없는 사람이다. 유생의 상소가 비록 무함과 거짓에서 나왔다 하더라도 공론이 절로 있을 것이니, 일단 제쳐두고 거론하지 않는 것이 좋겠다.

황신은 그 스승을 두둔하고자, 그들을 가리켜 '남의 사주를 받았다.'하며 재갈을 물리고 입을 막아 발설하지 못하게 하려하고 있다. 만약 영남의 유생이 이 말을 듣는다면 그 분을 이기지 못해 사람마다 모두 소매를 걷어붙이고 일어나 항의하는 소를 올리고 뒤도 돌아보지 않을 것이니, 이래도 또한 남의 사주를 받았다고 할 것인가?

근자에 들어와 전조(銓曹)에서 감히 독종들을 수령의 직임에 의망하는 등 방자하기가 이를 데 없는데 감히 나와 한 마디 아뢰는 사람이 없으니, 조정의 시비는 어디에 있는 것인가? 출사(出仕)에 관한 일은 아뢴 대로 하라."

이성록(李成祿)이 또 대략 다음과 같이 아뢰었다.

"유언비어에서 발원한 말들은 오랜 후에야 그 진위가 징험되므로, 반드시 함정을 파 일망타진할 계략임을 알 수 있습니다. 비록 온 도에서 칭하고는 있으나, 실상 고령(高靈) 이하 서너 고을의 약간 명이 8월부터 통문(通文)을 돌려 모임을 가진 후 논의가 일치하지 않아, 모였다가 다시 흩어지고 처음에는 같다가 뒤에는 달라졌습니다.

심지어 소두(疏頭)[24] 이흘(李屹) 등이 서로 잇따라 사퇴하였고, 문위(文緯) 등은 끝내 구차하게 동의하지 않자, 자기들 내부에서 이른바 '사림정거(士林停擧)'[25]를 당하였다가 3개월을 어영부영 보낸 후 비로소 소를 올리게 되었습니다. 서울에 올라온 뒤에도 마땅히 서둘러 봉진(封進)해야 함에도 불구하고 오히려 여염에 흩어져서 드나들며 보고 듣고 배회하며 관망하기를 수십 일이나 끌었으니, 그 간의 거조에는 반드시 까닭이 있을 것입니다.

이로써 보건대, 그 의도가 어찌 영경을 신구(伸救)하는 데 있다 하겠으며, 또 어찌 이미 죽은 성혼에게 있다 하겠습니까? 또한 온 도내의 일치된 의론에서 나오지 않은 것도 명명백백합니다.

처음에는 성혼을 명분으로 삼고 이어 문생과 도당을 거론하니, 조정의 명사(名士)들이 모두 불안한 생각에 물러가기 바쁘게 되었습니다. 저들이 초야의 논의를 가탁하여 기회를 틈타 남을 무함하려는 정상은 실로 가릴

---

24) 소두(疏頭) : 연명하여 올리는 상소(上疏)에서 맨 먼저 이름을 적은, 주동이 되는 사람을 이른다.

25) 사림정거(士林停擧) : 해당 사람에게 과거의 응시를 어느 연한까지 정지시키는, 사림 내부의 자체 형벌을 이른다.

수 없습니다."

○ 대사헌 기자헌(奇自獻)[26]이 다음과 같이 아뢰었다.

"성혼이 최영경을 죽였다고 사람들이 생각하는 것은, 기축년(1589, 선조22) 무렵 성혼은 온 세상의 중망을 한 몸에 받고 그의 말이면 반드시 받아들여졌는데, 단 한 번도 상소하여 영경을 구하지 않았던 까닭에 그의 마음을 의심하여 이러한 말이 있게 된 것이니, 이것이 《춘추(春秋)》에서 말하는 주심(誅心)의 법[27]입니다. 당시의 곡절을 상세히 알지 못하는 후진들의 경우 이 일을 경솔하게 언급하지 않으려 한다 해도 또한 무방합니다.

다만 최영경의 억울한 죽음에는 만고의 공론이 있어 왔습니다. 신이 지난번 사헌부에서 황신(黃愼)을 처치한 말을 보니, 첫머리에 말하기를, '삼봉(三峰)이란 말은 당시 역적 도당의 초사에서 처음 나온 것인데, 사람들 사이에 이 말이 떠들썩하니 전파되는 바람에 마침내 삼봉이 영경의 별호가 되었다.' 하였습니다.

그러나 당초 역적의 초사에서 나온 말은 길살봉(吉三峯)이지 최삼봉(崔三峯)이 아니었습니다. 그런데 '길삼봉이란 말이 와전되어 최삼봉이 되었다.'고 말하지 않고 곧바로 '최삼봉이란 말이 역적의 공초에서 처음 나왔다.'고만 하여, 마치 길삼봉이란 말은 처음부터 없었던 것처럼 되어 버렸습니다. 영경의

---

26) 기자헌(奇自獻) : 1562~1624. 본관은 행주(幸州), 자는 사정(士靖), 호는 만전(晩全)이다. 증조부는 기준(奇遵), 조부는 기대항(奇大恒)이다. 1590년 증광문과에 급제하여 청요직을 두루 역임하고 1604년 우의정, 1614년 영의정에 올랐으나 1617년 폐모론에 반대하다가 문외출송(門外黜送)되고 홍원(洪原)에 유배되었다. 1623년 인조반정 이후 역모죄로 중도부처 되었다가 1624년 이괄의 난이 일어나자 처형되고 일족도 몰살당하였다.

27) 주심(誅心)의 법 : 밖으로 드러난 죄상이 아닌, 마음속에 품고 있는 불의를 논하여 처벌하는 일이다. 노(魯)나라 선공(宣公) 2년에 조천(趙穿)이 진(晉)나라 영공(靈公)을 도원(桃園)에서 죽였는데 당시 집정신(執政臣)인 조돈(趙盾)이 그들을 토벌하지 않은 것과, 소공(昭公) 19년에 허(許)나라 도공(悼公)이 병중에 있을 적에 세자 도지(悼止)가 약을 맛보지 않아 도공을 죽게 한 두 가지 일에 대하여, 《춘추(春秋)》에서는 이 법을 적용하여 모두 임금을 시해하였다고 하였다. 《春秋左氏傳 宣公2年, 昭公19年》

성이 마침 '최'이니, 이른바 '최삼봉이란 말이 역적의 초사에서 나왔다.'고 하는 것은 영경의 죽음이 비록 억울한 듯하나 또한 의심스러운 까닭에 죽어 마땅하다는 뜻이 있는 것입니다.

또 말하기를, '결국 잡아다 국문하게 된 것은 실로 양남(兩南)의 감사와 병사의 장계 때문이다.' 하였습니다. 이것은 당시 거짓을 날조하여 스스로 주창하고 스스로 화답함으로써 그 말을 온 나라 안에 전파시켜서 누구나 대수롭지 않게 입에 올리는 말로 만든 것이니, 처음 옥사를 일으킨 자의 죄이지, 이것이 어찌 당시 터무니없는 말에 선동되어 장계를 올리고 조정의 조치를 따른 사람의 죄이겠습니까?

또한 말하기를, '국문할 때 최영경이 역적과 서신을 왕래한 일을 대략 진술하였다.'고 하여, 마치 영경이 평소 역적과 서로 알고 지낸 일이 있으니 저절로 그 죄가 있는 것처럼 되었습니다. 신은 잘 모르겠습니다만, 최영경이 온갖 고초 끝에 죽음을 맞이하였을 때, 기세등등하게 뜻을 이루었던 자들은 과연 모두 역적과 평소 한두 번 서신을 왕래한 일이 없었단 말입니까?

또 말하기를, '관직을 추증하고 처자에게 국고의 양곡을 지급하였으니, 조정에서 최영경을 신원해 준 것이 지극하다 할 만하다.' 하였는데, 비록 감히 드러내놓고 말은 하지 못하였으나 마치 추증하고 양곡을 지급한 것이 과도한 처사였다는 것처럼 말하였습니다.

그러나 그때의 일을 다 숨길 수는 없어서 말하기를, '당시 대간이 갑작스레 다시 국문할 것을 아뢰었으니, 이는 식견 있는 자들이 모두 탄식하고 애석해 한 일'이라고 하였습니다. 이 말로 본다면 또한 당시 일을 담당한 자의 죄임을 알고 있다 할 것인데, 그런데도 지금에 와 말하기를, '이로 인해 하늘의 그물이 넓고 넓으니 그가 벗어나기는 참으로 어려울 것이라는 전교를 내리셨다.'고 하여, 마치 최영경이 죄를 받은 것은 실로 전하의 전교 때문이지 당시 일을 담당한 자의 소행이 아닌 것처럼 말하여 당시 일을 담당했던 자의 죄는 모두 벗기려 하고, 선비를 죽인 일은 군부에게 책임 지우려 하였습니다.

그때 전하께서 끝내 영경을 석방하지 않으셨다 하더라도, 이는 당초 거짓을 날조하여 국문을 청한 자의 죄이니 전하에게 책임을 돌릴 수는 없는 일입니다. 아래에서 역적이니 국문하라 청하면 위에서는 그 청을 따라 국문하게 하는 것이 진실로 마땅한 처사입니다.

이미 국문한 후 전하께서 영경의 죄가 실상이 없음을 아시고 특명으로 석방하셨는데 굳이 다시 국문하라 청하여 기어이 사지로 밀어 넣은 일은 진실로 온 나라 사람들이 모두 알고 있는 사실이요, 천지신명이 환히 들여다보고 빼곡히 비추어 속일 수 없는 일입니다. 그런데도 감히 석방을 명하실 때 내리신 전교 중 한마디 말을 콕 집어내어 당시 일을 담당했던 자들은 알지 못하는 일이라고 주장하려 하니, 또한 너무도 괴이하지 않습니까?

처치하며 이러한 말을 한 사람들은 모두 후진들이니, 이들은 분명 당시의 일을 알지 못해서 이렇게 말한 것일 테지만, 그러나 자신의 주장을 반드시 이와 같이 내세우려 한다면 착오를 면치 못할 것이니, 신은 동료들과 함께 구차하게 용납할 수 없습니다."

주상이 답하기를,

"최영경의 일은 당시 호남의 양천경(梁千頃) 등이 고발한 것[28]이다. 사직하지

28) 양천경(梁千頃) …… 것 : 1590년(선조23) 기축옥사가 한창 진행되고 있던 때 호남 유생 양천경 · 강해가 역모의 모주(謀主) 길삼봉(吉三峯)은 최영경(崔永慶)이라고 고변한 일로 인해 결국 최영경이 옥사하였다. 이듬해인 1591년(선조24) 서인이 실각하자 양사(兩司)가 이들이 무고한 사실을 밝혀 바로 다스려야 한다고 합계(合啓)하고 체포하여 국문하였는데, 양천경 등은 정철의 사주를 받고 허위사실을 지어냈음을 자백하였다. 양천경 · 강해는 장형(杖刑)을 받고 북도(北道)로 유배되어 가는 도중에 장독(杖毒)으로 죽었다.(《宣祖實錄 24年 8月 13日》《己丑錄 庚寅年姜涀上疏》) 강해는 강견(姜涀)이라고 개명하였으므로, 사료에 따라서는 강해를 강견으로 적고 있다. 《燃藜室記述 宣祖朝故事本末 辛卯時事》 기축옥사로 많은 피해를 입은 동인 측에서는 최영경이 곧 길삼봉이라는 이들의 고변이 최영경을 역모로 얽어 죽이고자 한 정철의 사주를 받고 행한 것이라 주장하였다. 반면 서인 측에서는 신묘년 서인의 실각 후 이루어진 양천경 · 강해의 자복이야말로 정철을 무고하고자 양천경 등을 혹독히 고문한 동인 홍여순(洪汝淳)의 계략이었다고 보았다. 서인 측에서는 최영경이 곧 길삼봉이라는 소문이 전파될 때 당시 전라 감사였던 홍여순이 경상 감사 김수(金睟)에게 글을 보내 최영경을 체포하게 했으므로, 최영경

말라."

하였다.

임인년(1602, 선조35) 봄, 장령 여유길(呂裕吉),[29] 사간 홍준(洪遵)[30]이 성혼을 변명하는 소를 올리고 인피(引避)하였다.

지평 윤의립(尹義立)[31]이 다음과 같이 아뢰었다.

"최영경은 산림의 한 처사(處士)였는데, 불행히도 간악하고 음흉한 무리가 옥사를 이루며 그에게 역적의 명목을 씌워 옥중에서 원통하게 죽게 만들었습니다. 지금 영남 유생이 최영경을 무함하여 죽인 것은 실상 성혼에게서 말미암은 것이라고 하였습니다.

성혼은 정철과 교유가 가장 친밀하였는데, 영경이 억울한 죽음을 당한 것이 분명한데도 일찍이 한 마디도 구원하는 말이 없었으니, 영경이 성혼으로 말미암아 죽었다 해도 무방할 것이나, 만약 '성혼이 극력 주장하여 영경을 무함하여 죽였으니 그 죄가 정철보다도 심하다.'고 한다면 그 논의는 또한 맞지 않습니다. 게다가 그 죄를 문생과 도당에게까지 연루시킨다면 어찌 지나치지 않겠습니까?

죽음의 직접적 책임은 서인이 아닌 동인에게 있다고 주장하였다. 《我我錄》

29) 여유길(呂裕吉) : 1558~1619. 본관은 함양(咸陽), 자는 덕부(德夫), 호는 춘강(春江)이다. 1580년(선조13) 알성(謁聖) 문과에 급제하여 호조정랑(戶曹正郎) 등을 지냈다. 1610년(광해군2) 동지사(冬至使)로 청나라에 다녀와서 한성부 우윤(右尹)으로 승진, 1612년 부총관(副摠管)이 되었다. 문집에 《춘강집》이 있다.

30) 홍준(洪遵) : 1557~1616. 본관은 남양(南陽), 자는 사고(師古), 호는 괴음(槐陰)이다. 1579년(선조12) 진사가 되고, 1590년 증광문과에 급제한 뒤 청요직을 두루 역임하였다. 1606년 형조참판으로 있을 때 동지절진하사(冬至節進賀使)로 명나라에 다녀왔다.

31) 윤의립(尹義立) : 1568~1643. 본관은 파평(坡平), 자는 지중(止中), 호는 월담(月潭)이다. 윤국형(尹國馨)의 아들로서 뒤에 의립(毅立)으로 개명하였다. 1594년 문과에 급제하여 검열(檢閱), 설서(說書) 등을 지냈다. 1624년(인조2) 정자(正字)로 재직 중 조카가 이괄(李适)의 난에 연루되어 처형됨에 따라 벼슬을 그만 두었다. 1626년 다시 관직에 복귀하여 형조와 예조판서를 거쳐서 의정부 좌참찬에 이르렀다.

대저 성혼의 죄를 논할 때 영경을 무함하여 죽였다고 지목한다면 사람들이 수긍하지 않겠지만 영경을 구하지 않은 것으로 책임을 묻는다면 성혼 또한 할 말이 없을 것입니다. 간관(諫官)이 되어서 다만 성혼을 위해 변명할 줄만 알아서 오히려 미치지 못할까를 염려하였으니, 올바르게 일을 논하는 도리를 잃었습니다. 장령 여유길 등과는 형세 상 구차하게 서로 용납하기 어려우니 저를 체직하여 주십시오."

주상이 답하기를,

"예로부터 간흉과 교분이 가장 친밀하여 한 몸처럼 합하고도 소인이 되는 것을 면한 사람이 있던가? 사직하지 말라."

하였다.

○ 비망기에 이르기를,

"몇 년 전 영남 사람 박성(朴惺)[32]이 상소하여 성혼이 최영경을 암암리에 죽인 죄상을 극력 아뢰었는데,[33] 그 말의 허실이야 굳이 따질 것이 없으나 그때 내가 영남에 이러한 의론이 있음을 알게 되었다.

지금 영남 유생의 상소[34]는 실로 처음 나온 말이 아닌데, 간원의 계사에서, '전후로 성혼을 지목하여 말한 사람이 전혀 없었는데 처음으로 죄를 돌렸다.' 운운하며, 감히 '처음'이라는 말을 하고, 또 '전후에 없던 일'이라고 하였으니,

---

32) 박성(朴惺) : 1549~1616. 본관은 밀양(密陽), 자는 덕응(德凝), 호는 대암(大庵)이다. 정구(鄭逑), 최영경(崔永慶), 김면(金沔), 장현광(張顯光) 등과 교유하며 남명(南冥) 조식(曺植)의 학문적 영향을 많이 받았다. 임진왜란 때 초유사 김성일의 막하에 있었고, 정유재란 때 체찰사 이원익의 막하에서 활약하였다.

33) 몇 …… 아뢰었는데 : 정인홍(鄭仁弘)을 비롯한 북인(北人) 측은 기축옥사 때 최영경의 죽음을 두고 성혼이 정철(鄭澈)을 사주하여 죽인 것이라 여겼으므로, 성혼은 정철과 함께 북인의 집요한 공격을 받았다. 1597년(선조30) 4월, 박성(朴惺)이 최영경의 죽음과 관련하여 성혼과 정철을 논죄하는 상소를 올렸다.

34) 영남 …… 상소 : 1601년(선조34) 12월, 문경호(文景虎)가 '최영경을 무함하여 죽음에 얽어 넣은 자는 정철, 이를 배후에서 조종한 자는 성혼'이라는 내용의 상소를 올린 일을 이른다.

이는 사람을 속이려는 것으로 매우 바르지 못하다.

황신이 아뢴 말과 사헌부의 계사(啓辭)는 진실로 책망할 것도 못되니, 조정이란 시비(是非)가 있는 곳인데, 시비가 바르지 아니하면 어떻게 나라를 다스릴 수 있겠는가?"

하였다. 집의 이성록(李成祿), 헌납 이진빈(李軫賓)[35] 등이 모두 인피하였고, 사간 조희보(趙希輔),[36] 장령 여유길(呂裕吉)은 간통(簡通)[37]에 이의를 제기하지 않고 인피하였다.

부제학 신흠(申欽) -교리 최상중(崔尙重)[38]·이현영(李顯英),[39] 수찬 홍준(洪遵)- 등이 차자를 올려 다음과 같이 아뢰었다.

"최영경의 죽음은 과연 억울하다 할 만하나, 그 죄를 전혀 간여한 바가 없는 성혼에게 돌리고 그 문도까지 연루시킨다면 그것이 만연(蔓延)되어

---

35) 이진빈(李軫賓) : 1568~1592. 본관은 전주(全州), 자는 응림(應霖)이고, 이량(李樑)의 조카이다. 1589년(선조22) 증광문과에 급제하여 호조정랑, 장령, 전적 등을 역임하였다.

36) 조희보(趙希輔) : 1553~1622. 본관은 풍양(豊壤), 자는 백익(伯益)이다. 1582년(선조15) 진사가 되고, 1588년 식년문과에 급제하여 청요직을 두루 역임하였으며 정인홍을 비판하였다. 1611년(광해군3) 성주목사에 임명되었으나 관내 정인홍의 세력을 믿고 횡포를 자행하는 토호(土豪)를 엄벌하였다가 탄핵을 받아 파직되었다. 영국원종공신(寧國原從功臣)에 녹훈되었으며, 이조판서에 추증되었다.

37) 간통(簡通) : 사헌부나 사간원의 관원이 편지로 서로의 의견을 교환하는 것을 이른다.

38) 최상중(崔尙重) : 1551~1604. 본관은 삭녕(朔寧), 자는 여후(汝厚), 호는 미능재(未能齋)이다. 영의정 최항(崔恒)의 6대 손이며, 유희춘(柳希春)의 문인이다. 1576년(선조9) 사마시에 합격하고, 1589년 증광문과에 급제하여 검열이 되었고, 1592년 임진왜란이 일어나자 도원수 권율(權慄)의 종사관이 되어 5, 6년간 그를 보필하였다. 도승지에 추증되었다가 아들 최연(崔葕)의 공으로 대사헌에 가증되었으며, 남원의 노봉서원(露峰書院)에 제향되었다.

39) 이현영(李顯英) : 1573~1642. 본관은 한산(韓山), 자는 중경(重卿), 호는 창곡(蒼谷)·쌍산(雙山)이다. 1595년(선조28) 별시 문과에 급제하여 청요직을 두루 거치고, 1621년 병조참의가 되었으나, 대북파의 전횡에 불만을 품고 은퇴하였다. 1623년 인조반정 이후 예조·형조의 판서를 지냈다. 1642년 청나라 용골대(龍骨大)가 소현세자(昭顯世子)를 볼모로 삼아 심양(瀋陽)에 잡아놓고 조선 사신의 입국을 요구하자, 김상헌(金尙憲)과 함께 심양에 가서 한달 동안 감금되었다가 돌아오던 중 평양에서 죽었다. 뒤에 영의정에 추증되었고, 시호는 충정(忠貞)이다.

이르지 않는 곳이 없게 될 것입니다. 문경호 등이 소장에서 논한 내용은 대개 합천과 고령 등지에서 행해지는 말이고, 박성(朴惺)은 실상 그 일파이니, 다만 상소를 올린 선후가 다를 뿐이며, 이들 이외에 또 근거할 만한 일도(一道) 공공(公共)의 논의가 있는 것은 아닙니다.

사간원에서 성혼의 죄목을 들추어 논핵한 사람이 전혀 없었다 한 것[40]은, 전후 삼사(三司)가 논한 것을 가리켜 한 말입니다. 박성의 상소는 몇 년 전의 일이라 세월이 이미 오래되었으므로 보고 들은 것에 있어 혹 미치지 못한 바가 있었으니, 이는 사세가 진실로 그러한 것입니다. 그러나 일을 논하는 사체(事體)는 상세히 살피는 것이 중요한데 간원이 아뢸 때 과연 살피지 못한 잘못이 있으니, 사세 상 그 자리에 그대로 있기는 어렵습니다.

근년 이래 선비의 습속이 아름답지 못하여 근거 없는 논의가 제멋대로 횡행하고, 공론을 가탁하여 조정을 동요시키며, 터무니없는 거짓을 날조하여 사류를 무함하는 것이 전후로 거침이 없으니, 이는 전하께서 훤히 아시는 일이요, 식견 있는 자들이 함께 분노하는 바입니다. 문경호의 상소 또한 이와 같은 예로, 사헌부에서 논한 것은 전혀 지나치지 않으니, 이 일로 언관을 경솔히 체직시켜서는 안 됩니다.

청컨대 사간 조희보, 헌납 이진빈, 정언 이경운(李卿雲)[41]·김지남(金止男)[42]

---

40) 사간원에서 …… 것 : 1601년 12월 24일에 헌납 이진빈(李軫賓), 정언 이경운(李卿雲)·김지남(金止男)이 아뢰기를, "전후에 영경의 일로써 논란한 것이 한두 번에 그치지 않았는데 성혼을 지목하여 말한 자는 전혀 없었습니다. 이제 문경호 등이 근거 없는 말을 지어내어 처음으로 성혼에게 죄를 돌리려고 하였고, 또 그 문생에게 영향이 미치게 하여 사람을 무함하는 계략을 꾸몄으므로 사헌부에서 '함정'이란 말이 나오게 된 것입니다. 집의 이하가 나와서 직무를 수행할 것을 청합니다." 라고 한 말을 가리킨다. 《燃藜室記述 卷17 宣祖朝故事本末 削成渾官爵辛丑鄭仁弘用事壬寅》

41) 이경운(李卿雲) : 1556~1619. 본관은 전주(全州), 자는 군서(君瑞), 호는 정양당(靜養堂)이고, 효령대군(孝寧大君) 보(補)의 5대손이다. 1595년(선조28) 별시 문과에 급제하여 호조정랑, 사간원 정언 등을 역임하였다.

42) 김지남(金止男) : 1559~1631. 본관은 광산(光山), 자는 자정(子定), 호는 용계(龍溪)이다. 1591년(선조24) 사마시에 합격하고, 같은 해 별시문과에 급제하여 청요직을 두루 역임하였다. 1613년(광해군5) 집의로 있을 때, 박응서(朴應犀)의 무고로 영창대군을 죽이자고

은 체차하고, 집의 이성록(李成祿), 장령 여유길, 지평 민유경(閔有慶) 등은 출사시키소서."

◯ 대사헌 홍이상(洪履祥)[43] -집의 이효원(李效元), 장령 윤의립(尹義立), 지평 유희분(柳希奮)·김광엽(金光燁)[44]- 등이 피혐하며 아뢰었다.

"역적의 변고가 조정 신료에게서 나와, 그로부터 파급된 화가 산림의 처사에게 미쳤습니다. 이미 그 죄의 실상이 없어 특명으로 석방된 후에, 기어이 다시 국문하기를 청하여 끝내 사지로 밀어 넣었으니, 비록 말하기를, '권간의 의중을 살펴 따른 것이다.'라고는 하나, 무함하여 죽인 죄는 실상 이 무리로부터 말미암은 것이니, 지금 논핵하는 것도 너무 늦었다 할 것입니다.

그 일을 앞장서서 주창했던 죄를 논한다면, 당시의 모의는 일체 정철에게서 나왔으니, 정철을 제쳐두고 이를 논하는 것은 순서 상 맞지 않으나 역적을 다스린 법이 이미 죽은 백골에게 가해졌으니[45] 지금 다시 논하기는 어렵습니다.

성혼의 경우 당대의 중한 명망을 짊어진 사람이자 정철의 친한 벗이었으니, 논의 내용을 미리 알지 못하는 것이 없었을 것은 당연한 일입니다. 진실로 있는 힘껏 자신이 맡고 나서서 시종일관 구하려 하였다면 틀림없이 따르지

주장하는 지평 정호관(丁好寬)을 비판하고, 인목대비를 폐하려는 이이첨(李爾瞻)에 반대하면서 그 죄상을 폭로하였다. 저서로는 《용계유고(龍溪遺稿)》가 있다.

43) 홍이상(洪履祥) : 1549~1615. 본관은 풍산(豊山), 자는 군서(君瑞)·원례(元禮), 호는 모당(慕堂)이다. 1573년(선조6) 사마시를 거쳐 1579년 식년문과에 장원급제하였다. 1596년 형조참판을 거쳐 대사성이 되었다. 그러나 영남 유생 문경호(文景虎) 등이 성혼(成渾)을 배척하는 상소를 올리자, 성혼을 두둔하다가 안동부사로 좌천되었다. 1607년 청주목사가 되고, 1609년(광해군1)에는 대사헌이 되었다. 1612년 이이첨(李爾瞻)·정인홍(鄭仁弘) 일파에게 밀려나 개성유후사유후(開城留後司留後)로 좌천된 뒤 그곳에서 죽었다. 저서로 《모당유고》가 있다. 고양의 문봉서원(文峯書院)에 제향되었고, 시호는 문경(文敬)이다.

44) 김광엽(金光燁) : 1561~1610. 본관은 순천(順天), 자는 이회(而晦), 호는 죽일(竹日)이다. 1590년(선조23) 증광문과에 급제하여 청요직을 두루 거쳤다. 저서로는 《죽일문집(竹日文集)》이 있다. 풍기의 우곡서원(愚谷書院)에 제향되었다.

45) 죄를 …… 가해졌으니 : 1594년(선조27) 권유(權愉)가 상소하여 정철이 최영경을 무고하여 죽였다고 주장함으로써 정철이 죽은 뒤 관작이 삭탈되었던 일을 이른다.

않았을 리가 없고, 설사 따르지 않았다 해도 소를 올려 최영경의 원통함을 쟁변하는 것이 또한 불가할 것이 없는데, 원통히 죽는 것을 보면서도 끝내 한 마디 구원하는 말이 없었으니, 그가 영경을 구하지 않은 죄는 면할 수 없습니다. 다만 영경을 구하지 않았다는 이유로, 영경을 무함하여 죽인 것과 같은 죄로 논한다면 그도 불복할 것입니다.

신 등의 우매한 소견은 대개 이와 같으므로 다시 국문하기를 청한 대간의 죄만을 논하고 그 외에는 논급하지 않았습니다. 그런데 지금 전하의 비답을 받자오니, '시공(緦功)은 살필 필요가 없다.'[46]고 전교하셨으므로, 직임을 다하지 못한 죄가 큽니다. 신들을 파직시켜 주소서."

주상이 답하였다.

"최영경이 정철을 성격이 경솔하고 조급한 소인배라 배척하였으므로, 정철이 이를 갈고 입술을 깨물며 으르렁거리면서 기회를 엿보기를 일찍이 하루도 마음에 잊은 적이 없었다. 역옥이 일어나자 손뼉을 마주치고 기뻐 날뛰며, 처음에는 그 무리로 하여금 고변하게 하였고, 끝에 가서는 그 무리로 하여금 논핵하게 하였다. 아마도 영경이 죽은 날 정철은 틀림없이 술자리를 베풀고 크게 잔치를 벌였을 것이다.

그러나 정철의 방자한 소행이 이 지경이 이르렀던 것은 성혼이 주동하였기 때문이다. 지금 사헌부에서 말하기를, '정철의 친한 벗이니 그 논의를 모르지 않았을 것'이라 하니, 이는 사헌부가 그를 아는 것이고, 사간원에서 말하기를, '정철과 가장 친밀하니 정철의 마음 속 계략을 성혼은 모를 리 없었을 것'이라 하니, 이는 사간원이 그를 아는 것이라 하겠다. 따라서 성혼은 곧 정철의

46) 시공(緦功)은 …… 없다 : 시공은 오복(五服) 중에 가장 낮은 시마복(緦麻服)과 소공복(小功服)을 가리킨다. 《맹자》 〈진심(盡心) 상(上)〉에 "삼년상은 제대로 행하지 못하면서 시마복과 소공복만을 살핀다.[不能三年之喪, 而緦小功之察.]"라고 한 말을 인용한 것으로, 근본은 제쳐 두고 지엽만을 논하거나 사소한 일을 지나치게 따지는 것을 비유한 말이다. 최영경의 죽음을 실제적으로 방관 묵인한 성혼(成渾)은 놓아두고 재차 국문할 것을 청한 당시의 양사 관원 따위만을 거론해서는 안 된다는 말이다. 《宣祖實錄 35年 2月 6日》

분신이니, 비록 하나의 정철은 이미 죄를 받았으나 또 하나의 정철이 있지 않은가? 그 괴수를 제쳐두고 지엽만을 논한다면, 이야말로 이른바 '그물이 헐거우면 배를 삼킬 만한 큰 고기도 빠져나간다.',[47] '시공(緦功)만 살핀다.'는 격이니, 공론이 언제 행해질 수 있겠는가?

예로부터 간흉에게 편당하여 그 심복이 된 자 치고, 조금이라도 공론이 있는 때라면 천벌을 모면한 일이 있었는가? 그가 사람을 죽인 간특함은 다른 사람이 헤아리기 어려운 것이니, 내가 성혼에게 영경을 죽인 것에 대한 형률을 가하려는 것은 아니다. 그렇지만 시비(是非)란 인군(人君)이 바로 잡지 않으면 안 되니, 내가 비록 말하지 않으려고 해도 그것이 가능하겠는가?"

정광적(鄭光績)[48] 등이 차자를 올려 아뢰었다.

"최영경은 산림의 선비로서, 그 충효(忠孝)의 대절(大節)은 한 시대의 추중을 받았고, 엄정한 말로 펼친 맑은 논의는 뭇 소인들의 시샘을 받았습니다. 간신 정철이 최영경에게 배척을 당하자 이를 갈고 입술을 깨물며 그 독을 머금고 내뿜으려 한 지 오래였습니다. 역적의 변고가 진신(搢紳)에게서 나오자 흉악한 속셈을 제멋대로 행하며 무리를 모아 모의하고 세력을 합하여 도모하였습니다.

그러나 그 형적을 논한다면 정철이 최영경을 죽였으나 그 실정을 따져보면 성혼이 실질적으로 주도하였습니다.[49] 왜냐하면 성혼이 아니었다면 정철은

---

47) 그물이 …… 빠져 나간다 : 망루탄주(網漏呑舟)를 이르는 말로, 탄주는 배를 삼킬 만큼 큰 물고기 또는 고래를 말하는데, 그물이 헐거우면 배를 삼킬 만한 큰 고래도 빠져나가듯이 법망이 허술하고 약하면 큰 죄인이 모두 빠져나간다는 뜻이다. 《史記 卷122 酷吏列傳序》

48) 정광적(鄭光績) : 1551~1637. 본관은 하동(河東), 자는 경훈(景勛), 호는 남파(南坡)·서간(西澗)이다. 1567년(명종22) 진사가 되고, 1579년(선조12) 식년문과에 급제하여 1601년 대사성, 1609년(광해1) 대사헌을 지내고 향리로 돌아갔다가 인조반정 이후 예조판서 등을 지냈다.

49) 성혼이 …… 주도하였습니다 : 이때 성혼은 북인의 공세 속에, 임진왜란 때 선조를 호종하지 않았던 출처 때문에 왕법(王法)으로 용서받지 못할 죄인이라는 명목에 더하여 기축옥사 당시 원옥(冤獄)을 확산시킨 소인배라는 혐의가 가중되고 있었다. 특히 최영경

그 간악한 흉계를 이루지 못하였을 것이기 때문입니다. 정철과 성혼은 교분이 친밀하여 합하여 한 몸이 되었으므로, 정철의 세력은 성혼에게 의지해 커졌고 성혼의 의중은 정철에게 의탁해 행해졌습니다.

논의가 있을 때마다 간여해 미리 알지 못하는 것이 없었는데, 하물며 최영경을 죽이는 큰일을 성혼이 어찌 몰랐겠습니까? 《춘추》에서 말하는 주심(誅心)의 법[50]으로 시비를 살펴 정한다면, 성혼이 주범이 되고 정철은 그 다음이 되니, 천 년 후에도 이들은 결코 부월(斧鉞)의 주륙을 면치 못할 것입니다."

또 말하기를,

"지금 두 사람이 있는데, 칼을 잡고 사람을 죽인 자가 있고 익히 보면서도 구하지 않은 자가 있으면 법을 집행하는 관리는 그 구하지 않은 자를 먼저 다스려야 하겠습니까? 아니면 칼을 잡은 자를 먼저 다스려야 하겠습니까? 이것이 신들이 최영경을 구하지 않은 성혼의 마음을 벌하되 사람을 죽인 죄는 더하려 하지 않는 까닭입니다."

하였다. 또 말하기를,

"재차 국문할 것을 논계한 대간[51]의 경우 현인을 해친 흉인이니, 이미

의 죽음과 관련하여서는 1594년(선조27) 권유(權愉)가 상소하여 정철이 최영경을 무고하여 죽였다고 주장함으로써 정철의 관작이 삭탈된 이래 1597년(선조30) 4월, 정인홍의 문인 박성이, 1601년(선조34) 12월 문경호가 '최영경을 죽음에 얽어 넣은 자는 정철, 이를 배후에서 조종한 자는 성혼'이라는 내용의 상소를 올려 최영경 옥사의 책임 소재를 성혼에게까지 확대하였다. 《燃藜室記述 宣祖朝故事本末》《宣祖實錄 34年 12月 20日》 여기에 1602년(선조35) 2월에는 대사헌에 제수된 정인홍이 성혼에 대한 공격을 한층 강화하였는데 본문의 사헌부 헌납 최충원(崔忠元)의 차자도 이러한 일환으로 작성된 것이다. 이와 같은 정치적 공세 앞에 결국 성혼은 간인(奸人)과 편당하고 국난(國難)에 왕을 저버린 죄 등으로 삭탈관작 되었다.

50) 주심(誅心)의 법 : 어떤 인물을 평할 때 겉으로 드러난 행위나 결과로써 평하지 않고 그 용심(用心)을 살펴 불순한 동기를 주벌(誅罰)한 《춘추》의 필법(筆法)을 이른다.

51) 재차 …… 대간 : 실록에 따르면 최영경이 다시 수감된 이유는, "산을 파 길을 내고 도의 경계를 넘어서 역적 정여립과 서로 교유[鑿山通道, 越境相從]"하였으니, 다시 국문해야 한다고 청한 대간의 논계 때문이었다. 《宣祖實錄 27年 11月 13日》 당시 최영경이

지나간 일이라 하여 용서해서는 안 됩니다. 신들이 그들의 죄를 청하는 것은 진실로 근본은 놓아두고 말단만 다스리는 것이 아닙니다. 아! 전하께서 성혼에 대해 뱃속을 들여다보듯 꿰뚫어 보시고 깊이 미워하며 통렬히 끊어버리시니, 신들은 작금의 시비가 정해지지 않을까 근심하지 않습니다. 바라옵건대 전하께서 시종일관 유념하시어, 옳고 그름이 모두 합당함을 얻고 좋아하고 미워함이 일체 바른 데에서 나오게 하신다면 다행이겠습니다."

하였다. 주상이 "지금 차자에서 논한 내용을 보니 실로 가상하다." 답하였다. 대간이 예전 최영경을 다시 국문하자고 발계한 당시 대관(臺官)에 대해 추죄(追罪)할 것을 청하자 주상이 따랐다. 이에 죽은 대사간 이해수(李海壽), 사간 이정립(李廷立)을 추탈(追奪)하고, 헌납 이흡(李洽), 정언 구성(具宬)·이상길(李尙吉) 등은 삭탈(削奪)하였다.

○ 초계(草溪)의 생원 이대약(李大約) 등이 상소하였는데, 그 대략은 다음과 같다.

"간사하고 음흉한 잔당들이 요망한 혀를 놀려, '글을 읽지 않아 식견이 부족하다.'는 몇 마디 말로 최영경을 헐뜯었습니다. 영경은 문을 닫아걸고 스스로를 수양하며 옛 현인을 벗하였으니, 지난 사서(史書)를 섭렵하는 것은 그에게는 단지 대수롭지 않은 일에 불과하였습니다. 일찍부터 성혼의 흉악한 실정을 알고 마침내 절교하였으니 그의 식견은 진실로 고명하다 할 것인데, 성혼과 정철의 남은 칼날이 다시 황신(黃愼) 무리의 소매 속에 감추어져 있을 줄 어찌 알았겠습니까?

정여립과 평소 친밀히 교유했다는 주장이 정여립이 최영경의 집을 방문한 일이 있다는 소문으로 확대되면서 최영경의 석방에 반대하는 대간의 논계가 이어졌고, 결국 최영경은 옥사하기에 이르렀다. 《선조실록 35년 2월 12일》 기사에 따르면 당시의 대간은, 대사간 이해수(李海壽), 사간 이정립(李廷立), 헌납 이흡(李洽), 정언 구성(具宬)·이상길(李尙吉), 대사헌 윤두수(尹斗壽), 집의 송상현(宋象賢), 장령 장운익(張雲翼)·성식(成軾), 지평 민선(閔善)·이유징(李幼澄)이었다고 한다.

한 도(道)의 인심이 어찌 일일이 남의 사주를 받아서 소매를 걷고 일제히 떨쳐 일어날 수 있겠습니까? 심지어 덫을 놓고 함정을 판 계략이라며 신들에게 도리어 덮어씌우니, 이것이 옛말에 이른바 '소인의 정상(情狀)은 반드시 자신이 가지고 있는 것을 도리어 남도 가지고 있으리라 의심한다.' 한 것입니다.

당초[52] 성혼이 도성에 있었음을 온 나라 사람이 모두 알고 있었는데, 황신은 '멀리 백리 밖에 있었다.' 합니다. 나라 사람의 귀와 눈도 속일 수 없거늘 하물며 천지 사방의 눈을 자신의 눈으로 삼으신 전하의 총명함[53]을 어찌 한 손으로 가릴 수 있겠습니까?

더구나 모의하지 않고도 와 모인 사람이 백여 명이었는데, 참소하는 자들은 끝이 없어 감히 몇몇 고을 약간 명의 주장으로 치부하니, 그 마음 씀이 또한 사특합니다. 정철은 곧 영경을 죽인 막야검(鏌鎁劍)[54]이고 성혼은 곧 영경을 죽인 실질적 주모자인데, 황신은 주모자를 완곡하게 비호하며 남몰래 막야검을 갈고 있으니, 이것이 바로 '불법(佛法)을 전파하는 중'[55]이라는 것입니다.

영경은 유림(儒林)의 영수로 억울하게 옥에서 말라 죽어서 한때의 사기(士氣)가 수습할 수 없을 지경이 되었으니, 임진년의 변고가 이 때문에 초래된 것이 아닌지 어찌 알겠습니까?

전하께서는 이미 성혼과 정철의 간악한 정상을 아시면서도 정철에게는

---

52) 당초 : 정여립 역모 사건이 발발하여, 기축옥사가 급박하게 확산되어 갔을 때를 이른다.

53) 천지 …… 총명함 : 《서경》〈순전(舜典)〉에 "사방의 문을 여시고, 사방으로 눈을 밝히시고, 사방으로부터 잘 들리도록 하셨다.[闢四門, 明四目, 達四聰.]"라고 한 구절을 인용한 것이다. 천하가 보고 듣는 것을 임금이 자신의 보고 들음으로 삼아 가림이 없게 한다는 뜻이다.

54) 막야검(鏌鎁劍) : 옛날 명검(名劍)의 이름으로, 여기서는 사람을 해치는 날카로운 무기란 뜻으로 쓰였다.

55) 불법(佛法)을 …… 중 : 송(宋)나라 왕안석(王安石)이 신법(新法)을 시행할 때, 당시 사람들이 그의 심복이었던 한강(韓絳)과 여혜경(呂惠卿)의 위상을 불교에 빗대어 각기 전법사문(傳法沙門), 호법선신(護法善神)이라 일컬었던 일화를 인용한 것이다. 전법사문은 법통을 전수해 준 승려, 호법선신은 불법을 지키는 신장이라는 뜻으로, 본문에서는 옳지 못한 일을 옹호한다는 의미로 사용되었다. 《宋史 卷327 王安石列傳》

가볍게 폄삭(貶削)만 시행하시고 성혼에게는 여전히 그 명위(名位)를 유지시켜 주셨습니다. 심지어 그 주구들 중에는 또한 법망을 빠져 나간 자들이 있다는 개탄마저 들리니, 이것은 전하의 밝으심이 미치지 못함이 있어 그런 것입니다. 아! 지난날 황신의 무리는 성혼이 있음만 알고 전하가 계심을 알지 못했으며, 오늘날 대간은 황신 등이 있음만 알고 조정이 있음은 알지 못하니, 전하의 형세가 또한 외롭습니다."

주상이 답하였다.

"조정에서는 시비가 점차 정하여지고 있고 조정의 아래에서는 공의(公議)가 점차 시행되고 있으니, 너희들은 이를 잘 알라."

○ 대사간 권희(權憘)[56] -사간 정곡(鄭穀), 헌납 최충원(崔忠元),[57] 정언 이구징(李久澄)[58]·권태일(權泰一)[59]- 등이 아뢰었다.

---

56) 권희(權憘) : 1547~1624. 본관은 안동(安東), 자는 사열(思悅), 호는 남악(南岳)으로, 지중추부사 권황(權愰)의 아우, 예조판서 권협(權悏)의 형이다. 1568년(선조1) 진사, 1584년 별시문과에 급제하여 청요직을 두루 역임하였다. 1600년 대사간으로서 사간 정곡(鄭穀), 헌납 최충원(崔忠元), 정언 이구징(李久澄) 등과 함께 성혼이 산림학자(山林學者)로 대두하는 것을 막기 위해 관작을 삭탈하라고 청하였다. 인조반정 이후 한성부좌윤·형조참판에 제수되었고, 1624년(인조2)에는 임진왜란 때 왕실의 신주를 모신 공으로 자헌대부에 올랐다. 호성(扈聖)·선무(宣武)의 원종공신으로 우의정에 추증되었다.

57) 최충원(崔忠元) : 1564~? 본관은 수원(水原), 자는 신백(藎伯)이다. 1589년 사마시를 거쳐, 1596년(선조29) 정시문과에 급제하여, 1600년(선조30) 병조좌랑, 호조좌랑, 사간원 정언·헌납을 역임하였다.

58) 이구징(李久澄) : 1568~1648. 본관은 전주(全州), 자는 징원(澄源), 호는 백촌(栢村)이다. 1591년(선조24) 진사가 되고, 1597년 별시문과에 급제하여 청요직을 두루 거쳤으며, 광해군대 인목대비의 폐모(廢母) 정청(庭請)에도 참여하였다. 그렇지만 인조반정 이후 공조참판 등을 역임하였으며, 1647년(인조25)에 자헌대부(資憲大夫)로 승계(陞階)하여 기로소(耆老所)에 들어갔다.

59) 권태일(權泰一) : 1569~1631. 본관은 안동(安東), 자는 수지(守之), 호는 장곡(藏谷)이다. 1591년에 사마시, 1599년(선조32)에 별시문과에 급제하여 청요직을 두루 거쳤다. 어릴 때 구봉령(具鳳齡)과 김언기(金彦璣) 문하에서 수학하였으며, 뒤에 유성룡의 고제가 되었다. 1623년 인조반정 이후 대사간 등을 지내고, 접반사(接伴使)로 가도(椵島)에 갔다가 병을 얻어 죽었다. 저서로 《장곡집》이 있다.

"참찬 성혼은 산림에 몸을 의탁하여 온 세상을 깊이 속였습니다. 문도를 모아 '사제(師弟)'라 일컬으며 날마다 경박한 무리와 조정 정사를 논의하고 인물의 시비를 평하였으며, 외척[60]과 결탁해서 그 권세에 의지하여 출세의 발판으로 삼았을 뿐, 한 가지 일이라도 의견을 내어 성은에 보답한 일을 본 적이 없고, 평생의 심사(心事)도 무엇 하나 볼 만한 것이 없었습니다.

처음 역적의 옥사가 일어났을 때, 팔을 걷어붙이고 크게 소리치며 간신 정철과 함께 때를 틈타 꾀를 합하였습니다. 그리하여 최영경에게 죄가 없다는 것을 알고도 끝내 구하지 않아 마침내 영경을 말라 죽게 하였습니다. 성혼은 비록 영경을 죽이지 않았으나 영경은 성혼으로 말미암아 죽어서, 죄를 얽어 죽인 행적은 밝히기 어렵다 해도 간신과 당을 이룬 죄는 실로 모면하기 어려우니, 성혼이 다시 살아 돌아온다 해도 어떻게 그 죄를 면할 수 있겠습니까?

성혼의 죄는 간신과 당을 이룬데 그치지 않습니다. 파천하던 날 임금의 수레가 그 마을 앞을 지날 때, 분주히 달려 나와 맞이하고 문안드리기에 겨를이 없어야 마땅한데도 그는 편안히 물러나 있으며 시종일관 움직이지 않았으니, 군신의 대의가 남김없이 끊어져 사라지고 말았습니다.[61] 인신으로서 이러한 죄를 짓고도 오히려 관작을 보전하고 있으니, 이미 죽었다하여 용서할 수 없습니다. 청컨대 소급하여 관작을 삭탈하라고 명하소서."

집의 이효원(李效元)[62] -장령 박진원(朴震元)[63]·강홍립(姜弘立),[64] 지평 송석경(宋錫

---

60) 외척 : 명종 비인 인순왕후(仁順王后)의 동생이자 당시 이조참의였던 청양군(靑陽君) 심의겸(沈義謙)을 가리킨다.

61) 파천하던 …… 말았습니다 : 이때 성혼은 북인의 공세 속에, 임진년 선조가 파천하였을 때 선조를 호종하지 않았던 출처 때문에 왕법(王法)으로 용서받지 못할 죄인이라는 명목에 더하여 기축옥사 당시 원옥(冤獄)을 확산시킨 소인배라는 혐의가 가중되고 있었다. 이러한 정치적 공세 앞에 결국 성혼은 간인(奸人)과 편당하고 국난(國難)에 왕을 저버린 죄 등으로 삭탈관작 되었다.

62) 이효원(李效元) : 1550~1629. 본관은 함평(咸平), 자는 성백(誠伯), 호는 장포(長浦)이다. 1584년(선조17) 별시문과에 급제하여, 승지·대사간 등을 역임하고, 1603년 이조참판 재임시에 성절사(聖節使)로 명나라에 다녀왔다. 선조 말년에 북인이 대북·소북으로 나뉘어 정권쟁탈이 치열할 때 그는 영상 유영경(柳永慶)의 소북에 가담, 상소하여 군부(君

慶)[65]- 등이 아뢰었다.

"정철은 천고의 간흉인데, 성혼은 정철과 교분이 깊고 두터워서 무릇 도모하는 일마다 간여하여 모르는 일이 없었습니다. 경인년(1590, 선조23), 정철이 중외에 통문을 발송하여 쌀과 포목을 거두어들이고 이로써 성혼의 아버지 성수침(成守琛)[66]의 청송당(聽松堂)[67] 옛터에 커다란 집을 지었습니다. 그리하여 정철이 그 도당을 거느리고 날마다 모여 성혼의 지휘를 받고 흉악한 음모를 제멋대로 시행하였으니, 성혼은 곧 정철의 모주(謀主)입니다.

父)의 지친을 이간하려는 정인홍(鄭仁弘)의 흉모는 이이첨(李爾瞻) 등의 사주에 의한 것이라 하여 대북인 정인홍을 영변, 이이첨을 갑산에 유배 보내게 하고 세자 광해군을 폐위시키고 영창대군(永昌大君)을 옹립하려 하였다. 그러나 1608년 선조가 갑자기 죽고 광해군이 즉위하여 대북파가 집권함에 따라 이듬해 삭직되어 거제도에 유배되었다. 1623년(인조1) 인조반정으로 14년 만에 풀려나 공조참판에 임명되었으나 곧 사직하고 촌로들과 산수를 즐기며 일생을 마쳤다.

63) 박진원(朴震元) : 1561~1626. 본관은 밀양(密陽), 자는 백선(伯善), 호는 장주(長洲)이다. 1585년(선조18) 진사가 되고, 1591년 별시문과에 급제하여 청요직을 두루 거쳐서 1614년(광해군6) 형조판서에 이르렀다.

64) 강홍립(姜弘立) : 1560~1627. 본관은 진주(晉州), 자는 군신(君信), 호는 내촌(耐村)이고, 우의정 강사상(姜士尙)의 손자, 참판 강신(姜紳)의 아들이다. 1589년(선조22) 진사가 되고, 1597년 알성문과(謁聖文科)에 급제하여 1605년 도원수 한준겸(韓浚謙)의 종사관(從事官)이 되었다. 1618년(광해군10) 후금(後金)의 침략에 맞서 오도원수(五道元帥)가 되어 출병하였다가 1619년 후금에 투항하였다. 1627년(인조5) 정묘호란 당시 입국하여 화의(和議)를 주선한 뒤 국내에 머물다가 관작을 삭탈 당했다.

65) 송석경(宋錫慶) : 1560~1637. 본관은 은진(恩津), 자는 경수(景受), 호는 졸암(拙庵)·춘호(春湖)이다. 1597년(선조30) 별시 문과에 급제하여 청요직을 두루 역임하였다. 1602년 성혼의 삭탈관작을 청하였고, 1618년 폐모 정청에 참여하였다. 인조반정 이후 다시 등용되어 1634년(인조12), 1635년 연이어서 명나라에 다녀왔다.

66) 성수침(成守琛) : 1493~1564. 본관은 창녕(昌寧), 자는 중옥(仲玉), 호는 청송(聽松)이다. 아우 성수종(成守琮)과 함께 조광조의 문하에서 공부하였는데, 기묘사화로 조광조가 사사된 이후 세상에 뜻을 끊고 은둔하였다. 조광조의 학맥을 이어 아들인 성혼에게 전하였다.

67) 청송당(聽松堂) : 성혼의 아버지 성수침의 서실(書室)을 이른다. 성수침은 조광조의 문인으로, 기묘사화 후 벼슬길을 단념하고 학문에 전념하기 위해 집 뒤에 청송당을 짓고 많은 제자를 양성하였다. 서실의 이름인 청송당은 눌재(訥齋) 박상(朴祥)이 1526년(중종21)에 지어주었다고 한다. 지금의 서울시 종로구 청운동에 그 터가 있다.

또한 신묘년(1591, 선조24) 정철이 강계(江界)에 유배[68]되었을 때, 성혼이 파주에서 그를 좇아 송도까지 가서 이틀 밤을 함께 묵으며 이별을 고한 후 돌아왔습니다.

임진년(1592, 선조25) 왜적이 서울을 핍박하였을 때, 성혼은 재신 반열의 신하로서 경기 내의 하루거리에 있으면서 변고를 듣고도 달려오지 않았을 뿐 아니라 대가(大駕)가 그가 사는 곳을 지날 때에도 또한 나와 보지 않았습니다. 그가 간신과 당을 이루고 임금을 버린 죄는 이에 이르러 피할 수 없습니다.

그 후 왕세자가 이천에 머무를 때, 성혼이 멀지 않은 곳에 피난해 있다는 말을 듣고 부른 것이 한 번만이 아니었지만 끝내 오지 않았다가, 세자가 성천으로 이주해서야 마지막에 비로소 왔습니다. 얼마 후 이 왜적이 장차 노루재[獐峙]를 넘으려 한다는 소식을 듣고 왕세자가 급히 용강으로 옮겼는데, 성혼은 앞서거니 뒤서거니 하며 수행하지 않았고, 용강이 평양의 왜적과 가깝다는 이유를 들어 곧장 의주로 향하였습니다.

그런데도 당시 대신들은 '선인(善人)은 나라의 기강'이라 하며 그의 품질(品秩)을 올려 달라 계청하였습니다. 간신과 당을 이룬 괴수에게 대의로써 책임을 묻기란 진실로 어려운 일이지만, 성혼은 일찍이 징사(徵士)[69]로 자처하였으면서도 평생의 소행이 이와 같았으니, 이미 죽었다 하여 그 죄를 용서할 수 없습니다."

주상이 답하기를, "조정의 시비가 바르게 귀결되었으니 추탈할 필요는 없다." 하였다.

부제학 윤돈(尹暾)[70] -응교 박이장(朴而章), 강첨(姜籤)[71]- 등이 차자(箚子)를 올려

---

68) 신묘년 …… 유배 : 1591년(선조24) 건저(建儲) 문제로 서인이 실각하고 정철 또한 탄핵을 받아 함경도 명천(明川)에 유배되었는데, 선조는 그가 대신이라는 이유를 들어 경상도 진주(晉州)로 이배하라는 명을 내렸다. 그러자 명이 있은 지 사흘 만에 대간의 논핵이 이어져 정철은 다시 평안도 강계(江界)로 이배되어 위리안치(圍籬安置)되었다.

69) 징사(徵士) : 학덕이 높아 조정의 부름을 받은 선비를 가리킨다.

70) 윤돈(尹暾) : 1551~1612. 본관은 남원(南原), 자는 여승(汝昇), 호는 죽창(竹窓)이고, 이황(李滉)·기대승(奇大升) 문인이다. 1585년(선조18) 식년문과에 급제하여 청요직을 두루 거쳐

아뢰었다.

"성혼은 유학자의 이름을 훔쳐 온 세상을 깊이 속였습니다. 척리(戚里)와 결탁하여 삼굴(三窟)[72]로 삼고, 이름은 산림에 의탁하되 마음은 좋은 벼슬에 두어 축공(祝公)의 오경(五經)처럼 흔적도 없이 사라진 지 오래입니다.[73] 최영경이 침을 뱉으며 절교한 것은 이 때문이며, 성혼이 앙심을 품고 원수가 된 것 또한 이 때문이었습니다. 역옥의 변고를 만나기에 이르자 뛸 듯이 기뻐하며 함정을 파고 덫을 놓으니, 한때의 뭇 소인배가 모두 관의 먼지를 털며[74] 밤낮으로 축하하고 그 집으로 몰려들어서, 영경은 이에 어육(魚肉)이 되고 말았습니다.

옛날 가표(賈彪)가 낙양에 들어간 것은 화란을 풀기 위한 것[75]이었고,

고, 1602년 홍문관 부제학으로서 성혼의 관작을 삭탈하라고 청하였으며, 이후 도승지, 공조판서 등을 역임하였다.

71) 강첨(姜籤) : 1557~1611. 본관은 진주(晉州), 자는 공신(公信), 호는 죽월헌(竹月軒)이다. 1576년(선조9) 생원·진사시에 모두 합격하고, 1591년 식년문과에 급제하여 청요직을 두루 지냈다. 선조대 승지, 광해군대 대사간 등을 역임하였다.

72) 삼굴(三窟) : 《전국책(戰國策)》 〈제책(齊策)〉에 "교활한 토끼는 세 개의 굴을 파놓고서 죽음을 면할 방도를 강구한다.[狡兎有三窟, 僅得免其死耳.]"라고 한 '교토삼굴(狡兎三窟)'의 줄임말이다. 토끼가 위험한 상황을 감안하여 미리 세 개의 굴을 뚫어 놓듯이, 성혼이 심의겸에게 의지하여 보신(保身)과 출세(出世)의 계책으로 삼았다고 비난하기 위해 인용하였다.

73) 축공(祝公)의 …… 오래입니다 : 당 중종(唐中宗) 때 예부상서(禮部尙書) 축흠명(祝欽明)이 황제의 비위를 맞추어 군신(群臣)이 연회하는 자리에 손을 땅에 짚고서 팔풍무(八風舞)를 추니, 노장용(盧藏用)이 탄식하기를, '오경(五經)을 흔적도 없이 만들었다.'고 비판한 고사를 인용하여, 여기에서는 성혼이 사림의 영수로서 정도(正道)를 지키지 못하여 성인의 글인 오경의 가르침이 없어졌다고 비판한 말이다. 《唐書 卷109 祝欽明傳》

74) 관의 …… 털며 : 탄관(彈冠)을 이르는 말로, 의기투합하는 친구의 손을 잡고 벼슬길에 나설 준비를 한다는 뜻이다. 한(漢)나라 왕길(王吉)이 관직에 임명되자 친구 공우(貢禹)도 덩달아 갓의 먼지를 털고 벼슬길에 나설 준비를 했다는 '왕양재위 공공탄관(王陽在位, 貢公彈冠)'이란 말이 《한서》 권72 〈왕길전(王吉傳)〉에 나온다.

75) 가표(賈彪)가 …… 것 : 후한(後漢) 환제(桓帝) 때, 환관들의 전횡을 비판하던 현인들이 모두 금고(禁錮)되는 당화(黨禍)가 발생하였다. 이에 당시 신식(新息)의 수령으로 있던 가표(賈彪)가 "내가 서쪽으로 가지 않으면 큰 화가 풀리지 않을 것이다.[吾不西行, 大禍不解.]" 하고는, 낙양에 들어가 두무(竇武) 등을 설득하여 당화에 걸려 금고된 이들의

성혼이 도성으로 들어온 것은 화란을 즐기기 위한 것이었습니다. 그렇지 않다면, 대가(大駕)가 황망하게 지척에 있는 그의 집 앞을 지나던 날, 어찌 그리 매정하게 돌아보지 않았고, 뜻밖의 화급한 위기로 선인들이 참혹한 죽임을 당하던 때, 어찌 그리 느긋하게 서울로 들어왔단 말입니까?

대개 정철과 성혼은 한 몸처럼 합해진 사이로, 정철은 그 몸뚱이요 성혼은 머리입니다. 뱀을 쳐 죽이려면 반드시 그 머리를 먼저 쳐야하는데, 지금 정철을 논죄하며 성혼을 먼저 논죄하지 않는 것은 그 머리를 버려두는 것과 같으니, 어찌 이러한 이치가 있겠습니까?

아아! 임금을 저버린 죄는 천지간에 용납될 수 없고, 간신과 당을 이룬 악행은 왕법에 용서하기 어려운데, 하늘의 토벌이 거행되지 않으니 민심이 오랫동안 답답해하고 있습니다. 속히 공론을 따르소서."

주상이 허락하지 않자 양사가 세 번 아뢰며 굳게 쟁론하니, 주상이 답하기를, "공론이 이와 같으니, 아뢴 대로 하라. 다만 간악한 이와 당을 이루고 임금을 저버린 죄로써 처벌하는 것이 좋겠다."

하고, '역적을 길러주었다.[卵育逆賊]',[76] '당류(黨類)를 불러 모았다.[嘯聚黨類]' 등의 말은 삭제하라 명하였다.

석방을 진소하게 하였다. 《後漢書 卷97 黨錮列傳·賈彪》

76) 역적을 길러주었다[卵育逆賊] : 여기에서 역적은 정여립(鄭汝立)을 가리킨다. 정여립은 1567년(명종22) 진사가 되었고, 1570년(선조3) 식년문과 을과에 급제한 뒤 이이(李珥)와 성혼 등 서인 세력은 물론 정인홍(鄭仁弘)·이발(李潑) 등 동인 세력과도 폭넓게 교유하였다. 그러나 그가 역모의 주동자로서 죽은 뒤, 동인과 서인은 그와의 친교를 두고 상대당에게 책임을 묻는 정치 공방을 벌였다. 즉 동인은 정여립을 발탁하고 추천하여 청요직에 올린 것은 이이와 성혼이니, 이들에게 정여립과 종유하며 헛된 명성을 높여준 책임이 있다 하였고, 서인은 이발 형제가 남도를 왕래하며 정여립과 결탁한 뒤 그를 이이와 성혼에게 천거함으로써 정여립이 그 문하를 출입하게 된 것이니, 역적의 성가를 높여준 일차적인 책임은 이발 형제에게 있다고 하였다. 본문에서 '역적을 길러주었다.'는 말은, 성혼이 정여립의 명성을 높여주는데 큰 역할을 하였으니 그 책임을 묻지 않을 수 없다는 주장이라 할 수 있다.

◯ 좌의정 이항복(李恒福)[77]이 성혼을 구원하는 차자를 지었는데, 올리지는 않았다. 그 대략은 다음과 같다.

“성혼은 젊어서는 초야에서 글을 읽었고 늙어서는 조정에서 벼슬하지 않았으므로 사방의 사람들이 모두 그를 가리켜 유사(儒士)라고 하였습니다. 유사로서 죄를 받으면 멀리 외방에 유언비어가 나돌아서, 조정의 논의에 대해 상세하게 알지 못하는 자들은 반드시 ‘성혼이 죄를 얻었다.’고 할 것입니다. 땅 속의 썩은 뼈야 어찌 영욕(榮辱)을 알겠습니까만 다음 세대의 후생들은 자연 사기(士氣)가 꺾일 것이니, 나라에는 무익하고 보고 듣는 사람들에게도 좋지 않을 것입니다.

더구나 성혼을 논죄하는 자들은, 처음에는 ‘최영경을 무함하여 죽였다.’고 하다가 여의치 않자 ‘최영경은 성혼으로 말미암아 죽었다.’, ‘역적을 추켜세웠다.’ 하였다가 모두 사리에 맞지 않자 구불구불 이리 돌리고 저리 돌리기를 거듭한 후에야 겨우 지금의 죄명을 만들었으니, 성혼의 죄를 도대체 몇 번이나 옮기고 몇 번이나 바꾼 것입니까? 이는 사람에게 죄를 끼워 맞춘 것이지 죄로 인해 사람을 다스린 것이 아닙니다.

그런데 지금 신진 후생들이 미처 그 의중을 알아차리지 못하고 남의 입만 바라보며 자신의 시비를 정하여 흔연히 팔을 걷어붙이며 ‘성혼을 죄주어야 한다. 죄주어야 한다.’하고 있으니, 이는 성혼을 미워해서가 아니라, 대개 자기의 공을 세우는 길이 성혼을 공격하는 데 있기 때문입니다. 이로써 말하자면 성혼을 공격하는 공은 다만 신하들에게만 관계되고 성혼을 죄주는 이름은 결국 군왕에게 돌아갈 터이니 이는 해서는 안 되는 일입니다.”

차자를 갖추어 올리려 하는데, 청주 유생 박이검(朴以儉)이 상소하여 이항복

---

77) 이항복(李恒福) : 1556~1618. 본관은 경주(慶州), 자는 자상(子常), 호는 백사(白沙)·필운(弼雲)·동강(東岡)이다. 1575년 진사 초시에 오르고 1580년(선조13) 알성문과에 급제하여 청요직을 두루 지냈다. 1590년(선조23) 정여립 옥사를 처리한 공로로 평난공신(平難功臣) 3등에 봉해졌고, 1598년 우의정, 1600년 영의정에 올랐다. 광해군 때 폐모론(廢母論)에 반대하다가 유배되어 유배지에서 죽었다. 시호는 문충(文忠)이다.

을 공격하며 "성혼의 문생인데 아직도 관작을 보전하고 있습니다." 하자, 항복이 힘껏 사직하여 체직되었다.

○ 유생 김휘(金翬)는 김종유(金宗儒)의 아들로, 아버지를 위해 변무소(辨誣疏)[78]를 올렸는데, 그 대략은 다음과 같다.

"문경호의 소에 이르기를,

'성혼이 은밀히 신의 아비 종유에게 묻기를, 「그대는 최영경이 길삼봉인 것을 아는가?」 하자, 신의 아비가 깜짝 놀라 말하기를, 「어찌하여 이런 말씀을 하십니까? 저는 오랫동안 남도에 살며, 그가 명망이 두터운 고사(高士)라는 것만 알 뿐 그 밖의 일은 알지 못합니다.」 하니, 성혼이 잠자코 탐탁해하지 않다가 곧 신의 아비를 물리쳤습니다. ……'

하였습니다. 신의 아비는 평생 성혼의 문하에 종유하여 사생(師生)의 분의가 있습니다. 만약 그때 성혼이 그런 말을 했다면, 아비는 반드시 먼저 집안사람에게 그 말을 하고 난 이후 다른 사람에게도 전했을 것입니다. 그때 신의 나이 23세로, 아비가 사우들과 문답한 말을 모두 함께 들었는데, 유독 이 말만은 한 번도 들어본 일이 없습니다.

만약 신의 아비가 깜짝 놀라 그렇지 않다고 밝혔다면, 이는 아비가 이미 그 말이 잘못임을 알았다는 것이니, 그렇다면 아비가 사우 간에 은밀히 나누었던 말을 굳이 끄집어내어 그 자식에게는 말해주지 않으면서 다른 사람에게 누설하는 일 같은 것은 할 리가 없음이 분명하고 명백합니다.

더구나 최영경이 죽은 뒤에도 신의 아비는 성혼의 문하에 왕래함이 여전하였습니다. 신의 아비가 비록 병 때문에 제 정신이 아니라 해도 어찌 한편으로는 왕래하며 한편으로는 말을 퍼뜨리겠으며, 아울러 성혼에게 사절당한 까닭을

---

78) 변무소(辨誣疏) : 《선조실록(宣祖實錄)》은 이 상소는 수록하지 않고 상소에 대한 선조의 엄한 비답만 수록한 반면, 《선조수정실록(宣祖修正實錄)》은 이 상소를 수록하고 선조의 비답은 수록하지 않았다. 최영경 옥사(獄死)를 둘러싼 북인과 서인의 대조적인 입장이 각각 《실록》을 찬수하는 과정에 반영된 것이라 하겠다.

문경호 등이 말한 것처럼 남에게 말하였겠습니까?

문경호 등은 비록 같은 도(道)의 사람이나 신의 아비와는 일찍이 서로 안면이 있는 사이가 아닙니다. 그의 뜻은, '그 사람[79]은 이미 죽었으니, 다시 변명할 만한 단서가 없을 것이다.'라고 여긴 데 불과하여, 이미 죽은 사람을 증인으로 내세워 밝히기 어려운 일로 죄를 성립시키려 하였으니, 그 속이 훤히 다 드러났을 뿐만 아니라 그 말의 근거 없음도 이로써 알 수 있습니다.

신이 남쪽 사람인 까닭에 문경호 등이 이 소를 작성한 연유에 대해 일찍이 들은 적이 있습니다. 그것은 단지 정인홍이 예전부터 성혼과 틈이 있었는데, 최영경의 일로써 성혼을 함정에 빠뜨릴 기화로 삼고자 당치도 않은 말을 만들어낸 것이었습니다. 그리고 가까운 고을에 사는 족속과 문도들을 사주하여 모의하게 하고, 이들을 도성으로 보내 여염에 출몰하고 서울과 지방을 왕래하게 하면서 이미 기초해 놓았던 상소를 수정하기를 여러 달을 지나서야 비로소 올렸던 것입니다. 그리하여 성혼을 심히 무함하고 아울러 신의 아비까지 스승을 팔고 말을 날조했다는 지경에 빠뜨렸습니다."

주상이 답하였다.

"나는 네가 어떠한 사람인지 모르며, 또 이 소가 과연 너의 손에서 나온 것인지도 모르겠다. 무릇 최영경이 억울하게 죽은 것은 천하의 지극히 원통한 일이고, 사특하고 악독한 정철은 천고의 간흉(奸凶)이다. 성혼은 정철의 심복이 되었으니, 정철의 마음이 곧 성혼의 마음이고 성혼의 마음이 정철의 마음이어서, 두 사람은 둘이면서도 하나였다.

이 사실은 천지 귀신이 밝게 포진하고 삼엄히 벌여 있어 속일 수 없고,[80] 갓 태어나 머리털도 아직 마르지 않은 아이까지도 이미 알고 있으니, 비록 자공(子貢)에게 말솜씨를 빌리고[81] 양웅(揚雄)에게 글자를 배워 변명[82]하거나

79) 그 사람 : 김휘(金翬)의 아버지 김종유(金宗儒)를 이른다.

80) 천지 …… 없고 : 한유(韓愈)의 〈여맹상서서(與孟尙書書)〉에 "천지신명이 밝게 포진하고 삼엄히 벌여 있으니, 속일 수 있는 일이 아니다.[天地神祇, 昭布森列, 非可誣也.]"라고 한 구절을 인용한 것이다.

장의(張儀)·소진(蘇秦)처럼 혀를 놀리고 맹분(孟賁)·하육(夏育)처럼 용맹을 부린다 해도[83] 또한 피할 수 없을 것이다.

성혼이 사람을 죽였다고 말하는 사람이 하나가 아니니, 어찌 그 까닭이 없겠는가? 무릇 항간의 지극히 미천한 사람에게도 감히 사람을 죽였다는 죄명을 덮어씌우지 못하는데, 지금 많은 선비들이 모두 최영경의 죽음에 대한 책임을 성혼에게 돌리고 있으니, 이는 모두 자기가 자초한 일[84]이 아니던가?

성혼이 비록 종남(終南)에서 출세하여[85] 일찍이 징사(徵士)로 자처했지만 끝내 사람을 죽이는 간특함을 범하였으니, 이는 조정으로서도 만고에 씻을 수 없는 치욕이다. 은하수가 시원스레 흠뻑 내린다한들 어찌 수치를 씻을

---

81) 자공(子貢)에게 …… 빌리고 : 《논어》 〈선진(先進)〉에, 공자의 제자들을 장점에 따라 네 가지로 분류하여 "덕행(德行)에는 안연(顔淵)·민자건(閔子騫)·염백우(冉伯牛)·중궁(仲弓)이고, 언어(言語)에는 재아(宰我)와 자공(子貢)이고, 정사(政事)에는 염유(冉有)와 계로(季路)이고, 문학(文學)에는 자유(子游)와 자하(子夏)이다." 하였는데, 후세에 이를 공문사과(孔門四科)라고 하였다.

82) 양웅(揚雄)에게 …… 변명 : 한(漢)나라 문장가인 양웅이 《태현경(太玄經)》을 지으면서 세속에 초연한 태도를 취하자, 그를 조롱하는 자들이 "완전히 검어지지 않고 아직도 흰 부분이 있어서 출세하지 못한다.[玄尙白]" 하였는데, 이에 대해 양웅이 《해조(解嘲)》를 지어, 부귀영화를 초탈하여 담박하게 살아가려는 자신의 마음을 해명했다고 한 고사를 인용한 것이다.

83) 장의(張儀)·소진(蘇秦) …… 해도 : 장의와 소진은 전국시대의 유세가(遊說家)들이며 맹분과 하육은 전국시대의 용사(勇士)들이다.

84) 자기가 …… 일 : 원문은 "滄浪自取"이다. 이는 자기 하기 나름이라는 뜻인데, 창랑의 물이 맑으면 갓끈을 씻고 창랑의 물이 흐리면 발을 씻는다고 한 데에서 유래하였다. 《맹자(孟子)》 〈이루 상(離婁上)〉에 "창랑의 물이 맑으면 내 갓끈 씻고, 창랑의 물이 흐리면 내 발이나 씻으리.[滄浪之水淸兮? 可以濯我纓 ; 滄浪之水濁兮? 可以濯我足.]" 하였고, 초(楚)나라 굴원(屈原)이 지은 〈어부사(漁父辭)〉에도 "창랑의 물이 맑으면 나의 갓끈을 씻어도 좋으리라.[滄浪之水淸兮? 可以濯我纓.]" 하였다.

85) 성혼이 …… 출세하여 : 당(唐)나라 때 노장용(盧藏用)이 종남산(終南山)에 은거(隱居)하였는데, 종남산은 장안(長安)에서 가까워 징소(徵召)되기가 쉽기 때문으로, 얼마 뒤에 과연 징소되어 벼슬하게 되었다. 《唐書 盧藏用傳》 여기에서는 성혼이 서울에서 가까운 파주(坡州)에 은거하다가 징소되어 우참찬의 벼슬에 오른 일을 이에 비유해서 말한 것이다.

수 있겠는가? 통탄스러울 뿐이다.

또 너는 성혼의 사람됨을 아느냐? 성혼이 간인과 편당을 지은 음흉한 정상은 우선 차치하고 거론하지 않는다 하더라도 군부(君父)가 왜적과 대치하고 있던 날에 임금 앞에서 팔을 걷어붙이고 큰소리로 원수 왜적에게 화의를 구걸하였으니, 알 수 없지만, 이러한 의리가 어디에 있는가?

내가 바로 면전에서 책망하고도 분을 이기지 못하여 벽에다 시를 쓰기를, '저 사람이여! 저 사람이여!' 하였다. 또 아! 이것이 성혼의 죄안(罪案)이다. 옛날의 징사는 한 줄 낚싯줄로도 한(漢)나라의 왕실을 보전하였는데,[86] 오늘날의 징사는 한 가닥 머리털로 국맥(國脈)을 끊어버리려 하였으니, 다르기도 하구나! 이 어찌 징사라 하겠느냐?

또 너는 너의 아비가 말하지 않았다고 하는데, 네 아비가 말했는지 안 했는지를 네가 어찌 아느냐? 너의 아비가 가는 곳마다 모두 네가 반드시 그림자처럼 따라다녀 보았느냐?"

태학 유생 한효상(韓孝祥) 등이 상소하여 성혼에 대해 변무하였는데, 그 대략은 다음과 같다.

"살펴보건대, 망신(亡臣) 성혼은 세상에 이름 높은 큰 유학자로 가정의 훈도를 따라서 평소에도 학업에 몰두하여, 학문의 공효와 실천의 독실함으로 유림의 표준이 되었습니다. 그런데 불측한 누명이 죽은 뒤에 갑자기 가해졌으니, 성명(聖明)의 시대에 이처럼 어진 이를 해치고 시기 모함하는 무리가 사림을 일망타진하려 할 줄이야 어찌 생각이나 하였겠습니까?

성혼을 죄주지 않고서는 그렇게 할 수 없으므로 성혼을 논죄함에 정철을

86) 옛날의 …… 보전하였는데 : 후한의 은사(隱士) 엄광(嚴光)은 광무제(光武帝)와 어릴 때 같이 유학(游學)한 친구로, 광무제가 왕위에 오른 뒤 찾아 맞이하여 간의대부(諫議大夫)를 맡겼으나 엄광은 이를 사양하고 동려현(桐廬縣) 남쪽 칠리탄(七里灘)에서 낚시를 즐기며 일생을 마쳤다. 이 고사에서 유래한 말이 '일사부정(一絲扶鼎)'인데, 곧 엄광이 동강에 은거(隱居)하면서 실오라기 같은 한 줄기 맑은 지조(志操)로 한 나라의 기강(紀綱)을 붙들고 혼탁한 세상을 바로잡았음을 이른다. 《後漢書 卷83 逸民列傳 嚴光》

구실로 삼았습니다. 신 등은 실로 정철의 죄가 어느 정도이기에 그 자신이 이미 죄를 받고도 서로 알고 지내던 사람에게까지 그 죄가 미치는 것인지 모르겠습니다. 성혼은 정철과 같은 시대에 태어나 한 마을에 산 교분이 있습니다. 성혼은 일찍이 정철의 잘못을 꾸짖으면서도 그 장점을 취하였으며, 정철 또한 성혼의 사람됨을 흠모하고 의리에 감복하였습니다.

조정에서 정철을 논한 것도 이미 심하였고 정철을 죄준 것도 이미 심하였는데, 날로 불어나고 달로 뻗어 나가 그 화단이 더욱 새로워져 심지어 유림의 종장조차 모면하지 못하게 되었습니다.

또 임진년의 변고가 창졸간에 일어나 전하께서 서울을 떠나 몽진(蒙塵)하시던 날, 임금의 수레가 다급하여 길을 치우라는 명령이 원근까지 미칠 겨를이 없었습니다. 성혼의 집은 궁벽한 마을로 큰길과의 거리가 20리나 되어, 급하게 서두를 때 형세 상 미치지 못하는 바가 반드시 있기 마련인데 난리를 당하여 임금을 뒤로 했다는 주장은 오로지 이로 말미암은 것입니다.

근자에 인심은 타락하고 선비의 풍습은 경박해져, 말로에 길을 잃고 헤매는 선비들이 의지할 곳이 없는데, 한 사람의 큰 선비가 또한 죄의 그물에 빠지게 되었습니다. 스스로 한 오라기 같은 공론이 신 등에게 있다고 여겨 감히 전하를 저버리지 못하는 것이나, 이 또한 스스로를 헤아리지 못한 것입니다."

주상이 "조정의 시비에는 간여할 바가 아니다."라는 비답을 내려 꾸짖었다.

사간 정곡(鄭穀)이 인피하며 다음과 같이 말하였다.

"정철의 평생 심사는 길 가는 사람도 아는 것이어서 쓰면 역사가 더럽고 말하면 입이 더러워질 것이니, 조정에서 이미 죽은 뒤에 죄를 가한 것도 성명한 세상의 너그러운 법입니다. 한효상의 상소 가운데, '신 등은 실로 정철의 죄가 어떠한지를 알지 못합니다.' 하였는데, 이는 비단 성혼만 구하려는 것이 아니라, 실은 정철을 구하려는 것입니다.

신이 전에 장령이었을 때 이 일을 논계하였는데, 그 계사 중의 말에, '정철이 성혼을 위해 집을 짓고 도당을 불러 모은 것은 바로 도적의 일이다.'는 말이 있었습니다. 이는 신이 평소 정철의 간흉을 몹시 미워하여 용서하지 못하고 쓰다보니 글을 지음에 실수를 한 것입니다."

대사간 권희(權憘), 집의 이효원(李效元) 등이 한효상의 상소에서 나온 '일망타진(一網打盡)' 등의 말 때문에 인피하자, 주상이 "사직하지 말라."고 답하였다.

지평 정홍익(鄭弘翼)[87]이 아뢰기를,

"집의 이효원 등이 지금 한효상 등의 상소로 인하여 혐의를 들어 인책하고, 장령 강첨(姜籤)은, 지난날 옥당에서 차자를 올릴 때 응교로서 동참하였던 일로 아울러 혐의를 인책하고 물러갔습니다.

신이 가만히 생각하건대, 성혼은 정철과 교분이 두터웠고, 또 대가(大駕)가 서쪽으로 파천하였을 때 즉시 호종하지 않았으니, 그 물의에 배척받음은 진실로 마땅합니다. 하지만 사람을 논하는 도리는 중도를 얻는 것이 중요하니, 성혼이 간악한 정철과 똑같이 삭직의 벌을 받는다면 실로 중도에 지나칩니다. 신의 소견은 이와 같은데, 시론(時論)은 신의 뜻과 같지 않으니, 염치없다는 것을 알면서도 이를 무릅쓰고 동료들을 처치하기란 결단코 어렵습니다. 청컨대 신의 파직을 명하소서."

하였다. 옥당이 처치하며 차자를 올려 아뢰기를,

"이제 조정의 시비가 이미 정해졌고 만세의 공론도 이미 정해졌으니, 한때의 경박하고 아첨하는 편파적인 논의 때문에 경솔하게 언관을 가는 것은 불가합니다. 청컨대 정홍익은 체직시키고 권희 등은 출사하게 하소서."

---

87) 정홍익(鄭弘翼) : 1571~1626. 본관은 동래(東萊), 자는 익지(翼之), 호는 휴옹(休翁)·휴헌(休軒)·휴암(休菴)이다. 1589년(선조22) 사마시, 1597년 별시문과에 급제하여 청요직을 두루 거쳤다. 1602년 사헌부 지평으로 있을 때 대북의 영수 대사헌 정인홍(鄭仁弘)이 성혼을 탄핵하자 이를 극력 변호, 정인홍을 공격하다가 단천 채은관(端川採銀官)으로 좌천되었으며, 이어 어천 찰방(魚川察訪)을 지냈다. 1617년 폐모론이 일어나자 이에 반대하다가 진도·종성·광양 등지에 유배되었다. 1623년 인조반정 후 풀려나와 부제학 등에 임명되었으나 귀양살이에서 얻은 병으로 인하여 부임하지 못하였다. 진도의 봉암사(鳳巖祠), 종성의 종산서원(鍾山書院)에 제향되었다. 저서로는 《휴옹집》이 있고, 시호는 충정(忠貞)이다.

하였다.

○ 집의 이효원(李效元) 등이 아뢰었다.

"파주 목사 이성록(李成祿), 광주 목사 조익(趙翊), 전주 판관 민유경(閔有慶) 등은 이전에 사헌부에 있으면서 처치한 일이 있는데, 당시 대사헌 황신이 문경호 등의 상소로 인해 피혐할 때 많은 사설을 허비하여 극력 구원하기를 꾀하였습니다.

심지어 '최영경이 결국 체포되어 국문을 당한 것은 실로 양남(兩南) 감사(監司)의 장계로 인한 것이다.'라고 하였고, 또 말하기를, '이로 인해 하늘의 그물이 넓고 넓으니 그가 벗어나기는 참으로 어려울 것이라는 하교를 내렸다.'고까지 하였습니다.

이성록 등은 다만 비호할 줄만 알았지 공의는 가리기 어렵다는 것을 알지 못하여, 성혼을 구하려 하였을 뿐만 아니라, 동시에 간신 정철도 구하려 하였습니다. 이는 사특한 의논이 횡행하여 경박하고 부황한 무리들이 꺼리는 것이 없기 때문이니, 청컨대 모두 파직을 명하소서."

주상이 답하였다.

"아뢴 대로 하라. 다만 감사와 병사는 양천경(梁千頃) 등의 고발[88]로 인해 장계를 올린 것이니 그에 따라 최영경을 추국하였던 것은 마땅했던 일이요, 이것은 옥사(獄事)의 체통 상 자연스러운 일이다. 고요(皐陶)[89]가 방백이 되었더라도 의리상 덮어둘 수 없는 일이다.

앞서 대간의 계사 중에는 양천경 등이 고발했던 대목을 숨기고 마치 감사와

---

88) 양천경(梁千頃) 등의 고발 : 1590년(선조23) 기축옥사가 한창 진행되고 있던 때 호남 유생 양천경·강해가 역모의 모주(謀主) 길삼봉은 최영경이라고 고변한 일을 이른다.

89) 고요(皐陶) : 고요는 순임금 때 법관이자 우임금의 정치고문이다. 고요가 순임금의 살리기를 좋아하는 덕을 찬양하여 말하기를 "죄가 의심스러울 경우에는 가벼운 쪽으로 처벌하고, 공이 의심스러울 경우에는 중한 쪽으로 상을 주었다.[罪疑惟輕, 功疑惟重.]" 하였다. 《書經 大禹謨》

병사가 풍문에 따라 스스로 장계를 올린 것처럼 하였으니, 마음 씀이 지극히 교묘하다. 이는 그 형적을 감추려는 계책에 불과하다. 양천경 등이 정철의 음모와 은밀한 꼬임에 넘어가 고발한 정상은 그들 스스로 하나하나 실토했는데, 지금 이 계사에는 이 조항이 없으니, 사실을 빠뜨린 듯하다."

집의 이효원(李效元) -장령 강홍립(姜弘立), 지평 조정견(趙庭堅)- 등이 인피하였는데, 그 대략에,

"정철이 은밀히 양천경·강해(姜海) 등을 사주하면서 좋은 관직을 준다고 꾀어 고발하게 한 정상은 그들이 진술한 공초 가운데 모두 드러났습니다. 이성록은 범연히 감사와 병사의 장계만 가지고 말하고 죄를 얽은 모의는 은폐하였으니, 그 교묘한 마음 씀과 아첨하는 정상은 지극히 가증스럽습니다. 그러나 신 등이 말로 표현한 것이 소루하여 그 잘못을 바로 논죄하지 못하였으니 체직을 청합니다."

하니, 주상이 사직하지 말라고 답하였다.

○ 대사헌 정인홍이 고향에서 상경하여, 최영경을 다시 국문하자고 청하였던 당시의 대간[90]에 대해 국문할 것을 청하려 하였으나 동료들의 논의가 일치하지 않자 찬배(竄配)로 고쳐 청하여 윤허 받았다.

○ 우의정 윤승훈(尹承勳)[91] 등이 주상에게 아뢰기를,

90) 최영경을 …… 대간 : 실록에 따르면 최영경이 다시 수감된 이유는, "산을 파 길을 내고 도의 경계를 넘어서 역적 정여립과 서로 교유[鑿山通道, 越境相從爲言]" 하였으니, 다시 국문해야 한다고 청한 대간의 논계 때문이었다. 《宣祖實錄 27年 11月 13日》 당시 최영경이 정여립과 평소 친밀히 교유했다는 주장이 정여립이 최영경의 집을 방문한 일이 있다는 소문으로 확대되면서 최영경의 석방에 반대하는 대간의 논계가 이어졌고, 결국 최영경은 옥사하기에 이르렀다. 《선조실록 35년 2월 12일》 기사에 따르면 당시의 대간은, 대사간 이해수(李海壽), 사간 이정립(李廷立), 헌납 이흡(李洽), 정언 구성(具宬)·이상길(李尙吉), 대사헌 윤두수(尹斗壽), 집의 송상현(宋象賢), 장령 장운익(張雲翼)·성식(成軾), 지평 민선(閔善)·이유징(李幼澄)이었다.

91) 윤승훈(尹承勳) : 1549~1611. 본관은 해평(海平), 자는 자술(子述), 호는 청봉(晴峰), 시호는

“박이검(朴以儉)이라는 자가 이항복을 정철의 심복이라고까지 하였는데, 신이 듣기로는 이항복은 일찍이 정철과 왕래한 일이 없었습니다. 다만 이항복은 평소 시류에 영합하지 않고 또 근거 없는 논의에 동요하지 않습니다. 지난 번 이조판서 자리가 비었을 때, 사람들은 유영경(柳永慶)을 바랐지만 항복이 추천하지 않자[92] 사람들이 모두 심히 꺼려하여 기필코 공격하여 제거하려 합니다.”

하였다. 승지 박이장(朴而章)[93]이 말하기를,

“신이 듣기에 정철이 귀양 갈 때 이항복이 시를 지어 전송하였고 정철 또한 이에 화답하였다고 하는데, 어찌 서로 친하지 않다 할 수 있겠습니까? 대신의 말이 이와 같아서는 안 될 것입니다.”

하였다. 수일 후 경연에서 특진관 송언신(宋言愼)[94]이 아뢰기를,

문숙(文肅)이다. 1573년(선조6) 진사가 되고, 그 해 식년문과에 급제하였다. 1581년 사간원 정언으로 있을 때, 대사헌 이이(李珥), 장령 정인홍(鄭仁弘) 등과 함께 심의겸(沈義謙)을 탄핵하였는데, 그 때 정철(鄭澈)의 탄핵문제까지 아울러 거론되자 이에 대하여서는 이이가 반대하는 태도를 취함으로써, 이이를 논죄하다가 왕의 노여움을 사 신창현감으로 좌천되었다. 임진왜란 때는 선조를 호종하였으며 조도사로서 명나라 군사에게 군량미를 공급하는 일을 책임졌다. 1601년 우의정에 이어 좌의정·영의정에까지 승진하였다. 영의정으로 있을 때 선조의 존호제정문제로 좌의정 유영경(柳永慶)의 모함을 입고 파직 당하였으나 곧 신원되었다.

92) 항복이 …… 않자 : 이때 윤승훈은 이항복에 대하여 세간의 비난이 집중되는 것은 이조판서에 유영경(柳永慶)이 아닌 홍진(洪進)을 의망하였기 때문인데 홍진을 천거한 것은 실상 자신이라고 하였다.《宣祖實錄 35年 閏2月 2日》위 내용에서 유영경을 이조판서에 천거하지 않은 것이 죄라면 자신도 이항복과 함께 그 죄를 받아야 마땅하다고 윤승훈이 말한 것은 이 때문이다.

93) 박이장(朴而章) : 1547~1622. 본관은 순천(順天), 자는 숙빈(叔彬), 호는 용담(龍潭)·도천(道川)이다. 조식(曺植)의 문인이다. 1573년(선조6)에 생원·진사가 되고, 1584년 별시문과에 급제한 뒤에 대사간, 병조참판, 한성부 우윤 등을 역임하였다. 1615년(광해군7) 폐모론(廢母論)이 일어나자 이를 반대하다가 삭직되어 성주(星州)에서 후진을 양성하며 여생을 마쳤다.

94) 송언신(宋言愼) : 1542~1612. 본관은 여산(礪山), 자는 과우(寡尤), 호는 호봉(壺峰), 시호는 영양(榮襄)이다. 이황(李滉)의 문인이자 유희춘(柳希春)과 노수신(盧守愼)의 문하에도 출입하였다. 1577년(선조10) 문과에 급제한 후 정언·예조좌랑·호남 순무어사·사헌부 장령 등을 역임하였다. 1589년 기축옥사 때 정여립과 가까운 사이였다는 혐의로 파면되었

"신묘년(1591, 선조24) 정철이 강계(江界)에 유배 중일 때[95] 지은 시에, '삶은 설한령(薛罕嶺)[96]에 있고, 마음은 필운산(弼雲山)에 있네'라고 하였습니다." -필운산은 이항복의 호이다.[97]-

하였는데, 좌의정 김명원(金命元)[98]이 말하기를,

"정철이 본디 이항복을 좋아하였기 때문에 이 시를 지은 것입니다. 항복은 정철과 나이 차이가 현격하고 평소 친분도 없었습니다. 신은 정철과 젊어서부터 서로 친밀히 어울렸으니 정철을 사귄 것이 죄가 된다면 신이 먼저 벌을 받아야 할 것입니다."

하니, 주상이 말하기를,

"어제 우의정이 운운하였는데, 그렇다면 우의정의 사람됨이 그른 것이다."

하고, 정철이 지은 시의 전편을 써서 들이라는 영을 내렸다.

이에 사헌부가 윤승훈을 논핵하여 아뢰기를,

"대신이 임금에게 고할 때에는 마땅히 편벽되고 사사로운 뜻을 모두 버리고 시비를 올바르게 밝히는 주장으로 한결같이 조정을 안정시키고 사류(士類)를 북돋우어 국가의 태산이 되어야 합니다. 그런데 우의정 윤승훈은 지난번

다가 복권되어 평안도관찰사가 되었으나 1592년에 다시 삭직되었다. 1596년 동면순검사(東面巡檢使)로 다시 등용되었고, 이후 대사간·병조판서·이조판서 등을 지냈다. 젊어서부터 동인으로서의 정치적 입지를 분명히 하여 서인을 공격하는 데 앞장섰다.

95) 신묘년 …… 때 : 1591년(선조24) 정철(鄭澈)이 세자책봉 문제를 건의하였다가 선조(宣祖)의 노여움을 사서 강계로 유배되고, 서인 세력 대부분이 파직, 유배되었던 일이다.

96) 설한령(薛罕嶺) : 평안도 강계(江界)에 있는 재의 이름이다.

97) 필운산은 …… 호이다 : 필운(弼雲)이 이항복의 호이므로 시구의 필운산은 이항복을 가리킨다는 말이다. 이항복은 필운산에 있는 장인인 권율(權慄)의 집을 빌려 살았던 까닭에 필운으로 호를 삼았다고 한다.

98) 김명원(金命元) : 1534~1602. 본관은 경주(慶州), 자는 응순(應順), 호는 주은(酒隱), 시호는 충익(忠翼)이다. 이황(李滉)의 문하에서 수학하였다. 1558년(명종13) 사마시에 합격하고 1561년 문과에 급제하였다. 1589년 정여립(鄭汝立)의 난을 수습한 공으로 평난공신(平難功臣) 3등에 책록되고 경림군(慶林君)에 봉해졌다. 임진왜란이 일어나자 순검사에 이어 팔도 도원수가 되어 한강 및 임진강을 방어하였으며, 정유재란 때는 병조판서로 유도대장(留都大將)을 겸임하였다. 이후 좌찬성·이조판서·우의정을 거쳐 1601년 부원군에 봉해지고 좌의정의 자리에 올랐다.

탑전에서 자기가 좋아하는 사람에게 아첨하여, 심사를 같이한 사람을 처음부터 서로 알지 못하는 사이라 하였습니다. 그리하여 맑은 의논을 억누르고 자기와 같은 부류를 끌어들이고자 하였으니, 그 사를 따르고 공을 없앰이 이와 같은데, 그 나머지야 무엇을 취할 수 있겠습니까? 체차를 명하소서."

하자, 주상이 말하기를,

"말하는 사이에 우발적으로 나온 말인 듯하다. 대신을 어찌 경솔히 체차할 수 있겠느냐? 또 '심사를 같이했다.'는 말은 무슨 일을 가리킨 것이며, '맑은 의논을 억눌렀다.' 함은 무슨 말을 가리킨 것이고, '자기와 같은 부류를 끌어들인다.'는 것은 누구를 가리킨 것이냐?"

하니, 사헌부에서 회계하여 아뢰기를,

"정철의 시에, '마음은 필운산에 있네.'라고 하였으니, 그 심사가 같음을 알 수 있습니다. 근거 없는 말을 만들어 내어, 심지어는 '몸이 비방에 휩싸였다.'라고 하며 남몰래 최영경을 배척하고 한때의 맑은 의논이 세상에 용납되지 못하게 하였습니다. 또한 이항복에게 붙어 아첨하며, 성혼·정철의 잔당이 진출할 바탕으로 삼았으니, 이것이 맑은 의논을 억누르고 자기와 같은 부류를 끌어들인 것입니다."

하였다. 정언 박건(朴健)이 다시 윤승훈에 대해 발계(發啓)하려 하자, 대사헌 권희(權憘), 사간 정곡(鄭轂), 헌납 최충원(崔忠元) 등은 '윤승훈의 잘못은 말하는 사이에 일어난 실수에 불과하며, 그의 나머지 죄상은 들은 바가 없다.'고 하면서 따르지 않았다.

대사헌 정인홍, 집의 이효원(李效元), 장령 조정견(趙庭堅), 지평 채형(蔡衡)[99]이 모두 인피하자, 홍문관의 김대래(金大來)[100]가 독계(獨啓)하여 박건의 주장

---

99) 채형(蔡衡) : 1567~1639. 본관은 평강(平康), 자는 자정(子正)이고, 채침(蔡忱)의 증손이다. 1594년(선조27) 별시 문과에 급제하여 사간원 정언, 예조정랑 등을 지냈다.

100) 김대래(金大來) : 1564~1608. 본관은 안동(安東), 초명은 김대유(金大猷), 자는 희태(希泰)이고, 김호(金瑚)의 증손이다. 1585년(선조18)에 진사가 되고, 1590년에 증광문과에 급제하여 청요직을 두루 거쳤다. 1608년 직제학이 되었는데, 그해 광해군이 즉위하여 정인홍(鄭

을 힘껏 지지하고, 정인홍 등의 출사와 권희 이하의 체차를 청하였다. 대개 윤승훈 또한 남인이었으므로 권희 등이 힘껏 구원한 것이다.

○ 충주 사람 이덕형(李德亨)이 상소하여 논하기를,

"홍여순(洪汝諄)[101]은 신묘년(1591, 선조24)에 정철을 배격하는데 공을 세워,[102] 사특함을 배척하고 올바름을 부지하였다는 칭송을 받고 있으니, 그 죄를 풀어주소서."

하였다. 이조에서 회계하기를, "대신에게 수의(收議)하소서." 하였으나, 대신들이 모두 병으로 의논을 올리지 못하고 영의정 이덕형(李德馨)만 의논드리기를,

"근년 이래로 조정에서 사람을 쓰는 것과 진퇴를 모두 한 사람의 상소로 말미암아 결정하니, 이는 실로 잘못된 풍조입니다. 석방의 은전은 뒷날을 기다려 행하소서."

仁弘) 등 대북파(大北派)가 세력을 잡자 양사(兩司)로부터 유영경(柳永慶)의 심복이라고 탄핵을 받고 종성에 유배된 뒤 사사(賜死)되었다.

101) 홍여순(洪汝諄) : 1547~1609. 본관은 남양, 자는 사신(士信)이다. 1567년(명종22) 생원시에 합격하고, 1568년(선조1) 증광문과에 급제하여 이듬해 황해도 도사가 되었다. 1591년(선조24) 건저(建儲) 문제를 계기로 이산해·정인홍 등이 앞장서 정철을 비롯한 서인세력을 실각시킬 때 우성전(禹性傳)·이성중(李誠中) 등은 이에 반대하며 기축옥사와 관련한 당쟁의 재론과 확산을 막고자 하였으나 당시 대사헌이었던 홍여순이 우성전을 아울러 논핵하였는데, 이로부터 동인 내 남·북 분화가 본격화되기 시작하였다. 1592년 임진왜란이 일어나자 병조판서로서 선조를 호종하였다. 난이 끝난 뒤 남이공(南以恭)·김신국(金藎國) 등과 함께 유성룡(柳成龍) 등 남인을 몰아내고 정권을 잡았다. 1599년 그의 대사헌 임명을 남이공이 반대하자 북인에서 다시 분당하여 대북이라 부르고, 이이첨(李爾瞻) 등과 함께 남이공 등의 소북과 당쟁을 벌이다가 1600년 병조판서에서 삭탈관작 되었다. 이듬해 복관되었으나, 1608년 광해군 즉위와 함께 재차 탄핵을 받아 진도에 유배되어 이듬해 배소에서 죽었다.

102) 신묘년에 …… 세워 : 신묘년(1591, 선조24) 건저(建儲) 문제로 정철을 비롯한 서인세력이 실각할 때, 당시 대사간이었던 홍여순이 대사헌이었던 이원익과 양사 합계로, 정철·백유함(白惟咸)·유공진(柳拱辰)·이춘영(李春英) 등이 편당을 지어 조정을 어지럽혔고, 기축년 옥사를 무리하게 확대하여 무고한 이들을 해쳤다고 논핵한 일을 이른다.《宣祖修正實錄 24年 5月 1日》

하여 그 일이 마침내 시행되지 못하였다.

◯ 호남의 전 참봉 최홍우(崔弘宇) 등이 정개청(鄭介淸),[103] 이발(李潑),[104] 이길(李洁),[105] 유몽정(柳夢井),[106] 조대중(曺大中)[107] 등의 신원을 청하였다.[108]

---

103) 정개청(鄭介淸) : 1529~1590. 본관은 고성(固城), 자는 의백(義伯), 호는 곤재(困齋)이고, 전라남도 나주 출신이다. 예학(禮學)과 성리학에 깊은 관심을 기울여 당시 호남 지방의 명유로 알려졌다. 1574년(선조7) 전라감사 박민헌(朴民獻), 1583년 영의정 박순에 의해 유일(遺逸)로 천거되었지만, 수차의 관직 제수를 극구 사양하였다. 이후 그의 관직생활은 46세에 북부 참봉을 지낸 이후 55세에 나주 훈도, 58세에 전생서 주부(典牲署主簿), 그리고 60세 되던 해 이산해(李山海)의 천거로 곡성 현감을 지내는 데 그쳤다. 1589년(선조22)에 정여립의 모역 사건이 일어나고 이를 처리하는 과정에서 그 연루자의 색출이 지방의 사류에게까지 확대되었다. 1590년 5월 정여립과 동모하였다는 죄목으로 체포되어 평안도 위원으로 유배되었다가 다시 같은 해 6월 함경도 경원 아산보(阿山堡)로 이배되고, 7월에 그곳에서 죽었다. 저서로는 《수수기(隨手記)》와 《우득록(愚得錄)》이 있는데, 《수수기》는 유실되고 《우득록》만 남아 있다.

104) 이발(李潑) : 1544~1589. 본관은 광산(光山), 자는 경함(景涵), 호는 동암(東巖)·북산(北山)이다. 김근공(金謹恭)·민순(閔純)의 문인이다. 1573년(선조6) 알성 문과에 장원 급제하여 1583년 부제학을 역임하고 이듬해에 대사간에 이르렀다. 동인의 거두로서 정철(鄭澈)의 처벌 문제에 강경론을 주도하였다. 1589년 기축옥사 때 고문을 받고 장살(杖殺)되었다.

105) 이길(李洁) : 1547~1589. 본관은 광산(光山), 자는 경연(景淵), 호는 남계(南溪)로, 이발의 아우이다. 1577년(선조10) 태묘별시 문과(太廟別試文科)에 급제하고, 사인을 거쳐 벼슬이 응교에 이르렀다. 1589년 기축옥사 때 희천에 유배되었다가 이후 장살(杖殺)되었다. 계해년(1623, 인조1)에 신원되었고, 1694년(숙종20) 부제학이 추증되었다.

106) 유몽정(柳夢井) : 1529~1589. 본관은 문화(文化)이다. 유희저(柳希渚)의 손자로, 남원 현감(南原縣監), 고부 군수(古阜郡守), 나주 목사(羅州牧使) 등을 지냈다. 고부 군수 재직 때 관곡(官穀)을 내어 정여립이 재사(齋舍) 짓는 것을 도왔던 일이 있는데, 기축옥사 때 이 일로 정암수(丁巖壽)·오희길(吳希吉) 등의 무고(誣告)를 받고 장살되었다.

107) 조대중(曺大中) : 1549~1589. 본관은 창녕(昌寧), 자는 화우(和宇), 호는 정곡(鼎谷)이다. 유희춘(柳希春)과 이황(李滉)의 문인으로 1576년(선조4) 〈목마부(木馬賦)〉와 〈무계심시(武溪深詩)〉를 지어 사마시에 합격하였고, 1582년에 식년문과에 급제하였다. 1589년(선조22) 기축옥사 때 전라도 도사로서 지역을 순행(巡行)하다가 1590년(선조23) 2월, 정여립의 추형(追刑)을 슬퍼하며 눈물을 흘렸다는 무함을 받고 잡혀와 장살되었다. 국문을 받던 중 읊은 시로 인해 죽은 뒤 역률(逆律)로서 추형을 당하였다. 1624년(인조2) 이발(李潑)·정개청(鄭介淸)·백유양(白惟讓)·유몽정 등과 함께 신원되었다.

108) 신원을 청하였다 : 흔히 신원은 대상자의 죄를 벗겨주는 일뿐만 아니라 명예회복까지를 그 내용으로 한다. 죄명을 벗는 것은 그 죄를 풀어주는 일뿐만 아니라, 적몰된 가산이

○ 부사과 이귀(李貴)가 상소하였는데, 그 대략은 다음과 같다.

"신은 항상 몸을 돌보지 않고 떨쳐 일어나 국가의 위급한 일에 목숨을 바쳐왔습니다. 신이 영남을 지나는 길에 병폐를 탐문해 보니, 명색이 선비라는 자들이 심지어 사명(使命)을 받든 신하와 수령을 위협하고 제어하여 도·류·장·살(徒流杖殺)의 권한이 모두 그 손아귀에서 나오고 있었습니다. 호남은 그 해악이 주현(州縣)에 그치지만 영남은 국가에까지 미치는데, 그 원인을 구명해 보면 실로 정인홍이 주창한 것입니다.

신이 안음현(安陰縣) 하리(下吏)의 문장(文狀)[109]을 보니, '합천에 사는 정 참의(鄭叅議)의 행차가 지나가므로, 현감이 안음현 지경(地境)에 나와 대접했다.' 하였습니다. 신의 생각에, 신은 품질(品秩)이 비록 낮으나 공적인 일로 간 길이었고, 인홍은 관작이 비록 높으나 사적인 일로 간 길이었는데, 수령이 공적인 행차는 안중에 없고 모두 인홍의 사적인 행차에 분주히 달려가 응대(應待)하였으니, 인홍의 세력과 기염을 이로써 볼 수 있었습니다.

이에 신이 상소하여 바로 논척하려 하였으나, 체찰사 이덕형(李德馨)이 '이 사람은 선비라 이름 하는 사람이니, 경솔하게 조처해서는 안 된다.' 하였습니다. 이에 정인홍이 그 문도들로 하여금 우도(右道)에 통문을 돌려, 거창(居昌)에 사는 신의 족질(族姪) 이시익(李時益)을 쫓아내고, 신이 유숙하였던 집도 불사르려 했다고 하니, 그들이 위복(威福)[110]을 제멋대로 휘두르는 정황을

있다면 이에 대한 환급과 더불어 삭직 혹은 삭탈되었던 관작의 복구로 이루어진다. 명예회복은 국가 차원의 사과와 위로인데, 이는 증직(贈職)과 사제(賜祭), 자손에 대한 녹용으로 표현된다. 기축옥사의 피화인 중 가장 먼저 최영경이 1594년(선조27) 신원되어 대사헌에 추증되었고, 사제(賜祭)의 특전을 받았다. 이후 호남에서도 유생 나덕윤(羅德潤), 전 참봉 최홍우의 상소를 필두로, 이발·이길·정개청·유몽정·조대중 등에 대한 신원을 지속적으로 주청하였고, 경우에 따라서는 이황종, 윤의중 등에 대한 신원도 아울러 거론하며, 숙종대까지 꾸준한 신원운동을 전개해 나갔다.

109) 문장(文狀) : 고을의 삼공형(三公兄)인 이방(吏房)·호방(戶房)·형방(刑房)이나 아전이 관부에 올리는 문서 양식을 말한다.

110) 위복(威福) : 《서경(書經)》에 "임금만이 위(威)를 짓고 복(福)을 짓는다." 하였는데, 신하가 위복을 부리는 것은 군권(君權)을 침범하는 것이다.

대략 알 수 있습니다.

신이 보고 들은 바를 낱낱이 진달하겠습니다. 왜적이 물러간 지 이미 3년이 지났는데 의병에 소속되었던 관노(官奴) 및 소, 말 등을 지금까지 그 집에 두고 부린 사실은 온 도내 사람들이 모두 알고 있으니, 이는 시익에게 들은 것이 아닙니다. 성주 목사 유영순(柳永詢)이 정인홍의 과오를 한 번 말하였더니 그 무리들이 극심하게 비방하고 배척하면서 '귀먹은 체찰사', '눈먼 종사관', '어리석은 순찰사' 등의 말을 지어냈습니다. 합천 군수 이숙(李潚)은, 인홍이 거주하는 한 면(面)에서 관의 명령을 거역한데 분노하여 반민(叛民)이라고 꾸짖었는데, 인홍이 이숙과 감사 앞에서 마주앉아 공공연히 죄목을 따졌습니다.

유생(儒生)의 정거(停擧)[111]는 사관(四館)[112]의 일인데, 도내의 선비들이 인홍에게 미움을 받을 경우 번번이 정거를 거행한 사실을 도내 사람들이 모두 말합니다. 저번에 문위(文偉)[113]·이경일(李景一) 등 십여 인이 문경호의 상소에 참여하지 않자 모두 손도(損徒)[114]를 당하였는데 이에 대한 통문이 온 도내에 돌았습니다. 또 정인홍은 탈영하여 풍수지리를 보던 중국 병사에게 포로로

---

111) 정거(停擧) : 유생에게 과거 응시자격을 일시적으로 박탈하던 제도를 이른다.

112) 사관(四館) : 성균관(成均館)·예문관(藝文館)·승문원(承文院)·교서관(校書館)의 통칭이다.

113) 문위(文偉) : 1554~1631. 자는 순부(純夫), 호는 모계(茅溪), 본관은 남평(南平)이다. 남명(南冥) 조식(曺植)의 문인이다. 임진왜란이 일어나자 거창에 의병을 모아 의병장 김면(金沔)과 함께 싸웠고, 친상을 당하자 고향 거창 모계에서 10여 년 동안 후학을 가르쳤다. 독행(篤行)으로 천거되어 사헌부 감찰 등을 지내고, 대북 정권 집권 이후에는 물러나 두문불출한 채 학문 연구에 전념하였다. 인조반정 이후 고령 현감으로 부임하였지만, 곧 병으로 사임하였다. 저서로는 《모계집》이 있다.

114) 손도(損徒) : 원래는 성균관 유생(儒生)이 학령(學令)을 위반할 때에 동료들이 배척하여 함께 어울리지 못하게 따돌렸던 벌을 이른다. 과실의 정도에 따라 영구 손도[永永損徒], 5개월 손도[五朔損徒], 4개월 손도[四朔損徒], 3개월 손도[三朔損徒] 등이 있다. 본문에서는 1601년 생원 문경원이 상소하여 처사 최영경이 죽은 일은 정철과 성혼이 주도한 것이었다고 논척하였을 때, 이에 동참하지 않은 일부 유생들에 대해 자체적으로 손도의 벌을 행했던 일을 이른다.

잡혔던 부녀자를 위협해 시집보냈고, 자기 병을 치료한 미천한 자에게 사족의 딸을 억지로 결혼시키기도 하였습니다.

대개 정인홍은 평생 동안 늘 사사로운 원한으로 남을 모함하기 위해 하지 못하는 짓이 없었습니다. 고(故) 병사 김면(金沔)[115]은 인홍의 친한 벗으로 정의가 형제와 같았는데, 인홍이 군사를 거느린 채 왜적을 치지 않은 것을 책망하자 이로 인해 앙심을 품고 김면의 상여가 그 문 앞을 지나가는데도 끝내 나와 조문하지 않았습니다.

고(故) 첨지 양희(梁憘)는 인홍의 장인인데, 양희가 중국에서 죽어 상여가 서울 본가에 이르렀으나, 인홍이 그의 처남 양홍주(梁弘澍)와 사이가 좋지 않으므로,[116] 엿새가 지나도록 가서 곡하지 않았습니다. 허잠(許潛)의 청렴함은 사람들이 모두 알고 있는데, 허잠이 성주 목사로 있으면서 인홍의 각박한 소행에 대해 말을 하자, 즉시 그 무리와 더불어 허잠이 쌀 백 석을 도둑질했다는 말을 지어냈습니다.

한준겸(韓浚謙)[117]은 감사(監司)인데, 처음에 찾아보지 않자 그 무리를 사주

---

115) 김면(金沔) : 1541~1593. 본관은 고령(高靈), 자는 지해(志海), 호는 송암(松庵)이다. 남명(南冥) 조식(曺植)과 퇴계(退溪) 이황(李滉)의 문인으로, 1592년 임진왜란이 일어나자 의병을 일으켜 지례(知禮)에서 대승을 거두었다. 이후 합천 군수(陜川郡守)에 제수되었으며, 의병대장의 교서를 받았다. 이듬해 금산에서 병으로 죽었다.

116) 양홍주(梁弘澍)와 …… 않으므로 : 양홍주는 정인홍의 처남으로서, 1603년(선조36) 장문의 상소를 올려 성혼을 비판한 정인홍을 탄핵하였다. 《우계집(牛溪集)》 〈잡록(雜錄)〉에 따르면, 최영경과 정인홍은 정축년(1577, 선조10) 이전에는 성혼을 멀리하지 않았는데, 양홍주가 중간에서 말을 잘못 전하여 비로소 의심하고 비방하는 단서가 생겼고, 그리하여 계미년(1583, 선조16) 이후에는 마침내 사이가 틀어져 멀어졌다고 하였다.

117) 한준겸(韓浚謙) : 1557~1627. 본관은 청주(淸州), 자는 익지(益之), 호는 유천(柳川)이고, 인조의 장인이다. 1579년(선조12) 생원시·진사시에 합격하였고, 이듬해 별시문과에 급제하여 청요직을 두루 거쳤다. 1599년 경상도관찰사가 되었으나 정인홍(鄭仁弘)과의 알력으로 파직 당하였다. 선조로부터 영창대군(永昌大君)의 보필을 부탁받은 유교칠신(遺敎七臣)의 한 사람으로 1613년(광해군5) 계축옥사에 연루되어 전리방귀(田里放歸)되고, 1617년 충주에 부처되었으며, 1621년 여주로 이배(移配)되었다. 1623년(인조1) 인조반정으로 그의 딸이 인열왕후(仁烈王后)로 책봉되자 영돈녕부사로 서평부원군(西平府院君)에 봉해졌다. 함흥의 문회서원(文會書院)에 제향되었다. 저서로 《유천유고(柳川遺稿)》가

하여 무함하고 논죄하였습니다. 유성룡(柳成龍)[118]의 청백함은 사람들이 모두 칭송하는 바인데, 과거 정인홍이 이경중(李敬中)을 탄핵했던 일[119]을 언급하자 인홍이 문도인 문홍도(文弘道)·박이장(朴而章) 등을 사주하여 '공공연히 뇌물을 받아 농토가 널려 있다.'는 등의 말로 성룡을 탄핵하였습니다. 이덕형은 그 도의 체찰사인데, 색리(色吏) 김대허(金大虛)에게 한 번 곤장을 친 뒤로, 인홍이 그 도당과 제멋대로 조롱과 비방을 가하였습니다.

이시발(李時發)[120]이 성주 목사였을 때, 한 가지 명령을 내렸는데, 관할 내 유생들이 찾아와 말하기를, '반드시 인홍에게 알린 후에야 따를 수 있다.' 하므로, 시발이 '성주의 명령을 이웃 고을 품관(品官)에게 물어보고 결정할 수는 없다.'는 말로 꾸짖었습니다. 근자에 영남 관찰사는 한준겸을 최고로 치지만 이시발의 경우 한준겸보다 뛰어나기가 백배에 그칠 뿐이 아니어서

있고, 시호는 문익(文翼)이다.

118) 유성룡(柳成龍) : 1542~1607. 본관은 풍산(豊山), 자는 이현(而見), 호는 서애(西厓)이다. 이황(李滉) 문인으로, 김성일(金誠一)과 동문수학했으며 서로 친분이 두터웠다. 1564년 생원·진사, 1566년 별시문과에 급제하여 청요직을 두루 거쳤다. 1588년 양관 대제학을 거쳐서 1590년 우의정, 1591년 좌의정, 1592년 영의정을 역임하였다. 1598년 북인의 탄핵으로 관작을 삭탈 당했다가 1600년 복관되었으며, 1604년 호성공신(扈聖功臣) 2등에 책록되고 다시 풍원부원군에 봉해졌다. 안동의 병산서원(屛山書院) 등에 제향되었고, 시호는 문충(文忠)이다.

119) 정인홍이 …… 일 : 신사년(1581, 선조14) 정여립이 이조전랑의 후보로 추천되었으나 우성전·이경중 등의 반대로 의망에 들지 못하였는데, 이때 사헌부 장령이었던 정인홍이 계사를 올려 선인(善人)이 배척되었다고 하며 우성전·이경중을 잇달아 논핵하여 이들을 각각 수원 현감과 이조좌랑의 자리에서 파직시켰던 일을 이른다.

120) 이시발(李時發) : 1569~1626. 본관은 경주(慶州), 자는 양구(養久), 호는 벽오(碧梧) 또는 후영어은(後潁漁隱)이다. 1589년(선조22) 증광문과에 급제하여 임진왜란 당시 도체찰사 유성룡의 종사관으로 활약하였다. 1596년 이몽학(李夢鶴)의 난을 토벌하였으며, 그해 겨울 찬획사(贊畫使)가 되어 충주의 덕주산성(德周山城)을 쌓고, 또 조령에 방책(防柵)을 설치하였다. 광해군대 폐모론에 반대했다가 양사의 탄핵을 받고 사직하였다. 1623년 인조반정 이후 형조판서가 되었으며, 이듬해 이괄의 난 당시 체찰부사(體察副使)로서 공을 세웠다. 그 뒤 삼남도검찰사(三南道檢察使)가 되어 남한산성의 역사(役事)를 감독하였다. 저서로 《주변록(籌邊錄)》·《벽오유고》가 있으며, 영의정에 추증되었고, 시호는 충익(忠翼)이다.

칭송하는 소리가 자자했는데 역시 이 무리에게 미움을 받아 체직이나 파직을 앉아서 기다리는 처지가 되었습니다.

정인홍이 시골에 물러가 있을 때에는 그 화단이 오히려 적었으나 지금은 조정에서 현달해 있으니, 그 방자한 정상은 전보다 열 배는 늘어날 것이고, 또 장차 그 무리로 하여금 그 독을 부리게 할 것이니, 국가의 위태로움이 날짜를 정해 놓고 기다리는 것처럼 분명합니다.

신은 성혼의 문인입니다. 신이 성혼의 원통함을 논할 뜻이 없는 것은 아니나 나라 사람의 공론이 있어 끝내 사라지지 않을 것이니, 사리를 따져 억울함을 밝힐 책임은 신이 미칠 바가 아닙니다. 그렇지만 정인홍의 오만방자한 정상은 신처럼 어리석고 망령되어 화복을 따지지 않는 자가 아니면 끝내 한 사람도 말할 사람이 없겠기에 감히 이렇게 뱀을 밟고 호랑이에게 덤벼들면서도 스스로 피할 줄 모르는 것입니다."

정인홍이 차자를 올려 자신을 해명하자, 주상이 답하기를,

"지난 번 우의정의 계사(啓辭)는 진실로 사람의 의심을 불러일으켰으니, 이귀가 어찌 그것을 모르겠는가? 경이 일찍이, 성혼이 최영경을 무함하여 죽인 일을 말하였으니, 지금 이 상소가 그로 인해 올라온 것이 아닌지 어찌 알겠는가? 이귀의 사람됨을 경은 알고 있는가? 일찍이 김덕령(金德齡)의 양쪽 겨드랑이에 두 마리의 호랑이가 출입한다[121]는 말을 지어낸 자이다. 이런 말을 지어냈는데 무슨 말인들 지어내지 못하겠는가? 경으로 하여금 낭패하여 물러가게 하려는 것에 불과하고, 또 이 모두가 반드시 이귀의 손에서 나왔는지도 알 수 없다."

---

121) 김덕령(金德齡)의 …… 출입한다 : 김덕령(1567~1596)의 본관은 광산(光山), 자는 경수(景樹), 시호는 충장(忠壯)이다. 임진왜란이 일어나자 담양 부사 이경린(李景麟), 장성 현감 이귀(李貴)의 권유로 담양에서 의병을 일으켜 세력을 크게 떨쳤다. 1596년(선조29)에 의병을 모집하여 반란을 일으킨 이몽학(李夢鶴)을 토벌하려 했으나, 오히려 이몽학과 내통했다는 무고를 당하여 역적이라는 누명을 쓰고 옥사했다. 김덕령의 양쪽 겨드랑이에 호랑이가 출입한다는 말은 이귀가 그를 추천하며 그의 신이(神異)한 용력을 칭찬하기 위해 쓴 말이었다. 《宣祖實錄 28年 2月 6日》

하였다.

○ 최여경(崔餘慶)[122]에게 참의 벼슬을 특별히 추증하였다. 문경호(文景虎)를 송라 찰방(松羅察訪)으로, 최홍언(崔弘言)을 사직 참봉(社稷參奉)으로[123] 삼았다. 여경은 최영경의 아우이고, 홍언은 최영경의 아들이다.

○ 대사헌 정인홍이 아뢰기를,

"이성록(李成祿) 등이 군주를 기만하고 당파를 비호한 죄를 지었는데 삭직에 그치는 것은 가벼운 처분입니다. 예조참의 정경세(鄭經世)[124]는 연소한 명사임에도 불구하고 예법으로써 자신의 몸가짐을 단속하지 못하였습니다. 왜란 초, 상중에 있을 때 관사에 출입하면서 먹고 마실 때마다 사람들의 구설을 면치 못하였습니다. 심지어 복수의 날에는 비통히 통곡하며 왜적을 상대하기에 겨를이 없어야 마땅함에도 불구하고, 사명(使命)을 띠고 관동(關東)에 나간 몸으로 공공연히 기생을 가까이 하였습니다. 보고 들은 것을 가리기는 어려운 법이니 청컨대 파직하소서."

하였다. 주상이, 이성록은 전에 이미 삭직하였고, 정경세의 일은 풍문(風聞)에서 나온 것이니 윤허하지 않는다고 하였으며, 지평 강주(姜籀)가 논계한

---

122) 최여경(崔餘慶) : ?~1590. 본관은 화순(和順), 자는 적원(積元)이다. 1575년(선조8) 한양에서 형 최영경과 함께 선대의 토지가 있는 진주 도동으로 와 한 집에 살면서 형 섬기기를 부모같이 하였다. 감역(監役)이 되었다가 신녕 현감(新寧縣監)으로 전임되었는데, 최영경이 기축옥사에 연루되자 연좌되어 1590년(선조23) 죽임을 당하였다.

123) 최홍언(崔弘言)을 사직 참봉(社稷參奉)으로 : 《혼정편록(混定編錄)》에는 최여경의 아들 최홍길(崔弘吉)이 최영경의 제사를 받들고 있으므로, 그를 사직 참봉에 임명한다고 하였다.

124) 정경세(鄭經世) : 1563~1633. 본관은 진양(晉陽), 자는 경임(景任), 호는 우복(愚伏), 시호는 문장(文莊)이다. 유성룡(柳成龍)의 문인이다. 1586년(선조19) 알성문과에 급제하여 청요직을 두루 거치고, 1610년(광해군2) 성균관 대사성 등을 지내다가 1611년 정인홍 일당의 탄핵을 받고 쫓겨났다. 1623년 인조반정으로 홍문관 부제학이 되고 이후 이조판서, 대제학 등을 역임하였다. 그의 학문은 이황의 학통을 계승하였으며, 특히 예학에 조예가 깊었다. 저서로 《우복집》, 《상례참고(喪禮參考)》가 있다.

것은 아뢴 대로 하라고 답하였다.

○ 사간 정곡(鄭轂)이 정인홍의 차자 중에 '유성룡의 도당'이라 한 말로 인해 인피 하였는데 그 말에 정인홍을 배척하고 조롱한 것이 많았다. 집의 문여(文勵)가 정인홍의 문도를 자칭하며 이귀가 정인홍을 무함한 일, 정곡이 정인홍을 모욕하고 조롱한 일을 논척하였다. 장령 이구징(李久澄)·정협(鄭協), 지평 목장흠(睦長欽),[125] 대사간 조정립(趙正立),[126] 헌납 최충원(崔忠元)이 연이어 이귀를 공격하고 정곡을 구원하며 말하기를,

"이귀는 일 만들기를 좋아하여 이를 처신의 묘책으로 삼았으며, 그가 전후로 진달한 소를 두고 세상에서는 모두 '소마(疏魔)'라 지목하고 있고, 비천한 하인들도 모두 괴이하다 비웃고 있습니다."

하였다. 의령(宜寧)의 진사 오여온(吳汝穩)이 상소하여 이귀를 배척하고 정인홍의 어짊을 성대히 칭송하며 그를 청천백일(青天白日)[127]에 비유하였다.

전 도사 양홍주(梁弘澍)는 정인홍의 처남으로서, 상소하여 인홍을 논핵하였는데, 그 대략은 다음과 같다.

"정인홍의 언론이 독실하고 풍모가 장중한 것은 오로지 겉치레만을 일삼기

---

125) 목장흠(睦長欽) : 1572~1641. 본관은 사천(泗川), 자는 우경(禹卿), 호는 고석(孤石)이다. 1599년(선조32) 정시문과에 급제하여 청요직을 두루 지냈으나 판서 기자헌(奇自獻)의 미움을 받아 고성 군수(高城郡守)로 나갔다. 인조반정 뒤에 함경 감사, 호조참판, 도승지 등을 지냈다.

126) 조정립(趙正立) : 1560~1612. 본관은 횡성(橫城), 자는 여직(汝直), 호는 송호(松湖)이다. 1589년(선조22) 진사가 되고, 1591년 별시문과에 급제하여 청요직을 두루 거쳤다. 1612년(광해군4) 김직재(金直哉)의 옥사가 일어나자, 관직에 나가지 않은 것이 김직재의 일당인 때문이라는 의심을 받아 부득이 직제학에 취임하였으나 곧 병이 악화되어 죽었다. 정경세·한백겸(韓百謙) 등과 친교를 맺고 학문을 닦았다.

127) 청천백일(青天白日) : 푸른 하늘에 쨍쨍하게 빛나는 밝은 태양이란 뜻으로, 세상에 아무런 부끄럼이나 죄가 없이 결백함 또는 심사(心事)가 명백함을 비유하여 이르는 말이다. 설선(薛宣)은 《독서록(讀書錄)》에서 "대장부의 심사(心事)는 응당 청천백일(青天白日)처럼 사람들이 볼 수 있도록 하는 것이 옳다.[大丈夫心事, 當如青天白日, 使人得而見之可也.]" 하였다.

때문이고, 밖으로는 선한 척하나 안으로는 남을 해하려 하니 오직 거짓과 기만에 힘쓰는 사람입니다. 사람들이 그의 강퍅함을 보고 올곧은 것을 의심하고 그의 음험함을 보고는 지조를 의심하니, 이것이 바로 인홍이 헛된 명성을 도둑질하여 성상의 남다른 총애를 받게 된 까닭입니다.

그의 마음은 비뚤어지고 음험하며 행실은 편벽되고 고집스러워, 평상시에는 무리를 모아 당파를 이룰 만하고, 강할 때는 옳은 것을 뒤집어 홀로 맞설만하니, 이는 소정묘(少正卯)와 같습니다.[128] 사람들의 은밀하고 사사로운 것을 들추어내는 것을 곧은 것으로 삼아서 대신들의 의구심을 자아냈으며, 마음대로 거침없이 행동하는 것을 용맹으로 삼아서 제멋대로 하는 행동에 거침이 없습니다. 그리하여 죽어서 오정팽(五鼎烹)을 당하더라도 살아서는 오정식(五鼎食)을 먹겠다는 마음으로, 전횡이 지나치다는 꾸짖음을 피하지 않는 것은 주보언(主父偃)과 같습니다.[129]

---

128) 그의 …… 같습니다 : 소정묘는 춘추시대 노나라 대부로 소정(少正)은 관명(官名)이다. 노나라 정공(定公) 14년에 공자가 대사구(大司寇)가 되어 국정을 섭행(攝行)하면서 정사를 어지럽혔다는 죄목으로 소정묘를 처형하였다.《史記 卷47 孔子世家》공자가 소정묘를 처형한 이유는《공자가어(孔子家語)》〈시주(始誅)〉편에 아래와 같이 보인다. "천하에 큰 죄악이 다섯 가지가 있는데 도적은 여기에 해당되지 않는다. 첫째는 마음이 비뚤어지고 음험한 것, 둘째는 행실이 편벽되고 고집을 부리는 것, 셋째는 거짓을 말하며 말을 잘 둘러대는 것, 넷째는 의리가 아닌 추악한 것만 기억하면서 해박함을 자랑하는 것, 다섯째는 잘못을 합리화시키며 번지르르하게 꾸며대는 것이다. 다섯 가지 중 하나만 있어도 군자의 주벌을 면치 못할 것인데, 소정묘는 다섯을 모두 겸하였다.[天下有大惡者五, 而竊盜不與焉. 一曰心逆而險·二曰行僻而堅·三曰言僞而辯·四曰記醜而博·五曰順非而澤. 此五者有一於人, 則不免君子之誅, 而少正卯皆兼有之.]" 이 소에서 양홍주는 정인홍을 소정묘에 비유하며, 공자가 소정묘의 죄상으로 열거했던 죄상 중 '마음은 비뚤어지고 음험하며 행실은 편벽되고 고집스럽다.[心逆而險, 行僻而堅.]'는 내용을 들고 있다.

129) 죽어서 …… 같습니다 : 한(漢)나라의 학자 관료인 주보언은 오랜 고생 끝에 무제(武帝) 때 상언(上言)한 일을 계기로 중용되었는데, 이후 제후왕의 부정(不正)을 고발하여 뇌물 챙기기를 일삼다가 너무 전횡이 심하다는 충고를 받았다. 이에 그는 40년 동안 미천한 신분으로 당한 수모를 열거한 다음 "대장부가 살아서 오정(五鼎)의 음식을 먹는 호사를 누리지 못한다면 죽어서 오정(五鼎)에 삶기는 형벌을 당할 뿐이다. 나는 해가 저무는데 갈 길은 먼 처지이므로 상규(常規)를 어기고 급히 행하는 것이다.[且丈夫生不五鼎食, 死卽五鼎烹耳. 吾日暮途遠, 故倒行暴施之.]" 하였다. '오정'은 제례(祭禮)를 행할 때 대부(大夫)

그가 거짓으로 인정을 꾸며 명예를 구하면서도 겉으로는 겸손한척 하고, 사람들이 자기에게 아첨 떠는 것을 좋아하며 망령되이 스스로를 높이는 것은 왕망(王莽)과 같습니다.[130] 그 객기와 무단으로 명의(名義)를 도용하여 힘으로 공의를 누르고 마을에 위압을 행사하는 것은 곽해(郭解)[131]와 같습니다. 이것이 그의 간사한 정상을 단번에 가려내기 어려운 이유입니다."

또 말하였다.

"간사함이 지나치면 국가의 무궁한 화근이 되고 맙니다. 무릇 화가 되는 물건은 늙을수록 더욱 신묘해지고, 끝이 없는 화는 항상 소홀한 데서 자라게 됩니다. 사람을 죽이는 독초(毒草)는 그 향기가 보통 풀보다 반드시 뛰어나고, 나라를 망치는 소인은 그 명성이 눈부시게 빛나 능히 온 세상을 현혹시킬 수 있습니다.

전하께서는 초야에서 올라온 그의 비루한 모습을 보시고 그 졸렬하고 왜소한 모습에 틀림없이 웃으셨을 것입니다. 그리하여 실상 그가 지방에서

가 사용하는 5개의 정(鼎)으로, 각각 양(羊)·시(豕)·부(膚)·어(魚)·석(腊) 등 5가지 음식을 담았다. 여기에서 '오정을 벌여놓고 먹는다'는 것은 고관대작을 지낸다는 뜻이며, '오정의 팽형을 당한다'는 것은 대죄인(大罪人)을 가마솥에 넣어 끓여 죽이는 혹형을 당한다는 뜻이다. 《史記 卷112 平津侯主父列傳》

130) 거짓으로 …… 같습니다 : 왕망(王莽)은 한(漢)나라 평제(平帝)를 옹립한 뒤 정사를 전횡하다 평제를 죽이고 평제의 어린 아들 영(嬰)을 세워 섭정을 하였으나 결국 제위를 찬탈하여 스스로 천자가 된 인물이다. 그러나 그가 한나라를 패망시키기 이전 아직 벼슬이 높지 않았을 때는 공손하고 검소해서 사람들이 그의 덕을 칭송하였고, 그에게 내린 봉지(封地) 신야(新野)를 사양하자 약 48만여 명이 계속해서 그에게 그 땅을 받게 해야 한다고 상소하기도 하였다고 한다. 《漢書 卷12 平帝紀, 卷99 王莽傳》 이러한 왕망의 소행을 두고 송(宋)나라 왕안석(王安石)은 "유언비어가 떠돌 땐 주공도 두려워하였고 왕위를 찬탈하기 전에는 왕망도 겸손했다네. 만약 그 일 있기 전 그들이 죽었다면 평생의 참과 거짓을 그 누가 알았을까.[周公恐懼流言日, 王莽謙恭下士時. 脫使當年身便死, 一生眞僞有誰知.]"라는 시를 짓기도 하였다. 《居業錄 卷4》

131) 곽해(郭解) : 한 무제(漢武帝) 때의 협객이다. 호협(豪俠)을 좋아하여 미워하는 인물이 있으면 반드시 살해하였다. 그의 문객(門客)이 유생(儒生)을 살해한 사건이 발생하였는데, 이 일에 곽해가 간여한 것은 아니나, 국법을 확립해야 한다는 조정의 의논에 따라 대역무도죄(大逆無道罪)로 처형되었다. 《漢書 卷92 游俠傳 郭解》

장황하게 기세를 부리고 위복의 권한을 함부로 휘두른다는 것을 전하께서는 분명 믿지 않으실 것이며, 훗날 그가 권력을 훔쳐 농단하며 사직에 근심을 끼칠 것도 분명 믿지 않으실 것입니다."

정미년(1607, 선조40) 봄, 주상이 병란 이래 근심걱정 때문에 병이 되어 해를 넘기도록 차도가 없었다. 이에 중전이 수서(手書)로 빈청(賓廳)에 하교하여 동궁에게 전위할 뜻을 보였는데, 영의정 유영경(柳永慶)[132]이 비밀리에 아뢰어 다른 대신들이 미리 알지 못하도록 막아섰다.

당시 영창대군(永昌大君)[133]이 태어나 있었고 광해는 우매하고 강퍅하여 대업을 감당하지 못할까 주상이 근심하고 있었다. 이에 외간에서는 동궁을 새로 세울 뜻이 있다는 말들이 무성하였는데, 유영경이 그 기미를 알고 이렇게 막아서는 행동을 했다고 한다.[134]

---

132) 유영경(柳永慶) : 1550~1608. 본관은 전주(全州), 자는 선여(善餘), 호는 춘호(春湖)이다. 1572년(선조5) 문과에 급제하여 청요직을 두루 거쳤다. 처음 사림이 분열되자 유성룡과 함께 동인에 속했으며, 동인이 다시 남인·북인으로 갈라지자 이발(李潑)과 함께 북인에 가담하였다. 1599년 대사헌으로 있을 때 남이공(南以恭)·김신국(金藎國) 등이 같은 북인인 홍여순(洪汝諄)을 탄핵하면서 대북·소북으로 갈리자, 유희분(柳希奮) 등과 함께 남이공 당인 소북의 영수가 되었다. 이때 대북파에 밀려 파직되었다가 1602년 이조판서에 이어 우의정에 올랐다. 1604년 호성공신(扈聖功臣) 2등에 책록되고, 전양부원군(全陽府院君)에 봉해진 뒤 선조에게 존호를 올리고 윤승훈(尹承勳)의 뒤를 이어 영의정에 올랐다. 그 뒤 같은 소북파인 남이공과 불화해 탁소북(濁小北)으로 분파했으며, 선조 말년에 왕의 뜻을 따라 영창대군을 광해군 대신 옹립하려 하였다. 1608년 선조가 죽기 전에 영창대군을 부탁한 유교칠신(遺敎七臣)의 한 사람이었다. 광해군이 즉위하자 대북 이이첨(李爾瞻)·정인홍(鄭仁弘)의 탄핵을 받고, 경흥(慶興)에 유배되었다가 사사(賜死)되었다. 1623년 인조반정으로 관작이 복구되었다.

133) 영창대군(永昌大君) : 1606~1614. 선조의 유일한 적자(嫡子)였으나, 1613년(광해군5) 계축옥사에 연루되어 서인(庶人)으로 강등, 강화에 위리안치(圍籬安置) 되었다가 1614년 만 8세의 나이로 강화부사(江華府使) 정항(鄭沆)에 의해 죽음을 당하였다.

134) 유영경이 …… 한다 : 1606년(선조39) 선조의 계비(繼妃) 인목왕후(仁穆王后) 김씨가 적자(嫡子) 영창대군 이의(李㼁)를 낳았다. 당시 세자인 광해군은 적장자도 아닐 뿐더러 명(明)의 책봉도 받지 못했다는 명분상의 약점을 갖고 있었다. 따라서 인목왕후가

무신년(1608, 선조41) 봄, 전 참판 정인홍이 상소하였는데,[135] 그 대략에,

"상께서 전위하고 조섭하겠다는 전교를 내리자 영의정 유영경이 마음으로 원임 대신을 꺼려 모두 쫓아내고 그들이 참여하여 보는 것을 막으려고 여러 번 방계(防啓)[136]를 올렸다고 합니다. 영경이 동궁을 동요하게 하고 종사(宗社)를 위태롭게 만든 죄는 사미원(史彌遠)[137]과 다르지 않습니다.

청컨대 정해진 형벌을 바르게 시행함으로써 계은(繼恩)과 창령(昌齡)[138] 같은 간사한 자들이 훗날 번갈아 일어나지 못하게 하시어, 국본(國本)을 굳건하게 하고 사직을 안정시키소서."

하였다. 계자(啓字)[139]를 찍지 않고 소를 도로 내려 보냈다.

유영경이 상소하여 다음과 같이 스스로를 해명하였다.

"단지 전하께서 만기(萬機)를 친히 다스리지 못한 지 겨우 하루 이틀에

적자인 영창대군을 낳게 되자 정국은 왕위계승권을 둘러싸고 영창대군을 지지하는 유영경 등 소북파와 광해군을 지지하는 정인홍·이이첨 등 대북파로 나누어지게 되었다. 1608년(선조41)에 유영경 등이 선조의 뜻에 영합(迎合)하여 광해군을 폐하고 영창대군을 세자로 옹립하려 하였다. 그러나 선조가 죽고 광해군이 즉위하자 정인홍·이이첨 등 대북파의 탄핵을 받고 유영경은 경흥에 유배되었다가 사사(賜死)되었다.

135) 정인홍(鄭仁弘)이 상소하였는데 : 1607년(선조40) 10월, 병이 깊어진 선조가 광해군에게 대리청정(代理聽政)을 하라는 교서를 내렸으나, 공표되기도 전에 영의정 유영경의 강력한 만류로 인하여 바로 취소되었다. 이때 낙향해 있던 정인홍이 선조에게 장문의 상소문을 올려 영의정 유영경을 논핵하고 광해군을 옹호하다가 선조의 노여움을 사서 평안도 영변(寧邊)에 유배되었다. 《宣祖實錄 41年 1月 18日·26日》

136) 방계(防啓) : 남의 의견을 막고 자신의 의견만 임금에게 아뢰는 것을 말한다.

137) 사미원(史彌遠) : 남송(南宋) 이종(理宗) 때의 권신(權臣)이다. 영종(寧宗)이 후사가 없자 종실인 횡(竑)을 황자(皇子)로 봉했는데, 영종이 죽자 사미원이 조칙(詔勅)을 위조하여 황자를 폐위하고 이종을 세운 뒤 소인들을 심복으로 삼아 현신(賢臣)을 몰아내고 국정을 전횡하였다. 《宋史 卷414 史彌遠列傳》

138) 계은(繼恩)과 창령(昌齡) : 계은은 왕계은(王繼恩)으로, 송(宋)의 태종이 죽고 진종(眞宗)이 계승할 때 태자인 진종을 제거하고 원엄(元儼)을 추대하려고 했던 내시이다. 창령은 당(唐)나라 측천무후(則天武后)의 총애를 믿고 황제가 되려고 하였다.

139) 계자(啓字) : '계(啓)'자를 새긴 도장이다. 이를 찍어 임금의 재가(裁可)를 받았음을 표시하였다.

지나지 않았고, 우연히 얻은 병증이라 응당 쾌차하시어[140] 하루 이틀이면 거의 완쾌되실 것이라 여겼습니다. 신하들의 간절한 소망은 오로지 이 뿐이었는데, 갑자기 내지(內旨)[141]가 내려왔습니다. 그때 회계(回啓) 중에 '오늘의 하교는 사람들의 뜻 밖에서 나온 것'이라 함은 실로 이 때문에 한 말이었습니다.

지금 정인홍의 말에서 '원임 대신을 꺼려 쫓아내고 그들이 참여하여 보는 것을 막았다.'고 하며 다만 시임 대신들과만 함께 하였다고 하는데, 신들이 미처 빈청에 이르기도 전에 원임 대신들이 이미 나간 것이니, 이른바 '쫓아냈다.'고 하는 것은 신이 실로 이해할 수 없습니다.

정인홍은 감히 전선(傳禪)의 일을 핑계 삼아 은밀히 화를 전가시키려는 계책을 꾸미고 이와 같이 참혹한 말을 지어내는데 못하는 짓이 없습니다. '두 마음을 품은 것이 이와 같다.' 하였고, '시기함이 날로 심해졌다.' 하였고, '흉악한 음모와 은밀한 계책'이라 하였고, '위기를 모의하는 말이 이미 드러났다.' 하면서, 심지어는 '전하의 부자를 이간질한다.'고 하였으니, 그 말은 참혹하고 거짓으로 속이는 것이어서 차마 말할 수 없을 뿐만 아니라 또한 차마 들을 수도 없습니다. 신이 이러한 악명을 썼는데 하루라도 씻지 못하면 이는 하루의 패역한 신하가 되는 것이므로, 성명께 호소하지 않을 수 없습니다."

주상이 특명으로 비망기를 내려, 정인홍, 이이첨(李爾瞻),[142] 이경전(李慶

140) 쾌차하시어 : 원문은 '勿藥有喜'이다. 약을 쓰지 않아도 저절로 낫는다는 뜻으로, 병의 쾌유를 비유하는 말이다. 《주역(周易)》〈천뢰무망괘(天雷无妄卦) 구오(九五)〉의 "잘못한 일이 없이 생긴 병이니, 약을 쓰지 않아도 저절로 낫는 기쁨이 있으리라.[无妄之疾, 勿藥有喜.]"라는 말에서 유래한 것이다.

141) 내지(內旨) : 내전(內殿), 즉 왕비가 내리는 명령을 말한다.

142) 이이첨(李爾瞻) : 1560~1623. 본관은 광주(廣州), 자는 득여(得輿), 호는 관송(觀松) 또는 쌍리(雙里)로서, 좌찬성 이극돈(李克墩)의 후손이다. 1582년(선조15) 사마시, 1594년 별시 문과에 급제하고, 1608년 문과 중시에 장원하였다. 이 해 대북의 영수가 되어 정인홍과 함께 광해군 편에 서서 영창대군을 옹립하려는 유영경(柳永慶) 등 소북을 논박하였다가 갑산에 유배되었다. 이 해 2월 선조가 갑자기 죽고 광해군이 즉위하면서 일약 예조판서에 올랐다. 이어 대제학을 겸임하고 광창부원군(廣昌府院君)에 봉해졌다. 이후 정인홍과 함께 임해군을 제거하고 유영경 등 소북을 숙청하였다. 1612년(광해군4) 김직재(金直哉) 옥사를 일으켜 선조의 손자 진릉군(晉陵君) 이태경(李泰慶) 등을 죽였다. 이듬해 강도죄로

全)[143] 등을 유배하였다.[144]

혹자는 이효원(李效元)이 거짓으로 날조한 이러한 말을 은밀히 정인홍에게 알려 그로 하여금 상소하게 하였기 때문이라 하였다.[145] 정인홍의 문인 정온(鄭蘊)[146]이 상소하여 정인홍을 구원하며 유영경의 죄를 극론하였고,

---

잡힌 박응서(朴應犀) 등을 사주하여, 영창대군을 옹립하려 했다고 무고하게 하여 영창대군을 서인(庶人)으로 떨어뜨려 강화에 안치시키고 김제남(金悌男) 등을 사사시켰다. 이듬해 영창대군을 살해하고, 1617년 인목대비(仁穆大妃)의 폐모론을 발의해 이듬해 대비를 서궁(西宮 : 경운궁, 곧 지금의 덕수궁)에 유폐하는 등 생살치폐(生殺置廢)를 마음대로 자행하였다. 1623년 인조반정으로 광해군이 폐위되자 가족을 이끌고 영남 지방으로 도망가던 중 광주의 이보현(利甫峴)을 넘다가 관군에게 잡혀 참형되었다. 아들 이원엽(李元燁)·이홍엽(李弘燁)·이대엽(李大燁) 삼형제도 처형되었다.

143) 이경전(李慶全) : 1567~1644. 본관은 한산(韓山), 자는 중집(仲集), 호는 석루(石樓)이고, 영의정 이산해(李山海)의 아들이다. 1590년(선조23) 증광문과에 급제하여, 1596년 예조좌랑 등을 지내고, 1608년 정인홍 등과 함께 영창대군의 옹립을 꾀하는 소북 유영경을 탄핵하다가 강계에 귀양갔다. 이 해 광해군이 즉위하자 풀려나와 충홍도(忠洪道)·전라도의 관찰사를 지내고, 1618년(광해군10) 한평군(韓平君)을 습봉(襲封)하고 좌참찬에 올랐다. 1623년 인조반정이 일어나자 주청사(奏請使)로 명나라에 가서 인조의 책봉을 요청하고 한평부원군(韓平府院君)에 진봉되었다. 1637년에 장유(張維)·이경석(李景奭) 등과 함께 삼전도(三田渡)의 비문 작성의 명을 받았으나 병을 빙자하고 거절하였으며, 1640년 형조판서를 지냈다. 저서로 《석루유고》가 있다.

144) 주상이 …… 유배하였다 : 광해군에게 전위하겠다는 선조의 명을 당시 영의정인 유영경(柳永慶)이 받들지 않았다. 이에 정인홍이 상소하여 동궁을 동요시켜 종사를 위태롭게 하였다는 이유를 들어 유영경을 공격하였다가 선조의 노여움을 사 유배되었다. 이때 유영경에 대한 정인홍의 탄핵은 정인홍이 이이첨과 이경전의 음흉한 사주(使嗾)를 들었기 때문이라 한 대사간 이효원(李效元)의 비판이 이어져 이이첨, 이경전도 정인홍과 함께 멀리 유배되었다. 《宣祖修正實錄 41年 1月 1日》

145) 이효원(李效元)이 …… 하였다 : 이효원은 무신년(1608, 선조41) 대사간으로 재직하며, 유영경이 세자를 위해하려 한다고 상소한 정인홍을 논핵하며, 아울러 이경전·이이첨 등이 이러한 말을 날조해 정인홍에게 알려주고 소를 올리게 하였으니 이들을 멀리 유배하라고 주청하였다. 이 내용은 최석정(崔錫鼎)이 지은 이효원의 비명(碑銘)에 나와 있다. 《明谷集 贈領議政長浦李公神道碑銘》 본문에서 이효원이 정인홍에게 알렸다는 혹자의 말은 사실과 다르다.

146) 정온(鄭蘊) : 1569~1641. 본관은 초계(草溪), 자는 휘원(輝遠), 호는 동계(桐溪)·고고자(鼓鼓子)이다. 1606년(선조39)에 진사가 되고, 1610년(광해군2) 별시문과에 급제하여 사간원 정언 등을 거쳤다. 임해군 옥사 당시 전은설(全恩說)을 주장했고, 영창대군이 강화부사 정항(鄭沆)에 의해서 피살되자 상소하여 정항의 처벌과 폐모론의 부당함을 주장하였다가 제주도에 10년간 위리안치되었다. 인조반정 이후 청요직을 두루 역임하면서 반정

이성(李惺)[147] 또한 상소하여 인홍을 신구하고 영경의 죄를 논척하였다.

2월에 선조가 승하하고, 광해군[148]이 즉위하였다.

○ 이원익(李元翼),[149] 이항복(李恒福), 심희수(沈喜壽)[150]를 아울러 정승으로

공신들과 대립하였다. 1636년 병자호란 당시 척화론을 강하게 주장하였으며 삼전도의 치욕 이후 자결을 시도하였다. 광주(廣州)의 현절사(顯節祠), 제주의 귤림서원(橘林書院), 함양의 남계서원(藍溪書院)에 제향되었으며, 시호는 문간(文簡)이다.

147) 이성(李惺) : 1562~1624. 본관은 전주(全州), 자는 자성(子省)으로, 효령대군(孝寧大君) 이보(李補)의 6대손이다. 1596년(선조29) 정시문과에 급제하여 청요직을 두루 역임하였다. 대북파로서 선조 말 광해군을 대신하여 영창대군(永昌大君)을 옹립하려 했던 소북파의 영수 유영경(柳永慶)의 옥사에 깊이 관여하여, 1613년에 정운공신(定運功臣) 3등에 책록되고 완계군(完溪君)에 봉하여졌다. 1614년 대사헌을 거쳐, 이듬해 이조참판으로서 김제남(金悌男)의 역모사건을 추국한 공으로 숙마(熟馬) 1필을 하사받았다. 1624년(인조2) 이괄(李适)의 난 때 반역죄로 참수되었으나, 1627년에 신원(伸寃)되어 관작이 회복되었다.

148) 광해군(光海君) : 1575~1641. 조선 제15대 왕(1608~1623)이었는데, 인조반정으로 폐위되었다. 이름은 이혼(李琿), 본관은 전주, 선조(宣祖)의 둘째 아들로 어머니는 공빈 김씨(恭嬪金氏)이며 비(妃)는 판윤 유자신(柳自新)의 딸이다. 세자 책봉 문제로 임해군과 갈등을 빚었으나 1592년 임진왜란이 발생하자 국난에 대비한다는 명분으로 피난지 평양에서 세자에 책봉되었다. 전쟁이 끝난 후 선조가 영창대군을 세자로 책봉하고자 하였으나 뜻을 이루지 못하고 죽자 대북파의 지지를 받아 1608년 왕위에 올랐다. 광해군은 왕위에 오르는 과정에서 갈등을 빚은 영창대군을, 대북파의 강력한 요청에 따라 1614년 강화도에 유배 보냈다가 죽였고, 1618년에는 이이첨 등의 폐모론에 따라 인목대비(仁穆大妃)를 서궁(西宮)에 유폐시켰다. 이러한 정치 행위는 정권에서 소외된 사림 일반의 광범위한 반발을 불러일으켰고, 결국 서인 주도의 반정(反正)에 의해 1623년 폐위당하였다. 광해군은 폐위 후 폐비 유씨, 그리고 폐세자 지와 폐세자빈 박씨와 함께 강화도에 위리안치(圍籬安置)되었는데, 폐세자와 폐세자빈은 여기서 탈출을 시도하였다가 실패하고 자결하였다. 이듬해인 1624년 폐비 유씨도 사망하였고 광해군은 이후 제주도로 이배되었다가 1641년에 사망하였다. 묘호는 광해군지묘(光海君之墓)로 경기도 남양주시에 있다.

149) 이원익(李元翼) : 1547~1634. 본관은 전주(全州), 자는 공려(公勵), 호는 오리(梧里)이고, 태종의 아들 익녕군(益寧君) 4세손이다. 1564년(명종19) 사마시에 합격하고, 1569년(선조2) 별시 문과에 급제해 청요직을 두루 거쳤다. 1595년 우의정, 1598년 좌의정, 1599년 영의정에 올랐으며, 1604년 호성공신(扈聖功臣)에 녹훈되고 완평부원군(完平府院君)에 봉해졌다. 광해군대 여러 차례 영의정에 올랐으나 폐모론에 반대하여 상소하였다가 홍천으로 유배되고, 여주로 이배되었다. 1623년 인조반정으로 다시 영의정이 되어 인조로부터 궤장(几杖)을 하사받았고, 이괄의 난과 정묘호란 당시 인조를 호종하였다.

삼았다. 정인홍 등 유배된 세 사람[151]을 소환하여 차례에 따라 관직을 제수하였다. 유영경을 경흥(慶興)에, 김대래(金大來)를 경원(慶源)에, 이홍로(李弘老)를 제주(濟州)에, 이효원(李效元)을 거제(巨濟)에, 성준구(成俊耉)를 남해(南海)에 안치(安置)하였고, 그 나머지 연루된 자들도 매우 많았다.[152]

○ 이조판서 성영(成泳)[153]은 유영경의 당이라고 탄핵받아 체차되고 정창연(鄭昌衍)[154]이 대신 임명되었다. 창연은 왕비의 외숙[155]이었던 까닭에, 세 차례 가망(加望)[156]을 명하여 비로소 이조판서 의망에 올렸다.

저서로 《오리집(梧里集)》이 있으며, 인조의 묘정(廟庭)에 배향되었고, 충현서원(忠賢書院)에 제향되었다. 시호는 문충(文忠)이다.

150) 심희수(沈喜壽) : 1548~1622. 본관은 청송(靑松), 자는 백구(伯懼), 호는 일송(一松) 혹은 수뢰루인(水雷累人)이고, 노수신(盧守愼)의 문인이다. 1570년 진사가 되고 1572년(선조5) 별시 문과에 합격하여 청요직을 두루 거쳐, 1604년(선조37) 우의정이 되었다. 광해군대 임해군 처형에 반대하고, 1617년 폐모론이 일어나자 둔지산에 은거하여 1620년 판중추부사에 임명되었으나 끝내 나가지 않았다. 저서로 《일송집》이 있으며, 상주의 봉암사(鳳巖祠)에 제향되었다. 시호는 문정(文貞)이다.

151) 유배된 세 사람 : 1607년(선조40) 10월, 영의정 유영경(柳永慶)을 논핵한 일로 각각 영변(寧邊), 강계(江界), 갑산(甲山)에 유배된 정인홍, 이경전, 이이첨을 이른다.

152) 유영경(柳永慶)을 …… 많았다 : 1606년, 적자(嫡子)인 영창대군이 태어나자, 정국은 왕위 계승권을 둘러싸고 영창대군을 옹립하려는 유영경 등 소북파와 광해군을 지지하는 정인홍 등 대북파로 나뉘어 대립하였다. 이후 광해군의 즉위로 대북파가 정국을 주도하게 되면서 유영경 이하 소북파는 급격하게 몰락하였다.

153) 성영(成泳) : 1547~1623. 본관은 창녕(昌寧), 자는 사함(士涵), 호는 태정(苔庭)이다. 1573년(선조6) 식년문과에 급제하여 청요직을 두루 거치고 1607년(선조40) 이조판서가 되었다. 이듬해 광해군이 즉위하자 정인홍 등에 의하여 유영경의 당인으로 몰려 파직되었다가, 1616년(광해군8) 연일(延日)에 유배되어 1623년 배소에서 죽었다.

154) 정창연(鄭昌衍) : 1552~1636. 본관은 동래(東萊), 자는 경진(景眞), 호는 수죽(水竹)이다. 정광필(鄭光弼)의 증손으로, 아버지는 좌의정 정유길(鄭惟吉)이다. 1579년(선조12) 식년문과에 급제하여 청요직을 두루 역임하였다. 1614년(광해군6) 우의정이 되고 이어 좌의정이 되어 기사(耆社)에 들고 궤장(几杖)을 받았다.

155) 정창연(鄭昌衍)이 …… 외숙 : 정창연은 좌의정 정유길의 아들인데, 정유길의 차녀가 문양부원군(文陽府院君) 유자신(柳自新)에게 출가하였고, 유자신의 3녀가 광해군의 비가 되었으므로 정유길은 광해군의 비에게 외숙이 된다.

156) 가망(加望) : 관리 후보자 명단을 올리는 의망(擬望)을 시행할 때 적합한 사람이 없거나

○ 태학생 이목(李楘)[157] -150여 인- 등이 상소하여, 성혼이 무함당한 것을 가려달라고 청하자, "지금은 경솔히 논의하기 어렵다." 답하였다.

○ 교리 최기남(崔起南)[158]이 상소하여, 성혼의 원통함을 변론하면서, 심지어 다음과 같이 말하였다.

"성혼이 일찍이 자신의 묘지(墓誌)를 초(草)하였는데, 그 대략에,

'내가 명성을 도둑질하고 세상을 속여 나라의 은혜를 저버렸으니, 나 같은 자가 또 누가 있겠는가? 내가 죽어도 눈을 감지 못할 것이다.'

하였습니다. 또 장차 운명할 즈음 아들에게 남긴 유서에 이르기를,

'내가 임금에게 죄를 얻어서 황공한 마음으로 죽으니, 너는 내 몸에 마땅히 베옷을 입히고, 베 이불로 염을 하고, 띠로 관을 덮고, 소가 끄는 수레로

임금의 의중에 있던 사람이 올라 있지 않을 경우 추가 후보자 명단을 올리게 하는 것을 이른다.

157) 이목(李楘) : 1572~1646. 본관은 전주(全州), 자는 문백(文伯), 호는 송교(松郊)이고, 효령대군(孝寧大君)의 7대손이다. 성혼·김장생(金長生) 문인으로서 1608년 성균관과 지방 유생들과 함께 상소하여 성혼의 신원을 청하였고, 1611년(광해군3)에는 정인홍을 청금록에서 삭제하게 하였다. 1612년(광해군4) 식년문과에 급제하여 병조좌랑 등을 역임하다가 1615년 파직되었다. 1623년 인조반정과 함께 출사해, 정언·수찬·교리 등을 지냈다. 1624년(인조2) 이괄(李适)의 난이 일어나자 공주로 왕을 호종(扈從)하고, 반정공신 이귀(李貴)를 패전의 죄로 탄핵해 목을 베라고 청하였다. 1626년 대사간으로 승진하고, 다음해 정묘호란 때에는 강화도로 왕을 호종했으며, 1636년 병자호란 당시에는 남한산성으로 인조를 호송하해 척화론을 적극 주장하였다. 1643년 부제학으로 원손보양관(元孫輔養官)을 겸임하였다. 좌찬성에 추증되었으며, 시호는 충정(忠正)이고, 저서로 《송교유고》가 있다.

158) 최기남(崔起南) : 1559~1619. 본관은 전주(全州), 자는 여숙(興叔), 호는 만곡(晚谷)·만옹(晚翁)·양암(養庵)이다. 성혼(成渾)의 문인으로 1585년(선조18) 사마시(司馬試)에 합격하였다. 1589년 기축옥사 당시 동인을 배척하는 데 급급하지 않고 공정한 의론을 전개하는 데 힘썼다는 평을 받았다.(《震鑑 己丑獄事》) 1591년 정철(鄭澈)의 건저문제(建儲問題)로 서인(西人)이 실각당할 때 연루되어 대과(大科)에 응시할 자격을 잃었다가 1600년 왕자사부(王子師傅)로 발탁되었고, 2년 뒤 알성문과(謁聖文科)에 급제하여 성균관 전적(典籍), 형조·예조·병조의 정랑(正郞) 등을 역임한 후 1605년 함경북도 평사(評事)로 부임했다. 인조 때 아들 명길(鳴吉)의 인조반정(仁祖反正)에 대한 공으로 영의정에 추증되었다.

귀장(歸葬)[159]하고, 간략하게 흙을 덮어 나의 뜻을 어기지 말라.'

하였으니 그 심정이 슬픕니다.

성혼이 무함을 입은 발단을 살펴보면, 박성(朴惺)·문경호의 상소에서 시작된 것인데,[160] 이는 멀리 지방에 있는 자가 그릇 전해들은 것으로, 그 죄안을 얽어 만든 것은 실상 정인홍·유영경이 주장한 것입니다. 그때 삼사의 관원들은 혹은 휴가를 청하거나 혹은 이의를 제기하여 삼사가 텅 비기에 이르렀으며, 비록 그 의논에 참여했던 이들도 다만 대놓고 반대하지 못했을 뿐, 모두가 성혼을 미워하는 마음이 있었던 것은 아니니, 성혼이 죄 입은 것을 지극히 원통하다고 하는 것은 온 나라 사람들의 공론입니다."

○ 호남 유생 고경리(高敬履)가 상소하여 성혼이 무함당한 것을 변론하면서, 정여창(鄭汝昌)[161]·김굉필(金宏弼)[162]·조광조(趙光祖)[163]·이황(李滉)[164]과 아

159) 귀장(歸葬) : 타향(他鄕)에서 죽은 이의 시신을 고향으로 운구하여 장사 지냄을 이른다.

160) 성혼이 …… 것인데 : 1594년(선조27) 권유(權愉)가 상소하여 정철이 최영경을 무고하여 죽였다고 주장함으로써 정철의 관작이 삭탈된 이래 1597년(선조30) 4월, 정인홍의 문인 박성(朴惺)이, 1601년(선조34) 12월 문경호(文景虎)가 '최영경을 죽음에 얽어 넣은 자는 정철, 이를 배후에서 조종한 자는 성혼'이라는 내용의 상소를 올려 최영경 옥사의 책임 소재를 성혼에게까지 확대하였다. 《燃藜室記述 宣祖朝故事本末》《宣祖實錄 34年 12月 20日》

161) 정여창(鄭汝昌) : 1450~1504. 본관은 하동(河東), 자는 백욱(伯勗), 호는 일두(一蠹)·수옹(睡翁)이다. 김종직 문인이다. 1483년(성종14) 진사가 되고, 1490년 별시 문과에 급제하여 예문관 검열 등을 지냈다. 1498년 무오사화 때 종성(鍾城)으로 유배, 1504년 죽은 뒤 갑자사화 때 부관참시 되었다. 중종대에 우의정에 증직되었고, 1610년(광해군2) 문묘에 승무(陞廡)되었다. 저서로 《일두유집(一蠹遺集)》이 있고, 시호는 문헌(文獻)이다.

162) 김굉필(金宏弼) : 1454~1504. 본관은 서흥(瑞興), 자는 대유(大猷), 호는 사옹(蓑翁)·한훤당(寒暄堂)이다. 김종직(金宗直) 문인이다. 1480년(성종11) 생원시에 합격해 성균관에 입학하였고, 1494년 천거로 남부참봉이 되었다. 1498년 무오사화가 일어나자, 김종직의 문도로서 붕당을 만들었다는 죄목으로 장(杖) 80대와 원방부처(遠方付處)의 형을 받고 평안도 희천에 유배되었다가 2년 뒤 순천에 이배되었다. 1504년 갑자사화가 일어나자 무오 당인이라는 죄목으로 극형에 처해졌다. 중종반정 이후 도승지에 이어 우의정에 추증되었다. 1575년(선조8) 시호가 내려지고 1610년(광해군2) 문묘에 종사되었다. 저서로 《경현록(景賢錄)》·《한훤당집(寒暄堂集)》·《가범(家範)》 등이 있고, 시호는 문경(文敬)

울러 그를 칭송하니, 양사에서 그 소를 불태우라고 청하였다. 태학생 정세미(鄭世美) 등이 또 이어서 논척하고, 아울러 이목 등이 성혼을 구하려는 잘못을 배척하였다.

○ 호남 유생 박준철(朴濬哲) -80인- 등이 고경리를 신변(伸辨)하는 소를 올렸다. 광주 목사(廣州牧使) 신응구(申應榘)[165]가 상소하여 성혼과 정철의 억울함을 변론하였고, 성혼의 문인 배홍중(裵弘重), 한교(韓嶠)가 잇달아 상소하여 청하였다.

경술년(1610) -광해군 2년- 초, 유생들의 소청(疏請)으로 인해 5현을 문묘에 종사하였다. -문경공(文敬公) 김굉필(金宏弼), 문헌공(文獻公) 정여창(鄭汝昌), 문정공(文正公) 조광조(趙光祖), 문원공(文元公) 이언적(李彦迪),[166] 문순공(文純公) 이황(李滉)-

---

이다.

163) 조광조(趙光祖) : 1482~1519. 본관은 한양(漢陽), 자는 효직(孝直), 호는 정암(靜菴)이다. 개국공신 조온(趙溫)의 5대 손이며, 김굉필 문인이다. 1510년(중종5) 사마시에 장원급제하여 성균관에 들어갔으며, 1515년(중종10) 조지서(造紙署) 사지(司紙)가 되었다. 그해 별시 문과에 급제하여 청요직을 두루 거치고, 1518년 대사헌 등을 역임하였다. 1519년 기묘사화(己卯士禍)가 일어나 능주로 유배되었다가 사사되었다. 선조 초에 영의정에 추증되고, 1610년(광해군2) 문묘에 종사되었다.

164) 이황(李滉) : 1501~1570. 본관은 진보(眞寶), 자는 경호(景浩), 호는 퇴계(退溪)·퇴도(退陶)·도수(陶叟)이다. 1527년(중종22) 향시(鄕試)에서 합격하여 성균관에 들어갔으며, 다음해 진사 회시에 급제하였다. 1534년 문과에 급제하여 1539년 홍문관 수찬, 1543년 성균관 사성 등을 지냈으나 1545년 을사사화 후 사퇴하고 1546년(명종1) 향리로 은퇴하였다. 명종대 공조판서·대제학 등에 임명하였으나 나가지 않았는데, 선조가 즉위하여 예조판서에 임명하였으나 신병으로 귀향하였다. 1569년 이조판서에 임명되었으나 사양하였는데, 이듬해 사거하였다.

165) 신응구(申應榘) : 1553~1623. 본관은 고령, 자는 자방(子方), 호는 만퇴헌(晩退軒)이다. 성혼·이이의 문인으로, 1582년에 사마시에 합격, 학문에만 정진하다가 천거로 장원(掌苑)이 되었다. 1613년 이이첨 등이 폐모론을 주장하자 관직에서 물러나 충청도 남포(藍浦)로 낙향하였다. 기축옥사 당시 동인을 배척하는데 급급하지 않고 공정한 의론을 전개하는데 힘썼다는 평을 받았다.

신해년(1611) -광해군 3년- 찬성 정인홍이, 이언적, 이황이 일찍이 그의 스승 조식(曺植)[167]의 단점을 논하면서 '노장(老莊)을 숭상한다.'고 한 것과 성운(成運)[168]을 '청은(淸隱)'의 부류로 지목한 것[169]에 깊이 분노하여 죄를 얽어 비방하는 소를 올렸는데 심지어는 '후학을 속이고 사도(斯道)를 해칠 것이니, 이는 작게 우려할 일이 아닙니다.' 하였다.[170]

이에 도승지 김시헌(金時獻)[171] 등이 상소하여 정인홍을 배척하였고, 관학

---

166) 이언적(李彦迪) : 1491~1553. 본관은 여주(驪州), 초명은 이적(李迪)이었으나 중종의 명으로 언(彦)자를 더하였다. 자는 복고(復古), 호는 회재(晦齋)·자계옹(紫溪翁)이다. 1514년(중종9) 문과에 급제하여 이조정랑 등을 지냈는데, 김안로(金安老)의 등용을 반대하다가 쫓겨났다. 1537년 김안로 일당이 몰락하자 청요직을 두루 거쳐서 이조판서 등을 역임하고 1545년(명종즉위) 좌찬성이 되었다가 을사사화로 물러났다. 1547년 양재역 벽서사건에 연루되어 강계로 유배되어 그곳에서 죽었다. 1568년(선조1) 영의정에 추증되었고, 1569년 명종 묘정에 배향되었으며, 1610년(광해군2) 문묘에 종사되었다. 저서로 《대학장구보유(大學章句補遺)》·《봉선잡의(奉先雜儀)》·《구인록(求仁錄)》·《진수팔규(進修八規)》·《중용구경연의(中庸九經衍義)》·《회재집(晦齋集)》 등이 있다.

167) 조식(曺植) : 1501~1572. 본관은 창녕(昌寧), 자는 건중(楗中), 호는 남명(南冥), 시호는 문정(文貞)이다. 1539년(중종34)에 유일(遺逸)로 천거되어 헌릉 참봉(獻陵參奉)에 제수되었으나 나아가지 않았고, 평생 학문연구와 후진교육에만 힘썼다. 광해군 때 영의정에 추증되었다. 저서에 《남명집(南冥集)》 등이 있다.

168) 성운(成運) : 1497~1579. 본관은 창녕, 자는 건숙(健叔), 호는 대곡(大谷)이다. 중종(中宗) 때 사마시(司馬試)에 합격했으나, 보은의 속리산(俗離山)에 은거하였다. 그 후 선조(宣祖) 때까지 여러 차례 임관(任官)되었으나 나아가지 않고, 이지함(李之菡), 서경덕(徐敬德), 조식(曺植) 등과 교유하며 학문에 전념하였다.

169) 성운(成運)을 …… 지목한 것 : '청은(淸隱)'이라는 표현은 이황이 성운을 평가하면서 나온 말이었다. 이에 대해 정인홍은 '편절(偏節)' 즉 한쪽으로 치우친 절조라는 뜻으로 부정적으로 보았다. 그런데 남인들은 "청(淸)이란 한 글자는 성현들의 고상한 풍치이고, 은(隱) 또한 선생의 실덕(實德)이니, 퇴계가 그를 청은으로 지목한 것은 흉잡는 말이 아니다." 하였다.

170) 정인홍(鄭仁弘)이 …… 하였다 : 1610년(광해군2) 9월 5일, 광해군이 김굉필(金宏弼)·정여창(鄭汝昌)·조광조(趙光祖)·이언적(李彦迪)·이황(李滉)의 문묘 종사를 허락하는 교서가 내렸는데, 이듬해 3월 26일, 정인홍이 상소하여 이언적과 이황을 문묘에 종사한 것은 잘못이라며 극렬히 비난하였다.《光海君日記 2年 7月 16日, 3年 3月 26日》 정인홍은 자신의 스승인 남명(南冥) 조식(曺植)이 문묘종사에 제외된 것에 불만을 품고, 이언적과 이황의 과거 행적을 논척하며 문묘에 종사하기에 부족하다는 주장을 폈다.

171) 김시헌(金時獻) : 1560~1613. 본관은 안동(安東), 자는 자징(子徵), 호는 애헌(艾軒)이다.

유생 이목(李楘) 등이 연명으로 글을 올려 이언적·이황에 대해 변무하였으며, 전한 민덕남(閔德南) -응교 이정혐(李廷馦),[172] 부응교 성진선(成晉善),[173] 부교리 이준(李埈)[174]·김류(金瑬), 수찬 소광진(蘇光震)[175]·조익(趙翼)[176]·이현영(李顯英)- 등이 차자를

고려의 명장 김방경(金方慶)의 후손이다. 1588년(선조21) 소과에 합격하여 생원이 되고, 같은 해 식년문과에 장원으로 급제하여 청요직을 두루 거쳤다. 1597년(선조30) 동부승지·대사성·대사간을 지냈다. 당시 아버지 김제갑(金悌甲)이 왜적에게 살해당했으므로 복수장(復讐將)이 되어 호서 지방으로 내려갔는데, 죄없는 사인(士人)을 장살(杖殺)하였고 또 젊은 첩을 두었다는 비난을 받았다. 광해군대 도승지 등을 역임하였다.

172) 이정혐(李廷馦) : 1562~? 본관은 경주(慶州), 자는 사훈(士薰), 호는 석천(石泉)이다. 1588년(선조21) 진사가 되고, 1594년(선조27) 문과에 급제하여 청요직을 두루 지냈다. 광해군대 승지 등을 지내며 1618년(광해군10) 폐모정청에 이름을 올렸다. 인조반정 이후에도 경상감사·승지 등을 지냈다.

173) 성진선(成晉善) : 1557~? 본관은 창녕(昌寧), 자는 즉행(則行), 호는 연강(烟江)이다. 1594년(선조27) 정시문과에 급제하여 청요직을 두루 거쳤다. 1613년(광해군5) 인목대비(仁穆大妃) 폐모론이 일어났을 때 아들 성하연(成夏衍)과 조카 이생인(李生寅)이 이이첨(李爾瞻)의 사위 이상항(李尙恒) 등과 함께 대비를 모해하는 소를 올렸지만 절의를 지켜 끝까지 정청(庭請)에 참여하지 않았다. 광해군대 홍문관 부제학 등을 역임하였다.

174) 이준(李埈) : 1560~1635. 본관은 흥양(興陽), 자는 숙평(叔平), 호는 창석(蒼石)이다. 유성룡(柳成龍)의 문인으로, 1582년(선조15) 생원시를 거쳐 1591년(선조24) 별시 문과에 급제해 교서관 정자가 되었다. 1597년 지평으로 있을 때 유성룡과 함께 탄핵 받고 물러났다. 광해군대에는 대북의 전횡을 피해 벼슬을 버리고 낙향하였다. 1623년 인조반정 이후 교리로 등용되었으나 광해군의 아들인 폐세자(廢世子)에 대해 전은론(全恩論)을 주장하였다가 철원부사로 밀려났다. 1624년 이괄의 난 이후 청요직을 두루 역임하고 1634년 대사간을 거쳐 1635년 부제학이 되었다. 저서로 《창석집》이 있으며, 《형제급난지도(兄弟急難之圖)》를 편찬하였다. 시호는 문간(文簡)이다.

175) 소광진(蘇光震) : 1566~1611. 본관은 진주(晉州), 자는 자실(子實), 호는 후천(后泉)이다. 대제학 소세양(蘇世讓)의 증손이고, 아버지는 찬성 소성선(蘇誠善)이다. 1589년(선조22) 진사가 되고, 1597년 정시문과에 병과로 급제하여 청요직을 두루 지냈다.

176) 조익(趙翼) : 1579~1655. 본관은 풍양(豐壤), 자는 비경(飛卿), 호는 포저(浦渚)·존재(存齋)이다. 장현광(張顯光)·윤근수(尹根壽)의 문인이다. 1602년 별시문과에 병과로 급제하여 청요직을 두루 거쳤다. 1611년(광해군3) 정인홍을 탄핵하였다가 고산도찰방(高山道察訪)으로 좌천되었다. 1623년 인조반정 이후 이조판서 등을 역임하고 1649년 효종이 즉위하자 우의정을 거쳐 좌의정에 이르렀다. 김육(金堉)의 대동법(大同法) 시행을 적극 주장하였고, 성리학의 대가로서 예학(禮學)에 밝았으며, 음률·병법·복서(卜筮)에도 능하였다. 개성의 숭양서원(崧陽書院), 광주(廣州)의 명고서원(明皐書院), 신창(新昌)의 도산서원(道山書院)에 제향(祭享)되었다. 저서로 《포저집(浦渚集)》·《서경천설(書經淺說)》·《역상개략(易象概略)》 등이 있고, 시호는 문효(文孝)이다.

올려 변론하였다. 심지어 관학에서는 정인홍의 이름을 청금록(靑衿錄)에서 삭제하기에 이르렀다.[177)]

대사헌 정사호(鄭賜湖),[178)] 대사간 유인길(柳寅吉)[179)] -집의 정립(鄭岦), 장령 최동식(崔東式)·윤중삼(尹重三), 헌납 유희발(柳希發),[180)] 정언 김광욱(金光煜)·한인급(韓仁及)[181)]- 등이 합사하여 정인홍을 논죄하였는데, 지평 박여량(朴汝樑)[182)]은 스스

---

177) 관학에서는 …… 이르렀다 : 1611년(광해군3), 정인홍이 이른바 〈회퇴변척소(晦退辨斥疏)〉를 올려 이언적과 이황에 대해 이록(利祿)을 탐내고 진퇴가 분명하지 않으며 몰염치한 사람들이라 비난하자, 이목(李楘)을 비롯한 성균관 유생들이 상소를 올려 정인홍을 극렬히 배척하고, 선현(先賢)을 헐뜯어 사림에 죄를 얻었다는 이유로 유적(儒籍)인 청금록(靑衿錄)에서 정인홍의 이름을 삭제하였다. 이후 광해군이 정인홍의 유적 삭제를 주동한 유생을 도리어 유적에서 이름을 삭제하고 종신토록 금고(禁錮)시키라는 명을 내리자, 4월 13일에 성균관 유생들이 일제히 광해군의 처분에 항의하며 공관(空館)하였다. 《光海君日記 2年 3月 26日, 3年 4月 10日·13日》

178) 정사호(鄭賜湖) : 1553~1616. 본관은 광주(光州), 자는 몽여(夢輿), 호는 화곡(禾谷)이다. 1573년(선조6) 사마시에 합격하고, 1577년 별시문과에 병과로 급제하여 청요직을 두루 지냈다. 1611년(광해군3) 대사헌·지의금부사를 지냈으며, 1612년 평안도관찰사가 되었으나 김직재(金直哉)의 무옥(誣獄)에 연루되어 파직되었다. 이듬해 서인으로서 연흥부원군(延興府院君) 김제남(金悌男)의 역모에 관련되었다는 혐의를 받았으나 죄가 없어 경기도관찰사·형조판서 등을 지냈다.

179) 유인길(柳寅吉) : 1554~? 본관은 문화(文化), 자는 경휴(景休), 호는 규오(葵塢)이다. 1589년(선조22) 문과에 급제하여 청요직을 두루 지내고, 광해군대 대사간 등을 역임하였다.

180) 유희발(柳希發) : 1568~1623. 본관은 문화(文化), 자는 인초(軔草)이다. 아버지는 문양부원군(文陽府院君) 유자신(柳自新)이며, 어머니는 좌의정 정유길(鄭惟吉)의 딸이다. 1609년(광해군1) 증광문과에 급제하였으나, 광해군의 처남인데다 당시 조카 유효립(柳孝立, 柳希鏗의 아들)과 동방급제(同榜及第)해 논란이 일었다. 이이첨 등이 발의한 폐모론에 적극 가담하였고, 동지의금부사로서 허균(許筠)을 능지처참 하게 하였다. 인조반정이 일어나자 형 유희분(柳希奮)과 함께 주살(誅殺)되었으며, 자손들은 위리안치(圍籬安置)되었다.

181) 한인급(韓仁及) : 1583~1644. 본관은 청주(淸州), 자는 원지(元之), 호는 현석(玄石)·서석(瑞石)으로, 우의정을 지낸 한응인(韓應寅)의 아들이다. 1601년(선조34) 진사시에 합격하고, 1609년(광해군1) 증광문과에 급제하여 청요직을 두루 거쳤다. 1613년 아버지가 선조의 유교칠신(遺敎七臣) 중 한 사람으로 계축옥사에 연루되자 사직하였다. 1623년(인조1) 인조반정으로 다시 청요직에 등용되고 형조판서 등을 역임하였다.

182) 박여량(朴汝樑) : 1554~1611. 본관은 삼척(三陟), 자는 공간(公幹), 호는 감수재(感樹齋)이다. 정인홍 문인이다. 1588년(선조21) 진사가 되고, 1600년(선조38) 별시 문과에 급제하여 선조대 병조와 형조의 정랑을 거쳐 광해군대 청요직을 두루 거쳤다. 정온(鄭蘊)·박이장(朴而章) 등과 교유하였고, 1613년 이조판서에 추증되었다.

로 정인홍의 문인이라 칭하며 인피하고 참여하지 않았다.

○ 좌의정 이항복이 차자를 올려, 정인홍의 이름을 삭제한 유생을 색출하지 말 것을 청하고, 끝에 가 이르기를,

"조식의 문하에 정인홍이 없었다면 조식의 도가 더욱 높아졌을 것이고, 정인홍의 차자는 박여량을 얻어서 그 죄가 더욱 깊어졌습니다."

하니, 당시 사람들이 명언이라 여겼다.

정사년(1617) -광해군9-, 정조(鄭造)[183]·윤인(尹訒)[184]·이위경(李偉卿)[185] 등 흉당(凶黨)의 패악한 논의[186]가 날로 심해졌다. 허균(許筠)[187]이 김개(金

183) 정조(鄭造) : 1559~1623. 본관은 해주(海州). 자는 시지(始之). 1590년(선조23) 생원·진사 양시에 합격하고, 1605년 정시문과에 병과로 급제하였다. 이이첨과 함께 인목대비를 죽이려 하였으나 박승종(朴承宗)의 방해로 실패하였다. 1617년 다시 폐모론을 제기하여 인목대비를 서궁(西宮)에 유폐시키는 데 적극 가담하였고, 다음해 부제학·대사성을 거쳐 1619년에는 대사간이 되었다. 1622년 부제학·동지의금부사로 있다가 인조반정으로 1623년(인조1) 사형에 처해졌다. 동생인 의주부윤 정준(鄭遵), 집의 정도(鄭道), 대사간 정규(鄭逵)도 함께 사형을 받거나 귀양 갔다.

184) 윤인(尹訒) : 1555~1623. 본관은 파평(坡平), 자 인지(訒之)이다. 1601년(선조34) 생원이 되고, 식년문과에 급제, 1605년 형조좌랑을 거쳐, 《선조실록》 편찬에 참여하였다. 1612년 장령 등을 지냈으며, 이이첨(李爾瞻) 등과 함께 인목왕후의 유폐(幽廢)를 주장하였는데, 김효성(金孝誠) 등의 탄핵을 받고 삭직되었다. 1618년(광해군10) 대사간으로 있을 때, 대사헌 이각(李覺)과 함께 다시 폐모론을 내세워 서인(庶人)으로 만들고, 서궁(西宮)에 유폐시켰다. 1623년 인조반정 때 이이첨 등과 함께 주살되었다.

185) 이위경(李偉卿) : 1586~1623. 본관은 전의(全義), 자는 장이(長而)이다. 1605년(선조38) 진사가 되어, 1613년(광해군5) 계축옥사가 일어나자 성균관 유생으로서 앞장서 윤인(尹訒)·정조(鄭造) 등과 연이어 상소하여 인목대비를 폐출하라고 청하였다. 이 해 증광문과에 급제하여 청요직을 두루 거쳤다. 1622년 이이첨과 함께 강원도관찰사 백대형(白大珩)과 결탁하여 경운궁(慶雲宮)에 유폐된 인목대비를 시해하려다가 실패하였다. 1623년 인조반정이 일어나자 이이첨·백대형·정조·윤인 등과 함께 능지처참되고 동시에 연좌율(緣坐律)이 적용되어 가산이 적몰되고 가족들도 노비로 전락하였다.

186) 패악한 논의 : 계축옥사(癸丑獄事)를 기화로 발의된 폐모론(廢母論)을 이른다. 1613년 3월, 문경새재에서 박응서·서양갑 등 일곱 명의 서얼[七庶]이 주동한 도적의 무리가

闓)[188]·이강(李茳)[189]을 시켜 전라·경상의 무뢰배들을 끌어 모아 마치 유생인 냥 거짓으로 꾸미고 잇달아 소를 올리게 하였다.

진사 정혼(鄭渾)·정흡(鄭潝), 생원 김우성(金宇成), 유학 정만(鄭晩)·이지호(李之澔)·윤유겸(尹惟謙)·이부방(李溥芳)·한보길(韓輔吉)·박세준(朴世俊)·송영서(宋永緖)·서의중(徐義中)·서신(徐侁) 등이 그들로, 이들은 홀로 소를 올리거나 연명으로 상소하였는데, 혹은 '속히 원대한 계책을 정하라.' 하거나 혹은 '대비의 존호(尊號)를 강등하라.' 하였으며, 혹은 대비는 나라의 역적이라 칭하고, 혹은 '원수와 영원히 인연을 끊으라.' 하였다.

이에 양사에서 합계하여, 이들 유생이 전후로 올린 소들을 바로 묘당(廟

은상을 살해한 단순 강도 사건이 발각되었는데, 이후 박응서와 서양갑이 자신들은 사실 역모 사건을 도모한 것이며 그 배후가 영창대군의 외조부 김제남(金悌男)이라고 자복함에 따라 큰 옥사로 확대되었다. 옥사의 결과 유교7신(遺敎七臣)을 비롯하여, 연루자들의 심문 과정에서 그 이름이 언급된 수십 명의 서인들이 축출되었다. 또한 김제남이 사사되었으며 영창대군은 폐서인되어 강화도로 유배된 뒤 다음해에 살해되었고 인목대비의 입지 또한 크게 위축되어 이후 폐모론이 대두하는 빌미가 되었다.

187) 허균(許筠) : 1569~1618. 본관은 양천(陽川), 자는 단보(端甫), 호는 교산(蛟山)·학산(鶴山)·성소(惺所)·백월거사(白月居士)이다. 아버지는 허엽(許曄)이며, 형제는 허성(許筬), 허봉(許篈)과 허난설헌(許蘭雪軒)이 있다. 1606년 원접사(遠接使) 종사관(從事官)이 되어 명나라 사신 주지번(朱之蕃)을 영접하였다. 1610년(광해군2)에 시관(試官)으로 친척을 참방(參榜)했다는 탄핵을 받고 파직되었고, 1617년 폐모론을 주장하는 등 대북파의 일원으로 활동한 일로 3년 뒤 조카사위인 의창군(義昌君)을 왕으로 추대한다는 역모 혐의를 받았다. 하인준(河仁俊)·김개(金闓)·김우성(金宇成) 등과 반란을 계획하다가 탄로되어 1618년 가산이 적몰(籍沒)되고 참형되었다. 저서로는 《교산시화(蛟山詩話)》·《성소부부고(惺所覆瓿藁)》 등이 있다.

188) 김개(金闓) : 1582~1618. 본관은 상주(尙州). 자는 계숙(啓叔)으로, 우의정 귀영(貴榮)의 아들이다. 처음에는 무반으로 출사하여 어모장군(禦侮將軍)이 되었다가 1610년(광해군2) 알성문과에 갑과로 급제하였고, 1617년(광해군9) 폐모 논의에 앞장섰다. 1618년 허균이 역모 혐의를 받고 처형될 때 심문을 받다 장살(杖殺)되었다. 이후 1678년(숙종4) 결정적인 단서 없이 죽었다는 김석주(金錫胄)의 주장에 의하여 신원되었다.

189) 이강(李茳) : 1573~1623. 본관은 영천(永川), 자는 형보(馨甫)이며, 안동(安東) 예안(禮安)에서 현감 덕홍(德弘)의 아들로 태어나 1615년(광해군7) 식년문과에 갑과로 급제하였다. 홍문관 수찬으로 재직 시 이이첨·허균·김개 등과 함께 인목대비의 폐모론에 동조하였다. 1618년 허균의 역모에 연루되어 파직되었고 이어 위리안치(圍籬安置)되었다가 1623년 인조 즉위 뒤 처형되었다.

堂)[190]에 내려 속히 대신들로 하여금 널리 의논을 수렴하여 처리하게 하라 하니, 아뢴 대로 하라고 하였다.

영의정 기자헌(奇自獻)[191]이 옛 사람들이 변고에 대처한 의리의 사례를 다수 인용하며 가장 먼저 반대 의견을 내었고, 이어서 조정의 의논을 수합할 것을 청하였다.[192] 오성부원군(鰲城府院君) 이항복(李恒福), 행 사직(行司直) 정홍익(鄭弘翼), 김덕함(金德諴)[193] 등이 경전을 인용하여 헌의(獻議)하였다가 잇달

---

190) 묘당(廟堂) : 종묘(宗廟)와 명당(明堂)이라는 뜻으로 조정(朝廷)을 일컫기도 하였고, 또는 의정부(議政府)를 달리 이르던 말이었는데, 왜란 이후에는 비변사(備邊司)를 지칭하기도 하였다.

191) 기자헌(奇自獻) : 1562~1624. 본관은 행주(幸州), 자는 사정(士靖), 호는 만전(晩全), 초명은 자정(自靖)이다. 증조부는 응교(應敎) 준(遵)이고, 조부는 한성부윤 대항(大恒)이고, 아버지는 응세(應世)이며 어머니는 우찬성 임백령(林百齡)의 딸이다. 1582년(선조15) 성균관에 입학하여 1590년 증광문과에 병과로 급제하고 청요직을 두루 거쳤다. 1604년(선조37) 우의정, 이듬해 좌의정에 올랐다. 선조가 세자 광해군(光海君)을 폐하고 영창대군(永昌大君)을 후계자로 삼으려 하자, 강력히 반대하여 광해군을 즉위시키는 데 공헌하였다. 1614년(광해군6) 영의정에 올랐으며, 1617년 폐모론에 반대했다가 홍원(洪原)에 유배되었다. 1623년 인조반정을 모의할 때는 신하로서 왕을 폐할 수 없다 하여 거절했다. 이괄(李适)의 난 때 내응할 우려가 있다 하여 사사(賜死)되고 일족도 몰살당했다.

192) 조정의 …… 청하였다 : 인목대비의 폐모론은 1613년(광해군5) 칠서(七庶)의 옥(獄)을 기화로 인목대비의 아버지 김제남(金悌男)이 사사되고 영창대군이 강화도에 안치되었을 때부터 처음 제기되어 1618년(광해군10)까지 만 5년을 끌었다. 특히 1617년(광해군9) 정월부터 논의가 본격적으로 진행되어 1년여를 다투면서 정국을 온통 파탄의 분위기로 몰아넣었고, 1618년 1월부터는 백관이 정청(庭請)에 참여하여 매일 3회씩 왕에게 대비의 폐출을 주청하는 일이 26일간이나 지속된 끝에 마침내 1618년 2월 4일에 폐위 삭출 절목이 결정되어 종묘에 고하고 전국에 반교문이 반포되었다. 《光海君日記 10年 2月 4日》 이로써 대비는 전에 받았던 모든 의물(儀物)들, 즉 존호·인장·책명·고신 등을 압수당하고 왕족으로서의 특권과 대우를 박탈당하였다. 이에 인목대비는 대비의 지위를 상실하고 서궁, 즉 경운궁에 유폐되었다. 그러나 폐출의 절차를 공식적으로 완전히 마치기 위해서는 명나라에 주청하여 명 황제의 명으로 책봉을 회수하고 폐서인(廢庶人)의 조치를 받아야 했다. 그러나 이 조치는 끝내 시행하지 못하였으므로, 엄밀한 의미에서 보면 인목대비는 폐출되지 않고 왕후의 신분을 유지하고 있었다고 할 수 있다.

193) 김덕함(金德諴) : 1562~1636. 본관은 상주(尙州), 자는 경화(景和), 호는 성옹(醒翁)이다. 1587년 생원이 되고, 1589년 증광문과에 급제하여 내외직을 두루 거쳤다. 광해군 때 군기시정(軍器寺正)에 이르렀으나 1617년(광해군9) 폐모론이 일자 이항복·정홍익(鄭弘翼)의 의견을 따라서 반대하다가 남해(南海)에 유배되었으며, 명천·온성·사천 등지에 이배되었다. 1623년 인조반정으로 풀려나 청요직을 두루 거치고 1636년 대사헌이 되었다.

아 유배되어, 조정이 거의 빌 지경이었다. 이이첨(李爾瞻)의 당이 조정의 권력을 마음대로 휘둘렀고, 유희분(柳希奮)[194] 등 또한 외척으로서 권력을 행사하였는데, 이들 모두 공의(公議)를 뒤로 하고 사당(私黨)을 심어서 서로 알력을 빚었다.[195]

윤선도(尹善道)가 이이첨을 혹독하게 탄핵[196]하였는데, 실상은 유당(柳黨)의 풍지(風旨)를 받아 행한 것이었다. 이경전(李慶全)은 그 아비 이산해(李山海)와 함께 은밀히 폐모론(廢母論)을 주창하면서도[197] 밖으로는 그 자취를 감추었는

문집으로 《성옹유고(醒翁遺稿)》가 전한다. 사천의 구계서원(龜溪書院), 온성의 충곡서원(忠谷書院), 배천의 문회서원(文會書院), 북청의 노덕서원(老德書院), 안주의 청천사(淸川祠)에 제향되었다. 시호는 충정(忠貞)이다.

194) 유희분(柳希奮) : 1564~1623. 본관은 문화, 자는 형백(亨佰), 호는 화남(華南)이다. 광해군의 국구(國舅)였던 문양부원군(文陽府院君) 유자신(柳自新)의 아들로, 척족으로서 권세를 누렸다. 1617년(광해군9)에 병조판서로서 인목대비(仁穆大妃)를 폐위시키기 위하여 이이첨(李爾瞻)·박승종(朴承宗) 등과 함께 대북의 언관·유생들을 앞세워 폐모론을 일으킨 뒤 이듬해 1월 인목대비를 서궁(西宮)에 유폐시키고 이에 반대하는 사람들을 투옥·유배시켰다. 1623년 인조반정으로 참형을 당했다.

195) 서로 …… 빚었다 : 이이첨을 비롯하여 정인홍·이산해·김대래·기자헌·허균·홍여순은 대북으로 불리었으며, 유희분을 비롯하여 유영경·남이공·김신국(金藎國)·박승종(朴承宗)은 소북으로 불리었다. 광해군 즉위 초, 유영경이 죽임을 당하여 소북의 세력이 위축되는 듯하였으나, 남이공·김신국 등이 영창대군을 옹립하려는 유영경의 의견에 반대하였고 또 유희분이 척신으로서 권력에 참여하고 있었으므로, 소북은 쇠퇴하지 않고 대북과 별도의 문호를 세워 각립하였다. 《我我錄》

196) 윤선도(尹善道)가 …… 탄핵 : 1616년(광해군8), 윤선도는 성균관 유생으로서 이이첨(李爾瞻)·박승종(朴承宗)·유희분(柳希奮) 등을 격렬하게 규탄하는 〈병진소(丙辰疏)〉를 올렸다. 이로 인해 이이첨 일파의 모함을 받아 함경도 경원(慶源)으로 유배되었다가 1년 뒤인 1617년(광해군9) 경상도 기장(機張)으로 이배되었다. 이후 1623년 인조반정(仁祖反正)으로 이이첨 일파가 처형된 뒤 풀려나 의금부도사(義禁府都事)에 제수됐으나 3개월 만에 사직하고 해남(海南)으로 내려갔다. 이이첨의 전횡을 논핵한 윤선도의 상소는 《광해군일기(光海君日記) 8년 12월 21일》 기사에 실려 있다.

197) 아비 …… 주창하면서도 : 이경전의 아버지 이산해는 이미 1609년(광해군1) 졸하였으므로, 폐모론과는 직접적인 관련이 없다. 다만 선조대 후반 이산해가 아들 이경전과 함께 정인홍·이이첨 등 이후 대북으로 불린 이들과 정치적 행보를 같이하였으므로, 대북파가 주도하였던 폐모론에 함께 거론된 것으로 보인다. 이경전에 대해서도 그가 처음에 이이첨과 뜻을 같이 하였으나 이후 이이첨이 장차 실패할 것을 보고는 태도를 바꾸었고, 이로 인해 계해년 반정(反正) 뒤에도 요행히 죽음을 면할 수 있었다는 비판이

데, 이때에 이르러 이이첨 등이 반드시 실패할 조짐을 알아채고, 스스로의 이견을 드러내려고 아들인 진사 이무(李袤)에게 이이첨을 참형에 처하라 청하게 하였다. 이날 경전이 이첨과 더불어 바둑을 두고 있었는데, 이첨이 이무의 상소 요지를 보고 크게 놀라 경전에게 이르기를,

"대감의 자제가 나를 죽이려 하는구려!"

하니, 경전이 태연히 말하기를,

"어찌 그럴 리가 있겠습니까? 틀림없이 이름이 같은 사람일 것입니다."

하고 대국(對局)을 끝까지 마친 후 일어났으니, 그 흉악한 속임수가 이와 같았다. -인조(仁祖)가 반정(反正)을 하였다. 이이첨, 정인홍, 한찬남(韓纘男),[198] 정조, 이위경, 윤인을 능지처참하였다. 통제사 원수신(元守愼), 부사 이원엽(李元燁)은 정형(正刑)[199]에 처하였다. 제도 조도사(諸道調度使)[200] 및 백성에게 해를 끼친 자 왕명회(王明恢), 김순(金恂), 송치신(宋致信), 박홍도(朴弘道),[201] 박응서(朴應犀),[202] 정몽필(鄭夢弼), 강익(姜

제기되었다.《肅宗實錄 1年 4月 16日》

198) 한찬남(韓纘男) : 1560~1623. 본관은 청주(淸州), 자는 경서(景緖)이다. 1605년(선조38) 진사로서 증광문과에 급제하여 청요직을 두루 거쳤다. 1615년(광해군7) 이이첨의 사주를 받고 해주옥사를 일으켰다. 1617년 도승지, 1620년 대사헌을 거쳐 형조판서에 이르렀으나, 1623년 인조반정으로 주살(誅殺)되었다.

199) 정형(正刑) : 형벌을 바르게 집행한다는 의미로 대역(大逆)·강상(綱常)을 범한 자 등을 사형(死刑)에 처하는 것을 말한다. 죄인의 존몰(存沒)에 관계없이 형벌을 집행하였다.

200) 제도조도사(諸道調度使) : 민간으로부터 물자를 징발(徵發)하기 위하여 각 도에 파견한 임시 직명(職名)이다.

201) 박홍도(朴弘道) : 1576~1623. 본관은 죽산(竹山), 자는 자수(子修)이다. 1610년(광해군2) 별시문과에 급제하여 청요직을 두루 거쳤다. 1617년 구천군(龜川君) 이수(李晬)와 금산군(錦山君) 이성윤(李誠胤) 등 19인이 이이첨 무리들의 횡포를 탄핵하는 소를 올렸다가 오히려 삼사의 공격을 받아 이들과 함께 변방에 위리안치(圍籬安置)되었다. 그러나 뒤에는 오히려 이이첨의 무리들과 연루된 혐의로 1623년에 좌부승지로 재직 중 참형당하였다.

202) 박응서(朴應犀) : ?~1623. 본관은 충주(忠州)이고 영의정 박순(朴淳)의 아들이다. 서얼차대(庶孼差待)에 불만을 품고 같은 명문의 서자들인 김평손(金平孫)·심우영(沈友英)·서양갑(徐羊甲)·박치의(朴致毅)·박치인(朴致仁)·이경준(李耕俊) 등과 강변칠우(江邊七友) 또는 죽림칠우(竹林七友)라 자처하며, 여주의 북한강 근처에서 시와 술로 세월을 보내면서 정자(亭子)의 이름을 무륜당(無倫堂)이라 하였다. 또 이재영(李再榮)·허균(許筠) 등과도

翼), 윤천생(尹天生), 민심(閔深), 윤유겸(尹惟謙), 원종(元悰),[203] 이강(李茳), 유세증(兪世曾), 채겸길(蔡兼吉), 황덕부(黃德符),[204] 이정원(李挺元),[205] 한희호(韓曦皓), 윤삼빙(尹三聘),[206] 내관 조귀수(趙龜壽) 등은 각 소재처에서 효수(梟首)[207]하였다. 승지 박종주(朴宗胄),[208] 부사 지응곤(池應鯤), 군수 권원남(權元男)·이충보(李忠輔) 등도 모두 주살하였다.-

---

사귀었다. 광해군 즉위 초에 이들이 연명상소(連名上疏)로 서얼허통(庶孽許通)을 청했으나 허락되지 않았다. 1613년(광해군5) 조령(鳥嶺)에서 은상인(銀商人)을 죽이고 은 6,700냥을 약탈하였다. 이 사실이 발각되어 일당과 함께 검거되었다. 이 사건으로 자신의 화를 모면시켜 주겠다는 대북파 이이첨 등의 유혹에 넘어가, 영창대군을 옹립하기 위한 자금을 조달하고자 강탈했다고 거짓 자백하였다. 이 때문에 영창대군은 강화에 유배되고 인목대비의 아버지이며 영창대군의 외할아버지인 김제남(金悌男)은 사형당하는 계축옥사(癸丑獄事)가 일어났다. 1623년 인조반정으로 주살되었다.

203) 원종(元悰) : 1578~1623. 본관은 원주(原州), 자는 성보(誠甫)이다. 1606년(선조39) 진사가 되고, 같은 해 증광문과에 병과로 급제하였다. 광해군 때 강원도도사 등을 거쳐 정랑에 이르렀으나, 1623년 허균 일파로 몰려 유세증(兪世曾)과 함께 처형되었다.

204) 황덕부(黃德符) : 1528~1623. 본관은 회덕(懷德), 자는 신백(信伯)이다. 1615년(광해군7) 생원·진사시에 합격하고, 식년문과 병과로 급제하여 청요직을 두루 지냈다. 1613년 이이첨·정인홍의 사주를 받아 이위경(李偉卿)·한정국(韓定國) 등과 함께 사학(四學) 유생을 이끌어 폐모론을 앞장서서 주장하였다. 1623년 인조반정으로 주살되었다.

205) 이정원(李挺元) : 1567~1623. 본관은 경주(慶州), 자는 중인(仲仁), 호는 후포(後浦)이다. 1603년(선조36) 진사가 되고, 1610년(광해군2) 참봉으로서 식년문과에 병과로 급제하여 청요직을 두루 지냈다. 이이첨의 심복으로서 궁중과 결탁하여 뇌물을 받고 벼슬을 천거하거나, 함부로 문관의 인사정책을 어지럽히다가 인조반정이 일어난 지 한 달 만에 정인홍 등과 같은 날 처형되었다.

206) 윤삼빙(尹三聘) : 1549~1623. 본관은 파평(坡平)이다. 1573년(선조6) 식년시에 급제하여 진사가 되어 1599년(선조32) 호조정랑, 1602년 형조정랑을 지내고 광해군 즉위 후 숙천부사(肅川府使)로 승진하였다. 지방관으로 재직하는 동안 탐욕과 포악으로 자주 탄핵을 받았다. 1614년(광해군6) 무고의 옥사를 일으켰다가 관작을 삭탈당했는데, 인조반정 이후 무고죄로 주살되었다. 당시 무고와 옥사가 잇따라 일어났는데, 김덕룡(金德龍)·김언춘(金彦春)·윤삼빙 등 세 사람의 무고사건을 삼적의 옥이라 부르기도 하였다.

207) 효수(梟首) : 대죄(大罪)를 범한 사람의 목을 베어 매달아 군중 앞에 공시한 일을 이른다.

208) 박종주(朴宗胄) : ?~1623. 본관은 고령(高靈)이다. 아버지는 광선(光先), 형은 종윤(宗胤)이다. 모두 문관으로 정인홍의 심복이 되어 이이첨과 결탁하여, 종주는 대사간, 종윤은 이조정랑과 같은 청반(淸班)에 올랐다. 양가의 부녀자를 겁탈하는 등 음란하고 포악한 행동을 함부로 행하였다. 인조반정 뒤 대구 남문 밖에서 처형 당했는데, 칼로 살을 자르는 사람이 수백 명이었다고 한다. 《燃藜室記述 卷23 仁祖朝故事本末 癸亥罪籍》

계해년(1623, 인조[209]1) 봄, 주상이 반정(反正)을 하였는데, 공신 김류(金瑬),[210] 이귀(李貴),[211] 홍서봉(洪瑞鳳),[212] 장유(張維),[213] 최명길(崔鳴吉),[214] 이서

---

209) 인조(仁祖) : 1595~1649. 조선의 제16대 왕(1623~1649)이다. 자는 화백(和伯), 호는 송창(松窓), 휘는 종(倧)으로서, 선조의 손자이고 아버지는 정원군(定遠君), 어머니는 인헌왕후(仁獻王后) 구씨(具氏)이다. 비는 한준겸(韓浚謙)의 딸 인열왕후(仁烈王后), 계비(繼妃)는 조창원(趙昌元)의 딸 장렬왕후(莊烈王后)이다. 1607년(선조40) 능양도정(綾陽都正)에 봉해졌다가 이어 능양군(綾陽君)으로 진봉되었다. 1623년 김류(金瑬)·김자점(金自點)·이귀(李貴)·이괄(李适) 등 서인(西人)의 반정(反正)으로 왕위에 올랐다. 1624년 이괄의 반란과 1627년 정묘호란, 1636년 병자호란, 두 차례의 호란으로 시련을 겪었으며, 특히 병자호란에 패배하여 1637년 삼전도(三田渡)의 치욕에 이어서 소현세자(昭顯世子)와 봉림대군(鳳林大君)이 청나라에 인질로 잡혀가는 수모를 당하였다. 그 와중에도 1631년(인조9) 자신의 친부 정원군을 원종(元宗)으로 추존하였으며, 소현세자가 1645년 귀국하였다가 사망하자, 신료들의 반대를 무릅쓰고 국유장군론(國有長君論)을 내세우며 봉림대군을 세자로 책봉하였다. 1649년에는 손자 연(棩)을 왕세손(후일 현종)으로 책봉하고 사망하였다. 능은 경기도 파주시 탄현면 갈현리에 있는 장릉(長陵)이다. 이 해 효종은 묘호를 인조(仁祖)로 결정하였다. 시호는 헌문열무명숙순효대왕(憲文烈武明肅純孝大王)이며 이후 존호를 더하여 정식 시호는 개천조운정기선덕헌문열무명숙순효대왕(開天肇運正紀宣德憲文烈武明肅純孝大王)이다.

210) 김류(金瑬) : 1571~1648. 본관은 순천(順天), 자는 관옥(冠玉), 호는 북저(北渚)이다. 영의정에 추증된 여물(汝岉)의 아들이다. 음사(蔭仕)로 참봉에 제수되었다가, 1596년(선조29) 정시문과에 을과로 급제하였다. 1620년 이귀 등과 반정을 꾀했으나 미수에 그쳤다가 1623년 거의대장(擧義大將)에 추대되어 이귀·신경진·이괄 등과 인조반정을 일으켰다. 반정에 성공하여 정사공신(靖社功臣) 1등에 녹훈되었으며, 병조참판에 제수되고 곧 병조판서로 승진, 대제학을 겸하는 동시에 승평부원군(昇平府院君)에 봉해졌다.

211) 이귀(李貴) : 1557~1633. 본관은 연안(延安). 자는 옥여(玉汝), 호는 묵재(默齋)이다. 이이·성혼의 문하에서 수학해 문명을 떨쳤다. 광해군의 난정을 개탄하고, 김류·신경진·최명길·김자점 및 두 아들 시백(時白)·시방(時昉) 등과 함께 반정 의거를 준비하였다. 이듬해 3월 광해군을 폐하고 선조의 손자인 능양군 종(綾陽君倧)을 왕으로 추대, 정사공신 1등에 책록되었다. 그 뒤 호위대장(扈衛大將)·이조참판 겸 동지의금부사·우참찬·대사헌·좌찬성 등을 역임하고, 연평부원군(延平府院君)에 봉해졌다. 영의정에 추증되었으며, 인조 묘정에 배향되었다. 시호는 충정(忠定)이다.

212) 홍서봉(洪瑞鳳) : 1572~1645. 본관은 남양(南陽), 자는 휘세(輝世), 호는 학곡(鶴谷)이다. 1610년 강원도관찰사를 거쳐, 동부승지 재직 중 김직재(金直哉) 옥사에 장인인 황혁(黃赫)이 연루되어 삭탈관작 되었다. 1623년 인조반정을 주도하여 정사공신 3등에 책록되었고, 익녕군(益寧君)에 봉해졌다. 1636년(인조14) 우의정을 거쳐 좌의정에 올랐다.

213) 장유(張維) : 1587~1638. 본관은 덕수(德水), 자는 지국(持國), 호는 계곡(谿谷)·묵소(默所)이다. 김장생(金長生)의 문인으로, 우의정 김상용(金尙容)의 사위이자 효종비 인선왕후(仁宣王后)의 아버지이다. 1623년 인조반정에 가담해 정사공신 2등에 녹훈되고 1624년

(李曙),[215] 구인후(具仁垕),[216] 김자점(金自點)[217] 등은 모두 광해의 조정에서

이괄의 난 때 왕을 공주로 호종한 공으로 이듬해 신풍군(新豐君)에 책봉되었다.

214) 최명길(崔鳴吉) : 1586~1647. 본관은 전주(全州), 자는 자겸(子謙), 호는 지천(遲川)·창랑(滄浪)이다. 아버지는 영흥부사 최기남(崔起南)이고, 어머니는 참판 유영립(柳永立)의 딸이다. 1623년 인조반정에 가담, 정사공신 1등이 되어 완성부원군(完城府院君)에 봉해졌다. 1627년(인조5) 정묘호란 이래 강화(講和)의 불가피함을 역설하였다. 1636년(인조14) 병자호란 당시에도 김상헌(金尙憲)의 척화론에 맞서 주화론을 강력하게 피력하였으며, 이후 정승에 올라 인조를 보필하였다. 그는 청나라에 대한 주화론을 주장했음에도 불구하고 명나라와의 기존 관계를 유지해 나가려 하다가 청나라에 끌려가 김상헌과 함께 심양옥에 갇히는 고난을 회피하지 않고 책임지는 모습을 보였다. 저서로 《지천집》·《지천주차(遲川奏箚)》 등이 있고, 시호는 문충(文忠)이다.

215) 이서(李曙) : 1580~1637. 본관은 전주(全州), 자는 인숙(仁叔), 호는 월봉(月峰)이고 효령대군의 7대손이다. 1603년(선조36) 무과에 급제해 행사용(行司勇)·진도 군수 등을 지냈다. 1618년(광해군10) 대북파에서 폐모론이 일어났을 때 무인으로서 그만이 정청(庭請)에 불참하였다. 그 뒤 장단부사로 경기방어사를 겸했고, 1623년 인조반정 때 김류·이귀 등과 함께 공을 세워 호조판서에 승진되고 정사공신에 책록되었으며 완풍군(完豊君)에 봉해졌다. 1636년 무인으로는 처음으로 병조판서로 기용되어 군비를 갖추는 데 힘썼다. 이 해 병자호란이 일어나자 어영제조(御營提調)로 왕을 호종하고 남한산성에 들어가 지키다가, 이듬해 정월 과로로 순직하였다. 저서로는 《화포식언해(火砲式諺解)》와 《마경언해(馬經諺解)》가 있다. 시호는 충정(忠定)이다.

216) 구인후(具仁垕) : 1578~1658. 본관은 능성(綾城), 자는 중재(仲載), 호는 유포(柳浦)이다. 할아버지는 좌찬성 구사맹(具思孟), 아버지는 대사성 구성(具宬)이고, 인조의 외종형이다. 1603년(선조36) 무과에 급제해, 1606년 선전관이 되고, 고원 군수·갑산 부사 등을 지냈다. 광해군과 대북 세력의 정치에 반감을 지니고 있던 중 1620년(광해군12) 이서(李曙)·신경진(申景禛)의 반정 모의에 참여했다. 진도 군수로 재직 중에 반정이 일어나 미처 서울에 도달하지 못해 참여하지 못했으나, 처음부터 계획을 세운 공로로 정사공신 2등에 책록되고 능천군(綾川君)에 봉해졌다.

217) 김자점(金自點) : 1588~1651. 본관은 안동(安東), 자는 성지(成之), 호는 낙서(洛西)로, 현감(縣監) 김탁(金琢)의 아들이다. 음보로 출사해 병조좌랑에까지 이르렀으나 인목대비의 폐비 논의에 반대하는 등 광해군 때에 대북 세력에 맞서다가 정계에서 축출 당하였다. 처음에 최명길(崔鳴吉)·심기원(沈器遠)과 함께, 사돈 관계에 있는 이귀를 중심으로 반정을 모의하던 중 1622년(광해군14) 김류·신경진 등과 연결되었다. 1623년 3월 군대를 모아 이귀·김류·이괄 등과 함께 홍제원(弘濟院)에서 궁궐로 진격해 들어가 반정을 성공시키고, 정사공신 1등에 녹훈되었다. 1633년 도원수(都元帥)가 되었으나 병자호란 패전의 책임을 지고 먼 섬으로 유배되었다. 1639년 풀려나와 1646년 좌의정을 거쳐 영의정에 올랐다. 인조 말년에는 신면(申冕) 등을 무리로 거느려 낙당(洛黨)이라고 지목되었으며, 원두표(元斗杓)를 중심으로 한 원당(原黨)의 무리와 대립하였다. 1649년 인조가 죽고 새로 즉위한 효종이 김집(金集)·송시열(宋時烈)·권시(權諰)·이유태(李惟泰)·김상헌(金尙

버림받아 벼슬길에 나아가지 못했던 서인(西人)이었다. 이에 이이첨 등의 패륜죄를 다스리니, 대북의 당색을 가졌던 자들은 모두 그 죄를 받았다.

서인이 정국을 독점하며 남인과 소북을 통용하였으나, 소북은 또한 스스로 자립할 수 없었으므로 남인이 되거나 서인이 되는 가운데 소북의 명색은 지극히 위축되었다. 반정 공신들이 세력을 믿고 교만방자하게 굴자 주상이 고심(苦心)하면서 억제하는 뜻을 보이려고 남인 대간이 서인을 공격할 경우 반드시 남인을 옹호하였다.

김류가 주상의 뜻을 알아채고 세력을 잃게 될까 두려워하여 은밀히 자기들 내부에서 이조참판 이하는 당색에 구애되지 않고 남인을 모두 허통하여 함께 올리게 하되, 이조판서 및 의정부는 일체 허통하지 말게 하였다. 이 때문에 남인은 스스로 힘이 미약함을 알고 감히 대항하여 싸울 생각을 하지 못하였다.

을축년(1625, 인조3) 봄, 남이공(南以恭)[218]은 선묘(宣廟) 조에 오랫동안 권력의 요직에 있다가 계축년(1613, 광해군5)에 유배[219]되었다. 인조반정

憲) 등을 불러들이니, 이들의 공격에 의해 1650년(효종1) 홍천에 유배당하였다. 1651년에 손부인 효명옹주(孝明翁主)의 저주 사건이 문제되고, 아들 김익(金釴)이 수어청 군사와 수원 군대를 동원해 원두표·김집·송시열·송준길(宋浚吉)을 제거하고 숭선군(崇善君)을 추대하려는 역모가 폭로되어 아들과 함께 복주되었다.

218) 남이공(南以恭) : 1565~1640. 본관은 의령(宜寧), 자는 자안(子安), 호는 설사(雪簑)이다. 1590년(선조23) 증광문과에 장원급제한 뒤 청요직을 두루 거쳤다. 1598년(선조31) 유성룡을 몰아내고 집권에 성공한 북인은 대북과 소북으로 분열되었는데, 이때 유영경(柳永慶)과 함께 소북을 영도했으나 다시 남당(南黨 : 淸小北)과 유당(柳黨 : 濁小北)으로 나뉘었다. 선조 말년 소북과 대북 사이에 왕위계승 문제로 치열한 싸움 끝에 대북이 지지하던 광해군이 즉위함에 따라 유영경과 함께 파직 당했다가 다시 기용되었다. 1615년(광해군7) 폐모론이 본격적으로 제기되었을 때 이에 동조하지 않고 송화에 유배되었다. 이 때문에 소북의 정치색을 띠었음에도 불구하고 인조반정 후 이귀(李貴) 등 반정 공신의 추천을 받아 삼사의 요직 및 이조판서 등을 역임하였다.

219) 계축년에 유배 : 1613년(광해군5) 칠서(七庶)의 옥(獄)을 계기로 인목대비의 아버지 김제

후 사면되었으나, 그가 일찍이 유희분(柳希奮)[220]·박승종(朴承宗)[221]과 친분이 두터웠기 때문에 청론(淸論)을 주장하는 인사들은 대부분 그를 달갑게 여기지 않았다.

김류가 이조판서로서 조정(調停)의 의론을 힘써 주장하며 남이공을 중용하려 하자 연소배가 불평하였고, 또 그에게 대사헌을 제수하자 물의가 들끓었다. 홍문관 -부응교 유백증(兪伯曾),[222] 응교 박정(朴炡),[223] 교리 나만갑(羅萬甲)[224]- 에서

남(金悌男)은 영창대군을 추대하려는 모반을 꾀했다고 하여 사사(賜死)되었고, 영창대군도 강화도에 안치되었다가 살해되었다. 인목대비 폐모론은 이때부터 시작되어 1618년(광해군10)까지 만 5년을 끌었다. 이원익은 임해군(臨海君)의 처형에 극력 반대하다 실현되지 못하자 병을 이유로 고향으로 내려가 두문불출 하였는데. 1615년(광해군7) 폐모론이 본격적으로 일자 그 부당함을 주장하다가 홍천으로 유배되었으며 남이공 또한 이원익을 부추겨 사리에 맞지 않는 차자를 올리게 하였다는 죄목으로 송화에 유배되었다.《光海君日記 7年 2月 19日, 6月 23日, 8月 15日》

220) 유희분(柳希奮) : 1564~1623. 본관은 문화, 자 형백(亨佰), 호 화남(華南)이다. 광해군의 국구(國舅)였던 문양부원군(文陽府院君) 유자신(柳自新)의 아들로, 척족으로서 권세를 누렸다. 1617년(광해군9)에 병조판서로서 인목대비(仁穆大妃)를 폐위시키기 위하여 이이첨(李爾瞻)·박승종(朴承宗) 등과 함께 대북의 언관·유생들을 앞세워 폐모론을 일으킨 뒤 이듬해 1월 인목대비를 서궁(西宮)에 유폐시키고 이에 반대하는 사람들을 투옥·유배시켰다. 1623년 인조반정으로 참형을 당했다.

221) 박승종(朴承宗) : 1562~1623. 본관은 밀양(密陽), 자는 효백(孝伯), 호는 퇴우당(退憂堂)이다. 박승종은 손녀가 광해군의 세자빈이 되어 그 일족이 오랫동안 권세를 누렸으므로 탐욕스럽고 방자하다는 평을 받았으나 또 한편으로는 1617년 폐모론(廢母論)이 제기되었을 때 이에 극력 반대하여 인목대비를 보호하였다는 평을 받기도 하였다. 인조반정 후 아들 박자흥(朴自興)과 함께 자결하였다.

222) 유백증(兪伯曾) : 1587~1646. 본관은 기계(杞溪), 자 자선(子先), 호 취헌(翠軒)이다. 할아버지는 우의정 유홍(兪泓)이고, 아버지는 좌찬성 유대일(兪大逸)이다. 1624년 사간으로 김신국(金藎國)·조성(趙誠) 등을 탄핵하고, 그 뒤 부응교로서 김류가 남이공을 대사헌으로 삼으려는 데 반대하다가 이천현감(伊川縣監)으로 좌천되었다. 이어 이조참의가 되었으나 김류·윤방(尹昉) 등 대신들의 무능과 안일을 비난하다가 수원부사로 또 다시 좌천되었다.

223) 박정(朴炡) : 1596~1632. 본관은 반남(潘南), 자 대관(大觀), 호 하곡(霞谷)이다. 증 영의정 소(紹)의 증손으로, 아버지는 좌참찬 동선(東善)이다. 1625년 부응교 유백증, 홍문관 교리 나만갑 등과 함께 대사헌 남이공을 탄핵했다가 함평 현감으로 좌천되었다.

224) 나만갑(羅萬甲) : 1592~1642. 본관은 안정(安定), 자 몽뢰(夢賚), 호 구포(鷗浦)이다. 정엽(鄭曄)의 문인이자 사위이다. 1613년(광해군5) 진사시에 수석으로 합격해 성균관에 입학했

차자를 올려, "남이공이 혼조(昏朝) 때 권문(權門)에 빌붙었으므로 대사헌에 적합하지 않다."고 논핵하자, 김류가 노하여 알력을 일삼는다고 배척하며 붕당으로 지목하였고, 심지어는 노서(老西)·소서(少西)의 설을 경연에서 진달하기도 하였다.

이에 주상이 진노하여[225] 세 사람을 지방으로 내보냈는데, 당시 이들을 일러 삼학사(三學士)라고 하였다. 대신과 삼사가 간쟁하였으나 받아들여지지 않으니, 이귀가 세 사람의 무죄를 힘껏 진언하면서 이어 전조(銓曹)를 논척하였다. 주상이, 공신들 간의 반목이 이 때문이라 여기고 세 사람을 멀리 유배 보내도록 다시 명하였다. 우의정 신흠(申欽)[226]이 차자를 올려 신구하자 주상의 마음이 조금 풀려 유배만은 취소하였다.

기사년(1629, 인조7), 박정(朴炡) 등 몇 사람이 젊은 명관(名官)으로서 청론(淸論)을 주장하며 김류를 비롯한 공신들과 화합하지 못하자 이귀가 나만갑 등을 적극 옹호하며 김류를 심히 비판하니, 당이 노서(老西)와 소서(少

으나, 인목대비의 서궁유폐사건(西宮幽閉事件)이 일어나자 어머니를 모시고 귀향했다. 1625년 김류가 소북 남이공을 등용하자 이를 반대하다가 강동 현감으로 좌천되었다. 1636년 병자호란이 일어나자 단신으로 남한산성에 들어가 왕을 모시고 공조참의·병조참지로서 관향사(管餉使)가 되어 군량 공급에 큰 공을 세웠다. 그러나 강화 후 무고를 받아 영해로 귀양갔다가 1639년 풀려나와 영천(榮川 : 지금의 榮州)에서 여생을 보냈다. 저서로는 《병자록(丙子錄)》과 《구포집(鷗浦集)》이 있다.

225) 세 …… 내보냈는데 : 세 사람은 홍문관 응교 박정, 부응교 유백증, 교리 나만갑을 이른다. 인조 3년 4월 5일에 김류의 천거로 남이공이 대사헌에 임명되자, 5월 7일, 홍문관 관원이었던 이들이 차자를 올려 논박하자 인조가 박정 등을 논사(論思)하는 시종(侍從)의 지위에 그대로 둘 수 없다 하여 체직하고 특명으로 박정을 함평 현감(咸平縣監)에, 유백증을 이천 현감(伊川縣監)에, 나만갑을 강동 현감(江東縣監)에 제수하였다.

226) 신흠(申欽) : 1566~1628. 본관은 평산, 자는 경숙(敬叔), 호는 현헌(玄軒)·상촌(象村), 시호는 문정(文貞)이다. 1586년(선조19) 문과에 합격하고, 임진왜란 때 도체찰사 정철(鄭澈)의 종사관이 되었으며, 1594년(선조27)에 세자책봉 주청사 윤근수(尹根壽)의 서장관으로 중국에 갔다. 1613년(광해군5)에는 유교칠신(遺敎七臣)으로 지목되어 방귀전리(放歸田里)되었다가 인조반정 이후 벼슬이 영의정에까지 올랐다.

西)로 나뉘었다는 말들이 세상에 파다하였다.

이경직(李景稷)[227]은 젊어서 명성이 높고 사류와 교유하였으나 이이첨과 인척의 정의(情誼)가 있었으므로 그에 대한 비방이 매우 많았는데, 이때 이르러 이경직이 대사간에 의망되자 나만갑이 부적합한 인사라고 비난하였다.

우의정 김류가 남이공의 일로 나만갑을 미워하였는데, 이 일로 입시하여, "나만갑이 인사의 용퇴(用退)를 주장하여 장차 붕당을 이루려 한다." 말하니 주상이 노하여 나만갑을 멀리 유배하라 명하였다. 대제학 장유(張維)가 차자를 올려 나만갑을 신구하니, 주상이 특명으로 장유를 나주 목사에 보임하였다.

완성군(完城君) 최명길(崔鳴吉)이 차자를 올렸는데 그 대략은 다음과 같다.

"오늘날의 일은 신이 말미를 받아 지방에 있었던 관계로 그 곡절을 상세히 알지 못하다가 도성에 들어온 후 비로소 그 대략을 들었는데, 상신(相臣)의 말뜻은 오로지 김세렴(金世濂)[228]을 이조전랑에 의망하는 일[229]을 주로 한

---

227) 이경직(李景稷) : 1577~1640. 본관은 전주(全州), 자는 상고(尙古), 호는 석문(石門)이다. 선조 때 병조정랑으로 있던 중 계축옥사(癸丑獄事) 때 서성(徐渻)과 친분이 있다는 이유로 수성 찰방(輸城察訪)으로 나갔다가 파직되었으며, 이후 진휼종사관(賑恤從事官), 평안도 경차관(平安道敬差官) 등을 역임하였다. 광해군 때 폐모론에 반대하여 사직하고 고향에 내려가 있었으며, 인조반정 이후 형조참의, 의주 부윤 등을 역임하였다. 정묘호란 때 병조참판으로 왕을 강화도에서 호종하였으며, 병자호란 이후 호조판서, 도승지, 강릉 부사(江陵府使), 강화 유수(江華留守) 등을 역임하였다.

228) 김세렴(金世濂) : 1593~1646. 본관은 선산(善山), 자는 도원(道源), 호는 동명(東溟), 시호는 문강(文康)이다. 광해군 9년(1617) 사간원 정언이 되어 폐모론(廢母論)을 주장한 자들을 탄핵하다가 귀양살이를 하였으며, 반정(反正) 뒤에 다시 기용되고 나서 1633년(인조11)에 공신 이귀가 이조판서로 방자하게 자천(自薦)하는 것을 상소로 비판하였다가 현풍 현감(玄風縣監)으로 좌천되었다. 1636년(인조14)에 통신 부사로 일본을 다녀왔다. 문장이 아름다웠으며 특히 시문에 능하여 김류는 '진학사(眞學士)'로, 정경세(鄭經世)는 '당대 제일의 인물'로 칭송하였다. 저서로는 《동명집(東溟集)》, 《해사록(海槎錄)》 등이 있다.

229) 이조 …… 일 : 1629년(인조7) 좌상 김류(金瑬)가 김세렴을 이조전랑으로 삼으려고 하였으나, 당시 이조정랑이었던 김육이, 김세렴이 상중(喪中)에 비방을 들은 바 있다는 이유로 반대하였고, 결국 나만갑(羅萬甲)이 임명되었다. 이때 김육이 김세렴의 전망(銓望)에 반대했던 실제 이유는 김세렴이 유희분(柳希奮)의 조카사위라는데 있었는데, 이러한 김육의 주장은, 소북(小北) 세력의 허통을 허용하여 서인·남인·소북의 3당 연립 정권을 출범시키고, 이로써 정국의 안정을 꾀하려 하였던 공서파의 정국 운영 방식을 비판하고

것이고 나만갑이 붕당을 조성한다는 말은 그 사이에 끼어 나온 것이었습니다. 나만갑이 설령 죄가 있다 해도 김세렴의 일은 별개의 사항입니다. 또 이귀가 등대하였을 때의 일기를 보니 7, 8인에 대해 노서와 소서로 나뉘었다는 주장을 잇달아 전하께 아뢰어 전하의 진노가 더욱 커졌으니, 이로써 나만갑의 죄에 또 한 건이 더해지게 되었습니다.

성대한 시대에 대간이 전관(銓官)의 잘못에 대해 추고하기를 빈번히 청하며 서로 책임을 다하도록 독려하는 것은 그 뜻이 매우 좋습니다. 신은 이 때문에 대간을 볼 때마다 대각(臺閣)의 곧은 기풍을 증대시켜서 사사롭게 붕당을 짓는 폐습을 혁파하기를 바랐습니다.

이에 박정(朴炡)은 연소한 젊은이로서 동료들에게 주창하기를, '서로 소원한 사이에서는 과오가 있으면 반드시 논하면서 친분이 두텁다 하여 서로 봐주기를 거듭하는 것은 붕당을 타파하는 방도가 아니다.' 하고, 가장 먼저 조희일(趙希逸)[230]·한인급(韓仁及)이 향리에 거주할 때 근신하지 않은 정상을 논박하였습니다.[231]

애초 조희일이 문학으로, 한인급이 재주로 청망(淸望)에 오른 것은 모두 신이 정석(政席)[232]에 참여하고 있을 때의 일인데, 지금에 와 사정을 들어보니

소북 세력을 정국 운영에서 배제하려는 청서파(淸西派)의 의론을 반영한 것이었다. 인조는 나만갑의 관작을 삭탈하여 멀리 유배하고, 김육을 체포하여 죄상을 밝히라고 명하였다.《承政院日記 仁祖 7年 7月 12日》

230) 조희일(趙希逸) : 1575~1638. 본관은 임천(林川), 자는 이숙(怡叔), 호는 죽음(竹陰) 또는 팔봉(八峰)이고, 승지를 지낸 조원(趙瑗)의 아들이다. 1601년(선조34) 진사시에 장원으로 뽑혔는데, 후일 그의 아들 석형(錫馨)도 진사시에 장원하여 아버지에 이어 3대가 진사에 장원하는 영광을 누렸다. 이듬해 별시문과에 병과로 급제하고, 다시 1608년(광해군 즉위) 문과중시에서 을과로 급제하였다. 청요직을 두루 역임하였는데, 1613년(광해군5) 허균(許筠) 옥사에 연루되어 이산(理山)에 안치되었다가 1619년 허균이 복주된 다음 방면되었다. 인조반정 이후 다시 청요직을 두루 거치고 삼사(三司)에 출입하면서 거침없는 언론으로 많은 적을 만들기도 하였다. 저서로 《죽음집》·《경사질의(經史質疑)》 10여 책이 있다.

231) 박정(朴炡)은 …… 논박하였습니다 : 정언 박정이 조희일과 한인급을 논박한 것은 《인조실록(仁祖實錄) 1년 12월 11일》 기사에 보인다.

아닌 게 아니라 과연 두 사람이 구설수를 면치 못한 일이 있었다고 합니다. 이어서 들어보니, 선배들 중 일부의 논의는 '친분이 두터운 사이에 조그만 흠을 지적하여 자신이 올곧다는 명성을 얻으려 하는 것은 사람의 정리가 아니다.'라는 것이었고, 후배들의 말은 '조희일·한인급 두 사람은 모두 선배들의 인척으로 친분이 있기 때문에 친애의 감정에 치우쳤으니 공론이라 할 수 없다.'는 것이었습니다.

그 후 박정이 김경징(金慶徵)[233]이 사람을 죽인 죄상과 조찬한(趙纘韓)[234]이 뒤처진 죄[235]를 논핵하였는데, 이로 인해 당시 또 한바탕 논쟁이 벌어져 아뢰는 글에까지 드러나게 되자 박정이 당시 상신[236]에게 더욱 심하게 견책을 당하였습니다.

---

232) 정석(政席) : 관원의 임명과 출척에 관한 일을 의논, 집행하는 자리를 이른다.

233) 김경징(金慶徵) : 1589~1637. 본관은 순천(順天), 자는 선응(善應)이다. 김류(金瑬)의 아들이다. 인조반정에 참여하여 정사공신(靖社功臣) 2등이 되고 순흥군(順興君)에 봉해졌다. 병자호란이 일어나자 강도검찰사(江都檢察使)에 임명되어 부제학 이민구(李敏求)를 부장으로, 수찬 홍명일(洪命一)을 종사관으로 삼아 함께 부임하였다. 그러나 대비책은 세우지 않은 채 독단적이고 파행적인 처신으로 인심을 크게 잃었고, 청나라 군대가 침입하자 나룻배를 타고 도망쳤다. 이후 대간으로부터 강화 수비의 실책에 대한 탄핵을 받고 사사(賜死)되었다.

234) 조찬한(趙纘韓) : 1572~1631. 본관은 한양(漢陽), 자는 선술(善述), 호는 현주(玄洲)이고 조위한(趙緯韓)의 아우이다. 1601년(선조34) 생원시, 1606년 증광문과에 급제하여 청요직을 두루 지내다가 광해군대에는 외직을 청하여 상주목사로 나갔다. 인조반정 후 다시 청요직을 역임하였다. 권필(權韠)·이안눌(李安訥)·임숙영(任叔英) 등과 교우하였으며, 후진으로 이경석(李景奭)·오숙(吳䎘)·신천익(愼天翊) 등이 있다. 장성 추산사(秋山祠)에 제향되었고, 저서로 《현주집》이 있다.

235) 뒤처진 죄 : 1624년(인조2) 이괄(李适)의 난으로 인조가 남천(南遷)하였을 때, 당시 형조참의였던 조찬한이 호종 행렬에서 뒤쳐져 행재소에 늦게 도착하여 물의를 빚었던 일을 이른다. 《仁祖實錄 2年 2月15日, 5月 26日》

236) 당시 상신 : 김류(金瑬)를 이른다. 1625년(인조3) 4월 5일에 남이공(南以恭)이 사헌부 대사헌에 임명되었는데, 5월 7일에 홍문관 응교 박정, 부응교 유백증, 교리 나만갑·김반(金槃), 수찬 이소한(李昭漢) 등이 인망(人望)도 없고 청의(淸議)에 버림받은 남이공이 대사헌에 임명된 것은 김류가 천거했기 때문이라고 하였다. 이에 5월 13일에 김류가 입시(入侍)하여 체직시켜 주기를 청하였다. 이 일로 인하여 김류 등을 노서(老西)로, 박정 등을 소서(少西)로 지목하는 논의가 나왔다.

남이공이 비록 유희분·박승종과 친분이 있었기는 하나, 평소 사람을 가려 사귀지 못한 결과이니 심하게 비난할 수는 없습니다. 김류가 이조판서가 되었을 때, 그를 청망에 주의(注擬)하려 하기에 신이 마침내 동석하여 찬조하였는데, 연소한 무리에게 용납 받지 못하여 큰 풍파가 일어났습니다. 이에 학사 3인을 일시에 지방에 보임하자 청론(淸論)을 주장하는 사람들이 모두 불평을 품었습니다. 조정의 입장으로 말하자면 선배들의 원망을 마다하지 않는 이 소수의 무리를 용납함으로써 사람들로 하여금 두려워하고 삼가는 바가 있게 한다면 또한 좋은 일이 아니겠습니까?

금년 봄 이후로 김류와 이귀 두 집안 간의 불화가 더욱 깊어졌습니다. 신이 우연히 이시백(李時白)[237]의 집에 들렀는데, 이귀가 먼저 그 곳에 와 있다가 마침 이경직을 대사간에 의망하는 것을 보고 경직과 그를 의망한 전관(銓官)을 크게 비난하였습니다. 심지어는 탑전에서 진달하겠다고까지 말하여 신이 다음날 시백에게 편지를 보내 극력으로 저지하게 하였습니다.

그 후 권도(權濤)[238]가 와서 말하기를, '듣자하니, 이조판서의 집에서 준론(峻論)을 주장하는 사람 6명을 하나하나 거론하였는데, 저도 그 가운데 있다 하니 심히 걱정이 됩니다.' 하였는데, 얼마 후 나만갑이 신의 집에 와 하는 말이 또한 권도가 한 말과 같았습니다. 신이 평소 나만갑이 신중하지 못하다는

---

237) 이시백(李時白) : 1581~1660. 본관은 연안(延安), 자는 돈시(敦詩), 호는 조암(釣巖), 시호는 충익(忠翼)이다. 아버지는 연평부원군(延平府院君) 이귀(李貴)이며, 성혼(成渾)·김장생(金長生)의 문인이다. 1623년 유생으로 인조반정에 공을 세워 정사공신(靖社功臣) 2등으로 가선대부(嘉善大夫)에 오르고 연양군(延陽君)에 봉해졌다. 장유(張維), 최명길(崔鳴吉), 조익(趙翼) 등과 교유하였다. 효종대 정승이 되어 영의정까지 현달하였으며, 김육(金堉)이 주장한 대동법을 협찬하였다.

238) 권도(權濤) : 1575~1644. 본관은 안동(安東), 자는 정보(靜甫), 호는 동계(東溪)로 정구(鄭逑)와 장현광(張顯光)의 문인이다. 1601년(선조34) 진사시에 합격했고, 1624년(인조2) 이괄(李适)의 난 때 한림(翰林)으로서 왕을 공주까지 호종(扈從)한 공으로 원종훈(原從勳)이 되었다. 1628년 유효립(柳孝立)의 옥사를 다스린 공으로 영사원종공신(寧社原從功臣) 1등에 책록되었다. 1631년 원종(元宗)의 추숭(追崇)을 극력 반대한 일로 남해로 유배되었다. 사후 이조판서에 추증되었고, 완계서원과 도천서원(道川書院)에 제향되었다. 저서로 《동계집》이 있다.

걸 알고 있었으므로 그에게 경계하기를, '부박한 사람이 이 일을 기화로 삼아 지목하면 그 화를 예측할 수 없을 터이니 천만 번 신중하라.' 하였습니다.

6월에 신이 말미를 받아 전하께 하직인사를 올리고 김류에게 하직 인사차 들렀는데, 김류가 말하기를, '나만갑이 전조(銓曹)를 동요시키는 말을 했다는데, 들은 일이 있습니까?' 하기에 신이 답하기를, '부디 떠도는 말을 가벼이 믿지 마십시오.'라고 하였으나 얼마 후 풍파가 일었습니다. 신이 개인적으로 김류에게 말하기를, '진실로 이럴 마음이 있었으면 어찌 저에게 명확하게 말하지 않았습니까?' 하니, 김류가 말하기를, '처음에는 이럴 마음이 없었는데, 어떤 사람이 와서 노서(老西)·소서(少西)의 말을 전하기에 경악을 금치 못하여 진달하지 않을 수 없었습니다.' 하므로, 비로소 상신이 속임을 당했다는 것을 알게 되었습니다. 노서·소서의 설은 사대부 사이에서 전혀 알려진 바가 없고 유독 김류와 이귀 두 사람에게만 전해졌으니 더욱 의심할 만합니다.

이경직의 족적이 권간(權奸)의 문전에 닿아, 오이 밭에서 신발 끈을 고쳐 맸다는 혐의를 면치 못하였으니, 후배가 그를 가벼이 청망(淸望)에 허용하지 않으려 하는 것 또한 공심(公心)에서 나온 것입니다. 남이공과 이경직 두 사람이 청망에 들지 못한 지 오래되었는데, 참판·참의가 모두 공석이고 정랑·좌랑도 미비(未備)한 날 갑작스레 의망하였으니 경솔하다는 비난을 면치 못한 것입니다.

나만갑이 남몰래 이조판서의 자제에게 말한 것[239]은 이조판서로 하여금 정체(政體)를 신중히 하게 하려 한 것이지 또한 두 사람의 인사를 완전히 막아서려는 뜻은 아니었습니다. 설사 실언을 하였다 해도 집 안에서 사적으로 나눈 얘기에 불과한데, 이를 지적하여 죄로 만든다면 어찌 성스러운 조정의 아름다운 일이라 하겠습니까?

---

239) 나만갑이 …… 했다는데 : 당시 이조판서였던 김상용(金尙容)이 남이공을 청직(淸職)에 의망하자, 김상용의 조카인 김광혁(金光爀)에게 그 불가함을 말하며 김상용의 아들인 김광현(金光炫)을 시켜 간언하게 해야 한다고 말한 일을 이른다. 《承政院日記 仁祖 7年 7月 23日》

아! 말세의 풍습이 부박하여 붕당의 명목을 만들기 좋아합니다. 신축년(1601) 간에 윤서(尹西)·신서(申西)라는 명목이 있었고, 반정 초기에 또 청서(淸西)·공서(功西)라는 명목[240]이 있었으나 끝내 무사하였던 것은 조정에서 일찍이 시비를 분별하지 않고 무심하게 대처하였기 때문이었습니다. 지금은 그렇지 않아서, 오늘 한 사람을 유배 보내면 내일 한 사람을 폄론(貶論)하고 모레 또 한 사람을 논척하니, 배척함이 많아지면 많아질수록 사람들의 불평도 따라서 커져 갑니다. 바라건대 성상께서는 다만 밝고 드넓은 근원의 도만을 밝게 보시고 편협한 사사로움을 제거하시어 청명한 덕을 쌓으소서."

기해년(1659, 효종10/현종즉위) 봄, 효종[241]이 승하하고 세자가 즉위하였다.

○ 예조에서 자의대비(慈懿大妃)[242]의 복제(服制)[243]에 대해 대신에게 의논

240) 청서(淸西)·공서(功西)라는 명목 : 인조반정 후, 공신 세력의 일방적인 정국 운영 방식에 대한 비공신 세력의 비판이 제기되면서 서인 내부의 갈등 양상이 표출되기 시작하였는데, 이를 공서파(功西派)와 청서파(淸西派)의 대립이라고 한다. 공서파는 인조반정에 적극 가담한 김류(金瑬)·이귀(李貴)·신경진(申景禛) 등 공신 지위를 발판으로 정국을 주도한 세력을 가리키고, 청서파는 김상헌·김장생·강석기·성문준·윤원거·윤황·이식·정홍명·조경 등, 반정 후 공신 세력의 일방적인 정국 운영 방식에 비판을 제기한 비공신세력을 이른다. 이들 양 세력은 반정 참여자에 대한 포상 문제, 남인과 소북의 허통 여부를 둘러싼 권력 재편과 정국 운영 문제, 후금의 군사적 위협에 대한 대처 문제, 광해군과 인조의 숙부인 인성군(仁城君) 처벌 문제를 둘러싸고 갈등과 대립을 거듭했다.

241) 효종(孝宗) : 1619~1659. 조선 제17대 왕(1649~1659)이다. 본관은 전주(全州), 이름은 호(淏), 자는 정연(靜淵), 호는 죽오(竹梧)이다. 인조의 둘째 아들이며, 어머니는 인열왕후(仁烈王后)이다. 비는 우의정 장유(張維)의 딸 인선왕후(仁宣王后)이다. 1631년 12세에 장씨와 혼인하였고, 1626년(인조4)봉림대군(鳳林大君)에 봉해졌다. 1637년 삼전도의 치욕 이후 형 소현세자와 함께 청나라에 인질로 끌려갔는데, 8년 만인 1645년 2월에 소현세자가 먼저 돌아왔고, 그는 청나라에 머무르고 있었다. 그 해 4월 세자가 갑자기 죽자 5월에 돌아와서 9월에 세자로 책봉되었다. 1649년 인조가 죽자 창덕궁 인정문(仁政門)에서 즉위하였는데, 1659년 41세를 일기로 창덕궁에서 승하하였다. 시호는 선문장무신성현인대왕(宣文章武神聖顯仁大王)이고, 묘호(廟號)는 효종이다. 능호는 영릉(寧陵)으로 경기도 여주시 능서면 영릉로(왕대리)에 있다.

하게 하도록 청하였다. 유신(儒臣) 송시열(宋時烈)[244] 등이 《의례(儀禮)》의 상제(喪制)를 인용하여, 효종이 비록 승중(承重)하였어도 삼년복을 입을 수는 없다[245]고 주장하며, 비록 대행대왕이 이미 대통을 계승[承統] 하였다 하나,

---

242) 자의대비(慈懿大妃) : 장렬왕후 조씨(莊烈王后 趙氏, 1624~1688)는 조선의 제16대 국왕인 인조의 계비(繼妃)이다. 본관은 양주(楊州)이고, 정식시호는 자의공신휘헌강인숙목정숙온혜장렬왕후(慈懿恭愼徽獻康仁淑穆貞淑溫惠莊烈王后)이며, 한원부원군(漢原府院君) 조창원의 딸이다. 1635년에 승하한 인렬왕후의 뒤를 이어 1638년 인조의 왕비로 책봉되었으나 슬하에 아들을 두지 못하였고 남편인 인조와 사이가 좋지 못하여 1645년 경덕궁으로 거처를 옮겼다. 1649년에 인조가 승하하자 대비가 되었으며 이후 자의(慈懿)의 존호가 추상되어 자의왕대비(慈懿王大妃)가 되었다. 숙종 때인 1688년 창경궁 내반원에서 65세로 승하하였다. 능(陵)은 경기도 구리시 동구릉(東九陵)내 휘릉(徽陵)이다.

243) 자의대비(慈懿大妃)의 복제(服制) : 기해년(1659)에 벌어진 1차 예송(禮訟)을 이른다. 효종 승하 후, 당시 생존해 있던 인조 계비(繼妃) 자의대비에게 어떤 복제를 적용할지가 문제로 제기되었다. 대왕대비의 입장에서 효종을 맏아들로 대우하여 상복을 입느냐, 아니면 둘째 아들로 대우하여 입느냐의 문제였다. 이로 인해 서인과 남인 간에 대립이 생겼다. 송시열(宋時烈)은 기년복을, 윤휴(尹鑴)는 삼년복을 각기 주장하였다. 효종은 인조의 차남이므로, 혈통만을 따진다면 송시열의 주장은 문제가 없었다. 그런데 효종은 인조를 계승하여 군주가 되었다는 현실을 어떻게 볼 것이냐가 문제였다. 윤휴는 효종에게 종통(宗統)이 있다고 하면서 대왕대비에게 맏아들의 상복인 참최(斬衰) 삼년복을 적용해야 한다고 주장하였다. 이 논쟁은 당시 집권 서인이 송시열을 지지하여 기년설이 채택되었지만, 이후 남인측에서 송시열이 효종의 종통을 부정하려 한다고 공격하는 빌미가 되었다.

244) 송시열(宋時烈) : 1607~1689. 본관은 은진(恩津), 자는 영보(英甫), 호는 우암(尤菴)·우재(尤齋), 시호는 문정(文正)이다. 사옹원 봉사 갑조(甲祚)의 아들이며, 김장생(金長生)·김집(金集)의 문인이다. 1658년(효종9) 9월 19일 효종은 호서산림(湖西山林) 세력을 재등용하는 일환으로 송시열을 이조판서에 특서(特敍)하였다. 이 조치는 산림의 영수인 송시열에게 인사의 대권을 맡기고 그를 중심으로 한 산림의 지지기반 위에서 난항에 빠진 북벌군육성책의 실효를 거두려는 시도에서 비롯되었다. 이후 송시열은 현종대 두 차례 예송(禮訟)에 깊이 간여했다가 1674년 서인들이 패배하자 파직·삭출되었다. 1680년(숙종6) 경신환국으로 다시 조정에 돌아와서, 서인이 노론과 소론으로 분열하는 과정에서 노론의 종장(宗匠)이 되었다. 1689년(숙종15) 기사환국으로 남인이 재집권했는데, 이때 세자 책봉에 반대하는 소를 올렸다가 유배되었고, 그 해 6월 정읍에서 사약을 받고 죽었다.

245) 효종이 …… 없다 : 송시열은 효종에 대해 《의례(儀禮)》 가공언(賈恭彦)의 소에 나오는 사종설(四種說) 중 하나인 체이부정(體而不正)에 해당하므로 자의대비는 효종에게 기년복을 입어야 한다고 주장하였다. 송시열의 주장은 정체(正體)인 소현세자의 상에 인조가 이미 장자의 복을 입었기 때문에 효종이 대통을 계승한 것과는 별도로 대비는 둘째 아들을 위한 복을 입어야 한다는 것이었다. 이에 대해 허목과 윤휴 등은 효종이 인조의

윤서(倫序)상으로는 마땅히 차적(次嫡)[246]에 해당되므로 대비는 마땅히 기년복(朞年服)을 입어야 한다고 하였다.

진선(進善)[247] 윤휴(尹鑴)[248]가 대궐 밖 곡반(外哭班)[249]에 참석하였는데, 《의례(儀禮)》 가공언(賈恭彦)의 소(疏) 중, '첫째 아들이 죽으면 적처 소생의 둘째 아들을 세워, 또한 맏아들[長子]이라고 부른다'는 내용을 인용하여 대비는 마땅히 자최 삼년복을 입어야 한다고 주장하면서, 이 내용을 연양부원군(延陽府院君) 이시백(李時白)에게 적어 보냈다.

송시열이 마침내 가공언의 소에서 논한, '정이고 체이지만 전중이 아닌 경우[正體而非傳重]', '전중하였으나 정이 아니고 체가 아닌 경우[傳重而非正體]', '체이지만 정이 아닌 경우[體而不正]', '정이지만 체가 아닌 경우[正而不體]' 등 사종설(四種說)에 근거하여 변론[250]하자, 영의정 정태화(鄭太和)[251]가 손을

차남이지만 대통을 이었으니 장남의 상복을 입어야 한다고 보아 삼년복을 주장하였다.

246) 차적(次嫡) : 적자(嫡子)이되 장자(長子)가 아닌 둘째 아들을 가리킨다.

247) 진선(進善) : 윤휴는 1656년(효종7) 송시열의 천거로 세자시강원(世子侍講院) 자의(咨議)에 제수되고, 1658년 송준길의 의망으로 세자시강원 정4품 관직 진선에 임명되었다.

248) 윤휴(尹鑴) : 1617~1680. 본관은 남원(南原), 자는 희중(希仲), 호는 백호(白湖)이다. 현종·숙종 연간에 북인계(北人系) 남인으로 활동하면서 현종대 예송(禮訟) 이래 주요 현안을 둘러싸고 서인과 대립·갈등하였다. 그는 예송에서, 제후는 일국의 종자(宗子)이므로 효종에 대해 왕실의 종통을 계승한 적자(嫡子)로 인정해야 할 뿐만 아니라 '무왕의 어머니[文母]는 무왕에게 신하가 된다는 설'에 따라 대비는 신하가 임금이 상을 당했을 때 입는 삼년복을 입어야 한다고 주장하였다. 더불어 효종을 체이부정(體而不正)에 해당한다고 보아 기년복을 주장한 송시열에 대해 '군주를 낮추고 종통을 둘로 만들었다[卑主貳宗]'고 비판하였다. 그는 또한 학문적으로 주자의 경전 해석을 비판하고 《논어》, 《맹자》, 《중용》, 《대학》, 《효경》 등에 대해 독자적인 해석을 내놓아 주자의 장구(章句)와 주(註)를 수정하였는데, 이 때문에 송시열에 의해 사문난적(斯文亂賊)으로 몰렸다. 1680년(숙종6) 경신환국으로 서인이 집권하자 숙종의 모후인 명성대비를 배척하고 숙종의 정비인 인경왕후를 동요시켜 광성부원군 김만기(金萬基)를 제거하려 한 역모의 모주로 몰려 사사되었다.

249) 곡반(哭班) : 국상 때 백관이 모여 곡하는 반열을 이른다. 곡을 하는 장소는 궐내와 궐 밖에 마련되었다. 이때 궐내에 설치된 곳에서 조정의 백관이 곡을 하는 것을 내곡반(內哭班)이라 하고, 궐 밖에 설치된 곳에서 전직 관료와 일반 백성이 곡을 하는 것을 외곡반(外哭班)이라고 한다.

250) 사종설(四種說)에 …… 변론 : 사종설은, 《의례(儀禮)》 〈상복(喪服) 참최(斬衰)〉에 "아버지

저어 만류하며 말하기를,

"제왕가의 일은, 처음에는 비록 아주 작은 것이라도 나중에는 큰 화가 되는 것이 많습니다. 만일 간악한 자가 있어 이 설을 가지고 화의 기틀을 얽어 만든다면 나라 일이 어찌 되겠습니까? 사종설을 여기에 끌어다 적용할 수는 없습니다."

하였다. 그러자 송시열이 말하기를,

"《대명률(大明律)》[252]과 본국의 제도는 장자(長子)와 중자(衆子)를 막론하고

가 장자를 위하여 참최 삼년(斬衰三年)을 입는다."는 조항에 대한 예외 규정을 이른다. 가공언(賈公彦)이 《의례주소(儀禮注疏)》에서 승중(承重)했더라도 삼년복을 입을 수 없는 네 가지 경우를 제시하였다. 구체적으로는 서자(庶子)가 승중한 체이부정(體而不正), 적손(嫡孫)이 승중한 정이불체(正而不體), 적자가 미처 승중하기 전에 죽은 정체이비전중(正體而非傳重), 서손(庶孫)이 승중한 전중이비정체(傳重而非正體)가 그것이다. 송시열은 효종에 대해 사종설 중 하나인 체이부정에 해당하므로 장렬왕후, 즉 자의대비는 효종을 위한 상복으로 기년복을 입어야 한다고 주장하였다. 송시열의 주장은 정체(正體)인 소현세자의 상에 인조가 이미 장자의 복을 입었기 때문에 효종이 대통을 계승한 것과는 별도로 대비는 둘째 아들[庶子]을 위한 복을 입어야 한다는 것이었다.

251) 정태화(鄭太和) : 1602~1673. 본관은 동래(東萊), 자는 유춘(囿春), 호는 양파(陽坡)이다. 정광필(鄭光弼)의 5대손, 정유길(鄭惟吉)의 증손, 형조판서 정광성(鄭廣成)의 아들이다. 1624년(인조2) 진사시에 합격하고, 1628년 별시문과에 병과로 급제하여 청요직을 두루 역임하였다. 1649년 우의정, 1651년(효종2) 영의정에 올랐으며, 이후 20여 년 동안 다섯 차례 영의정을 지내면서 효종과 현종을 보필하였다. 정치화(鄭致和)·정만화(鄭萬和)·정지화(鄭知和) 등 일가친척이 청요직에 진출하거나 정승에 올랐지만 현명한 처신으로 큰 화를 면하였으며, 예송에서는 갈등 완화를 위해 노력하였다. 저서로 《양파유고》·《양파연기(陽坡年紀)》가 있으며, 시호는 익헌(翼憲)이다(뒤에 忠翼으로 바꿈).

252) 대명률(大明律) : 조선시대 현행법·보통법으로 적용된 중국 명나라의 형률서이다. 명 태조 주원장(朱元璋)이 아직 오왕(吳王)으로 호칭되던 1367년 편찬에 착수하여 주원장이 황제 즉위 후 1373년 형부상서 유유겸(劉惟謙)에게 명해 편찬하게 하여 이듬해 완성되었다. 이후 1389년 형부의 건의에 따라 한림원(翰林院)과 형부의 관리들이 새로 공포된 법령들을 포함, 취사선택해 458조 30권으로 된 《대명률》을 완성하였다. 편별은 명례율·이율·호율·예율·병률·형률·공률의 7분 방식을 채택, 명률 특유의 형식을 확립하였다. 《대명률》은 고려 말에 1374년의 것이, 조선 건국 초에는 1389년의 것이 들어왔다. 태조의 즉위 교서에 모든 공사 범죄의 판결은 《대명률》을 적용하는 것을 원칙으로 한다고 발표하였다. 실제적인 활용을 위해 조준(趙浚)의 주관 아래 이두(吏讀)로 자구(字句)를 직해하고, 정도전(鄭道傳)·당성(唐誠)이 이를 윤색하여 1395년(태조4) 《대명률직해(大明律直解)》를 간행, 그 뒤 500년 동안 현행 형법전으로 활용하였다.

모두 기년복을 입으니,[253] 이에 근거하여 주장한다면 또한 주(周)나라를 따르는 의리[254]에 맞을 것입니다."

하니, 정태화가 말하기를,

"이는 근거가 될 수 있겠습니다."

하고, 여러 대신들과 함께 모두 시왕(時王)의 제도를 따를 것으로 대답하여 마침내 기년복으로 결정되었다.

윤휴가 다시 《의례》 참최장(斬衰章)의 '외종(外宗)은 내종(內宗)과 같다.'는 내용을 인용하여 자의대비가 참최복을 입는 것이 마땅하다[255]고 하자, 송시열이 재차 변론하여 말하기를,

---

253) 《대명률(大明律)》과 …… 입으니 : 1659년(현종즉위) 1차 예송에서 송시열은 《의례(儀禮)》 〈상복(喪服)〉에서 가공언(賈公彦)의 사종설(四種說)을 들어 삼년복이 불가함을 주장하였다. 이어 명나라의 《대명률》과 《국조오례의》와 《경국대전(經國大典)》 등의 국제(國制), 그리고 신의경(申義慶)이 지은 《상례비요(喪禮備要)》에서도 장자(長子)·중자(衆子)를 가리지 않고 모두 부장기(不杖朞)로 한다고 한 조항을 들어 자신의 근거를 보강하였다. 당시 영의정 정태화는 이러한 송시열의 견해를 수용하여, 현종에게 시왕(時王)의 제도를 준용하자는 의론을 올렸다. 《顯宗改修實錄 卽位年 5月 5日》

254) 주(周)나라를 …… 의리 : 《논어》 〈팔일(八佾)〉에서 공자가 "주나라는 하(夏)와 은(殷) 2대를 보았으니 찬란하도다, 그 문물이여! 나는 주나라를 따르겠다.[周監於二代, 郁郁乎文哉! 吾從周.]"라고 한 구절을 인용한 것이다.

255) 외종(外宗)은 …… 마땅하다 : 원문은 《예기(禮記)》 〈잡기(雜記) 하(下)〉에 "외종은 군주와 부인을 위하여 내종과 같은 복을 입는다.[外宗爲君·夫人, 猶內宗也.]"인데, 그 소(疏)에, "내종은 군주를 위하여 참최복을 입고, 부인을 위하여 자최복을 입으니, 내종과 같다는 것은 내종이 자최와 참최를 입을 때 모두 똑같이 한다는 것이다.[內宗爲君服斬衰·爲夫人齊衰, 此云猶內宗也, 則齊·斬皆同.]" 하였다. 외종은 군주의 고모와 자매의 딸·군주의 외삼촌의 딸·군주의 종모(從母)'와 '고모의 며느리와 종모의 며느리와 같이 그 남편이 군주의 외친인 자'를 이르는 말이고, 내종은 군(君)의 부인(夫人) 및 구빈(九嬪)·어첩(御妾) 등의 내명부(內命婦)와 왕과 동성(同姓)의 여자로서 작호(爵號)가 있는 오복지친(五服之親)의 여성을 총칭하여 이르는 말이다. 윤휴는 효종의 모후인 자의대비도 오복의 친족[五屬]으로서 내종의 한 사람이니, 효종에 대해 신하로서 참최복을 입어야 한다고 주장하였다. 더불어 그는 자신의 이 주장을 뒷받침하는 전거로서, 주자의 《강목(綱目)》 중, "원위(元魏)의 태후(太后) 풍씨(馮氏)에게는 위주(魏主) 홍(弘)이, 태후 호씨(胡氏)에게는 위주 후(詡)가 모두 그 임금이다."라고 한 것과 《춘추(春秋)》에 "임금은 한 사람뿐이다."라고 한 대목을 들어, 비록 태후라 해도 임금은 둘이 없다는 의리에서 벗어날 수 없음을 알 수 있다고 하였다.

“내종은 모두 신하이므로, 감히 사사로운 척분(戚分)으로 임금을 친척으로 대하지 못하고 참최복을 입는 것이다. 지금 대비전은 선왕이 신하로서 섬기신 분인데 본복(本服)인 기년복을 입지 말고 도리어 신하와 똑같은 복을 입으란 말인가?”

하였다. 이에 윤휴가 또 ‘무왕(武王)이 문모(文母)를 신하로 삼았다.’는 설을 들어[256] 힐난하니, 송시열이 말하기를,

“주자가 이미 유시독(劉侍讀)[257]의 설을 인용하여, ‘자식이 어머니를 신하로 삼는 의리는 없으니, 이는 읍강(邑姜)을 이르는 것이요 문모를 이르는 것이 아니다.’”[258]

하여, 윤휴의 주장이 시행되지 못하였다.

○ 산릉(山陵)[259] 정하는 일을 의논하여, 수원과 건원릉(健元陵) 국내(局內)

---

256) 윤휴가 …… 들어 : 윤휴는 마융(馬融)이 주장한, “무왕의 어머니[文母]는 무왕에게 신하가 된다”는 설에 근거하여, 자의대비는 효종에 대해 마땅히 신하가 임금의 상을 당했을 때 입는 참최 삼년복을 입어야 한다고 주장했다.

257) 유시독(劉侍讀) : 송나라 영종(寧宗) 때 한림 시독학사(翰林侍讀學士)를 지낸 유창(劉敞, 1019~1068)을 가리킨다. 북송 임강군(臨江軍) 신유(新喩) 사람으로서, 자는 원보(原父)고, 호는 공시(公是)다. 인종(仁宗) 경력(慶曆) 6년(1046) 진사가 되어, 이부남조(吏部南曹)와 지제고(知制誥)를 지냈다. 박학하고 《춘추(春秋)》에 정통했는데, 전주(傳注)에 얽매이지 않고, 한유(漢儒)의 설을 비판적으로 검토했다.

258) 자식이 …… 아니다 : 《서경(書經)》 〈태서 중(泰誓中)〉에 “나에게는 난신(亂臣) 10인이 있어 마음과 덕을 같이하였다.[予有亂臣十人, 同心同德.]” 구절이 있는데, 여기에서 난신십인(亂臣十人)이란 주나라 무왕(武王)의 신하 10인으로서, 난(亂)은 치(治)의 뜻이다. 《논어(論語)》 〈태백(泰伯)〉에도 이 구절을 인용하였는데, 주자는 이에 대한 주(註)에서 마융(馬融)과 유창(劉敞)의 학설을 함께 소개하였다. 이에 따르면 마융은 난신 중 한 사람을 무왕의 어머니인 문모[太姒]로 보았고, 유창은 아들이 그 어머니를 신하로 삼을 리가 없으니, 무왕의 비인 읍강(邑姜)일 것이라고 하였다. 이 두 사람의 설을 두고 주자는 “자식이 어머니를 신하로 삼는 의리는 없으니, 이른바 부인이라 함은 읍강이다. 마융이 문모라 한 것은 잘못된 것이다.[子無臣母之義, 則所謂婦人者, 邑姜而已. 馬融以爲文母, 非也.]” 하여 마융의 학설에 반대하고 유창의 학설이 옳다고 보았다.

259) 산릉(山陵) : 효종(孝宗)의 능인 영릉(寧陵)을 가리킨다. 효종의 능은 원래 윤선도의 주장에 따라 수원(水原)으로 정해졌으나 송시열 등의 반대로 양주(楊州)의 건원릉(健元陵)

중에서 터를 정하게 되었다. 전 참의 윤선도(尹善道)[260]는 대행대왕의 잠저(潛邸) 시절 사부(師傅)로서 평소 풍수설(風水說)에 해박하였는데, '수원이 최고 길지이다.'고 말하니 지사(地師)들 또한 대부분 윤선도의 말을 따랐으며, 주상의 뜻도 윤선도의 의견으로 기울었다.

그러나 수원은 민가를 다수 훼철해야 하고 또 3도로 통하는 요충지였으므로, 대신과 대간 대다수는 수원이 적합하지 않다고 아뢰었으나 주상이 들어주지 않고 역사(役事)를 시작하게 하고 말았다. 영부사 이경석(李景奭)이 선릉(先陵)[261]의 국내(局內)를 주장하고 이시백은 홍제동(弘濟洞)을 주장하며, 함께 차자를 올려 쟁론하였는데, 이들은 모두 '수원에는 오환(五患)[262]이 있으므로 산릉으로 채택할 수 없다.'고 하였다. 이에 주상이 홍제동은 거리가 멀다 하여[263] 건원릉 국내로 개복(改卜)하게 하였다.

서쪽 건좌(乾坐)의 산등성이로 정하였다. 그 뒤 1660년(현종1) 영릉의 석물이 벌어지는 등의 문제로 누차 보수를 하였으나 근본적인 해결책을 마련하지 못하다가 1673년(현종14) 5월 종실인 영림부령(靈林副令) 이익수(李翼秀)가 석물(石物)에 틈이 생겨서 빗물이 스며들 염려가 있고 봉분의 제도도 매우 소루하다고 상소한 것을 계기로 대대적인 봉심(奉審)을 거쳐 능을 옮기는 쪽으로 결정을 내렸다. 이에 9월에 양주(楊州)에 있던 구릉(舊陵)을 열고 10월에 여주(驪州) 홍제동(弘濟洞)으로 천장하였다.

260) 윤선도(尹善道) : 1587~1671. 본관은 해남(海南), 자는 약이(約而), 호는 고산(孤山)이다. 1616년(광해군8) 성균관 유생으로서 이이첨(李爾瞻)·박승종(朴承宗)·유희분(柳希奮) 등을 격렬하게 규탄하는 〈병진소(丙辰疏)〉를 올렸다. 이로 인해 이이첨 일파의 모함을 받아 함경도 경원(慶源)으로 유배됐다. 1623년 인조반정(仁祖反正)으로 이이첨 일파가 처형된 뒤 풀려났고, 1628년(인조6) 별시문과(別試文科) 초시에 장원으로 합격해 봉림대군(鳳林大君)·인평대군(麟坪大君)의 스승이 되었다. 1652년(효종3) 효종(孝宗)의 부름을 받아 예조참의가 되었으나 나아가지 않았다. 1657년 71세에 다시 벼슬길에 올라 동부승지에 이르렀으나 송시열과 맞서다 관직에서 쫓겨났다. 1659년 효종이 승하하자 예론(禮論) 문제로 서인과 맞서다가 삼수에 유배됐다가 1667년(현종8) 풀려나 부용동에서 85세로 죽었다. 윤선도는 정치적으로 열세에 있던 남인의 정치적 입장을 견지하며 집권 세력인 서인에 맞서 정치적으로 거듭 대립하였는데, 정개청(鄭介淸)의 신원 및 자산서원(紫山書院)의 치폐 등을 둘러싼 정치적 갈등도 그 주요한 쟁점이었다.

261) 선릉(先陵) : 건원릉(健元陵)을 이른다.

262) 오환(五患) : 묘지를 쓸 때 꺼리는 다섯 가지 경우로, 뒷날 도로가 될 곳, 성곽이 될 곳, 도랑이나 못이 될 곳, 세력가에게 빼앗기게 될 곳, 농지가 될 곳을 말한다. 《近思錄 卷9 治法11》

경자년(1660, 현종[264]1) 봄, 장령 허목(許穆))[265]이 상소하여 복제(服制)를 논하였는데, 그 대략의 내용은 다음과 같다.

"《의례주소(儀禮註疏)》〈상복(喪服)〉 참최장(斬衰章) '아버지가 장자를 위하여' 조항의 전(傳)[266]에 이르기를, '어찌하여 3년인가? 위로 정체(正體)[267]이고, 또 장차 전중(傳重)[268]할 것이기 때문이다.' 하였는데, 정현(鄭玄)[269]이 말하기

---

263) 주상은 …하여 : 《현종실록(顯宗實錄) 즉위년 6월 16일》 기사에 의하면 현종은 홍제동(弘濟洞)이 세종의 영릉(英陵)이 있는 여주(驪州)에 위치하여 서울과의 거리가 멀므로 능침(陵寢)의 위치로는 불편하다고 하였다.

264) 현종(顯宗) : 1641~1674. 조선 제18대 왕(1659~1674)이다. 본관은 전주(全州), 이름은 이연(李棩), 자는 경직(景直)이다. 효종의 맏아들로 어머니는 우의정 장유(張維)의 딸 인선왕후(仁宣王后)이다. 비는 영돈녕부사 김우명(金佑明)의 딸 명성왕후(明聖王后)이다. 효종이 봉림대군(鳳林大君) 시절에 청나라의 볼모로 심양(瀋陽)에 있을 때 심관(瀋館)에서 출생하였다. 1644년 귀국하여 1649년(인조27) 왕세손에 책봉되었다가 효종이 즉위하자 1651년(효종2)에 왕세자로 진봉(進封)되었다. 효종의 뒤를 이어 1659년 즉위하여 15년간 재위하다가 1674년 사망하였다. 시호는 소휴순문숙무경인창효대왕(昭休純文肅武敬仁彰孝大王), 묘호는 현종(顯宗), 능호는 숭릉(崇陵)으로 경기도 구리시 인창동 동구릉에 있다.

265) 허목(許穆) : 1595~1682. 본관은 양천(陽川), 자는 문보(文甫)·화보(和甫), 호는 미수(眉叟)이다. 1615년(광해군7) 정언눌(鄭彦訥)에게 글을 배우고, 그의 소개로 정구(鄭逑)를 찾아가 스승으로 섬겼다. 1660년(현종1) 효종에 대한 자의대비의 복상기간이 잘못되었으므로 바로잡아야 한다고 상소해 정계에 큰 파문을 던졌다. 1674년 인선왕후(仁宣王后, 효종비)가 죽자 자의대비의 복제문제가 다시 제기되었다. 조정에서는 대공복(大功服, 9개월)으로 정했으나 도신징(都愼徵)의 상소로 다시 기해복제가 거론되었다. 이로써 남인이 집권하면서 대사헌에 임명되었다. 이어 이조판서를 거쳐 우의정에 승진되어 유일(遺逸)로서 삼공(三公)에 올랐다. 그해 덕원(德源)에 유배 중이던 송시열에 대한 처벌문제를 놓고 영의정 허적의 의견에 맞서 가혹하게 처벌할 것을 주장하였다. 이로 인해 남인은 송시열의 처벌에 온건론을 주장하던 탁남(濁南)과 강경론을 주장한 청남(淸南)으로 갈라졌는데, 그는 청남의 영수가 되었다. 1679년 강화도에서 투서(投書)의 역변(逆變)이 일어나자 상경해 허적의 전횡을 맹렬히 비난하는 소를 올렸다. 이듬해 경신환국으로 남인이 실각하고 서인이 집권하자 관작을 삭탈당하고 낙향하였다.

266) 전(傳) : 《의례》에는 주공(周公)이 지었다는 경문(經文)이 있고, 이 경문을 해설한 자하(子夏)의 전문(傳文)이 있고, 이 전문을 해설한 한(漢)나라 정현(鄭玄)의 주(註)가 있고, 이 주를 해설한 당(唐)나라 가공언(賈公彦)의 소(疏)가 있다. 본문에서 전(傳)은 자하의 전문을 이른다.

267) 정체(正體) : 정(正)은 적자(嫡子)·적손(嫡孫)을, 체(體)는 부자지간을 이른다.

268) 전중(傳重) : '중(重)'은 종묘제사의 주재권을 갖는 종묘 주인의 지위를 이르는 말로, 이른바 정통성을 상징한다. 조(祖)·부(父)의 입장에서는 전중(傳重)이라고 하고, 자손의

를, '적자(嫡子)라고 하지 않은 것은 상하(上下)를 통하는 뜻이요, 또한 적자를 세워 장자로 삼음을 말하는 것이다.'[270] 하였습니다.

가공언(賈公彦)[271]이 해석하여 말하기를,

'적처 소생은 모두 적자라고 하는데, 첫째 아들이 죽으면 적처 소생의

입장에서는 승중, 혹은 수중(受重)이라고 한다.

269) 정현(鄭玄) : 127~200. 후한(後漢) 말기의 대표적인 유학자로 훈고학과 경학의 시조로 일컬어졌다. 마융(馬融) 등에게 사사하여, 《역(易)》·《서(書)》·《춘추(春秋)》 등의 고전을 배운 뒤 40세가 넘어서 귀향하였다. 그가 뤄양을 떠날 때, 마융이 "나의 학문이 정현과 함께 동쪽으로 떠나는구나"하고 탄식하였을 만큼 학문에 힘을 쏟았다. 귀향 후 가난한 생활을 하면서 학문을 가르쳤으나, 44세 때에 환관들이 학자 등 반대당을 금고한 '당고(黨錮)의 화'를 입고, 집안에 칩거하여 연구와 저술에 몰두하였다. 14년 뒤에 금고가 풀리자 하진(何進)·공융(孔融)·동탁(董卓)·원소(袁紹) 등의 초빙과, 만년에는 황제가 대사농(大司農)의 관직을 내렸으나 모두 사양하고 연구와 교육에 한평생을 바쳐 수천 명의 제자를 거느리는 일대 학파를 형성하였다. 고문(古文) 경설을 위주로 삼으면서도 금문(今文) 경설도 받아들여 여러 경서에 주석을 달아 한대 경학을 집대성하고, 고대의 역사문헌을 정리하는 데 크게 공헌했다.

270) 적자(嫡子)라고 …… 것이다. : 상은 천자와 제후이고 하는 대부와 사를 말한다. 송대의 이여규(李如圭)는 '상하에 통한다'는 정현의 해석을 부연하여 "천자·제후의 맏아들은 '세자'라고 칭하고, 대부 이하의 맏아들은 '적자'라고 칭한다. 천자와 제후도 세자를 위해 3년의 복을 한다. 그러므로 상하에 통용하기 위하여 '적자'라 하지 않고 '장자'라고 한 것이다.[天子·諸侯曰'世子', 大夫以下曰'適子.' 天子·諸侯亦爲世子三年, 故通上下而言'長子'也.]" 하였다. 즉 적자라는 칭호는 대부와 사에게만 쓰고 천자와 제후에게는 통하지 않으며, 세자라는 칭호도 상하에 통용되지 않으므로 장자라는 명칭을 썼다는 것이다. 가공언도 "'적자'라는 호칭은 단지 대부·사에 의거한 것일 뿐, 천자·제후의 맏아들에게는 통용할 수 없다.['適子'之號, 唯據大夫士, 不通天子諸侯.]" 하였다. 《儀禮正義》《儀禮注疏》 한편 청대의 호배휘(胡培翬)는 경문의 '장자'를 '적장자'의 의미로 해석하였다. "'適'은 '庶'에 대응하여 말한 것으로, 적처의 소생이 적자이다. 경문에서 '長'이라 하고 '適'이라고 말하지 않은 것은 아버지가 3년의 복을 하는 대상은 적장자 한 사람뿐이고 그 나머지 적자에 대해서는 3년의 복을 하지 않음을 보여 주기 위한 것이다."[適對庶言, 適妻所生爲適子. 經言長不言適者, 亦以見父所爲三年者, 止適長子一人, 其餘適子不爲三年也.] 하였다. 《儀禮正義》

271) 가공언(賈公彦) : 당나라 명주(洺州, 하북성) 영년(永年) 사람으로서, 고종(高宗) 연간에 태학박사와 홍문관학사를 지냈다. 예학(禮學)에 정통하여 공영달(孔穎達) 등과 《예기정의(禮記正義)》 편찬에도 참여했다. 그가 가려낸 《주례의소(周禮義疏)》 50권과 《의례의소(儀禮義疏)》 50권은 《십삼경주소(十三經注疏)》에 들어가 있다. 그 외 《예기소(禮記疏)》 80권과 《효경소(孝經疏)》 5권, 《논어소(論語疏)》 15권 등의 저서가 있다.

둘째 아들을 세우고 또한 장자라고 한다. 만약 적자라고 하면, 단지 첫째 아들만을 말하는 것이 되지만 장자라고 하면 적자를 세워 장자로 삼는 경우에도 통용되기 때문이다.'

하였고, 자최장(齊衰章) 주(註)에 이르기를, '아들은 어머니를 위하여 자최복을 입는데, 어머니도 자식을 위한 복을 입을 때 자식이 자기를 위해서 입는 복을 넘을 수 없으므로 또한 자최복을 입는다.' 하였습니다.

전(傳)에 이르기를, '어찌하여 3년인가? 아버지가 강복(降服)[272]하지 않기 때문에 어머니 또한 감히 강복하지 못하는 것이다.' 하였는데, 이에 대해 정현이 말하기를, '자신이 존귀하다는 이유로 감히 할아버지와 아버지의 정체(正體)에 대해 강복하지 못하는 것이다.' 하였습니다.

적자에서 적자로 이어지는 것을 정체라고 하는데, 이 경우 삼년복을 입을 수 있고, 중자(衆子)로서 계통을 이은 경우도 같습니다. 서자(庶子)를 세워 후사로 삼을 때, 이를 일러 '체이부정(體而不正)'[273]이라고 하는데 이 경우는 삼년복을 입을 수 없는 것은 승중자가 첩자(妾子)이기 때문입니다.

기복장(期服章)의 주에 '천자와 제후는 정통(正統)의 친속과 후부인(后夫人), 장자와 장자의 처 등에 대해 강복하지 않는다.' 하였는데, 이른바 서자를 세워 후사로 삼은 경우가 이때의 장자에 해당합니다. 적자를 세워 장자로 삼으면 삼년복을 입고, 서자를 후사로 삼으면 기년복을 입는 것은 적자에서 적자로 이어지는 의리를 중시해서 입니다.

소현세자(昭顯世子)[274]가 일찍 세상을 떠났고 효고(孝考)께서 인조의 두 번째

---

272) 강복(降服) : 상복을 원래 정해진 것보다 한 단계 낮추어 입는 것을 이른다.

273) 체이부정(體而不正) : '체(體)'는 부자 계승을, '정(正)'은 적적상승(嫡嫡相承)을 의미하는 것으로, '체이부정'은 부자간의 계승이되, 그 승중자가 적자가 아닌 서자인 경우를 이른다.

274) 소현세자(昭顯世子) : 1612~1645. 인조의 맏아들로 어머니는 영돈녕부사(領敦寧府事) 서평부원군(西平府院君) 한준겸(韓浚謙)의 딸 인열왕후(仁烈王后)이다. 1625년 세자로 책봉되었고, 부인은 강석기의 딸인 민회빈(愍懷嬪) 강씨(姜氏)이다. 1636년 병자호란이 일어나 인조가 삼전도에서 청나라에 항복한 후 청나라에 인질로 끌려갔다 돌아왔으나 곧

장자로 이미 종묘(宗廟)를 계승하였으니 대비전이 효고를 위해 자최 삼년복을 입는 것은 예(禮)로 볼 때 의심할 것이 없는데,[275] 지금 강복하여 기년복으로 정하였습니다.

무릇 아버지를 위해 삼년상을 행하는 것은 아버지가 지극히 높기 때문이고, 임금을 위해 삼년상을 행하는 것은 임금이 지극히 높기 때문이며, 장자를 위해 삼년상을 행하는 것은 장자가 이을 조부와 선친의 정체(正體)를 중시하고 또 장차 자기를 대신해서 종묘를 주관하게 되기 때문입니다.

지금 효고는 대비전에 대해 이미 적자이고 또 왕위에 올라 정체의 존귀함을 이었는데, 그 복제를 두고 '체이부정'이므로 삼년복을 입을 수 없는 경우와 같다고 하니, 신은 이 말이 어디에 근거한 것인지 모르겠습니다.

설사 첫째 아들이 죽었을 때 이미 삼년복을 입었다 하더라도, '둘째 아들로서 장자가 되어 승중한 이를 위해서는 기년복을 입어야 한다.'는 말은 경전(經傳)에 보이지 않습니다. '장자를 위하여' 조항의 전(傳)에 '어찌하여 삼년인가?' 하고, 그 주에 이르기를,

'비록 승중했더라도 삼년복을 입을 수 없는 경우가 네 가지가 있다. 적자가 몹쓸 병이나 다른 연고가 있어 죽었는데 자식이 없어서 승중할 수 없을 때를 일러 「정이고 체이지만 전중할 수 없는 경우[正體不得傳重]」라 하고, 「서손(庶孫)을 세워 후사로 삼을 때」를 일러 「전중하였으나 정이 아니고 체가 아닌 경우[傳重非正體]」라 하고, 「서자(庶子)를 세워 후사로 삼을 때」를 일러 「체이지만 정이 아닌 경우[體而不正]」라 하고, 「적손(適孫)을 세워 후사로 삼을 때」를 일러 「정이지만 체가 아닌 경우[正而不體]」라고 한다.'

급서하였다.

275) 대비전이 …… 없는데 : 허목은, 사종설(四種說)에서 체이부정(體而不正)의 서자(庶子)는 첩자(妾子)만을 가리킨다고 하여 서자첩자설(庶子妾子說)을 주장하고, 따라서 효종은 체이부정에 해당되지 않는다고 하였다. 그는 효종이 본래는 차자(次子)였지만 종통을 계승한 이상 장자(長子)가 되어 정체전중(正體傳重)에 해당하므로, 《의례(儀禮)》 자최장(齊衰章) 모위장자조(母爲長子條)에 의하여 자의대비는 효종에게 자최삼년복을 입어야 한다고 주장하였다.

라고 하였는데, 경전에서 이른 바, '적자를 세워서 장자로 삼은 경우' 또한 '체이부정'이라고 하는 것입니까? 그렇지 않으니, 만약 그러하다면 어찌하여 '장자를 위하여 삼년복을 입는다.' 하였겠습니까? 청컨대 예관(禮官)과 유신(儒臣)으로 하여금 함께 의논해서 예에 어긋나게 제정한 상복을 소급하여 바로잡게 하소서."

주상이 예관에게 의논하여 처리할 것을 명하니, 예조판서 윤강(尹絳)[276] 등이

"기년복을 삼년복으로 개정하는 것은 변례(變禮) 중에서도 큰 것이니, 청컨대 대신과 유신들로 하여금 널리 의논하여 아뢰게 하소서."

하였다. 우찬성 송시열이 의논한 대략에,

"신이 처음 복제에 대해 논의하라는 명을 듣고는 분명 특별히 근거할만한 예율(禮律)이 있을 것이라고 생각하였는데, 대신(臺臣)과 대신(大臣)들의 의론을 보니 진실로 위징(魏徵)이 헌릉(獻陵)과 소릉(昭陵)에 대해 아뢴 일[277]과 비슷한 것이었습니다. 지금 허목이 끌어다 근거로 삼은 내용이 많긴 하나 그 요점은 다만 두 가지입니다.

---

276) 윤강(尹絳) : 1597~1667. 본관은 파평(坡平), 자는 자준(子駿), 호는 무곡(無谷)이다. 1624년(인조2) 증광문과에 급제하여 청요직을 두루 거치고, 효종대 도승지·형조판서 등을 역임하였지만, 1664년(현종5) 민유중(閔維重)의 탄핵을 받고 사퇴하였다.

277) 위징(魏徵)이…… 일 : 위징(580~643)은 당(唐)나라의 개국 공신으로 자는 현성(玄成), 시호는 문정(文貞)이다. 건국 이후 간의대부(諫議大夫) 등의 요직을 역임하며 강직한 성품으로 태종(太宗)의 잘못을 간쟁하여 정관(貞觀)의 치(治)라는 태평시대를 여는데 크게 공헌하였다. 헌릉은 태종의 아버지 고조(高祖)의 능이다. 태종이 부인인 문덕황후(文德皇后)가 죽자, 황궁 근처에 능을 지어 소릉(昭陵)이라 하고 정원에 높은 층대를 만든 다음 날마다 올라가 소릉을 바라보았다. 하루는 위징을 데리고 층대에 올라갔는데, 위징이 지긋이 보더니 "신은 눈이 아물거려 보이지 않습니다.[臣眊昏不能見.]" 대답하였다. 이에 태종이 소릉을 가리키자, 위징이 "이것이 소릉입니까?[此昭陵邪?]" 하였다. 태종이 그렇다고 하자, 위징은 "신은 폐하께서 헌릉을 바라보시는 줄 알았습니다. 소릉은 신이 벌써 보았습니다.[臣以爲陛下望獻陵, 若昭陵臣固見之.]" 하였다. 이는 태종이 효성이 부족하여 고조의 능인 헌릉을 바라보지 않고 문덕황후의 능인 소릉을 바라봄을 은근히 비판한 것이다. 이에 태종은 눈물을 흘리고 이내 그 층대를 헐어냈다. 《新唐書 卷97 魏徵列傳》

하나는, 장자가 죽으면 둘째 아들을 장자로 세워 또한 장자라 이름하고 그에 대해 참최복을 입는다는 것이고, 또 하나는, 서자를 세워 후사로 삼을 경우 삼년복을 입을 수 없으니, 그가 첩자(妾子)이기 때문이라는 것입니다. 신이 의심하는 점이 바로 여기에 있고, 허목이 근거로 삼는 점 또한 바로 여기에 있습니다.

이른바 '장자가 죽었다.'는 것은 모르겠습니다만 언제 죽었다는 것입니까? 이미 성인이 된 후 죽어서 그 아버지가 이미 참최복을 입었고, 그 후 다시 둘째 적자를 세워 장자라 하였는데 그 차적자가 죽을 경우 또 참최복을 입는다는 말이면, '종통을 둘로 하지 않는다.[無二統]', '참최복을 두 번 입지 않는다.[不貳斬]'[278]는 의리는 어찌 되는 것입니까?

아니면 어린 나이에 죽어 함(含)[279]도 하지 않고, 증(贈)[280]도 하지 않고, 신주도 만들지 않고, 그 아버지가 상복도 입지 않아서 적통이 이루어지지 못한 채 죽은 다음 차적자(次嫡子)를 세워 후사로 삼고 그를 일러 장자라 하였는데, 이 장자가 죽으면 삼년복을 입는다는 말입니까?

'서자를 세워 후사를 삼을 경우 삼년복을 입지 않으니 그가 첩자이기 때문'이라 한 것은 진실로 주소에 있는 말이나 '첩자이기 때문[妾子故]'이라는 세 글자는 허목 자신이 붙인 말입니다. '서(庶)'는 진실로 첩자의 호칭이나,

---

278) 참최복을 …… 않는다[不貳斬] : 《의례(儀禮)》 상복(喪服) 부장기장(不杖期章)에 "인후(人後)가 된 사람은 그 부모를 위해 기년복(期年服)으로 보답한다.[爲人後者, 爲其父母報.]" 경문(經文)이 나오는데, 이를 해설한 전문(傳文)에 "대종(大宗)의 후계자가 된 사람은 어째서 자기 부친에 대하여 기년복을 입어야 하는가? 부친에 대한 참최복(斬衰服)을 두 번 입을 수는 없기 때문이다. 어째서 두 번 입을 수 없는 것인가? 대종의 중한 자리를 잇는 책임을 맡은 사람은 소종에 대해서는 상복의 등급을 낮춰야 하기 때문이다.[何以期也, 不貳斬也, 何以不貳斬也? 持重於大宗者, 降其小宗也.]"라는 말을 인용한 것이다.

279) 함(含) : 염습(殮襲)할 때 죽은 사람의 입속에 구슬이나 쌀·동전 등을 물려 머금게 하는 일을 말한다. 《대대기(大戴記)》에 "천자는 구슬로 반(飯)하고 옥(玉)으로 함(含)하며, 제후는 구슬로 반하고 벽(碧)으로 함하며. 사대부는 구슬로 반하고 조개껍질로 함한다." 하였다.

280) 증(贈) : 검은 비단과 붉은 비단을 속백(束帛), 즉 다발로 묶어서 망자(亡者)를 위한 마지막 예물로 영구에 안치하여 함께 매장하는 것을 이른다. 《家禮 喪禮 治葬》

적자 소생의 둘째 아들도 똑같이 서자라고 합니다. 그러한즉 효묘(孝廟)를 인묘(仁廟)의 서자라 해도 무방하니, 서는 천한 호칭이 아니라 중자(衆子)의 뜻입니다."281)

하였다. 또 말하기를,

"문왕(文王)이 나라를 전할 때, 백읍고(伯邑考)를 제쳐두고 무왕(武王)을 세웠

281) 서는 …… 뜻입니다 : 송시열은 효종에 대해 《의례》 가공언(賈恭彦)의 소에 나오는 사종설(四種說) 중 하나인 체이부정(體而不正)에 해당하므로 장렬왕후, 즉 자의대비는 효종에게 기년복을 입어야 한다고 주장하였다. 송시열의 주장은 정체(正體)인 소현세자의 상에 인조가 이미 장자의 복을 입었기 때문에 효종이 대통을 계승한 것과는 별도로 대비는 둘째 아들[庶子]을 위한 복을 입어야 한다는 것이었다. 이를 뒷받침하기 위한 논거로서 송시열이 강조한 점은 두 가지로 축약할 수 있다. 첫째는 서자(庶子)란 둘째 아들 이하를 첫째 아들과 구별하기 위해 쓰는 용어로서 천한 호칭이 아니라는 것이며, 둘째는 첫째 아들이 성인이 되어 죽었으면 이미 그 부모가 장자를 위한 삼년복을 입었을 것이므로 서자승중(庶子承重)한 두 번째 아들에 대해 다시 삼년복을 입을 수는 없다는 것이다. 단 첫째 아들이 성인이 되지 못하고 죽었거나 혹 성인이 되었지만 폐질(廢疾)로 인해 후사를 두지 못하고 죽어서 '정이고 체이나 전중을 하지 못했을 경우[正體而不得傳重]'에 해당한다면, 부모는 첫째 아들에 대한 삼년복을 입지 않았으므로 장자가 된 둘째 아들을 위해 삼년복을 입을 수 있다고 보았다. 송시열은 이와 같은 자신의 예론을 명도(明道) 정호(程顥)와 주자의 사례를 들어 설명하였다. 원래 셋째 아들이었던 정호가 장자가 된 것은 형인 천석(天錫)과 응창(應昌)이 어려서 죽었기 때문이었고 주자 또한 정호와 같은 이유로 장자가 되었다는 것이다. 얼핏 보면 정호와 주자의 사례는 허목이 《의례소(儀禮疏)》의 내용을 인용하여 상소에서 아뢴, "첫째 아들이 죽으면 둘째 아들을 세워 장자라고 칭한다."는 경우에 해당하는 것으로 보이지만 송시열은 허목이 정호와 주자의 형들이 모두 성인이 되기 전에 사망한 점을 간과하였다고 비판하였다. 요컨대 송시열은 소현세자처럼 첫째 아들이 성인이 되어 죽어서 그 부모가 장자를 위한 삼년복을 입었을 경우 두 번째로 세워진 아들, 즉 효종은 사종설 중 서자의 승중을 이르는 체이부정(體而不正)에 해당하므로 부모가 삼년복을 입을 수 없다고 주장하였다. 정호와 주희의 예를 들어 송시열이 자신의 예론을 펼친 내용은 《봉곡집(鳳谷集)》〈구화사적(構禍事蹟)〉의 다음 내용을 참고할 수 있다. "時上爲送禮官, 下詢於王父, 王父意以爲'穆疏實出於《儀禮疏說》, 而黃勉齋載錄於《通解續編》. 然其下復載《疏說》, 以爲'嫡妻第二所生, 亦名庶子, 所以遠別於長子也', 又其下載四種之說, 與穆所引《疏說》, 相爲矛盾, 而朱子·勉齋亦無辨破其所以矛盾之意, 此甚可疑. 然以程·朱所行者言之, 則有分明可證者. 明道之兄二人早亡, 故明道爲長子, 朱子亦然, 此正穆疏所引第一子死, 立第二長者, 亦名長子者也. 若然則第一子年長而死, 而其父服之以長子之服, 則其第二長子, 當爲庶子承重也. 然則《疏說》上·下文, 蓋以互明而無矛盾之意矣. 其下有四種之說, 四者之中, 所謂體而不正, 指孝廟而言. 何謂體? 父子一體故也. 何謂不正? 謂庶也. 雖嫡妻所生而第二, 故爲別於長子而謂之庶, 庶非賤稱也."

으나,[282] 주공(周公)이 예제를 정할 때는 반드시 장자와 서자의 분별에 성심(誠心)을 다했습니다. 허목은 틀림없이 서자는 첩자이고, 차장자(次長子)는 여기에 해당하지 않는다고 여겼을 것이니, 이번에 확실하게 '차장자는 서자라 하지 않는다.'는 명문(明文)을 찾아낸다면 허목의 주장을 따를 수 있을 것입니다.

가공언의 소에는 다만 '첫째 아들이 죽으면'이란 말만 하였고, '첫째 아들이 후사가 없이 죽으면'이란 말은 하지 않았으니, 이는 아마도 성인이 되기 전에 죽은 경우인 듯합니다. 지금 허목은 글을 써 놓은 본뜻은 살피지 않고 성급하게 자기주장을 앞세웠으니, 그렇다면 과연 단궁의 문[檀弓免]과 자유의 마최[子游衰][283]는 모두 고려할 것이 못 된단 말입니까?"

하였다. 또 말하기를,

"세종(世宗)의 성수(聖壽)가 무강(無疆)하시어, 여덟 명의 대군에 대해 모두 참최복을 입었다고 한다면, 27년 동안 참최복을 입은 셈이 됩니다. 비록 사서인(士庶人)이라 해도 분명 그렇게 하지 않을 터인데, 하물며 지존한 제왕과 지엄한 정통에 있어서이겠습니까?"

하였다. 우참찬 송준길(宋浚吉)[284] 또한 소를 올려 허목의 의론에 대해

---

282) 백읍고(伯邑考)를 …… 세웠으나 : 백읍고는 문왕(文王)의 장자이고 무왕(武王)은 문왕의 차자인데, 문왕이 차자인 무왕을 후사로 책립(冊立)하였다. 《예기(禮記)》 〈단궁 상(檀弓上)〉에 "옛날에 문왕은 백읍고를 버리고 무왕(武王)을 세웠으며, 미자는 그의 손자 돌을 버리고 연을 세웠다.[昔者文王舍伯邑考, 而立武王, 微子舍其孫腯, 而立衍也.]"라는 말이 나온다.

283) 단궁의 …… 마최 : 단궁문(檀弓免)과 자유최(子游衰)는 모두 그릇된 예를 적용한 것에 대한 조롱을 가리킨다. 단궁은 춘추시대 노(魯)나라의 예를 잘 안 사람을 말하고 문(免)이란 곧 오세(五世)의 친족에게 입는 복제(服制)이다. 당시 공의중자(公儀仲子)라는 사람이 일찍이 맏아들이 죽자 적손(嫡孫)을 승중(承重)으로 삼지 않고 둘째 아들을 후사로 삼았기 때문에 단궁이 공의중자의 초상에 가서 그에게 입지 않아야 할 문복을 입어 그것이 예에 어긋났음을 조롱했던 데서 온 말이다. 또 자유(子游)는 공자의 제자인데 사구(司寇) 혜자(惠子)가 일찍이 적자(適子)를 버리고 서자(庶子)를 후사로 삼자 자유가 혜자의 초상에 가서 그에게 입을 수 없는 중복(重服)인 마최(麻衰)를 입어 그의 무례함을 조롱했다는 고사를 말한다. 예송 당시 윤휴·허목 등 남인들은 송시열이 이 고사를 인용하여 효종의 왕위 계승을 폄하하였다고 주장하였다.

284) 송준길(宋浚吉) : 1606~1672. 본관은 은진(恩津), 자는 명보(明甫), 호는 동춘당(同春堂),

변론하였는데, 그 내용은 송시열의 말과 같았다.

주상이 《실록》을 검토하여 다시 논의하라 명하자, 사관(史官)이 덕종(德宗)과 예종(睿宗)의 상례에 정희왕후(貞熹王后)가 역월제(易月制)[285]를 적용하여 실제 기년 복제를 행하였고,[286] 문정왕후(文定王)의 일[287]은 나와 있는 내용이 없다고 아뢰었다. 대신들이 상제(喪制)는 선조(先祖)의 예를 따라야 한다는 내용으로 답하자 주상이 대신들의 의논에 따라 시행하라고 명하였다.

이에 허목이 다시 상소하여 장자를 위한 상복은 참최복이어야 한다는 것과 적자·서자를 구별해야 한다는 것에 대해 조목별로 나열하여 도표를 만들고, 경전(經傳)과 주소(註疏)의 관련 내용들을 부기하여 올렸다. 허목이 올린 《상복도(喪服圖)》[288]에 대해 주상이 이후 송시열에게 의견을 묻자 시열은 또한 이전의 주장을 고수하여 말하기를,

"가공언의 주소 중 '첫째 아들이 죽었다.'는 조항[289]은 아마도 상년(殤年)[290]

시호는 문정(文正)이다. 이이(李珥)를 사숙하고, 김장생(金長生)의 문하생이 되었다. 1649년 김집(金集)이 이조판서로 기용되면서 송시열과 함께 발탁되었다. 효종은 북벌에 대한 의지를 과시하고 그 실천을 독려하기 위해 1658년 2월 자신의 승통(承統)을 반대했던 송준길에게 초구(貂裘)를 하사하여 각별한 총애의 뜻을 보였다. 현종 즉위 후 자의대비(慈懿大妃)의 복상 문제인 이른바 예송에서 송시열이 기년설(朞年說)을 주장할 때 그를 지지하였다. 이에 남인의 윤휴·허목·윤선도 등의 3년설과 논란을 거듭한 끝에 기년제를 관철시켰다. 1675년(숙종1) 허적(許積)·윤휴·허목 등의 공격을 받아 관작을 삭탈 당하였다가, 1680년 경신환국으로 서인이 재집권하면서 관작이 복구되었다.

285) 역월제(易月制) : 삼년복상(三年服喪)의 제도를 하루를 한 달로 계산하는 제도이다. 한 문제(漢文帝)가 처음 시행한 제도로, 1일을 1개월로 환산하여 36일 만에 상복을 벗게 하였다. 《漢書 文帝紀》

286) 덕종(德宗)과 …… 행하였고 : 덕종과 예종은 세조와 정희왕후(貞熹王后) 사이에서 태어난 형제로, 어머니인 정희왕후가 이들의 상에 모두 기년복을 입었음을 이른다.

287) 문정왕후(文定王)의 일 : 인종은 중종과 장경왕후(章敬王后) 사이에서 태어난 적장자로서 중종의 뒤를 이어 왕위에 올랐지만, 중종의 계비로 들어와 인종의 어머니가 된 문정왕후보다 일찍 승하하였다. 이에 인종에 대해 어머니 문정왕후가 어떤 복제를 하였는가를 이른다.

288) 상복도(喪服圖) : 허목이 1660년(현종1) 4월 10일에 올린 상소를 가리킨다. 《顯宗實錄 1年 4月 10日》《記言 卷64 再疏上喪服圖》

289) 첫째 …… 조항 : 《의례(儀禮)》〈상복(喪服)〉 가공언(賈公彦) 소(疏)에서 "첫째 아들이

에 죽었거나 혹은 폐질(廢疾)로 죽어 그 아버지가 아들의 삼년복을 입지 않았을 때일 것이니, 그러한 경우라야 둘째 아들로서 장자가 된 이를 위한 삼년복이 가능할 것입니다."

하며 다시 사종설을 주장하자, 주상이 마침내 기년복을 주장하는 의론을 따랐다.

윤선도가 상소[291]하였는데, 그 대략에,

"성인(聖人)이 상례(喪禮)에 오복(五服)의 제도[292]를 정하였으니, 이것이 아니면 친소후박(親疏厚薄)이 분별될 수 없고 이것이 아니면 경중대소(輕重大小)가 정해질 수 없습니다. 이를 가정에 적용하면 부자의 윤기(倫紀)가 밝아지고, 나라에 적용하면 군신의 분의(分義)가 엄격해집니다. 계통을 이른 아들은 선조와 일체가 되니, 그를 위해 반드시 참최복을 입는 것은 아들을 위한 것이 아니라 조종(祖宗)의 계통을 위한 것입니다. 사가(私家)도 이와 같은데 하물며 국가에서야 어떠하겠습니까?

선왕(先王)의 상을 당하여 대비전의 복제를 정함에 여러 예경(禮經)들을 검토하여 실로 선조와 일체가 되는 뜻에 부합하였습니다. 그런데 송시열이

죽은 경우에는 적처 소생의 두 번째로 나이 많은 이를 취하여 세우고 역시 장자라고 이름한다.[第一子死也, 則取適妻所生第二長者立之, 亦名長子.]"고 한 구절을 이른다.

290) 상년(殤年) : 성년(成年)이 되기 전에 죽은 것을 상(殤)이라 하는데, 16세에서 19세 사이에 죽은 것을 장상(長殤)이라 하고, 12세에서 15세 사이에 죽은 것을 중상(中殤)이라 하며, 8세에서 11세에 사이에 죽은 것을 하상(下殤)이라 한다.

291) 상소 : 효종을 체이부정에 해당한다고 보아 기년복을 주장한 송시열을 비판하며 윤선도가 1660년(현종1) 4월 18일 올린 〈논례소(論禮疏)〉를 이른다. 윤선도는 이 소에서 효종에 대한 자의대비의 복제를 자최삼년복(齊衰三年服)으로 주장하였는데, 그 근거로서 적통(嫡統)을 이어받은 아들은 할아버지와 체(體)가 된다는 점과 아버지가 적자의 상에 참최삼년복(斬衰三年服)을 입는 것은 자식을 위해서가 아니라 조종(祖宗)의 종통을 이어 받아서라는 점을 들며, 송시열의 예설을 '군부를 낮춘다.[貶薄君父]'고 비판하였다. 이를 두고 송시열은 윤선도 등이 자신을 효종의 정통성을 부정하는 것으로 몰아서 서인 전체를 일망타진하려는 계책을 세운 것이라 비난하였다.

292) 오복(五服)의 제도 : 다섯 등급의 상례 복제, 즉 참최(斬衰)·자최(齊衰)·대공(大功)·소공(小功)·시마(緦麻)를 이른다.

'문왕이 나라를 전할 때, 백읍고를 제쳐두고 무왕을 세웠으나 주공이 예제를 정할 때는 반드시 장자와 서자의 분별에 성심(誠心)을 다했습니다.' 하였습니다. 신이 생각하기에 문왕의 일은 성인의 큰 권도(權道)요, 주공의 예는 성인의 큰 상경(常經)이니, 주공이 어찌 백읍고 때문에 이 예를 제정하였겠습니까?"

하였다. 또 말하기를,

"송시열의 의론에, 장자(長子)가 성인(成人)이 되어 죽은 경우 세 가지를 거론하며 '적통이 엄하지 않게 된다.'고 단정지었는데, 그 뜻은 대개 '성인이 되어 죽었으면 적통이 그에게 있으므로 차장자가 비록 왕위에 올라 종묘를 계승하였어도 끝내 적통이 될 수는 없다.'는 것이니, 어찌 이치에 어긋나는 말이라 하지 않겠습니까?

지금 아버지의 명을 받들고 천명(天命)을 받아 선조와 일체가 되고 종묘를 주관하게 된 후에도 오히려 적통이 될 수 없다면 가짜 세자란 말입니까? 임시 황제란 말입니까? 아, 고공(古公)이 비록 계력(季歷)을 세웠어도[293] 태백(泰伯)에게 후손이 있으면 고공의 적통은 오히려 태백의 후손에게 있다는 말입니까? 만약 그러하다면 온 나라의 중지(衆志)가 아직 정해지지 않은 것이니, 계력의 자손이 또한 어떻게 무사히 보전될 수 있었겠습니까?

송시열은 종통(宗統)은 묘사(廟社)를 주재하는 임금에게 돌리면서, 적통은 이미 죽은 장자에게 돌린단 말입니까? 그렇다면 적통과 종통을 갈라 두 개로 나눈 것이니, 어찌 이러한 이치가 있단 말입니까? 송시열이 성인(成人)을 일컬으며 '적통이 엄하지 않게 된다.'는 뜻을 말하였고, 심지어는 세종조의 여덟 대군을 사례로 말을 만들고 논거로 삼았는데, 이야말로 결코 있을 수 없는 일이니, 비록 장의(張儀)·소진(蘇秦)[294]과 같은 변론을 늘어놓는다

293) 고공(古公)이 …… 세웠어도 : 태백은 주(周)나라 태왕(太王)의 맏아들로, 태왕이 막내 계력(季歷)에게 전위할 의사가 있음을 알고, 왕위를 양보하여 형만(荊蠻)의 땅으로 떠났다. 《論語集註 泰伯》

294) 장의(張儀)·소진(蘇秦) : 각각 전국시대에 연횡설(連橫說)과 합종설(合從說)을 주장하던 유세가이다. 장의는 진 혜왕(秦惠王)의 정승으로 육국(六國)을 유세(遊說)하여, 육국이

해도 사람들의 비판을 막을 수 없을 것입니다.

송시열이 또 '참최복을 두 번 입지 않는다.[不貳斬]'고 말하였는데, 이는 일시에 두 명의 지존이 있을 수 없다는 뜻에 불과합니다. 하물며 우리 효묘(孝廟)께서 세자였을 때를 들어 논한다면, 장(長)이 되고 존(尊)이 된 것은 소현과 같으나, 군주로서 군림하였을 때를 들어 논한다면 그 장(長)이 되고 존(尊)이 된 것이 소현에 비할 바가 아닌데, 어찌 소현에 대해서만 참최복을 입을 수 있다 하고 효묘에 대해서는 참최복이 부당하다고 하는 것입니까?"

하였다. 또 송준길의 예에 대한 의론이 잘못되었음을 논척하고, 또 말하기를,

"이 두 사람[295]은 제 환공(齊桓公)이 관중(管仲)에 대해 '첫째도 중부(仲父)요, 둘째도 중부'라고 한 것[296]과 한 소열(漢昭烈)이 공명(孔明)에 대해 '물고기가 물을 만난 것과 같다.' 한 경우[297]와 같고, 또한 유현(儒賢)의 이름을 사양하지도 않았습니다. '편안해지고 풍성해지고 존귀해지고 영화롭게 되어'[298] 빈사(賓

동맹해서 진나라에 대항하자는 소진의 종약(縱約)을 반대하고 육국이 진나라를 섬기자는 연횡설(連橫說)을 내세웠다. 《史記 張儀列傳》 소진은 처음에 진 혜왕을 유세하였으나 쓰이지 않자, 제(齊)·초(楚) 등 육국을 유세, 육국이 합종(合縱)하여 진나라에 대항하게 하고 육국의 정승이 되었다. 《史記 蘇秦列傳》

295) 두 사람 : 효종이 예우한 송시열(宋時烈)과 송준길(宋浚吉)을 이른다.

296) 제 환공(齊桓公)이 …… 것 : 유사(有司)가 제 환공에게 일을 묻자, 환공이 중부(仲父)에게 물어보라고 하였는데, 이렇게 하기를 세 차례나 반복하였다. 이에 측근의 신하가 "하나도 중부요 둘도 중부이니 임금 노릇하기가 참 쉽습니다.[一則仲父, 二則仲父, 易哉爲君.]"라고 하니, 환공이 "내가 중부를 얻기 전에는 어려웠지만, 중부를 얻고 난 뒤에야 무엇인들 쉽지 않겠는가.[吾未得仲父則難, 已得仲父之後, 曷爲其不易也.]" 답했다는 고사가 전한다. 《呂氏春秋 任數》 중부는 환공이 관중(管仲)을 부른 존칭이다. 윤선도는 이 고사를 인용하여, 효종이 송시열·송준길을 중용하여 의지하였음을 말하였다.

297) 한 …… 경우 : 소열은 촉한(蜀漢) 유비(劉備)의 시호이고, 공명은 제갈량(諸葛亮)의 자이다. 유비가 삼고초려(三顧草廬) 끝에 제갈량을 맞아들여 친애하기를, "나와 공명의 관계는 고기에게 물이 있는 것과 같다."라고 하였다. 여기에서 물은 신하, 물고기는 임금을 비유하는 말로, 군신이 서로 의기투합함을 이른다. 《三國志 蜀書 諸葛亮傳》

298) 편안해지고 …… 되어 : 맹자의 제자 공손추(公孫丑)가 "공짜 밥을 먹지 않는다.[不素餐兮]"라는 《시경》의 말을 인용하면서, 군자(君子)가 직접 밭을 갈지 않고 얻어먹는 이유를 묻자, 맹자가 "군자가 이 나라에 거함에 임금이 그를 등용하면, 나라가 편안해지고 풍성해지며 임금이 존귀해지고 영화롭게 될 것이요, 그 나라의 자제들이 군자를 종유(從

師)[299]의 지위를 차지하고 있으면서도 우리 선왕을 보도(輔導)하지 못하고 함궐(銜橛)[300]의 변고가 생기기에 이르렀으니, 임금을 덕의(德義)로 보좌하고, 임금의 옥체를 보전한다는 뜻이 어디에 있습니까?

그리고 재궁(梓宮)을 쓸 수 없게 한 일[301]로 말하자면, 이는 만고에 없었던 국가의 큰 변고였습니다. -대행대왕의 초상 때 송시열이 예경(禮經)을 인용하며 대렴(大斂)[302] 후에 결효(結絞)[303]하기를 청하였다. 이에 당시 무더위가 한창일 때라 옥체가 부어올

遊)하면 모두가 효제충신을 할 것이니, 공짜 밥을 먹지 않는 것이 이보다 큰 것이 어디에 있겠는가?[君子居是國也, 其君用之則安富尊榮, 其子弟從之則孝悌忠信, 不素餐兮, 孰大於是.]"라고 대답한 말이 《맹자》〈진심 상(盡心上)〉에 나온다. 본문에서 윤선도는 이 구절을 인용하여, 송시열과 송준길이 효종의 신임을 받으면서도, 나라와 임금을 편안하게 하고 풍성하게 하고 존귀하게 하고 영화롭게 하기는커녕 자신들이 편안해지고 풍성해지고 존귀해지고 영화롭게 되었다고 비판하였다.

299) 빈사(賓師) : 임금에게 빈객과 스승의 예우를 받으며 자문에 응하거나 학문을 강하는 유현(儒賢)을 이른다.

300) 함궐(銜橛) : 말고삐가 끊어지고 수레 밑과 축(軸)이 연결된 구심(鉤心)의 나무가 튀어나오는 등 거마(車馬)가 전복되는 위태한 상황을 뜻하는 말로, 뜻밖의 변고를 비유하는 말이다. 본문에서는 효종(孝宗)의 갑작스러운 죽음을 표현하는 말로 쓰였다.

301) 재궁(梓宮)을 …… 일 : 기해년(1659, 현종즉위) 효종의 대상(大喪) 때 재궁(梓宮)의 폭이 좁아 갑작스레 개조하는 바람에 넓은 통판을 구하지 못하고 연판(連板)으로 대신하여 개조한 일을 이른다. 이는 한여름의 상례이므로 소렴(小斂)할 때 결효(結絞)까지 마치자는 주장에 대해 송시열이 원칙대로 소렴을 거쳐 대렴(大斂) 후 결효하기를 고집하는 바람에 효종의 시신이 부어올라 초래된 일이라고 하였다. 《肅宗實錄 6年 8月 3日》 한편 남인 당론서인 《동소만록(同巢謾錄)》에 따르면, 송시열이 《예경(禮經)》의 '군주의 초상에 사용되는 옷[襚]이 128벌'이라는 구절을 들며, 관제(棺制)는 반드시 여유가 있기 때문에 약식으로 치를 수 없다는 뜻을 논집하였다고 하였다. 그러나 염습을 마친 시신이 들어가기에 결과적으로 재궁(梓宮)의 폭이 좁았고, 이로 인해 재궁에 연판(連板)을 덧붙여 개조하는 변고가 초래되었다고 하였다.

302) 대렴(大斂) : 사망한 날로부터 2일 째 되는 날, 시신에 수의를 입히는 소렴(小斂)을 실시하고, 사망한 지 3일 째 되는 그 다음 날, 시신에 수의를 한 번 더 입힌 다음 시신을 관에 넣는데, 이를 대렴이라고 한다.

303) 결효(結絞) : 효(絞)는 염을 할 때 시신을 묶는 염포(斂布)를 이른다. 《예기(禮記)》〈상대기(喪大記)〉에 "소렴과 대렴에 제복(祭服)은 방향이 어긋나지 않게 않고, 모두 옷깃을 왼쪽으로 여미며, 옷을 묶는데 효포[絞]를 사용하고 고[紐]를 만들지 않는다.[小斂大斂, 祭服不倒, 皆左衽, 結絞不紐.]" 하였는데, 이에 대한 공영달(孔穎達)의 소(疏)에 "'임(衽)'은 옷깃이다. 살아 있을 때는 옷깃을 오른쪽으로 향하게 하는데, 왼손으로 띠를 풀어서

라 재궁에 들어가지 못하고 어쩔 수 없이 판을 덧대어 썼다.- 유현을 중용한 효과가 이와 같으니, 그의 학식과 심술에 대해 신은 잘 모릅니다만 어질지 못한 자가 아니면 지혜롭지 못한 자라 할 것입니다."

하였다. 또 산릉(山陵)을 조성하며 길지(吉地)를 버려두고 쓰지 않은 잘못을 논핵하였는데, 그 말이 지극히 위험하였고 그 뜻은 오로지 예에 대한 변론을 빙자하여 송시열을 공격하는데 있었다.

소가 들어가자, 승지 김수항(金壽恒)[304] 등이 윤선도의 흉험한 마음과 터무니없는 거짓을 날조하여 어지럽힌 죄를 논핵하니, 주상이 소를 돌려주라 명하고 윤선도의 부정한 심술을 꾸짖었다. 처음에 삭출(削黜)을 명하자, 부제학 유계(兪棨)[305] -부교리 안후열(安後說), 수찬 심세정(沈世鼎)- 등이 청대하여 윤선도의 흉패하고 간특한 정상을 극론하며 그 소를 묘당(廟堂)에서 불태우라 청하자 주상이 따르고, 이어 윤선도를 삼수(三水)에 유배하라 명하였다.

관학 유생 이혜(李嵇) 등이 윤선도를 국법에 따라 속히 처형하라 청하였고,

빼기에 편리하도록 하기 위한 것이다. 죽으면 옷깃을 왼쪽으로 향하게 하는 것은 다시는 풀지 않음을 보여주는 것이다. '효포[絞]를 사용하여 묶고 고[紐]를 만들지 않는다.[結絞不紐]'는 것은 살아 있을 때에는 띠에 모두 굴뉴(屈紐, 고)를 만들어 당겨 풀기 쉽도록 하지만, 죽을 때에는 다시는 푸는 의리가 없기 때문에 효포[絞]로 완전히 묶고 고[紐]를 만들지 않는다는 것이다." 하였다.

304) 김수항(金壽恒) : 1629~1689. 본관은 안동(安東), 자는 구지(久之), 호는 문곡(文谷)이다. 현종대 육조판서를 거쳐 우의정에 올랐다. 1674년(숙종즉위) 갑인예송에서 영의정이었던 형 김수흥(金壽興)이 쫓겨나자, 대신 좌의정으로 다시 임명되었다. 숙종 즉위 후 허적(許積)·윤휴(尹鑴)를 배척하고, 종실 복창군·복선군 형제의 처벌을 주장하다가 유배되기도 했다. 1680년 경신환국으로 영의정이 되어 남인의 죄를 다스리는 한편 송시열·박세채 등을 불러들였다. 기사환국(1689)이 일어나 남인이 재집권하자, 탄핵받고 유배된 뒤 사사되었다.

305) 유계(兪棨) : 1607~1664. 본관은 기계(杞溪), 자는 무중(武仲)이다. 예학과 사학에 정통하였으며, 송시열·송준길·윤선거·이유태 등과 더불어 충청도 유림의 오현(五賢)으로 일컬어졌다. 인조대 출사하여 병자호란(1636) 당시 설서로 재직하며 척화를 주장하다가 화의가 성립되자 유배되었다. 효종대 송시열 등의 추천으로 시강원 문학에 등용되어 부제학·부승지 등을 역임하였다. 1659년 효종이 죽고 복상 문제가 일어나자 서인으로서 기년설(朞年說)을 지지하여 3년설을 주장한 윤휴·윤선도 등의 남인을 논박하였다. 1663년 이조참판에 올랐다가 병으로 사직하였다.

대사간 이경억(李慶億)[306] -사간 박세모(朴世模), 정언 권격(權格), 장령 윤비경(尹飛卿), 지평 이무(李堥)·정수(鄭脩)- 등이 합계하여, 윤선도의 소는 예를 논하기 위한 글이 아니라 일종의 고변(告變)에 해당하니 국문하라 청하였으나 주상이 따르지 않고 다만 안치(安置)하라고만 명하였다. 윤선도의 소가 나온 이후로 양측의 논의가 상호 격렬하게 대립하여 다시는 화합하지 못하였다.

○ 주상이 대신과 삼사를 인견하여 다시 복제를 의논하였다. 영의정 정태화(鄭太和)가 윤선도가 상소에서 언급한, 재궁에 판을 덧붙인 일로써 허물을 자책하고, 또 말하기를,

"《국조오례의(國朝五禮儀)》에는 아들을 위해 삼년복을 입는 제도가 없으므로 신은 감히 억지로 대답하지 못하겠습니다. 삼사 또한 고례(古禮)에 근거할만한 것이 없다 하니, 마땅히 국제(國制)를 따라야 할 것입니다."

하니, 주상이 따랐다.

○ 우윤 권시(權諰)[307]가 상소하였는데,[308] 그 대략에,

---

306) 이경억(李慶億) : 1620~1673. 본관은 경주(慶州), 자는 석이(錫爾), 호는 화곡(華谷)이며, 판서 이시발(李時發)의 아들이다. 1644년(인조22) 25세의 젊은 나이로 정시문과에 장원해 청요직을 두루 거쳤다. 1651년(효종2) 귀인 조씨(貴人趙氏)와 김자점(金自點)의 역모 사건에 관련되어 파직된 대사헌 조석윤(趙錫胤)을 구원하다가, 효종의 노여움을 사서 경성에 안치되었다. 이듬해 석방되어 돌아와 다시 청요직을 거쳐 1672년(현종13) 우의정과 좌의정을 지냈다. 저서로는 《화곡유고》가 있고, 시호는 문익(文翼)이다.

307) 권시(權諰) : 1604~1672. 본관은 안동, 자는 사성(思誠), 호는 탄옹(炭翁)이다. 윤선거의 아들인 윤증이 그의 사위이고, 송시열의 딸이 며느리였다. 효종대 출사하여 승지·찬선 등을 지냈고, 1659년(현종즉위) 한성부 우윤에 임명되었다. 기해예송 당시 송시열과 대립하여 윤선도를 지지하는 상소를 올렸다가 파직되어 광주(廣州)의 선영에 머물러 살았다.

308) 상소하였는데 : 권시의 이 상소는 《탄옹집(炭翁集)》 권3에 수록된 〈논대왕대비복제급윤선도안율소(論大王大妣服制及尹善道按律疏)〉를 가리킨다. 윤선도가 서인의 공격을 받고 삼수에 유배된 후 권시, 조경(趙絅), 홍우원(洪宇遠) 등 남인들이 윤선도를 구하고 서인 예론의 오류를 논변하다 지속적으로 처벌 받았다. 이들에 대한 서인정권의 처분은 단호하여, 남인의 예론을 옹호하거나 윤선도를 두둔하는 관료와 유생은 조정에서 추방되

"송시열이 말한, '선왕(先王)을 서자(庶子)라 해도 무방하다.'[309]는 말은 그 오류가 매우 심합니다. 온 세상이 그 잘못을 알고 있으면서도 감히 말을 하지 못하니, 이것이 윤선도의 참소[310]를 야기한 이유입니다. 윤선도의 비방과 시기는 진실로 미워할 만하나, 자신에게 닥칠 화를 아랑곳하지 않고 남들이 감히 하지 못하는 말을 하였으니 또한 과감하게 말을 하는 선비라 할 것입니다. 또 윤선도는 일찍이 선왕의 용잠(龍潛)[311] 시절, 사부(師傅)로서 옛 은혜가 있는 사람이니 가벼이 죽일 수 없음이 분명합니다."

하니, 주상이 따뜻한 말로 비답을 내려 위유(慰諭)하였다. 승지 김수항이 비지(批旨)를 작환(繳還)[312]하였고, 양사에서는 권시의 상소로 인해 인피하였다. 부제학 유계(兪棨) -교리 김만기(金萬基)·이시술(李時術), 수찬 심세정(沈世鼎)- 등이 차자를 올려, 권시가 흉악한 인사를 구호한다고 논척하고, 정언 권격(權格)이

어 폐고되거나 정거(停擧) 처분을 받아 출사(出仕)의 기회가 박탈되었다.

309) 선왕(先王)을 …… 무방하다 : 송시열은 《의례》 가공언의 소에 나오는 사종설(四種說) 중 하나인 체이부정(體而不正), 즉 서자(庶子)의 승중을 효종에게 적용시켜 "효종대왕을 인조대왕의 서자라 해도 무방하다.[孝宗大王不害爲仁祖大王之庶子也]"라고 하였다.(《宋子大全·大王大妃服制議 庚子三月二十三日》) 이에 대해 허목·윤휴·윤선도 등은 체이부정의 서자는 '첩자(妾子)'를 가리키는 것이라며 서자첩자설(庶子妾子說)을 주장한 데 반해 송시열은 서자를 첩자로 한정한 허목 등의 주장은 고증으로 삼을 만한 근거가 없는 것이라 비판하고, 체이부정의 서자는 '중자(衆子)'를 가리킨다는 서자중자설(庶子衆子說)을 주장하였다. 요컨대 서자첩자설을 주장한 논자들은 서(庶)자를 천칭(賤稱)으로 본 것이고, 서자중자설을 주장한 송시열 등은 서(庶)자를 중(衆)자의 뜻으로 본 것이다.

310) 윤선도의 참소 : 1660년(현종1) 4월, 윤선도가 상소하여 자의대비의 복제를 삼년복으로 해야 한다고 주장하였다. 그는 그 근거로서 적통(嫡統)을 이어받은 아들은 할아버지와 체(體)가 된다는 점과 아버지가 적자의 상에 참최삼년복(斬衰三年服)을 입는 것은 자식을 위해서가 아니라 조종(祖宗)의 적통을 이어받아서라는 점을 들고, 송시열의 예설을 '군부를 낮춘다.[貶薄君父]'고 비판하였다.

311) 용잠(龍潛) : 건국 혹은 반정(反正), 방계입통(傍系入統)처럼 정상적으로 법통(法統)을 승계하는 경우가 아닌 다른 방법이나 사정으로 즉위한 사람이 왕위에 오르기 전에 살던 집, 또는 그 살던 기간을 이른다. 이 경우 즉위한 왕이 왕세자의 궁(宮)인 동궁(東宮)에서 살지 않았기 때문에 동궁과 구분해서 잠저(潛邸) 혹은 용잠이라 하였다. 여기에서는 효종의 봉림대군(鳳林大君) 시절을 가리킨다.

312) 작환(繳還) : 임금의 전교에 잘못된 부분이 있다고 여길 경우, 승지가 전교를 하달하지 않고 되돌려 올리며 환수하기를 청함을 이른다.

논핵하는 계사를 올려 파직을 청하자, 권시가 마침내 도성 밖으로 나갔다. 주상이 교지를 내려 돈독한 은총으로 간곡히 부르자, 승정원에서 거두어 달라 청하였으나 주상이 허락하지 않고 사관(史官)을 보내 위유하였다.

○[313] 송시열이 다시 〈복제변(服制辨)〉을 지어 변론하였다.

신축년(1661, 현종2) 여름, 가뭄으로 소석(疏釋)[314]을 심리(審理)하였다. 전 판부사 조경(趙絅)[315]이 상소하였는데, 그 대략에,

"지금 전하께서 두려워하는 자세로 재해를 경계하며 원옥(冤獄)을 심리하셨는데, 유독 윤선도만 심리에서 제외된 것은 무슨 이유입니까? 모르겠습니다만 윤선도의 죄는 무엇입니까? 선도는 효묘(孝廟)를 위해 종통(宗統)과 적통(嫡統)을 언급한 죄밖에 없습니다.

윤선도가 상소하였던 날, 전하께 소장을 태워버리라는 계책을 올린 자가 누구입니까? 고려의 공민왕(恭愍王)이 이존오(李存吾)의 소장을 불태웠고,[316]

---

313) ○ : 底本에는 없다. 《御製皇極編》에 근거하여 보충하였다.

314) 소석(疏釋) : 나라에 경사가 있거나 자연 재해가 발생했을 때 은전(恩典)을 베풀기 위해 죄수들을 대상으로 석방하거나 감등해 주는 일을 이른다.

315) 조경(趙絅) : 1586~1669. 자는 일장(日章), 호는 용주, 시호는 문간(文簡)이다. 인조반정 때 유일(遺逸)로 천거되었고, 1626년(인조4) 문과에 합격하였다. 병자호란 때 척화를 주장하였고, 효종 때 척화신(斥和臣)으로 책임을 지고 65세의 나이로 백마성(白馬城)에 안치되기도 하였다. 1660년(현종1) 1차 예송 때 윤선도가 상소하여 송시열의 기년복(朞年服)을 비판하였다가 삼수에 유배되자, 권시(權諰), 홍우원(洪宇遠) 등 남인들과 윤선도를 신구하고 서인 예론의 오류를 논변하였다. 벼슬이 우참찬에 이르렀으며, 문집으로 《용주유고(龍洲遺稿)》가 전한다.

316) 공민왕(恭愍王)이 …… 불태웠고 : 1366년(공민왕15) 우정언(右正言) 이존오가 정추(鄭樞)와 함께 신돈(辛旽)을 탄핵하는 소를 올리자 공민왕이 다 읽지도 않고 불에 태워버리라고 명령하였다. 이 일로 이존오는 공민왕의 노여움을 사 극형에 처해질 위기를 맞았으나 이색(李穡) 등의 변호로 극형을 면하고 장사현 감무(長沙縣監務)로 좌천되었다. 《高麗史 卷112 李存吾列傳》

광해(光海)가 정온(鄭蘊)의 소장을 불태웠습니다.[317] 광해와 공민왕은 나라를 거의 망할 지경으로 어지럽힌 임금이 아닙니까? 뒷날 국사(國史)에, '모조(某朝), 모시(某時)에 예를 논한 윤선도의 소장을 불태웠다.'고 쓴다면, 성덕(聖德)에 누를 끼침이 어떠하겠습니까?"

하였다. 또 말하기를,

"옛날의 임금은 그 사람은 배척해도 그의 말은 채택하였습니다. 지금 비록 윤선도는 물리쳤어도 그가 종통(宗統)과 적통(嫡統)에 대해 진언한 말은 결코 버려두어서는 안 됩니다."

하였다. 승지 남용익(南龍翼)[318] -원만리(元萬里), 이은상(李殷相), 이익한(李翊漢), 박세모(朴世模), 정만화(鄭萬和)- 등이 아뢰기를,

"조경의 상소는 윤선도를 위해 기치를 세우고 선동하는 내용이었습니다. 예를 논하면서 끌어들여 비유한 말들이 음험하고 참혹하니 진실로 봉입해서는 안 되었으나, 시비(是非)와 사정(邪正)이 성상의 식견을 벗어나지 못할 것이기에 일단 봉입한다는 뜻을 감히 아룁니다."

하였다. 주상이 이르기를,

"음험하고 부정한 소를 보는 것은 무익하니, 도로 내주어라."

하니, 삼사가 조경의 삭출을 청하였다. 정승 정태화(鄭太和)와 심지원(沈之源)[319]이 아뢰기를,

---

317) 광해(光海)가 …… 불태웠습니다 : 광해군 6년(1614), 정온(鄭蘊)이 부사직(副司直)으로 상소하여 영창대군(永昌大君)의 처형이 인륜에 어긋남을 지적하고 그 가해자인 강화부사(江華府使) 정항(鄭沆)을 참수하라고 주장하였다. 이에 광해가 크게 노하여 승정원을 몹시 꾸짖고 그 소를 불태우게 하였다. 이 일로 정온은 제주도 대정(大靜)에 위리안치되어 10년 동안 유배 생활을 하였다. 《桐溪集 附錄 卷1 桐溪先生行狀》

318) 남용익(南龍翼) : 1628~1692. 본관은 의령(宜寧), 자는 운경(雲卿), 호는 호곡(壺谷)이다. 1646년(인조24) 진사가 되고, 1648년 정시문과에 급제한 뒤 청요직을 두루 거쳐서 현종대 형조판서에 올랐다. 숙종대 예문관 제학 등을 역임하였는데, 1689년(숙종15) 소의(昭儀) 장씨(張氏)의 아들을 원자로 삼는 것에 반대하다가 명천으로 유배되어 그곳에서 죽었다.

319) 심지원(沈之源) : 1593~1662. 본관은 청송(靑松), 자는 원지(源之), 호는 만사(晩沙)이다. 1620년(광해군12) 정시문과에 급제하여, 인조반정 이후 청요직을 두루 역임하였다.

"조경은 삼조(三朝)의 원로이자 구언(求言)에 응하여 진언한 것이니, 이 때문에 죄를 얻는다면 망국의 일입니다."

하자, 주상이 파직만을 명하였다. 집의 곽지흠(郭之欽)[320] -정언 권격(權格)- 등이 조경을 유배 보내라고 여러 차례 청하였으나, 윤허하지 않았다.

○ 영남 사람 김강(金鋼) 등이 소를 올려,[321] 고(故) 유신(儒臣) 성혼(成渾)이 국난(國難)에 달려와 호종하지 않은 죄, 그리고 이이(李珥)가 어려서 선학(禪學)에 빠졌던 잘못을 논핵하였다. 관학 유생 유연(柳延)이 두 현신(賢臣)이 무함을 받은 정상과 선정(先正)을 비방한 김강 등의 죄를 극력 논변하자, 주상이 좋은 말로 비답을 내렸다.

계묘년(1663, 현종4) 봄, 수찬 홍우원(洪宇遠)[322]이 상소하여 윤선도의

1654년(효종5) 우의정, 1655년 좌의정, 1658년 영의정에 올랐다. 현종 즉위 이후 예송에서 서인 영수 송시열의 뜻을 따르면서도 남인 조경(趙絅)을 적극 구원하였다. 저서로 《만사고(晩沙稿)》가 있고, 영천의 송곡서원(松谷書院)에 제향되었다.

320) 곽지흠(郭之欽) : 1601~1666. 본관은 청주(淸州), 자는 흠로(欽魯), 호는 지포(芝浦)이다. 1646년(인조24) 식년문과에 급제하여, 정언, 장령 사간 등을 역임하였다.

321) 영남 …… 올려 : 김강 등의 상소는 앞서 관학 유생들이 상소하여 이이와 성혼을 문묘에 종사하자고 요청한 것에 반대하여 올린 것이다. 《顯宗實錄 4年 6月 10日》《顯宗改修實錄 4年 6月 10日》 이이와 성혼을 문묘에 종사하자는 주장은 1623년(인조 원년)부터 제기되기 시작하였고, 효종대에 들어와 본격적으로 논의되었다. 현종대에 들어와서도 성균관의 서인계 유생 윤항(尹抗)의 상소를 필두로 하여 문묘종사를 요청하는 상소가 이어졌지만, 현종은 선조(先朝)에서 윤허하지 않은 일을 경솔히 처리할 수 없다 하여 받아들이지 않았다. 이에 대한 반격으로 1663년(현종4) 경상도 유생 김강 등 수백 명이 상소하여 이이와 성혼의 문묘종사는 불가하다고 반대하였고, 이후로도 유생들을 앞세운 서인과 남인 간의 논란과 대립은 계속해서 지속되다가 숙종조 경신환국 이후 남인이 축출되고 서인이 정권을 잡으면서 두 사람의 문묘종사가 이루어졌다.

322) 홍우원(洪宇遠) : 1605~1687. 본관은 남양(南陽), 자 군징(君徵), 호 남파(南坡)이다. 형조판서 가신(可臣)의 손자이다. 공조참판·이조판서 등을 역임하였다. 인조대 소현세자빈 강씨를 옹호하다 장살(杖殺) 당한 김홍욱의 신원(伸寃)을 주장하다 파직되었고, 현종대에는 예송으로 유배된 윤선도의 석방을 주장하다 파직되었다. 1680년 경신환국 당시

억울함을 쟁론하며 다음과 같이 말하였다.

"윤선도가 예에 대한 송시열의 의론이 잘못되었음을 논핵하자 조정의 논의가 크게 일어나 그를 극변에 위리안치 하였습니다. 이후 심리를 거쳐 겨우 양이(量移)[323]되었는데, 대간의 상소가 다시 일어나 배소(配所)를 이전의 장소로 되돌렸습니다.

윤선도의 상소는 실로 과격하였으나 종통·적통에 관한 그의 주장은 진실로 바꿀 수 없는 의론입니다. 송시열은 비록 산림으로서 명망이 높으나 예에 대한 의론에 착오가 있음은 진실로 숨길 수 없습니다. 성인(聖人)도 오히려 과오를 범하는데, 시열이 비록 어질다 하나 어찌 매사에 모두 오류가 없을 수 있겠습니까?

지금 송시열을 옹호하는 자들은 그의 잘못은 완전히 덮어둔 채 사람들로 하여금 감히 논의조차 못하게 하고 윤선도를 가리켜 흉적(凶賊)이라 합니다. 허목이 예를 논하는 소를 재차 올리자 먼 지방으로 배척해 쫓아버렸고, 권시가 적치(赤幟)[324]를 세우자 즉각 무겁게 탄핵하였으며, 조경이 윤선도를 구원하는 말을 한마디 하자 그를 지목해 간사한 자라 하는가 하면 그 아들의 앞길까지 막았습니다.

윤선도는 혼조(昏朝) 때 절개를 세웠고[325] 선왕에게는 사부로서 옛 은혜가

허적(許積)의 역모사건에 연루되어 유배되었다.

323) 양이(量移) : 섬이나 변방으로 멀리 유배되었던 사람의 죄를 잠량(參量)하여 배소(配所)를 내지로 옮기는 것을 이른다.

324) 적치(赤幟) : 앞장서서 본보기를 보이는 사람이나 그 행동을 비유하는 말이다. 한(漢)나라의 장수 한신(韓信)이 조(趙)나라를 치면서 조나라의 군사를 유인하여 성벽을 비우고 나와 싸우게 한 뒤에 재빠른 기병(騎兵)을 가려 성벽으로 달려 들어가 조나라의 깃발을 뽑고 한나라의 붉은 깃발을 세워 전쟁을 승리로 이끌었던 데서 유래하였다. 《史記 卷92 淮陰侯列傳》

325) 윤선도는 …… 세웠고 : 1616년(광해군8), 성균관 유생이었던 윤선도가 이이첨(李爾瞻)·박승종(朴承宗)·유희분(柳希奮) 등 이른바 '삼창(三昌)'을 격렬하게 규탄하는 〈병진소(丙辰疏)〉를 올린 일을 이른다. 이로 인해 윤선도는 함경도 경원(慶源)으로 유배되었다가 1년 뒤인 1617년(광해군9) 경상도 기장(機張)으로 이배되었다. 이이첨의 전횡을 논핵한 윤선도의 상소는 《광해군일기(光海君日記) 8년 12월 21일》 기사에 실려 있다.

있는데, 지금은 말이 과격했다는 이유로 풍상의 고초를 겪으며 오랫동안 유배되어 있습니다. 백발이 성성하고 살날이 얼마 남지 않아 언제 죽을지 모르니, 성스러운 조정에 선비를 죽였다는 오명이 남게 될까 두렵습니다."

주상이 좋은 말로 비답을 내렸다. 양사에서 집의 정계주(鄭繼胄), 사간 김만균(金萬均),[326] 정언 송시철(宋時喆)·원만리(元萬里) 등이 홍우원의 삭출을 계청(啓請)하였고, 홍문관의 이민적(李敏迪)[327] -이상(李翔), 정철(鄭喆)- 등 또한 차자를 올려 홍우원을 공격하였으나, 주상이 모두 받아들이지 않았다.

병오년(1666, 현종7) 봄, 영남 유생 유세철(柳世哲) -1400여 인- 등이 상소[328]하여, 기해년(1659, 효종10) 송시열의 예론이 잘못되었음을 극론하기를, "국조(國朝)에서 전해 내려온 종적(宗嫡)의 통서(統緖)가 끝내 어둡고 모호한 곳으로 귀착되고 말았습니다." 하고, 이어 《상복고증(喪服考證)》이라는 제목의 책자를 올렸는데 윤선도의 말을 그대로 답습한 내용이었다.

승지 김수흥(金壽興)[329] 등이 "임금의 마음을 놀라게 하고 동요시켜 선량한

---

326) 김만균(金萬均) : 1631~1676. 본관은 광산(光山), 자는 정평(正平), 호는 사휴(思休)·취선(醉仙)·이호(梨湖)이다. 김장생(金長生)의 증손, 참판 김반(金槃)의 손자, 이조판서 김익희(金益熙)의 아들이고, 송시열 문인이다. 1654년(효종5)에 정시문과에 급제하여 청요직을 두루 역임하고 1672년(현종13) 승지가 되었다.

327) 이민적(李敏迪) : 1625~1673. 본관은 전주(全州), 자는 혜중(惠仲), 호는 죽서(竹西)이다. 영의정 이경여(李敬輿)의 아들이고, 윤문거(尹文擧)의 문인이다. 1646년(인조24) 진사가 되고, 1656년(효종7) 별시문과에 장원급제한 뒤 청요직을 두루 거쳤다. 전라남도 진도의 봉암사(鳳巖祠)에 봉안되었으며, 저서로는 《죽서집(竹西集)》이 있다.

328) 유세철(柳世哲) 등이 상소 : 1666년(현종7) 경상도 유생 유세철 등 1000여 명이 연명으로 서인 측의 기년설을 반박하는 〈의례소(議禮疏)〉를 올렸다. 이 상소에서 유세철이 《상복고증(喪服考證)》 29조를 첨부하여, 송시열의 기년설을 비판하고 허목·윤선도의 삼년설을 지지하자, 서인 측에서 반박 상소를 올리는 등 예송을 둘러싼 서·남 간의 갈등과 대립은 더욱 격화되었다. 이에 현종은 《오례의(五禮儀)》에 따라 기년복을 입는 것이 타당하다고 한 뒤, 앞으로 복제 문제로 상소하여 분란을 야기할 경우에는 국법으로 다스리겠다고 선포하여 복제 논쟁 자체를 금지하였다. 《顯宗實錄 7年 3月 25日》

329) 김수흥(金壽興) : 1626~1690. 본관은 안동, 자 기지(起之), 호 퇴우당(退憂堂)·동곽산인(東

사류를 일망타진하려 한다."는 뜻으로 아뢰자, 주상이 유세철의 상소에 엄한 비답을 내려 배척하고, 이어

"기해년의 복제는 한결같이 《국조오례의》를 준수하였는데, 예를 논한다고 빙자하며 바르지 못한 행태를 드러내었다. 향후 이러한 상소가 있다면 마땅히 무거운 형장으로 다스리겠다는 뜻을 중외에 경계하고 신칙하라."

하였다. 관학 유생 홍득우(洪得雨), 호서 유생 윤택(尹澤) 등이 각기 상소하여 송시열을 신구하니, 모두 좋은 말로 비답을 내려 가납(嘉納)하였다.

임자년(1672, 현종13) 봄, 구언(求言)하는 전교가 내리자 전 정언 조사기(趙嗣基)[330]가 폐단을 진달하는 소를 올리며 복제의 잘못을 논하여 말하기를,

"전하께서 대통(大統)을 이으셨으니 마땅히 어버이를 높이는 도리를 극진히 행해야 하는데, 적통(嫡統)이니 서자(庶子)니 하는 설들이 끝내 선왕의 지체를 깎아내려 상복의 기한을 단축한 결과를 면치 못하였으니, 백세의 먼 훗날

郭散人)이다. 김상헌의 손자이고, 영의정 김수항의 형이다. 1648년(인조26) 사마시(司馬試)를 거쳐 1655년(효종6) 춘당대문과(春塘臺文科)에 병과로 급제하여 청요직을 두루 거쳤다. 1666년(현종7) 호조판서, 1673년(현종14) 영의정에 올랐다. 1674년 갑인예송에서 예론을 잘못 적용한 죄로 춘천에 유배되었다가 이듬해 풀려났다. 1680년(숙종6) 경신환국으로 다시 영의정이 되었지만 기사환국(1689)으로 남인이 다시 집권하자 장기(長鬐)에 유배되어 죽었다.

330) 조사기(趙嗣基) : 1617~1694. 본관은 한양(漢陽), 자는 경지(敬止)이다. 1648년(인조26) 식년문과에 을과로 급제하여 효종대 양사에서 활동하였다. 1, 2차 예송에서는 남인의 예론을 고수하여 송시열과 대립하였다. 1680년(숙종6)에 송시열을 무함한 죄로 유배되었다가 1689년 기사환국(己巳換局)으로 신원된 후, 자신의 억울함과 송시열의 잘못을 열거한 소를 올렸는데, 여기에서 명성왕후(明聖王后)를 명종 때 수렴청정을 한 문정왕후(文定王后)에 빗대어 비난하였다가 서인들의 공격을 받았다. 당시는 남인이 권력을 잡고 있었으므로 무사할 수 있었으나, 1694년 갑술환국(甲戌換局)으로 서인들이 집권하자 이 문제가 다시 거론되어 숙종의 어명으로 모두 12차례에 걸쳐 국문이 진행되었고 결안(結案)을 내지 않은 채 곧바로 참형에 처해졌다.

이에 대해 논의하는 사람이 반드시 있을 것입니다. 그러니 지난 일을 뉘우쳐 하늘에 계신 효고(孝考)의 영령을 위로하지 않을 수 없습니다."

하였다. 도승지 장선징(張善瀓)[331] 등이 아뢰기를,

"상소의 말들이 괴이하고 망령되니, 청컨대 유사(有司)에 넘겨 심문하고 처벌하소서."

하니, 처음에는 편배(編配)[332]를 명하였는데, 대사간 이합(李柙) -헌납 윤심(尹深), 정언 민종도(閔宗道)- 등이 멀리 유배할 것을 다시 청하였으나 따르지 않다가 얼마 안 되어 특명으로 풀어주었다.

계축년(1673, 현종14) 봄, 영림령(靈林令) 이익수(李翼秀)가 상소하여 영릉(寧陵)의 봉축(封築)에 틈이 생겼다 말하니, 주상이 공경(公卿)과 삼사에게 모두 가서 봉심(奉審)하도록 명하였고, 마침내 능을 천장(遷葬)하기로 결정하였다. -혹자는 말하기를, "뜻을 펴지 못한 자들이 이익수를 사주하여 영릉의 일을 말하게 하고, 이로써 송시열을 죄주고자[333] 하였다." 하였다.

---

331) 장선징(張善瀓) : 1614~1678. 본관은 덕수(德水), 자는 정지(淨之), 호는 두곡(杜谷), 시호는 정장(正莊)이다. 아버지는 대제학 장유(張維)이고, 어머니는 김상용(金尙容)의 딸이며, 효종 비 인선왕후(仁宣王后)는 그의 누이가 된다. 병조참판으로 아버지의 작위를 승습하여 풍양군(豊陽君)에 봉하여진 뒤 대사간·도승지·대사헌·공조판서·예조판서·우참찬 등을 역임하였다. 1674년 숙종 즉위 후 여러 차례 송시열의 신원을 간청하는 상소를 하였으나 용납되지 않자 고향에 돌아가 두문불출하다 졸하였다.

332) 편배(編配) : 조선시대에 도형(徒刑)이나 유형(流刑)에 처한 죄인의 이름을 도류안(徒流案)에 기록하여 넣는 것을 말한다.

333) 송시열을 죄주고자 : 계축년(1673, 현종14) 3월, 종실(宗室) 이익수(李翼秀)가 영릉(寧陵)의 석물(石物)에 균열이 생겼다고 상소하여, 마침내 천장(遷葬)하는 일이 일어났다. 이 일을 계기로 하여 기해년(1659, 현종즉위) 효종의 대상(大喪) 때 재궁(梓宮)의 폭이 좁아 갑작스레 개조하는 바람에 넓은 통판을 구하지 못하고 연판(連板)으로 대신한 일이 있었던 것을 들어, 재궁에 연판을 댄 곳에 균열이 생겼다는 주장이 제기되었다. 남인은 이 모든 허물을 송시열에게 돌리고자 하였는데, 그 이유로서 효종의 상례가 한여름에 진행되는 상황을 감안하지 않고 송시열이 예경(禮經)의 원칙을 고수하는 바람에 부어오른 효종의 시신이 온전하게 재궁에 들어가지 못하게 되자 결국 재궁에 연판을 대어

송시열이 정승 김수흥에게 편지를 보내[334] 스스로 해명하였는데 그 편지의 대략에,

"경자년(1660, 현종1) 성상께서 친히 봉심하셨을 때 개봉(改封)[335]하지 않았고, 틈이 생긴 부분을 보수하고자 한 것도 실상 성상의 결단에서 나온 일로 신료들은 따랐을 뿐입니다. 그런데 오늘에 와 성상이 스스로를 반성하는 한 마디 말도 없이 오로지 신하들만을 탓하고 있으니 이 어찌 성인이 스스로를 반성하여 몸소 자책하기를 후하게 하고 남을 책망하기를 적게[336] 하는 도리라 하겠습니까? 논의할 때, 자가구(子家駒)가 소공(昭公)에게 대답했던 뜻[337]으로 은밀히 아뢰어 경계하지 않을 수 없습니다.

또 가만히 생각해 보면 경자년 이후로 성상께서 계속 미령하시어 능(陵)을 참배하는 예를 폐하여 왔는데 온천에는 해마다 행차하시니, 이 때문에 식견 있는 사람들의 마음에 의심이 없을 수 없습니다. 경자년 이후 친히 봉심을 거행하셨다면 어찌 오늘날의 일이 일어났겠습니까? 그런데도 또한 스스로를 반성하는 말은 들리지 않으니 성덕(聖德)에 떳떳치 못한 점이 있게 될까 두렵습니다."

하였다. 또 말하기를,

"새롭게 능을 천장할 곳이 과연 길지(吉地)라면 얼마나 다행이겠습니까? 당초 수원으로 결정했어야 했다는 주장이 한 두 사람의 입에서 나오면서 저에게 모두 허물을 돌리며

폭을 넓히는 공사를 급하게 진행할 수밖에 없었던 상황을 들었다.

334) 송시열이 …… 보내 : 영릉(寧陵)의 문제가 불거지자 송시열은 당시 재상 김수흥(金壽興)에게 편지를 보내어 스스로를 해명하였다. 이 편지에서 송시열은 경자년(1660, 현종1) 현종이 직접 봉심(奉審)하고서 지금에 와 신하들에게만 죄를 돌리는 것은 부당하며, 현종이 온천에는 해마다 행차하면서 정작 영릉의 참배에는 소홀했다고 지적하였다. 《宋子大全 拾遺2 答金起之 癸丑五月十日》

335) 개봉(改封) : 무덤의 봉분(封墳)을 고쳐 쌓는 일을 이른다.

336) 몸소 …… 적게 : 《논어(論語)》 〈위령공(衛靈公)〉에 "공자께서 말하기를 '몸소 자책하기를 후하게 하고, 남을 책하기를 적게 한다면 원망이 멀어질 것이다.'[子曰, 躬自厚而薄責於人, 則遠怨矣.]"라고 한 구절을 인용한 것이다.

337) 자가구(子家駒)가 …… 뜻 : 노(魯)나라 소공(昭公)이 자가구에게 계씨(季氏)를 죽이겠다고 하니, 자가구가 제후와 대부들이 참람한 짓을 해온 지 오래되었고 권신(權臣) 계씨(季氏)는 민심을 얻고 있으므로 안 될 일이라고 말렸다. 그러나 소공은 그 말을 듣지 않고 강행하다가 계씨에게 축출되었는데, 이때 소공을 따라갔던 자가구가 소공에게 "신하만 원망하지 말고 임금 자신이 반성해야 합니다."라고 말한 고사(故事)를 송시열이 인용한 것이다. 《春秋公羊傳 昭公 25年》

이르기를, '만약 수원으로 정했었다면 어찌 이러한 일이 일어났겠는가?'라고 합니다. 이 일은 터를 정하며 잘 살피지 않은 결과 초래되었으니, 제가 비록 만 번을 주륙 당한다 해도 실로 감수할 것입니다. 애초 저는 수원이 좋다고 하지 않았고 또한 영릉이 길하다고도 하지 않았으니, 대개 지술(地術)에 어둡기 때문입니다. 그러나 지금의 사세로 보건대 수원으로 되돌리는 것이 마땅할 듯합니다."

하였다. 또 말하기를,

"당초 성상의 생각은 홍제동(弘濟洞)이 멀어 쓸 수 없다는 것이었습니다. 이러한 이유라면 또 할 말이 있으니, 영릉이 가까이 있는데도 참배하지 못한 것은 홍제동과 무엇이 다른 것입니까?"

하였다.-

갑인년(1674, 현종15) 봄, 인선대비(仁宣大妃)[338]가 승하하자, 예조 -판서 조형(趙珩),[339] 참판 김익경(金益炅),[340] 참의 홍주국(洪柱國)[341]- 에서 아뢰기를,

---

338) 인선대비(仁宣大妃) : 1618~1674. 효종의 비로, 본관은 덕수(德水)이다. 우의정 장유(張維)의 딸이며, 어머니는 우의정 김상용(金尙容)의 딸이다. 1630년(인조8) 봉림대군(鳳林大君)의 부인으로 간택되어 다음해에 가례를 올리고 풍안부부인(豊安府夫人)으로 봉하여졌다. 1649년 효종이 즉위하면서 왕비가 되었고, 2년 뒤 정식으로 책명을 받았다. 시호는 효숙경렬명헌인선왕후(孝肅敬烈明獻仁宣王后)이고, 능호는 영릉(寧陵)이다.

339) 조형(趙珩) : 1606~1679. 본관은 풍양(豊壤), 자는 군헌(君獻), 호는 취병(翠屛)이다. 1630년(인조8) 식년문과에 급제하여 인조대 청요직을 두루 거치고 효종대 승지, 현종대 예조와 공조의 판서 등을 지냈다. 1674년 인선왕후의 상에 대공설(大功說)을 주장하여 양주로 귀양갔다가, 이듬해 풀려나 기로소(耆老所)에 들었다. 시호는 충정(忠貞)이다.

340) 김익경(金益炅) : 1629~1675. 본관은 광산(光山), 자는 계명(啓明)이다. 김장생의 손자이고 참판 김반(金槃)의 아들이며, 송시열 문인이다. 1646년(인조24) 진사시, 1662년(현종3) 증광문과에 갑과로 급제하여 청요직을 두루 거쳤다. 1674년 갑인예송 당시 예조참판으로서 송시열의 대공설을 주장하다가 양성(陽城)에 유배되었으며, 이듬해 풀려나 졸하였다.

341) 홍주국(洪柱國) : 1623~1680. 본관은 풍산(豊山), 자는 국경(國卿), 호는 범옹(泛翁)·죽리(竹里)이다. 대사헌 홍이상(洪履祥)의 손자이고 정홍명(鄭弘溟)의 문인이며, 홍만선(洪萬選)의 아버지이다. 1648년(인조26) 진사가 되고, 1662년(현종3) 증광문과에 병과로 급제하여, 청요직을 두루 역임하였다. 1674년 갑인예송 당시 대공설을 주장하다가 파직되었는데,

"자의대비의 복제 절목(服制節目)을 기년(朞年)으로 재가하셨는데, 기해년(1659, 현종즉위)에 이미 기년복으로 하였으니 이번에는 대공복(大功服)[342]이 마땅할 듯합니다. 다시 부표(付標)하여 재가(裁可)해 주실 것을 청합니다."

하였다.

○ 가을에 영남 유생 도신징(都愼徵)[343]이 상소하였는데, 그 대략에,

"무릇 맏아들과 맏며느리를 위한 복을 기년으로 하는 것은 국전(國典)에 있는 내용이고, 또 기해년 대비전의 복제를 기년복으로 할 때 이미 '국전에 따라 거행한다.'고 하였는데, 지금 이 대공복은 또한 국조의 전례를 벗어난 것이니 어찌 전후가 각각 다르단 말입니까? 일찍이 국조 전례의 맏아들을 위한 복에 따라 기해년에 기년복을 입었는데 지금에 와 국조 전례의 뭇 며느리를 위한 대공복을 입으면서 사람들에게 의혹이 없기를 바라는 것은 어려운 일입니다."

하였다. 또 말하기를,

"만약 전하가 뭇 며느리에게서 탄생하였다고 한다면, 전하는 대비전께 중서손(衆庶孫)이 되는 것인데, 훗날 전하께서는 승중(承重)한 적장손으로서 자처하지 않으려는 것입니까? 예로부터 지금까지 대통을 잇고도 적장자나 적장손이 되지 못한 경우가 있었습니까?"

하였다. 상소가 봉입된 지 수 일 만에 주상이 대신을 비롯한 신료들을

1680년 경신환국으로 다시 기용되어 안악현감이 되었다. 저서로 《범옹집》이 있다.

342) 대공복(大功服) : 상례(喪禮) 중 대공친(大功親)에 대해 입는 상복이다. 오복(五服) 중 3번째로 자최(齊衰) 다음이며 소공(小功)의 위이다. 숙포(熟布 표백한 삼베)로 만들며, 복상 기간은 9개월이다.

343) 도신징(都愼徵) : 1604~1678. 본관은 성주(星州), 자는 휴숙(休叔). 호는 죽헌(竹軒)이다. 1674년(현종15) 인선왕후가 죽자 자의대비의 복상 문제가 일어나 대공설(大功說)로 예론(禮論)이 기울어질 때 반대 상소를 올려 기년설(朞年說)을 관철시켰다. 이로 말미암아 김수흥·송시열 등 서인 세력이 축출되었다. 남인의 천거로 벼슬길에 올라 용궁 현감 등을 지냈다.

불러 도신징의 상소를 보여주며 말하기를,

"기해년의 복제는 대개 시왕(時王)의 제도를 따랐다. 이번 대공복이 기해년과 비교하여 다른 것인지 같은 것인지의 여부를 살펴 아뢰게 하라."

하였다. 영의정 김수흥(金壽興) -판중추 김수항(金壽恒), 이조판서 홍처량(洪處亮),[344] 병조판서 김만기(金萬基),[345] 호조판서 민유중(閔維重), 형조판서 이은상(李殷相),[346] 판윤 김우형(金宇亨),[347] 대사헌 강백년(姜栢年),[348] 예조참판 이준구(李俊耈), 참의 이규령(李奎齡),[349] 응교 최후상(崔後尙), 헌납 홍만종(洪萬鍾)- 등이 빈청(賓廳)에 모여 의논한

---

344) 홍처량(洪處亮) : 1607~1683. 본관은 남양(南陽), 자는 자회(子晦), 호는 북정(北汀)이다. 1630년(인조8) 진사가 되고, 1637년 정시문과와 1646년 문과 중시에 모두 병과로 급제한 뒤 청요직을 두루 거쳤다. 효종대 승지·대사성·대사간, 현종대 대사헌, 숙종대 판중추부사 등을 역임하였다.

345) 김만기(金萬基) : 1633~1687. 본관은 광산(光山), 자는 영숙(永淑), 호는 서석(瑞石)·정관재(靜觀齋)이다. 김장생의 증손, 김반의 손자, 김익겸(金益兼)의 아들이고, 인경왕후(仁敬王后)의 아버지이며, 송시열 문인이다. 1652년(효종3) 사마시를 거쳐 이듬해 별시 문과에 을과로 급제해 청요직을 두루 거쳤다. 1671년 딸이 세자빈이 되었고, 1674년 숙종이 즉위하자 광성부원군(光城府院君)에 봉해졌으며, 총융사(摠戎使)를 겸해 병권을 장악했고 김수항(金壽恒)의 천거로 대제학이 되었다. 1680년 경신환국 당시 훈련대장으로서 허견(許堅) 옥사를 다스리고 보사공신(保社功臣) 1등에 책록되었다. 현종의 묘정에 배향되었고, 시호는 문충(文忠)이며, 저서로 《서석집(瑞石集)》이 있다.

346) 이은상(李殷相) : 1617~1678. 본관은 연안(延安), 자는 열경(說卿), 호는 동리(東里)이다. 이정구(李廷龜)의 손자, 이소한(李昭漢)의 아들이다. 1651년 별시 문과, 1656년 문과 중시에 급제하여 청요직을 두루 거쳤다. 1674년 갑인예송 당시 형조판서로서 대공설을 주장하였고, 송시열이 유배되자 벼슬에 나가지 않았다. 김만중(金萬重)의 장인이며, 저서로는 《동리집(東里集)》과 《동리소설》이 남아 있다. 시호는 문량(文良)이다.

347) 김우형(金宇亨) : 1616~1694. 본관은 광산(光山), 자는 도상(道常), 호는 기오당(寄傲堂)이다. 1650년(효종1) 증광문과에 급제하여 청요직을 두루 역임하고 1694년(숙종20) 형조판서를 거쳐 기로소에 들어갔다. 저서로는 《옥산유고(玉山遺稿)》가 있고, 시호는 정혜(貞惠)이다.

348) 강백년(姜栢年) : 1603~1681. 본관은 진주, 자는 숙구(叔久), 호는 설봉(雪峰)·한계(閑溪)·청월헌(聽月軒)이다. 1627년(인조5) 문과 정시에 급제하여 청요직을 두루 거쳤다. 1646년 강빈옥사에서 강빈을 구원하다가 삭직되었고, 1648년 다시 강빈의 신원을 상소하였다가 청풍 군수로 좌천되었다. 효종대 승지, 현종대 이조참판, 숙종대 예조판서 등을 지냈다. 시호는 문정(文貞)이고, 저서로 《설봉집》, 편저로 《한계만록(閑溪謾錄)》이 있다.

349) 이규령(李奎齡) : 1625~1694. 본관은 한산(韓山), 자는 문서(文瑞)이다. 1662년(현종3) 증광문과에 급제하고 청요직을 두루 거쳤다. 1688년(숙종14) 대사간으로서 박세채와 남구만

다음 아뢰기를,

"기해년(1659, 효종10) 예를 논의했을 때의 전후 문서들을 가져다 살펴보니, 대신의 의논에 따라 시왕의 제도를 시행하였습니다. 경자년(1660, 현종1)에는 허목이 올린 상소로 인해 실록을 상고(詳考), 덕종(德宗)과 예종(睿宗)의 상에 정희왕후(貞熹王后)가 행했던 예[350]를 인용하여 기년의 복제를 확정 시행하였습니다. 그 후 기년·삼년의 뜻이나 장자·차자의 설을 둘러싸고 논의가 분분해지자, 수차례의 수의(收議)를 거쳐 마침내 국조의 전례를 따르기로 결정하였습니다.

그런데 온 나라의 사람들이 모두 '삼년복을 행하지 않고 기년복으로 결정한 것은 고례(古禮)의 중자(衆子)를 위한 복제에서 나온 것'이라고 여기고 있으므로, 이번에 예조에서 대공복으로 고쳐 다시 재가해줄 것을 청한 것도 또한 이에 따라 아뢴 것입니다."

하였다. 주상이 아뢴 말이 분명치 못하다 하여 다시 의논하여 아뢰게 하였다. 김수흥 등이 여러 차례 아뢰었으나 끝내 확실한 말을 하지 못하였다.

주상이 하교하기를,

"지금 대신들로 하여금 모여 의논하게 한 것은 기해년 복제를 논의하였을 때의 문서를 상고하여, 이번 대비전이 입어야 할 복을 기년과 대공 중에서 정하라는 것[351]이었는데, 종이 가득 쓴 내용은 다만 등록을 상고하여 베낀

등을 구원하였다. 1689년 기사환국으로 사직하였다가 1694년 갑술환국 이후 대사헌으로서 남인에 대한 관대한 처벌을 주장하였다. 형조판서를 지내고 기로소에 들어갔다. 시호는 정혜(貞惠)이다.

350) 덕종(德宗)과 …… 예 : 정희왕후는 세조(世祖)의 비(妃)이고, 덕종과 예종은 세조와 정희왕후(貞熹王后) 사이에서 태어난 형제 관계이다. 덕종이 즉위 전 세자로서 죽자, 차자인 예종이 즉위하여 종통을 계승하였으나 재위 14개월 만에 승하하였다. 정희왕후는 국전(國典)에 따라 모두 기년복을 입었다.

351) 대비전이 …… 것 : 1674년(현종15) 효종비 인선왕후가 승하하자 자의대비(慈懿大妃)의 복제를 두고 2차 예송이 벌어졌다. 예조가 자의대비의 복제를 처음에는 장자부(長子婦)를 위한 기년복(朞年服)으로 했다가 다시 중자부(衆子婦)를 위한 대공복(大功服)으로 획정하였다. 처음에 영의정 김수흥 등은 기해년 복제를 기년복으로 결정하였을 때, 그 근거는

말들 뿐, 결론은 이밖에 달리 참고할 만한 내용이 없다는 것이었다. 만약 등록을 상고할 요량이었으면 승지 한 명으로 충분하지 어찌 굳이 대신과 육경, 삼사에게 모여 논의하게 하였겠는가?

나는 기해년의 복제가 국가의 전례를 따랐다고 여겼는데 지금에 와 말하기를, '비록 국조의 전례를 따랐지만 온 나라 사람들은 고례를 따른 것으로 여기고 있습니다.' 하며, '예관이 부표하여 고쳐 재가해주기를 청한 것 또한 여기에서 나온 것'이라고 하였다. 이는 국가가 채택한 전례는 가볍고 신하들이 쟁론한 예는 무거워서, 예조에서 부표하여 다시 재가해줄 것을 청한 것도 당연하다는 말이니, 이 무슨 도리인가? 대공복을 입는 것이 마땅하다 한 것은 어디에 근거하여 하는 말인가?

삼년복에 대한 논의가 나오면서 올라오는 소장에 비로소 이러한 논의가 있긴 하였으나 조정에서 모두 채택하지 않았는데, 지금에 와 예를 논의하며 어찌 감히 중자(衆子)니 서자(庶子)니 하는 말을 주창한단 말인가? 이틀에 걸쳐 의논하여 아뢴 말에 끝내 확정된 내용이 없다. 어제 인견하였을 때 대공복은 온당치 않다는 뜻을 이미 보였는데 기어이 대공복을 고수하려는 것은 무슨 의도인가?"

하였다. 김수홍 등이 다시 아뢰기를,

"《경국대전(經國大典)》 오복조(五服條)를 살펴보면, '자(子)' 아래에 다만 '기년(朞年)'이라고만 썼을 뿐 장자(長子)와 중자(衆子)를 구별하지 않았으며, 그 아래 '장자의 처(妻)'에는 '기년', '중자의 처'에는 '대공(大功)'이라고 썼으되

장자와 중자의 복을 구별하지 않고 모두 기년복으로 한 《대전》이었다고 아뢰었는데, 이는 곧 효종에 대해 장자인지 중자인지를 판별하지 않고 시왕(時王)의 제도에 따라 정한 것이라는 주장이었다. 《顯宗實錄 15年 7月 13日》 그런데 이러한 서인의 주장은 갑인년 인선왕후에 대한 복제에서는 더 이상 통용되기 어려운 것이었다. 자부복(子婦服)에 대해 《대전》에서 장자부(長子婦)와 중자부(衆子婦)의 복을 각기 기년과 대공으로 나누어 정해놓았기 때문이다. 《經國大典 禮典 正服條》 이에 대해 현종은 인선왕후가 자의대비의 장자부에 해당하는지 아니면 중자부에 해당하는지를 명확하게 판가름하라 요구하였는데, 이는 곧 효종의 지위 또한 소급하여 판별하라는 요구였다.

승중(承重) 여부는 또한 거론하지 않았습니다. 이로써 보건대, 대왕대비전의 복제는 대공이 되어야 마땅합니다만, 막중한 전례(典禮)를 감히 국조의 전례에만 의거하여 단정할 수는 없습니다. 정희왕후께서 장순왕후(章順王后)의 초상에, 소혜왕후(昭惠王后)께서 공혜왕후(恭惠王后)의 초상에 이미 입었던 복제가 분명 있을 것이니,[352] 《실록》을 살펴볼 것을 청합니다."

하였다. 주상이 하교하기를,

"기해년 복제를 의논할 때 장자와 중자에 대한 설은 듣지 못하였고, 의론을 수렴할 때에는 간혹 그러한 말이 나오기도 하였으나 또한 조정에서 채택하여 시행하지 않았던 일인데, 지금에 와서 감히 중자와 서자의 처를 위해서는 대공복을 입어야 한다고 주장하고 있다. 오복 조에 승통(承統)에 대한 조항이 없는 것은 비록 시왕(時王)의 제도라 해도 미비한 점이 있는 것인데 예경을 참고하지 않는다면, 오늘 모여 의논한 뜻이 어디에 있는가?"

하였다. 김수홍 등이 의계(議啓)하기를,

"지금의 복제는 기해년에 이미 정했던 의논에 의거하여 국조의 전례를 따랐지만, 의논하여 아뢸 때에는 윤서(倫序) 한 조항을 거론하지 않을 수 없었습니다."[353]

하고, 또 기해년에 논하였던 사종설(四種說)을 인용하여 증거로 삼고 아뢰기를,

"이 조목들에서 논하였던 내용을 반복하여 참작해 보면, 이번 복제를 국조의

---

352) 정희왕후(貞熹王后)께서 …… 것이니 : 정희왕후는 세조(世祖)의 비(妃)이고 장순왕후(章順王后)는 예종(睿宗)의 비이며, 소혜왕후(昭惠王后)는 덕종(德宗)의 비이고 공혜왕후(恭惠王后)는 성종(成宗)의 비이다. 장순왕후와 공혜왕후는 모두 차자(次子)가 왕위를 승계하여 왕후가 되었고, 또 시어머니인 정희왕후보다 먼저 승하하였으므로, 인선왕후에 대한 자의대비의 복제를 결정하는데 참고할 수 있는 선례(先例)가 된다.

353) 윤서(倫序)의 … 없었습니다 : 《경국대전(經國大典)》〈예전(禮典)〉 오복조(五服條)에 따르면, "자(子)는 기년(期年)"이라고만 하여 장자와 중자를 구분하지 않았으나, 며느리에 대해서는 "장자처(長子妻)는 기년", "중자처(衆子妻)는 대공(大功)'이라고 하여 장자와 중자를 구분하여 말하였고, 또 중자가 승중했을 경우에 대한 언급이 별도로 없었으므로 인선왕후를 위한 자의대비의 복제에서는 장자와 중자의 차례를 구분하지 않을 수 없다는 말이다.

전례에 따라 대공복으로 하는 것이 예경의 뜻에 어긋나지 않을 듯싶습니다."

하였다. 주상이 하교하였는데, 그 대략에,

"아뢴 말을 보니 나도 모르게 더욱 놀랍고 해괴하기 그지없다. 경들은 모두 선왕의 두터운 은혜를 입었는데, 감히 '체이부정(體而不正)'의 설로 이번 예를 정하려 하고 있다. 아뢴 말 중 사종설은 내가 생각하기에 크게 어긋나는 사례이다. 경들이 이와 같이 이치에서 크게 벗어난 말로 예율(禮律)을 정하려 하니, 군친(君親)에게 박하다 할 만한데, 그렇게 하고 어디에다 후하게 하려는 것인가? 나는 실로 몹시 못마땅하다.

막중한 예제를 다른 사람의 말을 붙좇은 논의[354]을 가지고 확정하는 것은 결단코 불가하니 다시 기년복으로 확정하여 시행하라. 예조가 처음에는 복제를 기년복으로 정하였다가 다시 대공복으로 부표(付標)해 올리며, 갑자기 근거 없는 말로 선동하고 고례도 검토하지 않았다."

하고, 예관들을 모두 잡아들여 추국하고 죄를 정하라고 명하였다.[355]

또 하교하기를,

"영의정 김수흥은 복제에 대해 회의하였을 때, 첫 번째 계사에서는 종이 가득 애매모호한 말만 늘어놓으며 뚜렷한 결론을 낸 것이 없었고, 두 번째 계사에서는 또 인용하지 말아야 할 고례를 인용하여 범연히 회계(回啓)하였으며, 세 번째 계사에서는 국조 전례에 있는 몇 마디 말로 책임을 회피하였고, 네 번째 계사에서는 '체이부정'의 설을 주창하였다. 그가 선왕의 은혜를

354) 다른 …… 논의 : 서인은 사종설에 따라 효종비인 인선왕후를 중자부(衆子婦)로 간주, 대공복을 주장하였는데, 이는 기해년 1차 예송에서 송시열이 효종을 가공언(賈恭彥)의 사종설(四種說) 중 하나인 '체이부정(體而不正)'에 해당한다고 보아 기년복을 주장한 것과 궤를 같이하는 것이었다. 본문에서 '다른 사람의 논의를 붙좇았다.'고 한 것은 김수흥 등이 송시열의 논의를 추종하여 '체이부정'설을 효종과 인선왕후의 상례에 적용하려 한다고 비판한 것이다.

355) 예관들을 …… 명하였다 : 현종은 인선왕후를 위한 자의대비의 복을 기년복으로 결정한 후, 그날로 대공복을 주장한 서인에게 책임을 물어 예조판서 조형(趙珩), 예조참판 김익경(金益炅), 예조참의 홍주국(洪柱國), 예조정랑 임이도(任以道)를 하옥하고 다음 날 영의정 김수흥(金壽興)을 춘천(春川)에 유배하였다. 《顯宗實錄 15年 7月 15日, 16日》

잊고 다른 사람의 의론에 붙좇은 죄는 바르게 하지 않을 수 없으니, 중도에 부처하라."

하였다. -춘천부(春川府)에 정배하였다.-

김수항 이하 신하들이 모두 대명(待命)하였다. 승지 이단석(李端錫),[356] 교리 조근(趙根)[357] 등이 청대하자, 주상이 하교하기를,

"기체(氣體)가 매우 평안하지 않은데, 무슨 일로 청대한 것인가? 대신을 위해서가 아닌가? 군신의 의리가 지엄한데 너희들은 모두 아랑곳하지 않는 것인가?"

하자, 교리 조근 -수찬 권유(權愈)- 이 차자를 올려 김수흥을 부처하라는 명을 거두어 달라 청하였고, 양사 또한 예관을 잡아들여 추국하라는 명을 거두어 달라 계청(啓請)하였다.

주상이 엄한 비답을 내려 배척하고, 특명으로 조근을 강서 현령(江西縣令)에 보임하였으며, 대신(臺臣) 이광적(李光迪),[358] 유지발(柳之發),[359] 이혜(李嵆) 등

---

356) 이단석(李端錫) : 1625~1688. 본관은 전주(全州), 자는 유초(有初), 호는 쌍호당(雙壺堂)이고, 종실 경명군 이침(景明君 李忱)의 후손이다. 1650년(효종1) 사마시, 1660년(현종1) 증광문과에 급제하여 청요직을 두루 거치고 1673년(현종14) 동부승지가 되었다. 숙종대 경상·전라·충청·함경도 관찰사를 거쳐서 형조참판이 되었으나 평소 준엄한 언론으로 남의 미움을 받아서 나주목사로 좌천되고, 이 때문에 병을 얻어 죽었다.

357) 조근(趙根) : 1631~1690. 본관은 함안(咸安), 자는 복형(復亨), 호는 손암(損庵)이다. 1650년(효종1) 생원시에 합격하고, 1662년(현종3) 여러 유생들을 대표하여 이이(李珥)·성혼(成渾)의 문묘종사(文廟從祀)를 상소하였으나 허락되지 않았다. 1666년(현종7)에 별시 문과에 급제하여 청요직을 두루 거쳤으며, 1679년(숙종5) 송상민(宋尙敏) 옥사에 연루되어 경흥에 유배되었으나 곧 풀려났다.

358) 이광적(李光迪) : 1628~1717. 본관은 성주(星州), 초명은 이연(李演), 자는 휘고(輝古), 호는 은암(隱巖)이다. 1650년(효종1) 생원·진사가 되고, 1656년 별시문과에 급제하여 내외직을 두루 거쳤다. 1706년(숙종32) 공조참판으로서 임부(林溥) 옥사를 소홀히 다루었다고 파직되었다가 이듬해 80세로 지중추부사가 되어 치사하였다. 시호는 정헌(靖憲)이다.

359) 유지발(柳之發) : 1633~1705. 본관은 진주(晉州), 자는 기지(起之)이며, 좌의정에 추증된 유림(柳琳)의 아들이다. 1654년(효종5) 생원시, 1662년(현종3) 증광문과에 급제하여 청요직을 두루 지냈다. 1674년(현종15) 갑인예송에서 김수흥을 편 들다가 조정에서 쫓겨났다. 1680년(숙종6) 사헌부 장령으로 복귀하여 승지, 공조참판 등을 지냈다.

을 모두 삭출하라 명하였다. 대사간 남이성(南二星)360)이 상소하여 김수흥을 신구하자, 주상이 그가 전후로 아부한 말과 임금을 잊고 나라를 저버린 죄를 견책하고, 이어 멀리 외딴 섬에 유배할 것을 명하였다.

8월, 현종(顯宗)이 훙(薨)하고, 세자가 즉위하였다.

○ 진주 유학(幼學) 곽세건(郭世楗)361)이 상소하여 다시 복제의 일을 논하고, 이어 말하기를,

"사론(邪論)에 빌붙은 김수흥도 오히려 편배되었는데, 사론을 창도한 송시열은 어찌 헌장(憲章)에서 제외된단 말입니까? 예법을 무너뜨리고 통서(統緖)를 어지럽힌 죄는 송시열 스스로도 변명할 수 없을 것입니다. 그러한즉 송시열은 효묘(孝廟)의 죄인이자 선왕의 죄인이니, 왕법을 시행하여 동요하지 않는 것이 전하의 책무입니다. 어찌 두 조정(朝廷)의 죄인으로 하여금 외람되게 동관(彤管)을 쥐게 하여362) 선왕의 성덕(盛德)을 더럽히겠습니까?

---

360) 남이성(南二星) : 1625~1683. 본관은 의령(宜寧), 자는 중휘(仲輝), 호는 의졸(宜拙)이다. 좌의정 남지(南智)의 후손이고, 영의정 남구만(南九萬)의 계부(季父)이다. 1657년(효종8) 사마시, 1662년(현종3) 정시문과에 급제하여 청요직을 두루 거쳤다. 1675년 갑인예송 당시 김수흥을 변론하다가 진도에 유배되고 배천으로 이배되었다. 1678년(숙종4) 풀려나 1680년 좌부승지, 대사헌을 거쳐서 1683년(숙종9) 예조판서에 올랐다. 시호는 장간(章簡)이다.

361) 곽세건(郭世楗) : 1618~1686. 본관은 현풍(玄風), 자는 공가(公可), 호는 무위자(无爲子)이고, 허목(許穆) 문인이다. 1674년 숙종이 즉위하여 현종 지문을 송시열에게 짓게 하자 그 부당함을 상소하였다. 1675년(숙종1) 사옹원봉사(司饔院奉事)에 특임되었으나 사양하였고, 그 뒤 군자감주부(軍資監主簿)가 되었다. 이후 윤휴의 천거로 형조좌랑 등을 지냈다. 1680년(숙종6) 경신환국으로 윤휴 등이 사사될 때 투옥되었다가 풀려난 지 2년만에 죽었다. 저서로 《무위당유고(无爲堂遺稿)》가 있다.

362) 동관(彤管)을 …… 하여 : 동관은 자루가 붉은 붓이다. 옛날 주(周)나라 때 여사(女史)가 이 붓으로 궁중의 정령(政令) 및 후비(后妃)의 일을 기록하였던 일에서 유래하여, 제왕 및 왕후의 공과(功過)를 기록하는 일 혹은 이를 기록한 역사서를 가리킨다. 《詩經 邶風 靜女》 현종이 승하한 후, 숙종이 송시열에게 현종의 묘지문을 지을 것을 명하자, 진주(晉州) 유생 곽세건이 기해년(1659, 현종즉위) 예송 때 송시열이 '체이부정(體而不正)'을

아아! 적통을 바른 데로 돌린 것이 선왕의 실록 중 첫 번째로 꼽히는 성덕인데, 송시열로서는 사실대로 서술하자니 자신의 죄를 자수하는 셈이요 선왕의 미덕을 가리자니 성덕을 인멸시키는 셈이 되므로, 시열이 이 붓을 잡기는 어려울 것입니다." -송시열이 바야흐로 현종의 지문(誌文)을 찬술할 예정이었다.-

하였다. 상소가 들어가자 보문(報聞)[363]하였다. 이에 대사헌 민시중(閔蓍重)[364] -사간 이혜(李嵆)- 등이 곽세건을 엄히 추국하라 청하자, 주상이 말하기를,

"유생의 상소를 쓰지 않으면 그만이지, 선조(先朝)때 있던 일로 추국하는 것은 더욱 부당하다."

하고, 이어 대소 신료들이 동인협공(同寅協共)[365]하지 못한다는 내용으로 엄한 비답을 내려 꾸짖었다.

○ 주상이 삼공을 인견하자, 영의정 허적(許積)[366]이 아뢰기를,

"전후로 예를 논의한 신하들은 다만 의견의 차이가 있었을 뿐, 신하된 자로서 어찌 임금을 폄하할 뜻을 가졌겠습니까? 지금 곽세건이 예론에 가탁하

들어 효종의 정통성을 폄하하였다고 비판하며 묘지문을 다른 사람에게 짓게 하도록 청하였다.

363) 보문(報聞) : 군주가 신하의 상소를 읽고 비답(批答)을 내릴 때, 구체적인 내용이 아닌 단지 '알았다[知道]'라고만 답하는 것을 이른다.

364) 민시중(閔蓍重) : 1625~1677. 본관은 여흥(驪興), 자는 공서(公瑞), 호는 인재(認齋)이다. 민정중과 민유중의 형이다. 1650년(효종1) 생원시에 장원하고, 1664년(현종5) 춘당대문과(春塘臺文科) 회시에서 장원급제하여 청요직을 두루 거쳤으며, 숙종대 대사헌, 형조참판 등을 지냈다.

365) 동인협공(同寅協恭) : 《서경》 〈고요모(皐陶謨)〉의, "군신이 함께 공경하고 협심하여 화합하소서[同寅協恭 和衷哉]"라고 한 데서 나온 용어로 군신이 함께 경건하고 공손한 자세로 화합함을 이른다.

366) 허적(許積) : 1610~1680. 본관은 양천(陽川), 자는 여차(汝車), 호는 묵재(默齋)·휴옹(休翁)이다. 1633년(인조11) 사마시(司馬試)를 거쳐 1637년 정시문과(庭試文科)에 급제하고, 1655년(효종6) 호조판서, 1659년 형조판서가 되었다. 현종대 예송에서 송시열과 대립하였으며, 숙종대 초반 송시열의 처벌 문제를 둘러싸고 청남(淸南)·탁남(濁南)으로 분열되었을 때, 탁남의 영수가 되었다. 1680년(숙종6) 경신환국(庚申換局) 때 서자 견(堅)의 모역사건에 휘말려 사사되었다가 1689년 기사환국(己巳換局)으로 신원되었다.

여 송시열을 공격하는 근거로 삼았으니 그 심술(心術)이 바르지 못합니다. 신의 생각으로, 이 상소는 도로 돌려주라고 명하셨어야 마땅한데 관례에 따라 비답을 내리셨습니다.[367] 대각에서 국문하기를 청하였으나, 이 또한 새롭게 덕화를 펴는 아름다운 정사가 아니니, 곽세건에게 유벌(儒罰)[368]을 시행하소서."

하였다. 도승지 김석주(金錫胄)[369]가 아뢰기를,

"(영남인들이) 점점 어그러지고 격화되어 오늘에 이른 것은 모두 예전에 패하여 위축되었기 때문에 지금 기회를 타려는 것으로, 영남인들이 일체 버림받아 출사의 길이 막혀 있는 것은 진실로 부당한 일입니다."

하였다. 허적이 아뢰기를,

"윤선도 같은 자는 비록 죄를 줄만했으나 예를 논한 사람까지 모두 버려 벼슬길을 막았습니다.[370] 거조가 이와 같은데 어떻게 인심을 복종시킬 수 있겠습니까?"

하였다. 우의정 김수항이 아뢰기를,

"이후로 이 무리의 의론을 이어 일어날 자들이 곽세건 한 사람에 그치지

---

367) 비답을 내리셨습니다 : 숙종은 송시열의 예론을 공척(攻斥)한 곽세건의 상소에 대해 '알았다'는 말로 비답을 내려 가납(嘉納)하는 뜻을 보였다. 《肅宗實錄 卽位年 9月 27日》

368) 유벌(儒罰) : 유생이 유가(儒家)의 규범에 어긋나는 행위를 하였을 때, 그 유생에 대하여 자치적으로 제재를 가하는 징벌(懲罰)이다. 묵삭(墨削)·명고 영삭(鳴鼓永削)·부황영삭(付黃永削)·영손손도(永損損徒)·영출재(永黜齋) 등이 있었는데, 유벌을 받은 유생은 과거에 나아갈 수 없었고, 영원히 선비로 호칭되지 못하였다. 《新編太學志 5章 儒罰》

369) 김석주(金錫胄) : 1634~1684. 본관은 청풍(淸風), 자 사백(斯百), 호 식암(息庵)이다. 김육(金堉)의 손자, 김좌명(金佐明)의 아들이다. 이조판서·우의정 등을 역임하였다. 현종대 이래 숙종대에 이르기까지 정국변동의 중심에 자리하면서 권력을 장악하였다. 경신환국을 처리한 공으로 보사공신(保社功臣) 1등으로 청성부원군(淸城府院君)에 봉해졌다.

370) 예를 …… 막았습니다 : 윤선도가 서인의 공격을 받고 삼수에 유배된 후 권시·조경·홍우원 등 남인들이 윤선도를 구하고 서인 예론의 오류를 논변하다 지속적으로 처벌받았다. 이들에 대한 서인 정권의 처분은 단호하여, 남인의 예론을 옹호하거나 윤선도를 두둔하는 관료와 유생은 가차 없이 조정에서 추방하여 폐고시키거나 정거(停擧) 처분하여 출사(出仕)의 기회를 박탈하였다.

않을 것입니다.”

하였다. 주상이 곽세건에게 유벌을 시행하라 명하자, 김석주가 이르기를,

“유벌은 너무 가벼우니, 장차 이 무리가 잇달아 일어나 틀림없이 조정이 평안하지 못할 것입니다. 청컨대 이후로 곽세건의 상소와 같은 것은 승정원에서 전하께 아뢴 후 물리치고 봉입하지 않는 것이 마땅할 것입니다.”

하였다. 김수항이 아뢰기를,

“명색이 언사(言事)인데, 아래에서 봉입을 막는 것은 불가합니다.”

하고, 허적이 아뢰기를,

“승정원과 신들이 상의하여 그 소의 대략적인 요지를 아뢴 후에 소를 돌려주는 것이 좋을 듯합니다.”

하자 주상이 “그렇게 하라.” 하였다. 허적이 아뢰기를,

“영부사 송시열이 곽세건의 상소로 말미암아 이미 시골로 내려갔다 하니,[371] 청컨대 도타운 말로 일러 지문(誌文)을 지어 올리게 하소서.”

하자, 주상이 사관(史官)을 보내 위유(慰諭)하였는데, 송시열이 “영남 사람의 소에 명백히 추천한 사람이 있는데, 진실로 적합한 사람을 얻었다 할 만하니, 감히 대착(代斲)[372]할 수 없습니다.”는 뜻으로 회계(回啓)하였다.

---

371) 시골로 …… 하니 : 갑인년(1674, 현종15) 2월 인선왕후(仁宣王后)가 승하하자 예조가 자의대비(慈懿大妃)의 복제를 처음에는 장자부(長子婦)를 위한 기년복(朞年服)으로 했다가 다시 중자부(衆子婦)를 위한 대공복(大功服)으로 회정하였다. 현종이 이를 힐책하여 송시열의 예론을 소환해 비판하자, 국상(國喪)에 참여하기 위해 상경하던 송시열은 죽산(竹山)까지 왔다가 다시 화양동으로 돌아갔다. 현종이 승하하자 송시열은 도성에 들어와 망곡(望哭)한 후 만의(萬義)로 돌아갔고, 이후 곽세건이 상소하여 그의 예론을 본격적으로 공척(攻斥)하자, 송시열은 도성에 들어가지 않고 상소하여 대죄하다가 화양동으로 돌아갔다. 《宋子大全 年譜》

372) 대착(代斲) : 감당하기 어려운 일을 하다가 다른 사람의 비웃음만 산다는 말이다. 《노자(老子)》 74장에 “무릇 큰 장인을 대신하여 깎는 자는 그 손을 상하지 않는 자가 드물다.[夫代大匠斲, 希有不傷其手矣.]”라고 하였다. 용렬한 목수가 훌륭한 목수를 대신해 나무를 깎으면 손가락만 상할 뿐이라는 뜻이다.

○ 지평 이수언(李秀彦)[373]이, 곽세건이 무함한 정상을 변론하였고, 승정원과 홍문관에서 청대하여 극언하기를,

"곽세건이 송시열을 침해하여 배척한 것은 예론 외에도 터무니없는 말로 날조하는 것이 끝이 없으므로 성상께서는 마땅히 호오(好惡)를 분명하게 보이셔야 합니다."

하였다. 수찬 권유(權愈),[374] 강석창(姜碩昌)[375] 등도 말하기를,

"곽세건의 상소는 패란(悖亂)하고 위험하여, 송시열은 삼조(三朝)에서 예우한 신하인데도 이로 인해 낭패하여 떠났습니다. 거짓으로 죄를 얽어 무함한 곽세건의 죄를 다스려야 마땅함에도, 전하께서는 떠나는 송시열을 예로써 만류하는 조치도 없이 다만 곽세건에게 유벌을 시행하는데 그쳤으니 어찌 호오를 분명하게 하는 도리라 하겠습니까? 양사(兩司)의 청을 따라 먼 변방에 유배하심이 마땅합니다."

하였다. 주상이 말하기를,

"내가 처음에는 곽세건을 정거(停擧)할 생각이 없었다가 대신의 말을 애써 따랐는데, 지금 어찌 곽세건만을 죄주자 하고 이수언의 죄는 청하지 않는가?"

하자, 허적이 아뢰기를,

"곽세건이 예만 논하였다면 반드시 정거할 필요는 없었겠지만, 그의 상소 대부분이 위험한 말들이었는데 지금 '애써 따랐다.'고 하교하심은 온당치

---

373) 이수언(李秀彦) : 1636~1697. 본관은 한산(韓山), 자는 미숙(美叔), 호는 농계(聾溪)이다. 송시열의 문인이다. 1687년(숙종13) 나양좌 등을 비롯한 소론이 윤선거를 옹호하며 송시열을 비난하자 스승을 변호하는 상소를 올렸다. 기사환국(1689) 때 유배되었다가 1694년 갑술환국으로 풀려나 형조판서에 올랐다.

374) 권유(權愈) : 1633~1704. 본관은 안동, 자 퇴보(退甫), 호 하곡(霞谷)이다. 1665년 (현종6) 별시문과에 급제하여, 1689년 기사환국 이후 대제학 등 요직을 역임하였다. 갑술환국(1694)으로 유배되었다가 1697년 풀려나온 후 서용되지 못하였다.

375) 강석창(姜碩昌) : 1634~1681. 본관은 진주(晉州), 자는 숙하(叔夏)이다. 1665년(현종6) 정시문과에 급제하여 1672년 홍문록(弘文錄)에 올랐다. 1674년(숙종즉위) 송시열을 구원하다가 파직당했다. 1680년(숙종6) 경신환국 이후 부교리로 복직하고 고산찰방(高山察訪)이 되었다.

못한 듯합니다."

하였다. 김수항이 아뢰기를,

"이수언의 상소는 다만 송시열의 일을 말하였을 뿐 별다른 뜻은 없었습니다."

하자, 주상이 말하기를,

"곽세건의 상소 또한 오랜 원망이 쌓여 나온 것이다."

하고, 이어 전후의 정거, 유벌 등을 일체 풀어주라고 명하니, 허적이

"부황(付黃)[376]·삭적(削籍)[377] 등의 벌은 유생들이 시행한 것이므로 조정에서 상관할 바가 아닙니다."

라고 아뢰었고, 김수항 또한 불가하다고 말하였다. 강석창 등 또한

"곽세건의 일은 통렬히 배척하지 않으면 온갖 분란이 일어날 우려가 끝이 없을 것입니다."

누누이 진달하였으나, 주상이 모두 받아들이지 않았고 이어 명하기를,

"이후 상소하는 사람이 예를 논의한다고 범연히 일컬으며 선왕과 관계되는 말을 하면 중률(重律)로 다스리겠다."

하고, 승정원으로 하여금 봉입하지 말게 하였다. 또 지평 이수언, 수찬 강석창을 우선 체차(遞差)[378]시키자, 승정원에서 비망기를 작환하였는데, 주상이 승정원을 엄히 꾸짖고, 이수언·강석창을 모두 파직시켜 서용하지 못하게 하였다. 홍문관에서 차자를 올려 명을 거두어 달라 청하였으나, 모두 받아들이지 않았다.

○ 관학 유생 한성우(韓聖佑)[379] 등과 예조정랑 김광진(金光瑨)[380]이 모두

---

376) 부황(付黃) : 성균관 유생들이 관리들의 비행을 규탄할 때, 노란색 종이에 관리의 이름을 써서 붙이던 일, 또는 성균관 유생들이 학령을 위반한 경우 그의 이름에 노란색 종이쪽지를 붙이고 유적(儒籍)에서 삭제하던 일을 이른다.

377) 삭적(削籍) : 관리들의 명단을 기록한 선생안(先生案)이나, 성균관 유생의 명단을 기록한 《청금록(靑衿錄)》 등에서 비행자의 이름을 삭제하는 유벌(儒罰)이다.

378) 체차(遞差) : 관원의 임기가 차거나, 또는 부적당할 때 다른 사람으로 갈아서 임명하다. 곧 관원의 경질을 말한다.

상소하여 송시열을 신구하자, 주상이 하교하여 이들을 꾸짖고, 시론에 아부하였다 하여 특명으로 김광진의 파직을 명하였다. 승정원에서 명을 거두어 달라 청하였으나 허락하지 않고 들어주지 않았다.

○ 경기 유생 이필익(李必益)[381] 등이 소를 올려 송시열을 신구하자, 전교하기를,

"상소에서 예에 대한 의론을 아뢰면 중률로 다스리겠다는 것을 지난번에 이미 하교하였는데, 이번에 금령(禁令)을 무시하고 이와 같이 분란을 일으켰으니, 통렬히 징치하여 훗날의 폐단을 막지 않을 수 없다. 상소를 올린 유생들을 모두 먼 변방에 정배(定配)하라."

하였다. -이에 대간 정석(鄭晳)[382] 등이 명을 거두어 달라 청하자, 소두(疏頭)만을 정배하라 명하였다.- 전 정랑 김수홍(金壽弘)이 일찍이 송시열에게 편지를 보내, 송시열이 기년복을 주창한 잘못을 책망하였다.[383] 이때에 이르러, 주상이

---

379) 한성우(韓聖佑) : 1633~1710. 본관은 청주(淸州), 자는 여윤(汝尹)으로, 우의정 한응인(韓應寅)의 증손이다. 1669년(현종10) 사마시에 합격, 금오랑(金吾郞)에 천거되었으나 끝내 사양하였다. 1674년 갑인예송 당시 송시열을 구원하였다. 1684년(숙종10) 식년문과에 급제하여 청요직을 두루 역임하다가 1689년 기사환국으로 노론이 몰락하자 벼슬을 버리고 낙향하였다. 1694년 갑술환국 이후 다시 청요직을 두루 거쳐서 1707년(숙종33) 병조참판에 올랐다.

380) 김광진(金光瑨) : 1625~1698. 본관은 광산(光山), 자는 진옥(晉玉)이고, 길주(吉州) 출신이다. 1654년(효종5) 식년문과에 병과로 급제하여, 현종대 수성찰방(輸城察訪), 홍원현감(洪原縣監)을 거쳐서 숙종대 예조정랑을 역임하였다.

381) 이필익(李必益) : 1660~1730. 본관은 전주(全州)이고, 이덕무(李德懋)의 조부이다. 1674년 숙종이 즉위하자 곽세건을 탄핵하는 상소를 올렸다가 귀양 갔다. 영조대 강계부사, 방어사 등을 역임하였다.

382) 정석(鄭晳) : 1619~1677. 본관은 해주(海州), 자는 백야(白也), 호는 악남(岳南)이다. 1649년(인조27) 별시에 병과로 급제하여 1654년(효종5)에 인조의 총희 조숙원(趙淑媛) 문제를 논하다가 영산(靈山)에 유배되었다. 2년 뒤 복관되어 정언·지평·장령 등을 역임하였고, 1662년(현종3)에 장악원첨정(掌樂院僉正)으로 문신정시(文臣庭試)에 3등으로 합격하여 청요직을 두루 역임하였다.

383) 김수홍(金壽弘)이 …… 책망하였다 : 김수홍(1601~1681)의 본관은 안동(安東)이고, 할아버지는 우의정 김상용(金尙容), 아버지는 호조정랑 김광환(金光煥)이다. 그는 예송에서

김수홍에게 특명으로 장령을 제수하였다.

○ 관학 유생 이윤악(李胤岳) 등이 상소하여, 곽세건의 흉패함과 이필익의 무죄를 논하자, 주상이 통렬히 꾸짖고, 이어 곽세건의 죄를 풀어주라 명하였다.

○ 관학 유생 이징명(李徵明)[384] 등이 상소하여 송시열의 억울함을 진달하자, 주상이 특명으로 소를 돌려주게 하였다.

○ 특명으로 예빈 정(禮賓正) 윤휴(尹鑴)와 정랑 홍여하(洪汝河)[385]에게 사간을 제수하였다.

○ 진사 박봉상(朴鳳祥) 등이 상소하여 말하기를,

당색이 같은 송시열의 주장에 반대하고 남인이 주장하는 복제에 동조하여 논란을 일으켰는데, 1666년(현종7) 송시열에게 편지를 보내 효종의 적통과 종통을 분명히 해야 함을 주장한 일이 그것이다. 김수홍은 이로 인해 사설(邪說)을 제창하여 망령되이 조정의 대례를 논의했다는 죄를 받고 사판(仕版)에서 삭제되었다. 김수홍의 편지는 《현종개수실록(顯宗改修實錄) 7年 2月 19日》 기사에 전문이 수록되어 있다.

384) 이징명(李徵明) : 1648~1699. 본관은 전의(全義), 자 백상(伯祥)이다. 중기(重基)의 증손이고, 황해도관찰사 만웅(萬雄)의 아들이다. 송시열 문인으로 1674년(현종15) 갑인예송 당시 송시열을 죽이라는 탄핵이 올라왔을 때 직접 유생들을 모아 항의하는 소를 올렸다. 1686년(숙종12) 부교리로 재직하면서 희빈 장씨의 어머니를 비롯한 외척들의 궁궐 출입을 논척하고, 희빈 장씨를 쫓아낼 것을 주장하다가 파직되었다. 1694년 갑술옥사가 일어나자 귀양에서 풀려 돌아왔다. 이후 이조참의·대사간 등을 역임하였다.

385) 홍여하(洪汝河) : 1621~1678. 본관은 부계(缶溪), 자는 백원(百源), 호는 목재(木齋)·산택재(山澤齋)이다. 1654년(효종5) 진사로 식년문과에 을과로 급제하였다. 1658년에 경성판관이 되었으며, 이듬해 왕의 하문에 의하여 소를 올렸으나 그 상소문에 이후원(李厚源)을 논박한 일로 말미암아 이조판서 송시열이 사직하는 등의 문제가 일어나자 황간(黃澗)에 유배되었다. 이듬해에 풀려났으나 벼슬을 단념하고 고향에 돌아가 학문에 전념하였다. 1674년(숙종즉위) 갑인예송으로 송시열이 유배되고 남인이 집권하자 다시 등용되어 병조좌랑·사간을 지냈다. 특히, 주자학에 밝아 당시 사림의 종사(宗師)로 일컬어졌다. 1689년 부제학에 추증되고, 상주의 근암서원(近巖書院)에 제향되었다. 저서로 《목재집》과 《의례고증(儀禮考證)》·《경서해의(經書解義)》 등이 있다.

"잘못된 복제를 바로잡아 고치는 일이 얼마나 중요한 일이며, 행장(行狀)과 지문(誌文)이 얼마나 중요한 문자입니까? 그런데 그 설을 따른 자[386]는 이미 죄를 받았는데 정작 그 설을 주창한 자에 대해서는 곧바로 배척하지 못하고 있습니다.[387] 애책문(哀冊文)은 특히 모호하니 지금 고치더라도 아직 늦지 않습니다."

하고, 또 민신(閔愼)이 아버지를 대신하여 복상(服喪)한 일[388]을 논하자, 주상이 답하기를, "임금을 사랑하여 진언(進言)하였으니 내가 매우 가상히 여긴다." 하였다.

○ 비망기(備忘記)에 이르기를,

"이 행장을 보건대, 내용이 심히 명백하지 못하니 대제학 이단하(李端夏)[389]

---

386) 그 …… 자 : 효종 비인 인선왕후(仁宣王后)를 중자부(衆子婦)로 본 송시열의 예론을 따라 장렬왕후의 상복을 대공복(大功服)으로 획정하려다 춘천에 유배된 김수흥(金壽興)을 가리킨다.

387) 그 …… 있습니다 : 진사 박봉상(朴鳳祥)이 상소하여, 그릇된 예설을 처음에 주창한 자, 즉 송시열을 분명히 드러내어 배척하는 내용을 현종의 행장과 지문에 명시해야 한다고 주장하였다. 《肅宗實錄 卽位年 11月 29日》

388) 민신(閔愼)이 …… 공격하니 : 1671년(현종12) 민신이 그의 조부 민업(閔業)의 상에 아버지 민세익(閔世益)을 대신하여 참최삼년복을 입은 것을 말한다. 민업이 죽었을 때 예법상 아들 민세익은 참최삼년복을 입어야 하고, 손자 민신은 자최기년복을 입어야 한다. 그런데 민세익에게 정신질환이 있어 손자인 민신이 아버지를 대신하여 조부를 위해 참최삼년복을 입은 것이다. 이는 '아버지가 살아 있는데도 아들이 승중(承重)을 할 수 있는가?'의 예론상의 문제를 야기하는 것이었으므로 민신은 송시열·박세채 등에게 자문을 구했는데, 송시열·박세채는 주자의 〈상복차자(喪服箚子)〉를 근거로 민신이 아버지를 대신하여 집상할 수 있다는 대복론(代服論)을 주장하였다. 이에 반해 남인 윤휴는 주자의 〈상복차자〉는 천자와 제후에게만 해당되는 것이지 일반 사서인(士庶人)의 경우는 해당되지 않는 사례라고 하여 대복불가론(代服不可論)을 주장하고, 송시열·박세채의 대복론이 천자·제후의 상복을 사서에 동일하게 적용한 주장이라고 비판하였다.

389) 이단하(李端夏) : 1625~1689. 본관은 덕수(德水), 자 계주(季周), 호 외재(畏齋)·송간(松磵)이다. 이식(李植)의 아들이다. 숙종이 즉위한 뒤 제2차 예송에서 송시열 등의 처벌이 부당하다고 주장하였다가 삭직되었는데, 1680년(숙종6) 경신환국으로 사면되었다. 이후 우의정과 좌의정 등을 역임하였다.

를 종중추고(從重推考)[390]하고 다시 고쳐 올리게 하라."

하고, 또 하교하기를,

"'선왕의 은혜를 망각하고 다른 이의 의논을 붙좇았다.'는 말을 행장 안에 추가로 넣게 하라."

하였다. 영의정 허적이,

"'예경을 따르지 않고 다른 사람의 논의를 따랐으므로 수상을 죄주었다.'[391] 등의 말로 행장을 고쳐 들이게 하소서."

하자, 주상이 따랐다.

○ 전교하기를,

"지문(誌文), 행장(行狀) 중, 예를 의논한 내용의 잘못을 바로잡은 대목의 말뜻이 명확하지 않다. 박봉상의 상소가 나의 뜻과 부합하니 행장 중 예를 논의함에 도리에 어그러지게 한 사람의 성명을 지목하여 고쳐 들이도록 하라."

하였다.

○ 이단하가 상소하였는데, 그 대략은 다음과 같다.

"성상께서 하교하신, '예를 논의함에 도리에 어그러지게 한 사람'이란 영부사 송시열을 지목하여 하신 말씀이 틀림없습니다. 신이 《승정원일기(承政院日記)》를 살펴보니, 송시열이 일찍이 논박하는 사람들이 자신을 두고 선왕을

---

390) 종중추고(從重推考) : 관원의 죄과를 따질 때 무거운 쪽으로 조율(照律)하여 처벌하는 것을 이른다. 대부분은 관원에 대한 형식적 주의와 경계에 그치는 경우가 많았다.

391) 예경을 …… 죄주었다 : 1674년(현종15) 효종비 인선왕후가 승하하자 자의대비의 복제를 두고 2차 예송이 벌어졌는데, 이때 서인은 대공복(大功服)을, 남인은 기년복(朞年服)을 주장하였다. 현종은 자의대비(慈懿大妃)의 복을 남인의 주장에 따라 기년복으로 결정한 후, 그날로 대공복을 주장한 서인에게 책임을 물어 예조판서 조형(趙珩), 예조참판 김익경(金益炅), 예조참의 홍주국(洪柱國), 예조정랑 임이도(任以道)를 하옥하고 다음 날 영의정 김수흥(金壽興)을 춘천(春川)으로 귀양 보냈다. 《顯宗實錄 15年 7月 15日, 16日》

격하하였다[392]고 지목한 일을 너무도 원통하다 하였고, 선왕 또한 '경의 충심을 볼 수 있다.'고 하교하셨습니다.

또 경자년(1661, 현종2) 헌의(獻議)에서 송시열이 비록 사종설을 언급하긴 하였으나, 이는 삼년복에 의심이 없을 수 없다고 말한 것에 불과할 뿐, 끝에 가서는 결국 궐의(闕疑)[393]로 돌리고, 《대명률(大明律)》과 국제(國制)를 따랐습니다. 그러한데 여기에서 송시열이 무슨 주장을 기어이 고집하며 자기의 말, 자기의 소견을 시행했다 하겠습니까?

인선대비의 초상(初喪)에 이르러서는 예관(禮官)이 갑자기 대공(大功)의 복제(服制)로 정한 것이니, 이는 송시열로서는 모르는 일입니다. 지금 전하께서는 신에게 그 사람의 이름을 반드시 쓰라고 하시는데, 쓰는 것이야 또한 무엇이 어렵겠습니까? 그러나 양조(兩朝)에서 빈사(賓師)로 높이 예우하던 신하에 대해 차마 갑자기 그 이름을 지목하여 소원(疎遠)하게 배척하는 뜻을 보일 수는 없습니다."

주상이 면대하여 타이른 후 이단하가 다시 상소하자 주상이 엄히 꾸짖고 그 소를 돌려주게 한 다음 우선 패초(牌招)하여 행장을 고쳐 들이게 하였다.

이단하가 명을 받들고 들어와 아뢰기를,

"삼가 하교를 받자오니 황공하고 송구하오나, 신하가 진실로 스스로 지키려는 소견이 있으면, 옛날에는 죽음이 닥쳐와도 조서[詔]를 받들지 않은 사람이

---

392) 논박하는 …… 격하하였다 : 효종을 체이부정에 해당한다고 보아 기년복을 주장한 송시열에 대해 허목(許穆)·윤휴(尹鑴)·윤선도(尹善道) 등 삼년복을 주장한 남인 논자들은 '군주를 낮추고 종통을 둘로 만들었다.[卑主貳宗]', '군부를 낮춘다.[貶薄君父]'고 비판하였다. 이를 두고 송시열은 남인이 자신을 효종의 정통성을 부정하는 것으로 몰아서 서인 전체를 일망타진하려는 음모를 세운 것이라 비난하였다.

393) 궐의(闕疑) : 의심스럽거나 확실하지 않은 것은 섣불리 단정하지 않고 풀 수 없는 의문으로 남겨둔다는 말이다. 공자의 제자 자장(子張)이 벼슬하는 요령을 배우려 하자, 공자가 이르기를 "많이 듣되 의심난 것은 빼 버리고 나머지만 삼가서 말하면 허물이 적을 것이고, 많이 보되 불안한 것은 빼 버리고 나머지만 삼가서 행하면 뉘우치는 일이 적을 것이다.[多聞闕疑, 愼言其餘則寡尤 ; 多見闕殆, 愼行其餘則寡悔.]"라고 한 데서 온 말이다. 《論語 爲政》

있었고, 신 또한 이러한 사실을 알고 있습니다. 다만 전일 고쳐 올린 내용에 미진한 것이 있는 듯하므로, 신이 마땅히 전후의 문서를 모두 수합하여 차례대로 지어 올리겠사오나, 문서들을 살펴보다 보면 아마도 지연(遲延)이 될 듯하니, 넉넉하게 말미를 내려주시기 바랍니다."

하였다. 하교하기를,

"한 구절을 고쳐 들이는데 무슨 문서를 살펴볼 일이 있겠는가? 승정원에 머물며 즉시 고쳐 들이도록 하라."

하였다.

이단하가 마침내 송시열의 이름을 써서 들이자, 주상이 하교하기를,

"내가 나이 어리고 글도 잘하지 못하는데다 예제에 대해서는 또한 어떠한지 모르지만, 대개 이 일을 보건대 기해년의 잘못된 논의가 그 원인이라고 한 후라야 명백하고 통쾌하다 할 수 있을 것이다. 그런데 지금 이 행장에서는 다만 '인용한[所引]'이라고만 고쳐 넣었으니, 고쳐 들이라고 한 뜻이 어디에 있는가? '소(所)'자를 '오(誤)'자로 고쳐 들이라.[394]"

하였다.

○ 헌납 이우정(李宇鼎)[395] -정언 목창명(睦昌明)[396]- 등이, 송시열을 예를 어그러

394) '소(所)'자를 …… 들이라 : 대제학 이단하가 애초 자신이 찬술한 행장의 내용 중 "왕이 공경(公卿)에게 명하여 모여서 의논하게 하였다."는 문구를 "공경들이 의례(儀禮)의 사종설(四種說)로써 대답하니, 이는 본래 송시열이 인용한[所引] 말이다."라고 고쳤는데, 숙종이 다시 '인용한[所引]'을 '잘못 인용한[誤引]'으로 고치라 명한 것이다. 《肅宗實錄 卽位年 11月 30日》

395) 이우정(李宇鼎) : 1635~1692. 본관은 전주(全州), 자는 중백(重伯)이다. 1662년(현종3) 증광 문과에 급제하여 청요직을 두루 거쳤다. 1674년 숙종이 즉위하자 정언으로서 곽세건을 유배 보내라고 주장하였다가 다시 헌납이 되어서는 송시열 등 서인을 엄하게 징벌하라고 주장하여, 반복무상하다는 비판을 받았으며, 이후 예론이 있을 때마다 서인의 공격 대상이 되었다. 숙종 초년 남인 집권기에 승지·대사간 등을 역임하다가 1680년 경신환국으로 남인이 실각하자 관원 명부에 삭제되는 수모를 당하였지만 1689년 기사환국으로 남인이 다시 집권하자 형조·예조 판서에까지 올랐다.

396) 목창명(睦昌明) : 1645~1695. 본관은 사천(泗川), 자 제세(際世), 호 취원(翠園)이다. 1670년

뜨린 죄의 첫 번째로 삼고, 이어 빈청(賓廳)에 모여 논의한 신하들까지 아울러 모두 죄를 청하는 일을 발론(發論)하였다.[397)]

이에 대사간 정석(鄭晳)은 졸곡(卒哭)[398)] 때까지 차분히 기다리자 하였고, 지평 권기(權愭)는 그의 아버지 권시(權諰)가 일찍이 삼년복을 주장하다가 거듭 대간의 논척을 받았다[399)]는 이유로, 사간 심유(沈攸)는 의견이 부합하지 않는다는 이유로 각각 인피하였다.

장령 남천한(南天漢)[400)] -지평 이옥(李沃)[401)]- 등이, 정석은 일을 미루어 지연시키고, 심유는 불충하니, 모두 체직시키라고 아뢰었다.

(현종11) 별시 문과에 급제하여 청요직을 두루 거쳤다. 1680년(숙종6) 이조참의 재직시 경신환국으로 사직했다가 1689년 기사환국으로 대사간에 복직되어 병조판서 등을 역임하였다. 1694년 갑술환국으로 탄핵을 받고 유배지에서 죽었다.

397) 헌납 …… 발론하였다 : 헌납 이우정(李宇鼎)과 정언 목창명(睦昌明)이 예론에 대한 국시(國是)가 정해졌으므로 기해년 '체이부정'의 설을 앞세워 국가의 전례(典禮)를 그르친 신하들을 논죄해야 한다고 주장한 일을 말한다.《肅宗實錄 卽位年 12月 14日》

398) 졸곡(卒哭) : 장사를 마치고 삼우제(三虞祭)를 지낸 뒤에 무시애곡(無時哀哭)을 끝내기 위하여 지내는 제사이다. 일반적으로 삼우제를 지낸 뒤 강일(剛日), 즉 천간(天干)이 갑(甲)·병(丙)·무(戊)·경(庚)·임(壬)에 해당하는 날에만 지내고, 그 시기는 초상으로부터 3개월이 지난 뒤에 지내도록 되어 있다.

399) 권시(權諰)가 …… 받았다 : 권시가 1660년(현종1) 4월에 상소를 올려, 자의대비(慈懿大妃)의 복제를 3년으로 해야 한다고 주장하고 삼년복을 주장한 윤선도(尹善道)를 죄주지 말 것을 청하여 서인(西人)들의 논박을 받고 파직된 일을 이른다.

400) 남천한(南天漢) : 1607~1686. 본관은 영양(英陽), 자는 장우(章宇), 호는 고암(孤巖)이다. 1630년(인조8) 진사가 되고 1646년 식년문과에 급제하였다. 현종대 지평·장령 등을 거쳐서 숙종대 대사간, 호조참의 등을 역임하였다. 예송에서 남인 입장을 견지하여 1674년 송시열을 유배 보내고 송준길의 관작을 삭탈하라고 주장하였다. 1680년(숙종6) 경신환국으로 삭판되었다.

401) 이옥(李沃) : 1641~1698. 본관은 연안(延安), 자는 문약(文若), 호는 박천(博泉)이고, 이조판서를 지낸 이관징(李觀徵)의 아들이다. 1660년(현종1) 즉위증광시에 급제하여 청요직을 두루 거쳤다. 1678년(숙종4) 송시열 처벌을 두고 남인이 강경파 청남(淸南)과 온건파 탁남(濁南)으로 분열되자 아버지와 함께 허목(許穆)·윤휴(尹鑴)를 중심으로 한 청남에 속하여 송시열의 극형을 주장하다가, 탁남의 영수 허적(許積) 등의 반대로 삭직되어 북청(北靑)에 유배되었다. 1689년 기사환국으로 풀려나 승지에 등용되고 경기도관찰사를 거쳐 1692년 예조참판이 되었다. 1694년 갑술환국 이후 관직에서 물러나 1698년 경상도 상주로 이거하여 졸하였다. 저서로 《박천집》이 있다.

○ 이조참판 이단하가 상소하여 말하기를,

"신은 일찍이 송시열을 스승으로 삼아 가르침을 받았습니다. 행장을 고쳐 짓던 날, 지엄한 하교에 쫓겨 그의 이름을 논척하여 썼고, 또 성상의 하교를 받들어 그의 이름 아래에 '오(誤)'자를 썼습니다. 이우정 등이 이를 '금석(金石)에 실어 국시(國是)로 정해야 한다.'고 말하는데, 행장이 비록 금석 문자와는 차이가 있다 하나 제 스스로 스승을 배척하여 이우정 등의 이러한 논의를 일으켰습니다."

하고 인의(引義)[402]하였다. 주상이, "이단하가 스승이 있는 것만 알고 임금이 있는 것은 모른다."는 내용으로 엄히 하교하여 파직하고, 그 소를 돌려주게 하였다.

○ 대사간 이합(李柙)[403] -사간 이훤(李藼),[404] 정언 임홍망(任弘望)[405]- 등이 인피하자, 주상이 붕당을 비호한다고 꾸짖고, 체직하거나 파직하였다.

○ **겨울**, 장령 남천한(南天漢) -지평 이옥(李沃), 헌납 이우정(李宇鼎), 정언 목창명(睦昌明)- 등이 아뢰기를,

---

402) 인의(引義) : 의리를 좇아 처신하거나 의리에 따라 스스로 벼슬을 내놓는 일을 이른다.

403) 이합(李柙) : 1624~1680. 본관은 덕수(德水), 자는 윤적(允迪), 호는 대산(臺山)이다. 1646년(인조24) 사마시, 1657년(효종8)에 알성문과에 급제하여 청요직을 두루 거쳐 대사간까지 올랐다. 1674년(숙종즉위) 송시열 예론을 지지하다가 산직(散職)으로 좌천되었다.

404) 이훤(李藼) : 1628~1679. 본관은 전주(全州), 자는 낙보(樂甫), 호는 도촌(道村)이다. 1665년(현종6)과 1669년 정시문과에 급제하여 청요직을 두루 거쳤다. 1674년(숙종즉위) 송시열 예론을 옹호하고 남인을 공격하였다가 파직되었다. 그 뒤 순천부사·첨지중추부사 등에 임명되었으나 관직에 나가지 않았다.

405) 임홍망(任弘望) : 1635~1715. 본관은 풍천(豊川), 자는 덕장(德章), 호는 죽실거사(竹室居士)이다. 1657년(효종8) 생원시, 1666년(현종7) 별시문과에 급제하였다. 1674년(숙종즉위) 송시열을 옹호하다가 경성판관으로 좌천되었다. 1689년(숙종15) 다시 경주부윤이 되어 부임하던 중에 이이·성혼이 문묘에서 쫓겨났다는 소식을 듣고 사표를 냈으나 반려되었으며, 인현왕후가 폐위되자 낙향했다. 이후 형조참의·도승지·지중추부사를 역임하고 기로소(耆老所)에 들어갔다. 저서로 《죽실집》이 있고, 시호는 효정(孝貞)이다.

"영부사 송시열은 기해년 대상을 당하여, 크고 작은 예를 주관하며 주장하지 않는 것이 없었습니다. 대왕대비의 복제에 차장자(次長子)를 위한 예가 있었으므로 애당초 의기(義起)[406]할 일이 아니었으나 버려둔 채 쓰지 않고는 사종설 중 '체이부정(體而不正)' 조항에 억지로 끼어 맞춰, 복제의 등급을 서자를 위한 기년복으로 낮추게 하였습니다. 이에 인정(人情)이 크게 놀라고 공의가 잇달아 일어났으나, 그릇된 소견을 스스로 옳다 여기고 끝내 미혹된 생각을 돌이키지 못하였습니다.

그가 헌의(獻議)한 내용에 이르기를, '효종대왕을 서자(庶子)라 해도 무방하다.' 하였고, 또 말하기를, '차장자를 위해 참최복을 입으면 적통(嫡統)이 엄하지 않게 된다.' 하였습니다. 제멋대로 말을 꾸며내다 자신도 모르게 군부를 폄하시키기에 이르렀으니, 그의 패륜한 언사가 어찌하다 이 지경에 이르렀습니까?

말이 궁해지고 사리에 어긋나 스스로 벗어날 수 없게 되자, 명나라의 제도를 따른다고 핑계 대었으나 그 본의는 실제 여기에 있지 않았으므로, 금년 봄 인선왕후의 상사에 대왕대비의 복제를 또 다시 서자부(庶子婦)를 위한 대공복으로 낮추었으니, 그의 본뜻을 여기에서 더욱 증험할 수 있습니다. 지금은 전례(典禮)가 이미 정해졌고, 국시도 이미 정해졌는데, 예를 무너뜨리는 의론을 앞장서서 주창했던 사람을 어찌 파직하는데 그친단 말입니까? 청컨대 멀리 유배하소서."[407]

하니, 아뢴 대로 하라 하였다.

---

406) 의기(義起) : 예문(禮文)에는 없지만 의리에 입각해서 행하는 예법을 말한다. 《예기》 〈예운(禮運)〉의 "선왕의 예법에는 그러한 예가 없을지라도, 의리에 입각해서 적절하면 새로 일으킬 수도 있는 것이다.[禮雖先王未之有, 可以義起也.]"라고 한 구절에서 유래한 말이다.

407) 멀리 유배하소서 : 2차 예송에서 서인이 패하자 송시열은 예를 그르친 죄로 파직, 삭출되었다. 이어 1675년(숙종1) 정월 함경도 덕원으로 유배되었다가 뒤에 장기·거제 등지로 이배되었다. 이후 1680년(숙종6) 경신환국으로 서인들이 집권하자, 유배에서 풀려나 중앙 정계에 복귀하였다.

○ 사학(四學) 유생 이세필(李世弼)[408] 등이 상소하여 송시열의 억울함을 쟁론하자 주상이 멀리 유배할 것을 명하니, 유생들이 잇달아 글을 올려 신구하였다.

---

408) 이세필(李世弼) : 1642~1718. 본관은 경주(慶州), 자는 군보(君輔), 호는 구천(龜川), 시호는 문경(文敬)이다. 이항복(李恒福)의 증손이며, 이조참판 이시술(李時術)의 아들이다. 1674년(현종15) 갑인예송으로 송시열이 삭직되자, 그를 적극 옹호하다가 영광(靈光)에서 5년간 유배 생활을 하였다. 해배 후 여러 관직을 두루 거쳤으나 1689년(숙종15) 기사환국으로 이이·성혼이 문묘에서 출향(黜享)되자 관직을 버리고 진위(振威)로 돌아가 학문을 연마하는 데 전심하였다. 1694년 갑술환국 후 다시 복직되었으나 장악원 정(掌樂院正)을 끝으로 다시는 벼슬에 나아가지 않았다. 그 후 고향에서 성리학에 전심하였으며, 만년에는 예학을 두루 연구하였다.

황극편(皇極編) 권5

서·남(西南)

을묘년(1675, 숙종[1])1) 봄, 장령 남천한(南天漢) -정언 이수경(李壽慶)[2]- 등이 아뢰어 대략 다음과 같이 말하였다.

"송시열(宋時烈)은 산림(山林)을 가탁하여 조정의 권력을 좌지우지하며 오로지 당여를 심어 자기와 다른 이를 배척하는 데 힘쓰고 있습니다. 임금이 의지하고 신임해도 그의 당류가 아니면 사방에서 칼날을 휘둘러 제멋대로 배척하여 쫓아내고, 임금이 처분을 내려도 제 성에 차지 않으면 원망을 품고 풍간(諷諫)에 빗대어 반드시 이기고야 맙니다."

---

1) 숙종(肅宗) : 1661~1720. 조선 제19대 왕(1674~1720)이다. 본관은 전주(全州), 이름은 이순(李焞), 자는 명보(明普)이다. 현종의 외아들이며, 어머니는 청풍부원군(淸風府院君) 김우명(金佑明)의 딸인 명성왕후(明聖王后)이다. 비(妃)는 영돈녕부사(領敦寧府事) 김만기(金萬基)의 딸인 인경왕후(仁敬王后)이고, 계비(繼妃)는 영돈녕부사 민유중(閔維重)의 딸인 인현왕후(仁顯王后)이며, 제2계비는 경은부원군(慶恩府院君) 김주신(金柱臣)의 딸인 인원왕후(仁元王后)이다. 1661년에 태어나 1667년 왕세자에 책봉되고, 1674년 즉위하였다. 이후 1680년 경신환국, 1689년 기사환국, 1694년 갑술환국 등 여러 차례의 환국으로 정국이 혼란에 빠지자 박세채의 탕평론을 수용하여 탕평책을 추진하였지만 1716년 병신처분(丙申處分)으로 실패로 돌아갔다. 그 와중에 인현왕후와 장희빈이 교대로 왕비가 되면서 세자의 지위가 위태로워지고, 당쟁이 왕위 계승과 결부되어 더욱 심화되는 결과를 낳았다. 재위 46년 되던 해인 1720년 승하하였다. 시호는 현의광륜예성영렬장문헌무경명원효대왕(顯義光倫睿聖英烈章文憲武敬明元孝大王), 묘호는 숙종(肅宗)이고, 능호는 명릉(明陵)으로 경기도 고양시 덕양구 서오릉로 334-32의 서오릉(西五陵)에 있다.

2) 이수경(李壽慶) : 1627~1680. 본관은 한산(韓山), 자는 자인(子仁), 호는 만성(晩醒) 또는 소성(笑醒)이다. 1665년(현종6) 별시문과에 급제, 정언·부호군 등을 역임하였다. 1680년(숙종6) 경신환국 때 변방에 안치되어 배소에서 죽었다. 저서로 《기축록(己丑錄)》이 있다.

또 말하였다.

"뇌물이 낭자하고 청탁이 횡행하며, 사송(詞訟)의 승패가 한결같이 친소(親疎)에 따라 정해지니 감사, 수령이 감히 스스로 판결을 내리지 못합니다. 지난해 능을 옮길 때 송시열은 퇴광(退壙)[3]에 물이 고여 있는 우환을 목도하고도 능을 옮긴 후 감히 방자하게 조롱하였습니다.[4] 평생토록 지은 죄를 이루 다 헤아리기 어려우며 강상을 무너뜨리고 천륜을 어지럽힌 일은 민신(閔愼)으로 하여금 아비를 폐하게 한 데서 극에 달하였습니다."

또 말하였다.

"윤선도(尹善道)의 종통(宗統)·적통(嫡統) 설은 백세가 지나도 입증할 만한 것이었으나 송시열의 지시를 받은 자들은 서둘러 윤선도를 죽이라고 청하였습니다. 선도의 아들 인미(仁美)는 재주를 품고 등제하였으나 끝내 폐고 되었습니다. 사림에서 명망이 두터운 진신(搢紳) 청류(淸流)로서 이 일에 연루되어 몰락한 자가 무릇 몇 사람입니까?

예송이 일어났을 때 사리에 어긋나고 말이 궁해지자 《대명률(大明律)》을 핑계대었지만, 그의 본의는 실제 군부에 대한 폄강(貶降)을 주장하는 데 있었습니다. 인선왕후(仁宣王后)의 상에 대비전의 복을 또다시 중자부(衆子婦)를 위한 대공복(大功服)으로 낮추자[5] 선왕께서 격노하시어 그간의 사특함을 숨기지

---

3) 퇴광(退壙) : 재궁을 현궁에 안치하기 위한 널길을 조성하기 위해 현궁 입구에 다소 작게 판 광중(壙中)을 말하는데, 이곳에 명기(明器)와 같은 부장품을 묻기도 하였다.

4) 능을 …… 조롱하였습니다 : 1673년(현종14) 3월, 종실(宗室) 이익수(李翼秀)가 영릉(寧陵)의 석물(石物)에 균열이 생겼다고 상소하여, 마침내 천봉(遷奉)하는 일이 일어났다. 이 일을 계기로 하여 1659년(현종즉위) 효종의 대상(大喪) 때 재궁(梓宮)의 폭이 좁아 갑작스레 개조하는 바람에 넓은 통판을 구하지 못하고 연판(連板)으로 대신한 일이 있었고, 이로 인해 천장할 때 재궁에 연판을 댄 곳에 균열이 생겼다는 주장이 일었다. 당시 시론(時論)이 이 일을 송시열의 잘못으로 돌리려 하자 송시열이 당시 재상 김수흥(金壽興)에게 편지를 보내어 스스로를 해명하였다. 이 편지에서 송시열은 경자년(庚子, 1660) 현종이 직접 봉심(奉審)하고서 지금에 와 신하들에게만 죄를 돌리는 것은 부당하며, 현종이 온천에는 해마다 행차하면서 정작 영릉의 참배에는 소홀했다고 비판하였다. 《宋子大全拾遺2, 答金起之 癸丑五月十日》

5) 인선왕후(仁宣王后)의 …… 낮추자 : 1674년(현종15) 효종 비 인선왕후가 승하하자 자의대

못하게 되니 적통(嫡統)이 바르게 귀결되고 윤기(倫紀)가 다시 펴졌습니다. 이와 같은데 죄를 다스리는 법을 어찌 조금이라도 느슨하게 늦출 수 있겠습니까?"

또 말하였다.

"조정에서 논의하는 자들은 모두 그의 심복이고, 성균관은 모두 그의 수하로서, 모두 서자(庶子)의 설을 반드시 옳다 하고 전하의 처사는 덕을 잃었다 합니다. 청컨대 송시열은 원찬(遠竄)하고, 송준길(宋浚吉)은 추탈(追奪)하며 이유태(李惟泰)[6]는 삭출(削黜)하소서."

주상이 송시열을 삭출한 벌로써 이미 징계되었다며 따르지 않았다. 빈청(賓廳) 회의 때 시종일관 논계에 참여한 신하들을 모두 파직을 명하라 청하였으나 윤허하지 않았다. 전 사간 심유(沈攸)[7]가 피혐하며 종이 가득 늘어놓은 허황된

비(慈懿大妃)의 복제를 두고 2차 예송이 벌어졌다. 예조가 자의대비의 복제를 처음에는 장자부(長子婦)를 위한 기년복(朞年服)으로 했다가 다시 중자부(衆子婦)를 위한 대공복(大功服)으로 획정하였다. 처음에 영의정 김수흥 등은 기해년 복제를 기년복으로 결정하였을 때, 그 근거는 장자와 중자의 복을 구별하지 않고 모두 기년복으로 한 《대전》이었다고 아뢰었는데, 이는 곧 효종에 대해 장자인지 중자인지를 판별하지 않고 시왕(時王)의 제도에 따라 정한 것이라는 주장이었다. 《顯宗實錄 15年 7月 13日》 그런데 이러한 서인의 주장은 갑인년 인선왕후에 대한 복제에서는 더 이상 통용되기 어려운 것이었다. 《경국대전(經國大典)》 〈예전(禮典)〉 오복조(五服條)에 따르면, '자(子)는 기년(期年)'이라고만 하여 장자와 중자를 구분하지 않았으나, 며느리에 대해서는 '장자처(長子妻)는 기년', '중자처(衆子妻)는 대공(大功)'이라고 하여 장자와 중자를 구분해 놓았기 때문이다. 이에 현종은 인선왕후가 자의대비의 장자부에 해당하는지 아니면 중자부에 해당하는지를 명확하게 판가름하라 요구하였는데, 이는 곧 효종의 지위 또한 소급하여 판별하라는 요구였다.

6) 이유태(李惟泰) : 1607~1684. 본관은 경주(慶州), 자는 태지(泰之), 호는 초려(草廬)이다. 처음 민재문(閔在汶)에게 배우다가 김장생(金長生)·김집(金集) 부자를 사사하고, 그 문하의 송시열·송준길·윤선거·유계와 더불어 호서산림 5현(五賢)의 한 사람으로 손꼽혔다. 1658년(효종9) 송시열과 송준길의 천거로 관직에 나아갔고, 1660년(현종1) 복제시비 때 송시열의 기년설(朞年說)을 옹호하였다. 1674년(현종15)의 갑인예송(甲寅禮訟) 때 복제를 잘못 정했다는 윤휴(尹鑴) 등의 탄핵을 받아 유배되었지만, 남인 오시수(吳始壽)가 '이유태는 의례(議禮)의 잘못을 깨달았다'고 사면을 청하여 1679년 석방되었다. 이 과정에서 송시열은 이유태가 예설을 고쳐서 처벌을 면하려 했다고 의심하였고, 이후 양자 간의 갈등이 표면화되었다.

7) 심유(沈攸) : 1620~1688. 본관은 청송(靑松), 자는 중미(仲美), 호는 오탄(梧灘)이다. 1650년

말이 음험하고 참혹하지 않은 것이 없으므로 삭출하라 청하니 아뢴 대로 따랐다.

◯ 영의정 허적(許積)이 차자를 올려 대략 다음과 같이 말하였다.

"3년 복제는 고금을 통하여 바뀌지 않는 법으로, 원래 심오하거나 알기 어려운 뜻이 없습니다. 《예경(禮經)》에서 말하는 '장자(長子)가 죽은 경우'가 어찌 지난날 소현(昭顯)[8]을 이르는 것이 아니겠으며, '적처(嫡妻) 소생의 둘째 아들을 세워 후사(後嗣)로 삼아 장자라 부른다.' 한 것이 또한 어찌 우리 효종[孝廟]를 이르는 것이 아니겠습니까? 소현에게 비록 아들이 있으나 인조(仁祖)께서 이미 적손(嫡孫)으로 세우지 않으셨으니 소현을 위하여 삼년복을 입는 것은 부당하며, 효종께서 장자가 된 것은 더욱 의심할 것이 없습니다.

전례(典禮)의 뜻이 해와 별처럼 분명한데, 송시열이 수치심과 모욕감에 허물을 고치기 싫어하고, 남을 시기하고 바른 말을 공박하며, 당여(黨與)를 심어서 자기와 다른 의론을 배척하고, 잘못이 드러날까 염려하여 회유하고 협박하는 것이 극성하여 마침내 한 나라의 신민으로 하여금 감히 말을 하거나 분노하지 못하게 만든 지 여러 해가 되었습니다.

그러나 대간의 합계(合啓) 중, '그의 본의는 실제 군부에 대한 폄강(貶降)을 주장'한 것이라는 등의 말[9]은 실상 시열로서는 지극히 억울한 지점입니다. 그가 올린 의론 중에 망발한 말은 큰 허물이기는 하지만 알면서도 일부러

(효종1) 증광문과에 급제하여 청요직을 두루 역임하였다. 1674년 2차 예송에서 유배당한 송시열을 변론하다가 관작을 삭탈당하고 광주(廣州)에 유배되었다. 1680년 경신환국 이후 다시 등용되어 대사간·홍문관 부제학 등을 지냈다. 서인이 노론과 소론으로 분열되자 김수항(金壽恒)·이단하(李端夏) 등 노론을 변호하는 입장을 취하였다. 저서로 《오탄집》이 있다.

8) 소현(昭顯) : 인조의 장자이자 효종의 형인 소현세자(1612~1645)를 가리킨다. 부인은 강석기의 딸인 민회빈(愍懷嬪) 강씨(姜氏)이다. 1625년 세자로 책봉되었고, 1636년 병자호란으로 청나라에 인질로 끌려갔다 1645년(인조23) 돌아왔으나 곧 급서하였다.

9) 대간의 …… 말 : 장령 남천한과 정언 이수경이 송시열·송준길·이유태의 처벌을 주장하며 올린 상소에 나온 말이다. 《肅宗實錄 1年 1月 2日》

한 말이 아님이 분명합니다.

송시열이 영화와 명성을 누리고, 온 나라가 그를 공경하며 추수하는 것은 모두 효묘께서 쓸 만한 인물인지 시험하신 은혜[10]를 베푸시고 지위를 높이고 이름을 드러내어 주셨기 때문입니다. 주인에게 보답하는 정성은 개나 말이라 해도 동일한데, 송시열이 비록 형편없는 위인이라 해도 어찌 폄강을 주장하였을 리가 있겠습니까? 신의 어리석은 생각으로 이번 송시열의 죄안에서 '폄강'이라는 한 조항을 제거하지 않는다면 시열의 마음을 승복시켜 공정한 의론을 따르게 할 수 없을 것입니다."

주상이 좋은 말로 비답을 내리고 가납(嘉納)하였다.

○ 지평 오정창(吳挺昌)[11] -사간 김빈(金賓), 헌납 이우정(李宇鼎), 정언 목창명(睦昌明)-이 청대하여, 송시열의 죄를 극론하며 이르기를,

"사간원에서 아뢰었는데 윤허를 아끼시니 공의(公議)가 더욱 격렬해지고 있습니다. 속히 윤허를 내려주셔야 진정될 수 있을 것입니다."

하니, 주상이 그대로 따라서 송시열을 덕원부(德原府)에 유배하였다.[12]

---

10) 쓸 …… 은혜 : 기회를 주어 능력을 시험해보고 취사(取捨)함을 이른다. 요(堯) 임금이 홍수로 인하여 피해가 막심하자 치수(治水)할 사람을 천거하도록 하니 사악(四岳)이 곤(鯀)을 추천하였는데, 요 임금이 곤은 행실이 방정하지 않아 부적격하다고 하자 사악이 "그만두더라도 가한지를 시험해 보고 안 되면 그만두어야 합니다.[异哉, 試可乃已.]"라고 한 데에서 온 말이다. 《書經 堯典》

11) 오정창(吳挺昌) : 1634~1680. 본관은 동복(同福), 자는 계문(季文)이다. 복창군(福昌君)·복선군(福善君)의 외숙이다. 숙종 초년, 현종에 대한 자의대비의 상복 논의 등에서 윤휴(尹鑴)의 예론을 따랐다. 1678년경부터 남인이 논의가 준엄한 청남(淸南)과 온건한 탁남(濁南)으로 나누어지자 탁남에 가담하여 송시열(宋時烈)의 처벌 등에 온건론을 주장하였다.

12) 송시열을 …… 유배하였다 : 갑인년(1674, 현종15) 2월 인선왕후(仁宣王后)가 승하하자 예조가 자의전(慈懿殿)의 복제를 처음에는 장자부(長子婦)를 위한 기년복(朞年服)으로 했다가 다시 중자부(衆子婦)를 위한 대공복(大功服)으로 획정하였다. 현종이 이를 힐책하여 문죄하기에 이르자, 송시열은 도성에 들어가지 않고 상소하여 대죄하다가 화양동으로 돌아갔다. 《宋子大全 附錄 年譜 6》 이때의 예송에서 서인이 패하자 송시열은 예를 그르친 죄로 파직, 삭출되었다. 이어 1675년(숙종1) 정월 함경도 덕원으로 유배되었다가 뒤에 장기·거제 등지로 이배되었다. 1680년 경신환국으로 서인들이 집권하자, 유배에서

좌의정 정치화(鄭致和)[13]가 차자를 올려 송시열을 구원하여 극력으로 말하기를,

"송시열이 군부를 폄훼했다는 주장은 그의 본뜻이 아니므로 지극히 원통합니다."

하였고, 풍양군(風陽君) 장선징(張善瀓)[14]과 병조판서 이상진(李尙眞)[15]이 모두 상소하여 송시열을 구원하였으나, 주상이 다 엄한 비답을 내려 물리쳤다. 이에 경외(京外)의 유생과 조관(朝官) 중에 스승을 위하여 원통함을 호소하거나 구언(求言)에 응하여 상소로 송시열을 신변(伸辨)한 이들은 모두 잇따라 편배(編配)[16]되었다.

○ 청풍부원군(淸風府院君) 김우명(金佑明)[17]이 상소하여 다음과 같이 논하였다.

풀려나 중앙 정계에 복귀하였다.

13) 정치화(鄭致和) : 1609~1677. 본관은 동래(東萊), 자는 성능(聖能), 호는 기주(棋洲)이다. 영의정 정광필(鄭光弼)의 5대손이며, 정유길(鄭惟吉)의 증손으로, 할아버지는 정창연(鄭昌衍)이고, 아버지는 형조판서 정광성(鄭廣成)이다. 영의정 정태화(鄭太和)의 동생이며, 좌의정 정지화(鄭知和)와 4촌간이다. 1667년(현종8) 우의정, 이듬해 좌의정에 올랐으며, 1677년(숙종3) 9월 영중추부사로서 죽었다.

14) 장선징(張善瀓) : 1614~1678. 본관은 덕수(德水), 자는 정지(淨之), 호는 두곡(杜谷)·서엄(西崦)이다. 아버지는 우의정 장유(張維), 어머니는 김상용(金尙容)의 딸이다. 여동생이 효종비 인선왕후(仁宣王后)이다. 1662년(현종3) 증광문과에 급제하여 청요직을 두루 역임하고 숙종대 좌참찬, 한성부 판윤 등을 지냈다.

15) 이상진(李尙眞) : 1614~1690. 본관은 전의(全義), 자는 천득(天得), 호는 만암(晩庵)이다. 1645년(인조23) 별시문과에 급제하여, 청요직을 두루 역임한 후 1678년(숙종4) 우의정에 올랐다. 1680년 경신환국 이후 보사공신(保社功臣) 추록에 반대하여 소론으로 좌정하였다. 1689년 인현왕후(仁顯王后) 폐위에 반대하다가 종성 등으로 귀양 갔다가 풀려나 부여에서 죽었다. 시호는 충정(忠貞)이다.

16) 편배(編配) : 조선시대에 도형(徒刑)이나 유형(流刑)에 처한 죄인의 이름을 도류안(徒流案)에 기록하여 넣는 것을 말한다.

17) 김우명(金佑明) : 1619~1675. 본관은 청풍(淸風), 자는 이정(以定)이다. 영의정을 지낸 김육(金堉)의 아들이며, 그 딸은 현종비 명성왕후(明聖王后)이다. 1659년 현종이 즉위하자 국구(國舅)로서 청풍부원군(淸風府院君)에 봉하여졌다. 송시열(宋時烈)과 같은 서인이었으나 민신(閔愼)의 대부복상문제(代父服喪問題)를 계기로 남인인 허적(許積)에 동조하였다. 숙종 초에 복창군(福昌君) 이정(李楨)·복선군(福善君) 이남(李枏) 형제가 궁중에 드나들

"복평군(福平君) 연(槤)과 복창군(福昌君) 정(楨) -모두 인평대군(麟坪大君)[18]의 아들이다.- 이 궁중을 출입하며 추문(醜聞)이 밖으로 퍼지고 있습니다.[19] 이는 선왕께서 놀라 근심하신 일이고 자전(慈殿)[20]께서 난처해하신 일이며, 성명(聖明)께서 하교를 받은 일이자 미천한 신이 일찍이 전석(前席)에서 잘 대처하여 처분하시기를 청한 일입니다.

가정에서 일어난 일이 조정에 미치면 그 관계되는 바가 지극히 중대한 법이므로 김일제(金日磾)가 의리를 끊은 일[21]이 후세에까지 아름답게 일컬어

면서 궁녀들을 괴롭힌 사실을 들어 이들의 처벌을 상소하였다. 그 뒤 남인 윤휴(尹鑴)·허목(許穆) 등과 알력이 심하여짐으로써 벼슬을 그만두고 두문불출하였다. 시호는 충익(忠翼)이다.

18) 인평대군(麟坪大君) : 1622~1658. 인조의 3남이며 효종의 동생이다. 병자호란 후 청나라 심양으로 끌려가 1년여의 인질 생활을 하였다. 네 차례에 걸쳐 사은사(謝恩使)로서 청나라를 다녀왔고, 이 외에도 진하사(進賀士)·동지사(冬至使) 등의 소임을 맡아 청나라와의 외교를 담당했다.

19) 복평군(福平君) …… 있습니다 : 복평군 등은 인조의 셋째 아들이자 효종의 동생인 인평대군(麟坪大君)의 아들이다. 특히 복창군(福昌君) 이정(李楨, 1641~1680)과 복선군(福善君) 이남(李柟, 1647~1680), 복평군(福平君) 이연(李槤, 1648~1700)은 '삼복(三福)'으로 일컬어졌는데, 이들 삼복은 종친으로서 권세가 있었고, 외숙인 오정창 등 남인들과도 교류하였다. 1675년(숙종1)에 청풍부원군 김우명이 상소하여 이른바 3복(三福) 형제의 비리를 들추고 이들이 궁녀와 간통하였다고 논핵하였다. 이때의 차자에서 김우명은 복창군의 죄상을 논함과 동시에 자전과 임금 사이를 이간하는 무리가 있다는 말을 비치고 임금이 효성으로 자전의 뜻을 받들 것을 강조하였다.《肅宗實錄 1年 3月 12日》 이에 영의정 허적은 복창군 형제의 혐의가 애매하고, 청풍부원군 김우명이 궁녀에게 무고하여 자백을 받아 왕손을 죽이려 한다고 주장하였다. 이와 같은 남인의 정치 공세로 인해 김우명이 오히려 반좌율을 받을 위기에 처하여 의금부에서 대죄(待罪)하게 되었다. 이 사건은 나인들만 처벌을 받고 묻혔으나 이후 1680년(숙종6)에 허적의 서자 견(堅)이 복창군 삼형제와 역모를 도모했다는 고변으로 복창군과 복선군 및 허적·윤휴 등이 사사되고 남인 정권은 몰락하였다.

20) 자전(慈殿) : 현종비 명성왕후(明聖王后, 1642~1683)을 가리킨다. 본관은 청풍(淸風)이고, 청풍부원군 김우명의 딸이다. 1651년(효종2) 세자빈이 책봉되었고, 1659년 현종이 즉위하자 왕비에 책립되었다. 숙종과 명선(明善)·명혜(明惠)·명안(明安) 공주를 낳았다. 명선·명혜공주는 일찍 죽고, 명안공주는 해창위(海昌尉) 오태주(吳泰周)에게 출가하였다. 시호는 현렬희인정헌문덕명성왕후(顯烈禧仁貞獻文德明聖王后)이고, 능호는 숭릉(崇陵)으로 경기도 구리시 인창동 동구릉 경내에 있다.

21) 김일제(金日磾)가 …… 일 : 김일제는 본래 흉노(匈奴) 휴도왕(休屠王)의 태자였으나, 그의

지는 것입니다. 사문(沙門)이 되어 계율을 범해도 승도(僧徒)들이 부끄러워하는데, 각 전각의 궁녀들로 하여금 아이를 갖게 만들었는데도 막지 못하니, 전하의 가법(家法)을 손상시킨 것이 그 얼마이며 또한 이렇게 하고도 어떻게 나라를 다스릴 수 있겠습니까?"

상소가 들어가자 허목, 윤휴 등이 청대(請對) 입시하여 김우명을 불러 물어볼 것을 청하자, 우명이 의금부에 나아가 대죄(待罪)하였다. 자전이 주상과 함께 야밤에 선정전(宣政殿)에 나아가[22] 대신 허적 등을 불러 울면서 유시하기를,

"이정·이연의 일은 사실로, 이는 하루아침 하루저녁에 일어난 일이 아니라 선왕 또한 일찍이 개탄하며 말씀하신 일이다."

라고 하였다. 허적 등이 처음에 놀라 당황하며 이정 등과 궁녀에 대한 국문을 청하자 궁녀들이 모두 사실대로 자복하였다. 자전이 또 주상에게 이정 등의 죄를 너그럽게 용서할 것을 권유하니, 주상이

"남의 말을 듣고 오해하여 골육지친(骨肉之親)으로 하여금 이러한 지경에 이르게 했다."

하고는 이정을 비롯한 죄인들을 석방하였으나 궁녀들만은 유배할 것을 명하였다. -《청야만집(靑野謾輯)》[23]에 다음과 같은 내용이 있다. "갑인년(1674, 현종15)

아비가 항복하지 않고 살해되자 한나라로 끌려가서 관노(官奴)가 되었다. 뒤에 무제(武帝)에게 발탁되어 벼슬길에 올라 신임을 받았다. 모하라(莽何羅)의 반란을 진압한 공으로 상장군(上將軍)이 되었고, 자손들도 7대를 이어 시중이 되는 부귀를 누렸다. 본문에서 말하는 '의리를 끊은 것'은 무제가 김일제의 아들을 농아(弄兒)로 삼아 어울려 놀았는데, 그 아들이 근신하지 않고 대궐에서 궁녀와 희롱하는 것을 김일제가 목격하고는 그 음란함을 미워하여 죽인 일을 이른다. 이때 무제가 크게 노하였으나, 김일제가 사죄하면서 아들을 죽여야 했던 이유를 설명하니, 무제가 매우 슬퍼하면서도 마음으로 김일제를 경외했다고 한다.《漢書 卷68 霍光金日磾傳》

22) 자전이 …… 나아가 : 김우명이 의금부에서 대죄(待罪)하자 이 문제를 논의하기 위해서 대신들을 인견(引見)할 때 숙종은 촛불을 밝히고 동쪽을 향하여 앉았고, 명성 대비는 문을 사이에 두고 자리하여 그간의 사정을 대신들에게 설명하였다고 한다.《燃藜室記述 肅宗朝故事本末 福昌福平紅袖之獄》

23) 청야만집(靑野謾輯) : 1739년(영조15) 편찬되었으며 고려 말 이래 숙종대까지 공사기록을 역대 왕조의 편목에 따라 집성하였다. 편자는 윤추(尹推)의 손자인 윤동수(尹東洙)의

후, 복평군 형제가 청풍부원군 및 여러 남인들과 교결한 것이 날로 깊어지고 심지어 은밀히 궁녀를 간음하기에 이르자 장차 이롭지 못할 조짐이 있었다. 명성대비[明聖王后]가 이를 근심하였으나 청풍이 수긍하지 않았으므로 어찌 할 수 없었다. 당시 서울에서 크게 이름난 협객 허정(許珽)[24]이라는 사람이 있었는데 그 기미를 알았다. 하루는 그가 돌연 청풍의 집으로 찾아와 말하기를,

'나는 겉으로는 남인이나 속으로는 서인이고, 공은 속으로는 남인이나 겉으로는 서인입니다. 오늘 제가 한쪽으로 치우친 의론을 펼칠까 하는데 괜찮겠습니까?'

하자, 청풍이 '무슨 말입니까?' 하니, 허정이 이르기를,

'인조는 저의 선친[25]과 각별한 교분이 있었으므로 인조의 자손과 제 선친의 자손은 대대로 교분을 맺어 왔는데, 지금 인조의 자손이 저렇게 고단하고 위태로워 조석(朝夕)을 보장할 수 없게 되었으니 제가 이를 우려하고 있습니다.'

하면서, 하염없이 눈물을 흘렸다. 청풍이 홀연 생각하기를,

'임금은 어리고 허약하여 병치레가 잦고, 형제나 자식이 없으며 보호해 줄 만한 원로대신도 없는데 저 삼복 형제와 남인들은 나날이 결탁하고 있구나.'

하면서 마침내 크게 깨닫고 즉시 입궐하여 이정·이연이 궁녀와 간통한 일을 아뢰고, 이어 차자를 올려 정상을 말하였다.

문인 이희겸(李喜謙, 1707~?)이다.

24) 허정(許珽) : 1621~?. 본관은 양천(陽川), 자는 중옥(仲玉), 호는 송호(松湖)이다. 아버지는 예조참판 계(啓), 어머니는 홍이상(洪履祥)의 딸이다. 참봉으로 1651년(효종2) 별시문과에 급제, 현종 때 성천부사를 거쳐 승지와 부윤을 역임하였다. 1675년(숙종1) 홍수(紅袖)의 변고가 났을 때 사건의 전말을 청풍부원군 김우명에게 알려주어 김우명으로 하여금 차자(箚子)를 올려 복창군과 복평군의 죄를 논핵하게 하였다.

25) 저의 선친 : 허계(許啓, 1594~1653)를 이른다. 본관은 양천(陽川), 자는 옥여(沃余), 호는 성암(醒菴)이다. 현(鉉)의 증손으로, 할아버지는 성(晟)이고, 아버지는 판중추부사 휘(徽)이며, 어머니는 한광립(韓光立)의 딸이다. 1612년(광해군4) 진사가 되고, 1624년(인조2) 호조좌랑으로서 증광문과, 1636년 중시문과에 급제하여, 1637년 우승지·경기도관찰사, 1642년 동지중추부사가 되었다. 이해에 이경여(李敬輿)·이명한(李明漢)·신익성(申翊聖)·신익전(申翊全) 등과 함께 청나라 연호를 사용하지 않은 사건, 즉 오신죄안(五臣罪案)에 연좌되어 심양에 잡혀가 심문을 받고 관작을 삭탈당한 뒤 이듬해 귀국하였다. 이후 도승지, 호조·병조·예조 참판 등을 역임하였다. 저서로 《성암집(醒菴集)》이 있다.

이에 복평군의 외숙 오정위(吳挺緯)[26] 등이 윤휴와 허목을 위협하며 부추기니, 그들이 아뢰기를,

'청풍이 왕손(王孫)을 죽이려하니, 장차 반좌(反坐)[27]의 의론이 있을 것입니다.'

라고 하였다. 허적이 수상으로서 입시하여 삼복 형제의 원통함과 청풍이 무고한 정상을 고하니, 자전이 합내(閤內)에 납시어 대성통곡하며 허적에게 교시하기를,

'그대는 여러 임금을 섬긴 원로대신으로서 그동안 받은 은혜가 얼마인데, 감히 내가 목도한 사실을 두고 애매하다고 하는가?'

하니, 허적이 황공하여 몸 둘 바를 모르다가 삼복의 죄를 청하고 물러나왔다."-

○ 참판 홍우원(洪宇遠)[28]이 상소하여 대략 다음과 같이 말하였다.

"신이 듣기에 《주역(周易)》 가인괘(家人卦)의 단전(彖傳)에 이르기를, '여자는 안에서 자리를 바르게 하고 남자는 밖에서 자리를 바르게 한다.'[29]고 하였으니,

---

26) 오정위(吳挺緯) : 1616~1692. 본관은 동복(同福), 자는 군서(君瑞) 또는 서장(瑞章), 호는 동사(東沙)이다. 이조참판 오백령(吳百齡)의 손자, 관찰사 오단(吳端)의 아들이다. 1645년(인조23) 별시문과에 급제하여 청요직을 두루 거치고, 1672년(현종13) 호조·형조·공조의 판서를 지냈다. 1674년(숙종즉위)에 송시열에 대해 강경한 처벌을 주장하는 청남에 속하였다가 1680년 경신환국으로 무안에 유배되고, 삭주·보성으로 이배되었다. 1689년 기사환국으로 풀려나와서 공조판서에 등용되었고, 이어 기로소에 들어갔다.

27) 반좌(反坐) : 무고(誣告) 또는 위증(僞證)으로 남을 죄에 빠뜨린 자에게 그 죄와 같은 형벌로 처벌하는 것을 말한다. 여기에서는 청풍부원군 김우명이 궁녀에게 무고한 자백을 받아 왕손을 죽이려 한다고 주장한 남인의 정치적 공세 속에 김우명이 오히려 반좌율을 받을 위기에 처했음을 보여준다.

28) 홍우원(洪宇遠) : 1605~1687. 본관은 남양(南陽), 자 군징(君徵), 호 남파(南坡)이다. 형조판서 가신(可臣)의 손자이다. 공조참판·이조판서 등을 역임하였다. 인조대 소현세자 빈 강씨를 옹호하다 장살(杖殺) 당한 김홍욱의 신원(伸寃)을 주장하다 파직되었다. 현종대에는 예송으로 유배된 윤선도의 석방을 주장하다 파직 당하였다. 숙종 즉위 초, 송시열에 대한 엄중한 처벌을 주장하여 허목(許穆)·권대운(權大運)·이관징(李觀徵) 등과 함께 청남(淸南)으로 일컬어졌다. 1680년 경신환국 당시 허적의 역모사건에 연루되어 유배되었다.

29) 여자는 …… 한다 : 《주역》의 가인괘(家人卦)는 음효(陰爻)가 음(陰)의 자리인 이효(二爻)에 있고 양효(陽爻)가 양(陽)의 자리인 오효(五爻)에 있는 괘로, 여자와 남자가 각각 바른 자리를 얻어, 여자는 안에서 자리를 바르게 하고 남자는 밖에서 자리를 바르게 한다는 괘상(卦象)을 가지고 있다. 원전의 내용은 다음과 같다. "단전에 이르기를, '가인은

무릇 남자의 자리는 밖에 있고, 여자의 자리는 안에 있는 것입니다. 그러므로 부인은 안에서 자리를 바르게 하고 바깥일에 간여하지 않으며 자기 혼자 결정하는 의리가 없고 삼종지도(三從之道)[30]만이 있을 뿐입니다.

전하께서 어린 나이에 선대의 위업을 계승하였지만 몸소 모든 정사를 처리하였으므로 대비께서는 애당초 수렴청정(垂簾聽政)하신 일이 없었습니다. 지난날 이정과 이연 등의 추잡한 행동은 실로 근고(近古)에 없던 변고인데, 그들을 치죄한 것이 진실로 그 법에 맞지 않는다면 대신이 아뢰고 대간이 간쟁을 굽히지 말았어야 했을 것입니다.

그런데 임금이 신하들을 인견하는 날, 대비께서 갑자기 전실(殿室)에 납시어 친히 벽을 사이에 두고 자리하시니 신료들이 당황하여 모두 어찌할 바를 몰랐습니다. 대비께서 이정(李楨)과 이남(李柟) 등이 범한 죄를 밝히고자 하신 부득이한 행동임을 진실로 알고 있습니다만, 먼 외방에서 이 사실을 보고 들으면 어찌 놀라지 않겠습니까?

어버이가 잘못된 거조를 보이는데 간(諫)하여 그치게 하지 못하고 마침내 의리에 어긋난 데로 귀착되게 하는 것은 자식의 잘못입니다. 원컨대 전하께서는 '어미의 일을 주관할 때는 곧고 굳세게만 해서는 안 된다.[幹母之蠱不可貞]'[31]

여자는 안에서 위치를 바르게 하고 남자가 밖에서 위치를 바르게 하니, 남녀가 바름이 천지의 대의이다. 가인에 엄한 군주가 있으니, 부모를 말한다. 아버지는 아버지답고 자식은 자식답고 형은 형답고 아우는 아우답고 남편은 남편답고 부인은 부인다움에 가도가 바르게 되리니, 집안을 바르게 하면 천하가 정해지리라.[彖曰, 家人, 女正位乎內, 男正位乎外, 男女正, 天地之大義也. 家人有嚴君焉, 父母之謂也. 父父子子兄兄弟弟夫夫婦婦而家道正, 正家而天下定矣.]'라고 하였다."

30) 삼종지도(三從之道) : 여자로 태어나 출가하기 전에는 아버지를 따르고, 출가해서는 남편을 따르고, 남편이 죽은 뒤에는 아들을 따랐던 부녀자의 도리를 일컫는다. 《의례(儀禮)》 〈상복(喪服)〉에 "부인(婦人)에게는 삼종(三從)의 의리가 있고 전용(專用)의 도(道)는 없다. 그러므로 시집을 가기 전에는 아버지를 따르고, 시집을 간 뒤에는 남편을 따르고, 남편이 죽은 뒤에는 아들을 따른다." 하였다.

31) 어미의 …… 된다 : 《주역》 〈고괘(蠱卦) 구이(九二)〉에 "어미의 일을 주관할 때는 고집을 부려서는 안 된다.[幹母之蠱不可貞]"라고 하였는데, 그 전(傳)에 "자식은 어미에 대해 부드러움과 공손함으로 인도하여 의(義)에 맞게 해야 한다. 순종하지 않아서 일을

는 뜻을 깊이 생각하시어 지극한 정성을 다 하고, 이로써 일이 의리에 맞고 이치에 해로움이 없게 하신다면, 자성(慈聖)께서는 과오를 되풀이하지 않는 아름다운 덕으로써 장차 태임(太姙)·태사(太姒)[32]와 짝하게 될 것입니다."

○ 전 교관(敎官) 황세정(黃世禎)[33]이 스승인 송시열을 위하여 상소하여 변론하자 주상이 명하여 외딴 섬에 유배하였다. 사학(四學) 유생 박태두(朴泰斗)[34] -228인- 등 또한 송시열을 위해 상소하였고, 사예(司藝) 김익렴(金益廉)[35]도 상소하여 변론하니, 정거(停擧)하거나 체직(遞職)하였다.

○ **가을**, 사업(司業) 윤휴(尹鑴)가 상소하여 대략 다음과 같이 말하였다.

그르친다면 자식의 죄이다. …… 강건한 신하가 유약한 임금을 섬기는 의리 또한 비슷하다."라고 하였다.

32) 태임(太姙)·태사(太姒) : 태임은 주(周)나라 문왕(文王)의 어머니이고, 태사는 문왕의 정실이자 무왕(武王)의 어머니이다. 두 사람 모두 현숙하고 훌륭한 부덕(婦德)을 지닌 후비(后妃)의 전형으로 꼽힌다. 이에 대한 내용이 《시경》〈대아(大雅) 사재(思齊)〉에 보인다.

33) 황세정(黃世楨) : 1622~1705. 본관은 회덕(懷德), 자는 주경(周卿), 호는 제곡(霽谷)이다. 송시열·송준길의 문인으로서, 예송 전에는 윤휴를 공격하였다 하여 동학(同學) 격인 송시열의 문인 정보연(鄭普衍, 1637~1660)을 역공격하였을 정도로 윤휴를 옹호하는 입장이었으나, 1661년(현종2) 송시열의 입장으로 돌아 윤휴와 절교하였다. 이후 1674년 갑인 예송 때에도 송시열을 옹호하는 입장을 견지하였고, 1675년(숙종1) 허목·윤휴 일파의 죄상을 규탄하는 소를 올렸다가 진도(珍島)로 유배되었다. 《宋子大全隨箚》《白湖集年譜》《肅宗實錄 1年 1月 18日》

34) 박태두(朴泰斗) : 1637~1696. 본관은 반남(潘南), 자 백첨(伯瞻)이다. 조부는 금양위(錦陽尉) 박미(朴瀰)이고, 부친은 첨정(僉正) 박세교(朴世橋)이며, 외조모는 선조(宣祖)의 딸 정안옹주(貞安翁主)이다. 어려서부터 학문에 뜻이 있었고, 종숙부 박세채도 이를 격려하였다. 1675년(숙종1) 송시열이 유배되자, 사학(四學) 유생으로서 그를 변무(辨誣)하는 연명상소를 올렸다가 정거(停擧) 처벌을 받았다. 1680년(숙종6) 감역(監役)에 제수되었으며, 군수(郡守)를 지냈다.

35) 김익렴(金益廉) : 1622~1694. 본관은 광산(光山), 자는 원명(遠名), 호는 적곡(赤谷)이고, 송준길의 문인이다. 경종대 신임옥사를 주도한 김일경(金一鏡)의 조부이다. 1652년(효종3) 증광문과에 을과로 급제하고, 1659년 동지사의 서장관으로 청나라에 다녀왔다. 숙종 초년 사간(司諫)으로 있으면서 허목 등 남인의 예론을 비판하고 송시열을 신구하려다 삭탈되었다. 저서로 《역대요성록(歷代妖星錄)》(1644)이 있다.

"송시열은 신과 젊어서부터 교유가 있었는데, 비록 천성이 사리에 어둡고 꽉 막힌 사람임을 알고 있으나 학문을 향한 그의 진심만은 인정할 만합니다. 기해년(1659, 현종즉위) 성복(成服)[36]일에 송시열이 신에게 편지를 보내 사종설(四種說)을 적용[37]하고자 한다고 하기에, 신이 제왕가는 종통이 중요하니 사종설을 적용할 수 없다는 뜻으로 답신을 하였습니다.

경자년(1660, 현종1) 허목의 상소[38]가 올라왔을 때 시열은 이미 서울을 떠난 후였고, 이유태(李惟泰)만 홀로 조정에서 사종설을 힘써 주장하고 있었습니다. 송시열이 정론으로 돌아오지 못한 것은 또한 이유태가 그렇게 만든 것이었습니다. 이에 신이 유태에게 편지를 보내 이르기를,

'태왕(太王)의 종통은 태백(泰伯)이 아닌 왕계(王季)에게 돌아갔고,[39] 한나라 왕실의 종통은 임강(臨江)이 아닌 무릉(茂陵)에게 돌아갔습니다.[40] 종통이

---

36) 성복(成服) : 상을 당한 뒤 초종(初終), 습(襲), 소렴(小斂), 대렴(大斂) 등을 마친 뒤 상복으로 갈아입는 일을 이른다.

37) 사종설(四種說)을 적용 : 사종설은 《의례(儀禮)》〈상복(喪服) 참최(斬衰)〉에 "아버지가 장자를 위하여 참최 삼년(斬衰三年)을 입는다."는 조항에 대한 예외 규정을 이른다. 가공언(賈公彦)이 《의례주소(儀禮注疏)》에서 승중(承重)했더라도 삼년복을 입을 수 없는 네 가지 경우를 제시하였다. 구체적으로는 서자(庶子)가 승중한 체이부정(體而不正), 적손(嫡孫)이 승중한 정이불체(正而不體), 적자가 미처 승중하기 전에 죽은 정체이비전중(正體而非傳重), 서손(庶孫)이 승중한 전중이비정체(傳重而非正體)가 그것이다. 송시열은 효종에 대해 사종설 중 하나인 체이부정(體而不正)에 해당하므로 장렬왕후, 즉 자의대비는 효종을 위한 상복으로 기년복을 입어야 한다고 주장하였다. 송시열의 주장은 정체(正體)인 소현세자의 상에 인조가 이미 장자의 복을 입었기 때문에 효종이 대통을 계승한 것과는 별도로 대비는 둘째 아들[庶子]을 위한 복을 입어야 한다는 것이었다.

38) 허목의 상소 : 허목은 이 상소에서 사종설(四種說)에서 체이부정(體而不正)의 서자(庶子)는 첩자(妾子)만을 가리킨다고 하여 서자첩자설(庶子妾子說)을 주장하고, 따라서 효종은 체이부정에 해당되지 않는다고 하였다. 그는 효종이 본래는 차자(次子)였지만 종통을 계승한 이상 장자(長子)가 되어 정체전중(正體傳重)에 해당하므로, 《의례(儀禮) 자최장(齊衰章) 모위장자조(母爲長子條)》에 의하여 자의대비는 효종에게 자최삼년복을 입어야 한다고 주장하였다. 《顯宗實錄 1年 3月 16日》

39) 태왕(太王)의 …… 돌아갔고 : 태백(泰伯)은 주(周)나라 태왕(太王)의 장남으로, 태왕이 자신의 아우인 계력(季歷)에게 제후의 자리를 물려주려 하는 것을 알고 아우인 중옹(仲雍)과 함께 형만(荊蠻)으로 자취를 감춘 뒤 춘추시대 오(吳)나라의 시조가 되었다. '왕계'는 주 문왕(周文王)의 아버지 계력의 존칭이다.

있는 곳에 복(服)을 높이는 법이니, 복을 낮추게 되면 종통이 바뀌는 것입니다.'

라고 하였습니다.

또 허목에게 편지를 보내 말하기를,

'지금 장자(長者, 허목)의 논설을 살펴보니 질서가 정연하고 근거가 있는 말씀이었습니다. 옛말에 「제후는 탈종(奪宗)하고[41] 성서(聖庶)는 탈적(奪嫡)했다.[42]」 하였으니, 이미 종통을 계승하여 종묘사직을 지켜야 하는 무거운 책임을 받았으면 종(宗)도 여기에 있고 장(長)도 여기에 있는 것입니다.

무왕(武王)이 이미 천자가 되었으니 백읍고(伯邑考)에게 아들이 있다 해도 태왕(太王)·왕계(王季)의 적손이 될 수 없는 것[43]이고, 한 고조(漢高祖)가 황제가 되었으니 유중(劉中)[44]이 비록 맏이라도 풍패(豊沛)[45]의 종묘 제사를 맡을 수 없는 것입니다.

무왕이 돌아갔을 때 태사(太似)가 아직 살아 있었다면 당연히 계체(繼體)의 복을 입고 백읍고에게 종통을 돌리지 못했을 것이며, 한 고조가 돌아갔을 때 태공(太公)이 건재했다거나 광무(光武)가 돌아갔을 때 번후(樊后)[46]가 건재했

---

40) 한 …… 돌아갔습니다 : 임강왕(臨江王)은 한나라 경제(景帝)의 맏아들이며 무제(武帝)의 형인데, 무제가 형을 두고 태자가 되어 천자의 대통을 이었다. 무릉(茂陵)은 무제의 능이다.

41) 제후는 …… 하고 : 장자가 아닌 서자(庶子)라도 천자나 제후와 같은 통치자의 지위에 오르면 종통이 그에게 돌아감을 이른다.

42) 성서(聖庶)는 …… 했다 : 적장자가 계승하지 못하고 차자 이하가 대통을 이은 경우를 이른다. 성서(聖庶)는 성인 즉 제왕의 덕을 갖춘 서자라는 뜻으로, 장자인 백읍고(伯邑考)를 대신하여 왕위에 오른 주 무왕(周武王)과 같은 경우를 가리킨다.

43) 무왕(武王)이 …… 것 : 문왕은 백읍고(伯邑考)와 발(發)을 장남과 차남으로 두었는데, 장남 백읍고가 은(殷)나라에 인질로 가 있다가 죽임을 당하자 차남 발을 세웠다. 그가 주(周)나라 무왕(武王)이다. 장자가 아닌 서자라 해도 일단 천자나 제후의 지위에 올랐으면 종통의 계승자가 되는 것이므로, 설령 백읍고에게 아들이 있다 해도 적통을 계승할 지위는 무왕과 그 자손에게 옮겨가게 됨을 이른다.

44) 유중(劉中) : 한 고조(漢高祖) 유방(劉邦)의 형이다.

45) 풍패(豐沛) : 풍패는 패현(沛縣) 풍읍(豐邑)으로, 한(漢)나라를 개국한 유방(劉邦)의 고향이다. 본문에서는 한나라를 가리킨다.

46) 번후(樊后) : 후한(後漢) 광무제(光武帝)의 어머니이다.

다면, 유중·백승(伯升)[47]이 적자라 하여 고조·광무의 복을 낮출 수는 없었을 것입니다.'

라고 하였습니다.

지금 황세정이, 신이 허목에게 보낸 편지에서 '종통을 낮추고 지존을 둘로 만드는[卑宗貳尊] 주장'[48]이라 했다는 것은 대개 이를 가리킨 말입니다. 시열은 신의 편지를 보고, 신의 뜻이 자기를 죽이려는데 있다고 하며 신과의 교유를 끊었습니다.

세정 또한 일찍이 신의 주장이 옳고 시열의 주장이 그르다고 하다가 뜻밖에도 지금에 와 허튼 말을 무성하게 늘어놓으며 송시열을 옹호하는 소를 올렸습니다. 그가 '사화(士禍)가 크게 일어났다.'거나 '흉패하다.', '바른 이를 해친다.'라고 한 말들에 대해서는, 신은 또한 무슨 일을 말하는 것인지 모르겠습니다."

주상이 '충심어린 말이 간절하고 곧다.'고 좋은 말로 비답을 내리고 장려하였다. 정상룡(鄭祥龍)을 비롯한 충청, 전라 양도의 유생 수백여 명이 송시열의 억울함을 신구하는 소를 올리자 특명으로 소두(疏頭)[49]를 정배하였다.

○ 호군(護軍) 김수홍(金壽弘)[50]이 상소하여 말하기를,

---

47) 백승(伯升) : 후한 광무제의 맏형인 유연(劉縯)의 자이다.

48) 종통을 …… 주장 : 효종을 체이부정(體而不正)에 해당한다고 보아 기년복을 주장한 송시열에 대한 윤휴의 비판을 이른다. 황세정은 송시열의 예론에 대해 '군주를 낮추고 종통을 둘로 만들었다[卑主貳宗]'고 비판한 윤휴·허목의 주장을 하나하나 논박하며, 이들 때문에 송시열의 예론이 종통과 적통을 갈라놓았다는 부당한 혐의를 받게 되었다고 주장하였다. 《肅宗實錄 1年 1月 18日》

49) 소두(疏頭) : 연명(聯名) 상소의 대표자로 맨 먼저 서명하는 사람을 이른다. 소수(疏首)라고도 한다.

50) 김수홍(金壽弘) : 1601~1681. 본관은 안동(安東)이고, 할아버지는 우의정 김상용(金尙容)이며, 아버지는 호조정랑 김광환(金光煥)이다. 1624년(인조2) 진사가 되고, 1636년 성균관 유생으로 후금의 사신 용골대(龍骨大)를 참살하고 그 국서(國書)를 소각할 것을 상소하였다. 음보(蔭補)로 기용되어 숙종대 호조참판, 지돈녕부사 등을 역임하였다. 두 차례의 예송에서 같은 서인 송시열(宋時烈)의 주장에 반대하고, 남인이 주장하는 복제에 동조하여 효종의 적통과 종통을 분명히 해야 한다고 주장하였다.

“이조의 관안(官案)을 보니, 기해년(1659, 효종10) 복제의 일을 두고 신이 사특한 의론을 일삼으며[51] 신료들의 죄안(罪案)을 억지로 만들었다고 지목하였습니다. 이에 〈변장(辨長)〉과 〈논서(論庶)〉의 글 한 부씩을 올립니다.”

라고 하였다. 주상이 답하기를,

“국시(國是)가 이미 정해졌는데 관안(官案)의 문서가 어찌 후일의 증빙(證憑)이 되겠는가?”

하였다.

○ 이조참판 허목이 상소하여 말하기를,

“전하께서 탄생하시고 이미 강보를 떠날 춘추가 되었는데도 세자 책봉의 예를 시행하지 않기에, 신이 상소에서 일찍이 ‘아직 나라의 근본이 정해지지 않았다.’는 말을 하였는데,[52] 송시열이 이 말을 듣고 매우 싫어하는 말을 하였습니다. 그런데 지금 신을 공박하는 자가 ‘종통(宗統)·적통(嫡統)의 설을 끌어들여 죄로 삼았다.’고 하니, 신은 그게 무슨 말인지 모르겠습니다.”

라고 하였다.

주상이 “음험한 주장이니 혐의할 것이 못 된다.”라고 위유하였다.

---

51) 사특한 …… 일삼으며 : 1666년(현종7) 김수홍은 송시열에게 편지를 보내어 기년복을 주장한 송시열의 잘못을 꾸짖었다. 편지에서 김수홍은 서자첩자설(庶子妾子說)에 입각하여, 송시열의 의론이 선왕(先王)인 효종에게 천칭(賤稱)을 가한 것이라고 비판하였다. 김수홍은 이로 인해 사설(邪說)을 제창하여 망령되이 조정의 대례를 논의했다는 죄를 받고 사판에서 삭제되었다.

52) 신이 …… 하였는데 : 1663년(현종4) 8월 5일에 허목이 상소하여, 가의(賈誼)가 지은 《신서(新書)》의 〈보부편(保傅篇)〉을 인용하여 원자를 세자로 책봉하고, 사부(師傅)를 위임하기를 건의하였는데, 영의정 정태화(鄭太和), 예조판서 홍명하(洪命夏) 등이 원자의 탄생을 종묘에 고하고 경과(慶科)를 실시한 것으로도 이미 국본(國本)이 정해진 것이니, 조종조의 전례에 따라 세자 책봉례는 늦추어 행하는 것이 좋겠다는 의견을 내었다. 황세정(黃世楨)이 숙종 1년 1월 18일 올린 소에 따르면, 당시 국본을 서둘러 세우자고 주장한 허목의 의견은 남인들이 예론을 종통의 문제와 연계하여 전개한 것과 무관하지 않다는 의심을 받았다고 한다.

○ 문의(文義) 유생 황창(黃錩)이 상소하여, 송시열의 죄를 논핵하고 고묘(告廟)의 의식을 거행할 것을 청하자, 주상이 그 소를 보류해 두고 비답을 내리지 않았다.

○ 청주(淸州) 유생 유필명(柳弼明)이 상소하여 복제(服制)를 논하고, 이어 은(殷)·주(周)의 세계종통도(世系宗統圖)를 올렸으나,[53] 정원에서 봉입하지 않았다. 대사헌 윤휴가 주상에게 아뢰기를,

"일전에 영해(寧海) 유생 이만형(李萬亨)이 상소[54]하여, 조신(朝紳)을 욕보이며 도깨비 같은 무리가 조정에 가득하다고까지 하였고, 지금 또 청주 유생 유필명이 종통·적통이 돌아갈 바를 자세히 논하였는데 그 말의 대부분이 패역합니다. 이러한 상소는 마땅히 봉입하여 성상의 통렬한 질책을 받게 해야 하는데 승정원이 흐리멍덩하게 돌려주었으니 온당치 않습니다."

라고 하였다.

주상이 명하여 상소의 원본을 찾아 들이게 하고 하교하기를,

"유필명이 감히 종통은 자연히 돌아갈 바가 있다는 뜻으로 종이 가득

---

53) 청주 …… 올렸으나 : 숙종 원년(1675) 5월, 청주(淸州) 유생 유필명이 송시열 등이 주장한 대공설(大功說)을 지지하는 소를 올렸다. 이 상소에서 그는 은(殷)·주(周)의 세계 종통도(世系宗統圖)를 붙여 태갑(太甲)·태정(太丁)의 설을 주장하였는데, 이 주장에는 은의 태자였던 태정의 아들 태갑이 결국 왕위에 올랐던 것처럼 소현세자의 아들이 왕통을 이어야 한다는 논리로 비약될 수 있는 위험성이 내포되어 있었다. 상소가 올라온 후 윤휴가 그를 패역(悖逆)으로 논척하자 숙종이 의금부에 명하여 유필명을 역률(逆律)에 의거, 심문하도록 하였다. 《燃藜室記述 肅宗朝故事本末》 유필명의 상소는 남인이 송시열의 예론을 공격하는 논리, 즉 '군주를 낮추고 종통을 둘로 만들었다[卑主貳宗]'는 주장과 연계되어 송시열의 혐의를 더욱 가중시키고 그를 정계에서 축출하는 결과를 초래하였다.

54) 이만형(李萬亨)이 상소 : 1675년(숙종1) 4월 26일, 유생 이만형이 상소하여 윤휴가 복창군(福昌君) 이정(李楨), 복선군(福善君) 이남(李柟), 복평군(福平君) 이연(李㮒) 형제와 사사로이 왕래(往來)함을 논척하고, 더불어 홍우원(洪宇遠)이 명성대비가 정치에 관여하는 것을 제재하도록 숙종에게 요청한 일을 비판하였다. 이만형의 상소는 2차 예송의 패배와 국구(國舅) 김우명에 대한 남인의 반격으로 서인세력이 더욱 수세에 몰린 상황에서 서인 측의 입장을 옹호하기 위해 올려졌다.

장황한 말을 늘어놓으며, 외람되게도 태정(太丁)과 태갑(太甲)의 설[55]을 인용하였는데, 비유가 당치 않다.

또 요 근래 천재지변을 두고 모두 송시열이 죄를 받았기 때문에 일어난 것이라 하였으니 이야말로 송시열이 있음만 알고 효묘(孝廟)가 있음은 알지 못한 것이다. 즉시 국청을 열어 그를 사주해 소장을 만들어준 사람이 누구인지 엄히 심문하여 반드시 적발하라.

이만형의 상소에서 송시열을 일세의 유종(儒宗)이라 한 것은 진실로 한번 웃음거리도 안 되는 일이며, 기해년(1659, 현종즉위) 예제의 의론을 한때의 우연한 일로 치부한 것 또한 지극히 통탄스러우니 먼 변방에 정배하라."

하였다. -이후 허목의 진달[56]에 따라 유벌(儒罰)[57]을 시행하였다.-

영의적 허적이 차자를 올려 말하기를,

"유필명이 역모를 꾀한 것도 아닌데 대신이 추국하면 이에 대해 안 좋은 말들이 있을 것이니 의금부로 하여금 국문하게 하소서."

하였는데, 주상이 엄한 비답을 내려 허락하지 않았다. -유필명이 스스로 우암(尤菴)[58]의 문인이라 칭하며 스승의 억울함을 호소하려 하였으나 글을 알지 못하였으므로 사람을 청해 소를 지어 올렸다. 그런데 그 상소에 있는 말이 종통·적통의 설을 가지고 도리어 시인(時人)이 거짓으로 무함하는 말을 사실로 만들었으므로 국청을 열기에 이르렀으니, 대개 필명이 시인에게 속은 것이다.-

장령 조사기(趙嗣基)가 전 대사헌 이유태(李惟泰), 전 집의 이상(李翔)[59]이

---

55) 태정(太丁)과 태갑(太甲)의 설 : 태정은 은(殷)나라 탕왕(湯王)의 장자였는데 일찍 죽었다. 당시 그의 동생인 외병(外丙)은 두 살이고 중임(仲壬)은 네 살이어서 태정의 아들인 태갑(太甲)이 왕통을 이었다.

56) 허목의 진달 : 《숙종실록(肅宗實錄) 1년 5월 25일》 기사 및 《연려실기술(燃藜室記述) 숙종조고사본말(肅宗朝故事本末)》에는 허목이 아닌 허적의 진달로 되어 있다.

57) 유벌(儒罰) : 유생이 유가(儒家)의 규범에 어긋나는 행위를 하였을 때, 그 유생에 대하여 자치적으로 제재를 가하는 징벌(懲罰)이다. 묵삭(墨削)·명고 영삭(鳴鼓永削)·부황영삭(付黃永削)·영손손도(永損損徒)·영출재(永黜齋) 등이 있었는데, 유벌을 받은 유생은 과거에 나아갈 수 없었고, 영원히 선비로 호칭되지 못하였다. 《新編太學志 5章 儒罰》

58) 우암(尤菴) : 송시열(宋時烈, 1607~1689)의 호이다.

편당(偏黨)을 지어 현혹하고 예를 그르치는데 빌붙은 죄를 논박하고, 아울러 멀리 찬배하라 청하였다. 또 전 사예 김익렴(金益廉)이 상소하여 송시열을 신구한 죄를 논하며 삭출하라 청하니, 모두 그대로 따랐다.

◯ 대사헌 윤휴 -장령 조사기, 지평 유하익(兪夏益)[60]·이항(李沆)- 등이 아뢰기를,

"송시열은 가장 무거운 죄를 지은 사람인데, 명색은 원찬(遠竄)이라 하나 실상은 북로(北路)의 초입[61]에 있습니다. 조정의 뜻이 관대히 처분하는 데서 나왔다 하겠으나 송시열은 우매하고 공손하지 못하여 뉘우치는 마음이 없습니다. 하물며 북로는 태조의 고향으로 인심이 순후한 곳이니 시열이 그곳에 있으면 속이고 미혹시키기에 충분합니다. 남쪽으로 옮겨 안치(安置)[62]하소서."

하였다. -장기현(長鬐縣)으로 이배[63]하였다.-

대사헌 이무(李袤)[64] -집의 오정창(吳挺昌), 장령 조사기, 지평 유하익·이항- 등이

59) 이상(李翔) : 1620~1690. 본관은 우봉(牛峯), 자 운거(雲擧)·숙우(叔羽), 호 타우(打愚)이다. 김집(金集)·송시열(宋時烈)의 문인이다. 1658년(효종9) 박세채·윤증과 함께 유일(遺逸)로 천거되어 지평·장령·집의 등을 역임하였다. 현종 말년의 예송에서 남인인 허적을 탄핵하다가 실세하였으나, 1680년(숙종6) 경신환국으로 서인이 집권하자 김수항의 천거로 재등용되어 형조참의·대사헌 등을 지냈다. 숙종 연간에 노론과 소론이 분기할 때에는 노론의 편에 서서 남인의 등용을 주장하는 소론을 비판하였다. 1690년(숙종16), 계모와 근친상간의 혐의가 있는 천안의 유두성(柳斗星)에 관해 조사하여 처리하자는 상소를 올렸다가 상소의 내용이 무고라는 탄핵을 받고 조사를 받던 중 옥사하였다.

60) 유하익(兪夏益) : 1631~1699. 본관은 기계(杞溪), 자는 사겸(士謙), 호는 백인당(百忍堂)이다. 1651년(효종2) 진사시, 1660년(현종1) 증광문과에 급제하여 청요직을 두루 역임하였다. 1680년(숙종6) 경신환국으로 문외출송(門外出送)되었다가 1689년 기사환국 이후 도승지·형조판서 등을 역임하였다. 1694년 갑술환국으로 남인이 정권에서 물러날 때 같이 삭출되었다가 2년 뒤에 풀려났다.

61) 북로(北路)의 초입 : 구체적으로는 함경도 덕원(德源)을 이른다. 송시열은 1674년(현종15) 갑인 예송으로 서인이 실각한 후 이듬해 1월 함경도 덕원으로 유배되었다.

62) 안치(安置) : 죄인을 정배한 지역 안에서도 일정한 구역 안에서만 활동하도록 제한하는 형벌을 이른다.

63) 장기현(長鬐縣)으로 이배 : 갑인년(1674, 현종15) 예송에서 서인이 패하자 송시열은 예를 그르친 죄로 파직, 삭출되었고, 1675년(숙종1) 정월 함경도 덕원으로 유배되었다가 뒤에 장기·거제 등지로 이배되었다.

또 송시열을 천극(荐棘)[65]에 처할 것을 청하였다.

○ 유학(幼學) 박헌(朴瀗)이 상소하여[66] 대략 다음과 같이 말하였다.

“송시열은 선왕(先王) 즉위 초에 나라의 형세가 위급함을 알고 은밀히 후일을 도모하는 계략을 세워, 감히 단궁의 문[檀弓免]과 자유의 마최[子游衰]설[67]을 인용하여 밖으로 사람들의 이목을 현혹시키고 안으로는 빌붙을 곳이 있어서 저 스스로는 나에게 심오한 계책이 있다 여겼으니 어느 누가 이를 알아차릴 수 있었겠습니까?

윤선도의 상소[68]에서 그 심사를 약간 폭로하였고, 조경(趙絅)과 유세철(柳世

---

64) 이무(李袤) : 1600~1684. 본관은 한산(韓山), 자는 연지(延之), 호는 과암(果菴)이다. 이산해(李山海)의 손자이자 이경전(李慶全)의 아들이다. 1629년(인조7) 별시문과에 병과로 급제하여 관직에 나갔다. 현종 말 갑인 예송이 남인의 승리로 귀결되고, 이어 숙종이 즉위하면서 남인이 정국의 주도권을 장악하자 그동안 정치 참여에 제한적이었던 남인의 정계 진출이 활발하였는데, 이무도 그들 중 한 사람으로, 허목(許穆), 윤휴(尹鑴) 등과 함께 숙종 전반(前半) 청남(淸南)의 정론을 대변하였다.

65) 천극(荐棘) : 위리안치(圍籬安置)에 속하는 형벌이다. 위리는 안치한 구역에 울타리를 쳐서 출입을 제한하는 것을 이른다. 천극은 죄인이 거처하는 집 가까이에 처마 높이로 나무 울타리를 치고 다시 그 위에 가시울타리를 둘러쳐서 죄인이 하루 종일 해를 볼 수 없을 정도로 바깥세상과 격리시키는 형벌이다. 본문에서 이미 안치되어 있는 송시열에게 천극을 더한다는 것은 처벌이 한 단계 강화된다는 상징적인 의미를 갖는다.

66) 박헌(朴瀗)이 상소하여 : 1675년(숙종1) 6월, 박헌이 송시열을 논척하며 극형에 처하라는 소를 올렸는데, 서인은 이 상소가 윤휴의 사주를 받아 작성된 것이라고 보았다.《肅宗實錄 1年 6月 14日》

67) 단궁의 …… 마최설 : 단궁문(檀弓免)과 자유최(子游衰)는 모두 그릇된 예를 적용한 것에 대한 조롱을 가리킨다. 단궁은 춘추시대 노(魯)나라의 예를 잘 안 사람을 말하고 문(免)이란 곧 오세(五世)의 친족에게 입는 복제(服制)이다. 당시 공의중자(公儀仲子)라는 사람이 일찍이 맏아들이 죽자 적손(嫡孫)을 승중(承重)으로 삼지 않고 둘째 아들을 후사로 삼았기 때문에 단궁이 공의중자의 초상에 가서 그에게 입지 않아야 할 문복을 입어 그것이 예에 어긋났음을 조롱했던 데서 온 말이다. 또 자유(子游)는 공자의 제자로, 사구(司寇) 혜자(惠子)가 일찍이 적자(適子)를 버리고 서자(庶子)를 후사로 삼자 자유가 혜자의 초상에 가서 그에게 입을 수 없는 중복(重服)인 마최(麻衰)를 입어 그의 무례함을 조롱했다는 고사가 있다. 예송 당시 윤휴·허목 등 남인들은 송시열이 이 고사를 인용하여 효종의 왕위 계승을 폄하하였다고 주장하였다.

68) 윤선도의 상소 : 효종을 체이부정에 해당한다고 보아 기년복을 주장한 송시열을 비판하

哲) 등의 상소[69]에서 그 흉계를 더욱 뚜렷하게 드러내자 이에 스스로 숨기기 어려움을 알고 은밀히 주구들을 사주하여 소를 태워버리라 청하는가하면 법에 따라 죄를 주라 청하는 등 임금의 총명을 속이고 그 행적을 가렸습니다."

또 말하였다.

"송시열은 '선왕께서 그 정상을 훤히 알게 된 것은 틀림없이 서너 명의 공자(公子) 때문일 것'[70]이라는 음험한 말을 창도하여 일망타진할 계략으로 삼았다가 성명(聖明)이 밝게 살피시어 멀리 유배되기에 이르자 온갖 방법으로 염탐하며 안으로 자전의 마음을 놀래 동요하게 하고 밖으로는 전하의 총명을 미혹시켰습니다.

이정(李楨)과 이남(李柟) 등이 스스로 망측한 죄에 빠지자, 또 다시 기회를 타서 무함함으로써 전일의 계략을 이루려 하였습니다. 시열이 효묘에게 적통을 돌리지 않으려는 것은 전하로 하여금 종통·적통의 주인이 되지 못하고 한갓 헛된 지위에 앉아 위에서 고립되게 만들려는 것입니다."

며 윤선도가 1660년(현종1) 4월 18일 올린 〈논례소(論禮疏)〉를 이른다. 윤선도는 이 상소에서 효종에 대한 자의대비의 복제를 자최삼년복(齊衰三年服)으로 주장하였는데, 그 근거로서 적통(嫡統)을 이어받은 아들은 할아버지와 체(體)가 된다는 점과 아버지가 적자의 상에 참최삼년복(斬衰三年服)을 입는 것은 자식을 위해서가 아니라 조종(祖宗)의 종통을 이어받아서라는 점을 강조하고, 송시열의 예설이 군주의 종통과 적통을 둘로 나누어서 결과적으로 '군부를 폄훼[貶薄君父]'한 주장이라고 비판하였다.

69) 조경(趙絅)과 …… 상소 : 조경의 상소는 윤선도가 서인의 공격을 받고 삼수에 유배된 후 윤선도를 신구하고 서인 예론의 오류를 논변한 것을 이른다. 유세철의 상소는, 1666년(현종7) 경상도 유생 유세철(柳世哲) 등 1000여 명이 연명으로 서인 측의 기년설을 반박하는 내용으로 올린 〈의례소(議禮疏)〉를 이른다. 이 상소에서 유세철이 《상복고증(喪服考證)》 29조를 첨부하여, 송시열의 기년설을 비판하고 허목·윤선도의 삼년설을 지지하자, 서인 측에서 반박 상소를 올리는 등 예송을 둘러싼 서·남 간의 갈등과 대립은 더욱 격화되었다.

70) 선왕께서 …… 것 : 박헌은 상소에서, 현종이 사종설에 근거한 서인의 예론을 배척하고 남인의 예론을 채택한 배후에는 서인을 비방하는 복창군 형제의 참소가 있었다는 말을 송시열이 퍼트리고 다닌다는 주장을 하였다. '선왕(先王)께서 그 정상을 훤히 알게 된 것은 틀림없이 서너 명의 공자(公子) 때문일 것'이라는 본문의 말은 송시열이 어린 숙종의 마음을 시험하려 한 음험한 주장이라며 박헌이 아뢴 내용이다. 《肅宗實錄 1年 6月 14日》

허적이 차자를 올려 말하기를,

"박헌이 올린 상소는 그 말뜻이 흉악한 거짓이니, '선왕께서 그 정상을 훤히 알게 된 것은 틀림없이 서너 명의 공자(公子) 때문일 것'이라는 주장은 어디에서 듣고 감히 글로 적어놓는 것입니까? '안으로 자전의 마음을 놀래 동요하게 하고 밖으로는 전하의 총명을 미혹시켰다.'라고 한 것은 더더욱 터무니없는 말입니다."

하고, 또 말하기를,

"방자하게도 '은밀히 통하였다.'[71]는 주장을 존귀하신 자전께 경솔히 행하였으니 그 불경함은 임금에 대해 언급한 것과 비교할 바가 아닙니다. 또 들으니, 이 사람은 글에 능하지 못하여 예사로운 과거 공부에서도 제대로 된 모양새의 글을 짓지 못한다고 합니다. 지금 승정원으로 불러들여 그에게 글을 하나 지어보게 한다면 사실 여부를 숨기지 못할 터이니 틀림없이 그 정상이 드러나게 될 것입니다."

하니, 주상이 답하기를,

"박헌의 상소가 음험하기에 장차 심문하려던 참이다. 지금 경의 차자를

---

71) 은밀히 통하였다 : 1675년(숙종1) 3월에 청풍부원군(淸風府院君) 김우명(金佑明)이 상소하여 이른바 삼복(三福) 형제의 비리를 들추고 이들이 궁녀와 간통하였다고 논핵한 일이 있었다. 이때의 차자에서 김우명은 복창군의 죄상을 논함과 동시에 자전과 임금 사이를 이간하는 무리가 있다는 말을 비치고 임금이 효성으로 자전의 뜻을 받들 것을 강조하였다.《肅宗實錄 1年 3月 12日》이에 영의정 허적을 비롯한 남인들은 복창군 형제의 혐의가 애매하고, 청풍부원군 김우명이 궁녀에게 무고한 자백을 받아 왕손을 죽이려 한다고 주장하였다. 이와 같은 남인의 정치 공세로 인해 김우명이 오히려 반좌율을 받을 위기에 처하여 의금부에서 대죄(待罪)하게 되었다. 이 문제를 논의하기 위해서 숙종이 대신들을 인견(引見)할 때 김우명의 딸인 명성대비가 문을 사이에 두고 참석하여 삼복 형제의 전횡이 사실임을 대신들에게 설명하였다.《肅宗實錄 1年 3月 12日, 13日, 14日》이 문제를 두고 박헌의 상소에서는 송시열이 '자전을 놀라게 하여 동요시켰다.[驚動慈聖]'고 하여, 정사에 참여하지 않아야 할 대비가 송시열의 편에 서서 부당하게 간여하여 복창군 형제를 엄벌에 처하게 했다고 비판하였다. 이에 대해 허적은 박헌이 말한 '자전을 놀라게 하여 동요시켰다.[驚動慈聖]'는 말은 곧 송시열이 대비와 '은밀히 통하였다.[僭通]'는 뜻을 함의한다며 박헌의 언사를 방자하다고 비판하였다.《燃藜室記述 肅宗朝故事本末 甲寅乙卯時事》

보니 실로 내 마음과 같다."

하였다.

○ 자전이 약방(藥房)에 언문으로 하교하여 대략 다음과 같이 말하였다.

"살아도 전혀 쓸모없는 사람이 지금껏 살아있는 것이 실로 한스럽다. 차마 들을 수 없는 모욕이 선왕에게 미쳤고,[72] 또 나로 인해 주상의 성덕에 해를 끼친 것이 많은데, 내가 즉시 죽지 못하여 이와 같은 말[73]을 들었으니,

---

72) 차마 …… 미쳤고 : 1675년(숙종1) 원접사 오시수(吳始壽)가 현종의 상에 조문하러 온 청나라 사신을 접대하고 돌아와 통관(通官) 장효례의 말이라고 하면서 선왕이 강성한 신하에게 견제를 받았기 때문에 이를 긍휼히 여긴 황제가 특별히 명하여 두 차례나 치제(致祭)하게 한 은전을 내렸다고 숙종에게 아뢴 일을 이른다. 원래 청나라 황제가 조선의 신권이 왕권을 제어할 정도로 강하다고 말했다는 '주약신강지설(主弱臣强之說)'은 1671년(현종12) 동지사 이남(李柟)의 보고로 처음 알려졌다. 정사(正使) 이남과 부사(副使) 정익(鄭榏) 등이 귀국하면서 산해관(山海關)에서 청국에서의 상황을 먼저 보고하였다. 이 보고에서 이남 등은 청나라의 건청궁(乾淸宮)에서 황제를 만난 사실을 말하면서, 황제가 조선의 백성이 빈궁한 이유는 신하가 강하기 때문이라고 하며 이 말을 돌아가 조선 국왕에게 전달하라고 했다고 하였다. 《顯宗改修實錄 12年 2月 20日》 동지사의 보고를 접한 조선 조정에서는 이에 대한 대책을 논의하였다. 현종은 이 발언이 후일에 혹시라도 파장이 없을까를 고민하였으나, 자리에 참석하였던 허적(許積)은 우대하는 뜻에서 나온 것이므로 근심할 것이 없다고 하였다. 지중추부사 유혁연(柳赫然)은 허적의 입장에 동조하였으나 병조판서 김좌명(金佐明)은 심각한 우려의 뜻을 표하였다. 《顯宗實錄 12年 2月 21日》 논의는 몇 개월을 이어가다가 그 해 8월에 사은사를 보내 이를 해명하자는 안이 결정되었다. 《顯宗實錄 12年 8月 8日》 이 문제는 한동안 잠잠해 있다가 1673년(현종14) 9월 26일 당시 민신(閔愼)의 대복사(代服事)로 인해 수세에 몰려있던 행판중추부사 송시열이 상소하여 자신이 신강설(臣强說)의 논리로 공격당하고 있다고 주장하여 다시 불거졌다. 이후 1675년(숙종1) 현종의 상에 조문하러 온 칙사를 영접하고 돌아온 원접사 오시수의 주장으로 이 문제가 다시 재론되었다. 이때 오시수는 역관 장효례(張孝禮)의 말을 근거로 삼았고 또한 황해도 감사 윤계(尹堦)도 같은 말을 들었다고 주장하였으나 윤계는 두 차례 상소하여 자신은 그러한 말을 들은 일이 없다고 주장하였다. 이후 1680년(숙종6) 경신환국(庚申換局)의 와중에, 서인측은 이남·오시수가 주장한 신강설에 대해 철저한 재조사를 주장하였다. 《肅宗實錄 1年 3月 2日·3日·28日, 4月 25日, 6年 6月 6日》

73) 이와 같은 말 : 1675년(숙종1) 6월, 유학(幼學) 박헌(朴瀗)이 올린 소에서 '자전을 놀라게 하여 동요시켰다.'고 한 말을 가리키는데, 이 말에는 송시열이 대비와 은밀히 통하여 대비를 동요시켰다는 뜻이 내포되어 있었다.

그저 속히 죽기만을 바랄 뿐이다. 이러한 마음이 진정되지 않았는데 다시 이러한 망극한 일[74]을 당하니 마음 둘 바를 모르겠고 정신이 혼미하니 입을 닫고 말없이 죽고 싶을 뿐이다. 이러한 뜻을 아래에서 어찌 다 알겠는가?"

○ 도승지 이홍연(李弘淵)[75]이 다음과 같이 아뢰었다.

"박헌을 불러 과거응시자의 예에 따라 뜰아래에 앉히고 문제를 내어 주었더니, 처음에는 '이러한 일은 전대(前代)에 없던 일이니 결코 새로 만들어 시행할 수 없다.' 하여 신이 어명이니 따라야 한다고 꾸짖었습니다. 이에 박헌이 비로소 글의 초안을 작성하므로 그에게 정서(正書)하여 내라 하자 잘 만들어내지 못하였을 뿐만 아니라 '조괄(趙括)의 어머니가 글을 올리다.'[76]라는 시제로 문제를 대신하였을 때는 대충 성의 없이 논하다가 전일에 그가 올린 소의 내용을 삽입하여 뒤섞어 문자를 만들었습니다. 대신이 그가 '글에 능하지 못하다.'고 한 말은 사실인 듯하니, 감히 아룁니다."

전교하여 말하였다.

"작년 예를 의논할 때, 선왕께서 친히 《예경(禮經)》을 살피시어 대례(大禮)를

---

74) 망극한 일 : 명성대비의 아버지인 청풍부원군(淸風府院君) 김우명(金佑明)이 숙종 1년 6월 57세를 일기로 졸한 일을 이른다.

75) 이홍연(李弘淵) : 1604~1683. 본관은 한산(韓山), 자는 정백(靜伯)·이정(而靜), 호는 삼죽(三竹)이다. 1624년(인조2) 생원시, 1637년 정시문과에 급제하여 인조·효종 연간 청요직을 두루 거쳤다. 1675년(숙종1) 도승지로서 김수항을 옹호하다가 파직 당하였다. 1680년 경신환국 이후 대사간을 거쳐 공조판서를 지내고 좌참찬으로 기로소에 들어갔다.

76) 조괄(趙括)의 …… 올리다 : 조괄은 전국시대 조(趙)나라의 장수이다. 일찍이 부친인 마복군(馬服君) 조사(趙奢)에게 병법(兵法)을 배워 병학(兵學)에 달통하였다고 자부하였으나 부친은 한 번도 잘한다고 칭찬하지 않았다. 부인이 그 이유를 묻자, 조사가 대답하기를, "전쟁은 죽는 자리인데 조괄이 쉽게 말하니, 만일 훗날 우리 조나라에서 저 아이를 장수로 임명한다면 조나라 군대를 패망하게 할 자는 반드시 저 아이일 것이다."라고 하였다. 그 후 조왕(趙王)이 조괄을 대장에 임명하려 하자, 그의 어머니가 조왕에게 글을 올려 죽은 남편의 말을 아뢰고 그를 대장에 임명하지 말 것을 간곡히 청하였으나 조왕은 듣지 않았다. 조괄은 진군(秦軍)을 맞아 장평(長平)에서 싸우면서 적을 얕잡아 보다가 결국 패하였고 조나라의 40만 대군이 몰살당하였다. 《史記 卷81 廉頗藺相如列傳》

바로잡으셨는데, 어찌 그 사이에 두 서너 공자의 의론이 끼어들 리가 있었겠는가? 더구나 '자전의 마음을 놀라게 하여 동요시켰다.'라고 한 것은 더욱 통분할 만하고 해괴하다. 즉시 박헌을 잡아들이고 그를 사주하여 소를 지어 준 사람이 누구인지 국문하여 아뢰라."

승지 조사기(趙嗣基)가 상소하여 박헌을 구원하였는데, 대략 다음과 같이 말하였다.

"지금 군신 상하가 한 뜻으로 정성을 다하는 것이 자전의 마음을 편안케 하고 자전의 뜻을 기쁘게 하는 것보다 큰 것이 어디에 있겠습니까? 전하께서 위로는 선왕을 잃으신 후 믿을 곳은 자전이니, 한결같은 정성으로 지극히 공경하고 지극히 효도함에 어찌 끝이 있겠습니까?

신은 전하께서 자전을 섬기심에 분명코 한 가지 일도 부족함이 없음을 알고 있고, 조신(朝臣)들로 말하자면 전하께서 더욱 성효(誠孝)를 다하도록 보도(輔導)할 방도를 생각하고 있습니다. 그러하니 전하께서는 효를 지극히 하시고 자전께서는 자애를 지극히 베푸시는[77] 모습을 보이시어 화락한 기운이 쉼 없이 흘러넘친다면 어떠하겠습니까?

깊고 아름다운 덕을 지니신 자전께서 마음에 불안함이 있는 듯하고 심지어 애통한 하교를 내리셨으나, 신은 되풀이하여 생각하여도 그 이유를 알지 못하겠습니다. 청컨대 신을 주벌하시어 그 죄를 받게 하시고 이로써 전하의 허물이 없다는 것을 밝히소서.

자전께서 말씀하시기를 '차마 들을 수 없는 모욕이 선왕에게 미쳤다.' 하시고, 또 말씀하시기를 '나로 인해 주상의 성덕에 해를 끼쳤다.' 하셨습니다.

---

77) 효를 …… 베푸시는 : 《대학장구》전3장에 "《시경》에 이르기를 '깊고 원대한 문왕이여, 아, 광명하고 공경하여 그치시다.' 하였으니, 문왕께서는 임금이 되어서는 인에 그치고, 신하가 되어서는 공경에 그치며, 자식이 되어서는 효에 그치고, 아버지가 되어서는 자애로움에 그치고, 나라 사람들과 사귈 때는 신에 그치었다.[詩云'穆穆文王, 於緝熙敬止.' 爲人君止於仁, 爲人臣止於敬, 爲人子止於孝, 爲人父止於慈, 與國人交止於信.]"라고 한 구절을 원용한 말이다.

아! 자전의 이러한 하교는 전하의 허물입니까? 아니면 조신(朝臣)들의 허물입니까? 만약 털끝만큼이라도 이러한 잘못이 있는데 전하와 조정이 깨닫지 못하고 있는 것이라면 이는 신하들의 죄이고, 만약 털끝만큼이라도 이러한 잘못이 없는데 자전으로 하여금 이렇듯 지나친 근심을 하게 만든 것이라면 이 또한 신하들의 죄입니다.

엎드려 바라건대 전하께서는 기운을 안정시키고 목소리를 온화하게 하여 모든 허물을 자신의 잘못으로 돌리는 말을 자전께 아뢰고, 자전께서 기뻐하지 않으시는 이유가 무슨 일 때문인지를 명확하게 알아내서 허물이 전하께 있으면 속히 고치시고 죄가 조정에 있다면 전형(典刑)을 분명하게 시행하소서.

신은, 대신들이 입시하여 전하께 자전의 하교에 대해 여쭙자 전하께서 '박헌(朴瀗)의 상소가 들어왔을 때, 마침 자전을 곁에서 모시고 있었는데, 자전께서 이 소를 보시고 편치 못한 마음에 이러한 하교가 있게 되었다.' 라고 하셨다는 말을 듣고, 놀란 혼이 절로 가라앉았고 마음은 기쁘고 다행스러웠습니다. 자전께서 편치 않으신 이유가 과연 일개 박헌에게 있다면, 썩은 병아리 같은 박헌의 무리는 극형에 처한다 해도 그 죄를 용서받기에 부족할 것입니다.

그러나 박헌의 상소가 한번 올라오자 온 조정이 그를 죽이려 한 것은 대개 그 소의 뜻이 음험하고 편벽된데다 공교롭게도 한때의 기휘(忌諱)하는 바에 적중하였기 때문입니다. 말이 선왕과 자전에게 미친 것은 대개 외간에서 말을 지어내는 자들이 형편없다는 것을 말한 것이지 선왕과 자전에게 해를 끼치려 한 것은 아니었습니다. 이것은 비방한 것과는 차이가 있으니, 지금 일률적으로 중죄로 다스린다면 다만 외간 사람들을 기쁘게 하는 일이자 다만 자전께 원망이 돌아가도록 만들기에 충분한 일입니다."

주상이 비답을 내리지 않고 하교하기를,

"조사기의 이 상소를 보니, 근밀한 곳에 있는 몸으로 감히 자식으로서는 차마 들을 수 없는 말로 방자하게 상소하여 위험한 사람을 구제하려 하였다.

관작을 삭탈하라."

하였다.

○ 전교하여 말하였다.

"선왕의 행장 중에 예를 의논한 대목이 끝끝내 명백하지 못하였으니,[78] 이조판서 윤휴를 명초(命招)하여 개찬하게 하라."

○ 판부사 김수항(金壽恒)이 차자를 올려 대략 다음과 같이 말하였다.

"금일 조정의 신하들이 송시열의 죄를 논하면서 번번이 나라의 명령을 쥐고 위복(威福)을 행사한 것으로 죄를 삼고 있습니다. 만약 시열에게 정말로 나라를 마음대로 좌지우지한 죄가 있다 해도 시종일관 그에게 위임한 사람은 효종과 선왕이 아닙니까? 효종의 성명(聖明)과 선왕의 명철함으로, 아래로부터 견제를 받아 국정을 농단하는 자에게 맡겨두고 이를 바로잡지 못하였단 말입니까?

78) 예를 …… 못하니 : 이단하가 지은 현종의 〈행장(行狀)〉 내용 중 "대비의 상례에 …… 먼저 아뢰지도 않고 대공복을 대왕대비의 복제로 삼았다. …… 특별히 기년복으로 고칠 것을 명했으며, 또 아뢰지 않았다는 이유로 예관을 죄준 연후에 국가의 전례(典禮)가 비로소 정해졌다."는 구절을 두고 숙종은 "선왕께서 복제의 잘못을 통촉하시고 이정(釐正)하신 뒤에 대신 및 예관의 죄를 물으셨다."는 뜻을 명백히 담아 수정하라고 하명하였다. 이에 이단하가 "아뢰지 않았다 하여 예관을 죄주고, 대답을 잘못했다[失對]는 이유로 수상 김수흥(金壽興)을 죄주었다."고 수정하여 올리자 숙종은 재차 "다른 의논에 빌붙어 추종[附託]하였기 때문에 영의정을 죄주었다."고 고치라 명하였다. 여기에서 다른 의논이란 송시열의 예론을 가리킨다. 당시 숙종은 예송에서 영의정 김수흥이 유배된 근본적인 원인은 그릇된 예론을 주창한 송시열에게 있다는 것을 분명히 하고자 하였다. 숙종은 이와 같은 정치적 의도를 가지고 "왕이 공경(公卿)에게 명하여 모여서 의논하게 하였다."는 문구도 수정하게 하였다. 이단하가 "공경이 의례(儀禮)의 사종설(四種說)로써 대답하였는데, 이는 본래 송시열이 인용한[所引] 말이다."라고 고쳐 올리자 숙종이 재차 '소인(所引)'을 '오인(誤引)'으로 고치라 명하였다. 《肅宗實錄 卽位年 11月 1日·30日》 이단하는 할 수 없이 명에 따라 내용을 고친 후 곧 물러나와 스승 송시열을 옹호하는 상소문을 올렸다. 그러자 숙종은 "이모(李某)는 스승이 있는 것만 알고 임금이 있는 것은 알지 못하는구나."라고 꾸짖고 이단하를 파직하였다. 《宋子大全 隨箚 卷5》

지난 번 '신하가 강하다.[臣强]'는 말이 역관의 입에서 나왔을 때 군신 상하가 모두 통분하여 그 무함을 밝히려는 거조가 있었는데, 이 어찌 신하를 위해 말하려던 것이었겠습니까? 이미 '신하가 강하다.'고 했으면 군주가 약하다는 뜻이 그 안에 있는 것입니다. 그때 자전께서 선왕이 무함을 받았다고 비통해하신 것은 또한 '신하가 강하다.'는 두 글자 때문이었습니다.

나라의 명령을 쥐고 위복을 제멋대로 휘둘렀다는 강한 신하가 누구란 말입니까? 그렇다면 지금 변무(辨誣)할 일은 다른 나라에 있는 것이 아니라 조정에 있다 할 것입니다. 다른 나라에 있으면 변무하고 조정에 있으면 그냥 방치한다 하면 과연 어떻겠습니까?"

또 말하였다.

"전후로 진언한 자들은 대부분 인륜을 벗어난 이들로서 심지어는 전하에게 '자전의 동정을 살피라.[照管]'[79]고까지 하였습니다. 예부터 자식으로서 부모의 동정을 살폈다는 일은 들어본 적이 없으니 어찌 이치를 거스르는 말이

---

79) 자전의 동정을 살피라[照管] : 1675년(숙종1) 3월에 청풍부원군(淸風府院君) 김우명(金佑明)이 상소하여 이른바 삼복(三福) 형제의 비리를 거론하고 이들이 궁녀와 간통하였다고 논핵하였는데, 이 문제를 논의하기 위해 숙종이 대신들을 인견(引見)하였을 때 명성대비가 문을 사이에 두고 자리하여 그간의 사정을 대신들에게 설명하였다.《肅宗實錄 1年 3月 12日·13日·14日》 이에 윤휴·홍우원 등은 명성대비가 정치에 관여하는 것을 제재하도록 숙종에게 요청하였는데, 그때 했다는 말이 '조관자성(照管慈聖)'으로 알려져 있다. 이에 대해 서인 측에서는 윤휴가 "자성의 행동을 단속[管束]하여 절대로 이와 같은 거조(擧措)가 없게 하셔야 합니다."라는 패륜적인 말을 했고, 그 불손한 어의를 차마 그대로 쓸 수 없었던 승지 이하진(李夏鎭)이 '관속' 대신 '조관'으로 고쳐 썼다고 하였다.《肅宗實錄 1年 4月 25日》 '관속'이나 '조관' 모두 넓게 보아 '감시하여 단속'한다는 뜻을 가지고 있으나 조관은 관속보다 조금 순화된 표현이라 할 수 있다. 노론 당론서 《아아록(我我錄)》은 윤휴가 '관속'이란 표현과 함께 탑전(榻前)에서 '암탉', '밝게 비춤' 등의 말을 했다고도 전하고 있다. 이에 대해 윤휴의 문집 《백호전서(白湖全書)》〈연보(年譜)〉에서는 애당초 윤휴가 사용한 용어는 '관속'이 아닌 '조관'이었다고 하였다. 윤휴 측은 김수항 등 서인이 이 '조관'이란 용어를 가지고 윤휴를 무함하는 근거로 삼으려 하였으나, '조관'은 옛날 사람들이 군신(君臣)·부자(父子) 사이에 사용했던 용어라 죄목으로 삼을 수 없게 되자 김석주가 '관속'이란 말로 고쳤고, 윤계(尹堦)가 또 '구속(拘束)'이란 말로 바꾸었으며, '동정(動靜)' 두 글자는 김수항이 첨가해 넣은 것이라고 주장하였다.

아니겠습니까? 국구(國舅)[80]는 나라에 있어 그 기쁨과 슬픔을 함께하는 사람이니, 그가 상소에서 진달한 말은 다만 지성으로 근심하고 사랑한 데서 나온 것인데 그를 불러들여 조정에서 따져 물으라고 청하였으니, 이것은 무슨 뜻이겠습니까?

《주역》 가인괘(家人卦)의 〈단전(彖傳)〉에 이르기를, '여자는 안에서 자리를 바르게 하고 남자는 밖에서 자리를 바르게 한다.' 하였고, 그 하문(下文)에 이르기를, '가인에 엄한 군주가 있으니, 부모를 말한다.[家人有嚴君焉, 父母之謂也]' 하였으며, 그 주(註)에 이르기를, '이미 남자와 여자의 바름을 말하고, 또 그 근본을 엄한 부모에게 두었다.'고 하였습니다.

따라서 이것은 남녀가 서로 내외(內外)하는 것을 말한 것이지 어머니와 아들을 가리켜 말한 것이 아닌데 이를 끌어다 비유하였으니[81] 진실로 인륜에 어긋났다 할 것입니다. 심지어 '과오를 되풀이하지 말라.'는 말 같은 것은 신하로서 감히 입 밖에 낼 수 있는 말이 아닌데도 전하의 면전에서 자전의 과오를 지척하며 '그 과오를 되풀이하지 않게 하라.' 하였으니, 이 무슨 분의(分義)이며 무슨 도리란 말입니까?

그런데도 전하께서는 오히려 그 사정을 봐 주는 것이 너무 지나쳐서 일찍이 엄한 말로 배척하지 않으셨으니, 박헌 같은 소인배가 나온 것도 진실로 괴이할 것이 없습니다. 박헌이 상소에서 '자전을 놀라게 하여 동요시켰다.'고 한 것은 그 말이 심히 불경하고 그 마음은 극히 헤아리기 어렵습니다.

도대체 어떠한 사람이 어떠한 말로 자전을 놀라게 하여 동요시켰으며, 자전이 놀라 동요했다는 일은 또한 무슨 일입니까? 남의 사주를 받았는지의 여부는 논할 것도 없이 엄히 국문하여 그 죄를 바로잡지 않을 수 없습니다."

또 말하기를,

80) 국구(國舅) : 명성 왕후의 아버지이자 현종의 장인인 청풍 부원군(淸風府院君) 김우명(金佑明)을 이른다.

81) 이를 …… 비유하였으니 : 부제학 홍우원(洪宇遠)이 상소에서 《주역》 가인괘(家人卦)를 빌어 명성대비의 정치 간여가 잘못임을 간한 일을 이른다. 《肅宗實錄 1年 4月 1日》

“자전께서 약방에 내리신 하교는 신자로서는 차마 들을 수 없는 내용이었습니다. 자전의 하교가 박헌의 상소로 말미암아 내려졌다는 것은 대신 또한 이미 하교를 받았습니다. 자전께서 숙환이 깊은 와중에 지금 이 일로 병환이 더욱 악화되기라도 한다면 전하의 심정이 어떠하시겠습니까?”

라고 하였다. 이어 조사기가 상소에서 ‘자전께 원망이 돌아간다.[歸怨慈聖]’는 말로 군상(君上)을 위협한 일과, 박헌을 옹호하는 무리가 백방으로 그를 구해내고자 합사(合辭)하여 석방을 청한 잘못을 논핵하였다. 또 이정·이남 등이 찬배된 지 반년 만에 갑자기 그들을 완전히 석방하라고 명한 일은 잘못이라고 말하였다.

주상이 비답을 내려 대략 다음과 같이 말하였다.

“경이 올린 차자의 내용을 보니, 나도 모르게 한기(寒氣)가 들고 마음이 서늘해졌다. 내가 듣기로, 대신(大臣)의 책무는 당(黨)을 보호하는 데 있는 것이 아니라 나라를 위하는 데 있다고 하였다. 근래 극심한 가뭄으로 특별히 소결(疏決)[82]을 행하여 하늘의 노여움에 답하려고 하였다.

그런데 송시열은 효종의 두터운 은혜를 망각하고 효종의 종통을 왜곡하였으니 실로 효종의 죄인이라 할 것인데, 어찌 효종의 죄인을 석방하고도 이후 하늘의 노여움을 되돌리고 재이(災異)를 그치게 할 수 있겠는가?”

또 말하였다.

“‘심지어는 전하에게 자전의 동정을 살피라고까지 하였습니다.’라고 말한 것은 장차 우리 모자를 이간질시키려는 것이다. 경은 대신의 반열에 있으면서 자식으로서는 차마 들을 수 없는 말을 글로 써서 중외를 놀라게 하고 의혹하게 하였다. 모자 사이는 남이 말하기 어려운 것인데 이치에 하나도 맞지 않는 말로 군부를 욕보였으니, 이러한 일을 차마 할 수 있으면 무슨 일인들 차마 할 수 없겠는가? 경의 차자를 일람하고 하늘을 우러르며 가슴을 치니, 사는

---

82) 소결(疏決) : 국가에서 특별한 경우에 전국의 죄수를 다시 심리(審理)하여 관대하게 처결하는 것을 이른다.

것이 죽는 것만 못하다.

이정과 이남 등은 골육지친으로서 비록 죄를 지었으나 자성의 인애(仁愛)하신 마음을 우러러 서울로 방환하였다. 정과 남은 몸가짐을 삼가지 못한 것에 불과하고 송시열은 죽을죄를 지었는데, 경은 도리어 죽을죄를 지은 사람은 신구하고 나의 골육은 헤아릴 수 없는 지경으로 빠뜨리려 하였다. 경이 당을 구하는데 급급했다 해도 장차 무슨 면목으로 지하에서 양묘(兩廟, 효종과 현종)를 다시 배알하려 하는가?

경의 차자는 구언(求言)에 대한 진언이 아니라 시열이 죄를 입은 데에 대한 분노가 쌓인 나머지 조정을 현혹시켜 어지럽히려는 거조이다. 대신이 이와 같으니 어찌 재이를 부르는데 일조했다 하지 않겠는가? 국가가 장차 망하려 하니 나는 실로 통탄할 뿐이다."

○ 죄인 박헌이 공초(供招)하기를,

"송시열 등 예를 그르친 죄인들이 이르기를, '기해년 이후로 윤선도(尹善道), 조경(趙絅), 유세철(柳世哲) 등이 잇달아 상소하여 아뢰었으나[83] 끝내 윤허를 받지 못하였는데, 선왕이 만년에 저절로 각성해 깨우친 것[84]은 필시 서너 명의 공자(公子)가 번갈아가며 물이 스며들 듯 참소(讒訴)하였기 때문일 것이

---

83) 윤선도(尹善道) …… 아뢰었으나 : 윤선도는 1660년(현종1) 4월 18일 〈논례소(論禮疏)〉를 올려 송시열의 기년설을 비판하였다. 이로 인해 윤선도가 서인의 공격을 받고 삼수에 유배된 후 권시(權諰), 조경(趙絅), 홍우원(洪宇遠) 등 남인들이 윤선도를 구하고 서인 예론의 오류를 논변하다 지속적으로 처벌받았다. 이후로도 1666년(현종7) 경상도 유생 유세철(柳世哲) 등 1000여 명이 연명으로 서인 측의 기년설을 반박하는 〈의례소(議禮疏)〉를 올렸다. 이 상소에서 유세철은 《상복고증(喪服考證)》 29조를 첨부하여, 송시열의 기년설을 비판하고 허목·윤선도의 삼년설을 지지하였다. 이에 현종은 《오례의(五禮儀)》에 따라 기년복을 입는 것이 타당하다고 한 뒤, 앞으로 복제 문제로 상소하여 분란을 야기할 경우에는 국법으로 다스리겠다고 선포하여 복제 논쟁 자체를 금지하였다. 《顯宗實錄 7年 3月 25日》

84) 선왕이 …… 것 : 1674년(현종15) 갑인 예송 때, 현종이 서인의 예론을 배척하고 남인의 예론을 채택한 일을 이른다.

다.'라고 하였다 합니다.

어리석은 생각에 그 정상을 글로 써서 상달하고자 하였으나 글솜씨가 짧아 말을 만든 것이 분명하지 못하였습니다. '정령(政令)이 모(某) 환시(宦寺)로 말미암아 내려진 것이 틀림없다.'는 주장은 지난번 정유악(鄭維岳[85])의 상소에 이러한 말이 있었다고 들었으므로 우연히 끼워 넣은 것입니다. ……"

라고 하였다. 주상이 박헌의 정상을 헤아리기 어려우니 형신을 가하여 엄히 심문하라 명하였다.

◯ 양사 -대사헌 김휘(金徽),[86] 장령 김해일(金海一),[87] 지평 이항(李沆), 사간 이옥(李沃), 정언 이서우(李瑞雨[88])·권환(權瑍[89])- 에서 합계하여, 판중추 김수항의 파직을 청하

85) 정유악(鄭維岳) : 1632~1702. 본관은 온양(溫陽), 자는 길보(吉甫), 호는 구계(癯溪)·동촌(東村)으로서, 정뇌경(鄭雷卿)의 아들이다. 1666년(현종7) 별시문과에 급제하여 승지 등을 역임하다가 1680년 경신환국으로 가장 먼저 변경에 안치되었다. 1685년 풀려나 귀향하였다가 1689년 기사환국으로 경기도관찰사, 이듬해 도승지가 되었다. 1694년 갑술옥사로 다시 진도(珍島)에 안치되었다가 1697년 귀향하게 되었고, 1699년 사면되었다.

86) 김휘(金徽) : 1607~1677. 본관은 안동(安東), 자는 돈미(敦美), 호는 사휴정(四休亭)·만은(晩隱)으로, 인조대 판서를 지낸 김시양(金時讓) 아들이다. 1642년(인조20) 식년문과에 급제하여 홍문록에 올랐다. 효종대 청요직을 두루 거치고 현종대 대사헌, 숙종대 이조판서 등을 역임하였다.

87) 김해일(金海一) : 1640~1691. 본관은 예안(禮安), 자는 종백(宗伯), 호는 단곡(檀谷)이다. 1660년(현종1) 진사시, 1663년 식년문과에 급제하여 청요직을 두루 역임하였다. 1675년(숙종1)에 김수항(金壽恒)을 탄핵해 유배시키고, 허목과 윤휴가 대립하자 허목 편에 섰다. 1680년 경신환국으로 축출되었다가 1689년 기사환국으로 승지가 되었다.

88) 이서우(李瑞雨) : 1633~1709. 본관은 우계(羽溪), 자는 윤보(潤甫), 호는 송곡(松谷)이다. 1675년(숙종1) 정언 재직 시 송시열의 예론을 따르던 김수항을 공격하였다. 1680년 경신환국 때 유배되었다가 1689년 기사환국으로 병조참의에 등용되었다. 그 뒤 김수항 등 서인을 공격하였으며, 인현왕후 폐위 당시 승지로 재직하면서 숙종의 뜻을 받들었다. 1694년 갑술환국으로 삭출되었다가 풀려났지만 그 뒤로 서용되지 못하였다.

89) 권환(權瑍) : 1636~1716. 본관은 안동(安東), 자는 중장(仲章), 호는 제남(濟南)이다. 숙종대에 영의정을 지낸 권대운(權大運)의 조카이다. 이민구(李敏求)에게 수학하였으며, 허목(許穆)을 사사하였다. 1658년(효종9) 생원시, 1668년(현종9) 별시 문과에 급제하여 청요직을 두루 지냈다. 1680년(숙종6) 경신환국으로 파직되었다가 1689년 기사환국으로 다시 등용되어 대사간·개성유수 등을 역임하였다. 1694년 갑술환국으로 파직되자 향리에서

자 주상이 답하기를,

"임금을 잊고 나라를 저버린 수항의 죄는 먼 변방으로 내쳐 다스리지 않을 수 없으니 중도 부처(中道付處)하라."

하였다.

○ 우의정 허목, 이조판서 윤휴 등이 상소하여 박헌을 신구하고, 또 조사기가 억울하다고 말하였다. -박헌은 여러 차례의 형신(刑訊)에도 불복하자, 이후 죽음을 감면하여 멀리 유배하라 명하였다.-

○ 양사 -위와 같다.-에서 합사하여 중도 부처된 죄인 김수항을 원찬(遠竄)하라 청하자 주상이 따랐다. -멀리 영암군에 유배하였다.-

○ 윤휴가 상소하여 종통·적통의 설을 다시 논하고, 또 말하기를,

"지난날 윤선도, 허목 등이 주장한 정체(正體) 3년복[90]은 진실로 송시열이 주장한 서자(庶子) 승중의 체이부정(體而不正) 설을 타파하기에 충분하였습니다. 그러나 신이 생각하기에 이는 하나는 얻었으되 아직 둘은 얻지 못하였습니다. 효종의 상에 대비전의 복은 마땅히 참최 3년이어야 했는데 지금은 이미 지난 일이라 어쩔 수 없습니다만 선왕에 대한 대비전의 복도 아직 다 바르게 제정되지 않았습니다.

선왕은 대비에게 손자이니 기년복의 항렬에 있다 하겠으나 이미 임금의 자리에 올라 지존으로서 군림하였으니 대비는 선왕을 위해 마땅히 참최 3년복을 입어야지 자최복을 입어 사대부와 동일한 예를 시행하는 것은 온당치 않습니다. 이것이 신이 말씀드린 바, '예가 아직 다 바르게 제정되지 못하였고

여생을 마쳤다. 저서로 《제남집》이 있다.

90) 정체(正體) 3년복 : 정(正)은 적자(嫡子)·적손(嫡孫)을, 체(體)는 부자지간을 이른다. 허목, 윤선도는 효종이 본래는 차자(次子)였지만 종통을 계승한 이상 장자(長子)가 되어 정체전중(正體傳重)에 해당하므로, 자의대비는 효종에게 삼년복을 입어야 한다고 주장하였다.

의리가 미처 다 밝혀지지 않았다.'고 한 까닭입니다.

이러한 까닭에 민심이 의혹을 품고 사특한 주장이 은밀히 성행하니, 오는 가을 대련(大練)[91] 때, 대비의 복제를 참최복으로 개정하여 3년을 마치게 하시고, 문사(文辭)에 뛰어난 사람으로 하여금 대고(大誥)[92]를 지어 중외(中外)에 효유(曉諭)하게 하십시오."

하고, 자신이 지은 《전례사의(典禮私議)》를 올렸다.

영의정 허적, 우의정 허목, 영부사 정지화(鄭知和)[93] 등이 모두 말하기를,

"'존귀(尊貴)함이 같으면 그 복(服)을 입는 것'[94]이니, 《오례의(五禮儀)》에 이른바, '대왕(大王)의 상(喪)에는 모두 참최를 입는다.'고 한 것은 오복(五服)의 친속[95]으로서 신하된 자를 가리켜 말한 것이지 모후(母后)까지 아울러 가리킨 말이라 보는 것은 온당치 않습니다. 지금에 와 별도의 의논을 수용하기는 어렵습니다."

라고 답하였다. 주상이 윤휴의 말을 옳게 여겨 그대로 따르고자 대신과

---

91) 대련(大練) : 삼년상의 경우, 초상 후 만 1년이 지나고 거행하는 제사인 소상(小祥)을 일컬으며, 이때 입는 복이 연복(練服)이다. 현종의 소상을 가리키는 것으로서, 이때 윤휴는 인조비인 자의대비 조씨의 복제를 참최 3년복으로 해야 한다고 주장하였다.

92) 대고(大誥) : 《상서(尙書)》의 편명으로, 주공(周公)이 삼숙(三叔)을 토벌한 뒤 대도(大道)를 부연하여 천하에 널리 반포한 글이다. 일반적으로는 백성들에게 크게 고한다는 의미로 쓰인다.

93) 정지화(鄭知和) : 1613~1688. 본관은 동래(東萊), 자는 예경(禮卿), 호는 남곡(南谷)이다. 영의정 정광필(鄭光弼)의 5대 손이며, 정유길(鄭惟吉)의 증손으로, 할아버지는 정창연(鄭昌衍)이고, 아버지는 이조참판 정광경(鄭廣敬)이다. 영의정 정태화(鄭太和)와 좌의정 정치화(鄭致和)와는 4촌간이다. 1637년(인조15) 별시문과에 장원하여 청요직을 두루 지내고 현종대 좌의정에까지 올랐다. 1674년 갑인 예송 당시 송시열을 죽음에서 구하는 데 크게 힘쓰고, 1680년 경신환국 이후 다시 좌의정에 올랐다.

94) 존귀(尊貴)함이 …… 것 : 《의례주소(儀禮注疏)》〈상복(喪服)〉 대공조의 전(傳)에서 "어찌하여 대공복인가? 존귀함이 같기 때문이니 존귀함이 같으면 그 원래의 친소관계에 따른 복을 입을 수가 있는 것이다.[何以大功也? 尊同也, 尊同則得服其親服.]"라는 말을 인용한 것이다.

95) 오복(五服)의 친속 : 참최(斬衰)·자최(齊衰)·대공(大功)·소공(小功)·시마(緦麻) 등 다섯 가지 상복을 입는 친족이다.

육경, 삼사 장관을 인견하여 논의하게 하였다. 윤휴와 허적 및 허목과의 논변이 그치지 않자, 윤휴가 '무왕의 어머니[文母]는 무왕에게 신하가 된다는 설'을 인용96)하여 이르기를, "모후 또한 오복친에 포함되어 있습니다."라고 하자, 허적이

"자식으로서 어머니를 신하로 삼는 의리는 없다고 이미 유시독(劉侍讀)이 말한 바 있습니다."97)

라고 말하였고, 허목은 "부모가 오복친이 된다니, 결단코 이러한 이치는 없습니다."라고 하였다.

예조판서 민희(閔熙),98) 병조판서 김석주(金錫胄),99) 부제학 이당규(李堂

---

96) 윤휴가 …… 인용 : 《서경(書經)》 〈태서 중(泰誓中)〉에 "나에게는 난신(亂臣) 10인이 있어 마음과 덕을 같이하였다.[予有亂臣十人, 同心同德.]"라는 구절이 있는데, 여기에서 '난신십인(亂臣十人)'이란 주나라 무왕(武王)의 신하 10인으로서, 난(亂)은 치(治)의 뜻이다. 《논어(論語)》 〈태백(泰伯)〉에도 이 구절을 인용하였는데, 그 주(註)에는 마융(馬融)과 유창(劉敞)의 상반된 학설이 함께 소개되어 있다. 이에 따르면 마융은 난신 중 한 사람을 무왕의 어머니인 문모[太姒]로 보았고, 유창은 아들이 어머니를 신하로 삼을 리가 없으니, 무왕의 비인 읍강(邑姜)일 것이라고 하였다. 윤휴는 마융(馬融)이 주장한, "무왕의 어머니[文母]는 무왕에게 신하가 된다."는 설에 근거하여, 자의대비는 효종 및 현종에 대해 마땅히 신하가 임금의 상을 당했을 때 입는 참최 3년복을 입어야 한다고 주장했다.

97) 자식으로서 …… 있습니다 : 유시독(劉侍讀)은 송나라 영종(宋寧宗) 때 한림 시독학사(翰林侍讀學士)를 지낸 유창(劉敞)을 가리킨다. 유창은 자식이 어머니를 신하로 삼는 의리는 없으니, 무왕의 난신십인(亂臣十人) 중 이른바 부인은 문모가 아닌 읍강을 가리킨다고 주장하였다.

98) 민희(閔熙) : 1614~1687. 본관은 여흥(驪興), 자는 호여(皞如), 호는 설루(雪樓) 또는 석호(石湖)이고, 민암(閔黯)의 형이다. 1650년(효종1)에 증광문과에 급제하여, 현종대 우의정, 숙종대 좌의정을 지냈다. 허적(許積)을 중심으로 하는 탁남(濁南)에 가담하였다가 1680년 경신환국으로 관작을 삭탈당하고 위리안치 되었다. 1686년에 풀려나서 1689년 기사환국 때 신원되었으며, 시호는 문충(文忠)이다.

99) 김석주(金錫胄) : 1634~1684. 본관은 청풍(淸風), 자는 사백(斯百), 호는 식암(息庵)이다. 영의정 김육(金堉)의 손자, 병조판서 김좌명(金佐明)의 아들이고 현종비 명성왕후(明聖王后)의 사촌 오빠이다. 1662년 증광문과에 장원하여 청요직을 두루 역임하였지만, 서인 중 한당(漢黨)에 가담하여 송시열 중심의 산당(山黨)에게 밀려났다. 1674년 2차 예송에서 남인 허적(許積) 등과 결탁해 송시열(宋時烈)·김수항(金壽恒) 등 산당을 숙청하고 수어사(守御使)에 이어 도승지로 특진되었다. 그러나 남인 정권이 강화되자 다시 서인들과 제휴해 송시열과 밀접한 관련을 맺었다. 1680년 경신환국 이후 이조판서로서 허견(許堅)

揆)[100] 등이 모두 허적 등의 말이 옳다고 하자, 윤휴가 궁색하여 대답을 못하였는데, 검열 조지겸(趙持謙)[101]이 또 어머니를 신하로 삼는다는 말은 인륜을 손상시키는 주장이라고 배척하였다. 주상이, 《예경(禮經)》을 참고해 보아도 끝내 명백하게 근거할 만한 전거가 없으니, 대비전의 복제를 예전대로 시행하라고 하였다.

병진년(1676, 숙종2) 봄, 선왕을 부묘(祔廟)할 때 배향할 신하들을 의정(議定)하였다. 교리 유명견(柳命堅)[102]이 김좌명(金佐明)[103]은 여론에 부합

옥사를 처리하고 보사공신(保社功臣) 1등으로 청성부원군(淸城府院君)에 봉해졌다. 1682년 우의정으로 호위대장(扈衛大將)을 겸직하였을 때 김익훈(金益勳)과 함께 남인을 완전히 박멸하기 위해 전익대(全翊戴)를 사주해, 허새(許壐) 등 남인들이 모역한다고 고변하게 하는 등 음모를 꾀하였다. 이로 인해 서인 소장파의 반발을 받고 서인이 노론·소론으로 분열하는 원인의 일단을 제공하였다. 사후인 1689년 기사환국으로 공신호를 박탈당했다가 뒤에 복구되었다. 숙종 묘정에 배향되었다. 저서로 《식암집(息菴稿)》·《해동사부(海東辭賦)》가 있고, 시호는 문충(文忠)이다.

100) 이당규(李堂揆) : 1625~1684. 본관은 전주(全州), 자는 기중(基仲), 호는 퇴촌(退村)이다. 실학자 이수광(李睟光)의 손자, 영의정 이성구(李聖求)의 아들이다. 1668년 별시문과에 급제하여 청요직을 두루 거치고 1680년 이조참판이 되었으나 경신환국으로 폐서인되었다. 1682년 직첩을 환수받았고, 시호는 문경(文敬)이다.

101) 조지겸(趙持謙) : 1639~1685. 본관은 풍양(豊壤), 자는 광보(光甫), 호는 우재(迂齋)이다. 좌의정 조익(趙翼)의 손자, 이조판서 조복양(趙復陽)의 아들이다. 1670년 별시문과에 급제하여 청요직을 두루 역임하였다. 숙종대 서인이 노론과 소론으로 분열될 때 소론으로 좌정하였다. 이조판서에 추증되고, 광주(廣州)의 명고서원(明皐書院), 고성(高城)의 향사(鄕祠)에 제향되었다. 저서로 《우재집》이 있고, 편서로 《송곡연보(松谷年譜)》가 있다.

102) 유명견(柳命堅) : 1628~1707. 본관은 진주(晉州), 자는 사고(士固), 호는 모산(茅山)이다. 1672년(현종13) 별시문과에 급제하여, 1675년(숙종1) 도당록(都堂錄)에 들고, 같은 해 수찬(修撰)이 되었다. 숙종 초년에 남인의 논의가 갈라졌을 때, 윤휴(尹鑴)와 대립하였다. 1680년 경신환국으로 파직당하였다. 1682년 김석주(金錫胄)·김익훈(金益勳)의 무고를 받아 투옥되었으나, 혐의가 없음이 밝혀져 석방되었다. 1689년 기사환국으로 승지, 부제학 등을 역임하였다. 1701년 장희재(張希載) 등과 인현왕후(仁顯王后)를 살해하려 하였다는 죄로 위도(蝟島)에 안치되었다가 1704년 풀려나왔다.

103) 김좌명(金佐明) : 1616~1671. 본관은 청풍(淸風), 자는 일정(一正), 호는 귀계(歸溪) 또는

하지 않는다고 하자 허적이 차자를 올려 말하기를,

"기년복제에 대해 이의를 제기한 사람은 허목, 윤선도 등 약간 명을 제외하고는 오직 김좌명만이 송시열 의론의 잘못을 힘써 말하였으며, 사람들의 이러저러한 말이나 수많은 비방의 와중에도 조금의 흔들림도 없었으니 그 밝은 식견과 확고한 처신은 남보다 뛰어난 데가 있습니다."

라고 하였다. 부호군 이옥(李沃)이 상소하여 논하기를,

"정태화(鄭太和)가 비록 '국제(國制)를 인용했다.'고 하면서 사종설을 가리는 증거로 삼고 있으나, 3년복을 버리고 기년복을 따랐다는 점에서는 동일합니다.[104] 정태화가 송시열을 위하여 그릇된 예를 따랐다고 한다면 맞는 말이지만 효종을 위하여 성대히 높였다고 한다면 이는 사실이 아닙니다."

라고 하였다. 태화의 아들 정재숭(鄭載嵩)[105]이 바야흐로 대사간이 되었는데, 죽은 아비가 일찍이 기년복을 주장하였다는 이유로 인피(引避)하자, 사간원에서 재숭을 삭직하라 청하니 주상이 따랐다. 양사에서 정태화를 묘정 배향의 반열에서 축출할 것을 청하자 또한 그대로 따랐다.

귀천(歸川)이다. 영의정 김육(金堉)의 아들이고, 청풍부원군 김우명의 형이며, 현종비 명성왕후의 백부이다. 1644년 별시문과에 급제하여 청요직을 두루 역임하고 현종대 각 조의 판서를 지내면서 대동법 시행의 선봉이 되었다. 영의정에 추증되고, 청릉부원군(淸陵府院君)에 추봉되었으며, 현종의 묘정(廟庭)에 배향되었다. 저서로 《귀계유고(歸溪遺稿)》가 있다.

104) 정태화(鄭太和)는 …… 동일합니다 : 1659년(현종즉위) 1차 예송에서 송시열은 《의례(儀禮)》〈상복(喪服)〉에서 가공언(賈公彦)의 사종설(四種說)을 들어 삼년복이 불가하다고 주장하였다. 이에 대해 정태화 등이 그 위험성을 지적하자 명나라의 《대명률(大明律)》과 《국조오례의》와 《경국대전(經國大典)》 등의 국제(國制), 그리고 신의경(申義慶)이 지은 《상례비요(喪禮備要)》에서 장자(長子)·중자(衆子)를 가리지 않고 모두 부장기(不杖朞)로 한다고 한 조항을 찾아서 제시하였다. 당시 영의정 정태화는 이러한 송시열의 견해를 수용하여 기년복을 채택하되, 현종에게 국제에 따라 시왕(時王)의 제도를 준용하자는 의론을 올렸다. 《顯宗改修實錄 卽位年 5月 5日》

105) 정재숭(鄭載嵩) : 1632~1692. 본관은 동래(東萊), 자는 자고(子高), 호는 송와(松窩)·낙남(洛南)·의곡(義谷)이다. 정창연(鄭昌衍)의 증손, 영의정 정태화(鄭太和)의 아들이다. 1660년 식년문과에 급제하여 청요직을 두루 거치고 1685년 우의정에 올랐으며, 1689년 기사환국 이후 영중추부사가 되었다.

◯ 장악원 정 조가석(趙嘉錫),[106] 광주(廣州) 유생 이영부(李永敷) 등이 상소하여, 국정을 담당한 자들이 예론으로써 정국을 조종하여 전후의 신하들이 찬축되는 억울함을 당하였다고 논하자, 상소를 모두 보류해두고 비답을 내리지 않았다.

◯ 유학(幼學) 이잠(李潛) 등이 상소하여 말하기를, "나라의 예를 바로 잡았으니 위에서 종묘에 고하는 것이 마땅합니다."[107]라고 하였고, 지평 김총(金璁), 권환(權瑍) 등 또한

"기왕에 어지럽혔던 종통이 다시 바르게 되고 기왕에 폄훼되었던 지위가 존엄을 회복하였으니 선왕에게 고하지 않을 수 없습니다. 나라의 예를 바로잡고 종통을 밝혔다는 뜻으로 고묘(告廟)하고 중외에 반포하소서."

라고 하였으나 주상이 엄한 비답을 내려 윤허하지 않았다.

◯ 전 현감 홍득우(洪得禹)[108] -조상우(趙相愚),[109] 안세징(安世徵), 안상억(安相億),

---

106) 조가석(趙嘉錫) : 1634~1681. 본관은 양주(楊州), 자는 여길(汝吉), 호는 태촌(苔村)이다. 조존성(趙存性)의 손자, 형조판서 조계원(趙啓遠)의 아들이다. 1660년 증광문과에 급제하여 청요직을 두로 역임하였는데, 1677년 상소하여 송시열을 신구하다가 삭직되었다. 1680년 경신환국 이후 승지, 이조참의 등을 지냈다.

107) 나라의 …… 마땅합니다 : 종통(宗統)을 이정(釐正)한 일을 종묘에 고하자는 주장을 가리킨다. 이러한 주장은 곧 잘못된 예론을 주창하여 종통을 어지럽게 한 송시열 등 서인 주론자(主論者)에 대해 추가로 논죄하여 엄벌해야 한다는 뜻을 내포하고 있었다.

108) 홍득우(洪得禹) : 1641~1700. 본관은 남양(南陽), 자는 숙범(叔範), 호는 수졸재(守拙齋)이다. 우의정 홍중보(洪重普)의 아들이고, 송준길·송시열의 문인이다. 1662년(현종3) 사마시에 합격한 뒤, 음보로 정릉참봉, 통진현감 등을 지냈다. 1676년(숙종2) 스승 송준길이 예를 그르친 죄로 관작을 추탈당하자, 그 부당함을 상소하였다가 무안에 유배되었으나 그 해 겨울에 사면되었다. 1683년 담양부사를 지내고, 1700년 강원도관찰사가 되었으나 부임하기 전에 죽었다.

109) 조상우(趙相愚) : 1640~1718. 본관은 풍양(豊壤), 자는 자직(子直), 호는 동강(東岡)이다. 예조판서 조형(趙珩)의 아들이고 이경석(李景奭) 문하에서 수학하였으며, 1657년(효종8) 사마시에 합격한 뒤 송준길(宋浚吉)의 문인이 되었다. 1675년(숙종1) 송준길이 추삭될 때 동문 홍득우(洪得禹) 등과 반대하는 소를 올려 남평(南平)에 유배당하였다가 이듬해

고회(高晦)- 가 상소하여, 스승인 송준길이 억울하게 무함 당한 정상을 변론하고, 자신이 죽어 임금의 천총(天聰)을 깨우칠 수 있기를 바란다고 하자 주상이 우선 사판에서 삭제하라 명하였다.

○ 판부사 정지화(鄭知和)가 차자를 올려 대략 말하기를,

"어찌 일찍이 신하가 지은 죄를 가지고 태묘(太廟)에 고한 일이 있었으며, 또한 고묘한 후 어찌 그 사람이 보전될 리가 있겠습니까?"

라고 하고, 또 말하기를,

"김안로(金安老)[110]의 일은 이미 죽은 후에 고묘하였으니, 대신이 차자에서 말한 내용은 실로 오늘날의 일과는 맞지 않습니다. 심지어 윤원형(尹元衡)[111]은 명종[明廟] 만년에 이미 죄를 받아 죽었고, 이후 선조[宣廟] 초년에야 비로소 삭출되었으니, 그때의 고묘는 다만 삭훈(削勳)[112] 때문이었습니다.

풀려났다. 1682년 증광문과에 급제하여 청요직에 진출하였는데, 1689년 기사환국 이후 서산 군수 등을 지내다가 1694년 갑술환국 이후 대사간 등을 거쳐 1711년 우의정에 올라, 남구만·최석정 등과 함께 소론 탕평파로서 활약하였다. 남평의 용강사(龍岡祠)에 제향되었으며, 시호는 효헌(孝憲)이다.

110) 김안로(金安老) : 1481~1537. 본관은 연안(延安), 자는 이숙(頤叔), 호는 희락당(希樂堂)·용천(龍泉)·퇴재(退齋)이다. 1501년(연산군7) 진사가 되고, 1506년(연산군12) 별시 문과에 장원 급제하였다. 중종대 좌의정까지 지내면서 사림파 숙청에 앞장섰으며 1537년(중종32) 문정왕후(文定王后)의 폐위를 도모하다가 사사(賜死)되었다. 허항(許沆)·채무택(蔡無擇)과 함께 정유삼흉(丁酉三凶)으로 일컬어진다. 당시 삼공(三公)이었던 윤은보(尹殷輔)·홍언필(洪彦弼) 등이, 김안로 등이 복주(伏誅)되고 종사(宗社)가 위태로울 뻔했다가 안정되었다 하여 종묘에 고하기를 청하여 실현되었다.《燃藜室記述 卷9 中宗朝故事本末 三凶用事丁酉敗死》《中宗實錄 32年 11月 9日》 저서로는 《용천담적기(龍泉談寂記)》·《희락당고(希樂堂稿)》 등이 있다.

111) 윤원형(尹元衡) : 1503~1565. 본관은 파평(坡平), 자는 언평(彦平)이고, 중종의 계비인 문정왕후의 동생이다. 1545년 명종이 즉위한 뒤 을사사화를 일으켜 사림을 숙청하고 영의정까지 지내며 권력을 전횡하다가 1565년(명종20) 문정왕후가 죽자 실각해 관작을 삭탈당하고 향리로 쫓겨났으며, 강음(江陰)에 은거하였다가 죽었다.

112) 삭훈(削勳) : 명종 즉위년(1545)에 일어난 을사사화(乙巳士禍)의 결과 녹공(錄功)된 위사공신(衛社功臣)에 대한 삭훈을 이른다. 선조대 을사사화의 피화인(被禍人)들이 복권되며 위사공신의 훈작(勳爵)은 허위의 공신 호, 즉 '위훈(僞勳)'으로 규정되었고, 마침내 1577년

그런데 근자에 들으니 경연에 참여한 신하 -이원정(李元禎)113)이 일찍이 이러한 말을 하였다고 한다.- 가 '비록 윤원형의 죄를 고묘하였으나 또한 그에게 죄를 가하지는 않았다.'고 하였다는데 거짓으로 기만함이 어찌 이다지도 심합니까? 고묘만을 행할 뿐 죄를 더하지는 않는다고 하는 말114)은 결단코 사리에 맞지 않는 주장입니다."

라고 하였다.

주상이 그 말을 받아들이고 삼공을 인견하여 대신이 정국을 진정시키지 못한다고 질책하자, 허적(許積), 권대운(權大運)115) 등이 대답하기를,

"대간이 비록 고묘를 행하고자 할 뿐 죄를 더하려는 것이 아니라고 말하나, 고묘가 행해지고 난 후에는 신 등은 또한 조제(調劑)할 방도가 없습니다. 지금 송시열을 죽인다면 결국 성주(聖主)의 관대한 덕이 훼손되고야 말 것입니다."

하였고, 이어

"성심(聖心)이 격노하여 대각(臺閣)의 언론을 꺾어버리는 것은 너무 지나친

(선조10) 삭탈 조치가 이루어졌다.

113) 이원정(李元禎) : 1622~1680. 본관은 광주(廣州), 자는 사징(士徵), 호는 귀암(歸巖)이다. 아버지는 이도장(李道長)이며, 어머니는 김시양(金時讓)의 딸이고, 정구(鄭逑)의 문인이다. 1648년(인조26) 사마시, 1652년(효종3) 증광문과에 급제하여 현종대 도승지를 지내고 숙종대 이조판서에 올랐는데, 1680년 경신환국으로 초산에 유배 가던 도중 불려와 장살당하였다. 저서로 《귀암문집》이 있으며, 편저에는 《경산지(京山志)》가 있고, 시호는 문익(文翼)이다.

114) 고묘만을 …… 말 : 숙종 3년(1677) 유생 채제윤(蔡悌胤)·이잠(李潛) 등이 상소하여, 대통(大統)이 어지러워졌다가 다시 바로잡혔으니 이 일을 고묘(告廟)해야 한다고 주장하였다. 이에 당시 대사간 이원정(李元禎)이 을사년의 삭훈(削勳) 때에도 고묘는 하였으되 이 때문에 을사사화의 주모자 윤원형(尹元衡)에게 죄를 더하지는 않았음을 들어 고묘를 하더라도 이미 유배되어 있는 송시열에게 추가로 죄를 더하는 일은 온당치 않음을 주장하였고, 숙종 또한 고묘로 인해 송시열에게 죄를 더하는 일은 지나치다는 답을 내렸다. 《肅宗實錄 3年 5月 25日》

115) 권대운(權大運) : 1612~1699. 본관은 안동(安東), 자는 시회(時會), 호는 석담(石潭)이다. 1642년(인조20) 진사가 되고, 1649년 별시문과에 급제하여 청요직을 두루 거쳤다. 1674년 숙종 즉위 직후 우의정에 올랐다가 1680년 경신환국으로 파직 당하고 영일에 위리안치되었다. 1689년 기사환국 이후 영의정에 올라 송시열을 사사하게 하였다. 1694년 갑술환국으로 관작을 삭탈 당하고 절도에 안치되었다가 고령을 이유로 풀려났다.

처사입니다."

라고 말하였다. 허목이 말하기를,

"지금 송시열이 예를 무너뜨리고 종통을 어지럽힌 죄는 고묘하지 않을 수 없습니다. 혹자는 고묘 후에 죄를 더하자는 주청이 있을 것이라 염려하는데, 그 중한 바가 태묘에 있습니까? 송시열에게 있습니까? 이는 종묘를 봉승(奉承)하는 뜻이 아닙니다."

라고 하자, 주상이 이르기를,

"이미 송시열을 부처(付處)하자는 논의를 따랐는데 다시 안치(安置)하자는 논의가 나오고, 이미 안치하자는 논의를 따랐더니 또 다시 고묘의 논의가 나왔다. 고묘 후에는 분명 죄를 더하자는 청이 나올 것이나, 따르지 않을 것이다."

라고 하였다. 병조판서 김석주 또한 말하기를,

"지금 극심한 가뭄이 이와 같은데, 민생의 근심과 국가의 대책은 아랑곳하지 않고 오직 고묘 한 가지 일에만 논란이 분분합니다. 지금 송시열은 죽음을 목전에 두고 있는 사람인데 국사와 무슨 상관이 있단 말입니까? 예를 의논했던 신하들은 모두 선조(先朝)께서 의지하고 신임하였던 사람들인데, 고묘가 행해진 후에는 결코 세상에 용납될 수 없을 것입니다."

라고 하였다. 주상이 하교하기를,

"지금 정승 정지화의 차자를 보고, 이원정의 마음씀이 기만적이었음을 비로소 알게 되었다."

라고 하자, 허적이 그를 구원하려 하였으나 무위로 돌아갔다. 고묘의 논의가 격렬하게 전개되자 예를 의논했던 신하들이 모두 의금부에서 명을 기다렸는데, 주상이 대죄(待罪)하지 말라고 명하였다.

○ 생원 윤헌(尹櫶) 등 -542인- 이 상소하여 송시열의 억울함을 변론하고 또 고묘론을 배척하자,[116] 주상이 그 소를 돌려주라고 명하였다. 허목과

대사간 유명천(柳命天),[117] 판결사 조사기, 응교 유명현(柳命賢),[118] 교리 이봉징(李鳳徵)[119]·이담명(李聃命) 등이 또한 상소하여 고묘하는 것이 마땅하다고 말하고, 이어서 윤헌의 죄를 청하자, 주상이 윤헌을 먼 변방에 정배하라 명하였다. 윤휴 또한 상소하여 윤헌 등을 배척하고 다시 고묘하라고 청하니, 주상이 "시기가 지난 후에 어지럽게 고하는 것은 불가하다."하고 따르지 않았다.

◯ 윤헌경(尹憲卿) 등 -180인- 이 또한 상소하여 송시열을 신구하자 변방에 정배하는 법을 시행하였다. 사학 유생 이석징(李碩徵) 등 -111인- 이 다시 상소하여 고묘를 청하면서,[120] 예를 의논했던 신하들을 '위조(僞朝)', '윤위(閏位)'[121] 등의 말로써 비난하였다. 이어 참판 여성제(呂聖齊)[122]가 옥책(玉冊)의 전문(箋

---

116) 생원 …… 배척하자 : 생원 윤헌 등은 이 상소에서, 고묘론은 송시열에게 종통을 어지럽힌 죄를 물어 기필코 죽이려는 부당한 의론임을 주장하였다. 《肅宗實錄 3年 6月 19日》

117) 유명천(柳命天) : 1633~1705. 본관은 진주(晋州), 자는 사원(士元), 호는 퇴당(退堂)이다. 1651년(효종2) 사마시, 1672년(현종13) 별시문과에 급제하여 청요직을 두루 역임하였다. 1680년 이조참판으로 재직 중 경신환국으로 음성에 유배되었다가 1683년 풀려나 1688년 강계부사로 기용되었다. 이듬해 기사환국으로 이조판서 등을 역임하였다. 1694년 갑술환국 이후 흑산도에 위리안치되었다가 풀려났으나 1701년 장희재와 공모하여 인현왕후를 모해했다는 탄핵을 받고 나주 지도(智島)에 안치되었다가 1704년 풀려났다.

118) 유명현(柳命賢) : 1643~1703. 본관은 진주(晋州), 자는 사희(士希), 호는 정재(靜齋)이고, 유명천의 동생이다. 1660년(현종1) 진사가 되고, 1673년(현종14) 정시문과에 장원하였다. 숙종대 부제학 등을 역임하다가 1680년 경신환국으로 문외출송되었다. 1689년 기사환국 이후 승지를 거쳐 이조판서까지 올랐는데, 1694년 갑술환국으로 흑산도에 안치되었다가 1699년 풀려났다. 그러나 1701년 장희재와 공모하여 인현왕후를 모해하였다고 탄핵받고 남해도에 안치되어 그곳에서 죽었다.

119) 이봉징(李鳳徵) : 1640~1705. 본관은 연안(延安), 자는 명서(鳴瑞), 호는 은봉(隱峰)이다. 1675년 증광문과에 장원급제하여 청요직을 두루 지내고 1694년 대사헌이 되었다가 갑술환국으로 파직되었다. 1698년 형조참판으로 복직되고, 1701년 부사직(副司直)으로 희빈 장씨(禧嬪張氏)의 사사(賜死)를 반대하다가 지도(智島)에 위리안치 되었다.

120) 사학 …… 청하면서 : 유생 이석징(李碩徵), 참봉 홍익형(洪益亨) 등이 상소하여 고묘(告廟)를 거행하라고 청한 일은 《숙종실록 3년 7월 14일》 기사에서 볼 수 있다.

121) 윤위(閏位) : 임금의 자리가 정통이 아니라는 뜻이다.

122) 여성제(呂聖齊) : 1625~1691. 본관은 함양(咸陽), 자 희천(希天), 호 운포(雲浦)이다. 한준겸

文)을 필사하는 와중에 왕(王) 자의 획을 하나 빠뜨린 일을 두고 신하노릇 하지 않으려는 마음이 있는 것이라 말하였다.

병조판서 김석주(金錫胄)가 입대하여 이석징 등이 패악스럽고 오만하게 무함한 일을 말하고, 또 고묘론을 따라서는 안 된다고 말하였다. 이석징이 다시 상소하여 김석주와 여성제를 공박하며, 신무문(神武門)[123]과 한탁주(韓侂胄)[124] 등의 일을 인용하기까지 하였는데, 말이 지극히 패악스러워 주상이 석징을 정거(停擧)[125]하라 명하였다.

대신 권대운(權大運)이 이석징을 신구하였으나 주상이 따르지 않자, 대운이 자신의 발언이 신임 받지 못했다고 인구(引咎)[126]하니, 주상이 어쩔 수 없이 정거를 풀어주었다.

○ 성균관 유생 이진익(李震翼) 등 -66인- 이 또 상소하여 고묘를 청하였으나 따르지 않았다. 사간원 -대사간 이원정(李元禎), 정언 박진규(朴鎭圭)[127]- 에서 고묘의

(韓浚謙)의 외손자이다. 1650년(효종1) 생원시에 장원하고, 같은 해 가을에 정시문과에 갑과로 급제하여 청요직을 두루 거쳤다. 1678년(숙종4) 예조판서, 1688년 우의정, 1689년 좌의정·영의정 등을 역임하였다. 1689년(숙종15) 인현왕후 폐위에 반대하는 상소를 올렸다가 유배되었다.

123) 신무문(神武門) : 경복궁(景福宮)의 북문이다. 기묘년(1519, 중종14), 남곤(南袞), 심정(沈貞) 등 훈구 대신들이 중종의 밀지(密旨)를 받고 승지와 사관 몰래 신무문을 통해 입궐하여 조광조(趙光祖) 등 신진 사류를 제거한 기묘사화에 빗대어 김석주를 사화를 일으킨 간신배에 비유한 것이다.

124) 한탁주(韓侂胄) : 송 영종(宋寧宗) 때의 간신이다. 헌성황후(憲聖皇后)의 총애를 받아 벼슬이 태사(太師)에 오르고 평원군왕(平原郡王)에 봉해졌는데 도학을 배척하여 '경원(慶元)의 당금(黨禁)'을 일으키고 국사를 전횡하다 결국 복주(伏誅)되었다. 《宋史 卷474 韓侂胄傳》

125) 정거(停擧) : 성균관의 거재 유생(居齋儒生)이 학령(學令)을 위반하였을 때 부과하는 유벌(儒罰)의 하나로, 과거 응시를 일정 기간 제한하는 것을 이른다.

126) 인구(引咎) : 자신의 허물을 드러내어 일에 대한 책임을 지는 것을 말한다.

127) 박진규(朴鎭圭) : 1633~1692. 본관은 밀양(密陽), 자는 정경(定卿)이다. 1675년(숙종1) 식년문과에 급제하여 청요직을 두루 거쳤다. 송시열의 죄상을 고묘해야 한다고 주장하였다가 1680년 경신환국으로 체직되었다. 1689년 기사환국으로 다시 청요직에 복귀하였고 1691년 승지가 되어 이이(李珥)와 성혼(成渾)을 문묘에서 출향한 것을 비난하는 서인 유생들을 처벌하라고 청하였다.

의론을 따르고 또한 마땅히 중외에 반포해야 한다고 청하였으나 주상이 따르지 않자 양사에서 쟁론하기를 그치지 않았다.

◯ 증광시(增廣試)를 실시하여, 부(賦)의 제목으로 '아름다운 병(病)은 나쁜 약(藥)만 못하다.[美疢不如惡石]'[128]를 출제하였는데 -이 일은 《좌전(左傳)》 양공(襄公) 23년 기사에 보인다.-, 응시자의 거의 반이 일어나 말하기를,

"이 제목으로는 글을 지을 수 없으니 청컨대 문을 열고 나가게 해주시오."

라고 하였다. 시관(試官)이 그 연유를 물으니, 응시자들이 "출제된 제목의 뜻이 시휘(時諱)에 크게 저촉됩니다.[129]"라고 하니. 이에 제목을 고쳐 내고 이로써 초기(草記)[130]하였다.

주상이 주강(晝講)에서 시제(試題)의 일을 하문하자, 지경연 민희(閔熙)가 말하기를,

---

128) 아름다운 …… 못하다[美疢不如惡石] : 《춘추좌씨전(春秋左氏傳)》 양공(襄公) 23년조에 나오는 노(魯)나라 계무자(季武子)의 일에서 유래한 말이다. 노나라 양공(襄公) 23년 계무자가 장자(長子)인 공서(公鉏)를 제쳐두고 차자(次子)인 흘(紇)을 후계로 삼으려 하자, 장무중(藏武仲)이 계교를 써서 이를 성사시켰다. 이런 이유로 맹손씨(孟孫氏) 측에서는 장무중을 몹시 싫어하였는데, 뒤에 맹장자(孟莊子)가 죽자 공서가 다시 계교를 써서 차자인 갈(羯)을 후사로 세워 세력을 확장하니, 장무중이 자신이 죽을 날이 멀지 않음을 직감하고, "계손이 나를 좋아한 것은 병통이 되고, 맹손이 미워한 것은 약석이 되니, 아무리 좋은 병통이라도 나쁜 약석만 못한 것이다.[季孫之愛我, 疾疢也 ; 孟孫之惡我, 藥石也, 美疢不如惡石.]"라고 하였다. 누가 그 뜻을 묻자 장무중은 아름다운 병이란 계무자가 자신의 뜻만을 따라서 결국은 자신을 그르치게 한 것이고, 나쁜 약이란 장맹자가 자신을 미워하며 잘못을 바로 보았기에 도리어 자신에게 약이 될 수 있다고 대답하였다. 이것은 결국 효종을 인조의 차자로만 보고 복제를 낮추려고 한 송시열을 '나쁜 약[惡石]'에 비유하여 암암리에 비호한 말이 될 수 있었다.

129) 시휘(時諱) …… 저촉됩니다 : 계무자가 장자를 폐하고 차자를 세운 일을 두고 장무중(藏武仲)이 '병통'에 비유한 것이, 인조가 소현세자의 장자를 적손으로 세우지 않고 효종에게 왕통(王統)을 물려준 일을 비판하는 의미가 있으므로 이에 항의한 것이다.

130) 초기(草記) : 상주문(上奏文)의 한 가지로, 각 관서에서 정무 상 보고해야 할 사항의 사실관계만을 간단히 적어 상주하는 문서를 말한다. 초기는 담당 승지가 국왕에게 올리는데, 국왕은 이를 살펴보고 처분을 내리게 되며, 초기의 내용과 관련 있는 관서에 하달하게 된다.

"출제된 제목의 뜻이 단궁의 문[檀弓免]과 자유의 마최[子游衰] 설과 다름이 없습니다."

하니, 주상이

"글의 제목으로 합당한 문자가 허다한데, 비록 별다른 뜻 없이 낸 것이라 해도 놀라지 않을 수 없다."

하고, 시관들을 추고하라 명하였다. -전 판서 이정영(李正英),131) 좌윤 윤심(尹深), 교리 목천성(睦天成),132) 호군 김총(金璁),133) 사예(司藝) 이화진(李華鎭),134) 예조좌랑 박태보(朴泰輔), 감시관 장령 유정(柳挺), 정언 신학(申澩)135)-

우의정 허목이 차자를 올려 대략 다음과 같이 말하였다.

"종통을 어지럽힌 송시열의 주장에 은밀히 동조해 온 자들이 선비들을 시험하는 날에 《좌전(左傳)》을 인용하여 유생들을 남몰래 시험한 것입니다. 인용한 일은 오로지 장자를 버리고 아우를 세운 것을 비유로 삼은 것이니, 그 뜻이 선왕께서 나라의 예를 바로잡으신 뜻136)을 폄하하는 데 있는 것이

---

131) 이정영(李正英) : 1616~1686. 본관은 전주(全州), 자는 자수(子修), 호는 서곡(西谷)이다. 호조판서를 지낸 이경직(李景稷)의 아들이다. 1636년(인조14) 별시 문과에 급제하여 현종대 승지 등을 지냈다. 1677년(숙종3) 형조판서 때 시관 사건으로 철원에 유배되었다가 풀려났다. 이어 판돈녕부사가 되고, 1685년 판의금을 거쳐 기로소(耆老所)에 들어갔다. 시호는 효간(孝簡)이다.

132) 목천성(睦天成) : 1630~1687. 본관은 사천(泗川), 자는 군평(君平), 호는 죽파(竹波)이다. 1651년(효종2) 사마시, 1676년(숙종2) 정시문과에 급제하여 이조좌랑, 좌부승지 등을 역임하였다. 1652년(효종3) 진사시, 1662년(현종3) 문과에 급제하여 홍문관 수찬 등을 역임하였다.

133) 김총(金璁) : 1633~1678. 본관은 광주(光州), 자는 중휘(仲輝), 호는 우헌(迂軒)이다.

134) 이화진(李華鎭) : 1626~1696. 본관은 여주(驪州), 자는 자서(子西), 호는 묵졸재(默拙齋)·묵재(默齋)이다. 1648년(인조26) 진사, 1673년(현종14) 정시문과에 급제하여 청요직을 두루 지냈다. 1678년 과시 문제로 홍천에 도배되었다 풀려나 대사헌 등을 역임하였다.

135) 신학(申澩) : 1645~1702. 본관은 고령(高靈), 자는 도원(道源), 호는 만회당(晩悔堂)·만천(晩川)이다. 1673년(현종14) 식년문과에 급제하여 1689년(숙종15) 홍문록에 오르고 1694년 승지에 이르렀다.

136) 선왕께서 …… 뜻 : 갑인년(1674, 현종15) 효종비 인선왕후가 승하하였을 때, 현종은 자의대비(慈懿大妃)의 복을 남인의 주장에 따라 기년복으로 결정하고, 효종의 지위 또한 소급하여 판별하였다. 효종이 본래 차자(次子)였지만 종통을 계승한 이상 장자(長子)

분명한데 언책(言責)을 맡은 자 중 한 사람도 감히 말하는 사람이 없습니다.

이른바 '아름다운 병[美疢]'은 누구를 비유한 것이며, '나쁜 약[惡石]'은 누구를 비유한 것이겠습니까? 이는 모두 대례(大禮)가 이미 바로잡힌 후에 죄인을 엄중히 벌하지 않아 조정의 치욕이 이 지경에 이른 것입니다. 신이 외람되이 대신의 반열에 있으니 감히 말씀드리지 않을 수 없습니다."

좌의정 권대운, 대사헌 윤휴 또한 이 문제에 대해 말을 하니, 주상이 다시 시관들을 잡아들여 신문하라 명하였다.

함안 유학(幼學) 정동구(鄭東耉)가 상소하여 말하기를,

"고묘의 법을 거행하지 않아 사특한 주장의 근원을 막지 못하였기 때문에, 악인과 당을 지은 무리들이 전하의 뜻을 엿보고 여러 선비의 마음을 시험하였으니 속히 고묘의 의론을 따르소서."

라고 하였으나 윤허하지 않았다.

◯ 시관들을 잡아들여 조사하였다. 참시관 박태보(朴泰輔)[137]가 공초하여 말하기를,

"초장(初場)의 출제 때, 상시관(上試官)이 부제(賦題)를 찾다가 찾지 못하고 시관들에게 물어보기에 우연히 《좌전》을 꺼내 살펴보다가 '아름다운 병은 나쁜 약만 못하다.'는 구절을 보고 이를 뽑아내어 좌중에게 보이니, 여러 시관들이 모두 좋다고 하였습니다. 우연히 골라낸 것일 뿐 본래 다른 뜻은 없었는데, 신하가 되어 군부를 조롱하고 폄하했다 하니 이는 천리(天理) 상 결코 있을 수 없는 일이자 인정상으로도 하지 못할 일입니다."

이자 적자(嫡子)가 됨을 인정한 것이 그 내용이다.

137) 박태보(朴泰輔) : 1654~1689. 본관은 반남(潘南), 자는 사원(士元), 호는 정재(定齋)이다. 박세당(朴世堂)의 아들이자, 윤황의 외증손이다. 1677년(숙종3) 알성 문과에 장원해 예조좌랑에 임명되었는데, 바로 그해 일어난 증광시 시제(試製) 사건으로 말미암아 선천(宣川)에 유배되었다가 이듬해 풀려났다. 이후 청요직을 두루 거쳤으나 1689년(숙종15) 인현왕후의 폐위를 반대하는 상소문을 작성하였다가 숙종의 친국을 받고 죽었다.

라고 하였다.

영의정 허적 등이 아뢰기를,

"박태보는 가장 말석의 시관으로 감히 문제를 내면서 '장자를 폐하고 아우를 세웠다.'는 문장을 인용하여 많은 선비들을 시험하였으니 그 정상이 해괴합니다. 중률(重律)로 다스리소서."

하자, 주상이 명하여 시관들을 도배(徒配)하라 하고, 박태보는 먼 변방에 정배(定配)하라 하였다.

무오년(1678, 숙종4) 봄, 교리 최석정(崔錫鼎)[138]이 상소하여 대략 다음과 같이 말하였다.

"전하께서 즉위하신 지 얼마 되지도 않아, 대신을 유배하시고 경솔히 가시밭길을 열었습니다. 일을 언급한 신하들은 연이어 이리저리 쫓겨났으며 초야의 선비들도 잇달아 처벌하니, 인심은 흩어지고 사기(士氣)는 막혔습니다."

또 말하였다.

"지금 군부를 폄훼했다는 것으로 송시열의 죄를 삼고, 골육을 이간질 했다는 것으로 김수항의 죄를 삼았는데, 시열은 일개 한미한 산림의 선비이고, 수항은 고명(顧命)[139]을 받은 대신입니다. 시열은 효묘로부터 세상에 다시없을 은혜로운 예우를 받아 그 정이 부자보다 더한데 이로써 죄를 삼으니 어찌 천하의

138) 최석정(崔錫鼎) : 1646~1715. 본관은 전주(全州), 자는 여시(汝時)·여화(汝和), 호는 존와(存窩)·명곡(明谷)이다. 최기남(崔起南)의 증손, 영의정 완성부원군(完城府院君) 최명길(崔鳴吉)의 손자, 한성좌윤 완릉군(完陵君) 최후량(崔後亮)의 아들이다. 응교 최후상(崔後尙)에게 입양되었다. 1671년(현종12) 정시문과에 급제하여 1697년(숙종23) 우의정, 1699년 좌의정을 거쳐, 1701년(숙종27) 이후 9차례나 영의정을 역임하였다. 1694년 갑술환국 이후 스승인 남구만(南九萬)과 함께 숙종의 탕평책을 앞장서서 추진하다가 노론의 지속적인 공격을 받았다. 편저에 《전록통고(典錄通考)》가 있고, 저서로 《예기유편(禮記類編)》과 《명곡집(明谷集)》이 전한다. 시호는 문정(文貞)이다.

139) 고명(顧命) : 왕이 임종할 때 왕자나 대신들에게 최후로 남기는 말을 가리킨다. 고명을 받은 신하를 '고명대신' 혹은 '고명지신(顧命之臣)'이라 하여 존중하였다.

지극한 원통함이 아니겠습니까? 수항은 언사가 사리에 합당하고 일을 그르친 신하들의 잘못을 깊이 아뢰어 도리에 어긋난 윤휴의 말[140]을 통렬히 논척하였습니다.

외로운 충정이 미처 다 드러나기도 전에 죄망(罪網)을 멋대로 씌워 폭염이 극심한 변방에 떨어뜨리고 여러 해의 겨울과 여름을 지나게 하였는데도 천 길 낭떠러지에서 임금을 그리며 외로운 신세를 견디고 있으니, 신은 하루아침에 갑자기 성스러운 조정이 어진 선비를 죽였다는 오명을 갖게 될까 두렵습니다."

주상이 온화한 비답을 내렸으나 따르지 않았다. 대사헌 오정위(吳挺緯),[141] 대사간 민종도(閔宗道)[142] 등이 죄인을 비호하고 구원한 최석정의 죄를 다스리라 청하였으나 따르지 않았다.

○ 특지(特旨)로 전 대사간 정재숭을 승지로 임명하자, 재숭이 상소하여 그의 아비 정태화(鄭太和)가 국제(國制)를 인용하여 사종설을 쓰지 않은 일[143]을

---

140) 도리에 …… 말 : 윤휴가 명성대비의 정치 관여를 제재하도록 숙종에게 요청하며 '조관자성(照管慈聖)', 즉 대비의 동정을 살펴 이와 같은 거조(擧措)가 없게 하라고 아뢴 말을 이른다.

141) 오정위(吳挺緯) : 1616~1692. 본관은 동복(同福), 자는 군서(君瑞)·서장(瑞章), 호는 동사(東沙)이다. 관찰사 오단(吳端)의 아들이며 오정창(吳挺昌)의 형이다. 1645년 별시문과에 급제하여 청요직을 두루 거치고 1672년 호조판서 등을 역임하였다. 숙종 초에 서인 송시열에 대한 처벌문제로 남인이 온건파와 강경파로 분열될 때 청남(淸南)에 속하여 강경론을 지지하였다. 1680년 경신환국으로 무안에 유배되었다가 1689년 기사환국으로 풀려나와 공조판서를 지내고 기로소에 들어갔다.

142) 민종도(閔宗道) : 1633~1693. 본관은 여흥(驪興), 자는 여증(汝曾)이다. 영의정을 지낸 민암(閔黯)의 조카이고, 민장도(閔章道)와 4촌간이다. 1663년 문과에 급제하여 청요직을 두루 거쳤다. 숙종 초에 탁남에 속하여 서인에 대한 온건론을 폈다. 1680년 경신환국으로 유배 갔다가 1689년 기사환국 이후 복직되자 강경파로 돌아서 송시열과 김수항을 사사(賜死)하라고 주장하였다. 1694년 갑술환국 이후 관작이 추탈되었다.

143) 정태화(鄭太和)가 …… 일 : 기해년(1659, 효종10) 효종이 세상을 떠나자, 송시열은 《의례》 가공언(賈恭彦)의 소에 나오는 사종설 중 '체이부정설(體而不正說)'과 《예기》의 "아버지는 서자(庶子)를 위하여 삼년복을 입지 않는다"는 예설을 들어 기년복(朞年服)을 주장하였다.

변론하자, 주상이 이미 알고 있다는 내용으로 좋게 비답을 내렸다.

○ 영남 생원 이재헌(李在憲) 등 -1050인- 이 여러 차례 상소하여 고묘를 청하자, 생원 채하징(蔡河徵) 등 -160인- 또한 상소하여 이재헌 등의 소를 배척하였다. 승정원이, 채하징 등의 상소에서 죄를 지은 수괴(首魁)를 신구하였으니 소를 돌려주라고 청하였다.

주상이 허적, 권대운 등의 말을 따라, 차후 이와 같이 패란한 소를 올리는 자들은 외딴 섬에 정배하라고 하교하고, 채하징을 경흥에 유배하자, 진사 이동형(李東亨)이 단독으로 상소하여 그를 신구하니 그 또한 원찬하였다.

기미년(1679, 숙종5) 봄, 우윤 남구만(南九萬)[144]이 상소하여 대략 다음과 같이 말하였다.

"신이 맡고 있는 직책은 곧 한(漢)나라 때 좌·우 내사(內史)[145]와 경조윤(京兆尹)[146]이 담당하던 것으로, 서울의 사산(四山)[147]과 상해치사(傷害致死) 등의

당시 영의정이던 정태화는 송시열의 의견을 따르되 종통(宗統)의 시비가 일어날까 두려워하여 기년복을 시왕(時王)의 제도, 즉 명나라[皇朝]의 예제에 근거한 것으로 상정하여 올렸다.

144) 남구만(南九萬) : 1629~1711. 본관은 의령(宜寧), 자는 운로(雲路), 호는 약천(藥泉)·미재(美齋)이다. 개국공신 남재(南在)의 후손이고, 송준길(宋浚吉) 문인이며, 박세당(朴世堂)의 처남이다. 1651년(효종2) 진사시에 합격하고, 1656년(효종7) 별시 문과에 급제하여 1659년(효종10) 홍문록에 올랐다. 현종대 함경도관찰사, 숙종대 영의정 등을 역임하였다. 1694년 갑술환국 이후 숙종의 탕평책을 적극 협찬하다가 노론의 집요한 공격을 받았다. 특히 세자를 보호하기 위해 생모인 장희빈 가문에 대한 처벌을 늦추려고 노력하다가 자주 처벌을 받았다. 숙종 묘정(廟庭)에 배향되었고, 시호는 문충(文忠)이다.

145) 내사(內史) : 중국에서 천자를 좌우에서 모시면서 천자가 작록(爵祿)·치폐(置廢) 등의 업무에 관해 전례(前例) 또는 법식(法式) 등을 하문할 때마다 이에 대한 지식을 제공해 주는 구실을 하였다. 한 무제(漢武帝)는 당시 근엄하고 올곧은 인물로 정평이 나 있었던 급암(汲黯)에게 우내사(右內史)를 맡겨 조정의 명령에 순응하지 않는 귀족과 외척들을 다스리게 하였다. 《漢書 卷50 汲黯傳》

146) 경조윤(京兆尹) : 한 무제(武帝) 원년(B.C. 104)에 우내사(右內史)를 고쳐 경조윤을 설치하

일을 관장하고 있습니다. 신이 항간의 파다한 소문을 듣자하니, 고 청풍부원군 첩의 아우가 교서관 정자 허견(許堅)[148]의 처인데 부원군의 첩이 허견과 서로 다투다 허견에게 구타당해 이가 부러지는 상처를 입고는 대성통곡하며 돌아오는 길에 시가를 지나며 노상에서 온갖 악담을 퍼부었다고 합니다. 부원군의 첩이 천인(賤人)이라 해도 자전의 서모(庶母)인데, 허견이 감히 구타하여 욕보인 사실을 전하께 말씀드리는 사람이 없습니다.

또 듣기에 대사헌 윤휴가 경산(京山)의 금송(禁松) 수천 그루를 벌목하여 자기 집을 짓는 목재로 썼다 합니다. 무릇 살아있는 소나무 열 그루만 베어도 그 죄가 전가사변(全家徙邊)에 해당하는데, 재상을 비롯한 권세가들은 온 산의 나무들을 베어내도 불문에 부쳐 그대로 두고, 유독 시정(市井)의 품 파는 종들이 치고받으며 말다툼하는 일이나 나무꾼 아이, 소치는 노인이 말라 죽은 소나무나 낙엽을 채취하는 일만 심리하여 처결하고 법으로 다스려 금령을 펴는 계책으로 삼고 있으니 어찌 한심하지 않겠습니까?

또 들으니 근자에 세력 있는 가문에서 남의 처첩을 약탈하여 간음하고 속이며 온갖 추행을 자행하였습니다.[149] 서울은 사방의 모범이 되는 곳인데 그 기강이 무너져 어지러움이 이 지경에 이르렀으니 나라의 멸망이 목전에 닥쳤습니다."

주상이 소를 살펴보고 깜짝 놀라, 해당 부서에서 엄격하게 조사하여 품처(稟處)[150]하도록 하였다. -허견은 영의정 허적의 첩자(妾子)로 그 아비의 권세를 빙자하여

였으며, 장안(長安) 이하 12개 현을 다스리는 일을 맡았다. 이를 원용하여 조선에서는 한성판윤(漢城判尹)을 가리키는 명칭이 되었다.

147) 사산(四山) : 도성 표내(標內)의 북악산, 인왕산, 목멱산, 타락산을 이른다.

148) 허견(許堅) : 1646~1680. 본관은 양천(陽川), 자는 노직(魯直)으로, 허적(許積)의 첩자(妾子)이다. 1666년(현종7) 식년시 진사, 1668년(현종9) 정시문과에 급제하여 교서관(校書館) 정자(正字)를 지냈다. 1680년(숙종6) 경신환국(庚申換局) 때 역모를 꾀했다는 혐의를 받고 군기시 앞에서 능지처사(凌遲處死) 되었다.

149) 세력 …… 자행하였습니다 : 남구만은 이 상소에서 허견이 서효남의 며느리 차옥을 범하고자 차옥의 외삼촌 박찬영(朴纘榮)과 짜고 차옥을 거짓으로 꾀어내어 3일 동안 감금하고 욕보였다고 고발하였다. 《肅宗實錄 5年 2月 10日 · 30日》

방자하기가 거리낌이 없었다. 남의 처첩을 약탈하여 집안에 두었는데, 그 처가 투기하자 이에 분노하여 죽이려 하였고 아울러 그 처형도 구타하니 사람들의 말이 무성하였다. 윤휴 또한 삼각산의 소나무를 벌목하였으므로 남구만이 상소하여 이를 언급하였다.- 윤휴가 의심하며 불안해하자, 권대운이 남구만을 유배시켜 윤휴의 심사를 편안하게 해줄 것을 청하니 그대로 따라 남구만을 해남에 정배하였다.

○ 생원 송상민(宋尙敏)151)이 예송의 시말을 상세하게 서술하여 한 권의 책으로 만들고, 또 윤휴 등의 간특하고 사악하며 무망하고 패란한 실상을 진술하여 상소하였다. 이에 하교하기를,

"전례가 이미 결정되고, 악의 원흉이 쫓겨난 이후로도 송시열의 당은 팔을 걷어붙이고 격분하며 악독한 원망을 더욱더 뿜어내고 있는데, 이는 송시열이 있는 것만 알고 군부가 있다는 것은 모르는 것으로, 뜻을 조작하고 비방을 일삼기를 날마다 보태고 달마다 더하였다.

지금 송상민처럼 보잘것없고 간사한 무리가 상소와 책을 올려, 위로는 선왕을 기망하고 아래로는 조정을 무함하며 감히 '효묘는 장자가 아닌데 장자를 위한 복을 입는다면 또한 참되지 않은 일이 아니겠습니까?'라고 하였으니, 이 어찌 신하로서 감히 할 수 있는 말이겠는가? 즉시 국문하라."

라고 하였다. 송상민은 다섯 차례의 형신 끝에 죽었고, 그의 소를 정서(正書)한 박세징(朴世徵) 또한 형장 아래 죽었으며 죄인의 공초에서 연루자로 언급된 조근(趙根), 신계징(申啓澄), 이담(李橝), 구시경(具時經)은 모두 경중을 나누어

---

150) 품처(稟處) : 임금에게 상주(上奏)하여 분부를 받아 처리하는 것을 이른다.

151) 송상민(宋尙敏) : 1626~1679. 본관은 은진(恩津), 자는 자신(子愼), 호는 석곡(石谷)이다. 송시열·송준길의 문인이다. 1660년(현종1) 사마시에 합격하고 곧 송시열이 있는 회덕으로 내려가 학문 연구에 전력하였다. 1675년(숙종1) 갑인 예송으로 송시열이 유배되자 1679년(숙종5) 3월 12일 송상민은 스승을 변호하기 위하여 예론의 시말과 윤휴 및 허목을 비판하는 책을 만들어서 숙종에게 바쳤다. 이 일로 숙종의 노여움을 사서 송상민 자신은 장살되었으며 연루자들은 모두 국문을 받고 죽거나 유배되었다. 1680년 경신환국으로 신원되어 공조좌랑에 추증되었다.

정배하였다.

○ 양사 -대사헌 오정위(吳挺緯), 집의 송정렴(宋挺濂),[152] 장령 이명은(李命殷)[153]·조지석(趙祉錫), 지평 배정휘(裵正徽),[154] 대사간 권대재(權大載),[155] 사간 구음(具崟),[156] 헌납 이수경(李壽慶), 정언 권흠(權歆)[157]·이현석(李玄錫)[158] 등- 에서 아뢰기를,

---

152) 송정렴(宋挺濂) : 1612~1684. 본관은 은진(恩津), 자는 계맹(繼孟), 호는 존양재(存養齋)이고, 정온(鄭蘊)의 문인이다. 1635년(인조13) 생원시에 합격하고 성균관에 들어갔으나, 이듬해 병자호란이 일어나자 귀향하여 정온을 찾아 학문 연마에 힘썼다. 1655년(효종6) 동당명경과(東堂明經科)에 합격하여 사헌부 감찰 등을 역임하고, 1675년 숙종이 즉위하자 예조정랑, 사헌부 지평·장령 등을 지냈다.

153) 이명은(李命殷) : 1627~? 본관은 전주(全州), 자는 경숙(敬叔), 호는 백운(白雲) 또는 봉천(鳳川)이다. 1675년(숙종1) 정릉참봉(貞陵參奉)으로서 증광문과에 급제하여 사헌부 장령 등을 지냈다. 1679년 송상민 상소를 계기로 송시열을 가죄(加罪)하라고 청하여 장기(長鬐)에서 거제도로 이배되게 만들었다.

154) 배정휘(裵正徽) : 1645~1709. 본관은 성주(星州), 자는 미숙(美叔). 호는 고촌(孤村)이다. 이현일(李玄逸)·허목의 문인이다. 1673년 식년문과에 급제하여 청요직을 두루 지냈다. 1679년(숙종5)에 이유정(李有湞)의 투서사건 때 그 우두머리로 송시열을 지목하여 탄핵하였다. 1689년 인현왕후가 폐위 당하였을 때 사헌부 장령으로 재직 중이었는데, 1694년 인현왕후가 복위하자 폐위 당시 수수방관했다는 명목으로 부령(富寧)으로 귀양 갔다.

155) 권대재(權大載) : 1620~1689. 본관은 안동(安東), 자는 중거(仲車), 호는 소천(蘇川)·간은(艮隱)이다. 영의정을 지낸 권대운의 사촌 동생이다. 1653년 별시문과와 1658년 문과중시에 급제하여 병조좌랑·창평 현감 등을 지냈다. 숙종대 승지·대사헌 등을 역임하며 송시열의 처벌을 적극 주장하였다. 허목 등 청남과 정치적 행보를 같이 하다가 1679년 종성부사로 쫓겨났고, 1680년 경신환국으로 영변에 유배되었다. 1689년 기사환국 이후 송시열과 김수항 처벌을 주장하였고, 홍문관 제학, 호조판서 등을 역임하였다.

156) 구음(具崟) : 1614~1683. 본관은 능성(綾城), 자는 차산(次山), 호는 명곡(明谷)이고, 이식(李植)의 문인이다. 1648년(인조26) 사마시, 1652년(효종3) 증광문과에 급제하여 청요직을 두루 거치고 숙종대 승지에 올랐다.

157) 권흠(權歆) : 1644~1695. 본관은 안동(安東), 자는 자형(子馨)이다. 1678년(숙종4) 증광문과에 급제하여 1679년 홍문록에 오르고, 1689년 기사환국 이후 남인 집권기에 대사성, 함경도관찰사 등을 역임하였다.

158) 이현석(李玄錫) : 1647~1703. 본관은 전주(全州), 자는 하서(夏瑞), 호는 유재(游齋)이다. 실학자 이수광(李睟光)의 증손이고 영의정을 지낸 이성구(李聖求)의 손자이다. 1667년(현종8) 진사가 되고, 1675년(숙종1) 증광문과에 급제하여 청요직을 두루 거쳤다. 1682년 우승지가 되었으나 송시열 등 서인의 예론(禮論)을 반대하다가 철원에 부처되었다. 1688년 다시 동래부사에 임명되었고, 이후 형조판서까지 오르면서 탕평책과 중농정책을

"일찍이 유필명(柳弼明)을 외딴 섬에 유배하였고,[159] 송상민(宋尙敏) 또한 군왕의 형법 아래 죽었으니, 죄를 토벌하는 법이 어찌 유독 그 악의 원흉에게만 미치지 않을 수 있겠습니까? 또한 그 도당들의 왕래가 줄을 잇고 출입하는데 거리낌이 없으니, 청컨대 송시열을 외딴 섬으로 이배하시고 가시 울타리를 엄히 둘러 바깥사람과 교통하는 길을 차단하소서."

하니, 주상이 이 말을 따라 송시열을 거제(巨濟)로 이배하였다.

○ 여름, 강화도에서 투서(投書)의 변고[160]가 있었다. 당시 병조판서 김석주가 강화도에 돈대(墩臺)를 쌓을 것을 의논하고 그 감독을 명받아 승도(僧徒)를 소집하여 공사를 막 시작하려는데 갑자기 투서 사건이 일어났다.

윤휴가 "장차 헤아리기 어려운 일이 일어날 수 있으니 궁성을 수비하소서." 하고, 또 무원형(武元衡)의 일[161]을 인용하여 공경(公卿)들의 집을 호위하라 청하였는데, 이는 대개 두렵게 하여 동요시킬 뜻에서 나온 것이었다.

얼마 후 투서자로 혐의를 받는 이유정(李有湞)이라는 자를 체포하여 국청을 설치하고 투서 내용의 뜻을 심문하였다. 유정의 공초에 이르기를,

---

건의하였으며, 경연강의(經筵講義) 교재의 개편을 진언하였다. 저서로는 《명사강목(明史綱目)》, 《역의규반(易義窺班)》, 《유재집(游齋集)》 등이 있다.

159) 유필명(柳弼明)을 …… 유배하였고 : 숙종 원년(1675) 5월, 청주(淸州) 유생 유필명 등은 송시열 등이 주장한 대공설(大功說)을 지지하는 소를 올렸는데, 윤휴가 그를 패역(悖逆)으로 논척하자 숙종이 의금부에 명하여 유필명을 역률(逆律)에 의거, 심문하게 하였다. 《燃藜室記述 肅宗朝故事本末》

160) 투서(投書)의 변고 : 1679년(숙종5) 3월 12일, 좌의정 권대운(權大運), 병조판서 김석주(金錫胄) 등이 청대하여 이유정(李有湞)이 작성하여 이우(李瑀)에게 투서했다는 흉서(兇書)를 바쳤다.

161) 무원형(武元衡)의 일 : 무원형은 당(唐)나라 말기인 헌종(憲宗) 때의 어진 재상인데, 평장사(平章事)로서 병마(兵馬)의 권한을 맡고 있었다. 이때 창의절도사(彰義節度使) 오소성(吳少誠)의 손자인 오원제(吳元濟)가 군사를 일으켜 반란을 도모하였으므로 조정에서 대병을 출동하여 토벌하려 하였다. 그러자 평로절도사(平虜節度使)로 있던 이사도(李師道)가 오원제를 용서해 주기를 청하였는데, 들어주지 않자 자객을 보내어 무원형을 살해하였다. 본문에서 이 고사는 재상이 자객에 의해 살해당할 위험이 있으니 그들의 신변을 보호해야 한다는 주장으로 인용되었다. 《新唐書 卷158 武元衡列傳》

"종통이 순서를 잃었다'[162]고 한 것은 근래 예송에서 논란한 것이 적자(嫡子)를 가리는 것에 있다면 마땅히 장자(長子)에게 돌아가야 하고 서자(庶子)가 누군지를 따지는 것에 있다면 마땅히 중자(衆子)에게 돌아가야 하므로, 종통(宗統)을 언급한 것은 대개 이를 말한 것입니다.

그러나 효종은 중자로서 종통을 이었고 경안군(慶安君)의 아들[163]은 적통이지만 그 지위를 잃었으므로 서인이 이것 때문에 서로 다투고 있으니, 이는 종통을 붕당의 뿌리로 삼은 것입니다."

라고 하였다.

이유정이 자복하자 형을 집행하였다. 연루자 이홍식(李弘式), 이홍도(李弘道), 이유량(李有湸) 등 -모두 이유정의 아우, 조카이다.- 은 죽거나 유배되었고, 종실 임창군(臨昌君) 혼(焜)과 임성군(臨城君) 황(煌)은 이름이 흉서에 언급되었으므로 제주에 안치하였다.

이에 허적이 말하기를,

"죄인을 잡아내 이미 정형(正刑)[164]을 집행하였으니 고묘한 후 교서를 반포하지 않을 수 없습니다."

하고, 권대운 등도

"나라의 예를 이미 바로 잡은 후에도 고묘를 하지 않았으므로 마침내 흉서의 변고가 일어나기에 이르렀습니다."

---

162) 종통이 …… 잃었다 : "종통이 순서를 잃었으므로 왕손을 추대해야 한다.[宗統失序, 推戴王孫]"는 투서 속 말을 이른다. 이는 종통의 차서가 잘못되었으니, 소현세자의 손자인 임창군(臨昌君) 이혼(李焜)을 옹립하는 반정(反正)을 꾀하자는 것으로 간주되었다. 이에 윤휴가 15일에 비밀 차자를 올려 관련자를 국문할 것과 궁성의 호위 강화를 청하였고, 허적은 이유정의 배후가 송시열이라고 주장하였다. 결국 이유정의 투서는 그의 스승 송시열의 예론이 빌미가 되어 작성된 것이라 하여 송시열은 다시 거제로 유배되었다. 《燃藜室記述 肅宗朝故事本末 李有湞投書之變》《肅宗實錄 5年 4月 26日, 5月 2日》

163) 경안군(慶安君)의 아들 : 경안군은 소현세자의 셋째 아들 이석견(李石堅, 1644~ 1665)이고, 그 아들은 임창군(臨昌君) 이혼(李焜)을 이른다.

164) 정형(正刑) : 형벌을 바르게 집행한다는 의미로 대역(大逆)·강상(綱常)을 범한 자 등을 사형(死刑)에 처하는 것을 말한다. 죄인의 존몰(存沒)에 관계없이 형벌을 집행하였다.

라고 하였으며, 삼사의 신료들 또한 즉시 고묘하는 것이 마땅하다고 하므로 주상이 그대로 따라, 대제학 김석주에게 반교문(頒教文)을 지어 올리라고 명하였다.

○ 경성 안 파자교(把子橋)[165]에 익명의 괘서가 걸렸는데,[166] 서인(西人)의 성명을 일일이 나열하며 이들이 반역을 모의한다는 내용이었다. 대신 권대운 등이 현상금을 걸고 체포하라 아뢰어, 얼마 후 일이 해결되었다. -괘서에 이르기를, "남인의 당은 혼탁하고 서인 부류는 원한을 품고 있으니, 인심은 흩어지고 나라 일은 질서가 없어서, 종사(宗社)가 위급한데 하늘의 뜻은 아직 정해지지 않았다……" 하였다. 또 이르기를, "초9일에 큰 변란이 임박했다" 하였고, 그 아래에 "북부(北部)의 사노(私奴) 거창(居昌)을 잡으라."[167]라는 말이 있었다. 거창을 체포하여 심문하니 그 공사(供辭)가 윤휴의 문객 이환(李煥)에게 미쳤으므로 이환을 국문하여 자백을 받았는데, 윤휴가 은밀히 차자를 잇달아 올려 그를 구원하였다. 많은 사람들이 윤휴 등이 이환을 사주하여 벌인 일이라 의심하였으나 결국 이환은 풀려났다.-

윤휴가 은밀히 차자를 올려 대략 다음과 같이 말하였다.

"신이 들으니 어제 남교(南橋) 입구에 한 장의 괘서가 걸렸는데 그 내용이 위태롭고 악독하며 그 사기(事機)가 급박하다 합니다. 말의 진위나 일의 허실을 알 수는 없으나 관련된 사안이 긴급하므로 즉시 상달하여 변란에 대응할

---

165) 파자교(把子橋) : 조선시대 한성부 정선방(貞善坊)에 있던 다리로, 현재 파자교는 종로구 묘동 57번지 옛 단성사 앞쪽에 있던 다리를 이른다. 대나무 제품을 파는 파자전이 있던 것에서 유래된 명칭이다.

166) 익명의 괘서가 걸렸는데 : 이 벽서에는 이익상(李翊相)을 비롯하여 민정중(閔鼎重), 김익훈(金益勳), 이선(李選), 신완(申琓), 이행익(李行益), 권도경(權道經), 이익형(李益亨), 구일(具鎰) 등의 이름이 거론되어 있었는데, 윤휴는 숙종에게 비밀 차자를 올려 흉서에 이름이 거론된 자들에게 군대를 거느리지 못하게 할 것을 청하였다. 이 사건을 두고 서인측은 윤휴가 이환(李煥)을 사주하여 서인을 일망타진할 흉계를 꾸민 것이라 보았다. 《肅宗實錄 5年 3月 12日, 3月 15日, 4月 8日, 4月 9日, 4月 29日, 6年 5月 14日, 5月 15日》

167) 북부(北部)의 …… 잡으라 : 《숙종실록(肅宗實錄) 5년 4월 8일》 기사에 따르면 괘서에 "북부의 사노(士奴) 거창(居昌)을 잡아 신문한다면 알 수 있다."는 말이 있었다고 한다.

방도를 갖추지 않을 수 없습니다.

무릇 익명서의 내용을 전파해서는 안 된다 하는 것은 혹시라도 사사로운 분노 때문에 비밀스러운 일을 발설하는 것일 수 있으니 끝까지 캐 물어서는 안 된다는 것입니다. 그러나 이번 일은 이러한 경우와 다르니, 인심이 의심하고 두려워하며 세상의 변고를 헤아리기 어려운 상황에서 어찌 익명서라 하여 마음을 쓰지 않을 수 있겠습니까?"

또 말하기를,

"괘서에서 언급된 신하들 중 군사의 임무를 맡은 사람들의 직책을 속히 바꾸소서."

하였다. 윤휴가 또 다시 차자를 올려, 광해조 때 박승종(朴承宗)이 이흥립(李興立)을 다스리지 않아[168] 큰 화를 초래했던 일과 인조조 때 허적(許樀)이 유효립(柳孝立) 등을 고변했던 일[169]을 인용하여 성청(聖聽)을 위협하여 동요시키고자 하였다. -경신년(1680, 숙종6), 이 두 차자를 국청에 내리도록 명하였다.-

주상이 여러 신하들의 말을 따라 역적을 토벌한 일을 종묘에 고하고 중외에 교서를 반포하였다. 반교문(頒敎文)은 김석주가 지었는데, 김석주가 일 때문에 외방으로 나갔을 때 권해(權瑎) 등이 '대대(大憝)' 이하 세 구절을 제 맘대로 추가하여 넣었다.[170] -다만 큰 악인[171]이 반성하지 않아서 사설(邪說)이 더욱 치성해지니

---

168) 박승종(朴承宗)이 …… 않아 : 이흥립은 박승종의 사돈이었으므로, 그의 추천으로 훈련대장에 임명되었다. 인조반정 때 주모자들이 거사 날짜까지 잡았으나 박승종과의 관계가 밀접한 이흥립이 궁성의 호위를 맡고 있기 때문에 그를 얻은 뒤에야 가능하다고 보았다. 그리하여 주모자의 한사람인 장유(張維)가 흥립의 사위인 자신의 동생 신(紳)을 이용하여 이흥립의 내응(內應)을 끌어내었으며 이로써 반정이 성공할 수 있었다.

169) 허적(許樀)이 …… 일 : 유효립은 광해군의 처남 유희분(柳希奮)의 조카로 반정 당시 제천으로 유배되었다. 유배지에서 허유(許逌)·정심(鄭沁)·김탁(金鐸)·유두립(柳斗立) 등 반정으로 실세한 무리들과 반역을 모의하여 광해군을 상왕으로 삼고 인조의 숙부인 인성군 공(仁城君珙)을 추대하려는 계획을 세웠다. 그러나 전 부사 허적의 고발로 도성으로 잠입하던 무리들이 체포되었고, 유효립 자신도 체포되어 죽임을 당하였다. 《燃藜室記述 仁祖朝故事本末 柳孝立獄》

170) 반교문(頒敎文)은 …… 넣었다 : 당시 권대운(權大運)·민암(閔黯)을 비롯한 남인은 종통(宗統)·적통(嫡統)에 대한 송시열의 예론이 이유정(李有湞)의 역란(逆亂)을 초래했다는 내용

인륜의 기강이 무너지고 마침내 무부무군(無父無君)의 지경에 이르렀다. 서리를 밟으면 굳은 얼음이 이르는 것[172]은 실로 일조일석(一朝一夕)에 되는 일이 아니므로, 오래도록 무리를 선동하여 결국 역적을 양성해 내었다.-

김석주가 돌아온 후, 고묘문(告廟文)과 반교문의 조항이 각각 상이하다는 뜻으로 경연 석상에서 아뢰었다. 또 상소하여 말하기를,

"신이 반교문을 보니 그날 지었던 신의 소견과는 크게 달랐는데도 신의 이름을 그대로 도용하였으니, 이것이 바로 '칼로 사람을 죽인 것은 장삼(張三)인데 살인죄로 사형에 처해진 것은 이이(李二)다.'라는 것입니다."

라고 하였다.

○ 양사 -대사간 최문식(崔文湜),[173] 지평 이한명(李漢命)[174]·배정휘(裵正徽), 헌납 이화

을 반교문에 넣을 것을 청하면서, 강화도로 돈대(墩臺) 공사를 살피러 간 대제학 김석주(金錫胄)를 대신하여 대신 및 관각 당상(館閣堂上)들에게 의논하여 찬진(撰進)토록 할 것을 주장하였다.《肅宗實錄 5年 5月 9日》 그리하여 우참찬 이원정(李元禎)·예문관 제학 이하진(李夏鎭)·이조참판 오정창(吳挺昌)·호조참의 권해(權瑎) 등으로 하여금 '지연(祗緣)' 이하 3구절을 추가함으로써 남인의 당론을 보다 분명하게 반영하였는데, 찬술자는 그대로 김석주의 이름을 썼다. 이에 김석주가 조정에 돌아와 그 부당함을 상소하고 재차 첨가한 부분을 파기하게 하였다. 이때 김석주가 소에서 제기한 문제는 자신의 동의 없이 반교문의 내용이 개찬되었다는 것과 개찬한 반교문의 찬술자에 자신의 이름이 그대로 도용되었다는 것이었는데, 이러한 문제 제기는 남인의 당론에 적극적으로 동조하기를 꺼려했던 그의 정치적 입장을 잘 보여준다.《肅宗實錄 5年 5月 15日, 6年 閏8月 29日》

171) 큰 악인 : 송시열을 가리킨다. 아래 내용에서 볼 수 있듯이 이 부분은 김석주가 지은 것이 아니라 권해 등 남인이 역모의 유래가 송시열임을 분명히 해야 한다며 추가로 덧붙인 부분이다.

172) 서리를 …… 것 : 서리가 내리면 날씨가 점차 추워져서 얼음이 언다는 뜻으로《주역》〈곤괘(坤卦) 초육(初六)〉에 "서리를 밟게 되면 곧 굳은 얼음이 얼게 된다.[履霜堅氷至]"는 효사(爻辭)를 인용한 것이다. 아직 나타나지는 않았지만 조짐이 점점 확대되면 결국 큰 죄악을 저지르는 변란이 이른다는 뜻으로 쓰였다.

173) 최문식(崔文湜) : 1610~1684. 본관은 강릉(江陵), 자는 정원(正源), 호는 성헌(省軒)이다. 1630년(인조8) 형 문활(文活)과 함께 식년문과에 응시, 나란히 병과로 급제하여 형제동방(兄弟同榜)의 영예를 누렸다. 현종대 청요직을 두루 거치고, 1677년(숙종3) 대사간에 오른 다음 승지·강원도관찰사를 거쳐서 다시 대사간으로 있다가 관직을 떠났다.

진(李華鎭), 정언 김준상(金儁相)·이인빈(李寅賓)[175]에서 합계하여 송시열의 죄를 논하고, 또 말하기를,

"지금 고묘의 예를 거행하였으니, 마땅히 율(律)에 따라 처벌하는 법을 바르게 적용해야 할 것입니다."

라고 하였다. 판부사 허목이 차자를 올려 송시열의 큰 죄악 세 가지를 논하고, 또 말하기를,

"강화도 흉서의 변고는 송시열이 비록 화의 근본이라 하겠으나 함께 모의한 형적이 뚜렷하지 않은데 지금 갑자기 형률을 가하면 군주가 법을 적용하는 도리에 미진할까 두렵습니다."

라고 하였다. 양사가 이로 인하여 인피하자, 허목이 다시 차자를 올려 말하기를,

"송시열의 죄는 이 세 가지 큰 죄를 다 나열하여 화의 근본으로 삼지 않으면 죄명이 분명하지 않게 되므로 앞서 올린 차자에서 군주가 법을 적용하는 것이 이와 같아서는 부당하다고 말씀드렸습니다. 그러나 지금 그의 죄악을 다 열거하여 종묘에 고하고 법을 집행한다면 죄인은 변명의 여지가 없을 것이고 국인(國人)은 모두 통쾌해 할 것입니다."

하였다. 주상이 답하기를, "차자의 내용은 이미 알고 있다." 하였다.

---

174) 이한명(李漢命) : 1651~1687. 본관은 광주(廣州), 자는 남기(南紀), 호는 낙애(洛涯)이다. 이조판서 이원정(李元禎)의 아들이며, 관찰사 이담명(李聃命)의 아우이다. 1666년(현종7) 생원시, 1675년(숙종1) 증광문과에 급제하여 청요직을 두루 거치고 1679년(숙종5) 도당록(都堂錄)에 올랐다. 1680년(숙종6) 부친 이원명이 경신환국에 연루되어 장살(杖殺)당하자 그 충격으로 병을 얻어 오랫동안 앓다가 37세로 요절하였다.

175) 이인빈(李寅賓) : 1625~1695. 본관은 한산(韓山), 자는 은경(殷卿), 호는 설루(雪樓)이다. 영의정 이산해(李山海)의 증손이고, 이경전(李慶全)의 손자, 판서 이무(李袤)의 아들이며, 어머니는 유희발(柳希發)의 딸이다. 1677년(숙종3) 감시제에서 수석, 전시에 직부할 수 있는 자격을 얻어 1678년(숙종4) 증광문과에 을과로 급제하였으며 이듬해 홍문록에 올랐다. 이후 청요직을 두루 역임하였는데, 1680년 경신환국으로 축출되었다가 1691년 다시 장령 등을 역임하였다. 허적(許積)과 가까웠고, 민암(閔黯) 일가와 통혼하는 등 대체로 탁남(濁南) 입장에서 활동하였다.

○ 대신 및 경재(卿宰), 삼사가 청대하여 삼사의 의론을 따르라 청하고 -영의정 허적(許積), 좌의정 권대운(權大運), 우의정 민희(閔熙), 이조판서 이원정(李元禎), 호조판서 목내선(睦來善), 형조판서 정익(鄭榏), 공조판서 오정위(吳挺緯), 호군 윤심(尹深), 예조참판 권대재(權大載), 강화 유수 윤이제(尹以濟), 우승지 이집(李堞), 부교리 유명천(柳命天)·목임유(睦林儒), 교리 심단(沈檀)[176]·목천성(睦天成),[177] 수찬 오시만(吳始萬)[178]·김성구(金聲久),[179] 지평 이한명(李漢命)·배정휘(裵正徽), 헌납 이화진(李華鎭), 정언 김준상(金儁相)·이인빈(李寅賓)- 송시열의 죄를 번갈아 아뢰었으나 주상이 따르지 않았다. -양사에서 모두 57차례에 걸쳐 아뢰었다.-

주상이 친림(親臨)하여 소결(疏決)하였다. 우의정 오시수(吳始壽)[180]가 말하

---

176) 심단(沈檀) : 1645~1730. 본관은 청송(青松), 자는 덕여(德輿), 호는 약현(藥峴)·추우당(追尤堂)이다. 청성백(青城伯) 심덕부(沈德符)의 후손이고, 어머니는 윤선도(尹善道)의 딸이다. 1662년(현종3) 진사가 되고, 1673년 정시문과에 급제하여 청요직을 두루 거쳤다. 경신환국으로 양덕에 10년간 유배되었다가 기사환국 이후 다시 등용되었는데 갑술환국 이후 파직 당하였다. 경종대 이조판서를 지냈는데 1728년(영조4) 노론의 탄핵을 받고 삭주에 유배되었다. 1729년 탕평책으로 풀려나 1730년 봉조하가 되었다.

177) 목천성(睦天成) : 1630~1687. 본관은 사천(泗川), 자는 군평(君平), 호는 죽파(竹波)이다. 1651년(효종2) 사마시, 1676년(숙종2) 정시문과에 급제하여 청요직을 두루 거치고, 1679년 승지가 되었다.

178) 오시만(吳始萬) : 1647~1700. 본관은 동복(同福), 자는 영석(永錫), 호는 춘헌(春軒)이다. 이조참판 오백령(吳百齡)의 증손, 관찰사 오단(吳端)의 손자, 호조판서 오정일(吳挺一)의 아들인데, 예조판서 오정위(吳挺緯)에게 입양되었다. 1666년(현종7) 사마시에 합격하고, 1676년(숙종2) 정시문과에 장원한 뒤, 1679년 문과중시에 급제하여 청요직을 두루 거쳤다. 1680년 경신환국으로 축출되었다가 1689년 기사환국 이후 대사간·승지 등을 역임하였으나 1694년 갑술환국으로 용천·강서 등지에 유배되었다.

179) 김성구(金聲久) : 1641~1707. 본관은 의성(義城), 자는 덕휴(德休), 호는 팔오헌(八吾軒) 또는 해촌(海村)이다. 1662년(현종3) 사마시를 거쳐 1669년 식년문과에 갑과로 급제, 청요직을 두루 거쳤다. 1689년 기사환국으로 대사성·호조참의 등을 역임하다가 1694년 갑술환국으로 향촌에 은퇴하였다. 안동의 백록사(柏麓祠)에 제향되었고, 저서로 《팔오헌집(八吾軒集)》이 있다.

180) 오시수(吳始壽) : 1632~1681. 본관은 동복(同福), 자는 덕이(德而), 호는 수촌(水邨)이다. 오백령(吳百齡)의 증손, 오단(吳端)의 손자, 오정원(吳挺垣)의 아들이다. 1656년 별시문과, 1666년 중시문과에 장원급제하였고, 청요직을 두루 역임하였다. 숙종 즉위 후 형조판서로 발탁되고, 1679년 우의정에 올랐다. 1680년 경신환국으로 유배되었다가 청나라 사신에게 주약신강설(主弱臣强說)을 보고했다는 이유로 탄핵받고 사사되었다. 1689년 기사환국

기를,

"원찬 죄인(遠竄罪人) 이유태(李惟泰)의 소견은 조금 차이가 있어, 당초 헌의(獻議)가 잘못되었음을 뒤늦게 후회하고 3년 복제가 옳다는 의견을 일찍이 송시열에게 말하였는데[181] 시열이 잘못을 깨닫지 못하고 도리어 화를 냈습니다.

이에 유태가 장문의 편지를 써서 시열에게 보내니 시열이 유태를 헐뜯고 비방하는 내용의 답서를 보냈는데, 그 내용이 진신 간에 퍼져 나갔습니다. 이와 같이 지난 허물을 고치려는 사람은 마땅히 석방의 은전을 베풀어 스스로를 새롭게 할 길을 열어주어야 합니다."

라고 하니, 주상이 대신을 비롯한 신료들에게 두루 물은 후 이유태를 특별히 석방하였다.

○ 판부사(判府事) 허목(許穆)이 차자를 올려 대략 다음과 같이 말하였다. "지금 영의정 허적(許積)은 선왕의 고명대신(顧命大臣)으로서 전하께서 가까이하고 신임하기를 제 환공(齊桓公)이 관중(管仲)에 대해 '첫째도 중부(仲父)요 둘째도 중부이다.'라고 했던 것[182]처럼 하십니다. 그런데 책임이 막중해지고 권세와 지위가 성대해지자 외척들과 결탁하여 세력을 형성하고 내시 및 측근의 귀인들과 결탁하여 이들을 밀객(密客)으로 삼고 성상의 동정을 엿보며

때 관작이 회복되었다가, 1694년 갑술환국으로 다시 관작을 추탈 당했는데, 1784년(정조8) 신원 요청으로 다시 회복되었다. 저서로 《수촌집》이 있다.

181) 3년 …… 말하였는데 : 이유태는 1660년(현종1) 복제 시비 때 송시열의 기년설(朞年說)을 옹호하였다. 1674년(현종15)의 갑인 예송 때 복제를 잘못 정했다는 윤휴(尹鑴) 등의 탄핵을 받아 유배되었지만, 남인 오시수가 "이유태는 의례(議禮)의 잘못을 깨달았다"고 사면을 청하여 1679년 석방되었다. 이 과정에서 송시열은 이유태가 예설을 고쳐서 처벌을 면하려 한다고 의심하였고, 이후 양자 간의 갈등이 표면화되었다.

182) 제 …… 것 : 유사(有司)가 제 환공에게 일을 묻자, 환공이 중부(仲父)에게 물어보라고 하였는데, 이렇게 하기를 세 차례나 반복하였다. 이에 측근의 신하가 "첫째도 중부요 둘째도 중부니 임금 노릇하기가 참 쉽습니다.[一則仲父·二則仲父, 易哉爲君.]"라고 하니, 환공이 "내가 중부를 얻기 전에는 어려웠지만, 중부를 얻고 난 뒤에야 무엇인들 쉽지 않겠는가?[吾未得仲父則難, 已得仲父之後, 曷爲其不易也?]"라고 답했다는 고사가 전한다. 중부는 환공이 관중(管仲)을 부른 존칭이다. 《呂氏春秋 任數》

성상의 뜻에 영합하니 정승 집 문 안에 내관이 있다는 조롱이 있게 되었습니다.

그런가하면 공사를 일으키도록 권유하여 깊은 산 험준한 곳에 일 만개의 절구 공이로 성루를 쌓으니 백성은 고통 받는데 자신은 일에 부지런한 모습으로 전하를 감동시켜 권력을 전횡하고 있습니다. 그의 얼자(孼子) 견은 행실이 정말 형편없는데도 국법을 관장하는 자들이 금하지 못하였습니다. 그러다 남구만의 상소[183]로 인하여 비로소 발각되었는데 모두 다 숨기고 덮어 남구만은 유배되고 허견은 끝내 무사하였으니 인심이 더더욱 불쾌해하고 있습니다.

그는 송시열과 친하게 지내다 지금 시열이 실각한 뒤에는 공의(公議)에 부합하고 있습니다. 그러나 고묘의 의론이 일어났을 때, 외척과 고관들 중에 죄인을 은밀히 비호하는 이들이 많은 것을 보고 '이 논의가 시행된다면 종내 난처한 일이 생길 것이다.' 하고는 시행되지 못하도록 저지하였으니, 대의(大義)의 소중함이 종묘에 있습니까? 송시열에게 있습니까? 난처한 일이란 무슨 일입니까?

강도(江都)의 적서(賊書)[184]가 나와 사태의 변화를 예측할 수 없는 상황이었는데 그는 또한 즉시 아뢰지 않았습니다. 그가 임금의 전적인 신임을 받지

---

183) 남구만(南九萬)의 상소 : 1679년(숙종5) 2월 10일과 30일에 남구만이 상소하여 허적의 서자(庶子) 허견(許堅)이 부녀자 폭행, 남의 아내 납치 등의 악행을 저질렀다고 논핵하였다. 이로 인하여 허견을 의금부로 잡아다 신문하였는데 허적이 아들을 변호하여 허견은 풀려나고 남구만은 무고죄를 받고 거제(巨濟)로 유배되었다. 《肅宗實錄 5年 2月 10日, 2月 30日, 3月 4日, 3月 19日》 남구만의 상소는 본서의 앞에 보인다.

184) 강도(江都)의 적서(賊書) : 1679년(숙종5) 3월 각 도의 승군(僧軍)을 징발하여 강화도에 돈대(墩臺)를 쌓을 때, 감독관 수사(水使) 이우(李偶)에게 이유정(李有湞)이 사람을 시켜 전한 봉서(封書)를 이르는 말로, 봉서의 내용은 소현세자(昭顯世子)의 손자인 임창군(臨昌君)을 추대하여 반정(反正)하자는 것이었다. 숙종은 국청을 설치하여 이유정을 붙잡아 국문한 후 복주하였다. 이 일은 이후 서인에 대한 남인의 정치적 공격 명분으로 이용되었다. 즉 남인은 송시열이 종통의 시비를 야기할 수 있는 잘못된 예론을 주창하였기 때문에 이유정이 "종통이 순서를 잃었으므로 왕손을 추대해야 한다.[宗統失序, 推戴王孫]"는 흉서(兇書)를 작성하기에 이르렀으므로 결과적으로 이유정을 사주한 자는 송시열이라고 주장하였다. 이에 대해 서인은 이유정의 투서 사건은 서인을 제거하고자 꾸민 남인의 음모라고 주장하였다.

않은 것이 아니고 국정을 수행한 지가 오래되지 않은 것도 아닌데 조정은 크게 무너지고 천리는 어두워져 막혔으니, 신은 이 재앙에 대한 책임을 누가 져야 할지 모르겠습니다.

노쇠한 신이 성명의 은혜와 성덕을 입어 고향으로 돌아간 지 1년 만에 지금 다시 도성에 들어와 보니, 세도(世道)가 변하고 인사(人事)가 어지러운 것이 극에 달하였습니다."

차자가 들어가자 답하기를,

"경의 차자 내용을 보니 나도 모르게 마음이 오싹하고 뼈가 섬뜩하다. 공경하고 화합하여 함께 국정에 임하는 의리는 생각하지 않고 과격하게 시기를 일삼는 무리에게 선동되어 신하로서 감당 못할 죄를 수상에게 덧씌워 장차 조정을 분열시켜 무너뜨리려 하니, 이 무슨 짓인가? 그저 나의 부덕함의 소치이니, 수치스럽고 부끄러울 뿐이다."

라고 하였다.

○ 비망기(備忘記)[185]를 내렸다.

"대사간 권대재(權大載), 정언 박경후(朴慶後)[186]·김귀만(金龜萬)은 대관의 몸으로 시비가 명확하지 못하고 제멋대로 비호하는 정상이 있으니 진실로

---

185) 비망기(備忘記) : 이때의 비망기는 숙종 5년 6월 14일 내려졌다. 갑인 예송의 승리로 남인이 집권한 후, 남인은 청남(清南)과 탁남(濁南)으로 분열하였다. 청남에는 허목과 윤휴를 필두로 하여 오정위·오시수·조사기·이수경·이하진·이옥·이담명·장응일(張應一) 등이 속하였고, 탁남에는 허적·권대운을 주축으로 하여 민희·민암·목내선·이관징·유명천·유명현·오정창 등이 속하였다. 본문의 비망기는 1680년(숙종6), 허목이 상소하여 영의정 허적의 정치적 무능 및 송시열 비호, 그리고 그의 서자 허견(許堅)의 불법 행위를 비판하다 관직에서 쫓겨나자 청남에 속하였던 권대재 등이 허목을 두둔하다 숙종의 진노를 사서 외직으로 좌천된 일을 보여준다.

186) 박경후(朴慶後) : 1644~1706. 본관은 함양(咸陽), 자는 휴경(休卿), 호는 취옹(醉翁)·만오(晩悟)이다. 1669년(현종10) 생원시, 1675년(숙종1) 증광문과에서 급제하여 청요직을 두루 지냈다. 1679년 정의현감(旌義縣監)으로 좌천되었다가 1682년 통신사 종사관으로 일본에 다녀온 뒤 1690년 승지, 1693년 전라도관찰사가 되었다.

해괴하다. 모두 연해(沿海)의 외직으로 내치라."

○ 가을, 유학(幼學) 이후평(李后平)이 상소[187]하여 대략 다음과 같이 말하였다.

"송시열은 이미 몸을 바쳐 신하가 되었으면서도, 칙사(勅使)를 영접할 때 호종하지 않았고, 영릉(寧陵)에 변고가 있었을 때 아무 일도 없다고 거짓을 아뢰었으며[188] 몸은 초야에 있으면서 그 권세가 임금을 능가하였습니다. 이 세 가지 일만으로도 송시열은 죽어도 죄가 남으니, 이로써 죄를 분명히 밝혀 주벌한다면 시열이 어찌 감히 변명할 수 있겠습니까?

그러나 만약 그를 일러 효종을 폄훼했다고 한다면, 인지상정으로 헤아려볼 때 그럴 리가 없습니다. 지금 또 이유정이 송시열의 말을 인용한 것을 구실삼아 물의(物議)가 마침내 시열을 역적의 수괴라고 하나, 아직 송시열이 유정과 통모한 형적이 뚜렷하게 드러난 것이 없으니, 억지로 역적의 이름을 씌우기보다는 차라리 감옥에 가두고 그 실상을 알아낸 후 정대하게 처단하는 것이 낫습니다.

이상진(李尙眞)·남구만(南九萬)·민정중(閔鼎重)[189]·민유중(閔維重)[190]·이숙

---

187) 이후평(李后平)이 상소 : 이후평은 이후정(李后定)의 아우이자 조경(趙絅)의 외손(外孫)이다. 그는 숙종 5년(1679) 7월 14일 상소하여, 김만기(金萬基)·김익훈(金益勳)·김석주(金錫胄) 등 척리와 결탁하여 그들에게 병권을 넘긴 허적의 죄를 논하였다.

188) 영릉(寧陵)에 …… 아뢰었으며 : 영릉은 효종(孝宗)의 능이다. 영릉은 본래 현재의 경기도 동구릉(東九陵) 자리에 있었는데, 능을 축조한 이듬해부터 여러 가지 문제점이 발견되어 누차 보수를 하였으나 근본적인 해결책이 되지 못했다. 그러다가 1673년(현종14) 5월 종실인 영림부령(靈林副令) 이익수(李翼秀)가 석물(石物)에 틈이 생겨서 빗물이 스며들 염려가 있고 봉분의 제도도 매우 소루하다고 상소한 것을 계기로 대대적인 봉심(奉審)을 거쳐 능을 옮기는 쪽으로 결정을 내리게 되었다. 이에 9월에 양주(楊州)에 있던 구릉(舊陵)을 열고 10월에 여주(驪州) 홍제동(弘濟洞)으로 천장하였다. 이 과정에서 송시열은 소를 올려 구릉(舊陵)이 음양의 기운이 순조롭고 상서로운 곳이니 능을 옮기지 말고 개봉(改封)하기를 청함으로써 현종으로부터 질책을 받았다. 《顯宗實錄 14年 3月 24日, 6月 20日》《燃藜室記述 顯宗朝故事本末 寧陵遷奉時事》《國朝寶鑑 顯宗 14年 10月》

189) 민정중(閔鼎重) : 1628~1692. 본관은 여흥(驪興), 자는 대수(大受), 호는 노봉(老峯)이다.

(李翻)[191]·이익(李翊)[192]·홍처량(洪處亮)[193]·이단하(李端夏) 등 여덟 사람은 비록 망령되이 송시열을 추존하여 공도(公道)를 저버리고 사당(私黨)을 비호한 죄가 있으나 평소 그들의 지식과 식견, 굳은 지조는 실로 훌륭하다 할 만하니, 이러한 말세에 저만한 인재들을 쉽게 얻기는 어렵습니다.

영의정 허적은 본래 경박하여[挑撻][194] 사류(士流)의 반열에 끼이지도 못합니다. 관직을 맡아 힘쓴 것 또한 아전의 일에 불과하니, 비록 그의 총명과 강단이 남보다 뛰어난 데가 있다 하더라도 대체에는 아주 어둡습니다. 만약

송시열 문인이며 민유중의 형이다. 1649년 정시문과에 급제하여 청요직을 두루 거치고 현종대 각 조의 판서를 역임하였다. 1675년 남인이 집권하자 1679년 장흥으로 귀양 갔다가 1680년 경신환국으로 풀려나 우의정, 좌의정을 지냈다. 1689년 기사환국으로 다시 벽동에 유배되어 그곳에서 죽었다. 1694년 갑술환국으로 관작이 회복되고 현종 묘정에 배향되었다. 저서로 《노봉집》이 있고, 시호는 문충(文忠)이다.

190) 민유중(閔維重) : 1630~1687. 본관은 여흥(驪興), 자는 지숙(持叔), 호는 둔촌(屯村)이다. 숙종의 비 인현왕후(仁顯王后)의 아버지이며, 대사헌 민시중(閔蓍重)과 좌의정 민정중의 동생이다. 1651년 증광문과에 급제하여 청요직을 두루 거치고, 1671년 형조판서 등을 역임하였으나 숙종 즉위 후 흥해(興海)로 유배되었다. 1680년 경신환국 뒤 6조의 판서를 역임하며 서인 정권을 주도하였고, 1681년 국구(國舅)가 되어 여양부원군(驪陽府院君)에 봉해지고 돈녕부영사(敦寧府領事)가 되었다. 이후 점차 외척으로서 정권을 오로지 한다는 비난이 일어 관직에서 물러나 두문불출하다가 죽었다. 효종 묘정에 배향되었으며 저서로 《민문정유집(閔文貞遺集)》이 있고, 시호는 문정(文貞)이다.

191) 이숙(李翻) : 1626~1688. 본관은 우봉(牛峰), 자는 중우(仲羽), 호는 일휴정(逸休亭)이다. 송시열 문인이고 이익(李翊)의 형이다. 1655년 문과에 급제하여 청요직을 두루 역임하고 경신환국 이후 이조판서를 거쳐서 1687년 우의정에 올랐다. 시호는 충헌(忠獻)이다.

192) 이익(李翊) : 1629~1690. 본관은 우봉(牛峰), 자는 계우(季羽), 호는 농재(農齋)이다. 송시열 문인이고 이숙의 아우이다. 1657년 문과에 급제하여 청요직을 두루 지내다가 1679년 양덕(陽德)으로 유배되었다. 경신환국 이후 풀려나 1682년 이조판서 등을 지내다가 기사환국 이후 송시열이 사사될 때 장흥부로 귀양 가서 배소에서 죽었다. 시호는 문정(文貞)이다.

193) 홍처량(洪處亮) : 1607~1683. 본관은 남양(南陽), 자는 자회(子晦), 호는 북정(北汀)이다. 1637년 정시문과에 급제하여 청요직을 두루 역임하고 1670년 대사헌이 되었다. 현종이 죽자 빈전도감제조(殯殿都監提調)가 되고, 숙종 때 제학·좌참찬·판중추부사가 되었다. 저서로는 《북정집》이 있고, 시호는 정정(貞靖)이다.

194) 경박하여[挑撻] : 《시경》 정풍(鄭風) 자금(子衿)의 "도하며 달하니.[挑兮撻兮]"라고 한 데서 온 말로 즉 경박하게 왕래(往來)하며 뛰어다닌다는 뜻이다.

일을 처리하는 직책을 맡긴다면 어찌 유능한 신하가 아니겠습니까? 그러나 묘당(廟堂)의 위에 있으며 임금을 보좌하고 나라를 다스리게 하는 것은 참으로 불가능합니다.

이번에 판부사 허목이 차자를 올려 허적에 관한 여섯 가지 일을 거론하였는데, 첫째는 산성(山城)을 잘못 쌓은 일이요, 둘째는 예를 그르친 일을 즉시 고묘하지 않은 일이요, 셋째는 환관과 교통한 일이요, 넷째는 자식의 죄를 그릇되게 두둔한 일이요, 다섯째는 척리(戚里)[195]와 결탁한 일이요, 여섯째는 흉서에 대해 즉시 아뢰지 않은 일입니다.

신은 비록 그 일들의 곡절이 무엇인지 알지 못하오나, 자식의 죄를 두둔한 일과 같은 것은 나라 안에 말들이 자자합니다. 간악한 첩에게 홀려 정처(正妻)를 박대하고 별소(別所)에 버려두는가 하면, 그 얼자를 가르침에 또한 법도가 없어서 얼자가 세력을 믿고 분수를 어김에 전혀 거리낌이 없습니다.

우리 세조대왕께서 가까운 척리에게 청요직(淸要職)을 허락하지 않으신 일은 영원히 금석(金石)과 같은 법이 되었습니다. 그런데 허적은 김익훈(金益勳)[196]을 충청 병사·어영 대장으로, 김석주(金錫胄)[197]를 병조판서·어영 대장

195) 척리(戚里) : 당대에 손꼽히는 척리는 현종의 장인인 청풍 김씨(淸風金氏) 가문, 숙종의 장인인 광산 김씨(光山金氏)와 여흥 민씨(驪興閔氏) 가문이었다.

196) 김익훈(金益勳) : 1619~1689. 본관은 광산(光山), 자는 무숙(懋叔), 호는 광남(光南)이다. 할아버지는 산림(山林) 장생(長生)이고, 아버지는 참판 반(槃)이다. 음보로 등용되어 사복시 첨정(僉正) 등을 역임하였다. 조카 만기(萬基)의 딸이 숙종비로서, 숙종이 즉위한 뒤 어영대장 등 군권(軍權)의 요직을 지내면서 권력을 누렸다. 1680년(숙종6) 김석주의 주도로 경신환국이 일어나자 조정에서 남인들을 숙청하는데 적극 참여했으며, 그 공으로 보사공신(保社功臣) 2등과 광남군(光南君)에 봉해졌다. 1682년 남인 허새(許璽)의 모역사건 당시 그가 보인 기찰(譏察)·밀계(密啓) 등의 행동은 서인 소장파의 반감을 불러일으켜 이후 노론과 소론이 갈리는 한 계기가 되었다. 1689년 어영대장 재직 중 기사환국으로 남인이 다시 정권을 잡자 공신 칭호를 빼앗기고 강계에 유배되었으며, 무고한 사람들을 많이 죽였다는 죄명으로 고문을 받고 투옥되었다가 죽었다.

197) 김석주(金錫胄) : 1634~1684. 본관은 청풍(淸風), 자 사백(斯百), 호 식암(息庵)이다. 육(堉)의 손자, 좌명(佐明)의 아들이다. 이조판서·우의정 등을 역임하였다. 현종대 이래 숙종대에 이르기까지 정국변동의 중심에 자리하면서 권력을 장악하였다. 경신환국을 처리한 공으로 보사공신(保社功臣) 1등으로 청성부원군(淸城府院君)에 봉해졌다.

으로 추천하였으니 진실로 세조의 본의가 아니며, 이보다 더 심하게 척리와 결탁한 사람이 누가 더 있겠습니까?

좌의정 민희(閔熙)[198]는 허적과 죽음을 함께 하는 절친한 벗으로, 민씨 집안 자제들은 허적을 부형같이 섬기고 있습니다. 허목과 친한 이들을 좌의정 형제[199]가 일일이 들어 배척한 것은 실로 사사로운 당을 비호하는 것인데도 전하께서는 곧이곧대로 믿고 들으십니다. 전하께서 이리 쉽게 속으시니, 권대재(權大載) 등에게 공언(公言)으로 드러난 일이 없는데도 공공연히 허목의 상소를 사주하였다[200] 하여 쫓아냈는데, 그 죄는 실로 명분이 없었으므로 사람들이 모두 수긍하지 않고 있습니다.

윤휴는 허목에 대해서는 '그의 정신과 생각이 지난날과 같지 않아서 이와 같이 분별없는 말을 하였다.'고 하고, 허적에 대해서는 그의 연로함은 말하지 않고 특별한 예우(禮遇)로 다시 부를 것을 청하였으니, 그가 빈주(賓主)의 구분을 한 것이 뚜렷합니다.

홍우원(洪宇遠) 또한 맑은 명성을 지닌 선비로, 평소 곧은 절개가 추상같이 늠름한데, 민암(閔黯)이 그가 자기를 해쳤다고 미워하며 호소하니, 전하께서 또한 깨닫지 못하시고 갑자기 민암으로 하여금 홍우원의 관직을 대신하게

---

198) 민희(閔熙) : 1614~1687. 본관은 여흥(驪興), 자는 호여(皞如), 호는 설루(雪樓)·석호(石湖)이다. 남인(南人) 탁남(濁南)계 대신으로, 1680년(숙종6) 경신환국(庚申換局)으로 남인이 실각함에 따라 관작을 삭탈당하고 귀성(龜城)에 유배되었다.

199) 좌의정 형제 : 민희(閔熙)와 그 동생 민암(閔黯, 1636~1694)을 이른다. 민암의 본관은 여흥(驪興), 자는 장유(長孺), 호는 차호(叉湖)이다. 1680년(숙종6) 경신환국 때까지 탁남(濁南)과 정치적 행보를 같이 하였고, 1689년 기사환국 때는 김수항·송시열을 탄핵하여 그들의 처형을 주장하였다. 1694년 갑술환국 때, 인현왕후를 복위시키려 한다는 고변을 이용하여 옥사를 일으키려 했다는 혐의를 받고 제주 대정(大靜)에 유배된 후 곧 사사되었다.

200) 허목의 …… 사주하였다 : 1680년(숙종6) 허목이 상소하여 영의정 허적의 정치적 무능 및 척리와의 결탁 등을 비판하다 관직에서 물러난 일이 있었다. 이때 탁남(濁南)으로서 허적을 두둔하였던 민암(閔黯)이 허목의 상소가 청남(淸南)인 권대재(權大載) 부자의 사주를 받은 것이라고 논척하였고, 이에 숙종은 권대재를 종성 부사(鍾城府使)로 좌천시켰다. 《肅宗實錄 6年 6月 14日》

하였으니, -홍우원을 예조판서에서 체직시키고 특별히 민암을 그 자리에 제수하여 대신하게 하였다.- 개탄스러움을 이길 수 있겠습니까?"

비망기를 내렸다.

"지금 이후평의 상소를 보니 종이 가득 장황한 내용이 지극히 흉악하고 참혹하며, 오로지 대신을 능멸하고 권대재 등을 두둔하는 뜻으로 일관하고 있다. 근래 조정이 크게 어지러워지고 논의가 둘로 갈라지니, 그 풍조가 가증스러워 찬축(竄逐)의 형벌을 시행하였다. 그런데 지금 이 후평이란 자가 방자하게 소를 올리며 조금의 꺼림도 없으니 참으로 통탄스럽다. 즉시 잡아들여 공초를 받으라."

○ 전 판서 홍우원이 상소하여 대략 다음과 같이 말하였다.

"근자의 풍파(風波)는 평지에서 일어나 쨍쨍한 대낮에 천둥번개가 치는 것과 같아서, 양사의 많은 신료들이 절도에 유배되거나 먼 변방으로 쫓겨나니, 보고 듣는 이들이 놀라고 당혹하여 그 연유를 알지 못하고 있습니다. 또 듣기에 도승지 민암이 감히 대관(臺官)을 외관에 보임하라 곧바로 청하였다 합니다. 옛날의 승지는 참소하는 말이 군자의 선행을 해치는 걸 방지하였는데,[201] 지금의 승지는 자기가 군자의 선행을 해치는 말을 함으로써 임금의 총명을 막아서고 있는데도 전하께서는 곧이곧대로 믿으시니 신은 너무도 근심스럽고 두렵습니다.

아! 판부사 허목이 허적을 전적으로 공격하였는데, 전하를 위하여 신이 이 일을 논하여 보겠습니다. 허적의 사람됨은 재주는 영민하나 엄중함이 부족하고 사무에는 근실하나 대체에는 통달하지 못하였습니다. 수상이 되어

201) 옛날의 …… 방지하였는데 : 《서경(書經)》 〈순전(舜典)〉에, 순 임금이 신하 용(龍)에게 이르기를, "짐은 참언이 선인의 행실을 해친 나머지 짐의 사람들을 동요시키고 놀라게 하는 것을 미워한다. 이에 그대를 임명하여 납언으로 삼으니, 밤낮으로 짐의 명령을 출납하되 오직 진실되게 하라.[朕堲讒說殄行, 震驚朕師. 命汝作納言, 夙夜出納朕命惟允.]"라고 한 말을 변용한 말이다.

국정을 주관한 것이 갑인년(1674, 현종15)부터 지금까지 6년이 되었는데, 치적은 드러난 것이 없고 조정의 기강은 날로 문란해지니 그가 시국을 구할 수상이 될 수 없음을 또한 알 수 있습니다.

허목 또한 나라의 원로 유신(儒臣)이자 덕망 높은 신하인데, 어찌 남의 사주를 받고 사람을 무함할 마음을 먹었겠습니까? 전하께서 허목을 너무 박대하시어 결국 허목에 대한 노여움을 대각(臺閣)으로 옮겨 그들을 축출하고 유배시킴으로써 참소를 일삼는 간악한 이들의 마음을 통쾌하게 해 주셨으니, 이 어찌 노여움을 남에게 옮기지 않는[202] 위대한 성인의 덕이라 하겠습니까?"

비망기를 내렸다.

"지금 홍우원의 소를 보니, 백발이 성성한 나이에 나라의 후한 은혜를 받았으면 마땅히 충성을 다하여 보답할 방도를 생각해야 할 터인데, 이러한 일은 하지 않고 애초부터 요망하고 패악한 일로 당을 둘로 나누어 자기 당여를 심는데 힘쓰고[203] 국사는 돌보지 않은 채 오로지 권대재 등을 위해 보복할 기회로만 여기고 있다. 이로써 보건대 현사(賢邪)의 구분이 과연 누구에게 있는 것인가? 홍우원의 관작을 삭탈하라.

또 지난 번 승지 이담명(李聃命)[204]이 홍우원에게 아첨하여 감히 무편무당(無

---

202) 노여움을 …… 않는 : 《논어》 〈옹야(雍也)〉에서, 학문을 좋아하는 제자가 누구인지 묻는 애공(哀公)의 질문에, 공자가 "안회라는 자가 학문을 좋아하여 노여움을 남에게 옮기지 않으며 잘못을 두 번 다시 저지르지 않았는데, 불행히도 명이 짧아 죽었습니다. 그리하여 지금은 없으니, 아직 학문을 좋아한다는 자를 듣지 못하였습니다.[有顔回者好學, 不遷怒, 不貳過, 不幸短命死矣. 今也則亡, 未聞好學者也.]"라고 답한 말을 인용한 것이다.

203) 당을 …… 힘쓰고 : 숙종 4년(1678) 이옥(李沃)과 유명천(柳命天) 사이의 빚어진 알력을 말한다. 당시 이조판서 홍우원(洪宇遠)이 이옥을 청직(淸職)인 부제학에 의망하자 이조참의 유명천이 이옥이 일찍이 송시열을 사사(師事)하였다가 송시열이 불리하자 이를 배척한 반복무상한 인물임을 이유로 반대하였다. 이 일은 이옥을 옹호하는 청남(淸南)과 유명천을 옹호하는 탁남(濁南)의 대립으로 노정되어 옥사(獄事)로까지 비화되었다. 당시 금부에서 유명천은 무죄로 방면하고 이옥은 장(杖) 100에 고신(告身)을 추탈(追奪)하는 것으로 조율하였는데, 숙종이 이옥의 고신 추탈에 가중하여 변지(邊地) 정배를 명하여 일단락 지었다. 《肅宗實錄 4年 2月 12日》 《肅宗實錄 5年 7月 18日》 《燃藜室記述 肅宗朝故事本末 李沃柳命天之相鬩》

偏無黨)[205]하다는 등의 말을 뻔뻔하게 진달하였으니 너무도 해괴하다. 파직하라."

◯ 허목(許穆), 권대운(權大運), 홍우원(洪宇遠), 오정위(吳挺緯), 이관징(李觀徵),[206] 이옥(李沃), 이봉징(李鳳徵), 이식(李湜)[207]의 무리는 항상 준격한 의론을 주장하였는데, 당시 그들을 일러 청남(淸南)이라고 하였다. 허적(許積), 민희(閔熙), 유명천(柳命天), 유하익(兪夏益),[208] 오정창(吳挺昌), 오시복(吳始復)[209] 등은 항상

---

204) 이담명(李聃命) : 1646~1701. 본관은 광주(廣州), 자는 이로(耳老), 호는 정재(靜齋)이다. 원정(元禎)의 아들이며 허목(許穆)의 문인이다. 1666년(현종7)에 등과(登科)하여 승지가 되었다가 1679년(숙종5)에 홍우원(洪宇遠)의 당으로 몰려 파직되고, 이듬해 경신환국으로 관작이 삭탈되고 유배되었다가 1682년에 석방되어 복관(復官)되었다. 1694년 갑술환국으로 또 원배(遠配)되었다가 1699년에 풀려났다. 저서에 《정재집(靜齋集)》이 있다.

205) 무편무당(無偏無黨) : 《서경》 〈홍범(洪範)〉의 "편벽됨이 없고 편당함이 없으면 왕의 도가 탕탕하며, 편당함이 없고 편벽됨이 없으면 왕의 도가 평평하며, 상도에 위배됨이 없고 기울어짐이 없으면 왕의 도가 정직할 것이니, 그 극에 모여 그 극에 돌아올 것이다.[無偏無黨, 王道蕩蕩, 無黨無偏, 王道平平, 無反無側, 王道正直, 會其有極, 歸其有極.]"라고 한 구절을 인용한 것으로서, 황극탕평론(皇極蕩平論)의 정당성을 천명하는 근거가 되었다.

206) 이관징(李觀徵) : 1618~1695. 본관은 연안(延安), 자는 국빈(國賓), 호는 근옹(芹翁)·근곡(芹谷)이다. 1653년 별시문과에 급제하여 청요직을 두루 거쳤다. 1660년 1차 예송에서 허목 등을 구제하다가 좌천되었다. 숙종이 즉위한 뒤 대사성·대사헌 등을 역임하였다. 1689년 기사환국 뒤 이조판서를 거쳐 행판중추부사(行判中樞府事)로 치사(致仕)하고, 봉조하(奉朝賀)가 되었다가 1694년 갑술환국 이후 삭출되었다. 저서로 《근곡집》이 있고, 시호는 정간(貞簡)이다.

207) 이식(李湜) : 1643~1700. 본관은 연안(延安), 자는 정원(正源)이다. 이관징의 조카이고 이옥(李沃)과는 4촌간이다. 1675년 증광문과에 급제하여 청요직을 두루 거쳤다. 기사환국 뒤에는 대사간, 강원도관찰사, 좌승지 등을 역임하였다.

208) 유하익(兪夏益) : 1631~1699. 본관은 기계(杞溪), 자는 사겸(士謙), 호는 백인당(百忍堂)이다. 1660년 증광문과에 급제하여 내외직을 두루 거쳤다. 1680년 경신환국으로 문외출송되었다가 1689년 기사환국으로 도승지, 대사헌, 형조판서 등을 역임하였는데, 1694년 갑술환국으로 삭출되었다가 2년 뒤에 풀려났다.

209) 오시복(吳始復) : 1637~1716. 본관은 동복(同福), 자는 중초(仲初), 호는 휴곡(休谷)이다. 우참찬 오억령(吳億齡)의 증손이고, 오정규(吳挺奎)의 아들이다. 1662년 증광문과에 급제하여 청요직을 두루 역임하다가 1680년 경신환국 당시 파직되었다. 1689년 기사환국 이후 각 조의 판서를 두루 거쳤는데, 1694년 갑술환국으로 유배되었다가 1697년 풀려나 우빈객을 지냈다. 1701년 장희빈 옥사에 연루되어 대정현(大靜縣)에 안치되고, 1712년

온건한 논의를 주장하였으므로, 그들을 일러 탁남(濁南)이라고 하였다.

송시열을 법에 따라 처벌해야 한다는 논의가 일어났을 때, 허목 등 청남이 이것을 힘껏 주장하면서 정청(庭請[210])하자는 의론까지 있었는데, 허적·민희 등이 불가하다고 하였다. 이로 말미암아 청론을 주장하는 자들은 기필코 허적을 제거하고자 하였다. -《청야만집(淸野謾輯)》-

충청도 생원 채범하(蔡範夏), 경상도 생원 이현명(李顯命) -각 60여 인- 등이 송시열의 죄상을 상소하였는데, 혹은 "바다 건너 도적들을 불러들여 날을 정해 대궐을 침범하려 한다."라거나 혹은 "효묘(孝廟)를 폄훼하였다."라고 하면서 어지럽게 죄를 청하였다.

경신년(1680, 숙종6) 봄, 비망기[211]가 내렸다.

"재이(災異)가 거듭 이르고 위태하고 의심스러운 일이 빈발하니 연곡(輦轂, 도성)을 지키는 친병(親兵)의 소임은 국가의 지친(至親)으로서 지위가 높은 사람이 맡지 않을 수 없으므로 광성부원군(光城府院君) 김만기(金萬基)[212]를

함평·강진 등지로 이배되었다가 이듬해에 영해부(寧海府)에 이배되어, 1716년 그곳에서 죽었다.

210) 정청(庭請) : 백관이 함께 궁정(宮庭)에 나아가 벌여 서서 사안을 간쟁하고, 임금의 하교(下教)를 기다리는 일을 이른다.

211) 비망기 : 이날의 비망기를 통하여 숙종은 훈련대장(訓鍊大將)에 김만기, 총융사(摠戎使)에 신여철(申汝哲), 수어사(守禦使)에 김익훈(金益勳), 어영대장(御營大將)에 김석주를 임명하고, 유혁연(柳赫然)은 해임시켰다.(《肅宗實錄 6年 3月 28日》) 이어서 숙종은 남인에게 배척되어 유배되어 있던 김수항(金壽恒)을 석방하고, 파당적(派黨的) 인사를 시행했다는 이유로 이조판서 이원정(李元禎)을 파직시켰다. 그리고 이조판서에 정재숭(鄭載崇), 판의금부사(判義禁府事)에 이상진(李尙眞), 도승지에 이익상(李翊相) 등 서인을 등용하기 시작했고, 4월 4일 김수항이 영의정에, 정지화가 좌의정에 임명되어 서인 집권의 골격이 완성되었다. 이에 따라 영의정 허적과 좌의정 민희(閔熙), 우의정 오시수(吳始壽) 등은 자발적으로 사직했고, 유명천(柳命天)·목창명(睦昌明)·민암(閔黯) 등 남인들의 사직소가 잇따랐다. 《肅宗實錄 6年 3月 30日》

212) 광성부원군(光城府院君) 김만기(金萬基) : 1633~1687. 김장생의 증손이자 숙종 비 인경왕후(仁敬王后)의 아버지로서 경신환국 때 훈련대장으로 공을 세워 보사공신(保社功臣)

즉시 훈련대장에 임명한다.

유혁연(柳赫然)[213]은 삼조(三朝)의 연륜 있는 장수로서 내 심히 의지하였으나 20년 동안이나 이 임무를 맡아왔고 지금은 연로하였으니 우선 체임하고, 신여철(申汝哲)[214]을 총융대장(摠戎大將)으로 임명한다.

근래 공도(公道)가 무너지고 사심이 크게 유행하여 관원을 주의(注擬)할 때 오로지 한쪽 사람만을 의망한다. 그리하여 권세가 편중되고 심히 교만 방종한 풍습이 생겨 상호 바로잡아 주는 도리가 조금도 없으니, 내가 항상 통탄하는 바이다. 이조판서 이원정(李元禎)[215]은 우선 관작을 삭탈하고 문외출송하라.

아! 사사로움을 따라 인사[銓選]를 한 것은 다만 이원정 한 사람이 하루아침 하루저녁에 지은 죄가 아니나 지금 가벼운 벌을 시행하였다. 나라에 삼공(三公)이 있는데도 서로 화합하여 국정에 힘쓰지는 않고 하는 일 없이 한가하게 세월만 보내며 방관자처럼 행동하니 이 어찌 충성으로 나라를 위하는 도리이겠는가? 내 일찍부터 한심하게 여겨왔으니, 승정원은 알고 있으라."

○ 영의정 허적, 좌의정 민희, 우의정 오시수 등이 모두 인책(引責)하며

1등에 봉해졌다.

213) 유혁연(柳赫然) : 1616~1680. 본관은 진주, 자는 회이(晦爾), 호는 야당(野堂)이다. 한성판윤·공조판서 등을 역임하였다. 효종대 이완과 더불어 북벌사업을 주도하였다. 1680년(숙종6) 경신환국으로 영해에 유배된 뒤 대정으로 위리안치 되었다가 사사(賜死)되었다. 1689년 기사환국 이후 신원되어 영의정에 추증되었다. 시호는 무민(武愍)이다.

214) 신여철(申汝哲) : 1634~1701. 본관은 평산(平山), 자는 계명(季明), 호는 지족당(知足堂), 시호는 장무(莊武)이다. 신립(申砬)의 증손이다. 효종 때 성균관에 입학하였다가 효종이 북벌을 위하여 훈척(勳戚)의 자제들에게 무예를 닦게 하자 유생을 이끌고 무예를 연마하였다. 현종 초기에 선전관을 지낸 뒤 무과에 급제하였다. 형조판서, 호조판서를 거쳐 훈련대장과 공조판서를 지냈다. 당쟁이 격화되었던 시기에 병권의 요직을 거치면서 큰 역할을 하였다.

215) 이원정(李元禎) : 1622~1680. 본관은 광주(廣州), 자는 사징(士徵), 호는 귀암(歸巖)이고, 정구(鄭逑)의 문인이다. 1680년 이조판서로 있을 때에 경신환국으로 초산(楚山)에 유배 가던 도중에 불려와 장살(杖殺)되었다.

면직을 청하니, 주상이 허락하였다.

○ 승지를 인견(引見)하여, 입시하니, 주상이 다음과 같이 말하였다.

"김수항(金壽恒)의 차자 중에 왕존(王尊)의 말을 인용한 것[216]은 다른 뜻이 있었던 것이 아니었는데, 그때의 대간이 한(漢)나라 원제(元帝)의 혼약함을 선조(先朝)에 견주어 비유하였다고 말을 만들기에 이르렀다.

또 윤휴가 '자성(慈聖)을 살피라[照管]'고 한 말을 김수항이 논척하자 대간이 도리어 수항이 양궁(兩宮)의 사이를 이간질한다고 말을 만들어 방자하게 기만을 일삼았으나, 그때 내 나이 아직 어려 미처 깨달아 살피지 못하였다. 김수항을 서용하고 당시의 대간을 정원에서 상고하여 아뢰라."

○ 3월 28일은 영의정 허적이 연시(延諡) 의식을 행하는 날[217]이었다. 성대한 잔치가 열려 거마를 탄 손님들이 가득 모여들었고, 소 20마리를 잡아 술과 고기가 산처럼 쌓였다. 이날 비가 내리자 주상이 내시에게 말하기를,

"영상 집의 연시연(延諡宴)이 한창일 텐데 비가 이처럼 거세게 내리니 유차일(油遮日)[218]을

216) 김수항(金壽恒)의 …… 것 : 한(漢)나라 원제(元帝) 때에 간신(奸臣) 석현(石顯)이 권력을 전횡하였는데, 당시 승상(丞相) 광형(匡衡) 등이 그에게 아부하였다. 이후 원제가 죽고 성제(成帝)가 즉위하여 석현이 권력을 잃자, 광형이 석현의 악행을 탄핵하여 면직하기를 청하였다. 그러자 사예교위(司隸校尉) 왕존(王尊)이 광형을 탄핵하기를, "광형이 승상으로 있을 때에는 석현에게 아부하다가 이제 와 자기의 불충(不忠)했던 죄를 자백하지 않고 석현에게만 죄를 돌려서 선제(先帝)가 간신(奸臣)을 썼다는 허물을 드러내고 있습니다."라고 하였다.《漢書 卷76 王尊傳》갑인 예송 이후 홍우원 등 남인들은 송시열의 죄상을 논하면서 선왕인 현종이 "인주(人主)로서 그 죄를 바로잡지 못하였다."고 하여 송시열이 나라의 위복을 좌지우지하였음을 강조하여 그의 죄안(罪案)으로 삼았다. 이에 대해 김수항은 왕존의 고사를 인용하여 홍우원 등 남인들이 "한갓 송시열을 죄주기에 급급"하여 비군존신(卑君尊臣)한 말을 일삼았으니, 이들은 모두 왕존(王尊)의 죄인이라고 비판하였다.《肅宗實錄 1年 7月 12日》

217) 연시(延諡) …… 날 : 연시는 연시례(延諡禮)를 이른다. 나라에서 시호(諡號)가 내려지면 당사자의 본가(本家)에서 신주(神主)를 모시고 나와 선시관(宣諡官)을 맞이하는 의식을 행하고 시호를 받는데, 이를 연시례라고 한다. 1680년 3월 18일 영의정 허적의 조부인 허잠(許潛)에게 충정(忠貞)의 시호가 내리자, 허적이 연시례를 겸한 축하연을 베풀었다.

218) 유차일(油遮日) : 기름 먹인 차일을 이른다.

내려야겠다."

하자, 내시가 대답하기를,

"이미 궐내에 비축해두었던 기름 먹인 장막을 모두 가지고 갔습니다."

하니, 주상이 노하여 말하기를,

"임금이 쓰는 장막을 마음대로 가지고 가다니, 이는 한명회(韓明澮)도 하지 않았던 짓이다.[219]"

하고, 즉시 액례(掖隷)[220]에게 가서 정탐하라고 명하였다. 이에 액례가 변복(變服)하고 잔치가 벌어진 곳에 곧장 가보니, 권세 있는 재상이며 대신들이 모두 참석하였는데, 훈련대장 유혁연, 복선군 남 등이 오른 쪽에 자리하였고, 서인은 오두인(吳斗寅),[221] 이단서(李端瑞) 등 몇 사람뿐이었다. 액례가 돌아와 본 사실을 아뢰니, 주상이 그들을 제거할 결심을 하였다. 날은 이미 어두워져 궐문을 닫을 시간이었는데 특명으로 궐문을 닫지 말게 하고, 유혁연, 신여철, 광성부원군을 패초(牌招)하라 명하였다.

잔치에 참석했던 손님들이 소보(小報)를 보고 서로 아연실색하였다. 광성부원군이 바야흐로 잔치에 참석해 있었는데 허적이 갑자기 앞으로 다가와 손을 잡으며 말하기를, "이 무슨 일입니까? 대감께서는 분명 알고 계실 것입니다." 하자 광성이 "모릅니다."라고

---

219) 한명회(韓明澮)도 …… 짓이다 : 성종(成宗) 때 한명회가 중국 사신을 자신의 정자인 압구정(狎鷗亭)에 초대하여 연회를 베풀었는데, 이때 용봉 차일(龍鳳遮日)을 요청하여 문제가 된 일을 이른다. 용봉 차일은 임금의 상징인 용과 봉의 형상을 아로새겨 만든 장막으로 신하인 한명회가 임의로 청구하여 사용할 수 있는 물건이 아니었던 데다 성종의 불허로 무산되었는데, 허적은 임금에게 허락도 구하지 않고 마음대로 가져다 썼으므로 한명회보다 더욱 문제가 된다고 한 것이다.

220) 액례(掖隷) : 액정서(掖庭署) 소속 하례(下隷)를 이른다. 액정서는 내시부에 부설되어 왕명 전달, 알현 안내, 문방구 관리 등을 관장하던 관서였다.

221) 오두인(吳斗寅) : 1624~1689. 본관은 해주(海州), 자는 원징(元徵), 호는 양곡(陽谷)이다. 1648년(인조26) 진사시에 1등으로 합격하고, 이듬해 별시문과에 장원으로 급제하여 청요직을 두루 역임하였다. 1689년 형조판서로 재직 중 기사환국이 일어났는데, 지의금부사(知義禁府事)에 임명되고도 나가지 않아 삭직 당하였다. 이해 5월에 인현왕후(仁顯王后) 민씨(閔氏)가 폐위되자 이세화(李世華)·박태보(朴泰輔) 등과 함께 이에 반대하는 소를 올려 국문을 받고, 의주로 유배 도중 파주에서 죽었다. 그 해에 복관되었다. 1694년 영의정에 추증되었으며, 저서로 《양곡집》이 있고, 시호는 충정(忠貞)이다.

답하고 옷을 떨치며 나왔다. 이조참판 유명천이 허적과 민희 등에게 말하기를,

"군사를 거느리는 신하들이 부름을 받고 갔으니 재앙의 징조가 임박했음을 알 수 있습니다. 만약 삼공이 모두 나아가 청대한다면, 사안에 따라 수습할 수도 있을 것입니다."

하니, 허적이 말하기를,

"지난 10월 이래로, 주상께서 나를 싫어하고 박대하는 뜻을 보이셨으니, 지금은 청대해도 무익할 것입니다."

하였다. 명천이 그래도 강요하자, 허적 등이 곧 수레를 몰아 대궐에 나아가니 비망기가 이미 내려졌고 여러 장수들이 모두 바뀌어 있었다. 허적 등은 사세가 어찌할 수 없게 되자 황망히 물러나 다음날 차자를 올리니, 모두 체직을 허락하였다. 얼마 후 정원로(鄭元老) 등이 고변서를 올려, 남인의 당이 패퇴하였다.

○ 혹자는 다음과 같이 말하였다.

"차옥(次玉)의 옥사가 남구만의 소에서 비롯되었으므로,[222] 허적의 서자 허견이 서인에게 통렬한 원한을 품고 더욱 방자하게 흉악한 음모를 꾸몄다. 병조판서 김석주가 병풍을 만드는 일로 인해 우연히 허견의 집 휴지를 얻게 되었는데,[223] 그 휴지에는 '여수(麗水)의

---

222) 차옥(次玉)의 …… 비롯되었으므로 : 남구만이 허견에 대해 논핵한 사항은 두 가지였다. 첫째는 허견이 처형(妻兄)을 폭행했다는 것, 둘째는 허견이 서효남의 며느리 차옥을 범하고자 차옥의 외삼촌 박찬영(朴纘榮)과 짜고 차옥을 거짓으로 꾀어내어 3일 동안 감금하고 욕보였음에도 불구하고 아비인 허적의 성세(盛勢)로 인해 그의 죄를 묻는 사람이 없다는 것이었다.《肅宗實錄 5年 2月 10日·30日》남구만의 상소로 인해 포도청과 의금부에서 차옥의 일을 조사하였는데, 허견은 결백을 주장하며 남구만과 포도대장 구일(具鎰)의 무함이라고 주장하였다. 한편 차옥 또한 의금부에서 공초하기를, 자신이 포도청에서 허견의 소행이라고 자백한 것은 모두 습독관(習讀官) 조선(趙璿)의 꾐과 협박 때문에 어쩔 수 없이 한 것이라 진술을 번복하였다. 서인 측에서는 차옥의 외삼촌 박찬영의 진술을 빌어, 차옥의 진술 번복은 모두 허견의 사주를 받은 차옥이 조선을 무고하여 끌어들인 것이라고 주장하였다.《肅宗實錄 6年 5月 5日》《燃藜室記述 肅宗朝故事本末 南九萬疏》

223) 김석주가 …… 되었는데 : 김석주가 병풍을 만들기 위하여 속에 바를 휴지를 병풍장(屛風匠)에게 주었다가 돌려받은 일이 있었는데, 속에 병풍장이 예전에 받아 두었던 허견의 집 휴지가 함께 섞여 있었다. 김석주가 허견의 휴지 속에서 한 통의 편지를 얻었는데 내용을 보니, "여수(麗水) 신녀(辛女)를 제거한 후라야 도모할 수 있다.[麗水辛女除去後,

신녀(辛女)를 제거해야 한다.'[224]는 말이 적혀 있었다. 대개 중궁의 성이 김씨이고 신축년에 태어났으므로, 이로써 은밀히 미혹하는 흉언을 만든 것이었다.

김석주가 광성부원군과 함께 이 사실을 비밀리에 주상에게 아뢰자, 주상이 즉시 별군직 이입신(李立身), 남두북(南斗北), 박빈(朴斌) 등을 파견해 그 동정을 은밀히 규찰하게 하였다. 세 사람이 비부(婢夫)로 위장하고 허견과 복선군 남의 집에 출입하였는데, 하루는 이남의 집 여종이 손가락 끝이 아프다고 하여 괴이하게 여기고 그 까닭을 물었더니 여종이 답하기를,

'우리 궁에서 군복을 많이 지었는데 열흘 동안 계속해서 바느질을 하다 보니 손가락 끝이 문드러져 아프다.'

고 하였다. 이로써 이입신 등이 그 음모의 정황을 더욱 자세히 알게 되었으나 다른 사람들은 아는 자가 없었고, 오직 김석주와 광성부원군만이 관여하여 듣고 은밀히 대비하였을 뿐이었다.

잔치가 벌어졌던 당일에는 모두 병을 핑계로 참석하지 않으려 하였는데 영의정이 허견을 보내 직접 5, 6차례나 청하였다. 광성부원군이 허적의 의심을 살까 두려워 저녁 무렵 잠시 가 보았는데, 가서도 허기져 기운이 없다는 핑계로 곧장 다른 사람의 술잔을 들어 마시고 채소만 먹으니 이는 음식에 독을 탔을까 염려한 것이었다."-

○ 비망기를 내렸다.

"김수항(金壽恒)을 영의정으로, 정지화(鄭知和)[225]를 좌의정으로 삼는다."

可圖]"라는 말이 있었다고 한다. 《燃藜室記述 肅宗朝故事本末 庚申大黜陟, 許堅之獄》

224) 여수(麗水)의 …… 한다 : '여수의 신녀'는 숙종의 비이자 광성부원군(光城府院君) 김만기(金萬基 1633~1687)의 딸인 인경왕후(仁敬王后 1661~1680)를 가리킨다. 천자(千字)에 '금생여수(金生麗水)'라는 문구가 있어 금(金)을 은어로 여수(麗水)라고 하는데, 여기서는 왕비 김씨를 말한 것이고 또한 김씨가 신축년 생이므로 '신녀'라고 한 것이다. 김석주 등 서인은 남인이 인경왕후 김씨를 제거할 음모를 꾸몄다는 것은 곧 광성부원군 김만기를 제거할 음모를 획책한 것이라 주장하였다.

225) 정지화(鄭知和) : 1613~1688. 본관은 동래(東萊), 자는 예경(禮卿), 호는 남곡(南谷)이다. 정유길(鄭惟吉)의 증손이자 정창연(鄭昌衍)의 손자, 정광경(鄭廣敬)의 아들이다. 1637년(인조15)의 정시문과에 장원으로 급제하였고, 1639년에 사서(司書)가 되어 심양(瀋陽)에 가서 소현세자를 시위(侍衛)하였다. 정태화(鄭太和)·정치화(鄭致和) 등 친족들과 함께

○ **여름**, 이조참판 유명천이 사직하자 체직을 허락하고, 특별히 정재숭(鄭載嵩)을 이조판서에, 이익(李翊)을 도승지에, 심유(沈濡)[226]를 장령에, 조지겸(趙持謙)을 지평에, 유상운(柳尙運)[227]을 대사간에, 이언강(李彦綱)[228]을 정언에 제수하였다.

○ 대사간 유상운 -정언 이언강, 박태손(朴泰遜)[229]- 이 아뢰기를, 대략 다음과 같이 말하였다.

"우찬성 윤휴는 광해조 얼신(孼臣)[230]의 아들로 대대로 악행을 저질러 왔고,

서인이면서도 항상 중도적 입장을 취하여 남인에 대한 극단적 처벌론을 무마하였다.

226) 심유(沈濡) : 1640~1684. 본관은 청송(靑松), 자는 성윤(聖潤)이다. 1662년(현종3) 진사가 되고 1669년 정시문과에 을과로 급제하여 청요직을 두루 역임하였다. 1680년(숙종6) 경신환국 당시 남인인 윤휴(尹鑴) 등의 유배와 민암(閔黯)의 삭탈관작 및 복창군(福昌君) 이정(李楨)과 복선군(福善君) 이남(李柟) 형제의 안치(安置)를 주장하였다.

227) 유상운(柳尙運) : 1636~1707. 본관은 문화(文化), 자는 유구(悠久), 호는 약재(約齋)·누실(陋室)이다. 1666년(현종7) 별시문과에 급제하여 청요직을 두루 역임하였다. 1680년 경신환국으로 대사간이 되어 남인 탄핵에 앞장섰다. 1683년 이후에는 김석주에 대항하여 소론으로 좌정하였다. 1685년 이조판서 등을 지내고, 1694년 갑술환국 이후에는 세자 보호를 이유로 장희재 등의 처벌에 반대하였다. 그 후 숙종의 탕평책에 적극 부응하여 1696년 영의정에 올랐다. 1701년 장희빈의 사사에 반대하다가 노론의 공격을 받고 파직되었다. 이듬해 충청도 직산에 부처(付處)되었다가 1704년 석방되어 판중추부사에 복귀하였다. 나주의 죽봉사(竹峰祠)에 제향되었고, 시호는 충간(忠簡)이다.

228) 이언강(李彦綱) : 1648~1716. 본관은 전주(全州), 자는 계심(季心)이다. 1678년 증광문과, 이듬해 문과 중시(重試)에 급제하여 청요직을 두루 거쳤다. 1689년 기사환국으로 관작을 삭탈당하였다가 1694년 갑술환국으로 도승지가 되어 돌아왔으며, 형조판서를 거듭 역임하였다. 시호는 정효(貞孝)이다.

229) 박태손(朴泰遜) : 1641~1692. 본관은 반남(潘南), 자는 여길(汝吉), 호는 천휴(天休)이다. 박황(朴潢)의 손자, 박세남(朴世楠)의 아들이다. 1673년 식년문과에 급제하여 청요직을 두루 거쳤다. 1688년 대사성으로 시관(試官)이 되어 과제(課製)의 글제를 《장자(莊子)》 어부편(漁父篇)에서 내었다가 추고(推考) 당하였다. 1689년 승지로 있다가 숙종의 노여움을 사 먼 곳으로 유배되어 그곳에서 죽었다.

230) 광해조 얼신(孼臣) : 윤효전(尹孝全, 1563~1619)을 이른다. 본관은 남원(南原), 자는 영초(永初), 호는 기천(沂川)이다. 행촌(杏村) 민순(閔純)과 한강(寒岡) 정구(鄭逑) 등에게 수학하였다. 1605년(선조38) 증광문과(增廣文科)에 급제하여 왕자사부(王子師傅), 대사헌을 역임하였다. 1613년(광해군5) 임해군(臨海君)의 옥사를 다스린 공으로 익사 공신(翼社功臣)

세상을 속이고 명성을 도둑질하는 등 그 방자함에 거리낌이 없었습니다. 화를 즐기는 마음을 품고 인륜을 무너뜨리는 설을 공공연히 주장하여 감히 '자전의 동정을 살피라.[照管慈聖]'는 말로 성효(聖孝)를 그르칠 계책을 행하려 하였습니다. 죄를 지은 종실을 신구하여 그 집에서 베풀어주는 사은 잔치를 은밀히 받았으며, 종적을 속이고 감추니 나라 안에 말들이 자자합니다. 청컨대 변방으로 유배하소서.

호군 오정위는 몸가짐이 천박하고 공공연히 탐욕을 부렸으니 청컨대 멀리 유배하소서. 허견은 타고난 성품이 음험한데도 문묵(文墨)의 재주를 부리며 아비의 늙음을 틈타고 아비의 권세를 빙자하여 속여서 취하고 기만하였으므로[231] 인근에서 모두 분노하고 있습니다. 심지어 명류(名流)에게 아부하고 날랜 무사들과 체결하기까지 하여, 나라의 요물이자 집안의 무도한 자식이라 할 만하니 청컨대 절도에 정배하소서."

모두 아뢴 대로 하라고 하였다.

또 말하기를,

"정(楨), 남(柟), 연(梗) 등은 모두 왕실의 지친으로서 법을 모조리 무시하고 외인(外人)과 결탁하여 그 방자함에 거리낌이 없습니다. 연은 몇 해 전 홍수(紅袖)의 변고[232]를 일으켜 그 죄가 진실로 용서받기 어려운데도 조금도 반성하지 않으니, 엄히 방비하지 않으면 난감한 우환이 걷잡을 수 없게 될 것입니다. 청컨대 절도에 안치하소서."

라고 하자 아뢴 대로 하라 하였다.

2등 대원군(帶原君)에 책록되었고, 서경덕의 문집인 《화담집(花潭集)》의 간행에 참여하였다. 1614년 충청도관찰사로 나갔고, 1617년(광해군9)에는 경주 부윤에 부임하였다가 재직 중이던 1619년(광해군11) 임지에서 세상을 떠났다.

231) 속여서 …… 기만하였으므로 : 무인 이동구(李東耈)의 딸이자 역관 서효남(徐孝男)의 며느리였던 차옥(次玉)을 거짓으로 꾀어 겁탈한 일을 이른다.

232) 홍수(紅袖)의 변고 : 홍수는 궁녀를 말한다. 1675년(숙종1)에 복창군 이정(李楨)과 복평군 이연(李梗)이 궁중에 출입하면서 궁녀 상업(常業), 귀례(貴禮) 등과 관계를 맺어오다가 이 일이 드러나 처벌받은 사건이다.

○ 병조판서 김석주가 은밀히 아뢰기를,

"지금 체부청(體府廳)[233]의 문서를 보니, 이천·평강 양읍에 별도로 주둔시켜 놓은 둔병(屯兵)의 수가 수천 명인데 신은 몰랐던 일입니다. 별장(別將)은 강만송(姜萬松)·강만철(姜萬鐵)로, 허견의 처남입니다.

효종께서 무사를 특별히 선발하여 근밀한 곳을 숙위하게 하되 외인(外人)이 종실과 결탁하지 못하도록 한 것은 우연한 뜻이 아니었는데, 별무사(別武士) 이상립(李尙立)은 복창군 형제와 매우 친밀하여, 유람 혹은 천렵(川獵)을 칭하면서 방자하게 종횡무진하였으니 극히 수상합니다. 이상립을 먼저 잡아들여 심문하고 정배하십시오."

하자, 주상이 "아뢴 대로 하라." 하였다.

○ 정원로(鄭元老)[234] 등이 허적의 얼자 허견과 종실 이정·이남 등이 역모를 꾀한다고 고변하자, 국청을 설치하고 심문하라 명하였다. 남 등은 평소 교만방

---

233) 체부청(體府廳) : 도체찰사부(都體察使府)를 이른다. 도체찰사부는 병자호란 이후 한동안 나타나지 않다가 숙종 초에 윤휴(尹鑴)가 재설치를 주장하였다. 윤휴는 출사 직후 북벌(北伐)을 주장하면서 이를 위한 방략으로 호포론(戶布論)을 주장하고 지패법(紙牌法) 등의 시행과 함께 도체찰사부의 재설치를 주장하였다. 숙종은 윤휴의 주장을 계기로 1676년(숙종2) 도체찰사부를 재설치하고, 5도도체찰사(五道都體察使)에 영의정 허적을 임명하는 한편 유명견(柳命堅)·강석빈(姜碩賓) 등을 종사관으로 차출하였다. 이렇게 재설치 된 도체찰사부는 훈련대장 유혁연(柳赫然)과 함께 개성에 대흥산성(大興山城)을 축성하였고, 이천(伊川)·평강·서흥·곡산 등지에 둔전을 설치하여 6초(哨)의 둔군을 확보하였다. 만과(萬科)를 실시해 선발 인원을 산성에 배속시켰으며, 훈련도감·어영청의 기수(旗手)·군뇌(軍牢) 등을 파견하여 산성 소속 군사들에게 군사훈련을 시키도록 하였다. 평상시에는 숙위 군사까지도 통제하고자 하였는데, 이 조치는 남인들의 군사력 장악을 견제하고자 한 외척 김석주(金錫胄)의 반대로 이루어지지 못했다. 결국 김석주가 재정상의 이유를 들어 도체찰사부의 폐지를 건의하면서 1677년(숙종3) 6월에 폐지되었다.《肅宗實錄 3年 5月 28日》이후 도체찰사부는 윤휴와 이원정(李元禎) 등의 주장으로 1678년 다시 설치되었다가 1680년 경신환국으로 남인이 축출되며 폐지되었다.

234) 정원로(鄭元老) : 정광필(鄭光弼)의 서장손(庶長孫)으로, 술사(術士)이자 천문학 교수로 알려져 있다. 1680년(숙종6) 복선군(福善君)을 추대하려던 허견(許堅)의 역모를 고변했다는 공을 인정받아 보사공신(保社功臣) 3등에 봉해졌다.

자 하였는데, 주상이 즉위 초 수 차례 병환을 앓자 정·남이 남몰래 불경한 마음을 품고 바라서는 안 될 자리를 엿보다가 마침내 남인과 합세하여 은밀히 모의하기를,

"송시열은 서인의 영수(領袖)이니, 만약 시열을 배척하면 서인들은 모두 들고 일어나 옹호할 것이다. 차례대로 이들을 제거해 나가면 서인들을 모두 쫓아낼 수 있다. 기해년(1659)의 예론[235]은 끝내 인심에 위배되었으니, 이로써 죄안을 삼는다면 송시열을 제거할 수 있을 것이다."

라고 하였다.

허적이 수상이 되었을 때, 그의 얼자 허견은 문과에 급제하고도 청요직에 의망되지 못하자 뜻을 펼 수 없는 자신의 처지에 항상 울분을 품고 있었다.

정·남 등은 허견과 친밀히 교유하였는데, 견에게 말하기를,

"주상에게 불행한 일이 생길 경우, 너의 아버지가 수상이니 나로 하여금 뒤를 잇게 해 준다면 내 마땅히 너를 병조판서로 삼겠다."

라고 하자, 허견이 크게 기뻐하며 드디어 피로써 맹세하였다. 이때 김석주가 병조판서로 있으면서 그 음모를 알게 되자 정원로 등에게 은밀히 지령을 내려 사찰하게 하고 이에 고변하게 하였다.

이전에 김석주의 아버지 김좌명(金佐明)은 외척이라 하여 산림으로부터 배척을 받았다. 김좌명이 아버지의 장례를 치르며 수도(隧道)를 썼는데,[236] 일찍이 송시열이 예를 벗어난 참람한 일이라고 비난한 적이 있었다. 이후

---

235) 기해년의 예론 : 기해년(1659) 효종(孝宗)의 상(喪)에서 자의대비(慈懿大妃) 조씨가 입을 상복 기간에 대하여 송시열을 비롯한 서인은 기년설, 허목·윤휴·윤선도를 비롯한 남인은 3년설로 그 견해를 달리하였다. 효종을 사종설(四種說) 중 체이부정(體而不正)에 해당한다고 보아 기년복을 주장한 송시열에 대해 남인들은 '군주를 낮추고 종통을 둘로 만들었다[卑主貳宗]'고 비판하였다.

236) 아버지의 …… 썼는데 : 수도(隧道)는 무덤으로 통하는 묘도(墓道)로서 신하들은 사용할 수 없는 예법이었다. 남인의 당론서 《동소만록(桐巢漫錄)》에 따르면, 김육(金堉)의 장례에 김좌명이 분수에 어긋나게 수도를 만들었고, 김좌명 일가와의 알력이 깊어진 송시열이 매번 이 일을 공격의 표적으로 삼았다고 한다.

송시열이 민신(閔愼)으로 하여금 그 아버지를 대신하여 상을 치르게 하자 김좌명이 인륜을 어지럽혔다고 비난[237]하며 -민신의 아버지가 광증(狂症)으로 상을 치르지 못하게 되자 민신이 예에 대한 자문을 구하였는데 송시열이 송나라 영종(寧宗)의 사례[238]를 들어 민신으로 하여금 아버지를 대신해 상을 주관하게 하였다.- 피차 간에 서로 비방하였다.

김석주는 등제한 후 학문과 문벌을 겸비하고도 당하관에서 십년을 지체하였고 전랑직에 의망되지 못하였으므로 마음속에 깊은 분노와 유감을 품고 있었다. 그런데 갑인년(1674, 현종15) 남인을 끌어들여서 1년도 안 되어 홍문관에서 병조판서로 품계를 뛰어 넘어 제수되었으며, 허적과 친밀히 교유하였으므로 남인이 권력을 잡았을 때 서인으로서 유독 중용될 수 있었다. 이때에 이르러 남인들이 정국을 어지럽히는 것을 보고 남몰래 서인을 다시 등용시킬 뜻을 품고, 마침내 국옥(鞫獄)[239]을 일으켰다.

○ 비망기를 내렸다.

"이남은 왕실의 지친으로서 효종[孝廟]과 선왕께서 궁중에서 양육하셨으니 세상에 다시없는 은혜를 입었다. 그가 비록 역모를 꾀하였으나, 내 차마 국법대로 처단할 수 없어 특별히 교수형에 처하노라."

또 말하기를,

"이미 바로잡은 방례(邦禮)에 대해, 만약 강신(强臣)과 흉얼(凶孽)이 감히

---

237) 송시열이 …… 비난 : 1671년(현종12) 민신이 송시열의 조언을 받아 조부인 민업(閔業)의 상에 아버지 민세익(閔世益)을 대신하여 참최 삼년복을 입은 일을 이른다. 《현종실록》에 따르면 민신 대복(代服)의 일을 현종에게 아뢰어 그 예론의 잘못을 공론화시킨 것은 김좌명의 아우인 청풍 부원군(淸風府院君) 김우명(金佑明)이었다. 《顯宗實錄 15年 1月 2日》

238) 송 …… 사례 : 송나라 광종(光宗)이 정신병으로 상주노릇을 하지 못하자 영종(寧宗)이 제위에 올라 대신 집상(執喪)을 하였는데, 이 사례가 형태상 민신 가(閔愼家)의 경우와 유사했기 때문에 송시열과 박세채는 주자의 〈상복차자(喪服箚子)〉를 근거로 민신이 아버지를 대신하여 집상할 수 있다는 대복론(代服論)을 주장하였다.

239) 국옥(鞫獄) : 역모나 강상죄(綱常罪) 관련 중죄인을 국문하는 옥사(獄事)를 이른다.

투소(投疏)하여 국시를 어지럽히는 일이 있으면 이는 곧 선왕의 죄인이므로, 바로 역률(逆律)로 논단(論斷)할 것이니, 이 일을 중외(中外)에 반포하라."

하였다. -'강신흉얼(强臣凶孼)' 4자는 이후 도에 지나치다 하여 수정해서 재가를 청하였다.[改付標]240)-

○ 정배(定配)된 죄인 박헌(朴瀗)241)을 잡아들여 국문하라고 특명을 내렸는데, 대간이 아뢴 말을 따른 것이다.

○ 주상이 선왕(先王)의 행장은 윤휴가 고쳐 편찬한 것242)으로, 윤휴의

---

240) 수정해서 …… 청하였다[改付標] : 개부표(改付標), 즉 한 번 임금의 재가를 받은 문서의 일부분을 고쳐야 할 경우, 다시 재가를 받기 위하여 수정할 부분에 붙이던 황색 부전(附箋), 또는 그것을 붙이는 일을 이른다.

241) 정배(定配)된 죄인 박헌(朴瀗) : 1675년(숙종1) 6월에 유생 박헌이 상소하여, 무군부도(無君不道)한 예론을 주창한 송시열을 극형에 처해야 한다고 주장하였다. 더불어 그는 '현종이 사종설에 근거한 서인의 예론을 배척하고 남인의 예론을 채택한 배후에는 서인을 비방하는 복창군 형제의 참소가 있었다.'는 말을 송시열이 퍼트리고 다닌다고 주장하면서, 송시열의 이러한 근거 없는 주장이 "자성(慈聖)을 놀라게 하고 전하를 미혹시켰다."고 하였다. 이 상소로 인해 박헌은 유배되었다. 서인은 이 상소가 윤휴의 사주를 받아 작성된 것이라고 의심하였다. 《肅宗實錄 1年 6月 14日》

242) 선왕(先王)의 …… 것 : 현종의 행장은 원래 대제학 이단하(李端夏)가 지었다. 당시 이단하가 지은 현종의 〈행장(行狀)〉 내용 중 "대비의 상례에 …… 먼저 아뢰지도 않고 대공복을 대왕대비의 복제로 삼았다. …… 특별히 기년복으로 고칠 것을 명했으며, 또 아뢰지 않았다는 이유로 예관을 죄준 연후에 국가의 전례(典禮)가 비로소 정해졌다."는 구절을 두고 숙종은 "선왕께서 복제의 잘못을 통촉하시고 이정(釐正)하신 뒤에 대신 및 예관의 죄를 물으셨다."는 뜻을 명백히 담아 수정하라고 하명하였다. 이에 이단하가 "아뢰지 않았다 하여 예관을 죄주고, 대답을 잘못했다[失對]는 이유로 수상 김수흥(金壽興)을 죄주었다."고 수정하여 올리자 숙종은 재차 "다른 의논에 붙었기[附託] 때문에 수상을 죄주었다"고 고치라 명하였다. 여기에서 다른 의논이란 송시열의 예론을 가리킨다. 당시 숙종은 예송에서 김수흥이 유배된 근본적인 원인은 그릇된 예론을 주창한 송시열에게 있다는 것을 분명히 하고자 하였다. 숙종은 이와 같은 정치적 의도를 가지고 "왕이 공경(公卿)에게 명하여 모여서 의논하게 하였다."는 문구도 수정하게 하였다. 이단하가 "공경이 《의례(儀禮)》의 사종설(四種說)로써 대답하였는데, 이는 본래 송시열이 인용한[所引] 말이다."라고 고쳐 올리자 숙종이 재차 '소인(所引)'을 '오인(誤引)'으로 고치라 명하였다. 《肅宗實錄 卽位年 11月 1日·30日》 이단하는 할 수 없이 명에 따라 내용을 고친 후

흉악한 본심이 백일하에 드러난 지금 흉인(凶人)이 지은 글을 그대로 둘 수 없다 하여 대제학[243]으로 하여금 고쳐 편찬하게 하고 윤휴가 지은 글은 없애버리게 하였다.

○ 대신이 입시(入侍)하였다. 영의정 김수항이 다음과 같이 말하였다.

"윤휴를 속히 처형하는 일에 대해 비록 대계(臺啓)를 윤허하셨으나, 대간이 아뢴 문구는 '(윤휴가) 자성의 동정을 살피라[照管]는 말로써 이이첨(李爾瞻)[244]과 정인홍(鄭仁弘)[245]이 남긴 간악함을 답습하려 하였다.'라고 하는데, 또 김석주의 말을 들어보면, 애초 '살피라'고 한 것이 아니라 바로 '단속하라.[管束]'고 청하여 허적 또한 어전에서 얼굴을 맞대고 그 잘못을 배척하였다 합니다.

따라서 윤휴의 말은 더욱 도리에 어긋나고 그 심사의 소재는 진실로 헤아릴 수 없는데 만약 이첨과 인홍의 죄로써 단죄한다면 법을 적용하는 방도에 있어 어떠할지 모르겠으니 상세하고 신중하게 처리하지 않을 수 없습니다. 윤휴의 죄상은 애석해 할 것이 없으나 바로 사형에 처하는 것은 합당하지

곧 물러나와 스승 송시열을 옹호하는 상소문을 올렸다. 그러자 숙종은 "이모(李某)는 스승이 있는 것만 알고 임금이 있는 것은 알지 못하는구나"라 꾸짖고 이단하를 파직한 후 윤휴에게 행장을 개찬하게 하였다. 《宋子大全 隨箚 卷5》

243) 대제학 : 김석주를 이른다.

244) 이이첨(李爾瞻) : 1560~1623. 본관은 광주(廣州), 자는 득여(得輿), 호는 관송(觀松)·쌍리(雙里)이다. 1612년(광해군4) 김직재(金直哉)의 무옥(誣獄)을 일으켜 진릉군(晉陵君) 태경(泰慶) 등을 죽였으며, 박응서(朴應犀) 등을 사주하여 영창대군을 무고하게 하여 영창대군을 강화에 안치, 살해하고 김제남 등을 사사하게 하였다. 1617년 인목대비에 대한 폐모론을 발의, 이듬해 대비를 서궁(西宮)에 유폐하였다. 1623년 인조반정으로 참형에 처해졌다.

245) 정인홍(鄭仁弘) : 1535~1623. 본관은 서산(瑞山). 자는 덕원(德遠), 호는 내암(來庵)이다. 합천(陜川) 출신으로 아버지는 건(健)이다. 조식(曺植)의 수제자로서 최영경(崔永慶)·김우옹(金宇顒) 등과 함께 경상우도의 남명학파(南冥學派)를 대표하였다. 1592년 임진왜란이 일어나자 영남 의병장의 호를 받아 많은 전공을 세웠고, 의병 활동을 통해 강력한 재지적(在地的) 기반을 구축하였다. 북인이 선조 말년에 소북·대북으로 분열되자, 이산해(李山海)·이이첨(李爾瞻)과 대북을 영도하였고, 광해군 즉위 후 대북정권을 수립하였다. 1623년 인조반정이 일어나자 멀리서 조정의 권세를 좌지우지했다는 요집조권(遙執朝權)의 죄명을 받고 참형에 처해졌다.

않을 듯하니, 잡아들여 국문한 후 그 죄를 정대하게 밝히는 것이 마땅할 듯합니다."

정지화(鄭知和)가 말하기를,

"그밖에 체찰부(體察府)를 복설한 사안은 윤휴가 그 의논을 힘껏 주장한 것으로 흉악한 음모를 품은 행적이 있는 듯하니 우선 상세히 조사한 후에 처단해도 늦지 않을 것입니다."

하니, 주상이 말하기를,

"을묘년(1675, 숙종1) 인견하였을 때, 윤휴가 자성의 동정을 살피라는 뜻을 방자하게 아뢰었는데, 이는 실로 신하로서 감히 할 수 없는 말이므로 차마 들을 수가 없었다. 대간이 아뢴 말 중에 윤휴의 이 말이 있었으므로 대간이 한번 아뢰었을 때 즉시 윤허하였던 것이다."

하고, 이에 잡아들여 국문하라고 명하였다.

○ 의금부에서 윤휴를 두 차례에 걸쳐 국문하였으나 불복하자 추가로 형신하겠다는 계사를 올리니, 주상이 특별히 참작하여 다시 배소(配所)로 돌려보내라 명하였다.

판의금 이상진(李尙眞)이 상소하여 대략 말하기를,

"신이 어제 입시(入侍)가 파한 후 국청(鞫廳)에 모였다가 《승정원일기》를 보았는데, 작년 4월 윤휴가 은밀히 올린 상소에 대한 비답이었습니다. 상소의 원본은 비록 보지 못하였으나 그 상소의 내용을 추정해보건대 틀림없이 이환(李煥)의 흉서를 기화로 큰 옥사를 일으켜 화를 전가하고 어육으로 만들려는 계략을 꾸몄을 것입니다.[246] 말과 생각이 여기에 미치니 저도 모르게

---

246) 이환(李煥)의 …… 것입니다 : 1679년(숙종5) 이익상(李翊相)을 비롯하여 민정중(閔鼎重), 김익훈(金益勳), 이선(李選), 신완(申琓), 이행익(李行益), 권도경(權道經), 이익형(李益亨), 구일(具鎰) 등 한편의 사류가 역모를 꾸미고 있다는 내용의 익명서가 파자(把子) 앞 다리에 걸린 일이 있었다. 윤휴는 같은 날 비밀 차자를 올려 흉서에 이름이 거론된 자들에게 군대를 거느리지 못하게 할 것을 청하였다. 이 일을 두고 서인 측에서는

가슴이 떨리고 뼈가 시립니다.

이환의 죄상은 이미 자복을 받았으니 윤휴가 그 흉언을 빙자하여 문무 신료들을 도륙하려던 정황이 남김없이 드러났습니다. 그 흉계의 근원을 따져보면 윤휴 또한 이환과 같습니다."

라고 하니, 주상이 즉시 파발마를 보내 윤휴를 다시 잡아들려 국문하라고 명하였다.

○ 국청 대신을 인견하고 주상이 말하였다.

"자성의 동정을 살피라는 윤휴의 말은 이미 지극히 흉패하였는데, 또한 암암리에 역적 허견의 부추김을 받고 체찰부의 복설에 찬성한 것은 오로지 역적 이남의 입지를 마련하기 위해서였다는 말이 정원로의 공초에서 나왔다. 부체찰사를 선발할 때, 그 자신이 임명되지 못한 것을 노여워하여 싫어하는 기색을 노골적으로 보였고 심지어는 성을 내는 말을 내뱉기까지 하였다.

기미년(1679, 숙종5) 밀소(密疏)에서는 이환의 익명 괘서를 기화로 군문(軍門)의 장신(將臣)들을 교체하라 청하여 친신(親臣)을 어육으로 만들고 나라 안을 텅 비게 만들려 했으니 그 음험하고 참혹한 흉역은 더욱 엄히 다스리지 않을 수 없으므로 즉시 방형(邦刑)[247]을 실시함이 마땅하나 차마 할 수 없는 점이 있으니 특별히 사사(賜死)한다. 전후로 그가 저지른 범죄를 모두 열거하여 중외에 반포하라."

○ 주상이 특명으로 송준길(宋浚吉)의 관작을 추복(追復)하게 하고, 전 대사헌

윤휴가 그의 문객 이환(李煥)을 사주하여 서인을 일망타진할 흉계를 꾸민 것이라 보았다. 《肅宗實錄 6年 5月 12일, 14日, 15日》 이에 반해 윤휴와 그의 후손들은 이 일은 오히려 이환이 윤휴에게 원한을 품고 모함한 것이라고 주장하였다. 《白湖全書 辭職疏》《白湖全書 擊錚原情書》

247) 방형(邦刑) : 국법에 따른 처형을 일반적으로 일컫는 말로, 여기에서는 육신이 온전하게 보전되는 사사(賜死)와 대비되는 교형(絞刑) 및 참형(斬刑) 등을 가리킨다.

이유태(李惟泰) 또한 서용하라고 명하였다. 이유태가 상소하여, 예에 대한 의론은 본래 송시열과 같았고, 애초부터 예전 소견을 바꿀 뜻이 없었다고 말하니, 주상이 하교하기를,

"송시열이 예를 그르친 죄는 오로지 가공언(賈恭彥)의 소(疏) 중 '체이부정(體而不正)' 조항을 채택[248]한 것에 있으므로 특별히 유배형을 내렸었다. 그런데 지금 이유태의 상소를 보면 시열의 뜻 또한 유태와 다름이 없으니 위리(圍籬)를 철거하고 양이(量移)[249]하라." -청풍으로 이배(移配)하였다.-

하였다가 곧 완전히 석방하라고 명하였다.

○ 김석주 등 6인을 보사공신(保社功臣)[250]에 녹훈하고, 역적을 토벌하였음을 중외에 반교하였다. 얼마 후 무인(武人) 이원성(李元成)이라는 자가 오정창(吳挺昌)[251] 등이 역모를 함께 모의한 일을 또 고변하여 국옥(鞫獄)이 다시 일어났고, 이사명(李師命)[252]·김익훈(金益勳)·조태상(趙泰相)·신범화(申範華)·이광한

---

248) 가공언(賈恭彥)의 …… 채택 : 송시열은 효종에 대해 《의례》 가공언(賈恭彥)의 소에 나오는 사종설(四種說) 중 하나인 체이부정(體而不正)에 해당하므로 장렬왕후, 즉 자의대비는 효종에게 기년복을 입어야 한다고 주장하였다. 송시열의 주장은 정체(正體)인 소현세자의 상에 인조가 이미 장자의 복을 입었기 때문에 효종이 대통을 계승한 것과는 별도로 대비는 둘째 아들[庶子]을 위한 복을 입어야 한다는 것이었다. 이를 뒷받침하기 위한 논거로서 송시열이 강조한 점은 두 가지로 축약할 수 있다. 첫째, 서자(庶子)는 둘째 아들 이하를 첫째 아들과 구별하기 위해 쓰는 용어로서 천한 호칭이 아니라는 것이며, 둘째, 첫째 아들이 성인이 되어 죽었으면 이미 그 부모가 장자를 위한 삼년복을 입었을 것이므로 서자승중(庶子承重)한 두 번째 아들에 대해 다시 삼년복을 입을 수는 없다는 것이다.

249) 양이(量移) : 멀리 유배된 사람의 죄를 감등하여 가까운 곳에 적당히 옮기다.

250) 보사공신(保社功臣) : 1680년(숙종6)에 복선군(福善君)을 추대하려던 허견(許堅)의 옥사를 처리한 공으로 내린 공신 칭호이다.

251) 오정창(吳挺昌) : 1634~1680. 본관은 동복(同福), 자는 계문(季文)이다. 인평대군(麟坪大君) 이요(李㴭)의 처남이자 복창군(福昌君)·복선군(福善君)·복평군(福平君) 등 '삼복(三福)'의 외숙이다. 경신환국 때 오정창이 정원로(鄭元老)와 복선군을 추대하려는 역모를 꾀하였다는 이원성(李元成)의 고변으로 복주되었다.

252) 이사명(李師命) : 1647~1689. 본관은 전주, 자 백길(伯吉), 호 포암(蒲菴)이다. 영의정을 지낸 이경여(李敬輿)의 손자, 대사헌 이민적(李敏迪)의 아들이다. 1680년(숙종6) 춘당대문

(李光漢) 등 5인을 보사공신에 추록[253]하였다.

이에 장령 심유(沈濡)가 아뢰기를,

"보사공신에 녹훈된 신하들에게 비록 조그만 노고가 있다 하나 이는 단지 신하의 직분일 뿐입니다. 공신을 책봉하는 일은 중차대하니 가볍게 시행할 수 없습니다. 청컨대 녹훈을 거두라 명하소서."

라고 하였다.

당시 역옥(逆獄)은 오로지 은밀히 정탐한 것만을 증거로 삼아서 숨겨진 행적을 명백하게 밝혀낸 것도 없이 단지 척리(戚里) 몇 명만을 녹훈하였고 조정 신료들 또한 참여하여 듣지 못하였다. 그러므로 여론은 의혹에 휩싸였고 인심은 대부분 불평하였는데, 5인을 추록하기에 이르자 시의(時議)가 한층 격화되었다.

신범화(申範華)는 당초 역적의 공초에서 언급되었으나 원훈(元勳) 김석주와 지친(至親)이었으므로, 석주가 염탐하여 발고한 것을 범화의 공으로 삼아 녹훈하였다.[254] 이때 이사명이 홍문관원이 되었는데, 주상은 그에게 모의를 주도한 공이 있다 여겨 특명으로 보사공신에 녹훈하고, 그날로 모든 자급을 뛰어넘어 봉군(封君)하였다.

과(春塘臺文科)에 장원 급제하여 청요직에 진출하였다. 이해 경신환국 이후 보사공신 2등에 녹훈되고, 완녕군(完寧君)에 봉해졌다. 1685년 형조판서를 거쳐 이듬해에 병조판서를 지냈으나 1688년 윤세희(尹世喜) 등의 탄핵으로 삭주에 유배되었다. 이듬해 남인이 재집권하는 기사환국 때 사사되었다가 갑술환국 이후 신원되었다.

253) 보사공신에 추록 : 보사공신은 허견의 역모를 고변하거나 그 옥사를 다스린 사람들에게 내린 공신호이다. 1680년(숙종6) 5월 18일에 김만기, 김석주를 1등 공신으로, 이입신(李立身)을 2등 공신으로, 남두북(南斗北)·정원로·박빈(朴斌)을 3등 공신으로 정하였는데, 정원로는 역모와 관련있다 하여 6월에 복주되어 삭훈되었다. 그해 11월 22일에 이사명·김익훈·조태상·신범화를 2등 공신으로, 이광한·이원성을 3등 공신으로 추록하였다.

254) 석주가 …… 녹훈하였다 : 김석주는 복선군 형제가 허견과 결탁해 역모를 꾸민다는 낌새를 알아채고 자신의 사촌인 신범화를 비롯해 이입신·박빈·남두북 등에게 허적·유혁연(柳赫然)·복선군 형제 등을 정찰하도록 지시했다고 한다. 특히 신범화는 주저하던 정원로를 설득해 고변하게 하는 공로를 세워 보사공신 2등에 추록되었다.《燃藜室記述 肅宗朝故事本末 李元成上變鄭元老之獄》

당시 조지겸(趙持謙), 박태보(朴泰輔), 한태동(韓泰東),[255] 임영(林泳),[256] 송광연(宋光淵)[257] 등 삼사의 신료들은 모두 연소하고 명성 높은 관료로서 청론(淸論)을 주장하고 직언(直言)을 자임하였는데, 보사공신 추록의 의론이 나오자 더욱 힘써 공격하였다.[258]

○ 우의정 민정중(閔鼎重) 등이 고묘(告廟) 논의[259]를 가장 먼저 발의한 자를 적발하여 죄줄 것을 청하자, 주상이 《승정원일기》를 상고하라고 명하여

---

255) 한태동(韓泰東) : 1646~1687. 본관은 청주(淸州), 자는 노첨(魯瞻), 호는 시와(是窩)이다. 1669년 정시문과에 장원 급제한 뒤, 청요직을 두루 거쳤다. 1683년 김석주·김익훈 등의 정탐정치를 비판하다가 파직되었다. 1684년 집의로 복직되었는데, 파직과 복직을 여러 번 거듭하다 1687년 사간이 되었다. 저서로 《시와유고(是窩遺稿)》가 있다.

256) 임영(林泳) : 1649~1696. 본관은 나주(羅州), 자는 덕함(德涵), 호는 창계(滄溪)이다. 이단상(李端相)·박세채(朴世采)의 문인이다. 1671년 정시문과에 급제하여 청요직을 두루 거쳐서 참판에까지 이르렀다. 뒤에 송시열·송준길에게도 수학하였으며, 독창적인 이기설(理氣說)을 제출하여 학문적 영향력이 상당하였다. 나주의 창계서원(滄溪書院), 함평의 수산사(水山祠)에 봉향되었다. 저서로는 《창계집(滄溪集)》이 있다.

257) 송광연(宋光淵) : 1638~1695. 본관은 여산(礪山), 자는 도심(道深), 호는 범허정(泛虛亭)이다. 1666년 별시문과에 급제하여 청요직을 두루 거쳤다. 1671년 이원정(李元禎) 등을 탄핵하다가 파직되었다. 경신환국 이후 다시 청요직에 복귀하여 이조참판까지 올랐다. 저서로는 《범허정집(泛虛亭集)》이 있다.

258) 추록의 …… 공격하였다 : 조지겸(趙持謙)을 비롯한 삼사의 젊은 소장파 관원들은 특히 김익훈의 추록을 반대하며, 역모의 기찰과 고변 과정에서 석연치 않았던 정황을 들어 김익훈의 처벌을 청하였다. 1680년(숙종6) 경신환국 이후 김익훈은 김석주와 함께 남인 세력을 완전히 숙청하기 위하여 전 병사 김환 등을 시켜 무고하게 하였는데, 그 내용은 남인인 허새와 그의 서종제(庶從弟) 허영이 문란한 조정을 바로잡고자 300명의 병사로 궁궐을 침범하여 복평군을 추대하고 대왕대비를 수렴청정하게 하려 모의했다는 내용이었다. 이 옥사로 인해 받은 남인의 정치적 타격은 컸으며, 서인 내부에서도 척신 김석주와 김익훈에 대해, 조지겸·한태동·오도일·박태유·유득일 등 삼사(三司)에 포진한 소장 관료들의 비판이 거세게 일어났다. 그러나 송시열과 김수항 등 대신들이 옹호하고 숙종이 윤허하지 않아 결국 김익훈을 비롯한 이사명·조태상·신범화·이광한·이원성 등 6인의 추록이 확정되었는데, 이 사건은 이후 서인이 소론과 노론으로 분열되는 하나의 원인이 되었다. 《燃藜室記述 肅宗朝故事本末 李元成上變鄭元老之獄, 保社功臣勘勳》

259) 고묘(告廟) 논의 : 갑인 예송에서 승리한 남인 측이 종통(宗統)을 이정(釐正)한 일을 종묘에 고하자고 주장한 것을 이른다. 이 주장은 곧 잘못된 예론을 주창하여 종통을 어지럽게 한 송시열에 대해 추가로 논죄하여 엄벌해야 한다는 뜻을 내포하고 있었다.

이옥(李沃)[260]을 먼 변방에 정배하였다.

○ 영부사 송시열이 도성 밖에 이르러 자신의 허물을 인책(引責)하는 소를 올리자, 주상이 인견하여 위로하였다. 당시 김익훈 등을 추록하는 일로 대신과 대각 사이에 의견이 어긋나 대립하였는데, 주상이 시열에게 묻기를,

"대로(大老)의 의견을 듣고 싶으니, 분명한 결론을 내려 주시오."

하니, 시열이 대답하기를,

"신이 병들어 사람들을 접하지 못하였던 까닭에 이 일의 전말에 대해 모르므로 올릴 말씀이 없습니다."

라고 하였다. 주상이 여러 차례 물어도 끝내 대답하지 않고 물러가서 상소하였는데, 그 대략에,

"김익훈은 신의 스승 되는 집안의 자손[261]이니, 신과는 형제의 의리가 있습니다. 그런데도 끝내 그를 신구하는 한 마디 말도 감히 올리지 못하고 다만 예전 조목(趙穆)의 일을 대략 거론하며 스스로의 허물을 인책[262]하였던

---

260) 이옥(李沃) : 1641~1698. 본관은 연안(延安), 자는 문약(文若), 호는 박천(博泉)이다. 1660년(현종1)에 등과하여 1677년(숙종3)에 부제학이 되었다. 서인의 영수 송시열의 처벌 문제로 남인이 청남(淸南)·탁남(濁南)으로 분열되자, 청남의 논자로서 송시열을 종묘에 고하고 극형에 처하자는 주장을 하였다가 변방에 유배되었다.

261) 신의 …… 자손 : 김익훈(1619~1689)은 김장생(金長生)의 손자이자 김반(金槃)의 아들이다. 음보로 등용되어 사복시 첨정(僉正) 등을 역임하였다. 조카 만기(萬基)의 딸이 숙종비로서, 숙종이 즉위한 뒤 어영대장 등 군권(軍權)의 요직을 지내면서 권력을 누렸다. 1680년(숙종6) 김석주의 주도로 경신환국이 일어나자 조정에서 남인들을 숙청하는데 적극 참여했으며, 그 공으로 보사공신 2등과 광남군(光南君)에 봉해졌다. 1689년 어영대장 재직 중 기사환국으로 남인이 다시 정권을 잡자 공신 칭호를 빼앗기고 강계에 유배되고, 무고한 사람들을 많이 죽였다는 죄명으로 투옥되었다가 죽었다. 1682년 남인 허새(許璽)의 모역사건 당시 그가 보인 기찰(譏察)·밀계(密啓) 등의 행동은 서인 소장파의 반감을 불러일으켜 이후 노론과 소론이 갈리는 한 계기가 되었다.

262) 조목(趙穆)의 …… 인책 : 이황의 제자 조목이 스승의 사후에도 그 자손들을 지성으로 규계(規戒)하였으므로 스승을 위해 성의를 다한다는 칭송을 받았는데, 송시열 자신은 스승인 김장생의 손자 김익훈을 규계하지 못하고 여론에 죄를 얻게 두었으니 조목에 대한 죄인이라며 인책한 일을 이른다. 송시열의 연보에 따르면 이 말은 계해년(1683,

것은 진실로 대각의 논계[263]가 한창 거셀 때 감히 어긋나는 말로 분란을 야기할 수 없었기 때문입니다.

비록 그 일을 담당한 대신이 그 곡절을 안다 해도 감히 그 실상을 밝히지 못하는데, 하물며 신처럼 노쇠한 사람이야 어찌 감히 기력을 내어 남을 구원할 수 있겠습니까?"

라고 하였다. 연소배들 가운데 준격한 의론을 주장하는 자들이 이 일 때문에 송시열에게 더욱 불만을 품어서,[264] 마침내 노론과 소론이 갈라지는 단서가 되었다.

숙종9) 1월 19일, 송시열이 주강에 입시하여 아뢴 말로 되어 있다. 《宋子大全 年譜8》

263) 대각의 논계 : 1682년(숙종8) 김익훈·김석주 등이 남인 허새·허영을 이용, 남인 역모설을 조작하자 조지겸 등 서인 내 소장 관료들은 정탐과 기찰, 밀계 등의 파행적 방법을 동원하여 남인을 뿌리째 제거하려한 흉계를 폭로하고 김익훈을 처벌하라고 주장하였다.

264) 준격한 …… 품었고 : 송시열은 경신환국 및 허새 옥사에 대해 국왕을 오도(誤導)하고 역모를 꾸민 간신배들을 제거한 사건이라 인식하고 있었다. 따라서 그 과정에서 벌어진 기찰과 같은 부도덕한 방법은 작은 흠절(欠節)에 불과하고 경신환국을 주도한 김익훈, 김석주 등 훈척의 충성은 종사를 보전한 훈업(勳業)이라 주장하였다. 또한 훈척들에 대한 소장파의 공격에 대해서는 종사를 보전한 훈척들의 큰 공로는 보지 못한 채 기찰이라는 작은 흠절만 문제 삼는 부박함으로 치부하였다. 훈척세력에 대한 송시열의 이러한 태도를 보고 조지겸·한태동 등 서인 소장파는 훈척에 영합하는 태도라고 비판하였다. 이들이 송시열에게 품게 된 실망과 의구심은 이후 서인 내 노론과 소론의 분립이 본격화되는 하나의 계기로 작용하였다.

황극편(皇極編) 권6

서·남(西南) 노·소(老小)

신유년(1681, 숙종7) 봄, 생원 박성의(朴性義) -70여 인- 등이 상소하여 선정신(先正臣) 이이(李珥)[1]가 선문(禪門)[2]을 따라 섬기고,[3] 성혼(成渾)[4]이 국난

---

1) 이이(李珥) : 1536~1584. 본관은 덕수(德水), 자는 숙헌(叔獻), 호는 석담(石潭)·우재(愚齋)이다. 이조·병조판서 등을 역임하였다. 1576년(선조9) 동인(東人)과 서인(西人)의 대립 갈등이 심화되자 중재하려 노력하였다. 이이는 동·서 갈등의 당사자인 심의겸(沈義謙)과 김효원(金孝元)에 대해서 양시양비론(兩是兩非論)을 제기하여 이를 해결하고자 하였다. 즉 심의겸은 외척이면서도 이전에 사림을 보호한 공이 있고, 김효원은 명류(名流)을 끌어들여 조정을 청명하게 한 공이 있어 양시(兩是)라는 것이다. 그러나 심의겸은 외척으로서 정치에 관여하는 잘못을 저질렀고. 김효원은 한때 윤원형(尹元衡)의 집에 출입하였던 허물이 있으니 이를 양비(兩非)라고 하였다. 또한 조제론에 바탕을 두고 제도 개혁에 정치력을 집중하려 하였으나 동인의 반발로 인해 실효를 거두지 못하였다.

2) 선문(禪門) : 참선수행을 통해 깨달음을 얻는 불교의 한 종파인 선종(禪宗)을 가리킨다. 신심일여(身心一如)의 입장에서 일상생활 속에 해탈의 생활을 실현시키고자 하는 것이다. 경전을 중시하는 교종(敎宗)에 상반되는 실천적 면모를 지니고 있다.

3) 이이(李珥)가 …… 섬기고 : 이이가 16세에 어머니 신사임당이 죽고, 서모(庶母)와의 갈등으로 초상을 치른 뒤 금강산에 입산하였다. 이 사건은 당대는 물론 당쟁이 격화되는 과정에서 서인을 공격하는 소재로 활용되었다.

4) 성혼(成渾) : 1535~1598. 본관은 창녕, 자는 호원(浩源), 호는 우계(牛溪)·묵암(默庵)이다. 현감 성수침(成守琛)의 아들로서, 이이와 평생 교유하면서 학문적·정치적 입장을 같이 하였다. 한편 기축옥사(己丑獄事, 1589) 당시 정철(鄭澈)을 사주하여 송익필(宋翼弼)과 함께 옥사를 확대시켜 정개청(鄭介淸) 등을 죽게 만든 혐의를 받았다. 즉 성혼은 송익필·정철 등과 함께 기축옥사에 깊이 간여한 인물로 지목되었다. 남인계 당론서인 《동소만록(桐巢漫錄)》에서는 기축옥사를 송익필이 주도하고 정철이 완결지은 사건으로 규정하였다. 성혼은 이조참판으로 재임하면서 송익필 형제 사이를 왕래하며 여러 모의에 참여하였으며, 정철의 출사를 권면하였다. 게다가 성혼은 옥사가 발생했을 때 정철이 원한을 갚기 위해서 무고한 사람을 해쳤는데도 침묵했다는 혐의를 받았다.

(國難)에 나아가지 않았다[5]고 비방하고 헐뜯으면서 문묘(文廟)[6]에 종사(從祀)하라는 명을 거두어 줄 것을 청하였다.[7] 주상이 엄한 비답(批答)을 내려 물리치고, 박성의 등을 정거(停擧)[8]하였다.

○ 성균관 유생 정제태(鄭齊泰)[9] 등이 상소하여 박성의 등이 현인(賢人)을 헐뜯은 정상(情狀)을 논변하자, 주상이 좋은 말로 비답을 내리고, 가상하게 여겨 받아들였다.

○ 전 지평 이일익(李日翼),[10] 전 정언 이징귀(李徵龜),[11] 생원 조신건(趙信乾)

---

5) 성혼 …… 않았다 : 임진왜란(1592) 당시 몽진(蒙塵)을 떠난 선조(宣祖)의 수레가 파주를 지나갈 때 성혼이 나와 맞이하여 호종(扈從)하지 않은 일을 가리킨다. 이 문제는 두고두고 조정에서 논란거리가 되었다. 특히 남인은 병자호란 당시 강화도에서 윤선거가 실절(失節)한 문제와 연관시켜 소론을 공격하는 주요 소재로 삼았다.

6) 문묘(文廟) : 공자(孔子)의 신위(神位)를 모시는 전각이다. 성균관 대성전(大成殿)을 가리킨다. 우리나라의 유현(儒賢)은 모두 18위인데, 1020년(현종11)에 신라의 최치원(崔致遠)이, 1022년 설총(薛聰)이 종사되었으며, 1319년(충숙왕6) 안유(安裕)가 종사된 뒤 고려의 정몽주(鄭夢周) 이하 15위는 조선시대 태종 때부터 정조 때까지의 사이에 종사하게 되었다.

7) 문묘 …… 청하였다 : 이이와 성혼을 문묘에 종사하려는 논의는 1635년(인조13) 성균관 유생 송시형(宋時瑩) 등 270여 명이 상소를 올린 이래 서인에 의해 꾸준히 제기되었다. 두 사람의 문묘 종사는 국가 차원에서 자파의 도통(道統)을 정립하려는 노력이었으나 남인의 반발과 국왕의 암묵적 반대로 실현되지 못하였다. 그러다가 1680년 경신환국(庚申換局)으로 서인이 남인을 몰아내고 집권한 후 1681년(숙종7)에 이르러 입향(入享) 되었다. 그러나 1689년에 출향(黜享)되었다가, 1694년에 다시 입향되었다.

8) 정거(停擧) : 유생의 과거 응시자격을 일시적으로 박탈하던 제도이다. 정거 중에는 3년이니 10년이니 하는 일정한 기한을 붙이는 경우도 있었다

9) 정제태(鄭齊泰) : 1652~1698. 본관은 영일(迎日), 자 사첨(士詹)이다. 정제두(鄭齊斗)의 동생으로 광주 부윤(廣州府尹) 등을 역임하였다.

10) 이일익(李日翼) : 1640~1690. 본관은 연안(延安), 자 자상(子商)이다. 숙종대 청남(淸南)으로 활동하였다. 1686년(숙종12) 이이·성혼의 문묘 종사를 반대한 관학유생 박성의·이징귀를 변론하는 소를 올렸다가 체차(遞差)되었다. 그러나 곧바로 이이·성혼을 비방하는 유생 조신건(趙信乾)의 상소로 인해 다시금 파문이 일어 오도일(吳道一)·김진귀(金鎭龜)의 탄핵을 받고 문외출송 당하였다. 1689년 기사환국으로 남인이 집권하면서 수찬 등을 역임하였다.

등이 상소를 갖추어 올려 양현(兩賢, 이이·성혼)을 종사하는 전례(典禮)를 배척하였다. 특별히 명하여 이일익 등을 삭출(削黜)[12]하고, 조신건을 멀리 유배보냈다.

○ 교리 박태보(朴泰輔)[13]가 상소하여 대략 다음과 같이 말하였다.

"이조판서 이단하(李端夏)는 지난번 갑인년(1674, 숙종즉위)에 찬술해서 올린 선왕(先王, 현종)의 행장에서, 임금의 위엄[天威] 때문에 두려워하다가 지켜야 할 바를 잃어버려서 공의(公議)의 배척을 받았습니다.[14] 이에 곧 임시변통의 계교를 꾸며내, 상소로 이우정(李宇鼎)과 목창명(睦昌明)을 천거하여 이들과 함께 조정의 정사를 의논하려고 하여, 다른 사람의 비웃음거리가 된 지 진실로 이미 오래되었습니다.

지난번에는 여양부원군(驪陽府院君) 민유중(閔維重)에게 그대로 본병(本兵, 병조판서)을 맡도록 하셨는데, 이는 여러 조정에서 고수해 온 대방(大防)을 무너뜨리고 외척(外戚)이 정치에 간여하는 폐단을 열게 되는 일이었습니다. 그런데 이단하는 당시 대사헌[憲長]으로서 바로잡아 구원할 것은 생각하지 않고 도리어 민유중을 위하여 일반 관직 외에 한 관사를 별도로 설치할 것을 청하여 그의 권세를 중하게 하려 하였으니, 여기서 드러난 위아래

11) 이징귀(李徵龜) : 1641~1723. 본관은 전주(全州), 자 여휴(汝休)이다. 1663년(현종4) 진사시, 1676년(숙종2) 정시문과에 급제하여 청요직을 두루 거치고, 도승지·형조판서 등을 역임하였다.

12) 삭출(削黜) : 관직을 삭탈하고 도성 밖으로 내쫓다.

13) 박태보(朴泰輔) : 1654~1689. 본관은 반남(潘南), 자 사원(士元), 호 정재(定齋)이다. 박세당(朴世堂)의 아들이며, 윤황(尹煌)의 외증손이다. 1680년 교리 재직 시 문묘 승출(陞黜)에 관한 문제와 이조판서 이단하(李端夏)를 질책한 소를 올려 파직되었다. 1689년 기사환국 때 인현왕후의 폐위를 강력히 반대하다가 고문을 받고 유배 가던 중 죽었다.

14) 이단하는 …… 받았습니다 : 당시 숙종은 이단하가 지어 올린 행장에 대해서 복제(服制) 조목이 애매하게 표현되었다고 질책하였다. 즉 선왕이 복제의 잘못됨을 살피고 고친 뒤에 대신(大臣) 및 예관을 죄준 사실을 분명히 드러낼 것을 하교하였다. 하지만 수정과정에서 당시 영의정의 처벌 이유를 놓고 국왕과 갈등을 벌였다. 《肅宗實錄 卽位年 11月 1日》

사람에게 잘 보이려고 하는 의도는 또 단지 임금의 위엄에 압박을 받아서 나온 것이 아니라 그가 지키던 바를 상실하였기 때문입니다. 총재(冢宰)의 무게에 비추어 보아 이 사람은 여러 사람의 바람에 이르지 못하고 있습니다."

주상이 박태보를 파직하라고 명하였다.

○ **가을**, 오시수(吳始壽)가 사사(賜死)되었다. 이보다 앞서 경술년(1670, 현종11) 종신(宗臣) 복선군(福善君) 이남(李柟)[15]이 사신(使臣)으로 청나라[彼中]에 갔다가 돌아와서 황제의 말을 전달하기를,

"너희 나라 백성들이 가난하여 살아갈 길이 없는 것은 모두 신하가 강성한 데에서 말미암은 것이다."

하였다.[16] 금상(今上, 숙종) 원년 조문(弔問)하는 칙사(勅使)가 오자, 오시수가

---

15) 복선군(福善君) 이남(李柟) : 1647~1680. 인평대군(麟坪大君)의 셋째 아들이다. 그 형 복창군(福昌君) 이정(李楨, 1641~1680), 아우 복평군(福平君) 이연(李㮒, 1648~1700) 삼형제를 가리켜 당대에 삼복(三福)이라고 불렀다. 1680년(숙종6) 경신환국 때 허견(許堅) 등이 복창군을 추대하여 역모를 꾀한다는 혐의를 받고 복선군과 복창군은 사사되고, 복평군은 귀양 갔다.

16) 황제의 말 …… 하였다 : 청나라 황제가 조선의 신권이 왕권을 제어할 정도로 강하다고 말했다는 '주약신강지설(主弱臣强之說)'은 1671년(현종12) 동지사 이남(李柟)의 보고로 처음 알려졌다. 정사(正使) 이남과 부사(副使) 정익(鄭榏) 등이 귀국하면서 청국에서의 상황을 먼저 보고하였다. 이 보고에서 이남 등은 청나라의 건청궁(乾淸宮)에서 황제를 만난 사실을 말하면서, 황제가 조선의 백성이 빈궁한 이유는 신하가 강하기 때문이라고 하며 이 말을 돌아가 조선 국왕에게 전달하라고 했다고 하였다. 《顯宗改修實錄 12年 2月 20日》 동지사의 보고를 접한 조선 조정에서는 이에 대한 대책을 논의하였다. 현종은 이 발언이 후일에 혹시라도 파장이 있을까 고민하였으나, 자리에 참석하였던 허적은 우대하는 뜻에서 나온 것이므로 근심할 것이 없다고 하였다. 지중추부사 유혁연은 허적의 입장에 동조하였으나 병조판서 김좌명(金佐明)은 심각한 우려의 뜻을 표하였다. 《顯宗實錄 12年 2月 21日》 논의는 몇 개월을 이어가다가 그 해 8월에 사은사를 보내 이를 해명하자는 안이 결정되었다. 《顯宗實錄 12年 8月 8日》 이 문제는 한동안 잠잠해 있다가 1673년(현종14) 9월 26일 당시 민신(閔愼)의 대복(代服) 사건으로 인해 수세에 몰려있던 행판중추부사 송시열이 상소하여, 자신이 신강설(臣强說)로 공격받고 있다고 주장하여 다시 불거졌다. 이후 1675년(숙종1) 현종의 상에 조문하러 온 칙사를 영접하고 돌아온 원접사 오시수의 주장으로 이 문제가 다시 재론되었다. 이때 오시수는 역관 장효례(張孝禮)의 말을 근거로 삼았고 또한 황해도 감사 윤계도 같은 말을 들었다고

빈사(儐使)[17]로서 가서 접대하고 돌아와서 아뢰기를,

"청나라 통역관 장효례(張孝禮)가 말하기를,

'너희 나라는 신하가 강성하여 국왕이 시행할 수 있는 일이 없기 때문에, 황제가 특별히 두 차례에 걸쳐 치제(致祭)[18]한 것이다.'

하였고, 황해도관찰사 윤계(尹堦)[19]가 장효례와 사사로이 만났을 때도 역시 '신하가 강성하다.'는 말을 듣고서 이를 신에게 전하였습니다."

하였다. 윤계가 상소하여 장효례가 애초 이 같은 말을 하지 않았다고 스스로 변론하자, 오시수가 상소하여 그가 기망한 정상을 분변하였다. 이로 말미암아 주상이 명령을 내려 윤계를 유사(攸司)에서 조사하여 심문하게 하였으나, 끝내 실상을 얻지 못하였다.

사람들이 오시수와 이남이 서로 화응(和應)하여 송시열(宋時烈)[20]을 모함하

주장하였으나 윤계는 두 차례 소를 올려 자신은 그러한 말을 들은 일이 없다고 주장하였다. 이후 1680년 경신환국의 와중에, 서인측은 이남·오시수가 주장한 신강설에 대해 철저한 재조사를 주장하였다.《肅宗實錄 1年 3月 2日·3日·28日, 4月 25日, 6年 6月 6日》

17) 빈사(儐使) : 사행(使行)을 맞아 접대하는 관원이다. 원접사(遠接使)·접반사(接伴使) 등을 이른다.

18) 치제(致祭) : 윗사람이 제물(祭物)과 제문(祭文)을 내리어 죽은 아랫사람을 제사하는 일을 가리킨다.

19) 윤계(尹堦) : 1622~1692. 본관은 해평(海平), 자 태승(泰升), 호 하곡(霞谷)이다. 영의정 윤두수(尹斗壽)의 증손이다. 윤계는 노론의 영수 송시열과 정치적 행보를 같이한 노론의 강경파로, 신강설(臣强說)이 재론되었던 1675년 황해도관찰사로 재직하면서 '주약신강설(主弱臣强說)'에 대해 원접사 오시수가 조작한 것이라고 주장하였다가 의금부에 하옥되어 심문을 받았다. 이때 허적은 윤계의 파직만을 주장하였으나, 윤휴는 윤계를 유배시킬 것을 주장하였다. 이에 숙종은 윤계를 함경도 경성(鏡城)으로 유배시켰다가 7월 충청도 홍주(洪州)로 양이(量移)하였고, 1676년(숙종2) 5월 사면령을 내려 석방하였다.

20) 송시열(宋時烈) : 1607~1689. 본관은 은진(恩津), 자 영보(英甫), 호 우암(尤菴), 시호 문정(文正)이다. 사옹원 봉사 송갑조(宋甲祚)의 아들이며, 김장생(金長生)·김집(金集)의 문인이다. 효종대 〈기축봉사(己丑封事)〉(1649)와 〈정유봉사(丁酉封事)〉(1657)를 올려 조정의 논의를 주도하였다. 현종대 두 차례 예송(禮訟)에 깊이 간여했다가 1674년 서인들이 패배하자 파직·삭출되었다. 1682년(숙종8) 김석주·김익훈(金益勳) 등 훈척들이 역모를 조작하여 남인들을 축출한 사건에서 김장생의 손자 김익훈을 두둔하다가 서인의 젊은 층으로부터 비난을 받았다. 이로 인해 결국 서인이 노론과 소론으로 분열되었는데, 송시열은 노론의 종장(宗匠)이 되었다. 1683년 노·소론의 대립으로 교착상태에 빠진

려고 이 같은 말을 만들어내었다고 의심하자 대비전(大妃殿)[21]에서 이 말을 듣고 크게 놀라서 여러 신하들이 무함을 변별하지 않는 것을 질책하였다. 그런데 대신들이 청나라 사람의 말이기 때문에 질문하기 곤란하다고 하여, 이에 중단되었다.

작년 환국 뒤에 대론(臺論)이 다시 일어나 마침내 청나라에 가는 사신들에게 장효례에게 따져 묻게 하였더니, 애초 이런 말이 없었다고 하였다. 이에 국청을 설치하여 오시수 및 그와 동행했던 여러 역관들을 추국(推鞫)하여 심문하니, 역관들이 모두 청나라 통역관의 말을 듣지 못하였다고 칭하였지만 오시수 또한 불복(不服)하여 옥사가 오랫동안 종결되지 못하였다.

주상이 또 비변사[備局]로 하여금 경술년 사행 갔을 때 부사(副使)였던 정익(鄭榏)[22]을 불러들여 황제의 말을 따져 묻게 하니, 정익이 말하기를,

"앉아 있던 곳이 상사(上使)와는 조금 떨어져 있어서 상세히 듣지 못하였다."

하였다. 이에 주상이 하교하였다.

"오시수는 차마 말할 수 없는 말을 만들어내어 역적 이남의 '신하가 강성하다.'는 말을 사실로 만들려고 하였다. 지금에 이르러 추국하여 심문하자 말을 꾸며서 납초(納招)[23]하니 더욱 원통하고 한탄스러워서 반드시 엄하게

정국을 타개하기 위해 박세채(朴世采)가 탕평론(蕩平論)을 제출하였는데, 이에 대한 반발로 송시열이 윤선거(尹宣擧)·윤증(尹拯) 부자를 공격하여 1684년 이후 일어난 회니시비(懷尼是非)의 당사자가 되었다. 1689년 기사환국으로 남인이 재집권했는데, 이때 세자 책봉에 반대하는 상소를 올렸다가 유배되었다. 그해 6월 정읍에서 사약을 받고 죽었다.

21) 대비전(大妃殿) : 명성왕후(明聖王后, 1642~1683)이다. 현종의 비, 숙종의 모친이다. 청풍부원군 김우명(金佑明)의 딸로, 김석주와는 사촌지간이다. 숙종 즉위 초 조정의 정무에까지 관여하여 비판을 받기도 하였다. 인평대군의 세 아들인 삼복(三福)이 '홍수(紅袖, 궁녀)의 변' 사건에 연루되었다고 주장하였다가, 궁지에 몰리게 되자 정청(政廳)에서 통곡하여 삼복을 귀양 보내기도 하였다.

22) 정익(鄭榏) : 1617~1683. 본관은 해주(海州), 자 자제(子濟)이다. 병조참판·도승지 등을 역임하였다. 1670년(숙종1) 동지부사(冬至副使)로 청나라에서 귀국하여 이른바 '신하가 강성하다.[臣强]'는 말을 보고하였다. 경신환국(1680)으로 서인이 정국을 장악하자 '신하가 강성하다.'는 설을 제기했다는 혐의로 유배되었다.

23) 납초(納招) : 죄인이 심문에 응하여 자기의 범죄 사실을 말하는 것, 또는 그 내용을

형신하여 실정을 알아내려 하였다. 그러나 대신과 여러 신하들의 뜻이 이미 드러난 죄를 가지고 참작하여 처치하고자 하니 특별히 사사(賜死)한다."

승정원과 양사(兩司, 사헌부와 사간원)에서 다투어 사사의 명을 거두고 다시 국문을 더 할 것을 청하였으나, 주상이 듣지 않았다. 또 하교하기를,

"삼가 자전(慈殿, 명성왕후)의 하교를 받아보니,

'그는 선조(先朝)의 두터운 은혜를 입었음에도 감히 망측한 말로 선왕을 욕되게 하였으니, 그 심적(心跡)을 논하면, 어찌 원통하고 한탄스럽지 않겠는가? 그러나 다른 한편으로 생각해 보면 이번 국옥(鞫獄)으로 정법(正法) 당하는 자가 이미 많았고, 또 반역을 모의한 것과는 차이가 있다. 특별히 사형을 감하는 은전을 베풀지어다.'

하시니 감히 그 뜻을 받들지 않을 수 있겠는가? 오시수를 귀양보낸 곳에서 위리안치(圍籬安置)[24]하라."

하자, 대간(臺諫)이 또 쟁집(爭執)하였다. 이때 이르러 수찬 홍만수(洪萬遂)[25]와 이현석(李玄錫) 등이 차자(箚子)를 올려 말하기를,

"자성(慈聖)께서 살리기를 좋아하는 마음으로 특별히 사형을 감해 줄 것을 청하였는데, 해를 넘겨서 쟁집하는 것이 최근에 더욱 심해졌습니다."

하자, 전조(銓曹)[26]에서 이현석 등을 모두 관직에서 쫓아내어 찰방(察訪)에 임명하였다. 사간 조지겸(趙持謙)[27]이 말하기를,

---

가리킨다.

24) 위리안치(圍籬安置) : 유배된 죄인이 달아나지 못하도록 가시로 울타리를 만들고 그 안에 가두었다.

25) 홍만수(洪萬遂) : 1647~1695. 본관은 풍산(豊山), 자 성중(成中), 호 채봉(彩峰)이다. 대사헌 홍이상(洪履祥)의 증손이다. 1678년(숙종4) 증광문과에 병과로 급제하고, 이듬해 승문원 정자로 문과중시에 을과로 발탁되어 교리 등을 역임하였다.

26) 전조(銓曹) : 문무관 선발을 담당하는 이조(吏曹)와 병조(兵曹)를 일컫는 말이다.

27) 조지겸(趙持謙) : 1639~1685. 본관은 풍양(豊壤), 자 광보(光甫), 호 우재(迂齋)이다. 할아버지는 좌의정 조익(趙翼), 아버지는 이조판서 조복양(趙復陽)이다. 1683년(숙종9) 승지 재직 시 왕명으로 송시열을 찾아가 김익훈이 남인 허새(許璽)·허영(許瑛)을 이용, 반역을 꾀하게 한 사실을 알렸다. 그러나 그 뒤 송시열이 김석주 등의 말을 듣고 김익훈을

"오시수가 자복(自服)하기도 전에 먼저 사사하는 것은 상세함을 다하는 데에 결함이 있고, 여러 역관들을 끝까지 형신(刑訊)하기 전에 먼저 오시수를 형신한 것 역시 법의(法意)에 어긋난 것입니다."

하였다. 지평 이세백(李世白)[28]이 조지겸을 논핵하여 체직시켰다. 대사간 윤지완(尹趾完)[29]이 다음과 같이 아뢰었다.

"오시수의 죄범(罪犯)은 마땅히 통탄하고 미워하는 바이나, 다만 소문의 출처[言根]가 다른 나라 사람이고, 증거[證左]가 또 상서(象胥, 역관)의 무리여서, 이는 반드시 훗날 시빗거리가 될 것입니다. 차라리 그 죽을죄를 특별히 용서하여 먼 지방에서 평생토록 지내게 하는 것이 나을 것입니다."

비호하게 되자 송시열까지 의심을 하게 되었다. 이 일로 한태동(韓泰東)·유득일(兪得一)·박태유(朴泰維) 등과 함께 소론으로 좌정하게 된다. 아버지 복양이 어려서부터 윤순거(尹舜擧) 형제와 교우했고, 특히 윤선거와는 친분이 두터워 윤선거의 초상에 상복을 입었던 사이여서 윤선거의 아들 윤증과 가까웠다.

28) 이세백(李世白) : 1635~1703. 본관은 용인(龍仁), 자는 중경(仲庚), 호는 우사(雩沙)·북계(北溪)이다. 1657년(효종8) 진사시, 1675년(숙종1) 증광문과에 급제하여 청요직을 두루 거쳤다. 1689년(숙종15) 도승지 재직 시 송시열을 유배시키라는 전지(傳旨)를 쓰지 않아서 파직되었다. 1694년 갑술환국 이후 좌의정에까지 올랐다. 문집으로 《우사집》이 있고, 시호는 충정(忠正)이다.

29) 윤지완(尹趾完) : 1635~1718. 본관은 파평(坡平), 자는 숙린(叔麟), 호는 동산(東山)이다. 좌의정 윤지선(尹趾善)의 아우이다. 1657년(효종8) 사마시, 1662년(현종3) 증광문과에 급제해 청요직을 두루 지냈다. 1675년(숙종1) 송시열을 구원하다가 관직을 박탈당하였다. 1680년 경신환국 이후 병조판서까지 올랐다가 1689년 기사환국으로 유배되었다. 1694년(숙종20) 갑술환국으로 인현왕후 복위를 지지한 소론이 등용되자, 다시 관직을 얻어 좌참찬·우의정 등을 지냈다. 1717년 숙종이 좌의정 이이명(李頤命)과 독대(獨對)한 후 세자[景宗]에게 청정(聽政)을 명하자 청정을 반대하고 이이명을 논척하였다. 이에 대해 남인계 홍중인(洪重寅)은 《대백록(待百錄)》에서 높이 평가하였다. "문장과 경술(經術)은 남구만(南九萬)에 비해 조금 부족한 듯 하지만 덕량(德量)이 크고 두터우며, 수립함이 확고한 것은 남약천 보다 나아서 진정한 동국의 위인이었다." 하였다. 반면 노론계 당론서인 《족징록(足徵錄)》에서는 '약천(藥泉)과 동산(東山)의 잘못된 견해[泉山誤見]'라는 편목을 통해 남구만과 윤지완 두 사람을 싸잡아 비판하였다. 동궁보호를 빌미로 장희재에 대한 처벌을 완화하라고 주장한 일이 마침내 조중우(趙重遇)의 장희빈 추숭 상소로 이어졌고, 종국에는 신축년(1721, 경종1)과 임인년(1722)의 화가 연이어 일어난 결과를 초래하게 되었다고 주장하였다.

지평 김진귀(金鎭龜)[30]가 윤지완을 파직하라고 논핵하였다. 영의정 김수항(金壽恒)이 차자를 올려 조지겸이 애초 논의를 주창한 죄를 논핵하며 그를 파직하라고 청하였다. 교리 박태보가 상소하여 여러 역관들을 다시 국문할 것을 청하자 대사헌 홍만용(洪萬容)[31]과 지평 김진귀, 정언 김만채(金萬埰)[32] 등이 박태보를 체직하라고 논핵하고, 오시수를 처벌하라고 힘껏 청하였다. 대신들 또한 마땅히 베어 죽여야 한다고 말하자 주상이 그대로 따랐다.

임술년(1682, 숙종8) 봄, 무인 김환(金煥)[33]이 상변(上變)하여 허새(許璽)와 허영(許瑛)[34] 등이 반역을 도모하였다고 고하자, 국청을 설치하여 옥사를

---

30) 김진귀(金鎭龜) : 1651~1704. 본관은 광산(光山), 자 수보(守甫), 호 만구와(晩求窩)이다. 할아버지는 김익겸(金益謙), 아버지는 광성부원군(光城府院君) 김만기(金萬基)이며, 인경왕후(仁敬王后)의 오빠이다. 1680년 별시 문과에 급제하여 청요직을 두루 거쳤다. 1689년(숙종15) 기사환국으로 남인이 득세하자 유배되었다가 1694년 갑술환국으로 서인이 집권하게 되자 풀려나서 호조판서·좌참찬 등을 거쳐서 1702년 판의금부사에 이르렀다. 시호는 경헌(景獻)이다.

31) 홍만용(洪萬容) : 1631~1692. 본관은 풍산(豊山), 자는 백함(伯涵), 호는 금화산인(金華山人)이다. 대사헌 홍이상(洪履祥)의 증손으로, 아버지는 영안위(永安尉) 홍주원(洪柱元), 어머니는 정명공주(貞明公主, 선조의 맏딸)이다. 1662년 정시문과와 1666년 문과중시에 거듭 장원급제하여 대사헌·이조판서 등을 역임하다가 기사환국으로 사직하고 낙향하였다.

32) 김만채(金萬埰) : 1644~1715. 본관은 광산, 자 자봉(子封)이다. 김장생의 증손이고, 김익훈(金益勳)의 아들이다. 1680년 별시문과에 급제하여 청요직에 진출하였다. 1689년(숙종15) 수찬 재직 시 부친이 억울하게 죽었다고 진정하다 유배되었다. 갑술환국(1694)으로 아버지의 관작이 복구되고 김만채도 풀려나와 호조참의로 기용되었다. 이후 대사간·경기도관찰사 등을 역임하였다.

33) 김환(金煥) : 《족징록(足徵錄)》에 따르면 김환은 서인 출신 업무(業武)로서 남인이 집권하고 있을 때 관직을 얻은 자였다. 김석주는 바로 이러한 김환의 지위를 활용하여 환국을 도모하는데 이용하였다.

34) 허새(許璽)와 허영(許瑛) : 허새(?~1682)는 남인 출신 유생이고, 그의 서종제(庶從弟)가 허영이다. 1680년(숙종6) 경신환국 이후 김석주·김익훈 등은 남인 세력을 완전히 숙청하기 위하여 전 병사 김환 등을 시켜 무고하게 하였다. 즉 허새와 허영이 주상이 무도하여 조정이 문란하다고 하면서 3백 명의 병사로 궁궐을 침범하여 복평군을 추대하고 대왕대비를 수렴청정하게 하려고 모의했다는 것이다. 이에 국청(鞫廳)을 설치하여 관련 남인들

다스렸다. 어영대장 김익훈(金益勳)이 아방(兒房)[35]에 나아가 유명견(柳命堅)[36] 등이 또한 역모를 꾸미고 있으며, 전익대(全翊戴)[37]라는 자가 그 음모에 대해서 알고 있다고 밀고(密告)하였다.

전익대를 체포하여 유명견과 함께 조사하였지만 증거가 없었는데, 전익대가 김환이 어영대장의 뜻이라고 하면서 와서 고변하라고 유혹하고 협박하여 무고(誣告)한 것이 사실이라고 자복하였다. 이에 전익대는 목 베어 죽이고, 김익훈은 관직에서 쫓아냈지만 곧 용서하라는 명이 있었다.

지평 유득일(兪得一)[38]과 박태유(朴泰維)[39] 등이 김익훈이 공을 탐하고 포상

을 모두 처단하게 되었는데, 이때 이들도 주동자로 몰려 처형당하였다. 1689년 기사환국 이후 신원(伸寃)되었다.

35) 아방(兒房) : 중앙과 지방 관아의 주요 건물 곁에 딸린, 관원들의 휴식·대기 장소이다. 또는 소속 하인들의 직소(直所)로 이용되는 공간을 이른다. 당시 어영대장이던 김익훈은 대궐 안 장신(將臣)이 지숙(止宿)하던 아방에서 밀계를 올려 남인인 허새 등이 변을 일으키려 한다고 고하였다.

36) 유명견(柳命堅) : 1628~1707. 본관은 진주(晉州), 자는 사고(士固), 호는 모산(茅山)이며, 유영(柳穎)의 아들이다. 1672년(현종13) 별시문과에 급제하여 1675년(숙종1) 도당록에 들었다. 1680년(숙종6) 경신환국으로 경주부윤에서 파직 당하였고, 1682년 김석주·김익훈의 무고를 받아 투옥되었다가 석방되었다. 기사환국(1689)으로 남인이 다시 집권하게 되자 이조참판 등을 역임하였다가 1701년 장희재(張希載) 등과 인현왕후를 살해하려 하였다는 죄로 위도(蝟島)에 안치 당하였다가 1704년 풀려나왔다.

37) 전익대(全翊戴) : ?~1683. 남인 유명견의 척족(戚族)으로 훈국초관(訓局哨官)을 지냈다. 1682년(숙종8) 김석주·김익훈의 사주를 받은 김환으로부터 유명견·허새·허영 등의 남인이 모반을 도모하고 있다고 허위 고변할 것을 위협받았으나 거부하다가 투옥되었다. 그 뒤 옥중에서 지속적으로 김익훈의 협박을 받아 마침내 역모를 허위로 고발하였지만 결국 무고임이 밝혀져 이듬해 주살되었다.

38) 유득일(兪得一) : 1650~1712. 본관은 창원(昌原), 자는 영숙(寧叔), 호는 귀와(歸窩)이고, 박세채의 문인이다. 1675년(숙종1) 생원이 되고, 1677년 알성문과에 급제하여 청요직에 진출하였다. 1683년 지평 재직 시 김익훈이 모반설을 조작하여 남인을 제거하려 하자 그 간계를 폭로하고 처벌을 주장하다가 진도 군수로 좌천, 이어 파직되었다. 1686년 부수찬으로 기용되었고, 1695년 대사간, 1707년 형조판서 등을 역임하였다.

39) 박태유(朴泰維) : 1648~1686. 본관은 반남(潘南), 자는 사안(士安), 호는 백석(白石)이다. 박세채와 동고조 8촌 사이인 박세당의 아들이고 박태보의 형이다. 1666년 진사가 되고, 1681년 알성문과에 급제하여 청요직을 두루 거쳤다. 1683년 지평 재직 시 유득일과 함께 김익훈을 탄핵하였다가 거제 현령으로 좌천되었으나 곧 복직되었다.

을 바래서 다른 사람을 협박하여 무고한 죄를 논핵하였지만 대신들이 그를 비호하자, 주상이 유득일 등을 외직으로 내쫓으라고 명하였다. -유득일은 진도(珍島), 박태유는 거제도(巨濟島)로- 삼사와 승정원에서 합사(合辭)[40]하여 힘껏 쟁집하니 모두 돌아오라고 명하여, 이에 전직(前職)에 그대로 임명되었다.

○ 대사성 조지겸이 상소하여 다음과 같이 말하였다.

"옥(獄)이란 것은 만민(萬民)의 목숨이 달린 일이니, 낮추거나 높여서는 안 됩니다. 그런데 지금 전익대가 유명견을 무고한 일이 세 건이나 있는데, 한 건은 전익대가 지어낸 것이고, 두 건은 김환이 사주한 것입니다. 전익대는 애초 고변할 의사가 없었는데, 김환이 가진 수단을 다하여 꼬드기고 위협한 정상이 면질(面質)할 때 모두 드러났습니다.

무릇 어떤 사람의 유혹을 받아서 무고한 것과 다른 사람을 유혹하여 무고하게 한 것은 그 사이에 무슨 차이가 있겠습니까? 전익대는 형벌을 받아 죽었는데, 김환은 아직 죄를 받지 않았으니, 전익대만 홀로 죽은 것이 어찌 억울하지 않겠습니까?"

○ **여름**, 봉조하(奉朝賀)[41] 송시열이 효종[孝廟]의 신주를 세실(世室)에 모실 것을 미리 결정하라고 청하고,[42] 또 말하기를,

"태조(太祖) 휘호(徽號)[43]에서 위화도(威化島) 회군의 의리가 없어서는 안

---

40) 합사(合辭) : 여러 관사(官司)나 또는 여러 관원이 합동하여 임금에게 상소할 때 사연을 합하여 하나의 상소로 하던 일이다.

41) 봉조하(奉朝賀) : 공신·공신적장(功臣嫡長)·동서반 당상관 등이 치사(致仕)한 뒤에 임명되는 관직이다.

42) 효종의 …… 청하고 : 1683년(숙종9) 송시열은 주나라로부터 이어지는 중화(中華)의 계승자로서 조선의 정통성을 천명하기 위한 의도 아래 종묘제도의 개혁을 추진하여 효종의 신주를 불천위 세실로 옮길 것과 태조의 시호를 새롭게 추상(追上)할 것을 제안하였다. 경신환국으로 서인이 집권한 상태였으므로 효종을 세실로 옮기는 것은 별다른 논란이 없었으나 태조 시호 추상에 대해서는 박세채가 반대하였다. 남인들은 송시열이 효종의 정통성을 부정하였다는 비난을 무마하기 위해 효종 세실론을 주장한 것으로 간주하였다.

되니, 휘호에 '소의정륜(昭義正倫)' 등의 글자를 추가하여 올릴 것을 청합니다."

하였다. 주상이 대신과 유신(儒臣)들에게 두루 논의할 것을 명하였는데, 사업(司業)[44] 박세채(朴世采)[45]만 홀로 말하기를,

"태조의 회군(回軍)은 대의(大義)를 빌려서 화가위국(化家爲國)[46]의 대업을

---

43) 태조(太祖) 휘호(徽號) : 1683년(숙종9) 송시열은 태조 이성계가 위화도(威化島) 회군으로 밝힌 대의(大義)를 기려서 '소의정륜(昭義正倫)'이라는 시호를 추상(追上)해야 한다고 주장하였다. 태조대왕은 창업 수통한 임금인데 그 휘호가 도리어 후사(後嗣)한 왕보다도 못하므로 도리 상 미안할 뿐 아니라, 태조의 위화도 회군은 실로 존주대의(尊周大義)에서 나온 것으로 길이 천하 후세에 전할 만한 것이고 더구나 지금같이 춘추대의가 막혀 버린 때 이를 표장(表章)해서 대법(大法)을 보존해야 한다고 주장한 것이다. 이에 대해 박세채는 이미 태조 당대 '계운신무(啓運神武)'의 호를 올렸으며, 승하 후 '지인계운성문신무(至仁啓運聖文神武)' 시호를 더 올린 사실을 들어 반대하였다. 더욱이 위화도 회군의 일은 임금이 되기 이전의 일이므로, 위화도 회군을 근거로 시호를 추상할 필요는 없다면서, 송시열의 견해에 반대하였다. 양자 간의 갈등 끝에 추시 문제는 '정의광덕(正義光德)'의 시호를 추상하는 것으로 마무리 되었다. 《肅宗實錄 9年 6月 12日》《南溪集 請太廟位版改正太字疏》 이에 대해 남인계 당론서 《대백록》에서는 "송시열은 효종이 서자이므로 즉위해서는 안 될 임금으로 보았다. 그래서 논자들이 '종통을 둘로 만들어 계통을 끊어버리고 군부를 폄박(貶薄)하였다.' 하자, 송시열이 그 자취를 감추려고 효종에게 존주(尊周) 의리가 있다면서 세실(世室)로 정하는 일에 급급하였다."고 그 정치적 의도를 지적하였다.

44) 사업(司業) : 성균관의 정4품 관직이다. 조선 초기에는 설치되지 않았으나 1623년 인조반정 이후 유술(儒術)을 숭상하고 중히 여기기 위하여 성균관에 설치하였다.

45) 박세채(朴世采) : 1631~1695. 본관은 반남(潘南), 자는 화숙(和叔), 호 현석(玄石)이다. 신흠(申欽)의 외손이며 박세당(朴世堂)과는 당내간의 친족이고, 송시열의 손자 송순석(宋淳錫)의 장인이다. 1659년(현종즉위) 예송이 일어나자 송시열·송준길(宋浚吉)의 기년설(朞年說)을 지지하며 서인 측의 이론가로서 활약하였다. 이 일로 1674년 숙종이 즉위하면서 삭탈 당하고 양근(楊根) 등지에서 유배생활을 하였다. 경신환국(1680) 이후 이조판서·우참찬 등을 역임하였다. 1683년 '황극탕평(皇極蕩平)'을 주장하여 거듭되는 환국으로 인한 파행적 정국을 수습하려고 했으나, 1684년 회니(懷尼) 시비의 분쟁 속에서 노론과 소론이 대립하자 소론의 입장을 지지하였다. 박세채는 윤선거 사후 윤증의 부탁을 받고 그 행장을 지었는데, 송시열이 묘갈명을 지으면서 이를 인용하여 윤선거에 대한 불만을 드러냈다. 기사환국(1689) 이후 조정에서 물러났다가 갑술환국(1694) 이후 좌의정까지 지내며 남구만·최석정 등과 함께 숙종의 탕평책에 적극 부응하였다. 시호는 문순(文純)이다.

46) 화가위국(化家爲國) : 집안을 변화시켜 나라로 만든다는 뜻이다. 전하여 새로운 나라를 세우는 것을 말한다.

펼치려 한 것이지 반드시 존주(尊周)의 정성에서 나온 것은 아니므로 드러낼 필요가 없습니다."

하였다. 정언 박태유 역시 말하기를,

"휘호를 더하여 올리는 것이 얼마나 중요한 일입니까? 그런데 상하가 모두 그것이 타당하지 않다는 것을 알면서도 오직 서로 따져서 밝히기를 어렵게 여기고 작은 혐의를 멀리하려 하여 종묘의 중대한 전례에 합당하지 못한 결과를 면치 못하게 만들고 있습니다."

하였다. 상소가 이미 갖추어져 있었지만, 결국 올리지 않았다. -박태유가 향리(鄕里)에 있을 때, 상소를 베껴서 주(州)에 보내려 했지만 말리며 저지하는 자가 있어서 결국 올리지 못하였으나, 초고는 이미 중외(中外)에 전파되었다.-

이에 당시 여론이 크게 시끄러워져서 말하기를,

"소배(少輩, 소론)들이 사당(私黨)을 세우려고 암암리에 대로(大老, 송시열)[47]를 비방한다."

하면서 서로 의심하고 어그러진 것이 격렬해져서, 다시는 화합할 수 없었다.

우의정 김석주(金錫胄)[48]가 주상에게 다음과 같이 아뢰었다.

"근래에 조정(朝廷)이 조용하지 못하고 문호(門戶)를 나누어 각각 사당(私黨)을 세우려는 조짐이 있는데 주상께서 어찌 다 간파하실 수 있겠습니까? 최근 시배(時輩, 소론)들이 비록 '대로를 존모(尊慕)한다.' 칭하지만, 거의 모두 겉으로는 존모하면서 속으로는 은밀히 배척하니 이는 곧 한 시대의 변고입니다.

---

47) 대로(大老) : 일반적으로 나이가 많고 현인(賢人)을 일컫는 말이다. 여기에서는 송시열을 높여서 부르는 말이다.

48) 김석주(金錫胄) : 1634~1684. 본관은 청풍(淸風), 자 사백(斯百), 호 식암(息庵)이다. 김육(金堉)의 손자, 김좌명(金佐明)의 아들이다. 1674년(숙종즉위) 2차 예송 때 허적 등과 결탁해 송시열·김수항 등을 숙청하고 도승지로 특진되었다. 1680년 허적 등이 왕실의 유악(油幄)을 남용한 사건을 계기로 실각하자 송시열과 협력하여 남인 잔여세력을 축출한 뒤, 그 공으로 보사공신 1등으로 청성부원군(淸城府院君)에 봉해졌다. 이후 우의정으로 호위대장을 겸직하면서 김익훈과 함께 전익대를 사주하여 허새 등 남인들이 모역한다고 고변하게 하는 등 음모를 꾀하였다. 이같은 정탐정치 행태는 서인내 소장파로부터 반감을 샀고, 결국 노·소론 분기의 계기를 제공하였다.

박태유가 상소에서 거론한 종묘 전례, 한 가지 사안은 만약 애당초 의론이 나왔을 때 각각 소견을 진술하였다면 진실로 불가(不可)함이 없었을 텐데, 의론이 결정된 뒤 어찌 감히 다시 추론(追論)한단 말입니까? 그의 상소에서 '상하가 모두 그 잘못을 안다.' 등의 말은 오로지 억측에서 나온 것인데, 이미 현(縣)·도(道)를 걸쳐서 올리려 한 상소문이 중외(中外)에 전파되었으니, 그대로 버려두고 논하지 않을 수 없습니다.

그중에서도 조지겸과 오도일(吳道一)[49]이 가장 심한 자들입니다. 조지겸은 사유(師儒)의 위엄을 빙자하여 많은 선비들을 억눌러서 송시열이 고향으로 돌아가던 날 머무르기를 청하는 상소를 올리지 못하게 하고는 이어서 상소하여 그 치사(致仕)를 허락하는 명을 거두고 다시 소환하기를 청하였습니다. 인신(人臣)이 현거(懸車)[50] 한 뒤에 어찌 다시 돌아올 길을 빼앗기고도 문득 조당(朝堂)에 나올 이치가 있겠습니까? 비록 상조(常調)[51]의 평범한 사람일지라도 불가한데, 하물며 대로이겠습니까? 조지겸이 이것을 알지 못하는 것이 아니면서도 이렇게 상소하였으니, 그 마음 쓰는 것이 떳떳하지 못하여 나중에 뜻을 얻게 되면 반드시 나랏일을 그르칠 것입니다.

그리고 오도일은 겉으로는 소탈한 듯 하지만 속으로는 촘촘하게 꽉 막혀서 잘난 척하고 남을 업신여기는 것이 큰 병통입니다. 이전에 전랑(銓郎)이 되었을 때 사당(私黨)을 끌어들여서 송시열도 또한 일찍이 그르게 여겼습니다. 그러므로 오도일이 원망을 품고 암암리에 비난하고 배척하는 일을 주장하였으니,

---

49) 오도일(吳道一) : 1645~1703. 본관은 해주(海州), 자는 관지(貫之), 호는 서파(西坡)이다. 오희문(吳希文)의 증손이고, 영의정 오윤겸(吳允謙)의 손자이다. 1673년(현종14) 춘당대 문과에 급제하여 청요직을 두루 지냈다. 1687년(숙종13) 승지가 되어 나양좌(羅良佐) 등을 옹호하다가 파직되었다. 이후 한성부판윤 등을 역임하고 병조판서에 이르렀다. 1702년 민언량(閔彦良)의 옥사에 연루되어 장성으로 유배 가서 죽었다. 죽은 뒤 복관되고 울산의 고산서원(孤山書院)에 제향되었다. 저서로 《서파집》이 있다.

50) 현거(懸車) : 수레를 폐기하고 집에서 쉰다는 뜻이다. 70세가 되면 벼슬을 그만두는 것을 말한다.

51) 상조(常調) : '평상적인 조용(調用)'이라는 뜻으로 나라의 상규(常規)를 적용받아 임용되는 것을 말한다.

오늘날 들뜨고 경박한 의론은 모두 오도일이 주도한 것입니다.

한태동(韓泰東)은 당을 멀리하는 절의가 없지 않았으나, 지난번 소대(召對)[52] 할 때에 이굉(李宏)이 장차 박태유를 논핵하리라는 것을 이미 알고서도 한태동과 조지겸은 다만 박태유를 처벌하는 것이 온당치 않다고 하였을 뿐만 아니라, 도리어 칭찬하여 장려하는 말을 올렸으니 이 또한 해괴한 일입니다. 이들 세 사람은 따끔하게 꾸짖어 조정을 진정시키지 않을 수 없습니다."

이에 주상이 동인(東人)과 서인(西人)으로 분당(分黨)[53]되어 이미 고질이 되었는데, 이제 색목(色目) 가운데서 또 당을 나눈 것이 이와 같은 지경에 이르렀으니, 대신이 진달한 것은 참으로 마땅하다고 하면서, 조지겸과 한태동을 파직하고, 오도일은 울진 현감(蔚珍縣監)으로 내쫓고, 박유태는 고산 찰방(高山察訪)으로 내쳤다.

박세채가 상소하여 김석주를 논척하였는데, "굽은 사람을 들어 쓰고 곧은 사람을 버린다.[擧枉措直][54]" 등의 말이 있었다.

김석주가 또 차자를 올려 말하였다.

"만약 조지겸과 오도일이 곧은 사람이라고 한다면 조지겸과 오도일이

---

52) 소대(召對) : 왕명으로 입대하여 정사에 관한 의견을 상주(上奏)하는 일이다.

53) 동인(東人)과 서인(西人)으로 분당(分黨) : 선조대 심의겸(沈義謙)과 김효원(金孝元)의 갈등에서 비롯된 사림(士林)의 분열을 가리킨다. 1572년(선조5) 심의겸이 이조참의 등을 지내는 동안 척신 출신이지만 사림들 간에 명망이 높아 선배 사류들에게 촉망을 받았다. 이때 김종직(金宗直) 계통의 신진세력인 김효원이 이조전랑으로 천거되었는데, 김효원이 일찍이 명종 때 권신이던 윤원형(尹元衡)의 집에 기거한 사실을 들어 권신에게 아부했다는 이유로 이를 반대하였다. 1574년 결국 김효원은 이조전랑에 발탁되었는데, 이번에는 1575년 심의겸의 아우 충겸(忠謙)이 이조전랑에 추천되자, 김효원이 전랑의 직분이 척신의 사유물이 될 수 없다면서 반대하여 두 사람은 대립하기 시작하였다. 이에 구세력은 심의겸을 중심으로 서인, 신진세력은 김효원을 중심으로 동인이라 하여 사림이 분당하는 사태가 발생하였다.

54) 굽은 …… 버린다 : 노나라 애공(哀公)이 공자에게 백성을 복종시킬 방도를 묻자 다음과 같이 대답하였다. "정직한 사람을 들어 쓰고 모든 굽은 사람을 버려두면 백성들이 복종하며, 굽은 사람을 들어 쓰고 모든 정직한 사람을 버려두면 백성들이 복종하지 않습니다.[擧直錯諸枉, 則民服, 擧枉錯諸直, 則民不服.]"《論語 爲政》

겉으로는 사모하는 체하면서 속으로는 배척한 자를 또한 굽은 사람이라고 할 수 있겠습니까? 젊은이가 어른을 능멸하니 늙은이를 공경하는 기풍은 이미 쇠하였고, 그른 것을 따르고 거짓을 굳게 지키니 간사한 붕당의 자취가 날로 드러났습니다. 산림(山林)에서 글을 읽은 사람[55]이 세상 물정에 익숙하지 못하여 한갓 일시에 자기에게 돌아와 들러붙는 자들[56]에게 이끌리고 연연하여 혹 철(鐵)을 보고 금(金)이라 하고 도적을 보고 자식이라 하는 지경에 이르렀습니다."

차자(箚子)가 나오자 물의(物議)가 크게 격화되었고, 또 김석주가 유현(儒賢)을 침해하고 모욕하였다고 여겨서, 성균관 유생 황위(黃霨) 등이 상소하여 김석주에게 죄줄 것을 청하였다. 주상이 황위는 멀리 유배 보내고, 여러 유생들은 정거(停擧)시키라고 명하였다.

이로써 노론(老論)과 소론(少論)의 색목이 비로소 나뉘어졌는데,[57] 박세채가 산림으로부터 나와 소배(少輩)들과 합세하자 젊고 청론(淸論)[58]을 주장하는 자들이 모두 그에게 의지하여 붙였다.

-이보다 앞서 신유년(1681, 숙종7) 감시(監試)에서 시권(試券) 하나가 나왔는데 곧 고변서

---

55) 산림(山林)에서 글을 읽은 사람 : 박세채를 가리킨다.

56) 일시에 …… 자들 : 소론을 가리킨다.

57) 노론(老論)과 …… 나뉘어졌으니 : 임술년 김익훈이 주도한 일련의 고변 사건이 모두 무고로 밝혀져서 고변자들이 처벌받았음에도 불구하고 김익훈 등은 처벌 받지 않았다. 그리고 이것은 김석주 자신이 사주하여 일어난 일이었음을 자백하였다. 그럼에도 불구하고 김익훈을 둘러싼 논란은 해를 넘기고 지속되어 결국 서인이 노론과 소론으로 분당되는 계기가 되었다. 이때 대각에서 연소 명관들은 김익훈의 처벌을 주장하였지만 김수항 등 정승들은 비호하였다. 젊은 관료들은 고변이 음모의 산물이었음이 밝혀진 뒤에는 훈척의 전횡과 권력 독점으로 그 비판의 범위를 확대시켰다. 이에 김석주는 숙종과 면대하여 박태유와 조지겸 등을 처벌하게 하였다. 이로 인해 관학 유생과 태학생들 사이에 상소를 통한 논전이 이어지는 등 정국이 난맥상을 드러냈다.

58) 청론(淸論) : 깨끗하고 공정한 언론(言論)을 가리킨다. 16세기 네 차례에 걸친 사화(士禍)로 훈구(勳舊)의 지속적인 박해에 시달리면서도 사림(士林) 세력은 공론정치(公論政治)를 주장하면서, 그것을 청의(淸議) 혹은 청론이라고 내세웠다. 숙종대 서인이 분열될 당시 소론이 노론과 갈라서면서 스스로의 입장을 청의라고 주장한 것은 이러한 사림의 정통성을 계승하였다고 표방한 것이다.

였으니, 곧 남인(南人)의 열세 대가(大家)를 고발하는 내용이었다. 시관(試官)이 말하기를, "이것이 비록 익명서(匿名書)이지만 평범한 일이 아니다." 하고서 견고하게 봉하여 입계(入啓)[59]하니,[60] 주상이 김석주를 불러 보여주었다. 김석주가 본래 서인이었는데 남인에게서 관직을 얻은 무인(武人) 김환을 마침내 불러서 그로 하여금 기찰하도록 하였다. 그런데 김환이 할 수 없다고 사양하자 김석주가 죽이겠다고 협박하니 김환이 비로소 응낙하였다.

김석주가 말하기를,

"지금 허새와 허영이 용산(龍山)에 있으니, 네가 피접(避接)[61]을 핑계로 그 이웃집에 가서 살면서 서로 사귀며 도박을 하다가 승부가 결정될 때를 틈타 네가 반드시 말하기를, '남의 나라를 빼앗는 것도 또한 마땅히 이와 같이 해야 할 것이다.' 하고서 그의 기색을 살펴보고, 밤에 함께 자면서 은밀히 역모를 같이하자고 의논하다 보면 그의 진위를 살필 수 있을 것이다."

하였다. 김환이 말하기를,

"그가 반역의 의도가 없고 도리어 나에게 반역한다고 하면 어떻게 합니까?"

묻자, 김석주가 말하기를,

"이는 모두가 내 손에 달렸으니 염려하지 말라."

하며, 이내 교제할 밑천으로 은전(銀錢)을 주어서 그로 하여금 친교를 맺게 하였다. 김환이 그 말대로 하였더니, 허새와 허영이 과연 호응하였다.

김석주가 또 유명견을 살피게 하였으나, 김환과 유명견은 평소 서로 친하지 않아서 유명견의 인척이었던 전익대라는 자를 통해서 유명견의 동정을 살폈다. 그런데 김석주가 곧 일 때문에 봉명(奉命)사신으로 청나라에 가게 되자 이에 김익훈을 불러 김환의 일을

---

59) 입계(入啓) : 임금에게 상주(上奏)하는 글을 올리거나 또는 직접 아뢰는 일이다.

60) 시관(試官)이 …… 입계(入啓)하니 : 《족징록》에서는 이 문제를 놓고 이견이 있었던 사실을 다음과 같이 밝혔다. 한 고관(考官)이 말하기를, "익명서가 나오면 처리하는 법률이 있으니, 이것은 마땅히 불태워야 한다." 하였고, 다른 고관은 말하기를, "대수롭지 않은 일이라면 불태워도 되지만 이것이 만약 거짓이 아니라 국사(國事)와 관계된 것이라면 어찌 하겠는가?" 하였다. 드디어 견고하게 봉하여 비밀리에 주상에게 올렸다.

61) 피접(避接) : 사람이 병이 들어 약을 써도 효험이 없거나 병의 원인이 분명하지 않을 때, 살던 집을 피하여 다른 곳으로 옮겨 요양하던 풍습이다.

부탁하였다. 그래서 김익훈이 김환에게 빨리 유명견을 염탐하라고 독촉하자 김환이 전익대에게 몰래 물었는데, 단지 제법 수상한 일은 있지만 실제로 보고할만한 확실한 일은 없다고 답하였다.

이즈음에 갑자기 물의(物議)가 일어나서, "김환이 거짓으로 정탐하는 체하고는 실제로는 자신이 반역을 도모한다."는 말이 퍼져서 도성 안팎이 시끄러웠다. 김익훈이 즉시 김환을 불러 그 말을 알려주고 그로 하여금 고변하게 하였다. 김환이 크게 두려워하여 군뢰(軍牢)[62]를 청하면서 말하기를, "원컨대 전익대와 같이 고변하겠습니다." 하니, 김익훈이 즉시 군뢰 한 쌍을 내어주었다.

김환이 어둠을 틈타 전익대의 집에 이르러서 군뢰로 하여금 전익대를 포박하게 하여 자기 집으로 데리고 가서 집안의 밀실에 가두고 협박하여 말하기를, "너와 내가 당장 고변하면 화를 면할 것이다." 하니, 전익대가 말하기를, "유명견은 본래 반역을 도모한 정황이 없는데 내가 어찌 무고할 수 있겠는가?" 하고, 거절하고 듣지 않았다.

이에 김환이 곧 김익훈에게 말하기를,

"제가 마땅히 고변할 것인데, 국청을 설치한 처음에 전익대를 불러서 심문해야 할 것이니 원컨대 단단히 가둬두고 기다리십시오."

하였다. 김환이 즉시 달려가 고변하여 마침내 국청을 설치하고 허새와 허영을 잡아들여 심문하였는데, 형장 한 대도 때리지 않았는데 자복하였다.

김환은 훈신(勳臣)이 되어 중계(中堦)[63]의 반열에 올라앉게 되자, 스스로 생각하기를, 만약 전익대를 붙잡아 와서 그가 사실이 아닌 일을 어지럽게 말하면 자기 일에 방해될까 두려워하여 끝내 전익대의 이름을 거론하지 않았다. 김익훈이 전익대를 가두어 두고 있었지만 하루종일 소식이 없자 처치하기 매우 곤란하여 스스로 국청에 나아가서 고하였다.

이때 김수항이 위관(委官)으로서 대답하기를,

---

62) 군뢰(軍牢) : 조선시대 여러 군영(軍營)과 관아에 소속되어 죄인을 다스리는 일을 맡았던 군졸을 가리킨다. 군뢰복(軍牢服)이라고 하는 특유의 복장을 하고 주장(朱杖)이나 곤장(棍杖) 등을 들고서 죄인을 다스렸다.

63) 중계(中階) : 하늘에 있다는 삼계(三階) 중 하나이다. 제후·공경·대부를 가리킨다. 상계(上階)는 천자, 하계는 사서인(士庶人)이라고 한다.

“국청의 일은 주상의 하교 및 죄인의 초사(招辭)에서 나오지 않았으니, 감히 사로잡아 올 것을 청할 수 없다.”

하므로, 김익훈이 민망하여 어찌할 바를 몰랐다. 이때 김석주 또한 이미 조정에 돌아와 바야흐로 국청에 참여하고 있었는데, 임시로 아방(兒房)에 가서 은밀히 아뢰게 하였다. 그런데 김익훈이 말하기를, “나는 본래 글을 모르는데, 어떻게 계사(啓辭)[64]를 짓겠는가?” 하니, 김석주가 즉시 편지 겉봉을 가져다가 계사 초안을 잡아주었는데, 이것은 바로 아방의 밀계(密啓)였다.

국청에 계하(啓下)[65]하여 전익대를 불러 문초하니, 전익대가 처음에는 비록 따르지 않았지만 국청에 들어가 김환이 훈신이 되어 중계(中階)[66]에 앉아 있는 것을 보고서 마음속으로 부러워하여 “나도 만약 고변한다면 역시 저와 같이 될 것이다.” 여기고서 이내 유명견이 반란을 모의하였다고 고하였다. 이에 유명견을 잡아오라고 명하여 두 사람을 면질하였지만 모두 증거가 없었으므로 마침내 반좌율(反坐律)[67]을 적용하여 전익대를 베어 죽였다.

청의(淸議, 청론)을 자처하는 소배들은 그 사이의 곡절을 알지 못하였으므로 마침내 김익훈을 배척하여 말하기를,

“김익훈이 다른 사람을 반역으로 유도한 것은 그 마음 씀씀이가 스스로 반역을 꾀한 것보다 심하다.”

하였다. 또 말하기를, “역적은 한 명인데 고변한 자는 세 명이다.” 하니 물의가 점점 격화되었다.

이때 송시열이 여강(驪江)[68]에 있었는데, 주상이 승지 조지겸을 보내 함께 오도록 하였다.

---

64) 계사(啓辭) : 논죄에 관하여 임금에게 올리던 글이다. 공사(公事)나 논죄(論罪)에 관하여 임금에게 아뢴 말이나 글이다.

65) 계하(啓下) : 임금에게 올려진 계문(啓聞)에 대한 임금의 답이나 의견으로 내려진 것이다. 임금은 계문을 보고 계자인(啓字印)을 찍어 친람과 결재를 마쳤음을 표시하였다.

66) 중계(中階) : 6품 이상의 관리가 앉는 자리이다. 문신 4품 이상은 시신(侍臣)으로 상계(上階)에 앉았고, 무신 3품 이하는 반(班)에 따라 동서랑(東西廊)에 앉았다.

67) 반좌율(反坐律) : 사람을 무고(誣告)하거나 위증하여 죄를 만들었다가 뒤에 그 일이 뒤집히면 무고를 입은 사람이 받았던 만큼 죄를 주는 형률이다.

68) 여강(驪江) : 경기도 여주(驪州)를 지나는 남한강을 가리킨다. 여강 혹은 여호(驪湖)라고 불렀다.

그리하여 조지겸이 여러 날 동안 머물면서 날마다 김익훈이 저지른 형편없는 짓을 말하였다. 송시열이 이 말을 듣고는 또한 '한 짓이 이와 같다면 비록 죽어도 애석할 것이 없다.'고 하였다. 그러자 소배들이 크게 기뻐하며 말하기를, "대로의 말이 우리들과 합치된다." 하였다.

송시열이 입경하자, 김수항·민정중·김석주가 와서 모두 김익훈을 위하여 곡절을 하소연하고, 김익훈 일가의 여러 사람들 또한 왕래하여 설득하니, 송시열이 말하기를, "김익훈은 죄가 없다." 하였다.[69] 이에 소배들이 크게 화를 내며 말하기를, "어르신이 또한 사사로움에 치우쳐 애초 견해를 바꾸었다." 하고, 조지겸 등 일대 청류(淸流)가 비로소 각립(角立)하였다고 한다.

○ 이론(異論)을 살핀다. 당시 박세채 역시 조정에 나아갔는데, 박세채가 바야흐로 청의를 이끄는 영수로서 김익훈에 대한 논척을 주도하였다. 그리하여 송시열은 처음에 박세채와 차이가 없었고, 김익훈의 족속들이 감히 문 안팎을 출입하지 못하였다. 그런데 그 뒤 송시열과 박세채의 논의가 합치되지 않자, 박세채의 아들 박태은(朴泰殷[70])이 곁에 있다가 말을 참견하니, 송시열이 왕방(王雱)[71]이라고 질책하였다.[72]

---

69) 송시열이 …… 하였다 : 송시열은 경신환국 및 허새 옥사에 대해 국왕을 오도(誤導)하고 역모를 꾸민 간신배들을 제거한 사건이라 인식하고 있었다. 따라서 그 과정에서 벌어진 기찰(譏察)과 같은 부도덕한 방법은 작은 흠절(欠節)에 불과하고 경신환국을 주도한 김익훈, 김석주 등 훈척의 충성은 종사를 보전한 훈업(勳業)이라 주장하였다. 또한 훈척들에 대한 소론의 공격에 대해서는 종사를 보전한 훈척들의 큰 공로는 보지 못한 채 기찰이라는 작은 흠절만 문제 삼는 부박함으로 치부하였다. 훈척세력에 대한 송시열의 이러한 태도는 조지겸, 한태동 등 서인 소장파에 의해 훈척에 영합한 태도라고 비판받았다.

70) 박태은(朴泰殷) : 1650~1696. 본관은 반남(潘南), 자 조능(祖能), 호 극재(克齋)이다. 박세채의 아들이다. 수운판관(水運判官)을 지냈다.

71) 왕방(王雱) : 1044~1076. 송나라 왕안석(王安石)의 아들이다. 아버지 왕안석의 신법을 추진하였으며, 《남화진경신전(南華眞經新傳)》 등의 저서가 있다. 그는 신법론자로서 상앙(商鞅)을 '호걸의 선비[豪傑士]'라고 칭했던 만큼 역시 도학파(道學派)의 배척을 받았다. 《宋元學案 臨川學案》

72) 송시열이 …… 질책하였다 : 송시열이 제기한 태조의 휘호(徽號) 문제에 박세채가 적극 반대하였다. 이즈음 송시열이 박세채의 집을 방문하였는데, 이때 그 아들 박태은이

세실(世室)의 일을 제기하는 데 이르러서는 크게 인망을 잃어서 사람들이 모두 박세채에게 돌아가니, 송시열의 문하는 적막해졌다.[73] 여러 김씨들이 이 기회를 틈타 다시 송시열 문하에 출입하면서 가진 수단을 다 써서 달래고 설득하였다. 이로 말미암아 송시열이 김익훈을 힘껏 구해(救解)[74]하니, 이에 청의가 크게 격화되어 송시열과 합할 수 없었다. 위 내용은 《강상문답(江上問答)》[75]·《간재만필(艮齋漫筆)》[76]에 있다.-

○ 옥천(沃川) 유생 조광한(趙匡漢)[77]이 상소하여 대략 다음과 같이 말하였다.

"앞서 성무(聖廡, 문묘(文廟))에 배향하는 인물을 올리고 내칠 때 박태유의 아우 태보가 상소하여 이견을 세웠는데, 지금 박태유의 말이 또 이와 같으니, 어찌 대로를 침해하고 업신여기는 자가 박태유의 집안에 많이 모여 있는

중국 사람이 태조를 무함한 글을 내보이자 "불행히 오늘날에 왕방(王雱)이 또다시 나왔다." 하면서 물리치고 돌아왔다고 한다.《宋子大全 附錄 年譜》이것은 사실상 송시열이 박세채를 왕안석에 비유하여 비난한 것이었다.

73) 적막 : 원문은 "羅雀"이다. 참새 잡는 그물을 펼쳐놓을 수 있을 정도로 문정(門庭)이 적막한 것을 말한다.

74) 구해(救解) : 죄에서 벗어나기 위해 잘 변호하거나 증거를 제시하여 감죄(減罪)되거나 면죄(免罪)되게 하는 것이다.

75) 강상문답(江上問答) : 숙종대 권상하(權尙夏)가 제자들과 당론에 대해 문답한 것을 제자 한홍조(韓弘祚)가 기록한 책이다. 일명 '황강문답(黃江問答)'이라고도 한다. 강상문답과 후동문답(後洞問答)으로 나누어져 있으며 그 뒤에 여러 가지의 서간이 있다. 강상문답은 한홍조가 질문하고 권상하가 대답한 것으로 구성되어 있는데, 노·소 분당의 시말과 이유태에 관한 것, 기해예송(己亥禮訟)에 관한 것, 김익훈에 관한 것, 정몽주에 대한 이이의 평과 송시열이 신도비에서 평한 내용이 다른 것에 대한 질문, 이황(李滉)과 이이의 윤임(尹任)에 대한 평이 다른 점에 대한 질문 등에 관하여 답한 글이 차례로 실려 있다. 해당 기사는《한수재집(寒水齋集) 황강문답(黃江問答)》및《송자대전(宋子大全) 기술잡록(記述雜錄)》에서 보이는데, 글자의 출입이 많다. 노론측 당론서인《형감(衡鑑)》에도《강상문답》이 수록되어 있다.

76) 간재만필(艮齋漫筆) : 최규서(崔奎瑞, 1650~1735)의 저술이다. 간재는 그의 호이다. 최규서는 숙종대 육조의 판서를 두루 역임하였다. 숙종이 죽기 직전에《병후만록(病後漫錄)》을 지었는데, 후대 이것을《간재만록(艮齋謾錄)》이라고 칭하였다. 여기의 '고이(考異)'에 인용한 내용은 현재 전하는《병후만록》임술년 조에 보이는데, 글자의 출입이 현저하다.

77) 조광한(趙匡漢) : 1646~1707. 본관은 배천(白川), 자는 정경(正卿)이다. 조헌(趙憲)의 증손이며, 송시열의 제자이다.

것입니까?

지난번 역적이 허(許)[78]·오(吳)[79] 두 집안에서 나왔는데, 이 두 집안 족속들의 당여(黨與)는 한쪽 편 사람들이었기 때문에 체찰부(體察府)[80]를 다시 설치하려는 모의와 중전[中壼][81]을 동요시키려는 계책에 참여하지 않은 이가 드뭅니다.

---

78) 허(許) : 허적(許積, 1610~1680)을 가리킨다. 본관은 양천(陽川), 자 여차(汝車), 호 묵재(默齋)·휴옹(休翁)이다. 인조대 출사하여 효종대 호조·형조판서, 현종대 영의정 등을 역임하였다. 1674년 2차 예송논쟁이 일어나자 서인의 대공설(大功說)을 반대하고, 기년설을 주장하여 채택됨으로써 영의정에 복직하였다. 이때 송시열의 처벌 문제를 둘러싸고 청남(淸南)·탁남(濁南)으로 분열되자, 탁남의 영수가 되어 서로 갈등하였다. 1680년(숙종 6) 서자 허견(許堅)이 인평대군의 아들 복창군 형제와 왕래하다가 김석주 등으로부터 고변 당하여 경신환국의 빌미를 제공하였다. 허적 역시 모역사건에 휘말려 사사되었다가 1689년 신원되었다.

79) 오(吳) : 오시복(吳始復, 1637~1716)을 가리킨다. 본관은 동복, 자 중초(仲初), 호 휴곡(休谷)이다. 우참찬 오억령(吳億齡)의 증손이다. 1675년(숙종1) 강릉부사로 부임하기 전에 허적에게 아첨하였다는 혐의를 받아 경신환국(1680) 당시 파직되었다. 기사환국(1689)으로 호조판서 등을 역임하였다가 갑술환국으로 유배되었다. 1701년 무고(巫蠱)의 옥사에 연루되어 제주도에 안치되었고, 영해부(寧海府)로 이배되었다가 죽었다.

80) 체찰부(體察府) : 도체찰사(都體察使)가 소속된 관청을 말한다. 도체찰사는 왕명으로 할당된 지역에 파견되어 군정(軍政)과 민정(民政)을 총괄하던 전쟁 때의 임시직이다. 도체찰사부는 병자호란 이후 한동안 나타나지 않다가 숙종 초에 윤휴가 재설치를 주장하였다. 윤휴는 출사 직후 북벌(北伐)을 주장하면서 이를 위한 방략으로 호포론(戶布論)을 주장하고 지패법(紙牌法) 등의 시행과 함께 도체찰사부의 재설치를 주장하였다. 숙종은 윤휴의 주장을 계기로 1676년(숙종2) 도체찰사부를 재설치하고, 5도도체찰사(五道都體察使)에 영의정 허적을 임명하는 한편 유명견(柳命堅)·강석빈(姜碩賓) 등을 종사관으로 차출하였다. 이렇게 재설치 된 도체찰사부는 훈련대장 유혁연(柳赫然)과 함께 개성에 대흥산성(大興山城)을 축성하였고, 이천(伊川)·평양·서흥·곡산 등지에 둔전을 설치하여 6초(哨)의 둔군을 확보하였다. 만과(萬科)를 실시해 선발 인원을 산성에 배속시켰으며, 훈련도감·어영청의 기수(旗手)·군뇌(軍牢) 등을 파견하여 산성 소속 군사들에게 군사훈련을 시키도록 하였다. 평상시에는 숙위 군사까지도 통제하고자 하였는데, 《족징록》에서는 체찰부를 남인 핵심 권력기관으로 부정적으로 기술하였다. 허적과 윤휴 등이 북벌 대의(大義)에 가탁하여 도체찰사부 청사(廳舍)를 사동(社洞)에 위치한 허적의 집 안에 설치하였다. 그리고 허적이 도체찰사가 되어 이정·이남 등과 날마다 모여 모의하며, 널리 역사(力士)를 수소문하여 반역을 꾀하는 무리들을 불러들였고, 주상과 서인의 동정을 정탐하였다. 실제로 이같은 남인들의 군사력 장악을 견제하고자 한 김석주가 강력하게 반대하였고, 결국 김석주가 재정상의 이유를 들어 폐지를 건의하면서 1677년(숙종3)에 폐지되었다.《肅宗實錄 3年 5月 28日》이후 도체찰사부는 윤휴와 이원정(李元禎) 등의 주장으로 1678년 다시 설치되었다가 1680년 경신환국으로 폐지되었다.

여기에 연루되어 폐출된 사람이 또한 많아서, 사람들이 모두 말하기를,

'동인과 서인이 한때 번성하고 한때 쇠퇴하기를 수시로 반복하였는데, 조만간 이 무리들이 뜻을 얻게 되면 지금 이른바 사류(士類)라고 하는 자들은 어육(魚肉)이 될 것이다.'

하였습니다. 이에 간사하고 교활하여 화를 두려워하는 자들이 겉으로는 공도(公道)를 내세우면서 은밀히 후일의 입지를 도모하는 자가 있게 되었습니다. 경신년(1680, 숙종6) 이후 뜻을 잃은 무리들이 사특한 설을 떠들어대기를,

'토역(討逆)의 거조가 외척의 손에서 나왔는데, 사리에 어둡고 비밀스러워 후세의 비판을 면치 못할 것이다.'

하였습니다.

그런데 위기를 틈타서 명예를 바라는 자들이 스스로 청의라고 칭하면서 원훈(元勳)을 배격할 뜻을 품고서 눈앞의 명예를 꾸미고 뒷날의 복을 구한 것입니다. 그래서 대로가 일찍이 이 무리들의 마음 씀씀이를 미워하여 송나라 범순인(范純仁)[82]과 본조의 심의겸(沈義謙)[83]의 일로써 깨우쳐 주었습니다.

---

81) 중전[中壼] : 인현왕후(仁顯王后, 1667~1701) 민씨(閔氏)이다. 여양부원군(驪陽府院君) 민유중(閔維重)의 딸로, 1681년(숙종7) 계비(繼妃)가 되었으나 1689년 폐위되었다가 1694년 갑술환국으로 다시 복위되었는데, 1701년 35세의 젊은 나이에 요절하였다. 시호는 효경숙성장순의열정목인현왕후(孝敬淑聖莊純懿烈貞穆仁顯王后)이고, 능호는 명릉(明陵)으로 경기도 고양시 덕양구 서오릉로 334-32의 서오릉(西五陵) 묘역 내에 있다.

82) 범순인(范純仁) : 1027~1101. 북송대 정치인으로서 범중엄(范仲淹)의 아들이다. 인종(仁宗) 연간 왕안석(王安石)의 변법을 격렬하게 비판하다가 조정에서 쫓겨나기도 하였다. 그렇지만 범순인은 구법당(舊法黨)의 편에 서서 왕안석(王安石)의 신법당과의 조정에 힘썼다. 그는 채확(蔡確)이 정이(程頤) 등 원우(元祐)의 제현(諸賢)에게 논박을 받고 귀양가게 되자 너무 지나치다고 하면서 채확을 구하려 하였다. 주자가 이를 논하기를 "뒷날에 자신을 온전히 하려는 계책을 쓴 것이니, 이 역시 사심(私心)에서 벗어나지 못한 것이다." 하여 겉으로는 조정한다고 하면서 속으로는 후일 보신책(保身策)을 세운 것이라고 비난하였다. 《宋史 姦臣列傳 蔡確》《經濟文衡 後集》

83) 심의겸(沈義謙) : 1535~1587. 본관은 청송(靑松), 자는 방숙(方叔), 호는 손암(巽菴)·간암(艮菴)·황재(黃齋)이다. 명종의 비 인순왕후의 동생이고, 이황의 문인이다. 1572년 이조참의 등을 지내는 동안 척신 출신이지만 사림들 간에 명망이 높아 선배 사류들에게 촉망을 받았다. 이때 김종직 계통의 신진세력인 김효원이 이조전랑으로 천거되었는데, 김효원

소배들은 스스로 대로가 반드시 자기들을 도와주지 않을 것을 알고 있었고, 송시열이 인용한 범순인의 일이 자신들이 꺼리는 바를 곧바로 건드렸기 때문에 부끄러워하고 분개하였으며, 원망하고 질투하여 대로를 비난하고 헐뜯는 것이 더욱 거리낌이 없었습니다. 전하께서 시험삼아 조지겸의 무리가 수년 이래로 건의하여 청한 것을 가져다 신의 말과 같이 보신다면, 그들의 사특하고 간교하며, 수치스럽고 가증스러운 모습이 반드시 해와 달의 밝음 앞에서 숨김없이 드러날 것입니다."

이어서 상신(相臣)이 홍우원(洪宇遠)을 용서하라고 청한 일은 잘못이라고 논하였는데, 주상이 그 말을 가리지 않고 한다고 질책하였다.

○ 집의 한태동이 아뢰어 말하기를,

"김익훈이 은밀히 아뢴 것은 실로 놀라운 일입니다. 설사 전익대가 과연 그러한 실상이 있었다고 하더라도, 김익훈이 사사로이 잡아 가두고 며칠을 끌었다가 끝에 가서는 대신 고변하였으니, 그 정태(情態)를 헤아릴 수 없습니다. 심지어 국문하였지만 끝내 단서가 없었으니, '간특'이란 두 글자는 신이 사사로이 한 말이 아닙니다."

하였다. 또 말하기를,

"김익훈이 문벌에 의지하여 백도(白徒)[84]로서 그 몸을 일으켰지만 기록할 만한 작은 선행은 없으면서 한 가지 악이라도 갖추지 못할까 두려워하였습니

이 일찍이 명종 때 권신이던 윤원형의 집에 기거한 사실을 들어 권신에게 아부했다는 이유로 이를 반대하였다. 1574년 결국 김효원은 이조전랑에 발탁되었는데, 이번에는 1575년 그의 아우 충겸(忠謙)이 이조전랑에 추천되자, 김효원이 정랑의 직분이 척신의 사유물이 될 수 없다 하여 반대, 두 사람은 대립하기 시작하였다. 이에 구세력은 그를 중심으로 서인(西人), 신진세력은 김효원을 중심으로 동인(東人)이라 하여 사림이 분당하는 사태가 발생하였다. 1584년 이이가 죽자 이발·백유양 등이 일을 꾸며 동인과 합세하여 공박함으로써 파직 당하였다. 그러나 벼슬이 대사헌에 이르렀고, 청양군(靑陽君)에 봉해졌다.

84) 백도(白徒) : 과거를 보지 않고 관리가 된 사람을 가리킨다.

다. 역적 집안의 재산에 침을 흘려 그 부인(婦人, 허견의 첩)까지 취하였고, 문사(文士)의 원고를 움켜쥐고 그 집안사람들을 가두었습니다. 상신(相臣)이 타는 말에 직접 철로 만든 편자를 박아 주겠다고 청하였으니, 천고(千古)의 아첨꾼 가운데 일찍이 이러한 자는 없었고, 경감해 준 세금을 독촉하여 자기 집으로 싣고 가게 하였으니, 한 세상의 탐오하고 방종한 무리들도 감히 하지 못할 일입니다. 그 나머지 간음한 행위와 더럽고 야비한 습속은 더 이상 거론하여 몸을 더럽히고 싶지 않을 뿐입니다.

더욱 통탄스러운 일은 간흉들이 나라의 권력을 잡자 사류(士類)들이 달아나고 흩어져서 지위가 낮은 관리와 일반 관원들도 오히려 당로(當路)에 찾아가 벼슬을 얻으려 하지 않았습니다. 그런데 김익훈은 유현(儒賢)[85]의 손자로서 욕됨을 돌아보지 않고, 역적 허적에게 붙어 노복[僕隷]보다 심하게 아첨하고, 골육보다 더 은혜와 인정이 넘쳤습니다. 이러한 인연에 몸을 의탁하여 곤임(閫任)[86]에 발탁되기에 이르렀는데, 숨을 죽이고 기회를 엿보아 눈 깜짝할 사이에 입장을 바꾸어 추후로 녹훈(錄勳)을 차지하고 참람되게 공신의 칭호를 받았습니다.

설사 김익훈에게 한 가지나마 작은 공로가 있었다 하더라도 이 또한 팽총(彭寵)의 자밀(子密)[87]과 같으니 훈반(勳班)에 두고서 그 녹(祿)이나 잃지 않게 해 주는 것으로도 충분합니다. 어찌 그로 하여금 한 나라의 운명을 맡겨서 삼군(三軍)을 호령케 한단 말입니까?"

하니, 주상이 꾸짖었다.

---

85) 유현(儒賢) : 김장생(金長生, 1548~1631)을 가리킨다. 본관은 광산(光山), 자 희원(希元), 호 사계(沙溪)이다. 이이·송익필의 문인으로, 공조참의 등을 역임하였다. 인목대비 폐모논의가 일어나고 북인이 득세하자 낙향하여 예학 연구와 후진 양성에 몰두하였다. 주요 문인으로 아들 김집(金集)과 송시열·송준길·이유태·강석기(姜碩期)·장유(張維) 등이 있다. 저서로는 《가례집람(家禮輯覽)》·《상례비요(喪禮備要)》 등이 있다.

86) 곤임(閫任) : 병사(兵使)·수사(水使)와 같은 외방 장수(將帥)의 직임이다.

87) 팽총(彭寵)의 자밀(子密) : 후한(後漢) 광무제(光武帝) 때 팽총이 큰 공을 세웠지만 포상에 불만을 품고 반란을 도모하였다가 노복 자밀(子密)에게 살해되었다.

갑자년(1684, 숙종10) 여름, 수찬 김만채가 상소하여 그 아버지 김익훈이 조지겸 등으로부터 무함을 받아서 억울하다고 호소하였다. 이에 조지겸이 대항하여 상소하여 대략 다음과 같이 말하였다.

"당초 김익훈이 아방(兒房)에서 아뢴 일은 조보(朝報)[88]에 나오지 않았기 때문에 처음에는 이를 듣지 못하였다가 그 뒤 승정원에 들어가서야 비로소 듣고 놀랐습니다. 또한 김익훈의 행동거지를 보건대, 결단코 대장의 중임(重任)에 두어서는 안 되므로, 탑전(榻前, 왕의 자리 앞)에서 추국하여 심문할 것을 청하면서 그 허실(虛實)을 살피지 않고 친히 스스로 은밀히 아뢰어 그릇되고 어그러진 실정을 진달하였습니다. 이어서 기찰(譏察)은 쇠퇴하는 말세의 일로서 번성한 세상에서는 마땅히 있어서는 안 되는 일이라고 말씀드리니, 성명(聖明)께서도 역시 고개를 끄덕여 옳다는 뜻을 보이셨습니다.

그 뒤 김익훈은 이익을 좋아하고 염치(廉恥)가 없어서 사제(私第)를 넓게 지었으며, 심지어 예전의 숙의궁(淑儀宮)을 사들여 군관청(軍官廳)으로 만들었습니다. 그리하여 김익훈의 집은 대문이 여섯이라는 말이 세상에 성행하였고, 때문에 신 역시 그 탐욕스럽고 방종한 정상을 말하였습니다.

전익대와 김환을 면질한 뒤에 유인하고 위협한 정상이 밝게 드러나 가릴 수 없었으므로 이에 대론(臺論)이 더해져서 김익훈을 유배 보낼 것을 청한 것입니다. 그런데 문외출송(門外出送)[89] 된 지 두 달 만에 급작스럽게 석방되었으므로 신은 화약을 몰래 보낸 등의 일[90] 때문에 여러 사람들이 마음속으로 옳지 않게 여기고 있다고 조급하게 우러러 아뢰었습니다. 만약 김익훈이

---

88) 조보(朝報) : 승정원에서 처리한 사항을 매일 아침 기록하여 반포하는 관보(官報)이다. 조칙을 비롯하여 장주(章奏)와 묘당(廟堂)의 결의 사항, 서임(敍任) 사령, 지방관의 장계 등을 그 내용으로 하고 있다. 조지(朝紙)·기별(奇別)·난보(爛報)라고도 불렀다.

89) 문외출송(門外出送) : 죄인의 벼슬과 품계를 빼앗고, 한양 밖으로 추방하던 형벌이다.

90) 화약을 몰래 보낸 등의 일 : 임술년 옥사 당시 김익훈이 한수만(韓壽萬) 등의 말을 듣고 허새(許璽)에게 화약을 내어준 일을 가리킨다. 김만채의 말에 따르면 허새가 여러 차례 화약을 요청하여 한수만 등이 김익훈에게 전달하자, 김익훈이 내어 주고 고변하였다고 한다. 《肅宗實錄 9年 6月 1日》《肅宗實錄補闕正誤 10年 4月 19日》

염탐을 잘해서 그 무리를 많이 얻게 되었다면, 모토(茅土)[91]를 더하여 그가 원하는 대로 맞추어 주더라도 그 누가 '안 된다.'고 말하겠습니까?

김만채가 상소하여 말하기를,

'기찰의 일은 상신의 부탁을 받은 것이고, 내어준 은화는 그 무리들이 모이는 비용으로 썼습니다.'

하였습니다. 지금 한편으로 급하게 빈집에 무기를 던져 넣어서 그 증거를 이루는 도구로 삼고, 다른 한편으로 적인(賊人)을 군문(軍門)에서 사로잡아서 마치 변고가 호흡하는 사이에 있는 것 같게 하였습니다. 그 숙문(淑問, 문초)할 때 이르러서는 얻은 것은 단지 허새 한 사람뿐이고, 끌어들인 자들은 모두 단서가 없어서, 단지 조정을 몹시 놀라게 만들었을 뿐이니, 그 크게 과장한 것이 끝내 보잘것없게 되었습니다."

또 아방에서 은밀히 아뢴 뒤에 그 폐단이 화의 근원이 되었다고 극언하였다.

○ 직장 최신(崔愼)[92]이 상소하여 대략 다음과 같이 말하였다.

"난공자(欒共子)[93]의 말에 이르기를, '사람은 세 분에 의해서 생존하기 때문

---

91) 모토(茅土) : 천자가 제후를 봉함을 말한다. 봉할 때 그 지방의 방위에 속하는 빛깔의 흙을 흰 띠풀에 담아서 내려주었다. 여기에서는 공신이 되어 부원군(府院君) 등에 오른 사실을 가리킨다.

92) 최신(崔愼) : 1642~1708. 본관은 회령(會寧), 자 자경(子敬), 호 학암(鶴菴)이다. 송시열의 문인이다. 1675년(숙종1) 송시열이 예송으로 화를 입자 상소하려 하다가 중지하였다. 동문 유필명의 상소를 지었다는 무고를 받고 귀양 갔다가 사면되었다. 그가 올린 상소는 회니시비(懷尼是非)가 중앙정치 차원에서 논란이 되는 계기가 되었다. 해당 상소가 나오자 박세채가 즉각 반박하였고, 윤선거 문인들도 상소하여 비판하였다. 이로 인해 경연 석상에서 현직 정승들 사이에서 논의되고, 사학(四學)과 성균관을 비롯하여 보은(報恩)과 옥천(沃川) 등 충청도 지역에서 통문(通文)이 돌면서 공론 경쟁이 벌어졌으며, 조정에서 삼사 언관들의 논란으로 확대되었다.

93) 난공자(欒共子) : 전국시대 진(晉)나라 대부이다. 그는 "사람은 세 분에 의해서 생존하기 때문에 섬기기를 한결같이 해야 한다고 들었다. 아버지는 낳아 주고 선생은 가르쳐 주고 임금은 먹여 살리니 …… 한결같이 섬겨서 그분들을 위해서라면 목숨을 바쳐야 한다.[民生於三, 事之如一. 父生之, 師教之, 君食之……故壹事之, 唯其所在, 則致死焉.]" 하였다. 《國語 晉語》

에 섬기기를 한결같이 해야 한다.' 하였는데, 전 대사헌 윤증(尹拯)[94]은 산림(山林)에 자취를 의탁하면서 속으로는 바른 사람을 미워하는 마음을 품고서, 신의 스승인 송시열을 헐뜯어 배척하는 데 여력(餘力)이 없습니다.

박세채에게 편지를 보내어 입이 닳도록 멋대로 욕하였는데, 그 말 가운데 이르기를,

'목천(木川)의 일[95]은 반드시 함장(函丈)[96] 문하에서 나온 것일 텐데도 기꺼이 납득할 만한 설명을 하려 하지 않는다.'

하였습니다. 또 말하기를,

---

94) 윤증(尹拯) : 1629~1714. 본관은 파평(坡平), 자는 자인(子仁), 호는 명재(明齋)이다. 성혼의 외증손이자 윤선거의 아들이며, 그 장인은 남인 권시(權諰)이다. 1657년(효종8) 김집의 권유로 회덕으로 가서 송시열을 스승으로 섬겼다. 그렇지만 송시열과 정치·사상적으로 대립하여 서인이 노·소론으로 분당되는 계기가 되었다. 송시열은 회덕(懷德)에 살았고 윤증은 니산(尼山)에 살았으므로 이들 사이의 갈등을 회니시비(懷尼是非)라고 칭하였다. 그 발단은 윤증이 송시열에게 아버지 윤선거의 묘갈명(墓碣銘)을 부탁하면서 시작되었다. 송시열이 묘갈명을 통해서 윤선거에 대해 불만을 표시한 원인 중 하나가 윤휴(尹鑴)에 대한 입장 차이였다. 송시열은 윤휴를 사문난적(斯文亂賊)으로 몰아서 배척하였는데, 윤선거는 〈기유의서(己酉擬書)〉에서 주자학에 대한 작은 차이를 확대시키지 말고 함께 협력하여 북벌(北伐)을 추진하기 위한 제도 개혁에 매진해야 한다고 주장하였다. 여기에 더해 송시열은 윤휴가 윤증에게 윤선거를 추모하는 제문을 보낸 사실을 보고는 윤증 부자가 윤휴와 절교하였다고 이전에 한 말들에 대해 그 진위를 의심하면서, 그의 불편한 감정을 묘갈명에 표출하였다. 이후 여러 가지 사건에서 두 사람 사이의 불신이 깊어져 가는 가운데 경신환국(1680)의 결과 남인 처벌 수위를 놓고 서인 내 갈등이 빚어졌다. 이에 윤증은 〈신유의서(辛酉擬書)〉를 작성하여 송시열을 비판하였는데, 3년 뒤 그 내용이 알려지면서 최신(崔愼)이 스승을 배반했다고 윤증을 비난하는 상소를 올렸다. 김수항·민정중 등 대신들도 윤증을 유현으로 대우하지 말 것을 주장하자 숙종이 이를 받아들였다. 결국 최신 상소는 회니시비가 조정으로까지 비화되어 정치 쟁점이 되는 계기가 되었다.

95) 목천(木川)의 일 : 목천은 현재 충남 천안시 목천면이다. 1674년(숙종즉위) 이산(尼山)의 서원에서 윤선거를 배향하기 위하여 각 고을에 협조 통문을 보냈다. 이를 받은 목천의 유생이 향사에 반대하여 이른바 "강화도에서 오랑캐에게 포로가 된 사람을 서원에 향사하는 것은 합당하지 않다.[江都俘虜, 不合享祀.]"는 내용으로 답변한 사건을 말한다. 이 말의 진원지를 둘러싸고 논란이 벌어졌는데, 윤증은 이를 송시열이 한 것으로 의심한데 반해, 노론측 당론서인 《형감(衡鑑)》에서는 이를 전면 부인하였다.

96) 함장(函丈) : 스승을 가리킨다. 스승과의 관계에서 존경을 표하거나 가까이 모신다는 뜻으로 한 장(丈)의 여지를 둔 데서 유래한다.

'의(義)와 이(利)를 나란히 행하고 왕도(王道)와 패도(霸道)를 아울러 쓰는 것은, 동춘(同春) -송준길(宋浚吉)[97]의 호- 이 이른바 「모두가 기관(機關)이다.」 한 것과 초려(草廬) -이유태(李惟泰)[98]의 호- 가 이른바 「오로지 권모술수(權謀術數)만을 쓴다.」한 것을 보면, 아마도 함장의 실제 병통인 것 같다.'

하였습니다. 또 말하기를,

'함장이 선인(先人, 윤선거)에 대하여 묘갈명(墓碣銘)을 지어 준 이래로 비난한 것이 실로 한마디 말이나 한 가지일 뿐만이 아니었으며, 목천의 일에 이르러서 그 극에 달하였으니, 남의 자식 된 마음이 어찌 편안하겠는가?' -함장은 송시열을 가리킨다.-

하였습니다. 이보다 앞서 송시열과 윤증의 아비 윤선거(尹宣擧[99])는 일찍이

---

97) 송준길(宋浚吉) : 1606~1672. 본관은 은진(恩津), 자 명보(明甫), 호 동춘당(同春堂), 시호 문정(文正)이다. 이이를 사숙하고, 김장생의 문하생이 되었다. 1649년 김장생의 아들이자 산당(山黨)의 영수인 김집이 이조판서로 기용되면서 송시열과 함께 발탁되어 집의를 거쳐 우참찬 등을 역임하였다. 현종 즉위 후 자의대비(慈懿大妃)의 복상 문제로 이른바 예송이 일어났는데 송시열이 기년설(朞年說, 1년복)을 주장할 때 그를 지지하였다. 이에 남인의 윤휴·허목·윤선도 등의 3년설과 논란을 거듭한 끝에 기년제를 관철시켰다. 1675년(숙종1) 허적·윤휴·허목 등의 공격을 받아 관작을 삭탈 당하였다가, 1680년 경신환국으로 서인이 재집권하면서 관작이 복구되었다.

98) 이유태(李惟泰) : 1607~1684. 본관은 경주(慶州), 자 태지(泰之), 호 초려(草廬)이다. 김장생·김집 부자 문하에서 송시열·송준길·윤선거·유계와 더불어 호서산림 5현(五賢)의 한 사람으로 손꼽혔다. 1658년(효종9) 송시열과 송준길의 천거로 관직에 나아갔고, 1660년(현종1) 복제시비 때 송시열의 기년설을 옹호하였다. 1674년(현종15)의 갑인예송(甲寅禮訟) 때 복제를 잘못 정했다는 윤휴 등의 탄핵을 받아 유배되었지만, 남인 오시수(吳始壽)가 '이유태는 의례(議禮)의 잘못을 깨달았다.'고 사면을 청하여 1679년 석방되었다. 이 과정에서 송시열은 이유태가 예설을 고쳐서 처벌을 면하려 한다고 의심하였고, 양자간의 갈등이 표면화되었다.

99) 윤선거(尹宣擧) : 1610~1669. 본관은 파평(坡平), 자는 길보(吉甫), 호는 미촌(美村)·노서(魯西)·산천재(山泉齋)이다. 아버지는 대사간 윤황(尹煌)이며, 어머니는 창녕성씨(昌寧成氏)로 성혼(成渾)의 딸이다. 윤문거(尹文擧)의 아우이며, 윤증(尹拯)의 아버지이고, 김집(金集)의 문인이다. 1633년(인조11) 증광시에서 생원·진사에 모두 급제하여 성균관에 들어갔다. 1636년 청나라의 사신이 입국하자 성균관의 유생들을 규합, 사신의 목을 베어 대의를 밝힐 것을 주청하였다. 그 해 12월 병자호란이 일어나자 가족과 함께 강화도로 피신하였다. 이듬해 강화도가 함락되자 처 이씨가 자결하였으나 자신은 탈출하였다.

함께 벗이 되었고, 윤증은 송시열에게 젊어서부터 스승으로 섬긴 지가 수십 년인데, 하루아침에 쓰레기처럼 내버렸습니다. 송시열이 의와 이, 왕도와 패도에 대하여 자세하게 분석한 것은 지극히 정밀하고 엄격하였는데, 어찌 나란히 행하고 아울러 쓸 이치가 있겠습니까? 윤증의 말과 같다면 송시열의 학문은 거짓이고 참된 것이 아니며, 사악하고 바르지 못한 것이니, 아! 인심이 위태로운 것이 어찌 이 같은 지경에 이르렀단 말입니까?

윤증의 아비 선거는 병자호란을 당해 강화도로 들어가 부인, 친구들[100]과 함께 죽기로 약속하였는데, 그 부인도 죽고, 친구들도 죽었지만 오직 윤선거만 홀로 죽지 않았습니다.[101] 그 뒤로 문을 걸어 잠그고 학문에 전념할 뿐 끝내 벼슬에 나아가지 않았으니, 볼 만한 일이 많았다고 할 수 있지만 보다 나은 처신을 바라는[102] 측면에서 말한다면 어찌 논의할만한 점이 없겠습니까?

1651년(효종2) 이래 사헌부지평·장령 등이 제수되었으나, 강화도에서 대의를 지켜 죽지 못한 것을 자책하고 끝내 취임하지 않았다. 유계(兪棨)와 함께 저술한 《가례원류(家禮源流)》·《후천도설(後天圖說)》 및 이에 관하여 유계와 논변한 편지를 비롯한 많은 저술을 남겼다. 영의정에 추증되었으며, 영춘(永春)의 송파서원(松坡書院), 영광(靈光)의 용암사(龍巖祠), 노성(魯城)의 노강서원(魯岡書院) 등에 제향되었다. 저서로 《노서유고(魯西遺稿)》가 있고, 시호는 문경(文敬)이다.

100) 친구들 : 권순장(權順長, 1607~1637)과 김익겸(金益兼, 1615~1637)을 가리킨다. 1636년(인조14) 병자호란 때 강화도로 피난하여 윤선거 등 뜻을 함께 하는 친우들과 죽음으로 성을 지킬 것을 맹세하였다. 이듬해 정월 성이 함락되자 권순장과 김익겸은 김상용(金尙容) 등과 함께 화약고에 불을 질러 분사(焚死)하였다.

101) 오직 …… 않았습니다 : 병자호란 당시 윤선거는 가족·친구들과 함께 강화도에 피신하였다. 청나라 군대에 의해 성이 함락되자 부인과 친구들은 모두 죽었는데 홀로 살아남아서 부친을 만나기 위해 남한산성으로 가는 진원군(珍原君)을 수행하여 강화도를 빠져나왔다. 이후 윤선거는 주변의 추천과 조정의 거듭되는 부름에도 불구하고 강화도에서의 행적을 들어서 관직을 사양하였다. 후세에 이것을 두고 논란이 일어났는데, 노론측에서는 윤선거가 스스로의 행적이 떳떳하지 못하다고 생각했기 때문이라고 그 '사적(私的) 치욕'이라는 측면을 부각시킨 반면, 소론측에서는 호란으로 인한 국가적 치욕에 대한 반성에서 나온 것이라고 하여 그 '공적 의미'를 강조하였다.

102) 보다 나은 처신을 바라는 : 원문은 "責備"이다. 《당서(唐書)》 태종기(太宗紀)에 "《춘추》의 법을 보건대, 현자에게는 항상 완전무결하게 되기를 요구하고 있다.[春秋之法, 常責備於賢者.]" 하였다. 즉 현자에 대해서는 작은 결점까지도 모두 통렬하게 지적하고 고치게 하여 완전한 인격을 갖추게 한다는 뜻이다.

예전에 역적 윤휴(尹鑴)[103]가 패퇴하기 전에는 사림(士林)이 그를 믿었으므로 송시열도 또한 면할 수 없었으나, 기해년(1659, 현종즉위) 대상(大喪) 뒤에 예론(禮論)[104]으로 함정을 만들었으니 누군들 깊이 미워하여 통렬히 끊지 않았겠습니까마는, 오직 윤선거만이 관계를 끊지 않았습니다.[105]

송시열이 이유태·윤선거 등과 함께 윤휴와 윤선도(尹善道)[106]의 일에 언급

---

103) 윤휴(尹鑴) : 1617~1680. 본관은 남원(南原), 자 희중(希仲), 호 백호(白湖)이다. 현종·숙종 연간에 북인계(北人系) 남인으로 활동하면서 현종대 예송 이래 주요 현안을 둘러싸고 서인과 대립·갈등하였다. 학문적으로 주자의 경전 해석을 비판하고 《논어》·《맹자》, 《중용》·《대학》, 《효경》 등에 대해 독자적인 해석을 내놓아 주자의 장구(章句)와 주(註)를 수정하였다. 이는 당시 송시열을 중심으로 주자학을 절대적으로 맹신하던 주류 학계에 큰 파문을 일으켜 송시열에 의해 사문난적(斯文亂賊)으로 몰렸고, 결국 1680년(숙종6) 경신환국으로 사사되었다.

104) 기해년 …… 예론(禮論) : 효종이 죽은 뒤 아직 생존해 있던 인조 계비(繼妃) 자의대비(慈懿大妃)에게 어떤 복제를 적용할지가 문제로 제기되었다. 대왕대비의 입장에서 상복을 입을 때 효종을 맏아들로 볼 것인가 아니면 둘째 아들로 볼 것인가의 문제였다. 이로 인해 서인과 남인 간에 대립이 생겼다. 송시열은 기년복(朞年服, 1년복)을, 윤휴는 3년복을 각기 주장하였다. 효종은 인조의 차남이므로, 혈통만을 따진다면 송시열의 주장은 문제가 없었다. 그런데 효종은 인조를 계승하여 군주가 되었다는 현실을 어떻게 볼 것이냐가 문제였다. 윤휴는 효종에게 종통(宗統)이 있다고 하면서 대왕대비에게 맏아들의 상복인 참최(斬衰) 3년복을 적용해야 한다고 주장하였다. 이 논쟁은 당시 집권 서인이 송시열을 지지하여 기년설이 채택되었지만, 이후 남인측에서 송시열이 효종의 종통을 부정하려 한다고 공격하는 빌미가 되었다. 서인이 모두 송시열 예론에 동조한 것은 아니었지만 예송이 지나치게 격화되면 제도 개혁과 같은 정책 논의가 실종될 것을 우려하여 이에 동조한 경우도 많았는데, 윤선거가 대표적인 경우였다.

105) 윤선거만이 … 않았습니다 : 윤선거와 윤휴의 우정에 대해서는 남인도 대체로 인정하는 분위기였다. 《동소만록》에 따르면 윤선거는 송시열과 달랐다는 점을 분명히 하였다. 윤선거가 처음 윤휴를 만났을 때 그의 뛰어난 재질과 식견에 기뻐하며, 동료들에 비해 월등히 뛰어났다고 평가했다. 그렇지만 끝내 경박한 마음과 들뜬 기운 때문에 낭패하게 된 것을 애석하게 여겼다고 한다. 윤선거는 기해예송 이후 윤휴가 예송에 가담한 것을 치열하게 비판하였다. 그럼에도 불구하고 〈기유의서〉에서 윤휴를 등용할 수 있다고 주장한 것은 그의 북벌(北伐)에 대한 의지에서 나온 것이었다. 윤선거는 당시의 시대적 과제였던 북벌을 실현하기 위해서는 제도 개혁이 반드시 필요하다고 보는 입장이었으므로, 당색이나 예론 그리고 사문난적 시비 등과 같은 문제 때문에 정책 논의가 정치에서 실종되어서는 안 된다고 보았던 것이다. 결국 송시열이 주자학을 절대화하면서 윤휴를 사문난적으로 몰아갔다면 윤선거는 주자학보다 북벌을 실질적으로 추진하는 것이 더 중요한 일이었다고 보았기 때문에 윤휴를 옹호하였던 것이다.

하였을 때에 윤선거가 말하기를, '윤선도는 소인이나 윤휴는 군자이다.' 하니, 송시열이 말하기를,

'윤선도의 일은 본래 윤휴에게서 시작되었는데, 원래 시작한 자가 군자라면 끝에서 그를 따른 자가 어떻게 소인이 되겠는가? 이렇게 말하면 윤선도가 매우 억울할 것이다.'

하였습니다. 윤선거가 답하여 변론할 수 없자 말하기를, '윤휴도 또한 소인이니, 내가 마땅히 끊겠다.' 하였습니다. 그러나 그 뒤에도 끝내 윤휴와 관계를 끊은 일은 없었습니다.

그래서 윤선거가 죽었을 때 윤휴가 제문(祭文)을 지었으므로, 송시열이 그 소식을 듣고 크게 놀라워하였습니다. 이에 윤선거의 연제(練祭)[107] 날 제문을 지어서 그 의심나는 점을 보였습니다. 그 글에서 말하기를,

'윤휴[江] -윤휴가 여강에 거처하였다.- 에 대해서는 서로의 주장이 조금 맞지 않는 것이 있었지만, 형이 만약 윤선도[海] -윤선도가 남해(南海)에 거처하였다.- 에 대해서도 아울러 용서하였다면 내가 의심나던 것이 한두 마디 말로 즉시 풀렸을 것입니다.'

하였습니다. 대개 윤선거가 윤휴를 군자라고 하였으니 만약 윤선도도 함께 군자라고 인정하여 그 죄를 용서하였다면 자신이 의심스럽게 생각한 것이 즉시 풀릴 것이라는 뜻입니다.

그 뒤에 윤증이 그 아비의 묘문(墓文)을 송시열에게 청하였는데, 단지 그 가장(家狀)에 따라서 그 언행(言行)을 서술하였을 뿐이고, 끝에 가서는 박세채가 칭찬한 말을 인용하여 적었습니다. 이에 윤증이 생각하기를,

---

106) 윤선도(尹善道) : 1587~1671. 본관은 해남(海南), 자 약이(約而), 호 고산(孤山)·해옹(海翁)이다. 1657년 71세에 다시 벼슬길에 올라 동부승지에 이르렀으나 송시열과 맞서다가 관작이 삭탈되었다. 이 무렵 《시무팔조소(時務八條疏)》와 《논원두표소(論元斗杓疏)》를 올려 왕권의 확립을 강력히 주장하였다. 1659년 효종이 죽자 예론 문제로 서인과 맞서다가 유배되었다.

107) 연제(練祭) : 상제(喪制)의 하나로, 기년상의 경우 11개월에 연제를 지내고, 13개월에 상제(祥祭)를 지내고, 15개월에 담제(禫祭)를 지낸다. 《禮記 雜記下》

'아버지와 송시열이 젊어서 교유하였는데, 스스로 글을 짓지 않고 도리어 후배의 말을 인용한 것은 반드시 불만스러운 마음이 있어서 그런 것일 것이다.'

하고, 왕복하여 변론하면서 두세 번 고쳐 달라고 청하였습니다. 송시열은 평소에 말이 엄정하고 의리가 곧았기 때문에 좋아하는 자는 적고, 원망하는 자가 많았습니다. 만약 송시열이 과연 윤증의 말처럼 의리와 이익을 '나란히 행하고' 왕도와 패도를 '아울러 써서' '기관'과 '권수'의 마음을 갖고 있었다면 반드시 늘 보아온 인정을 따라서 행동했을 텐데, 윤선거에 대해서 무슨 미워하고 원수처럼 여길 일이 있다고 그 청을 따르지 않았겠습니까? 윤증이 원한을 품은 까닭이 오로지 여기에 있었습니다.

몇 해 전 목천 사람이 '강화도에서 오랑캐의 포로가 되었던 사람은 향사(享祀)하기에 마땅하지 않다.'는 말을 하였는데, 대개 윤선거를 가리킨 것이었습니다. 송시열이 그 말을 듣고 놀라서 목천 서원의 원장(院長)이 된 이상(李翔)[108]을 보고 말하기를,

'그대는 어찌 미촌(美村) -윤선거의 호- 을 모욕한 사람을 감화시키지 않는가?'

하였습니다. 이에 이상이 곧 서원으로 하여금 그 사람을 찾아내게 하였으나 찾을 수 없었습니다. 그런데 윤증은 도리어 그 말이 송시열의 문하에서 만들어져 나온 것으로 의심하여 송시열에게 다그쳐 물었습니다. 이것이 이른바 '목천의 일'입니다."

또 말하기를,

"일종의 사론(士論)에 따르면 윤증의 일을 자로(子路)가 성난 얼굴로 공자(孔子)를 뵌 것[109]에 비견하는데, 자로가 어찌 일찍이 그 스승을 공격하여 배척하

---

108) 이상(李翔) : 1620~1690. 본관은 우봉(牛峯), 자는 운거(雲擧)·숙우(叔羽), 호는 타우(打愚)이다. 아버지는 이유겸(李有謙)이다. 송시열을 통하여 김집의 학통을 이어받았다. 1658년(효종9) 박세채·윤증과 함께 천거되어 자의에 임명된 뒤, 현종대 집의 등을 역임하였다. 2차 예송에서 허적을 탄핵하다가 실세하였으나, 경신환국(1680) 이후 김수항의 천거로 재등용되어 대사헌 등을 역임하였다. 기사환국으로 옥사하였다.

109) 자로(子路)가 …… 것 : 《논어》 〈위령공(衛靈公)〉에서, "자로가 성난 얼굴로 공자를 뵙고, '군자도 궁할 때가 있습니까?' 묻자, 공자가 '군자는 진실로 궁한 것이니, 소인은 궁하면

고, 다른 사람과 함께 몰래 헐뜯어 논하였습니까? 윤증이 고인(古人)의 책을 읽은 지 거의 40년이나 되어 고인으로 자처하였는데, 오늘에 이르러 창을 거꾸로 들고 그 스승을 겨눈 것이 이와 같습니다. 아! 윤증과 같은 자가 천하 만고에 다시 어떤 사람이 있었습니까?"

하였는데, 주상이 스승을 위해 무함을 변론하였다고 좋은 말로 비답하고, 가상하게 여겨 받아들였다. 박세채가 상소하여 변론하기를,

"최신이 윤증이 신에게 보낸 편지 속에서 그 스승에 대해 언급한 말을 가지고 소장을 올려 변론하였는데, 그 말이 지극히 혼란스러웠습니다. 윤증이 송시열에게 간곡하게 물은 일에 대해서 속 시원한 답을 얻지 못하여 매번 장문의 편지를 써서 평소에 스승을 위하는 성의를 함께 드러내려고 하였습니다. 신은 혹시 그것이 갈등을 촉발하고 격화시킬 것을 두려워하여 두세 번 만류하였습니다. 최신이 거론한 여러 가지 내용은 모두 윤증이 신의 편지에 답한 것입니다.

그런데 지금 최신이 갑자기 등본(謄本)을 보고서 마치 기이한 보물을 얻은 것과 같이 앞뒤 말을 잘라내고 공격하여 배척하기에 급급하였습니다. 마침내 모두 윤증의 아비 고(故) 집의 신 윤선거를 침해하고 모욕한 것이 사의(私義)와 국체(國體)를 조금도 돌아보거나 거리낌이 없어서, 송시열에게는 스승과 제자 사이에, 전하께는 임금과 신하 사이에 모두 그 마땅함을 얻지 못하였습니다."

하였다. 또 말하기를,

"신은 들으니, '사생(師生)의 의리는 범함은 있어도 숨김은 없다.[110]' 합니다.

넘친다.' 대답하였다."[子路慍見曰, 君子亦有窮乎? 子曰, 君子固窮, 小人窮斯濫矣.] 하였다.

110) 사생(師生)의 …… 없다 : 원래 '有犯無隱'은, 《예기》 〈단궁 상(檀弓上)〉에, "임금을 섬김에 언짢아하는 것을 무릅쓰고 바른 말로 간(諫)하는 일은 있어도 은미하게 간하는 일은 없으며, 좌우로 나아가 봉양함이 일정한 방도가 있으며, 부지런하게 복무하다가 죽음에 이르면 부모의 삼년상에 비견한다.[事君, 有犯而無隱, 左右就養有方, 服勤至死, 方喪三年.]"에서 나온 말이다. 이것은 임금과 신하 사이를 말한 것이지 스승과 제자 사이를 가리킨 것이 아니었고, 박세채도 상소에서 그렇게 단정적으로 말한 것은 아니었다. 그런데 편찬자가 박세채 상소를 축약하여 서술하는 과정에서 그 문맥에 따라서 이렇게

우리나라의 문경공(文敬公) 김굉필(金宏弼)[111]이 일대(一代)의 대유(大儒)였지만 혹 그 스승 김종직(金宗直)[112]에게 이의를 제기한 일이 있고,[113] 그 뒤 박형(朴衡)·황신(黃愼)[114] 등 여러 사람들 또한 스승의 위치에 있는 분께 사안에 따라서는 간언을 올렸습니다.[115] 윤증의 의도 역시 진실로 여기에서 벗어나지 않습니다."

하였다. 영의정 김수항과 민정중 등이 최신의 상소를 계기로 윤증을 매우 힘껏 배척하고, 이에 말하기를,

"신은 비록 윤증을 보지 못하였습니다만 그 자질이 매우 높고 평소에

서술한 것으로 보인다. 박세채 상소는 《숙종실록보궐정오(肅宗實錄補闕正誤) 10년 5월 11일》 기사에 보인다.

111) 김굉필(金宏弼) : 1454~1504. 본관은 서흥(瑞興), 자는 대유(大猷), 호는 사옹(簑翁)·한훤당(寒暄堂)이다. 김종직(金宗直)의 문인으로, 1498년(연산군4) 무오사화(戊午士禍) 때 유배되었는데, 평안도 희천에서 조광조에게 학문을 전수하였다. 1504년 갑자사화 때 죽임을 당했다.

112) 김종직(金宗直) : 1431~1492. 본관은 선산(善山), 자는 효관(孝盥)·계온(季昷), 호는 점필재(佔畢齋)이다. 홍문관제학·공조참판 등을 역임하였다. 정몽주와 길재의 학통을 계승하여 김굉필-조광조로 이어지는 도학의 정통을 확립하였다. 그가 지은 〈조의제문(弔義帝文)〉이 제자 김일손(金馹孫)에 의해 사초에 수록된 것을 계기로 무오사화(戊午士禍, 1498)가 일어나 부관참시(剖棺斬屍) 당하였다.

113) 김굉필 …… 있고 : 김종직이 이조참판이 되어도 바른 일을 건의함이 없자 제자 김굉필이 이를 풍자하는 시를 지었다. "도는 겨울에 갖옷을 입고 여름에 시원한 것을 마시는 데 있거늘, 비를 걷고 홍수를 멈추게 하는 일 어찌 다 잘할 수 있으리오. 난초도 속세에 심으면 결국은 변하나니 뉘라서 소는 밭 갈고 말은 타고 다니는 짐승임을 믿어주리까.[道在冬裘夏飮氷, 霽行潦止豈全能. 蘭加從俗終當變, 誰信牛耕馬可乘.]"《師友名行錄》

114) 황신(黃愼) : 1562~1617. 본관은 창원, 자 사숙(思叔), 호 추포(秋浦)이다. 성혼·이이의 문인이다. 선조대 출사하여 병조좌랑 등을 거쳐 1589년 정언이 되어 정여립(鄭汝立)을 김제 군수로 임명한 이산해(李山海)를 추론(追論)하였다. 그리고 정여립의 옥사에 대해 직언하지 않는 대신을 논박하다가 이듬해 고산현감으로 좌천되었다. 1591년 건저(建儲) 문제가 일어나자 정철(鄭澈) 일파로 몰려 파직당하였다. 1592년 다시 기용되어 정언 등을 역임하였다. 임진왜란 당시 성혼과 달리 왜적과의 화친에 반대하였다.

115) 박형(朴衡)…… 없었습니다 : 박형은 김정국(金正國, 1485~1541)의 문인이었다. 기묘사화(1519, 중종14) 후에 김정국이 재상 김안로(金安老)의 편지에 답장하는 글에 아부하는 듯한 말을 쓴 적이 있었다. 이에 박형이 비굴한 데 가깝다고 하면서 비난하였다. 황신은 성혼의 제자였다. 임진왜란 당시 일본과의 화친을 주장하는 스승의 태도에 몇 차례 편지를 보내 반대하였다. 이에 비록 스승을 아버지처럼 섬기면서도 깊이 의심하여 힘써 쟁론하는 일을 피하지 않았다는 평가를 받았다.

무거운 명망을 짊어지고 있다고 들었는데, 지금 곧 이 같은 일이 일어났으니, 반드시 식견이 오히려 밝게 꿰뚫어 보지 못하여 옳지 않은 곳으로 흘러 들어가는 것을 깨닫지 못한 것입니다. 조정[朝家]에서 유현을 대우하는 예로써 대접할 수 없습니다."

하니, 주상이 따랐다. -우의정 남구만(南九萬)[116]이 함께 들어갔지만 한 마디도 말하지 않았다.-

을축년(1685, 숙종11) 봄, 성균관 유생이 전 대사헌 윤증이 선현을 거짓으로 꾸며 모욕했다는 내용으로 팔도에 통문을 돌렸는데, 한림 김홍복(金洪福)[117] 등이 통문을 보낸 유생을 정거하였다. 유학(幼學) 이진안(李震顔)이 상소하여 박성의(朴性義) 등이 선현을 무함한 죄를 논하고, 이어서 말하기를,

"윤증이 어떤 사람에게 보낸 편지에서 말하기를,

'지금 혹 강화도의 일을 가지고 선인(先人, 윤선거)을 헐뜯는 자는 곧 율곡(栗谷)이 「망령된 것으로 슬픔을 이기려 했다.」[118]고 한 말을 가리키는 것과

---

116) 남구만(南九萬) : 1629~1711. 본관은 의령(宜寧), 자 운로(雲路), 호 약천(藥泉)·미재(美齋)이다. 개국공신 남재(南在)의 후손으로, 송준길의 문하에서 수학하였다. 효종대 정언 등을 거쳐 현종대 전라도·함경도관찰사 등을 역임하였다. 1679년(숙종5) 한성부좌윤 재직 시 윤휴 등을 탄핵하다가 유배 되었다. 이듬해 경신환국으로 도승지를 거쳐 대사간을 역임하였다. 1687년(숙종13) 영의정에 올랐지만 1688년 동평군(東平君) 이항(李抗)을 탄핵한 박세채를 두둔하였다가 유배되었다. 갑술환국(1694)으로 영의정에 다시 기용되어 숙종의 탕평책을 앞장서서 적극 추진하였다. 1701년 희빈 장씨의 처벌에 대해 온건한 처벌을 주장하다가 관직에서 물러났다. 남인 측에서는 남구만에 대해 호의적으로 평가하였다. 《대백록》에서 홍중인은 "갑술년 초에 만약 남정승이 정국을 주도하지 않았다면 남인들은 거의 없어졌을 것"이라고 하였다. 또한 "옛날 대신 가운데 사직이 기뻐하며 반길 사람은 남공"이라고 칭찬하였다.

117) 김홍복(金洪福) : 1649~1698. 본관은 김해(金海), 자는 자회(子懷), 호는 동원(東園)이다. 1682년(숙종8) 춘당대 문과, 1686년 문과 중시에 급제하여 1687년 도당록에 올랐으며, 승지·대사간 등을 역임하였다.

118) 망령된 것으로 슬픔을 이기려 했다 : 원문은 "以妄塞悲"이다. 이 구절은 이이가 1568년(선조1) 교리에 제수되었을 때 올린 사직 상소에 들어있다. 어머니의 죽음을 슬퍼하여

무엇이 다르겠는가? 그러나 율곡은 오히려 산에 들어갔던 과실(過失)이 있었지만 선인은 처음부터 죽어야 할 이유가 없었다.'

하였습니다. 아! 사람의 말이 윤리가 없는 것이 하나같이 이에 이른단 말입니까? 윤증의 아비 윤선거가 병자(1636)·정축(1637)년 호란(胡亂)에서 죽지 못한 것을 스스로 깊이 통한스럽게 여겨서 끝내 벼슬길에 나아가지 않았습니다. 효종[孝廟] 때 헌직(憲職)을 제수받자 그 사직 상소에서 말하기를,

'사우(士友)들이 모두 자신들의 뜻을 저버리지 않았는데, 신은 함께 죽지 못하였고, 또한 아내가 자결하여 자식이 버려졌는데도 신은 오히려 노복이 되어 구차스럽게 면하였습니다.'

하였습니다. 윤선거가 스스로 이와 같이 인책(引責)하였는데도, 윤증은 그 아비가 죽어야 할 이유가 없다고 하였습니다. 그러고는 감히 선정(先正)을 끌어다가 동일한 경우라고 비유하여, 그 아비는 과실이 없는 데에 두고, 선정을 배척하여 과실이 있다고 하였습니다."

하고, 이어서 김홍복을 논척하였다. 승정원에서, "이진안 등이 사사로운 편지에 있는 말을 가지고 상소하였으니 그 실정이 옳지 못합니다."라고 말을 만들어서 그 상소를 봉입(捧入)하자, 주상이 선비의 풍습[士習]이 아름답지 못하다고 하면서 이진안을 정거하고 그 상소는 돌려주라고 명하였다. 하지만 그 뒤 대신의 말로 인하여 이진안을 정거하라는 명을 환수하였다.

-이보다 앞서 윤증이 실록청에 편지를 보내 말하였다.[119]

금강산에 들어가 한때 불교에 빠졌던 사실을 자책한 표현이었다. 당시 이이의 나이가 19세였는데, 이듬해 다시 하산하여 유학에 전념하였다. 문제는 이 같은 사실이 윤선거의 강화도 일과 맞물려 서인 내 갈등의 요인이 되었다는 것이다. 즉 윤증이 윤선거의 강화도에서의 행적을 변론하는 과정에서 이이가 선문(禪門)에 입문한 사실을 거론하였는데, 이것이 노·소론 사이에 갈등을 격화시키는 계기로 작용하였다.

119) 실록청에 …… 말하였다 : 1681년(숙종7) 《현종실록》을 개수할 때 이사명(李師命)이 윤증에게 강화도 일에 대한 시말을 물었다. 이때 실록청 총재였던 김수항, 판서 이단하도 각각 나양좌와 박세채를 통해 윤증에게 질의하였고, 윤증이 답장을 써서 병자호란 당시 강화의 일에 대해서 논하며 당시 윤선거의 처신이 도리에 어긋난 것이 아니라고 하였다. 특히 그 내용 중에 "권순장과 김익겸이 남문에 없었다면 그들이 반드시 죽어야

"성이 함락되던 날 선비(先妣, 죽은 어머니)께서 자결하자 선인은 미복(微服) 차림으로, 사명(使命)을 받들고 남한산성으로 가는 진원군(珍原君)의 행차를 따라가셨습니다.[120] 그때 성안에 있던 사람들은 이미 적의 칼날을 모면하였으니, 미복 차림으로 난을 피한 것이 진실로 불가할 것은 없습니다.

당시 권순장(權順長)[121]·김익겸(金益兼),[122] 두 공은 남문(南門)에 배속되어 있었기 때문에 선원(仙源)[123]과 함께 죽은 것[124]인데, 그렇지 않았다면 또한 반드시 죽어야만 하는

할 이유가 없었을 것이다.", "이이는 입산했던 과실을 면할 수 없으나 선친은 처음부터 죽어야 할 이유가 없었다."라는 말들이 있었다. 윤증의 이 편지를 두고 노론측은 부친을 비호하려다가 도리어 죽음으로써 절개를 지킨 신하들은 물론 선현(先賢)인 이이까지도 모욕했다고 비판하였다. 반면 소론측은 정작 윤증이 편지를 보낸 신유년(1681) 당시에는 문제 삼지 않다가 송시열과 윤증의 갈등이 심화된 을축년(1685)에서야 문제 삼았다는 점을 지적하여 그들의 비판이 노론의 당파적 입장에서 나온 것이라고 주장하였다.

120) 선인은 …… 가셨습니다 : 진원군은 이세완(李世完, 1603~1655)의 봉호이다. 아버지는 성종의 4대손 영천군(靈川君) 이정(李侹)이다. 형 상원군(祥原君) 이상국(李相國)은 김상용을 따라 남문에서 죽고, 또 어머니와 아내 및 형수도 그곳에서 자결하였다. 당시 청나라가 항복을 요구하며 남한산성에 사신을 보내도록 겁박하였다. 이에 강화도의 분사(分司)를 관장하던 봉림대군(鳳林大君)이 진원군에게 남한산성으로 들어가서 강화도의 상황을 전하게 하였다. 《明齋遺稿 宗室珍原君神道碑銘》

121) 권순장(權順長) : 1607~1637. 본관은 안동, 자는 효원(孝元)이다. 1636년(인조14) 병자호란 때 강화도로 피난하여 윤선거 등 뜻을 함께하는 친우들과 죽음으로 성을 지킬 것을 맹세하였다. 이듬해 정월 성이 함락되자 강화유도대장(江華留都大將) 김상용 등과 함께 화약고에 불을 질러 분사하였다. 강화도의 충렬사(忠烈祠)에 향사되었으며, 시호는 충렬(忠烈)이다.

122) 김익겸(金益兼) : 1615~1637. 본관은 광산(光山), 자는 여남(汝南)이다. 김장생의 손자이자 김익희(金益熙)의 아우이다. 병자호란이 일어나자 강화도로 가서 섬을 사수하며 항전을 계속하다 강화유도대장 김상용과 함께 자폭하였다. 뒤에 영의정으로 추증되고 광원부원군(光源府院君)에 추봉되었다. 강화도 충렬사에 제향되었으며, 시호는 충정(忠正)이다.

123) 선원(仙源) : 김상용(金尙容, 1561~1637)의 호이다. 본관은 안동, 자는 경택(景擇), 호는 선원·풍계(楓溪)이다. 정유길(鄭惟吉)의 외손이고, 김상헌의 형이다. 1582년(선조15) 진사가 되고, 1590년 증광문과에 급제하여 선조대 대사성을 거쳐 광해군대 도승지에 올랐다. 1623년 인조반정 후 예조·이조판서 등을 역임하고, 1627년 정묘호란 때는 유도대장(留都大將)이 되었다. 병자호란(1636) 당시 왕족을 시종하고 강화로 피난갔다가 성이 함락되자 순국하였다. 강화 충렬사(忠烈祠), 양주 석실서원(石室書院) 등에 제향되었다. 문집으로 《선원유고(仙源遺稿)》가 있고, 시호는 문충(文忠)이다.

124) 권순장 …… 것 : 권순장과 김익겸은 윤선거의 친우로서, 1636년 병자호란 때 강화도로

의리는 없었습니다.125)

하물며 선인은 늙은 아비를 만나 뵙고 남한산성에서 함께 죽고자 했을 뿐이겠습니까? 선인이 끝내 죽지 못했던 것은 하늘이 내린 운명이었으니, 비록 지극한 도리로 따져보아도 또한 의심스러울 것이 없습니다.

다만 선인이 자신에 대해 스스로 언급하다 보니 '구차하게 모면하였다.'고 표현한 것이며, 또한 효종을 위해 말하기를, '거(莒) 땅에서 있었던 일을 잊지 말라[無忘在莒]는 옛사람의 뜻을 본받으십시오.' 한 것입니다.126)

선인께서 평생토록 출사(出仕)하지 않은 것은 실로 분수를 지키면서 역량을 헤아려 보고 입조(入朝)하겠다는 뜻이었지 이 역시 모두 강화도의 일, 한 가지만을 주된 이유로 삼은 것은 아닙니다.

오늘날 강화도의 일로 선인을 헐뜯으려고 하는 자는, 율곡(栗谷)이 '망령된 것으로 슬픔을 이기려 했다.'라고 말한 상소를 가리켜 '스스로 그 잘못을 모두 인정한 것이다.'라고 말하는 것과 무엇이 다르겠습니까?127) 율곡은 오히려 진실로 입산(入山)한 잘못을 면하지 못하였지

피난하여 윤선거와 함께 죽음으로 성을 지킬 것을 맹세하였다. 이듬해 정월 성이 함락되자 모두 강화유도대장 김상용과 함께 화약고에 불을 질러 분사하였다.

125) 반드시 …… 없었습니다 : 윤증의 이 편지에 대해 노론은 윤증이 윤선거를 비호하고자 도리어 죽어서 절개를 지킨 신하들은 물론 선현인 이이까지도 모욕했다고 비판하였다. 즉 윤선거는 평소 의리로 자처(自處)한 것이 보통이 아니었으며, 성첩을 지키기로 한 뒤에는 선비일지라도 대오를 지키다가 죽어야 할 의리가 있는데 구차하게 삶을 연명했다고 비판한 것이다. 이에 대해 소론측에서는 권순장과 김익겸이 남문에서 김상용과 같이 있었기 때문에 죽은 것이고, 윤선거는 그런 상황에 처하지 않았기 때문에 살아난 것이므로 처한 상황에 따라서 삶과 죽음이 갈린 것이지 의리에 차이가 있었던 것은 아니라고 반론하였다.

126) 효종을 …… 것입니다 : 거(莒) 땅에 있었을 때의 일을 잊지 말라는 것은 어려움에 처해 있었을 때의 고초를 잊지 말라는 뜻이다. 춘추시대 제(齊)나라 소백(小白)이 포숙아(鮑叔牙)와 함께 거 땅으로 망명했다가 귀국해서 환공(桓公)으로 즉위하였다. 이때 포숙아가 축배를 들며 "거 땅에서 있었던 일을 잊지 말라.[毋忘在莒.]"고 당부하였다. 《史記 齊太公世家》 여기에서 효종께 올리는 말이었기 때문에 그 뜻을 본받았다는 것은 자신이 겪은 강화도의 일을 오랑캐에게 당한 치욕을 잊지 않는 경계의 의미로 받아들여 달라는 의미였다.

127) 율곡(栗谷)이 …… 다르겠습니까 : 율곡은 일찍 어머니를 여의고 19세에 금강산에 들어가서 불교를 공부하다가 20세에 다시 내려와 유학에 정진하였다. 1568년(선조1) 홍문관

만, 선인은 애초 죽어야 할 만한 의리가 없었습니다.

효종의 비지(批旨)[128] 가운데, '진동(陳東)이 결국 윤곡(尹穀)을 죽음에 이르게 했다는 말은 들어 보지 못했다.'[129]고 한 것은 성인(聖人)이 정미(精微)한 의리를 밝힌 말씀이니, 진정 만세가 지나도 의혹이 없을 것입니다."-

정묘년(1687, 숙종13) 봄, 봉조하 송시열이 상소하여 열성조(列聖朝)가 《춘추》대의(大義)를 섬기는 일에 뜻을 두었다고 일일이 나열하며 아뢰고, 끝에 가서 윤증의 일을 거론하면서 스스로 인책하며 말하기를,

"불행히도 윤휴라는 자가 나와 악한 기운을 모아서 주자(朱子)[130]를 무고하

교리에 제수되었을 때 사직 상소를 올려 "제가 일찍 자모(慈母)를 여의고는 망녕된 것으로 슬픔을 잊고자 불교에 빠지고 말았습니다. 그 때문에 본심이 어두워져 드디어 깊은 산으로 달려가서 거의 1년이 되도록 선문(禪門)에 종사하였습니다."고 자책하였는데, 이후 이이의 문묘 종사가 논의될 때 관학유생(館學儒生) 채진후(蔡振後) 등이 이를 반대하면서 "이이는 자신의 잘못을 분명히 알고 있었다."고 했던 말을 가리킨다.《栗谷全書 辭副校理疏》《宣祖修正實錄 1年 5月 1日》《仁祖實錄 13年 5月 11日》 여기에서는 이이가 스스로 인혐(引嫌)한 말일 뿐인데 반대파들이 이 말을 기정사실화하여 처신에 큰 결점이 있었던 것으로 부각시켰다고 비판한 것이다.

128) 비지(批旨) : 신하가 올린 상소에 대하여 임금이 내리는 비답(批答)의 말이다.

129) 진동이 …… 못했다 : 진동(陳東)은 북송 사람으로 강력한 척화론자였다. 흠종(欽宗) 때 금나라의 침략에 대항하여 척화론을 주창한 이강(李綱)이 파직당하자 유생 수만 명을 이끌고 글을 올려 복직하게 하였으며, 고종 때 이강이 조정에서 떠나게 되자 또 글을 올려 유임(留任)시키기를 청하였다.《宋史 陳東列傳》 윤곡(尹穀)은 남송 사람으로, 원나라의 침입 때 담주(潭州)를 지키다가 성이 함락되자 온 가족을 이끌고 분신자살하였다.《宋史 尹穀列傳》 병자호란 전 앞장서서 척화론을 주창했던 윤선거는 강화도의 일 이후 자신이 관로(官路)에 나갈 수 없는 이유를 들면서 "처음에는 망령되이 진동처럼 척화를 주장하는 상소를 올렸으나, 끝내는 외적의 침입에 목숨을 바쳤던 윤곡의 죄인이 되었습니다."라고 하였다. 그러자 효종은 진동 때문에 윤곡이 순절하였다는 이야기는 듣지 못했다는 비답을 내려서, 진동과 윤곡 모두 각각의 의리를 지킨 것이므로 윤선거가 순절하지 않은 것은 더 이상 문제가 되지 않는다는 뜻을 보였다.《魯西遺稿 辭進善疏》 그런데 효종의 이 비답 내용은 《효종실록 8년 10월 18일》 기사에는 보이지 않고, 《명재유고(明齋遺稿) 답회천(答懷川)甲子》 등 소론 측 자료에서 주로 언급되고 있다.

130) 주자(朱子) : 남송대 학자이자 정치가였던 주희(朱熹, 1130~1200)를 말한다. 자는 원회(元

여 어지럽혔는데, 이것이 한 시대를 풍미하자 '주자보다 학문이 뛰어나다.' 하였습니다. 윤증의 아비 윤선거는 더 심한 자였으므로, 신은 스스로를 헤아리지 못하고 처음에는 몸을 잊어가며 윤휴를 배척하였고, 지금에 와서는 또 윤휴는 버려두고 윤선거를 배척하였습니다. 심지어 말하기를,

'윤휴는 바로 사문(斯文)[131]의 난적(亂賊)인데, 《춘추》의 법에 따르면 그 당여(黨與)를 먼저 다스려야 하니, 진정한 왕이 나오면 윤선거는 마땅히 윤휴보다 먼저 복법(伏法)되어야 할 것이다.'

하였습니다. 윤증이 신에게 보낸 편지에서 이른바 '뼈를 깎는 아픔[痛刻]'이라고 한 것은 바로 그의 진심입니다. 그가 다른 사람[132]에게 보낸 편지에서 신을 비방한 것은 한결같이 모두 사실에 근거한 것이어서 거짓이 아니니 진실로 이른바 '정직함으로써 원한을 갚는다.[以直報怨]'[133]는 것입니다."

하였다. 또 말하기를,

"병자년(1636, 인조14) 여름에 윤선거가 많은 선비들을 이끌고 오랑캐 사신을 베자고 청해서 대의(大義)가 지극히 밝아졌고, 그 아비 윤황(尹煌)[134]도

晦)·중회(仲晦), 호는 회암(晦庵)·회옹(晦翁)·운곡산인(雲谷山人)·창주병수(滄洲病叟)·둔옹(遯翁) 등이다. 어려서 호적계(胡籍溪), 유백수(劉白水), 유병산(劉屛山)에게 사사하면서 불교와 노자의 학문에도 관심을 가졌다. 이후 연평(延平) 이통(李侗)을 만나 사숙(私淑)하면서 유학에 복귀하였다. 그는 북송대 이학(理學)을 계승하여 후대 사람들이 주자학(朱子學)이라고 부르는 방대한 학문 체계를 구축하였다. 만년에 이르러 정적(政敵)인 한탁주가 주희의 학설과 행실에 대해 그의 학문을 위학(僞學)이라 중상모략하여, 저서의 간행과 유포 및 정치활동을 비롯한 모든 공적인 활동이 금지되었다. 주자학은 오랫동안 중국을 비롯한 동아시아 지식인 사회를 지배해왔으며, 특히 사서(四書)에 대한 그의 주석서는 과거에 합격하려는 사람들의 필독서가 되었다.

131) 사문(斯文) : 유학의 도의(道義)나 문화(文化)를 일컫는 말이다.

132) 다른 사람 : 박세채를 가리킨다.

133) 정직한 …… 갚는다[以直報怨] : 원한을 가진 사람에게 도덕으로 대한다는 뜻이다. 《논어》 〈헌문(憲問)〉에 "혹자가 말하기를 '덕으로써 원한을 갚는 것이 어떻습니까?' 하니, 공자가 말하기를 '무엇으로써 덕을 갚을 것인가? 정직함으로써 원한을 갚고, 덕으로써 덕을 갚아야 한다.' 하였다.[或曰, 以德報怨, 何如? 子曰, 何以報德? 以直報怨, 以德報德.]"라고 한 것에서 인용한 것이다.

134) 윤황(尹煌) : 1572~1639. 본관은 파평, 자는 덕요(德耀), 호는 팔송(八松)·노곡(魯谷)이다.

존주(尊周)의 대의를 극력 주장하였으므로 사람들이 온 나라의 정기(正氣)가 그 집안에 모였다고 했습니다.135)

그런데 강화도의 변고를 당했을 적에 대처한 것이 권순장 등과 상반되리라고는 생각지도 못하였으므로 그 역시 부끄럽게 여겨서 자폐(自廢)한 채 유문(儒門)에 종사(從事)하였습니다. 그래서 그가 새롭게 거듭난 것을 인정하고 그의 과거는 염두에 두지 않고, 이미 동문(同門)의 우의(友誼)가 있었으므로 항상 두려워하며 존경하는 벗[畏友]으로 여겼습니다.

그러나 불행히 윤휴에게 중독되자 문득 다른 사람이 되어 세도(世道)에 해를 끼쳤습니다. 윤증이 그 아비의 강화도의 일 때문에 신을 매우 깊이 허물하는 것을 신이 만약 웃으면서 받아들였으면 좋았을 터인데 이에 대해 다소간 언급을 하였으므로, 이것이 바로 신이 천장부(淺丈夫)136)가 된 이유입니다."

성혼의 사위이고, 선거의 부친으로, 대사간·이조참의 등을 역임하였다. 정묘호란 때 주화론자의 유배를 청하고, 항장(降將)은 참할 것을 주장하였다. 당시 주화는 항복이라고 했다가 왕의 노여움을 받아 삭탈관작되어 유배의 명을 받았으나 삼사의 구원으로 화를 면하였다. 이듬해 다시 사간을 거쳐 이조참의에 임명되었다. 병자호란(1636)이 일어나자 또다시 척화를 주장하다가 탄핵을 받았다. 이로 인해 유배되었다가 풀려났으나 병들어 죽었다.

135) 윤선거가 …… 했습니다 : 1636년 초에 후금(後金)이 청(淸)으로 국호를 바꾸고 황제를 칭하면서 조선에 사신을 보내 그것을 인정할 것을 요구하였는데, 윤선거가 성균관 유생들을 이끌고 상소하여 그 사신을 목 베라고 청한 일을 말한다. 이것은 당시 사람들에게 강렬한 인상을 심어주어 반청척화(反淸斥和)의 상징적 사건이 되었으므로, 이후 윤선거 스스로도 이것을 의식하고 강화도의 일 이후 출사하지 않았다. 송시열을 비롯한 노론측에서는 윤선거가 강화도에서 죽지 못한 것을 말하기 전에 반드시 이 사실을 언급하여 그가 자신의 절개를 지키지 못하였다고 강조하였다. 윤황에 대해서는 《동소만록》에서 다음과 같이 기술하였다. "팔송(八松) 윤황(尹煌)의 경우 '후금 임금이 만약 쳐들어오면 장차 내가 자식 8명을 거느리고 나가 오랑캐를 쳐서 물리칠 것이다.'고 하였다. 장하도다! 그 말이여. 하지만 남한산성과 강화도에서 아버지와 자식, 9명에게는 큰일이 없었으며, 충절과 뛰어난 절개가 있어서 사람들의 마음을 사로잡았다는 소식도 듣지 못하였다."

136) 천장부(淺丈夫) : 상대의 진심을 오해한 사람이 그 잘못을 깨닫고 자신을 탓하는 말이다. 《춘추좌씨전(春秋左氏傳)》 양공(襄公) 19년조에 "축가(祝柯)에서 열린 맹약(盟約)에 참석하러 왔던 제(齊)나라 순언(荀偃)이 귀국길에 병이 나서 죽었는데 눈을 감지 않고 입을 벌리지 않았다. 이에 선자(宣子)가 '제나라에 대한 일을 계승하지 않는 자가 있다면

하였다. 또 말하기를,

"신이 윤선거에 대해서 비록 소견은 서로 배치되었지만 교의(交誼)는 일찍이 쇠퇴하지 않았으므로, 오히려 생전에 다하지 못했던 말을 제문에서 질문하였으니, 죽은 자가 알면 반드시 신의 마음을 헤아릴 수 있을 것입니다."

하니, 주상이 좋은 말로 비답하였다.

전 현감 나양좌(羅良佐)[137] -성지선(成至善)[138]과 조득중(趙得重)[139]- 등이 송시열의 상소로 인하여 스승을 위해 변무(辨誣)하여 대략 다음과 같이 말하였다.

"신의 스승 윤선거는 절의(節義)와 도학으로 한 시대의 우두머리가 되었으므로 후학이 우러러 칭송하고 존경하였으며, 양조(兩朝, 효종과 현종)에서 예우를 받아 처음부터 끝까지 바뀌지 않아서, 조정에서는 이의를 제기하는 사람이 없었으며, 선비들에게서도 다른 평가가 없었습니다. 그런데 지금 송시열이 상소 하나를 올려 윤선거를 꾸짖고 헐뜯으며 곧바로 치우치고 간사한 말로 윤휴와 당이 되었다는 죄과에 몰아넣었습니다.

황하신(黃河神)의 벌을 받을 것입니다.'라고 말하자, 순언이 눈을 감고 입을 벌려 입에 넣는 것을 받아들였다. 그러자 선자는 '순언은 죽은 후에도 오히려 국사(國事)를 걱정하는 충신임을 모르고서 그 집의 후사(後事)를 걱정하여 눈을 감지 못하는 것으로 생각한 나는 실로 천장부이다.'라고 하였다." 하였다.

137) 나양좌(羅良佐) : 1638~1710. 본관은 안정(安定), 자는 현도(顯道), 호는 명촌(明村)이다. 나만갑(羅萬甲)의 손자, 김창흡의 외삼촌이다. 윤선거의 문인으로, 송준길의 추천으로 희릉참봉(禧陵參奉) 등에 임명되었으나 모두 사퇴하였다. 1687년(숙종13) 상소하여 스승의 억울함을 호소했다가 영변에 유배되었으나, 이듬해 풀려났다. 기사환국(1689)으로 이사명(李師命)이 죽자 그의 초상을 치르고 돌아왔다. 1706년 장령을 지냈다. 저서로 《명촌잡록(明村雜錄)》이 있다.

138) 성지선(成至善) : 1636~1693. 본관은 창녕(昌寧), 자는 여중(汝中), 호는 제안재(制安齋)이다. 성혼의 현손(玄孫) 성희적(成熙績)의 아들이고, 윤선거와 윤증의 문인이다. 1672년(현종13) 천거되어 참봉(參奉)이 되고, 1686년 진위 현령(振威縣令)을 지냈다. 그 뒤 두 스승에 대한 노론의 공격이 격화되자 파산(坡山)으로 낙향하여 여생을 보냈다. 남평(南平)의 봉산서원(蓬山書院)에 배향되었다.

139) 조득중(趙得重) : 1637~1711. 본관은 한양(漢陽), 자는 사위(士威), 호는 수정재(守正齋)·용촌(龍村)이다. 윤선거의 문인이다. 1687년(숙종13) 나양좌·성지선 등과 송시열을 논척하는 상소를 올렸다가 삭직되었다. 1694년 세자익위사(世子翊衛司) 익찬(翊贊) 등을 역임하였다.

원래 윤휴가 마음을 숨기고 일부러 행동을 꾸며서 요란하게 명예를 도둑질하였으므로 한때의 명사들이 모두 존모하여 더불어 교유하니 윤선거도 윤휴에 대해서 또한 교분이 두텁지 않은 것이 아니었습니다.

그런데 예송(禮訟)이 일어나자 윤선도가 상소하여 윤휴의 말을 조술(祖述)[140]하니, 송시열이 말하기를, '윤휴가 예설(禮說)로 반드시 나를 죽이려 한다.' 하였는데, 윤선거는 말하기를,

'윤휴가 진실로 망령되기는 하지만 화심(禍心)이 있다고 억측해서는 안 된다. 하물며 예송은 나라에서 금지하고 있으니 더욱 인정이 만족스럽게 여기지 않을 것이다.'

하였습니다. 대개 그 뜻은,

'사우(士友)들 사이에서 이러한 다툼의 단서가 있으면 이는 상서롭지 못한 일이다.'

생각하고, 주변을 경계하여 꾸짖어 다툼이 그치기를 바란 것이었습니다. 그래서 항상 말하기를,

'예송이 이미 덫[141]이 되어 버렸으니, 당화(黨禍)가 장차 대란(大亂)을 일으킬 것이다.'[142]

---

140) 조술(祖述) : 선인(先人)의 설을 근본으로 하여 그 뜻을 펴 서술하다.

141) 덫 : 원문은 "筌蹄"이다. "전(筌)"은 대나무로 만든 물고기 잡는 통발이다. "제(蹄)"는 토끼 잡는 사냥 틀이다. 어떤 목적을 달성하기 위한 수단이나 공구를 말한다.

142) 예송이 …… 것이다 : 윤선거는 예송이 당색간 갈등을 격화시켜 당시의 시대적 과제인 북벌 추진을 가로막을 뿐만 아니라 양반 지배층 전체의 공멸을 초래할 수도 있다고 보았다. 기년설이든 3년설이든 그것은 의리(義理) 논쟁에 불과하여 정책(政策)에 대한 모색을 방해할 뿐이라고 보았으므로 그는 송시열과 윤휴를 모두 비판하였다. 그런데 이러한 윤선거의 태도에 대해서 남인 측은 전혀 다른 관점을 제시하였다. 《대백록》에서 홍중인은 이 문제와 관련하여 윤선거 부자의 기회주의적 속성이 가감 없이 드러났다고 보았다. 윤휴와의 연계를 빌미로 한 송시열의 압박에 두 부자는 평소 소신을 버리고 기년설을 받아들여 현상을 유지해 나아갔다는 것이다. 윤증은 삼년복이 옳다고 아버지에게 편지를 보냈으나 송시열이 윤휴와의 관련성을 부각하며, "길보(吉甫)가 희중(希仲)에 대해 옳고 그름을 묻지 않고 반드시 희중의 말을 따른다." 하자, 윤선거 부자가 즉시 예설을 바꾸어 "기년복이 옳다." 하면서 송시열에게 붙었다는 것이다.

하였습니다. 그런데 윤휴가 이미 거만하게 자신이 옳다고 여겨서 규계(規戒)하는 말을 받아들이지 않으니, 송시열이 또 말하기를, '윤선거가 자기편을 돕고 상대편을 억제하는 일에 힘쓰지 않는다.' 하였으니, 이것이 윤선거가 이미 윤휴와 절교하였으면서도[143] 또한 송시열과 합하지 못하게 된 이유입니다.

대개 윤선거는 윤휴에 대해서 진실로 아직 드러나지 않은 악(惡)을 억지로 찾으려고 한 적이 없었으므로, 그 마음에 어찌 처음부터 옛 친구를 가볍게 끊어버리는 것을 즐거워할 수 있었겠습니까?

일찍이 권시(權諰)[144]에게 편지를 보내 윤휴의 일을 논하면서 말하기를, '희중(希仲) -윤휴의 자- 이 뉘우칠 줄 알면 내가 마땅히 편지를 보내 축하할 것이다.' 한 것은, 오히려 윤휴가 잘못을 뉘우치고 고치기를 바란 것이니, 이는 참으로 어진 사람으로서 군자의 마음 씀씀이였습니다."

또 다음과 같이 말하였다.

"지금 말하는 사람들이 윤선거의 〈기유의서(己酉擬書)〉[145]와 윤증이 윤휴가

---

143) 윤휴와 절교하였으면서도 : 1665년(현종6) 동학사(東鶴寺)에서 《사계유고(沙溪遺稿)》를 교정하기 위하여 송시열·이유태·윤선거 등이 모였다. 이때 송시열은 윤선거에게 윤휴에 대한 태도를 분명히 할 것을 누차 압박하여, 드디어 윤선거로부터 윤휴와 절교하겠다는 말을 끌어냈다. 그러나 윤선거가 곧바로 이 말을 번복하는 편지를 보내어 부정하는 등 굴곡이 있었다. 그렇지만 윤선거는 윤휴가 예송에 적극 관여하는 것을 격렬하게 비판하였는데, 그 뒤로 둘 사이는 점차로 소원해졌다. 소론측에서는 이것을 가지고 둘 사이의 관계가 끊어진 것이라고 해석한 것이다.

144) 권시(權諰) : 1604~1672. 본관은 안동, 자는 사성(思誠), 호는 탄옹(炭翁)이다. 윤선거의 아들인 윤증이 그의 사위이고, 송시열의 딸이 며느리였다. 효종대 출사하여 승지·찬선 등을 지냈고, 1659년(현종즉위) 한성부 우윤에 임명되었다. 1차 예송 당시 송시열과 대립하여 윤선도를 지지하는 상소를 올렸다가 파직되어 광주(廣州)의 선영에 머물러 살았다.

145) 기유의서(己酉擬書) : 기유년(1669, 현종10) 윤선거가 죽기 직전에 송시열에게 보내려 했던 편지이다. 의서란 편지를 써두었지만 여러 가지 사정으로 보내지는 않은 편지를 말한다. 여기에는 송시열의 정치 행태를 비판하는 내용이 다수 담겨 있다. 윤선거의 사후 아들 윤증은 송시열에게 부친의 묘갈명을 청하면서 관련 자료와 함께 이 〈기유의서〉도 보냈다. 소론 측에서는 이 편지가, 송시열이 윤선거에게 원한을 품고 묘갈명을 부정적으로 지은 주요한 원인이 되었다고 보았다.

차린 제전(祭奠)을 받아들인 것을 가지고 말을 하고 있습니다. 이른바 〈기유의서〉는 송시열이 무신년(1668, 현종9) 가을 조정에 나갔을 때 윤선거가 생각하기를,

'이것은 송시열이 기해년(1659) 뒤에 처음 출사하는 것이니, 만약 능히 모든 것을 혁신할 수만 있다면 국사(國事)에 크게 보탬이 될 것이다.'

여겼는데, 마침 송시열이 편지를 보내 상의하였으므로 드디어 편지의 초안을 잡아 장차 답장을 보내려 하였지만, 곧 도성(都城)을 떠났다는 소식을 듣고 보내지 못했던 것입니다. 그 뒤에 윤증은 여기에 선인이 간절하게 남기려고 한 뜻이 들어있다고 생각하여 묘문을 청할 때 가지고 가서 보여준 것입니다. 편지 내용은 대략 다음과 같습니다.

'나의 임금에게 사의(私意)가 없게 하고자 한다면 마땅히 먼저 나의 사의를 제거해야 하고, 나의 임금이 언로(言路)를 열도록 하고자 한다면 마땅히 먼저 나의 언로를 열어야 합니다.

옛날에 시남(市南) -유계(兪棨)[146]의 호- 이 늘 말하기를,

「집사(執事, 송시열)는 친구에게는 돈독하게 대해서 인정이 지나친 폐단이 있고, 악을 미워하는 것이 지나쳐서 아량이 좁은 병통이 있습니다.」

하였습니다. 사랑하면 자신을 끌어다 따르고, 미워하면 지나치게 살피고 의심하여, 사랑과 증오를 제멋대로 하고[147] 한결같이 자신의 뜻대로만 하니, 이것이 바로 사의를 마땅히 제거해야 한다는 것입니다.

---

146) 유계(兪棨) : 1607~1664. 본관은 기계(杞溪), 자는 무중(武仲)이다. 예학과 사학에 정통하였으며, 송시열·송준길·윤선거·이유태 등과 더불어 충청도 유림의 오현(五賢)으로 일컬어졌다. 인조대 출사하여 병자호란 당시 설서(說書)로 재직하며 척화를 주장하다가 화의가 성립되자 유배되었다. 효종대 송시열 등의 추천으로 시강원 문학에 등용되어 부제학·부승지 등을 역임하였다. 1659년 효종이 죽고 복상 문제가 일어나자 서인으로서 기년설(朞年說)을 지지하여 3년설을 주장한 윤휴·윤선도 등의 남인을 논박하였다. 1663년 이조참판에 올랐다가 병으로 사직하였다.

147) 사랑과 …… 하고 : 원문은 "加膝墜淵"이다. 무릎 위에 올려놓고 사랑하고, 연못에 떨어뜨려서 미워하는 것이니, 애증(愛憎)을 제멋대로 하는 것을 말한다.

석호(石湖) -윤문거(尹文擧)[148]의 호- 가 일찍이 말하기를,

「유자(儒者)가 세상에 나가면 반드시 자기의 뜻을 행하려 하기 때문에 승순(承順)하는 사람은 자신을 알아준다 하고, 의심하고 비난하는 사람은 자신을 알아주지 않는다고 여겨서 잘난 체하는 음성과 낯빛[149]은 다른 사람을 거부하는 것을 면하지 못하고, 부회(附會)[150]하는 풍습은 대놓고 아첨하는 것을 부끄럽게 여기지 않는다.」

하였습니다. 집사는 부지런히 묻기를 좋아하지만, 사람들은 간혹 다른 사람의 말을 듣고 받아들이는 것이 넓지 못하는 것을 병이라고 여기니, 이것이 바로 언로를 마땅히 열어야 한다는 것입니다.'

그 예설에 대해 논한 곳에서는 말하기를,

'저 윤선도[海尹]는 탐욕스로운 인물이어서 실로 등용할 수 없지만, 그 나머지 조(趙)와 홍(洪) -조경(趙絅)[151]과 홍우원(洪宇遠)이다.- 의 경우 비록 논한 것이 근거가 없지만 폐고(廢錮)된 지 이미 오래되었으니, 진실로 씻어버리고[蕩滌] 등용해도 좋을 것입니다.[152] 이는 율곡이 다시 조정에 들어와 계미년(1583, 선조16)에

---

148) 윤문거(尹文擧) : 1606~1672. 본관은 파평, 자는 여망(汝望), 호는 석호이다. 윤황의 아들이자 윤선거의 형이다. 김집의 문인으로 송시열·송준길 등과 교유하였으며, 조익(趙翼)·김상헌 등에게도 배웠다. 1630년(인조8) 생원시, 1633년 식년문과에 급제하여 부교리 등 청요직을 두루 지냈고 병자호란 당시 남한산성까지 국왕을 호종하였다. 이후 동부승지·대사헌 등에 임명되었으나 모두 응하지 않았다. 저서로 《석호유고(石湖遺稿)》가 있고, 시호는 충경(忠敬)이다.

149) 잘난 …… 낯빛 : 《맹자》 〈고자 하(告子下)〉에서, "잘난 체하는 음성과 얼굴빛이 사람을 천리 밖에서 막는다.[訑訑之聲音顔色, 距人於千里之外.]" 하였다.

150) 부회(附會) : 이치에 닿지 않는 것을 억지로 끌어대어 이치에 맞게 하는 것이다.

151) 조경(趙絅) : 1586~1669. 본관은 한양(漢陽), 자 일장(日章), 호 용주(龍洲)·주봉(柱峯)이다. 윤근수(尹根壽)의 문인이다. 인조반정 후 유일(遺逸)로 천거되어 이조·형조판서를 역임하였다. 1661년 판중추부사로 윤선도를 변호하다가 대간의 논박을 받고 파직되었다.

152) 그 나머지 …… 것입니다 : 윤선도가 서인의 공격을 받고 삼수에 유배된 후 권시·조경·홍우원 등 남인들이 윤선도를 구하고 서인 예론의 오류를 논변하다 지속적으로 처벌받았다. 이들에 대한 서인 정권의 처분은 단호하여, 남인의 예론을 옹호하거나 윤선도를 두둔하는 관료와 유생은 가차 없이 조정에서 추방하여 폐고 시키거나 정거(停擧) 처분하여 출사(出仕)의 기회를 박탈하였다. 윤선거는 이와 같은 서인의 단호한 대처가 당쟁을

축출된 삼사(三司)의 사람들을 도로 등용하려고[153] 한 뜻입니다. 하물며 윤(尹)과 허(許) -윤휴와 허목(許穆)[154]이다.-, 두 사람은 비록 과오가 있다 하더라도[155] 어찌 끝내 참소를 일삼는 도적으로 단정 짓고 용납하지 않을 수 있겠습니까?'

하였습니다.

송시열이 편지를 보고서 크게 한스럽게 여겨서 갑자기 말하기를,

'윤선거가 윤휴와 허목을 등용하라고 권했으니, 일찍이 끊은 적이 없었다는 것을 알 수 있다.'

하면서, 이를 가지고 서로 비난하였던 것입니다.

더욱 격화시키고 있다는 문제의식 아래 두 당파의 양극단을 지양하고 능력 있는 인사들을 고르게 등용할 것을 주장한 것이었다.

153) 율곡이 …… 등용하려고 : 계미년(癸未年) 삼사(三司)란 1583년(선조16) 6월에 병조판서였던 이이(李珥)를 탄핵하다가 귀양 간 도승지(都承旨) 박근원(朴謹元), 대사간 송응개(宋應漑), 전한(典翰) 허봉(許篈)을 말한다. 이들은 이이가 병권을 마음대로 하고 임금을 업신여기며 파당을 만들어 바른 사람을 배척하므로 왕안석(王安石)과 같은 간신이라고 하였다. 이후 상호 간의 비방이 오가다가 마침내 박근원은 평안도 강계로, 송응개와 허봉은 각각 함경도 회령과 갑산으로 귀양 갔다. 이 사건을 계미삼찬(癸未三竄)이라고 하였다. 이이가 9월에 다시 이조판서가 되어 위의 세 사람을 다시 임용하자고 임금에게 주청하였지만 유배된 세 사람의 죄목을 풀어주지 못한 채, 다음 해 1월에 급서하였다. 이로써 동인과 서인의 대립은 더욱 격화되는 결과를 가져왔다.

154) 허목(許穆) : 1595~1682. 본관은 양천(陽川), 자 문보(文甫)·화보(和甫), 호 미수(眉叟)이다. 1615년(광해군7) 정언눌(鄭彦訥)에게 글을 배우고, 그의 소개로 정구(鄭逑)를 찾아가 스승으로 섬겼다. 1660년(현종1) 효종에 대한 자의대비의 복상기간이 잘못되었으므로 바로잡아야 한다고 상소해 정계에 큰 파문을 던졌다. 1674년 인선왕후(仁宣王后, 효종비)가 죽자 자의대비의 복제문제가 다시 제기되었다. 조정에서는 대공복(大功服, 9개월)으로 정했으나 도신징(都愼徵)의 상소로 다시 기해복제가 거론되었다. 이로써 남인이 집권하면서 대사헌에 임명되었다. 이어 이조판서를 거쳐 우의정에 승진되어 유일(遺逸)로서 삼공(三公)에 올랐다. 그해 덕원(德源)에 유배 중이던 송시열에 대한 처벌문제를 놓고 영의정 허적의 의견에 맞서 가혹하게 처벌할 것을 주장하였다. 이로 인해 남인은 송시열의 처벌에 온건론을 주장하던 탁남(濁南)과 강경론을 주장한 청남(淸南)으로 갈라졌는데, 그는 청남의 영수가 되었다. 1679년 강화도에서 투서(投書)의 역변(逆變)이 일어나자 상경해 허적의 전횡을 맹렬히 비난하는 소를 올렸다. 이듬해 경신환국으로 남인이 실각하고 서인이 집권하자 관작을 삭탈당하고 낙향하였다.

155) 비록 …… 하더라도 : 예송 과정에서 윤휴·허목 등 남인들이 송시열을 비롯한 서인에 대해 효종을 폄하하고 그 정통성을 부정하였다고 공격한 사실을 가리킨다.

이른바 '윤휴의 조문(弔問)을 받았다.'는 것은 이러합니다. 윤선거와 윤휴가 서로 깊이 원수진 일은 없었으니, 비록 평상시 문안을 통하지 않았지만, 누이의 상사(喪事)[156]를 당해서 위문을 받고 보답으로 사례한 일은 있었습니다. 따라서 윤선거의 초상에 윤휴가 와서 조문하는 것을 반드시 물리쳐야 할 의리는 있지 않았던 것입니다.

지금 송시열은 또 자신이 윤휴를 배척하는 이유가 오로지 《중용(中庸)》의 주설(註說)[157]을 고친 것에 있는데,[158] 윤선거가 윤휴에게 매우 중독되어, 마치 윤휴의 학문을 존경하고 권장하여 사람들을 서로 이끌고 투항한 것처럼 말하여 반드시 그 부자가 윤휴의 편당이라는 누명을 씌우려고 하니, 이는 알 수 없는 일입니다.

윤휴가 《중용》의 주설을 고친 것은 이미 오래된 일인데,[159] 송시열이

---

156) 누이의 상사(喪事) : 윤선거의 매부 권준(權儁)의 상례를 가리킨다. 권준은 윤휴의 처형(妻兄)이기도 했기 때문에, 장례 때 윤휴에게 편지를 보내 서로 조문하였다.

157) 중용주설 : 윤휴의 《중용》 관련 저술로는 〈공자달도달덕구경지도(孔子達道達德九經之圖)〉·〈중용지도(中庸之圖)〉와 〈중용장구차제(中庸章句次第)〉·〈분장대지(分章大旨)〉·〈중용주자장구보록(中庸朱子章句補錄)〉 등이 전해진다. 이를 통해서 윤휴는 주자의 《중용장구》의 4대절 33장 체재를 따르지 않고 10장 28절 체재를 주장하였다. 이로 인해 윤휴는 사문난적으로 몰리게 되었다.

158) 송시열이 …… 있는데 : 《대백록》에서 홍중인은 송시열이 정적을 제거하는 수단으로 학문을 악용한 사례로서 윤휴의 《중용》 주석과 조익(趙翼)의 《사서곤득(四書困得)》에 대한 서로 다른 태도를 제시하였다. 양자 모두 경전에 대해 자설(自說)을 피력했는데, 윤휴는 송시열의 미움을 받아 죽임을 당한 반면 조익은 같은 당여(黨與)라는 이유로 비난조차 받지 않았다. 송시열은 평생 오직 주자를 존모하는 것을 자신의 임무로 여겼지만 그가 존모한 것은 천자를 끼고서 제후를 호령하는 것에 불과하였다. 또 색목의 같거나 다름을 보고 오로지 죽이고 살리는 수단으로 활용하였기 때문에 이 같은 일이 발생했다고 보았다.

159) 윤휴가 …… 일인데 : 주로 남인계 당론서에서 당쟁의 소재로 정파간 서로 다른 학문경향과 사상 갈등 문제를 제기하였다. 《동소만록》에서는 경전해석 문제가 본격적으로 갈등을 초래하게 된 계기를 다음과 같이 소개하였다. 윤휴가 경연석상에서 모든 정사를 주관하는 임금의 위상을 고려할 때 "경전의 주해 보다 경문의 요점을 깨닫는 것이 보다 중요하다."고 했다. 그런데 이 발언을 송시열이 왜곡하여 경연에서 윤휴가 "주자의 주를 보지 말라고 청했다."고 비방했다는 것이다. 한발 더 나아가 최근 윤휴가 "정자와 주자를 배척하고, 자신을 홍수를 막은 우임금의 공적에 비유하였다."고까지 하였다.

도성에 들어와 윤휴와 격의 없이 지내면서 말하기를, '윤휴와 같은 영재(英才)는 등용하지 않을 수 없다.'고 까지 하며, 자급(資級)을 뛰어넘어 발탁(拔擢)한 것[160]이 실로 송시열이 전조(銓曹)를 맡았을 때 한 일입니다. -무술년(1658, 효종9) 송시열이 이조판서가 되어 윤휴를 여덟 자급을 뛰어오른 진선(進善, 정4품)에 임명하였는데, 자급이 맞지 않자 경연 석상에서 아뢰어서 올려서 제수하였다.- 따라서 지금 '자신을 잊어버리고 윤휴를 배척하였다.'는 것은 이미 그 사실을 벗어난 것이고, 또 어찌 윤선거를 배척한 일이 있었겠습니까?"

또 다음과 같이 말하였다.

"송시열이 윤선거의 제문에서 그의 절개를 추켜세우기를,

'많은 물살이 마구 몰려도 지주(砥柱)[161]는 끄덕하지 않고, 하늘과 땅이 혼몽(昏濛)해도 별 하나가 외로이 빛났다.'

하고, 그의 학문을 칭찬하기를,

'신로(愼老) -김집(金集)[162]의 호- 가 돌아간 뒤 그의 법도를 지니고 있어서 온 세상의 선비들이 그를 섬기듯 섬겼다.'

하였습니다. 그의 지조를 찬미하기를,

'하의 혜패(荷衣惠佩)[163]처럼 맑고 깨끗하여 더러운 때가 없으니, 욕심 많은 사람은 청렴해지고 나약한 사람도 자립(自立)하여 깨끗하고 맑은 기풍이

이것이 윤휴를 괴물이나 이류(異類)로 여기게 된 계기가 되었다. 교유 초기 송시열 자신도 문제 삼지 않았던 윤휴의 학문관이 이때 이르러 공세의 수단으로 활용되었다.

160) 자급을 뛰어 발탁한 것 : 송시열이 이조판서로 있던 1658년(효종9) 11월, 윤휴가 여덟 자급을 뛰어오른 일을 말한다. 당시 윤휴는 세자시강원(世子侍講院)의 정4품 관직인 진선(進善)에 임명되었다.

161) 지주(砥柱) : 중국 황하에 있는 돌기둥이다. 격류 속에도 움직이지 않는다 하여 어려운 시기에도 지조를 굳세게 지키는 사람을 비유적으로 이른다.

162) 김집(金集) : 1574~1656. 본관은 광산(光山), 자 사강(士剛), 호 신독재(愼獨齋)이다. 김장생의 아들로 예학에 조예가 깊었다. 광해군대 헌릉 참봉(獻陵參奉)에 제수되었으나, 출사하지 않았다. 인조반정 후 다시 등용되었다가 1649년(효종즉위) 김상헌의 천거로 이조판서에 임명되었고, 판중추부사 등을 역임하였다. 저서로 《신독재문집(愼獨齋文集)》이 있다.

163) 하의 혜패(荷衣惠佩) : 은자(隱者) 또는 선인(仙人)의 의복을 가리킨다. 연잎으로 엮은 옷과 혜초(惠草, 난초의 일종)로 만든 띠이다.

일었다.'

하였고, 그와 나눈 정(情)에 관해 서술하기를,

'서로 오가며 절차탁마(切磋琢磨)[164]하여 둘이 다 진보해가도 몰랐고, 편지[書疏]를 사흘이 멀다 하고 왕복하였다.'

하였습니다. 두 사람이 서로 인정한 것이 이와 같았는데, 오늘날에 와서 세도(世道)에 해가 된다고 배척한 것은 진실로 한 사람의 말이 아닌 것 같습니다.

이른바 '강화도의 일'이란 다음과 같습니다. 윤선거가 병자년(1636, 인조14) 적병(賊兵)을 피하려고 강화도에 들어가서, 권순장·김익겸 등과 의병[義旅]이 되기로 약속하였습니다. 갑진(甲津)에 이르러 위급함을 알렸지만 적병과 강화(講和)하였으므로 이미 교전하다가 화살이 날아다닌 일도 없었고, 또 힘을 합해 싸우다 죽을 곳도 없었으므로 갑작스럽게 엎어지고 자빠지는 사이에 어떤 사람은 살아나고 또 어떤 사람은 죽게 됨은 곧 일의 형세가 그렇게 만든 것입니다. 죽은 사람은 진실로 감동하고 분발시킬 만한 의리를 얻었지만, 살아남은 자 또한 어찌 더럽게 삶을 탐한 것이겠습니까?

처와 죽기로 약속했다고 한 것도 또 사실이 아닙니다. 윤선거는 강화도이든 남한산성이든 죽기는 마찬가지라고 생각하여 병든 아비를 다시 보고 죽으려고 마침내 미복 차림으로 진원군을 따랐던 것입니다.

그가 계사년(1653, 효종4) 사직 상소에서 말하기를,

'사우(士友) 동지(同知)들과 함께 일을 도모하다가 사우들은 모두 죽고 중부(仲父)[165]도 목숨을 바쳤는데, 신은 모진 목숨을 이어갔습니다. 아내는 자결하고 자식은 버려둔 채 홀로 사신을 따라 병든 아비를 보기 바라며 나아가서는

164) 절차탁마(切磋琢磨) : 옥돌을 자르고 줄로 쓸고 끌로 쪼고 갈아 빛을 내다. 학문이나 인격을 갈고 닦다.

165) 중부(仲父) : 윤전(尹烇, 1575~1636)으로, 본관은 파평(坡平), 자는 회숙(晦叔), 호는 후촌(後村)이다. 윤황의 아우이다. 병자호란 때 필선으로 빈궁(嬪宮)을 배종(陪從)하여 강화도에 들어갔다. 성이 함락되자 식음을 폐하고, 송시영(宋時榮)·이시직(李時稷) 등과 함께 자결하기로 결의하고, 자살을 시도하다 뜻을 이루지 못하고 적병에게 피살되었다.

성 아래에도 미치지 못하고, 물러나서는 구덩이를 메우지도 못하고 노복이 되어 구차하게 면하였으니, 의리에 대처한 것이 형편없게 되었습니다.'

하였습니다. 그 겸손하게 사양하고 자신을 허물한 것이 이와 같으니 그가 강개(慷慨)하고 슬퍼하는 것을 볼 수 있습니다만, 그 당시 이미 반드시 죽어야 할 의리는 없었고 또 부득불 죽어야 할 형세도 아니었으니 사우와 부인 때문에 죽음을 결단해서는 안 된다는 것도 명백합니다.

스스로를 허물하면서 벼슬하지 않은 것은 또 상소하여 오랑캐의 사자(使者)를 배척했는데도[166] 오랑캐의 환난을 당하여 죽음을 면하게 된 것을 지극히 한스럽고 깊은 치욕으로 여겼기 때문이니, 그것에 담긴 은미한 뜻은 실로 대의(大義)를 도와서 세우는 것에 있었으므로 스스로 조용히 은둔하여 홀로 살아가려 하였습니다.

그래서 정유년(1657, 효종8)에 올린 상소에서 말하기를,

'처음에는 망령되이 진동이 한 일을 배우려 하였지만, 끝내 윤곡의 죄인이 되는 것을 면하지 못하였습니다.'

하니, 효종께서 비답을 내려서 말하기를,

'진동이 끝내 윤곡처럼 죽었다는 말은 들어보지 못했다. 이른바 죽을죄라고 한 일은, 절의를 굳게 지켜서 세속에서는 빼어난 행실이 아닌 것이 없으니, 이것이 내가 간곡한 마음으로 잊지 못하고 반드시 부르고자 하는 이유이다.'

하셨습니다.[167]

---

166) 상소하여 …… 배척했는데도 : 1636년 봄 후금이 청으로 국호를 바꾸고 황제를 칭하면서, 조선에 이것을 통고하는 사자가 오자 윤선거가 성균관 유생들을 이끌고 상소하여 청 사신을 목 베라고 청한 일을 말한다. 당시 청나라 사신은 이로 인해 인조를 만나지도 못하고 도망치듯 도성을 빠져나갔다. 이 사건은 이후 조야에 반청척화의 의리를 각인하는 계기가 되었는데, 결과적으로 병자호란을 불러일으켜 삼전도의 치욕으로 이어졌다. 이후 윤선거는 그럼에도 살아남은 자신이 출사하는 것은 자신이 표방한 명분을 부정하는 일로 간주하여 출사를 포기하고 자중하였다. 즉 윤선거는 자기의 출처로 인해 반청척화의 의리가 훼손되는 것을 막기 위해 출사를 거부한 것인데, 노론측은 윤선거가 출사하지 않은 이유가 강화도에서 청군에게 당한 개인적인 치욕 때문이라고 몰아갔다.

167) 효종께서 …… 하였습니다 : 이에 대해 윤선거가 1657년(효종8) 11월에 올린 상소 중에는,

송시열이 일찍이 《삼학사전(三學士傳)》[168]을 짓고, 이어서 말하기를,

'그 몸을 깨끗이 하여 더럽히지 않고 지조를 지킨 사람으로서 윤선거 공(公) 같은 사람은, 일은 비록 같지 않지만 대의는 결국 일치되므로, 여기에 특별히 전기를 기록할 필요는 없다.'

하였습니다.[169] 그런데 지금 갑자기 다시 이르기를, '김익겸·권순장과 서로 상반된다.' 하였으니, 어찌 앞뒤가 서로 어긋난 것을 살피지 못한단

"신이 매번 소를 올려 죽을죄를 받겠다고 청한 것은 다른 이유가 아닙니다. 단지 신이 명을 어겼기 때문이지 그 뜻을 고상히 하려는 자들이 징소에 응하지 않는 것과 같은 데에 비할 바가 아닙니다." 하였다. 또 이듬해 올린 상소에서도 "오늘날 신은 한낱 변변치 못한 자로서, 미치광이처럼 경솔하고 고집스러운 병에 갇혀 있으면서, 감히 거침없이 마음 내키는 대로 행동하여, 군부 앞에서까지 거드름을 피우며 거만하니, 필부로서 무례한 죄는 만 번 죽어 마땅합니다." 하였다. 《魯西遺稿 辭進善疏再疏》《魯西遺稿 歸鄕後待罪疏》 원래 송시열을 비롯한 노론측에서는 윤선거가 '사죄신(死罪臣)'이라고 칭한 것이 강화도에서의 잘못을 지칭하는 것으로 이해했었는데, 윤증이 실록청에 보낸 편지를 보고서야 윤선거가 효종의 소명에 응하지 않고 끝내 출사하지 않은 것을 표현한 말이라는 것을 알게 되었다고 하였다. 그런데 윤선거의 상소문에서 이미 효종의 부름에 응하지 못한 것을 '죽을죄'라고 표현한 것이 분명하였는데, 당시 사실상 인사를 좌우하고 있던 송시열이 이것을 몰랐다가 숙종대 윤증의 편지를 보고 나서야 알았다고 말한 것은 사실을 왜곡한 것이다.

168) 삼학사전(三學士傳) : 삼학사는 병자호란 때 항복을 반대하던 홍익한(洪翼漢)·오달제(吳達濟)·윤집(尹集)을 가리킨다. 청나라에 대해 끝까지 주전론(主戰論)을 펴다가 인조가 삼전도에서 항복한 뒤 척화신(斥和臣)으로 지목되어 심양에 잡혀가 죽임을 당하였다. 송시열은 1671년(현종12) 삼학사의 행장에 의거하여 이들의 전기를 작성하였다.

169) 송시열이 …… 하였습니다 : 송시열이 지은 발문의 주요 내용은 다음과 같다. "우리나라는 예의(禮義)가 본디 밝아서 당시에 절개를 위해 죽은 사람이 매우 많았다. 강도(江都)로 말하면 선원(仙源) 김 상국(金相國) 이하 10여 인과 기타 자기가 처한 곳에서 목숨을 바쳐 드러나게 된 이가 그 수를 이루 헤아릴 수 없고, 또 몸을 더럽히지 않고 깨끗하게 보존하여 그 뜻을 지킨 자로 말하면 윤선거 등 제현(諸賢)이 있는데, 일은 비록 서로 다르지만 대의는 일치하니, 모두 빠뜨릴 수가 없다. 그렇지만 이들은 꼭 별도로 전기(傳記)를 만들 것은 없고 다만 그들의 행장(行狀)과 비지(碑誌)를 수합하여 이 편(編)의 맨 뒤에 붙인다면 그 의의가 갖추어질 것이다.[又竊念我東禮義素明, 當時立慬之人甚多. 如江都則自仙源金相國以下十許人, 其他所在委命表著者不可勝數. 且如潔身不汚, 以守其志者, 如尹公宣擧諸賢, 事雖不同, 而同歸於一致, 皆不可遺也. 此不須別立傳記, 只收其行狀碑誌, 以附於此編之後, 則其義該矣.]" 본문에서는 이 가운데 '皆不可遺也'를 빼고 '此不須別立傳記'까지만 인용하였다.

말입니까?

또한 송시열이 강화도의 일은 부끄럽고 분하게 여기며 스스로 폐고할 만한 일이라고 여겼었다면, 비록 윤선거가 나가려고 하더라도 나가지 말라고 권했어야 합니다. 그러나 당시에 매번 자신은 출사하였는데 윤선거만 홀로 출사하지 않자 일찍이 말하기를,

'여망(汝望) -윤문거의 자이다.- 이 다리를 펴게 되고 -윤문거가 다리에 병이 있다고 하였기 때문이라고 한다.- 길보(吉甫) -윤선거의 자이다.- 가 머리를 돌리게 된 다음에야 일을 할 수 있을 것이다.'

하였으니,[170] 이것은 그가 출사하여 자기를 도와주기를 바란 것이 깊었던 것을 말합니다. 그런데 오늘날에 이르러서는 도리어 겸손하게 사양한 말을 가지고 흠집을 잡는 소재로 삼았으니, 과연 무슨 마음입니까?"

이어서 윤선거의 도덕과 학문에 대해 극언하면서 무함을 당한 실상을 변론하였다.

주상이, 윤증이 죄를 얻은 뒤로 조정이 분열되고 사론이 갈수록 어긋나서 구원하고 변명한다는 핑계로 대로(大老)를 물리쳐 배척한다고 하면서 특별히 나양좌를 멀리 유배 보내고, 성지선 등은 삭판(削版)[171]하라고 명하였다.

승지 오도일이 비망기를 돌려보내며, 나양좌 등이 스승을 구원하여 변명하였으므로 죄를 줄 수 없다고 주장하자 주상이 오도일을 파직하라고 명하였다. 부제학 최석정(崔錫鼎)[172] 또한 상소하여 나양좌를 구원하였지만 주상이 엄한

---

170) 여망(汝望) …… 말하였으니 : 효종대 윤선거가 출사를 거부하자 송시열마저도 이처럼 그의 출사를 촉구하였다. 이것은 송시열이 효종대에는 윤선거에 대해 강화도의 일을 문제 삼지 않았다는 것을 보여주는 증거였다. 그런데 이 사실은 노론측 기록에서는 보이지 않는다. 당시에는 윤선거가 출사를 거부하는 것에 대해 효종은 물론 서인과 남인이라는 당색을 떠나서 납득할 수 없다는 것이 지배적인 분위기였으므로, 송시열이 이렇게 말했을 가능성은 충분하였다고 볼 수 있다.

171) 삭판(削版) : 삭거사판(削去仕版)의 줄임말로, 관리의 명부인 사판(仕版)에서 이름을 삭제하는 것이다. 죄를 지은 관리를 처벌하는 규정의 하나로, 초사(初仕) 이후의 모든 임관(任官)을 말소하였다.

172) 최석정(崔錫鼎) : 1646~1715. 본관은 전주, 자는 여시(汝時)·여화(汝和), 호는 존와(存窩)·명

비답을 내리고 따르지 않았다. 사간 이돈(李墩)[173]이 멀리 유배 보내라는 명을 거두어 줄 것을 청하자, 홍문관[玉堂]에서 홍수헌(洪受瀗)[174]과 송상기(宋相琦)[175] 등은 이돈이 나양좌를 구원하여 풀어주려 하는 것은 매우 근거가 없다고 하면서 체차(遞差)[176]하라고 청하였다.

지평 유집일(兪集一)[177]과 이익수(李益壽)[178]가 나양좌와 오도일 등을 구원하여 풀어주려고 매우 힘썼다. 이어서 말하기를,

---

곡(明谷)이다. 증조부 최기남(崔起南)은 성혼의 문인이고, 조부는 인조대 주화파로 활약했던 최명길(崔鳴吉)이다. 최석정은 남구만·이경억(李慶億)의 문인으로, 박세채와 종유하면서 학문을 닦았다. 1685년(숙종11) 부제학 재직 시 윤증을 변호하고 김수항을 탄핵하다가 파직되었다. 1701년 영의정에 임명되었으나 장희빈에 의한 무고(巫蠱)의 변이 일어나자 세자 보호를 위해 생모인 장희빈 사사에 반대하였다. 1710년까지 모두 열 차례 입상(入相)하였다. 아우 최석항(崔錫恒) 역시 영의정을 지냈으며, 경종과 영조 연간에 소론의 중심인물로 활약하였다. 아들 최창대(崔昌大)도 소론으로 활동하였다.

173) 이돈(李墩) : 1642~1713. 본관은 전주(全州), 자는 진오(進吾), 호는 문천(文泉)이다. 숙종대 지평과 이조정랑 등을 거쳐 1712년(숙종38)에는 예조판서가 되었다. 이해 과시(科試)에서의 일로 탄핵되어 아산현(牙山縣)에 부처(付處)되어 사망하였다.

174) 홍수헌(洪受瀗) : 1640~1711. 본관은 남양(南陽), 자는 군택(君澤), 호는 담포(淡圃)이다. 숙종대 교리·이조좌랑을 거쳐 1688년 헌납 재직 시 박세채를 변호하다 귀양간 영의정 남구만과 좌의정 여성제(呂聖齊) 등을 구하다가 좌천되었다. 갑술환국(1694) 이후 집의를 거쳐 이조판서·좌참찬 등을 역임하였다.

175) 송상기(宋相琦) : 1657~1723. 본관은 은진(恩津), 자는 옥여(玉汝), 호는 옥오재(玉吾齋)이다. 예조판서 송규렴(宋奎濂)의 아들이다. 숙종대 수찬 재직 시 희빈 장씨의 어머니가 가마를 탄 채 대궐에 출입하므로 가마를 불태울 것을 청했다가 파직되었다. 1689년 부교리로 복직되었으나 기사환국으로 낙향하였다가 갑술환국 이후 장령에 임명되었고, 그 뒤 노론 중신으로서 대제학 등 요직을 거쳐 이조판서가 되었다. 경종대 세제(世弟, 영조) 대리청정을 상소하였다가 1722년 신임옥사로 유배 가서 죽었다.

176) 체차(遞差) : 관원의 임기가 차거나, 또는 부적당할 때 다른 사람으로 갈아서 임명하는 일, 곧 관원의 경질을 말한다.

177) 유집일(兪集一) : 1653~1724. 본관은 창원, 자는 대숙(大叔)이다. 1680년(숙종6) 진사로서 정시문과에 병과로 급제하여 청요직을 두루 거치고, 1718년(숙종44) 형조판서, 이듬해 공조판서 등을 역임하였다.

178) 이익수(李益壽) : 1653~1708. 본관은 전주, 자는 구이(久而), 호는 백묵당(白默堂)이다. 1687년 지평 재직 시 나양좌를 옹호하다 삭직 당하였다. 1689년 희빈 장씨의 어머니가 가마를 타고 궁문을 나가는 것을 막다가 파직되었으나 곧 사간에 복직되었다. 1697년 이후 이조판서·좌찬성 등을 역임하였다.

"홍수헌 등이 홍문관 관원으로서 제멋대로 맞받아쳤으니, 청컨대 홍수헌 등의 직책을 체차하십시오."

하였다. 주상이 비망기를 내려 깊이 꾸짖고 유집일 등에게 모두 삭출하는 처벌을 내렸다.

◯ 우윤(右尹) 이수언(李秀彦)[179]과 전 부사 한성보(韓聖輔)[180] -33인- 등이 나양좌가 꾸며서 헐뜯는 실정을 통렬히 배척하는 상소를 갖추어 올리자 주상이 좋은 말로 비답하고, 가상하게 여겨 받아들였다.

-송시열이 편찬한 윤선거의 묘갈명[181]에서 총론에 앞서 말하기를,

"공의 학문적 연원과 거취의 시종(始終)에 대해서는 사람들이 모두 보아 알고 있지만, 그 조예의 깊고 얕음과 의리의 정밀하고 거친 측면은 진실로 사람마다 알 수 있는 것이 아닙니다. 또한 하물며 나는 공에 비하면 다만 고니[黃鵠]나 애벌레[壤虫]와 같아서 서로 큰 차이가 나니, 비록 공과 오래도록 종유하고 공에게 깊이 감복하였어도 깊은 내면을 엿보기에 부족합니다.[182] 또 늙고 병들어서 장차 죽을 날이 가까운데 그 덕을 형용하는

---

179) 이수언(李秀彦) : 1636~1697. 본관은 한산(韓山), 자는 미숙(美叔), 호는 농계(聾溪)이다. 송시열의 문인이다. 1687년(숙종13) 나양좌 등을 비롯한 소론이 윤선거를 옹호하며 송시열을 비난하자 스승을 변호하는 상소를 올렸다. 기사환국(1689) 때 유배되었다가 1694년 갑술환국으로 풀려나 형조판서에 올랐다.

180) 한성보(韓聖輔) : 1620~1697. 본관은 청주(清州), 자는 여석(汝碩), 호는 이은정(理隱亭)이다. 청평부원군(清平府院君) 한응인(韓應寅)의 적장손이라 하여 음보(蔭補)로 지방관을 두루 지냈다. 1687년 나양좌의 무함을 변론하였고, 송시열이 모함으로 해를 입자 관직에서 물러났다.

181) 송시열이 …… 묘갈명 : 1669년(현종10) 윤선거의 사후, 윤증은 송시열에게 묘갈명을 지어달라고 부탁하였다. 그런데 송시열은 윤선거의 일생을 평가하는 중요한 부분에서는 대부분 박세채가 지은 행장의 내용을 그대로 인용하였다. 송시열의 이러한 태도를 두고 소론측에서는 윤증이 송시열에게 부친의 묘갈명을 청하면서 함께 보냈던 〈기유의서〉 때문이라고 보았다. 송시열로부터 묘갈명을 전해 받은 윤증은 이후 송시열에게 여러 차례 편지를 보내 내용을 수정해 줄 것을 요청하였다. 송시열이 이에 소극적으로 대응하여 마침내 회니시비의 출발점이 되었다.

182) 또한 …… 부족합니다 : 이 부분은 송시열이 지은 윤선거 묘갈명 초본에 있었던 내용인데, 뒤에 삭제되었다.

글을 지으려 하니 더욱 아득하여 어떻게 말을 엮어야 할지 모르겠습니다.

가만히 살펴보니 여러 현인들이 지은 문장이 많고도 훌륭하지만, 오직 현석(玄石) 박화숙(朴和叔, 박세채)이 쓴 행장만이 모두 관통하고 두루 포함하였으니, 이에 의거하여 말을 하면 참람하고 경솔한 허물은 거의 면할 수 있을 것입니다."

하고, 전적으로 행장을 인용하여 말하기를,

"…… 이것은 화숙이 마음속으로 기뻐하면서 진실로 감복하여 나온 말이니 사람들도 자기가 좋아하는 자에게 아부했다고 여기지 않을 것입니다."

하였습니다.

그 명(銘)에 이르기를, "오직 지혜롭고[智] 어질고[仁] 용감한[勇] 것, 이것을 '삼덕(三德)[183]'이라고 말하는데, 만약 여기에서 말미암지 않는다면, 어떻게 그 경지에 들어가겠습니까? 박학(博學)·심문(審問)·신사(愼思)·명변(明辯), 이것을 '지혜'라 하고, 독실히 행하며 놓지 않는 것, 이것이 바로 '어짐'이며 '용감'일 뿐입니다. 여기에 종사하면, 쏠리지 않고 기울지 않으니, 공이 여기에 뜻을 두었는데, 하늘이 그 수명을 내리지 않았습니다. 그리하여 사문(斯文)이 기운을 잃고, 사림(士林)은 눈물 흘렸으니, 지금 세상에 그 누가 있어 그를 칭찬하여 드러낼 수 있겠습니까? 진실한 현석이 지극하게 드날렸으니 나는 따로 짓지 않고 그대로 옮겨[184] 이 명(銘)을 지어 올립니다."-

무진년(1688, 숙종14) 봄, 지평 윤세희(尹世喜)[185]가 상소하여 대략

183) 삼덕(三德) : 《중용》에서 말하는 지(智)·인(仁)·용(勇)을 가리킨다. 《중용장구(中庸章句)》 제20장에, "천하의 달도가 다섯 가지인데 이를 행하는 것은 세 가지이다. 군신간, 부자간, 부부간, 형제간, 붕우간의 사귐 이 다섯 가지는 천하의 달도요, 지, 인, 용 이 세 가지는 천하의 달덕이니, 이를 행하는 것은 하나이다.[天下之達道五, 所以行之者三. 曰君臣也, 父子也, 夫婦也, 昆弟也, 朋友之交也五者, 天下之達道也. 智仁勇三者, 天下之達德也, 所以行之者一也.]" 하였다

184) 나는 …… 그대로 옮겨 : 윤증은 이 같은 송시열의 태도에 대해 후세에 송시열 자신에게도 불리한 일이 될 것이라면서 윤선거와 의견이 다른 부분에 대해서 밝혀도 무방하다고 했다. 《明齋遺稿 別集 與懷川》 그렇지만 송시열은 윤휴에 대한 윤선거와 윤증 부자의 모호한 태도를 집요하게 지적하면서 그의 요구를 거부하였다.

다음과 같이 말하였다.

"병조판서 이사명(李師命)[186]은 장보(章甫, 유생)로 있을 때부터 감히 탐천(貪天)[187]의 꾀를 품더니, 이미 과거를 훔쳐서 청요직을 두루 역임하고도, 추가로 공신에 오르려고 꾀하여[188] 높은 작위를 차지하려고 도모하였습니다.

남방의 감사[南臬]에 제수되자 진휼(賑恤)을 위한 비용이라고 핑계대고 한 도(道)의 이익을 약탈하여 사욕(私欲)을 채울 계책을 실행에 옮겼으며, 조정에 있는 신하 가운데 명성(名聲)이 자기보다 뛰어난 자가 있으면 온갖 계책을 내어 터무니없는 말로 헐뜯었습니다. 지난번 경연(經筵)에서는 봄·가을로 열무(閱武)하려는 의도 아래 그에 따라서 거행해야 할 절목을 별도로 만들어서 군상(君上)에게 무력을 남용(濫用)하려는 마음을 열어놓았습니다.

마음속으로는 해치려고 하면서도 입에는 달콤한 말을 달고 살면서 진신(搢紳)들을 얽어서 무함하였으며, 뇌물은 연달아 끊이지 않았고 거처는 사치스러워서 훌륭한 조상을 더럽히고 자신의 명성을 훼손하였으니 어찌해야 되겠습니까? 신이 보건대 편폐(偏嬖)[189]로서 부릴 여지가 비록 혹 남아 있다고

---

185) 윤세희(尹世喜) : 1642~1689. 본관은 해평(海平), 자는 공도(公度)이다. 윤두수(尹斗壽)의 현손(玄孫)이고, 윤유(尹游)와 윤순(尹淳)의 아버지이다. 1666년(현종7) 진사가 되고, 1682년(숙종8) 증광문과에 급제하여 청요직을 두루 거쳤다. 1684년(숙종10) 정언 재직 시 이익(李翊) 형제를 탄핵하였다가 파직되었는데, 이듬해 다시 등용되었다. 1688년에 병조판서 이사명(李師命)을 탄핵하였고, 1689년에 홍문록에 올랐는데, 이해 병으로 사거하였다.

186) 이사명(李師命) : 1647~1689. 본관은 전주, 자는 백길(伯吉), 호는 포암(蒲菴)이다. 할아버지는 이구여(李苟輿), 아버지는 대사헌 이민적(李敏迪)이다. 1672년(현종13) 진사가 되고, 1680년(숙종6) 춘당대문과에 장원 급제하였다. 이해 경신환국에서 세운 공으로 보사공신(保社功臣) 2등에 녹훈되고, 완녕군(完寧君)에 봉해졌다. 1688년 윤세희 등의 탄핵으로 삭주에 유배되었고, 이듬해 기사환국으로 사사되었다.

187) 탐천(貪天) : 저절로 이루어진 것을 자기의 공(功)으로 삼는 일이다. 《춘추좌씨전》 희공(僖公) 24년 기사에, "남의 재물을 훔치는 것을 도적이라고 하는데, 하물며 하늘의 공을 탐내어 자기의 공으로 하겠는가?[竊人之財, 猶謂之盜, 況貪天之功, 以爲己力乎?]" 하였다.

188) 추가로 …… 꾀하여 : 1680년 경신환국 이후 남인을 기찰하여 숙청한 공로로 보사공신(保社功臣)에 추가로 녹훈된 것을 말한다. 당시 젊은 언관들이 여기에 반대하여 서인이 노론과 소론으로 분열되는 계기가 되었다.

하더라도 눈동자를 보고 말을 들어보면 끝내 길사(吉士)는 못될 것입니다."

주상이 고지식하고 순박하다고 하며 장려하였다. 홍문관에서 유득일이 계속해서 차자를 올려 논하자 이사명을 극변(極邊, 변경지역)으로 유배 보내라고 명하였다.

기사년(1689, 숙종15) 봄, 주상이 국가의 형세가 외롭고 약하다고 하면서 여러 신하들을 불러서 왕자를 원자(元子)로 삼을 것[190]과 소의(昭儀)[191] 장씨(張氏)[192]를 희빈(禧嬪)으로 책봉할 것을 논의하여 정하게 하였다. 이에 유학(幼學) 유위한(柳緯漢)이 상소하여 대략 말하기를,

"왕자가 탄생하였는데도 국본(國本)[193]을 정하자는 사람이 한 사람도 없어서, 오늘 예단(睿斷, 국왕의 결단)으로 곧 결정되었습니다. 그런데 혹 너무 서두른다는 말을 해가며 일을 빨리 처리하지 않고 미루려는 뜻이 현저히 있으니, 비록 전하께서 위엄으로 누르셨기 때문에 물러가 잠자코 있지만, 그들이 마음속으로 기뻐하며 진심으로 복종하지 않는다는 것을 능히 상상할 수 있습니다. 차라리 직접 세자(世子)로 책봉하여 온 나라 사람들로 하여금 사자(嗣子, 대를 이어받을 아들)가 있다는 것을 알게 하는 것만 같지 못하게

---

189) 편폐(偏嬖) : 임금에게 아첨하여 총애를 받다.

190) 왕자를 원자로 삼을 것 : 원자는 임금의 맏아들을 가리킨다. 후궁 소생 왕자라 할지라도 일단 원자로서의 명호(名號)가 정해지면 장차 왕비가 대군(大君)을 출산해도 한번 명호가 정해진 왕자의 왕위계승권은 여전히 유효할 수 있었다. 숙종은 소의 장씨의 아들을 원자로 책봉하여 후계 구도를 굳히려다가 송시열 등의 반발에 직면하였다.

191) 소의(昭儀) : 후궁에게 내린 정2품 품계(品階)로, 빈(嬪)·귀인(貴人) 다음가는 자리이다.

192) 장씨(張氏) : 1659~1701. 본관은 인동(仁同), 본명은 장옥정(張玉貞)으로 전해진다. 1680년(숙종6) 무렵부터 숙종의 총애를 받았고, 1688년 낳은 왕자 윤(昀, 뒷날의 경종)이 이듬해 1월 원자로 책봉되면서 희빈이 되었다. 기사환국으로 서인이 몰락하면서 폐서인된 인현왕후를 대신하여 왕비에 책봉되었으나 갑술환국(1694)으로 다시 희빈으로 강등되었다. 1701년 인현왕후를 저주해 죽게 했다는 혐의를 받아 사사되었다.

193) 국본(國本) : 왕위를 계승할 원자나 세자를 가리키는 용어이다.

되었습니다."

하고, 또 귀양 가 있는 신하들을 풀어줄 것을 청하니,[194] 주상이 그 영합하여 무고[誣訐]하는 것을 미워하여 유배 보내라고 명하였다.

○ 봉조하(奉朝賀) 송시열이 상소하여 대략 말하기를,

"오늘날 여러 신하들 가운데 위호(位號, 원자 명호(名號))가 너무 이르다는 말이 있으니, 대개 철종(哲宗)[195]이 열 살까지도 오히려 번왕(藩王)의 지위에 있었는데, 신종(神宗)[196]이 병 들고서야 비로소 태자(太子)에 책봉하였습니다. 당시에는 가왕(嘉王)·기왕(岐王), 두 왕의 혐핍(嫌逼)[197]이 있었음에도 오히려 이와 같이 하였는데,[198] 하물며 지금은 그러한 혐핍의 우려도 없지 않습니까?

예전에 허목이 상소하여 국본이 정해지지 않았다는 말을 올렸는데, 고(故) 상신(相臣) 정태화(鄭太和)[199]가 말하기를, '원자가 탄생하신 날이 바로 국본이

---

194) 귀양 …… 청하니 : 1688년(숙종15) 1월 14일 유위한은 왕자의 원자 정호(定號)를 촉구하면서 동시에 원찬(遠竄) 중인 권해(權瑎)·이옥(李沃)·정유악(鄭維岳)·심단(沈檀) 등의 남인에게 관용을 베풀어 달라는 말을 덧붙였다. 이에 영의정 김수흥(金壽興)이 다음 날로 사직을 청하자 숙종이 만류하였다. 그러나 숙종은 유위한의 상소가 올라 온 다음날 장씨 소생의 왕자를 원자로 봉하고 종묘사직에 고하였으며, 장씨를 희빈에 봉하였다. 《肅宗實錄 15年 1月 15日》

195) 철종(哲宗) : 1076~1100. 북송(北宋)의 7대 황제이다. 신종(神宗)의 여섯 번째 아들이다. 1082년 연안군공(延安郡公)에 봉해지고, 3년 뒤 태자가 되었다.

196) 신종(神宗) : 1048~1085. 북송 6대 황제이다. 재위 기간에 왕안석(王安石)의 변법(變法)을 시행하여 많은 성과를 거두었다.

197) 두 왕의 혐핍 : 신종의 아우인 가왕(嘉王)·기왕(岐王)이 자주 궁중에 들어와 문안하였는데, 이들이 철종과 왕위를 다툴 가능성이 있다는 말이다.

198) 철종 …… 하였는데 : 송나라 신종은 아우인 가왕·기왕 등 강성한 종친이 존재하고 있었음에도 불구하고 아들인 철종을 열 살까지 번왕의 지위에 봉하였다가 자신이 병든 후 비로소 태자로 책봉하였다. 송시열은 철종의 고사를 들어 왕자의 정호(定號)가 너무 성급한 조처였음을 비판한 것이다.

199) 정태화(鄭太和) : 1602~1673. 본관은 동래(東萊), 자는 유춘(囿春), 호는 양파(陽坡)이다. 영의정 정광필(鄭光弼)의 5대손, 정유길(鄭惟吉)의 증손, 형조판서 정광성(鄭廣成)의 아들이다. 인조대 출사하여 우의정을 거쳐 1651년(효종2)에 영의정이 되었다. 20여 년 동안 다섯 차례나 영의정을 지내면서 효종과 현종을 보필하였다. 북벌정책과 예송으로

이미 정해진 날입니다.' 하니, 이로 말미암아 그의 말이 쓰이지 않았습니다. 그 뒤에 역적 윤휴 등이 모두 허목의 말로 말미암아 남몰래 화(禍)의 기틀을 도발하여, 마침내 김수항 이하를 쫓아냄으로써 역적 허견(許堅)[200]의 음모가 더욱 방자해졌습니다. 비록 성명(聖明)이 위에 계시면서 참소하는 사람을 통렬히 배척하시지만, 어찌 이것을 이어 사특한 마음을 부릴 길을 찾을 자가 있지 않을 줄 알겠습니까?"

하였다. 주상이 노하여 다음의 비망기를 내렸다.

"저사(儲嗣, 세자)가 이미 세워졌고, 군신의 분의(分義)가 크게 정해진 뒤에도 송시열이 유림의 영수로서 감히 국본을 일찍 정했다고 불만스러운 뜻을 드러냈다. 인용하여 비유한 것이 매우 방자하여 유위한의 상소 가운데 '기뻐하며 복종하지 않는다.' 한 것이 다른 말이 아니었으니, 승정원은 알아두어야 할 것이다."

밤에 입직승지(入直承旨) -이현기(李玄紀)[201]와 윤빈(尹彬)[202]- 와 홍문관 관원 -남치훈(南致薰)[203]과 이익수- 을 불러들여 그 상소를 내어 보이고, 이어서 하교하기를,

---

신료들의 반목이 격화되던 시기에 대인관계가 원만하여 적대세력을 두지 않았다.

200) 허견(許堅) : ?~1680. 허적의 서자(庶子)이다. 당시 허견은 병약한 숙종이 후사가 없는 상태에서 승하할 경우 복선군이 왕위를 계승할 것으로 예상하고 이러한 문제를 거론하였다가, 정원로(鄭元老)와 강만철(姜萬鐵)의 고변에 의해 발각되었다. 이로 인해 허견은 군기시 앞길에서 능지처사(凌遲處死)되고 복선군은 교수형에 처해졌다.

201) 이현기(李玄紀) : 1647~1714. 본관은 전주, 자는 원방(元方), 호는 졸재(拙齋)이다. 이수광(李睟光)의 증손이다. 1673년(현종14) 사마시에 수석으로 합격하고, 1676년(숙종2) 정시문과, 1686년 문과중시에 급제하여 청요직을 두루 역임하였다. 1694년 갑술환국으로 함경도 북청으로 유배되었다가 6월에 다시 전라도 강진의 고금도로 옮겨졌다. 1699년 유배에서 풀려났다.

202) 윤빈(尹彬) : 1630~1693. 본관은 남원(南原), 자는 자문(子文)이다. 1657년(효종8) 생원시, 1661년(현종2) 알성시, 1682년(숙종8) 증광문과에 급제하여 청요직을 두루 거쳤다. 기사환국(1689) 당시 송시열을 두둔하다가 유배되었는데, 풀려나와 정언을 거쳐 이조참의를 역임하였다.

203) 남치훈(南致薰) : 1645~1716. 본관은 의령(宜寧), 자는 훈연(熏然), 호는 지산(芝山)이다. 1678년(숙종4) 증광문과에 급제하여, 1681년 홍문록에 올랐다. 기사환국 때 원자 정호 문제로 송시열과 대립하였다. 도승지를 거쳐 형조참판 등을 역임하였다.

"송시열이 유림(儒林)의 영수로서 그 말이 이와 같으니 풍랑이 일어날 것을 이로부터 미루어 알 수 있다."

하니, 이현기가 말하기를,

"성상의 염려가 미치는 곳이 멀고도 깊습니다."

하였고, 남치훈이 말하기를,

"성상의 염려가 미치지 않는 곳이 없다는 것을 볼 수 있습니다."

하였다. 이익수가 말하기를,

"명위(名位)가 이미 정해져서 명분과 의리가 지극히 엄중하니, 진실로 패역(悖逆)한 신하가 아니라면 어찌 그 사이에 다른 뜻이 있겠으며, 또한 어찌 이로 인해 불안해질 단서가 있겠습니까?"

하니, 주상이 말하기를,

"이익수는 공론이 있는 자리를 차지하고 있으면서 끝내 명백하게 진달하지 않으니 파직하라."

하였다. 또 주상이 말하기를,

"명호가 이미 정해진 뒤에도 감히 소장 가운데 송나라 철종 때의 일을 인용한 것은 은연중에 너무 빨리 정한 것으로 귀결되게 한 것이다. 국가의 형세가 미약하고 인심이 어지러운 날을 당하여 이런 일을 방치하면 임금을 무시하는[204] 무리들이 뒤를 이어 나타날 것이니 일단 가벼운 법률에 따라서 송시열을 삭탈관작(削奪官爵)하고 성문 밖으로 내쳐라."

하였다. 또 하교하기를

"윤증의 미세한 일로도 마침내 시끄럽게 떠들어대기에 이르렀다. 이것으로 미루어 보건대 지금 송시열의 문도들이 어찌 이것을 빌미로 시끄럽게 떠들어대지 않겠는가?"

---

204) 임금을 무시하는 : 원문은 "無將"이다. 《춘추공양전(春秋公羊傳)》 장공(莊公) 32년에서, "군친(君親)에 대해서는 시해하려는 마음을 품어서는 안 되는 것이니, 그런 마음을 품으면 주벌(誅罰)을 받게 된다.[君親無將, 將則誅焉.]" 하였다. 임금을 시역(弑逆)하려는 마음과 함께 '장차 받들어 시행하려는 의사가 없음'을 의미한다.

하니, 이현기가 말하기를,

"윤증의 일은 온 세상이 원통하다고 말합니다. 임금·스승·아비가 비록 '일체'라고 하지만 이미 그 아비를 꾸짖고 욕하였는데 그 자식 된 자가 어찌 편안할 수 있겠습니까?"

하였다. 주상이 말하기를,

"일찍이 이전에 윤증의 일로 내린, 처음처럼 예우하지 말라고 한 하교는 환수하는 것이 좋겠다."

하였다.

○ 승정원과 삼사를 모두 특지(特旨)로 제수하고, 목내선(睦來善)[205]과 김덕원(金德遠)[206]을 아울러 좌의정과 우의정에 임명하였다.

○ 양사(兩司) -대사간 이항(李沆), 장령 이윤수(李允修),[207] 지평 이제민(李濟民), 정언 목임일(睦林一)[208]- 에서 대략 다음과 같이 아뢰었다.

---

205) 목내선(睦來善) : 1617~1704. 본관은 사천, 자는 내지(來之), 호는 수옹(睡翁)·수헌(睡軒)이다. 1646년(인조24) 사마시, 1650년(효종1) 증광문과에 급제하여 청요직을 두루 거치고 숙종대 예조·호조판서를 역임하였다. 1680년(숙종6) 경신환국 때 삭직되었다가 1689년 우의정이 되었다. 그해 기사환국이 일어나 서인을 제거하는 데 앞장서 좌의정에 올랐다. 1694년 갑술환국으로 유배되었다가 1699년에 풀려났다.

206) 김덕원(金德遠) : 1634~1704. 본관은 원주, 자는 자장(子長), 호는 휴곡(休谷)이다. 1662년(현종3) 정시문과에 급제하여 청요직을 두루 거치고 1675년(숙종1)에 홍문록에 올랐다. 1680년 경신환국 이전 남인 정권 하에서는 허목을 지지하는 청남(淸南) 계열에 서서 허적의 비리를 공격하였다. 기사환국 때 우의정에 임명되어 정국을 주도하였다. 이때 김수항 등을 구하지 않았다는 이유로 뒷날 노론의 공격을 받았다. 1694년 갑술환국으로 유배되었다.

207) 이윤수(李允修) : 1653~1693. 본관은 광주(廣州), 자는 면숙(勉叔)이다. 영의정 덕형(德馨)의 증손이다. 1681년(숙종7) 알성문과에 급제하여 청요직을 두루 역임하였다. 1689년(숙종15) 송시열이 세자 책봉이 너무 이르다고 반대하자 귀양 보낼 것을 청하였다. 그해 5월 인현왕후에 대한 폐위를 늦추어 달라고 청하기도 하였다. 1692년 황해도관찰사를 거쳐 이듬해에는 대사간에 이르렀다.

208) 목임일(睦林一) : 1646~1716. 본관은 사천(泗川), 자는 사백(士伯), 호는 청헌(靑軒)이다.

"송시열은 혼조(昏朝, 광해군) 때 간사한 신하[孼臣][209]의 아들로서 산림(山林)의 명성에 가탁하여 음험한 본성을 펼쳐서 앞장서서 장서(長庶)의 논설[210]을 제창하여, 암암리에 임금을 폄박(貶薄)하는 계책을 썼는데도 목숨을 보전할 수 있었으니, 이미 이것은 형벌이 잘못된 것입니다.

지금에 이르러 국가에 큰 경사가 있어서 명분이 이미 정해졌는데도 반역을 도모하려는 마음이 아직도 남아 있어서 이전의 악행을 반성하지 않고 멋대로 송나라 조정의 불행했던 일을 인용하여 인신(人臣)으로서 차마 들을 수 없는 말로 인심을 의혹되게 어지럽히고, 국본을 동요(動擾)시키려 하였으니, 청컨대 천극(荐棘)[211] 하십시오."

주상이 처음에 멀리 유배 보내라고 명하였다가 곧이어 제주도에 천극하라고 명하였다.

○ 주상이 다음과 같이 하교하였다.

좌의정 목내선(睦來善)의 아들이다. 1675년(숙종1) 사마시, 1678년 증광문과에 급제하여 청요직을 두루 거치고, 1689년 기사환국 이후 도승지·대사헌 등을 역임하였다. 갑술환국(1694)으로 유배되었다가 이듬해 풀려났다. 1701년(숙종27) 인현왕후 사후 희빈 장씨를 중궁으로 올리자고 상소했다가 다시 유배되었는데 1704년 방귀전리(放歸田里)되었다.

209) 간사한 신하 : 송시열의 아버지 송갑조(宋甲祚, 1574~1628)를 가리킨다. 본관은 은진, 자 원유(元裕), 호 수옹(睡翁)이다. 경기전 참봉·사옹원 봉사 등을 역임하였다. 《동소만록》에는 송갑조의 행적이 다음과 같이 소개되었다. 정사년(1617, 광해군9) 신방(新榜)진사(新榜進士) 정옹(鄭澭) 등이 상소하여, "병조판서 유희분(柳希奮)의 사례에 따라서 새로 과거에 급제한 사람들이 경운궁에 사은숙배(謝恩肅拜)를 올리는 것을 정지해 주십시오." 하였는데, 여기에 송갑조가 17번째로 연명했다는 것이다. 당시 박태보가 이 상소를 세상에 퍼뜨려서, "송갑조의 이름이 흉악한 상소에 들어있으니 그 역시 흉인이다."고 하였다. 이에 송시열이 원한을 품고, 박태보 사후 문도들을 시켜 송갑조를 욕한 박태보의 문자를 모두 삭제하라고 했다.

210) 장서(長庶)의 논설 : 기해예송(1659, 현종즉위) 당시 송시열은 효종을 장자(長子)가 아닌 서자(庶子)로 간주하여 기년복(朞年服)을 입어야 한다고 주장하였다. 즉 송시열은 정체(正體)인 소현세자가 성년이 되어서 죽었으므로 둘째 아들인 효종은 체이부정(體而不正)에 해당하며, 따라서 자의대비는 효종에게 기년복을 입어야 한다고 주장하였다.

211) 천극(荐棘) : 귀양 간 사람이 있는 집의 담이나 울타리에 가시나무를 둘러치는 일이다.

“지난번 조정의 의논이 무너지고 갈라진 것은 모두 윤증의 사사로운 편지 때문이었는데, 송시열을 편든 자들이 말한 것은 모두 구차하여 윤증을 편든 자들이 솔직하게 말한 것만 못하였다. 이진안을 정거하라고 했을 때 김수항이 온갖 수단을 써서 구원하여 끝내 그 시비(是非)를 뒤집는데 이르렀으니, 대신이 선동하여 파장을 일으킨 것[212]이 이와 같아서 그대로 둘 수 없다. 김수항을 파직하라.”

그 뒤 대간이 아뢴 것에 따라 김수흥(金壽興)과 김수항은 외딴섬에 안치하고, 민정중은 멀리 유배보냈다.

○ 참찬관 유하익(兪夏益)[213]과 지평 이만원(李萬元)[214]이 상소하여 유혁연(柳赫然)[215]의 억울함을 호소하고 나서, 주상에게 아뢰기를,

“윤휴가 일을 당하면 주저하지 않고 곧 앞으로 나아가서 거칠고 어설픈 것이 그의 병통입니다. 하지만 ‘동정을 살핀다.[照管]’는 두 글자는 애초 관속(管束, 통제)이라는 뜻이 아니었고,[216] 익명서(匿名書)[217]에도 관여하였을 이치가

212) 선동하여 파장을 일으킨 것 : 원문은 “推波助瀾”이다. 즉 잔물결을 일으켜 커다란 너울 만드는 것을 도왔다는 뜻이다.

213) 유하익(兪夏益) : 1631~1699. 본관은 기계(杞溪), 자는 사겸(士謙), 호는 백인당(百忍堂)이다. 1651년(효종2) 진사시, 1660년(현종1) 증광문과에 급제하여 청요직을 두루 역임하였다. 1680년(숙종6) 경신환국 때 파직되었다가 기사환국으로 승지에 등용된 뒤 형조판서·대사헌 등에 올랐다. 1694년 갑술환국으로 삭출되었다가 2년 뒤 풀려났다.

214) 이만원(李萬元) : 1651~1708. 본관은 연안, 자는 백춘(伯春), 호는 이우당(二憂堂)이다. 1678년(숙종4) 증광문과에 급제하여 청요직을 두루 거쳤다. 1689년 지평 재직 시 송시열과 윤증의 시비를 분별할 것을 상소하였다. 대사간·이조참의 등을 거쳐 이조참판 등을 역임하였다.

215) 유혁연(柳赫然) : 1616~1680. 본관은 진주, 자는 회이(晦爾), 호는 야당(野堂)이다. 1644년(인조22) 무과에 급제하여 선천부사를 거쳐 효종대 수원부사에 임명되었다. 그 뒤 이완(李浣)과 더불어 효종의 북벌 계획에 적극 참여하였다. 현종대 공조참판을 거쳐 어영대장이 되었다. 남인으로 지목되어 서인의 견제를 받았다. 숙종대 한성판윤·공조판서 등을 역임했으나 경신환국으로 유배 가서 사거하였다. 1689년 기사환국으로 신원되어 영의정에 추증되었으며, 시호는 무민(武愍)이다.

216) 이것이 …… 아니었고 : 서인 측에서는 명성왕후(明聖王后, 현종의 왕비)가 대신들을

전혀 없었습니다. 그런데도 문자를 멋대로 바꾸어 억지로 죄명을 더하였으니 어찌 원통하지 않겠습니까?"

하였다. 동 경연(同經筵) 유명천(柳命天)이 말하기를,

"윤휴가 기해년에 삼년설을 주장하여 송시열에게 원한을 샀는데,[218] 윤증이 윤휴를 억울하게 생각하였기[219] 때문에 송시열이 윤증에게 노하였던

친히 개유한 사실을 두고 윤휴가 "자성(慈聖)의 행동을 관속(管束)하여 절대로 이와 같은 거조(擧措)가 없게 하셔야 합니다."는 패륜적인 말을 했고, 그 불손한 어의를 차마 그대로 쓸 수 없었던 승지 이하진(李夏鎭)이 '관속' 대신 '조관(照管)'으로 고쳐 썼다고 하였다.《肅宗實錄 1年 4月 25日》 당시 노론 측에서는 이를 광해군 때 정인홍·이이첨 등이 득세하여 인목대비의 명호를 삭거하고 서궁(西宮)에 유폐한 일에 빗대어 비판하였다. 노론계 당론서인 《형감》에서도 실록의 기사에 따라 윤휴와 홍우원이 '관속'이라고 하였는데, 세간에 나온 문자에는 "동정을 살피고 단속함[照管動靜]"으로 고쳤다고 했다. 역시 노론계 당론서인 《아아록(我我錄)》에서도 윤휴가 탑전(榻前)에서 '암탉', '밝게 비춤' 등의 말을 했다고 전하고 있다. 이에 반해 윤휴의 문집 《백호전서(白湖全書)》 〈연보(年譜)〉에서는 애당초 윤휴가 사용한 용어는 '관속'이 아닌 '조관'이었다고 하였다. 윤휴 측은 김수항 등 서인이 이 '조관'이란 용어를 가지고 윤휴를 무함하는 근거로 삼으려 하였으나, '조관'이 옛날 사람들이 군신·부자 사이에 사용했던 용어라 죄목으로 삼을 수 없게 되자 김석주가 '관속'이란 말로 고쳤고, 윤계(尹堦)가 또 '구속(拘束)'이란 말로 바꾸었으며, '동정(動靜)' 두 글자는 김수항이 첨가해 넣은 것이라고 주장하였다. 남인계 당론서인 《동소만록》에서는 이 일의 배후로 송시열을 지목하였다. 즉 "동정을 살핀다.[照管]"는 뜻을 상황을 낱낱이 헤아려[照勘] 통제[管束]한다는 뜻으로 바꾸어 윤휴를 죽이는 죄안으로 꾸몄다고 주장하였다.

217) 익명서(匿名書) : 1679년에 나온 이환(李煥)의 익명서 사건을 가리킨다. 노론측에서는 이 익명서가 윤휴의 사주를 받고 나온 것으로 간주하였지만, 남인들은 인정하지 않았다.

218) 송시열에게 원한을 샀는데 : 윤휴가 예송에서 송시열의 예설을 "군주를 낮추고 종통을 둘로 한다.[卑主貳宗]"고 비난하였다. 송시열의 주장은 정체(正體)인 소현세자의 초상에 인조가 이미 장자의 복을 입었기 때문에 효종이 대통을 계승한 것과는 별도로 대비는 둘째 아들[庶子]을 위한 복을 입어야 한다는 것이었다. 서인은 윤휴의 비판이 송시열을 효종의 정통성을 부정하는 것으로 몰아붙여 일망타진하려는 음험한 계책을 부리는 것이라 보았다. 1687년 3월 나양좌가 올린 상소에 따르면 송시열은 "윤휴가 주장하는 예설은 실로 나를 죽이려는 것이고, 윤선도도 그의 사주를 받은 것"으로 인식하고 있었다.

219) 윤증이 … 생각하였기 : 윤선거가 〈기유의서〉에서 윤휴를 용서하고 등용하라고 송시열에게 요구하였으므로 윤증도 자기 부친과 같은 입장이었다고 볼 수 있다. 다만 경신환국으로 윤휴가 사사된 것에 대해서는 윤휴가 송시열을 비롯한 서인을 일망타진하려고 하였으므로 불가피하다고 보고 있었다. 1684년(숙종10) 7월 22일 윤증이 송시열에게

것입니다. 이로 보건대 저들[220] 가운데에도 또한 공론이 있었는데 이환(李煥)의 익명서[221]로 말미암아 사로잡혀 와서 사사(賜死)되기에 이르렀습니다."

하였다. 시독관(侍讀官) 이윤수도 역시 억울하다고 하면서 말하기를,

"고 감사 이덕주(李德周)[222]와 고 판서 이원정(李元禎)은 이미 신원(伸寃)하였는데, 유독 윤휴만은 아직 신원되지 못하였습니다."

하였다. 검토관 심벌(沈橃)[223]이 계속해서 아뢰니 주상이 등대(登對)[224]하여 품처(稟處)[225]하도록 명하였다.

○ 유생 안전(安㻸)과 이현령(李玄齡) 등이 문성공(文成公) 이이와 문간공(文簡公) 성혼을 문묘에서 출향(黜享)하라고 청하였다. 주상이 답하기를,

---

답한 편지[答懷川書]에서 윤휴에 대해 이르기를, "그 사람이 죄를 받아 죽은 후이니, 다시 논할 일이 무엇이 있겠습니까?[況其人罪死之後, 尤有何更論之事乎?]"라고 말한 것은 그것을 말해준다. 이에 대해 송시열 측은 윤증이 흉적 윤휴에게 '죄를 받아 죽었다.'고 한 것은 윤휴를 통렬하게 배척할 뜻이 없음을 반증하는 것이라며 비난하였다. 더 나아가 한때 윤증이 윤휴의 제문을 지었고, 그 구절 중에, "당쟁의 화가 갑자기 일어나 수명을 연장하지 못하였다.[黨禍忽作, 命不少延.]"라는 내용이 있다는 뜬소문이 돌았다. 이를 두고 송시열 측은 윤증이 윤휴의 죽음을 억울한 것으로 생각한다고 공격하였다.

220) 저들 : 서인을 가리킨다.

221) 이환(李煥)의 익명서 : 1679년(숙종5) 윤휴가 이환을 사주하여 익명의 흉서를 파자(把子) 앞 다리에 걸게 하고, 잇달아 비밀 차자를 올려 흉서에 이름이 기록된 자를 국문할 것을 청했다는 일을 말한다. 익명서에는 민정중·김익훈 등의 이름이 거론되어 있었다. 윤휴는 같은 날 비밀 차자를 올려 흉서에 이름이 거론된 자들에게 군대를 거느리지 못하게 할 것을 청하였다.《肅宗實錄 5年 3月 12日·15日, 4月 8日·9日·29日, 6年 5月 14日·15日》 한편 윤휴와 그의 후손들은 이 일은 오히려 이환이 윤휴에게 원한을 품고 모함한 것이라고 주장하였다.《白湖全書 辭職疏》《白湖全書 擊錚原情書》

222) 이덕주(李德周) : 1617~1682. 본관은 전주, 자는 성종(聖從)이다. 1648년(인조26) 진사가 되고, 1668년(현종9) 별시문과에 급제하여, 1675년(숙종1) 지평(持平)을 거쳐 강원도관찰사 등을 역임하였다. 1682년 허새의 역모사건에 연루되어 죽었다.

223) 심벌(沈橃) : 1645~1711. 본관은 청송(靑松), 자는 군섭(君涉)이다. 1675년(숙종1) 증광문과에 급제하여 지평 등을 역임하고, 1679년 홍문록에 올랐다. 기사환국 이후 승지·황해도관찰사 등을 지냈는데, 1694년 갑술환국 당시 탄핵을 받아 유배되었다가 1697년 풀려났다.

224) 등대(登對) : 어전(御前)에서 임금을 직접 면대(面對)하는 것을 가리킨다.

225) 품처(稟處) : 임금이나 윗사람에게 아뢰어서 처리하는 것을 말한다.

"한번 두 신하를 문묘에 승사(陞祀)한 뒤로부터 송시열이 여론(餘論)을 주워 모아서 사람을 죽이고 나라를 병들게 하였으며, 심지어 윤증을 배척하는 데 힘을 다한 것이 다시 그 여지가 없을 정도여서 이륜(彝倫)[226]이 거의 끊어져 버리는 것을 면하지 못하였으니, 어찌 마음이 아프지 않겠는가? 특별히 그 청한 바를 윤허한다."

하였다. 진사 심제현(沈齊賢) 등이 상소하여 두 현인이 무고를 당하였다고 변론하니, 승지 이담명(李聃命)[227] 등이 봉입하면서 아뢰어서, 사악한 말을 공공연히 멋대로 지껄였다고 배척하였다.

○ 이조판서 심재(沈梓)[228]가 여러 재상들을 거느리고 -예조판서 민암(閔黯), 호조판서 권대운(權大載), 병조판서 윤심(尹深),[229] 형조판서 이우정, 공조판서 민종도(閔宗道),[230] 우참찬 유명천, 판윤 오시복, 이조참판 유하익, 호조참판 권유(權愈), 형조참판 박상형(朴相馨),[231] 호조참판 신후재(申厚載),[232] 좌윤 윤이제(尹以濟),[233] 강화유수[江留]

---

226) 이륜(彝倫) : 사람으로서 지켜야 할 떳떳한 도리(道理)이다.

227) 이담명(李聃命) : 1646~1701. 본관은 광주, 자는 이로(耳老), 호는 정재(靜齋)이다. 이도장의 손자, 이원정의 아들이고, 허목의 문인이다. 1666년(현종7) 생원시, 1670년 문과에 급제하여 청요직을 두루 역임하였는데 1680년 경신환국 당시 파직되었고, 아버지는 사사되었다. 1683년 복관되어 이조참판 등을 역임하였다. 그러나 갑술환국(1694)으로 유배되었다.

228) 심재(沈梓) : 1624~1693. 본관은 청송, 자는 문숙(文叔), 호는 양졸재(養拙齋)이다. 1654년(효종5) 식년문과에 급제하여 청요직을 두루 거쳐서 도승지·공조판서 등을 역임하였다. 세자[경종] 책봉을 반대하는 송시열·김수항 등을 탄핵하여 유배보냈다.

229) 윤심(尹深) : 1633~1692. 본관은 파평(坡平), 자는 현통(玄通), 호 징암(懲庵)이다. 1660년(현종1) 증광문과에 갑과로 급제하여 청요직을 두루 거치고 1678년(숙종4) 도승지에 올랐다. 1679년 허적·권대운 등과 함께 송시열의 처벌을 청하였다가 1680년 경신환국 때 파직되었다. 1689년 기사환국으로 재기용되어 병조판서 등을 역임하였다.

230) 민종도(閔宗道) : 1633~1693. 본관은 여흥, 자는 여증(汝曾)이다. 대사헌 민응협(閔應協)의 손자이고, 좌찬성 민점(閔點)의 아들로, 큰아버지는 좌의정 민희(閔熙)이며, 동생 이조정랑 민홍도(閔弘道)이다. 1662년(현종3) 증광문과, 1666년 문과 중시에 거듭 합격하여 청요직을 두루 거쳤다. 숙종 초에 탁남에 속하여 서인에 대한 온건론을 폈다. 1680년 경신환국으로 유배갔다가 1689년 기사환국 이후 복직되자 강경파로 돌아서 송시열과 김수항을 사사(賜死)하라고 주장하였다. 1694년 갑술환국 이후 관작이 추탈되었다.

정박(鄭樸),[234] 예조참의 유하겸(兪夏謙),[235] 병조참의 이서우(李瑞雨), 참지 이현기, 호조참의 이의징(李義徵),[236] 공조참의 박정설(朴廷薛),[237] 대사성 유명현(柳命賢),[238] 부호군 목임유(睦林儒)[239]- 상소하여 대략 말하기를,

---

231) 박상형(朴相馨) : 1626~?. 본관은 고령(高靈), 자는 덕윤(德潤)이다. 1652년(효종3) 진사가 되고, 1660년(현종1) 식년문과에 급제하여, 청요직을 두루 거쳤다. 형조참판·우윤 등을 역임하였는데, 1694년 갑술환국으로 문외출송(門外出送) 되었다.

232) 신후재(申厚載) : 1636~1699. 본관은 평산, 자는 덕부(德夫), 호는 규정(葵亭)·서암(恕庵)이다. 1660년(현종1) 사마시를 거쳐 같은 해 식년문과에 급제하여 청요직을 두루 거쳤다. 1679년(숙종5) 강원도관찰사 등을 역임하다가 이듬해 경신환국으로 삭직되었다. 기사환국으로 도승지 등을 지냈는데, 갑술환국(1694) 당시 유배되었다가 1697년에 풀려난 뒤에 은퇴하였다.

233) 윤이제(尹以濟) : 1628~1701. 본관은 파평, 자는 여즙(汝楫)이다. 1663년(현종4) 식년문과에 급제하고 숙종대 승지·평안도관찰사 등을 지냈다. 1689년 기사환국이 일어나자 어영대장에 임명되었고, 그 뒤 형조판서 등을 역임하였다. 갑술환국(1694) 때 삭탈관작 문외출송되었다가 1697년(숙종23) 풀려나 은거하였다.

234) 정박(鄭樸) : 1621~1692. 본관은 해주(海州), 자는 자문(子文), 호는 취은(醉隱)이다. 1652년(효종3) 증광문과에 급제하여 청요직을 두루 거쳤다. 1675년(숙종1) 승지 재직 시 윤휴를 구원하였다. 그 뒤 대사간 등을 역임하면서 허목을 서용하라고 주장하였다. 경신환국으로 좌천되었다가 복창군·복선군의 심복이라는 이유로 관직에서 축출되었다. 기사환국(1689) 이후 형조참판 등을 역임하였다.

235) 유하겸(兪夏謙) : 1632~? 본관은 기계, 자 수보(受甫)·중휘(仲撝)이다. 1669년(현종10) 사마시, 1672년(현종13) 별시문과(別試文科)에 급제하여 예조참의와 승지 등을 역임하였다.

236) 이의징(李義徵) : ?~1695. 본관은 전주, 자는 대숙(大叔)이다. 판서 이응시(李應蓍)의 아들이다. 숙종대 음관으로 진안현감이 되었다가 기사환국 이후 공조판서·훈련대장 등을 역임하였다. 1694년 김춘택 등이 폐비 민씨(閔氏)를 복위하려 한다는 고변이 있자 훈련대장으로서 민암과 함께 옥사를 일으켰다가 유배되어, 이듬해 사사되었다.

237) 박정설(朴廷薛) : 1612~? 본관은 함양, 자는 여필(汝弼), 호는 돈우당(遯愚堂)이다. 1642년(인조20) 진사가 되고, 1651년(효종2) 식년문과에 급제하였다. 1676년(숙종2) 사헌부 장령이 되었고, 1678(숙종4) 민정중의 삭탈관작을 요구하였다. 경신환국(1680)으로 파직되었다가 기사환국(1689)으로 공조참의·승지 등을 지냈다.

238) 유명현(柳命賢) : 1643~1703. 본관은 진주, 자 사희(士希), 호 정재(靜齋)이다. 이조·형조판서 등을 역임하였다. 1701년 장희재와 공모하여 인현왕후를 해치려 하였다는 죄로 탄핵받아 다시 귀양 가서 죽었다.

239) 목임유(睦林儒) : 1634~? 본관은 사천(泗川), 자는 사아(士雅)이다. 동지중추부사 목서흠(睦敍欽)의 손자, 목겸선(睦兼善)의 아들이다. 1651년(효종2) 사마시, 1675년(숙종1) 증광문과에 급제하여 청요직을 두루 거쳤다. 1679년(숙종5) 송시열의 처벌을 주장하였다가 경신환국(1680)으로 체직되었다. 기사환국(1689)으로 승지 등을 역임하다가 갑술환국

“김수항이 전후 국정을 맡은 지 거의 20년이 되었는데, 그 마음이 음험하고 교활하며, 죄의 경중을 논한 것이 참혹하고 각박하여, 슬프게도 죄 없는 저희는 머리를 나란히 하고 섬멸 당하였습니다. 심지어 말하기를,

‘김익훈에게 죄가 있으면 신 또한 죄가 있습니다.’

하고, 또 말하기를,

‘아방에서 은밀히 아뢴 것이 신은 불가한지 모르겠습니다.’

하면서 안팎에서 재앙을 얽었으니 용서할 수 없는 첫 번째 죄입니다.

또 오시수가 죽을 때 은화를 주어서 은밀히 도모하고, 역관을 사주하여 말을 바꾸어서 제멋대로 죄를 꾸며 반드시 사형을 받게 만들었으니, 용서할 수 없는 두 번째 죄입니다. 은밀히 궁금(宮禁, 궁궐)과 통하여 공주[240]집안과 밀접한 교분을 맺고 주상의 동정을 엿보아 자기와 다른 자를 몰아내어 제거하였으니, 용서할 수 없는 세 번째 죄입니다. 속히 삼사(三司)의 계청(啓請)을 윤허하여 나라의 형벌을 바로잡으십시오.”

하니, 주상이 그대로 따라서 사사하였다.

또 상소하여 말하기를,

“송시열은 군부를 폄박(貶薄)하고 국본을 요동시켰으니, 전후에 지은 죄가 반역을 도모하는 마음이 아닌 것이 없습니다. 관고(貫高)[241]는 한(漢)나라의 역신(逆臣)인데, 암암리에 자신을 그에게 비유하였으며, 소공(昭公)은 노(魯)나라의 어리석은 임금인데, 감히 선조(先朝)를 그에게 비유하였습니다. 이처럼

(1694)으로 삭출되었는데, 이듬해 풀려났다.

240) 공주 : 숙종의 고모 숙안공주(淑安公主, 효종의 장녀)이다. 익평위(益平尉) 홍득기(洪得箕)와 결혼하여 홍치상(洪致祥)을 낳았다. 홍치상의 처조카가 김수항의 종손녀인 영빈(寧嬪) 김씨였다. 남인들은 김수항이 영빈을 통해서 홍치상과 결탁하였다고 본 것이다.

241) 관고(貫高) : 한나라 때 조왕(趙王) 장오(張敖)의 정승이다. 한 고조(漢高祖)가 조나라에 들렀을 때 조왕을 모욕하자 관고가 그를 분하게 여겨, 백인현(柏人縣)의 고조가 묵고 있는 집 뒷간 벽 속에다 사람을 숨겨 두고 고조가 지나기를 기다려서 시해하게 하는 음모를 꾸몄다. 이 음모가 발각되었으나, 고조는 관고를 용서해 주었는데, 그는 결국 자살하고 말았다. 《漢書 張耳陳餘傳》

화심을 품고 임금을 무고하는 부도(不道)한 사실이 있으니 사로잡아다가 정법(正法)에 처하지 않을 수 없습니다."

하였다. 또한 홍치상(洪致祥)의 죄[242]를 논하였지만 주상이 모두 따르지 않았다.

○ 좌의정 목내선이 주상에게 말하기를,

"지난날 두 신하를 문묘에서 출향하라고 명하였는데, 수령 가운데 거행하려 하지 않으려고 파면되어 돌아간 자가 많습니다. 각 도의 감사는 종중추고(從重推考)[243]하고, 수령에 대해서는 실정을 조사해서 보고하게 하십시오."

하니, 주상이 허락하였다.

○ **여름**, 삼사(三司)[244]가 청대(請對)[245]하여 입시하였는데, 삼사 -대사헌 목창명, 지평 배정휘(裵正徽)·정선명(鄭善鳴), 헌납 이만원, 정언 성관(成瓘)·조식(趙湜),[246] 응교 이식(李湜),[247] 교리 강선(姜銑)[248]·이윤수, 부교리 권규(權珪),[249] 수찬 심계량(沈季良),

---

242) 홍치상(洪致祥)의 죄 : 홍치상(?~1689)은 숙안공주의 아들인데 숙종대 서인의 편에서 남인과 대립하는데 앞장섰다. 1689년(숙종15) 기사환국 당시 장희빈(張禧嬪)의 어머니가 남인 조사석(趙師錫)의 종이었고, 그 인연으로 조사석이 정승이 되었다는 소문을 퍼트렸다.《肅宗實錄 15年 2月 5日, 閏3月 2日》이 일로 홍치상은 그해 4월 교형(絞刑)에 처해졌으며, 그의 처조카였던 영빈(寧嬪) 김씨는 작호가 삭탈된 후 폐출되었고, 인현왕후 또한 폐위되어 후궁 장씨가 왕비의 자리에 올랐다.《肅宗實錄 15年 4月 22日, 5月 6日》

243) 종중추고(從重推考) : 관료의 죄과를 신문하여 그중 중벌에 따라 징계하는 것이다.

244) 삼사(三司) : 언론을 담당한 사헌부·사간원·홍문관이다. 삼사 가운데 사간원과 사헌부를 양사(兩司) 또는 언론 양사라 하고, 이들이 함께 상소를 올리는 것을 양사 합계(兩司合啓)라 하였다. 이 두 기관의 관원들을 대간(臺諫)이라 하였다. 후에 홍문관이 합세하면서 삼사가 되었고, 이 세 기관이 함께 상소하는 것을 삼사합계(三司合啓)라 하였다.

245) 청대(請對) : 신하가 급한 일이 있을 때 임금에게 뵙기를 청하던 일이다.

246) 조식(趙湜) : 1648~1714. 본관은 횡성(橫城), 자는 지정(持正)이다. 1686년(숙종12) 춘당대문과에 장원하여 공조참의 등을 역임하였다. 1689년(숙종15) 기사환국 당시 지평으로 이광한(李光漢)·김익훈 등 노론계 훈적(勳籍) 삭제를 주장하였다. 이어서 송시열을 탄핵하였으며, 남구만을 중도부처 시키는 데 앞장섰다. 갑술환국 당시 송시열·민정중의 안률(按律)을 먼저 발의한 일로 귀양갔다.

부수찬 심벌- 가 대략 아뢰기를,

"송시열은 한 사람의 몸으로 여덟 가지의 흉악한 죄를 겸하였습니다. 주상을 속이고 어진 이를 시기하였으며, 공(公)을 도외시하고 당(黨)을 위해 죽으려 했으니, 그 죄가 큽니다. 정령(政令)을 폐기하고 시행하는 것이 모두 그의 지휘에서 나왔고, 상을 주고 빼앗는 것을 하나 같이 자기의 호오(好惡)대로 하였으니 그 죄가 큽니다.

자기와 다른 자는 배격하는데 급급하였고, 자신에게 붙는 자는 장려하여 발탁하는데 급급하였는데, 칭찬하여 천거한 자는 이유태와 이상진(李尙眞)과 같은 부류였고, 끌어들여 이용한 자는 김익훈과 이사명의 무리가 아님이 없었으니, 그 죄가 큽니다. 도학이라고 거짓 칭하고 자신을 주자에 비견하여 돌려가며 서로 속이고 유혹하여 온 세상을 그릇되게 만들었으니 그 죄가 큽니다. 당여를 비호하고, 공의(公議)를 원수 보듯 하여 김익훈의 무리들을 부추겨서 밀고(密告)하는 문을 열었으니 그 죄가 큽니다.

군주를 폄하한 죄를 가리려고 효종의 세실(世室)을 미리 정하고, 미리 정한 자취를 혼란시키려고 태조에게 휘호를 추가하였으니, 그 죄가 큽니다. 기해년(1659, 현종즉위)에 예론을 그르친 뒤에 더욱 자기와 다른 사람들을 미워하여 경신년(1680, 숙종6) 옥사[250]로 마침내 일망타진하려는 계책을 실행하였으니,

---

247) 이식(李湜) : 1643~1700. 본관은 연안(延安), 자는 정원(正源)이다. 1675년(숙종1) 증광문과에 급제하여 청요직을 두루 지냈다. 1691년(숙종17) 대사간 재직 시 남용익을 논핵하여 원자(元子)의 호(號)를 정할 때 반교문(頒敎文)을 소홀히 지은 죄를 물었다. 이후 대사간을 거쳐 좌승지 등을 역임하였다.

248) 강선(姜銑) : 1645~1710. 본관은 진주, 자는 자화(子和)이다. 강백년(姜柏年)의 아들이다. 1675년(숙종1) 증광문과에 급제하여 1679년 도당록에 올랐다. 1680년 경신환국으로 지평에서 파직되었다가 기사환국으로 교리에 등용되어 송시열을 처벌하라고 청하였다. 갑술환국으로 다시 파직되었다가 1698년 다시 등용되어 도승지 등을 역임하였다.

249) 권규(權珪) : 1648~1723. 본관은 안동, 자는 국서(國瑞)·덕장(德章), 호는 남록(南麓)이다. 영의정 권대운(權大運)의 아들이다. 1675년(숙종1) 증광문과에 급제하여 청요직을 두루 역임하다가 1694년 갑술환국 당시 유배되었다. 1697년 풀려나 1721년(경종1) 세제의 대리청정을 반대하는 상소를 올렸고, 1722년 신임옥사로 공조참판에 올랐다.

250) 경신년 옥사 : 1680년(숙종6) 경신환국 이후 일어난 일련의 옥사를 가리킨다. 당시 허견

그 죄가 큽니다.

은연중에 정통이 아닌 은공(隱公)[251]처럼 우리 효종을 대우해서 적자(嫡子)라는 표현을 폐기하여 우리 인조[仁廟]를 비웃었으니,[252] 이것이 첫 번째 반역을 도모하려는 마음입니다.

예론을 그르친 뒤 상소하여 이것을 변론하자 흉인(兇人)이라고 지목하고 화를 전가시킨다고 배척해서 고 참의 윤선도는 이로 인해 천극되었고, 고 상신 허목은 이로 인해 금고(禁錮)되었습니다. 삼조(三朝)에 걸쳐 숙망(宿望)을 받던 조경과 한 시대 청렴하다는 명성을 들었던 홍우원은 모두 수사(收司)의 형률을 받아서 이로써 온 나라의 입을 막아버렸으니 이것이 두 번째 반역을 도모하려는 마음입니다.

원량(元良, 세자)이 탄생하여 명호가 이미 정해졌는데도 올린 상소문 하나에서는 그 말이 지극히 음험하였으니, 이것이 세 번째 반역을 도모하려는 마음입니다.

송시열의 죄악은 진실로 여기에 그치지 않아서, 무장부도(無將不道)[253]의

(許堅) 등이 복창군을 추대하여 역모를 꾀한다는 혐의를 받고 역모죄로 사사되었고, 아울러 허적·윤휴·허목 등 남인 주요세력이 모두 제거되었다. 송시열은 경신환국에 대해 숙종을 오도(誤導)하고 역모를 꾸민 남인들을 제거한 사건이라 인식하고 있었다. 따라서 그 과정에서 벌어진 기찰(譏察)과 같은 부도덕한 방법은 작은 흠절(欠節)에 불과하고 경신환국을 주도한 김익훈, 김석주 등 훈척의 충성은 종사를 보전한 훈업(勳業)이라 주장하였다. 경신환국에 대한 이러한 인식으로 인해 송시열은 조지겸와 한태동 등 소론들로부터 훈척에 영합하였다는 비판을 받았으며, 남인들로부터는 훈척과 통모하여 경신환국을 일으킨 주동자라는 의심을 받았다.

251) 은공(隱公) : 노나라 은공은 서자였는데 적자인 환공(桓公)이 아직 어리므로 임시로 임금이 되어 있다가 장차 환공에게 왕위를 전하려고 하였지만, 환공이 은공을 죽였다.

252) 은연중에 …… 하였으니 : 송시열이 기년복을 주장한 것은 효종을 차남으로 간주한 것으로서, 이는 효종의 정통성을 부정하여 궁극적으로 인조의 계통을 끊어버리는 것과 마찬가지라고 간주한 것이었다.

253) 무장부도(無將不道) : 임금이나 부모를 시해하려는 부도한 마음을 먹는 것을 말한다. 춘추시대 노나라 장공(莊公)의 아우인 숙아(叔牙)가 장공을 시해할 생각을 굳히자, 숙아의 아우인 계우(季友)가 숙아에게 독약을 먹고 자살하게 하였다. 이때 "임금과 어버이에게는 시역하려는 마음을 먹어서는 안 된다. 시역하려는 마음만 먹어도 복주한다.[君親無將,

죄에 관련되지 않은 것은 이루 다 적을 수도 없습니다. 홍치상은 주상을 속인 부도(不道)의 죄를 지었으니 동조(東朝)254)의 죄인입니다. 두 사람의 죄상은 만번 용서하려 해도 할 도리가 없으니 청컨대 속히 나라의 형벌을 바로잡도록 하십시오."

하니, 주상이 아뢴대로 하라고 하였다.

병조판서 민암과 영의정 권대운 등이 말하기를,

"반드시 국문할 필요는 없으니 참작하여 사사하는 것이 좋겠습니다."

하니, 주상이 "국문" 두 글자를 "사사"로 고쳐서 부표(付標)하였다. 홍치상은 다시 취조한 뒤에 처단하게 하였다.

○ 이수징(李壽徵)255)과 이현기 등이 진달하여 경신년에 화를 입은 죄인들을 모두 신원(伸寃)하고 복관시켰으나, 허견은 단지 그 요악(妖惡)한 점을 논하여 삭출하였다. 양흥군(陽興君) 이입신(李立身)은 고문받다 죽었고, 의풍군(宜豊君) 남두북(南斗北)은 감옥에서 병들어 죽었으며, 밀임군(密林君) 박빈(朴斌)도 형벌을 받았다.256)

○ 곤전(坤殿, 인현왕후)이 사제(私第)로 쫓겨나니, 승정원과 삼사에서 청대

將而誅焉.]" 하였다. 《春秋公羊傳 莊公32年》

254) 동조(東朝) : 대비가 거처하는 궁궐을 말한다. 한나라 때에 태후가 거처하던 장락궁(長樂宮)이 황제의 거처인 미앙궁(未央宮)의 동쪽에 있었던 데에서 유래하였다. 여기서는 이미 죽은 숙종의 모친인 명성왕후(明聖王后, 1632~1683)를 가리킨다.

255) 이수징(李壽徵) : 1632~1702. 본관은 연안(延安), 자는 인로(仁老)이다. 할아버지는 판서 이광정(李光庭)이다. 1657년 진사시, 1678년(숙종4) 증광문과에 급제하여 청요직을 두루 거쳤다. 1689년 지평으로서 경신옥사(庚申獄事)의 신원(伸寃)을 주장하고, 송시열의 피화(被禍) 당시 대신(臺臣)으로서 참여하였다. 이로 인해 1694년 갑술환국으로 유배되었다가 1697년 풀려났다. 이후 개성유수 등을 역임하였다.

256) 양흥군(陽興君) …… 받았다 : 이입신을 포함한 세 명은 경신환국 당시 김석주 등의 사주를 받아 남인의 동정을 살피고 무고하는데 일조한 인물들이다. 그 공으로 녹훈을 받았으나, 이때 이르러 처벌받아 죽고 삭탈되었다.

하였으나, 허락하지 않았다. 헌납 이만원과 홍문관 이식이 상소하여 다투자 이만원은 유배보내고, 이식은 삭직하라고 명하였다. 영의정 권대운 등이 백관을 거느리고 정청(庭請)[257]하였으나 하루가 못 되어 그만두었다.[258]

전 판서 오두인(吳斗寅)[259]과 전 참판 이세화(李世華),[260] 전 응교 박태보 -80여인- 등이 상소하여 대략 말하기를,

"지금 우리 모후(母后)는 선후(先后, 명성왕후)께서 친히 선발하셨고, 전하께서 함께 선후의 초상을 치르신 분입니다. 그런데 어제 빈청에 내리신 비지(批旨)는 신자(臣子)가 차마 들을 수 없는 점이 있어서 국왕의 말씀이 한 번 전파되자 이를 보고 듣는 사람들이 크게 놀랐습니다.

---

257) 정청(庭請) : 국가에 중대사가 있을 때 세자나 의정(議政)이 백관을 인솔하고 궁궐에 들어가 국사를 아뢰고 하교를 기다리는 일이다.

258) 권대운 …… 그만두었다 : 인현왕후 폐위와 관련된 남인의 태도를 지적할 때 노론계 당론서에서 자주 등장하는 구절이다. 즉 형식적으로 하루도 못 되는 기간 반대하는 척하다가 그만두었다는 것이다. 반면 《동소만록》에서는 적극적인 반대시도가 있었음을 적시하였다. 당시 남인 가운데 엄한 벌을 받아 쫓겨난 자가 한 두 사람이 아니었으며 단지 죽음에 이르지 않았을 뿐이라고 하였다. 이것은 인현왕후 폐위로 인해 남인에게 씌워진 명의죄인(名義罪人)이라는 혐의를 벗어나려는 시도였다. 명의죄인의 혐의는 이들을 후대에 이르도록 폐고하는 직접적인 원인을 제공한 사안이었다. 명의란 중국 법전이나 조선의 형전에서도 찾을 수 없는 죄명인데도 수많은 사람들의 과거 길을 천만세토록 막았다고 하였다. 즉 서인은 명의로써 함정을 만들어 놓고 남인을 그 속에 밀어 넣어 해치려 했다는 것이다.

259) 오두인(吳斗寅) : 1624~1689. 본관은 해주(海州), 자는 원징(元徵), 호는 양곡(陽谷)이다. 1648년(인조26) 진사시에 1등으로 합격하고, 이듬해 별시문과에 장원으로 급제하였다. 효종·현종 연간 청요직을 두루 역임하였다. 1682년 경기도관찰사를 거쳐 다음해 공조판서에 올랐다. 1689년 형조판서로 재직 중에 기사환국으로 삭직당하였다. 1689년 인현왕후가 폐위되자 이세화(李世華)·박태보와 함께 이에 반대 상소를 올렸다가 국문을 받고 유배 도중 죽었다. 1694년 영의정에 추증되었으며, 저서로 《양곡집》이 있고, 시호는 충정(忠貞)이다.

260) 이세화(李世華) : 1630~1701. 본관은 부평(富平), 자는 군실(君實), 호는 쌍백당(雙栢堂)·칠정(七井)이다. 1652년(효종3) 생원이 되고, 1657년 식년문과에 급제하여, 정언·장령 등을 거쳐 전라도관찰사를 역임하였다. 1689년 인현왕후가 폐위되자 오두인과 함께 반대 상소를 올렸다가 친국을 받았다. 갑술환국 이후 인현왕후 복위도감 제조를 거쳐 이조판서 등을 지냈다. 저서로 《쌍백당집(雙栢堂集)》이 있고, 시호는 충숙(忠肅)이다.

궁위(宮闈, 궁궐)의 일은 바깥의 사람들은 알 수 없으니, 이른바 '가탁(假托)하여 무함했다.'는 것은 과연 무슨 일입니까? 설령 내전(內殿)께서 작은 실수를 저질렀다고 해도 꿈 얘기[261]를 한 것은 언어의 실수에 불과한 것인데 이것이 무슨 큰 허물이라고 조금도 너그럽게 용서하지 않으십니까? 하물며 원자의 탄생은 실로 종묘사직의 무궁한 경사로 내전의 마음인들 어찌 기쁘지 않을 리가 있겠습니까?

지난해 빈어(嬪御, 후궁) 선발도 내전의 권유에서 나온 것이었으니, 저사(儲嗣)가 오랫동안 비어있는 것을 근심하여 자신의 사심(私心)을 잊은 조처라는 것을 알 수 있습니다. 이제 원량이 탄생한 뒤에 도리어 불평하는 마음을 품는 것은 상정(常情)으로 헤아려 보아도 반드시 그럴 리가 없습니다. 부인(婦人)들은 성정(性情)이 편협하여 투기하지 않는 이가 드무니, 앞선 세대 후비(后妃) 가운데 누가 이것을 면한 사람이 있었습니까?

여항(閭巷)의 필서(匹庶, 평민)가 일처(一妻)와 일첩(一妾)을 둘 때도 반드시 명분을 삼가고 까다롭게 세세히 따져 살펴야 규문(閨門, 부녀자가 거처하는 안방)이 부정(不靖)해지는 단서를 막을 수 있습니다. 진실로 이렇게 하지 않으면 서로 다투는 사이에 틈이 생기고 서로 핍박하는 사이에 미움이 생겨서 이간질하는 말이 그 사이를 어지럽혀 점점 배어 들어가 익어가게 되므로 이를 다시 철저히 살피지 않으면 그 화가 어디까지 흘러갈지 이루 말할 수 있겠습니까?"

하였다. 또 말하기를,

---

261) 꿈 얘기 : 숙종이 인현왕후를 내치기 위해 신하들에게 한 말에 보인다. "병인년에 희빈(禧嬪)이 처음 숙원(淑媛)이 되었을 때 중전이 귀인(貴人, 김수항의 종손녀)과 함께 한 패가 되어 원망하고 질투한 실상은 진실로 이루 말할 수 없다. 어느 날 나를 보고 말하기를, '꿈에 선왕(先王)과 선후(先后)를 뵈었더니, 내전(內殿, 인현왕후)과 귀인(貴人)은 복록이 길 것이며, 아들을 많이 낳아 선조조(宣祖朝)와 같을 것이다. 그러나 숙원(淑媛, 장씨)은 아들이 없을 뿐만 아니라 겸하여 복도 없을 것이며, 오래 궁중에 있다가는 반드시 경신년 뒤에 뜻을 잃은 사람[남인]들과 결탁해서 망측한 일을 만들어내어 마침내 국가에 불리하리라 하셨습니다.' 하였다."《燃藜室記述 肅宗朝故事本末》

"원자에게 명호를 올려 위로 적후(嫡后)에게 이어졌으니, 바로 중궁(中宮)의 아들이신데, 어찌 중궁을 기울여 넘어뜨린 뒤에 바야흐로 원자가 편안할 리가 있겠습니까?"

하였다. 전 교리 이후정(李后定)[262] 또한 상소하여 극언하였는데, 승정원에서 이후정의 상소는 돌려주고, 오직 오두인 등의 상소만 봉입하였다. 주상이 노하여 친히 오두인 등을 국문하였는데, 대신의 말로 인하여 죽음을 감하여 유배 보냈으나, 박태보는 길에서 죽었다.[263]

○ 판부사 이상진이 차자를 올려 다투니, 극변으로 유배 보내 천극하라고 명하였다.

○ 우의정 김덕원 등이 서로 이어서 경신년 옥안(獄案)[264]의 억울함을 진달하니, 이남과 허견을 제외하고는 모두 복관하였으며, 보사공신(保社功臣)[265]의 훈명(勳名)은 깎아버리고, 김석주 등의 관작은 추탈(追奪)하였다. 이어서 노적(孥籍)[266]을 시행하고 중외에 교서를 반포하였다.

---

262) 이후정(李后定) : 1631~1689. 본관은 연안(延安), 자는 정숙(定叔), 호는 만안당(晩安堂)이고, 조경(趙絅)의 외손자이다. 1660년(현종1) 생원이 되고, 1675년(숙종1) 식년문과에 급제하여 청요직을 두루 지냈다. 1689년 병조참지(兵曹參知)로 재직 시 인현왕후의 폐위가 부당하다고 상소하였으나 승정원에서 물리치자 격분하여 죽었다.

263) 박태보는 길에서 죽었다 : 박태보의 희생은 인현왕후 폐위의 부당성과 함께 당시 집권세력이었던 남인들에게 명의죄인(明義罪人)의 혐의를 붙이는데 유효한 사례였다. 이에 남인계 당론서에서는 당대 사실에 근거하여 자파의 보호 노력도 부각시키려 하였다. 《동소만록》에서 남하정은 폐위를 막기 위해서 기울였던 권대운·목내선·김덕원 등 남인 당국자의 노력을 구구절절 인용하였다. 심지어 민암이 울면서 간청했고 임금이 '우는 자는 모두 나가라'고 했음에도, 신하들이 그치지 않고 반복하여 논계한 사실까지도 소개하였다. 이렇게 폐위에 반대하다가 쫓겨난 남인이 적지 않았는데도, 단지 박태보처럼 죽지 않았다고 해서 남인들에게만 죄를 묻는 것은 잘못됐다고 주장하였다.

264) 옥안(獄案) : 죄인의 범죄 사실을 조사한 서류이다.

265) 보사공신(保社功臣) : 1680년(숙종6) 경신환국 당시 공을 세운 신하에게 내린 칭호 또는 그 칭호를 받은 사람이다.

266) 노적(孥籍) : 중죄를 지었을 경우 본인은 극형(極刑)에 처하고, 그 처자까지 연좌시켜

경오년(1690, 숙종16) 가을, 대사헌 윤증이 상소하여 대략 말하기를,

“신은 젊어서부터 송시열을 스승으로 섬겨 왔습니다. 그러나 불행히도 편지를 주고받다 생긴 일로 갑자기 시끄러운 다툼이 일어나 몇 년 동안 소란스러웠습니다. 마침내 두 신하를 문묘 배향에서 축출하라는 비답에서도 또한 이 일을 언급하여 끝내 위로 성교(聖教)에 흠을 남기고 멀리 전현(前賢)들에게 누를 끼쳤으니, 이 모두 신의 죄입니다.

윤휴 또한 선신(先臣, 윤선거)과 일찍이 사이좋은 관계였는데, 예송(禮訟)이 일어나던 초기에 선신이 이미 그의 잘못된 처신을 배척하며 경계하였지만 따르지 않아서 마침내 서로 절교하기에 이르렀으니, 그가 끝에 보인 형편없는 행동은 다시 거론할 필요가 없습니다.

지난번 소장이 나올 때마다 매번 미천한 신이 윤휴를 옹호한다고 하며 억지로 말을 지어내어 못하는 말이 없더니, 근래에 연신(筵臣)[267]이 윤휴의 신원(伸寃)을 이야기하면서는 신을 거론하며 증거로 삼아서, 비록 이전에는 죄 주려 하였지만 뒤에는 구원하려 하였다고 하였는데, 이는 모두 신의 본뜻이 아니었습니다.

선신이 이미 배척하고 절교한 사람을 옹호했다고 하는 것은 잘못이며, 신 또한 일찍이 그가 원통하게 죽었다고 말한 적이 없으니 원통하다고 말했다는 것은 망령된 일입니다. 신이 문을 닫고 병들어 누워지내면서 한 번도 본심을 드러내지 않아서 그릇된 사람을 보증하는 데로 귀결되는 것을 면치 못하였습니다.”

하였다. 또 말하기를,

“신은 박태보가 죽었다는 소식을 들은 뒤로는 심신(心神)이 놀라서 무너졌습니다. 박태보는 바로 신의 생질(甥姪, 조카)입니다.[268] 밝으신 성상의 세상에서

관의 노비로 만들고, 또 그들의 재산을 몰수하는 것을 말한다.

267) 연신(筵臣) : 경연(經筵)이나 서연(書筵) 등에서 경전 등을 강론하는 신하를 말한다. 혹은 경연 등에 참석하는 신하를 총칭하여 부르기도 한다.

이런 일을 당하게 될 줄 생각도 못했습니다."

하였다. 주상이 그 상소를 돌려주라고 명하였다.

집의 김일기(金一夔) -장령 성관, 지평 조식·홍돈(洪墪)- 등이 대략 아뢰기를,

"윤증이 상소에서 꾸미고 속여서 변환(變幻)하는 모습은 진실로 매우 놀랍습니다. 기해년 예론에서 윤증의 아비 선거가 애초 윤휴가 옳다고 하다가 송시열이 분노하여 절교하려 하자 윤선거는 곧 양쪽 다 옳다는 주장을 내놓았습니다. 또한 윤휴가 죽은 뒤 윤증이 윤휴의 사위를 가서 보고 두세 번 탄식하고 상심하며 사화(士禍)에 비유하였는데, 이는 실로 진신(搢紳)이 함께 들은 것입니다.

송시열이 죽임을 당한 뒤 흉악한 무리가 윤증의 몸에 허물을 돌리기에 있는 힘을 다하자, 윤증이 이에 남아 있는 위력을 두려워하여 후환을 모면하려 한다는 말이 널리 전파된 지 이미 오래되었습니다. 지금 그 이전의 자취를 가리고 그 아비의 주장을 바꾸어서 미봉하여 구차하게 모면할 생각을 하였으니, 이 사람은 어떤 사람입니까? 청컨대 관작을 삭탈하십시오."

하였다. 주상이 답하기를,

"윤증이 뒷날을 위해 기치를 세우는데 급급하여, 이전의 입장을 번복하여 꾸미고 속이는 모습은 참으로 매우 마음 아프다. 아뢴 대로 하라."

하였다.

갑술년(1694, 숙종20) 봄, 다음과 같이 하교하였다.

"지난번 우의정 민암이 함이완(咸以完)의 일[269]을 아뢰고, 이어서 의금부에

---

268) 박태보는 …… 생질입니다 : 윤증의 누이는 박세당의 형 박세후(朴世垕, 1627~1650)와 결혼하였는데, 박세후가 후사 없이 일찍 죽자 박세당이 둘째아들 박태보를 양자로 들이게 하였다. 그리하여 박태보는 윤선거의 외손자이자 윤증의 생질이 되었다.《明齋遺稿 卷36 潘南朴君墓誌銘》

269) 함이완(咸以完)의 일 : 1694년(숙종20) 서인 한중혁(韓重爀)과 김춘택(金春澤) 등이 뇌물을

가두어 두기를 청하기에 내가 일단 윤허하였다. 그런데 겨우 하루가 지났을 뿐인데, 옥정(獄情, 옥사의 정상)이 크게 확대되어, 예전에 갇혀서 죄를 추궁받던 자가 도리어 옥사를 국문하게 되자, 서로 끌어대며 면질을 청하고, 면질이 끝나면 거의 대부분 형벌을 주길 청하였다.

차례로 죄를 얽어 만들면 공주의 집[270]과 한쪽 편 사람들은 고문[拷掠] 받고 죽거나 귀양가는 것을 면하는 자가 드물 것이다. 저들이 군부(君父)를 우롱하고 진신을 어육(魚肉)으로 만들려는 정상이 매우 원통하고 한탄스럽다. 국문에 참가한 대신 이하는 모두 관작을 삭탈하여 도성 밖으로 내쫓으라."

이어서 승지와 삼사는 모두 파직하고, 전 정랑 김몽신(金夢臣)을 응교에 제수하고, 부사맹 윤덕준(尹德駿)[271]은 교리에 제수하였으며, 전 정랑 이인엽(李寅燁)[272]은 수찬에 제수하고, 전 현감 유집일은 장령에 제수하였다. 전 판관 김시걸(金時傑)[273]은 지평에 제수하고, 좌랑 이인병(李寅炳)[274]과 전 현감

써서 궁녀들과 내통하여 인현왕후의 복위를 꾀하고 이를 기회로 정국을 바꾸려 한다고 고변하였다. 그의 고변은 갑술환국이 발생하는 계기가 되었다.

270) 공주의 집 : 당시 함이완의 고변으로 잡혀 온 자의 공초 가운데 익평(益平)·청평(青平)·인평(寅平), 세 공주를 죽인 뒤에야 남인이 무사할 것이라는 내용이 있어서 나온 말이라고 한다. 익평은 익평위(益平尉) 홍득기(洪得箕)에게 시집간 숙안공주(淑安公主), 청평은 청평위(青平尉) 심익현(沈益顯)에게 시집간 숙명공주(淑明公主), 인평은 인평위(寅平尉) 정제현(鄭齊賢)에게 시집간 숙휘공주(淑徽公主)를 가리킨다. 이들은 모두 효종과 인선왕후 장씨 사이 소생으로서 현종과 동기간이다.

271) 윤덕준(尹德駿) : 1658~1717. 본관은 남원(南原), 자는 방서(邦瑞), 호는 일암(逸庵)이다. 1679년(숙종5) 정시문과에 급제하여 청요직을 두루 거쳤다. 1701년(숙종27) 대사간 재직 시 장희재의 죄를 다스리게 하였다. 이후 이조판서 등을 역임하였다. 시호는 효정(孝靖)이다.

272) 이인엽(李寅燁) : 1656~1710. 본관은 경주(慶州), 자는 계장(季章), 호는 회와(晦窩)이다. 할아버지는 이시발(李時發), 아버지는 좌의정 이경억(李慶億)이고, 최석정의 처남이다. 1684년(숙종10) 사마시, 1686년 정시문과에 급제하여 청요직을 두루 거쳤다. 1689년 박태보 등과 함께 인현왕후 폐위에 반대하는 상소에 참여하였다. 그 뒤 강화유수를 거쳐 대제학·호조판서 등을 역임하였다.

273) 김시걸(金時傑) : 1653~1701. 본관은 안동, 자는 사흥(士興), 호는 난곡(蘭谷)이다. 1684년(숙종10) 정시문과에 급제하여 1688년 검열이 되었으나 1689년 기사환국으로 파직 당했다. 갑술환국 이후 청요직을 두루 거쳐 전라도관찰사·대사간 등을 역임하였다. 시호는

유상재(柳尙載)[275]는 정언에 제수하였다.

이조판서 이현일(李玄逸)[276]은 지방에 있었으므로 개차(改差)하고, 전 판서 유상운(柳尙運)[277]을 제수하였으며, 전 영의정 남구만은 정승에 제배(除拜)[278]하고, 김두명(金斗明)[279]과 이동욱(李東郁)[280]을 승지에 임명하였다.

○ 다음과 같이 전교하였다. "유배 중인 김진귀 등을 우선 풀어주고, 전 영의정 김수흥과 전 좌의정 조사석(趙師錫)[281]을 모두 복관(復官)하고 사제(賜

헌간(獻簡)이다.

274) 이인병(李寅炳) : 1651~1702. 본관은 경주, 자는 문숙(文叔)이다. 이시발의 손자이고, 좌의정 이경억의 아들이며 이인엽의 형이다. 1693년(숙종19) 알성문과에서 장원하여, 갑술환국 이후 청요직을 두루 거치고, 1699년 황해도관찰사, 1701년 승지를 지냈다.

275) 유상재(柳尙載) : 1644~1703. 본관은 문화(文化), 자는 유원(悠遠)이다. 박동량(朴東亮)의 외손자이고 영의정 유상운의 아우이다. 1666년(현종7) 진사가 되고, 1683년(숙종9) 증광문과 급제하여 1688년 홍문록에 올랐다. 갑술환국 이후 청요직을 두루 거쳐 1703년(숙종29) 대사간이 되었다.

276) 이현일(李玄逸) : 1627~1704. 본관은 재령(載寧), 자는 익승(翼升), 호는 갈암(葛庵)이다. 1646년(인조24)과 1648년에 초시에 모두 합격했으나 벼슬에 뜻이 없어 복시를 단념하였다. 1689년 기사환국 이후 산림(山林)으로 인정받아 사업(司業)·좨주(祭酒)가 되었고, 대사헌·이조판서 등을 역임하였다. 퇴계 학풍을 계승한 대표적인 영남 산림이었다. 1694년 인현왕후가 복위된 뒤 조사기를 구원하다가 유배되었다. 저서로 《갈암집(葛庵集)》 등이 있다.

277) 유상운(柳尙運) : 1636~1707. 본관은 문화, 자는 유구(悠久), 호는 약재(約齋)이다. 현종대 출사하여 지평을 거쳐 대사간 등을 지냈고, 이조판서·영의정 등을 역임하였다. 소론으로서 희빈 장씨 보호에 힘쓰다가 노론의 탄핵을 받아 남구만과 함께 파직되었다.

278) 제배(除拜) : 이조나 병조에서 예비 관리의 명단에 삼망(三望)을 갖춰 임금에게 올려 결재를 받아 관직을 임명하는 것이다.

279) 김두명(金斗明) : 1644~1706. 본관은 청풍, 자는 자앙(子昂), 호는 만향(晩香)이다. 1663년(현종4) 진사가 되고, 1671년 정시문과에 급제하여 청요직에 진출하였다. 윤증의 문인으로, 1684년 헌납 재직 시 최신(崔愼)의 탄핵을 받은 스승을 변호하였다. 이후 기사환국으로 관작을 삭탈 당했다가 갑술환국 후에 승지·병조참의 등을 지냈다.

280) 이동욱(李東郁) : 1646~1708. 본관은 여주, 자는 자문(子文), 호는 한천(寒泉)이다. 1676년(숙종2) 정시문과에 급제하여 청요직을 두루 지냈다. 기사환국으로 파직되었다가 갑술환국 이후 승지를 거쳐 도승지·예조참판 등을 역임하였다.

281) 조사석(趙師錫) : 1632~1693. 본관은 양주(楊州), 자는 공거(公擧), 호는 만회(晩悔)이다. 인조 계비 장렬왕후(莊烈王后, 1624~1688)의 재종제(再從弟)이다. 숙종대 이조판서를

祭)하라."

○ 정언 유상재(柳尙載) 등이 다음과 같이 아뢰었다.

"부호군 이담명이 널리 당여를 심어놓고 논의를 주도하며 밤낮으로 경영한 것은 모두 다른 사람을 해치려는 뜻에서 나오지 않은 것이 없으므로, 청컨대 멀리 유배보내십시오."

○ 다음의 비망기를 내렸다.

"대정(大靜, 제주도 소재)에 안치된 죄인 민암은 매번 한쪽 편 사람들이 모두 벼슬을 잃을 것을 걱정하는 마음을 품고 장차 하지 못할 짓이 없을 것이라고 누차 진달하여 끝내 어육으로 만들 계략으로 밀고한 것이 지극하였다. 민암과 함이완은 하나이면서 둘이라고 할 수 있으니 엄중히 천극을 가하라."

○ 다음과 같이 전교하였다.

"김석주와 김익훈은 특별히 복관시키고 적몰(籍沒)한 재산을 모조리 내어주라. 지난번에 연신(筵臣)이 백년이나 지난 뒤에 정철(鄭澈)[282]의 관작(官爵)을 추탈하기를 청하기까지 하였으니, 실로 매우 심하다. 추탈하지 말라."

거쳐 우의정에 올랐다. 1688년 좌의정이 되었는데, 동평군 이항의 횡포를 논하다가 처벌당한 박세채와 남구만 등을 변호하다가 사직하였다.

282) 정철(鄭澈) : 1536~1593. 본관은 연일(延日), 자는 계함(季涵), 호는 송강(松江), 시호 문청(文淸)이다. 1589년 우의정으로 발탁되어 정여립(鄭汝立)의 모반사건을 다스리게 되자 서인의 영수로서 철저하게 동인 세력을 추방했고, 다음해 좌의정에 올랐다. 1591년 건저문제(建儲問題)를 제기하여 광해군의 세자 책봉을 건의했다가 선조의 노여움을 사서 유배되었다. 남인계 당론서에서 정철은 기축옥사를 통해 당쟁을 격화시킨 인물로 평가되었다. 《동소만록》과 《조야신필(朝野信筆)》에서 정철은 추관(推官)을 맡아 평소 싫어했던 자들을 모두 제거한 인물로 기술되었다. 특히 정개청·최영경·이발 등은 정철이 미워했던 자들로서 일부러 죄를 꾸며 죽였다고 했다. 이들은 송익필이 기축옥사를 주도하였으며, 정철에 의해 성사되었다고 주장하였다.

○ 지평 김시걸이 아뢰기를,

"죄인 조사기(趙嗣基)[283]는 빨리 시원하게 나라의 형벌을 시행하시고, 당시 구하려 노력한 자는 빨리 조사하라고 명하여 죄의 가볍고 무거움에 따라서 유배 보내십시오."

하니, 주상이 아뢴대로 하라고 했다.

○ 의금부에서 함이완을 형추(刑推)[284]한 결과를 아뢰니, 다음과 같이 판부(判付)[285]하였다.

"공을 바라고 밀고하여 진신에게 화를 전가하였는데, 결코 함이완 혼자서 독자적으로 결단한 것이 아니고 반드시 사주하여 경영한 사람이 있을 것이다. 재기(齋忌)에 구애받지 말고 엄히 형신하여 캐어 묻도록 하라."

○ 지평 김시걸이 아뢰기를,

"포도대장 장희재(張希載)[286]를 파직하고, 강릉 참봉(康陵參奉) 유위한을 극변으로 유배 보내십시오. 판부사 유명천은 요사스러운 기운이 모인 사람으로,

---

283) 조사기(趙嗣基) : 1617~1694. 본관은 한양, 자 경지(敬止)이다. 인조대 출사하여 정언을 거쳐 숙종대 부승지에 올랐다. 1680년(숙종6)에 송시열을 무함한 죄로 유배되었다가 1689년 기사환국으로 신원되자 다시 자신의 억울함과 송시열의 잘못을 열거한 상소를 올렸다. 그 내용 가운데 명성왕후를 명종 때 수렴청정을 한 문정왕후(文定王后)에 빗대어 비난하였는데, 이로 인해 서인들의 공격을 받았다. 갑술환국(1694) 때 어명으로 12차례에 걸쳐 국문을 받고 참형에 처해졌다.

284) 형추(刑推) : 죄인의 정강이를 때리며 캐묻는 일이다.

285) 판부(判付) : 상주(上奏)한 형사 사건에 대한 임금의 재가(裁可)를 받던 일이다.

286) 장희재(張希載) : ?~1701. 본관은 인동(仁同)이다. 역관 장현(張炫)의 종질이며, 희빈 장씨의 오빠이다. 희빈이 숙종의 총애를 받게 되자 그 덕으로 금군별장이 되었으며, 이어 1692년(숙종18) 총융사가 되었다. 1694년 인현왕후가 복위한 뒤로 희빈과 함께 인현왕후를 해하려는 음모를 꾸미다가 발각되어 사형을 받게 되었으나, 후환이 세자에게 미칠 것을 염려한 남구만 등 소론의 주장으로 사형은 면하고 제주도에 유배되었다. 1701년 인현왕후가 죽은 뒤 희빈 장씨가 앞서 인현왕후를 저주한 사실이 발각되어 장희재를 극형에 처할 것을 요구하는 상소가 있자, 왕은 처음에는 거절하였으나 마침내 제주도 유배지에서 잡아 올려 사형에 처하고, 희빈은 자결하게 하였다.

대대로 악한 짓을 일삼아 군부를 위협하여 진신을 어육으로 만드는 죄를 저질렀으니 극변에 안치시키십시오.

고 상신 송시열에 대해서는 지극한 원한을 밝게 씻어 주셨으니, 당시 맨 먼저 합계를 발론한 대간 및 입시한 여러 신하들이 어진 이를 죽인 죄는 징벌하지 않을 수 없습니다. 청컨대 승정원을 시켜 살피게 하여 경중(輕重)을 가려서 논죄(論罪)하십시오."

하니, 주상이 아뢴대로 하라고 하였다.

○ 지평 김시걸이 아뢰기를,

"지난번 흉인 조사기를 구하려고 노력한 자들을 조사하여 처벌하는 일은 윤허를 받았습니다. 이현일이 유명(儒名)을 가탁하고 당을 보호하는 데 급급하여 방자하게 상소하였는데, 첫째로 '정상은 혹 용서할 만하다.' 하고, 둘째로 '실정이 악한 것은 없었다.' 하였습니다. 김덕원의 경우 그 자신이 대신이 되어 조사기의 죄상을 모두 없애버리고 늙고 어리석어서 저지른 망령된 짓이라고 핑계대었으니, 이들의 관직을 깎아버리거나 삭출하는 것에 그칠 수는 없습니다. 청컨대 김덕원과 이현일, 모두 극변으로 멀리 귀양 보내십시오."

하니, 주상이 답하기를, "이현일은 아뢴대로 하고, 김덕원은 부처(付處)[287]하라." 하였다.

○ 의금부에서 민암과 민장도(閔章道)[288]의 원정(元情, 진술서)을 아뢰니,

---

287) 부처(付處) : 중도부처(中途付處)를 말하는데 유배형의 하나이다. 서울에서 변방까지의 사이에 중간쯤 되는 적절한 장소에 배소(配所)를 지정하여 그곳에서 지내게 하는 것이다.

288) 민장도(閔章道) : 1655~1694. 본관은 여흥, 자는 여명(汝明)이다. 우의정 민암(閔黯)의 아들이다. 1679년(숙종5) 사마시, 1691년 알성문과에 급제하여 1694년 사헌부 지평이 되었다. 이때 민암이 인현왕후 복위 시도 모의 정황을 파악하여 민장도를 시켜 조직과 계획을 탐지하였다. 그 결과 김춘택(金春澤)·한중혁(韓重爀) 등이 체포되어 국문을 받았다. 그런데 숙종이 거꾸로 민암을 비롯한 남인들을 화(禍)를 꾸민 죄로 처단하였다. 이 갑술환국의 결과 민암과 함께 국문 받다가 죽었다.

다음과 같이 판부하여 말하였다.

"'왕비가 본 궁에 있을 때 귀인들과 함께 은화를 내어 액정(掖庭)[289]과 결탁하였다.'는 말을 지어 내어 유입하였으니, 이것도 또한 함이완 무리에게 미룰 수 있겠는가? 이 말이 유입된 것은 경오년(1690) 겨울 사이였는데, 김정열(金廷說) 옥사[290]는 신미년(1691) 봄에 일어났다. 그런데 저 무리들은 반드시 김정열을 물어뜯고자 하여 김정열이 일찍이 여양(驪陽, 민유중)이 주관한 금위영(禁衛營) 군관(軍官)이었던 것을 가지고 오늘날 이 옥사를 일으켰으니 그 맥락이 상통하여 저들의 음흉함이 지극하므로 민암과 민장도는 이 일을 가지고 우선 엄히 국문해야 할 것이다."

◯ 송시열에 대한 계사(啓辭)를 가장 먼저 발의한 사람들. -이관징(李觀徵),[291] 오시복, 윤이제, 유하익, 박상형, 신후재, 권유, 이서우, 목임유-

◯ 사간 박세준(朴世儁)이 아뢰기를,

"고 상신 김수항의 죄를 논의할 때 경재(卿宰)[292]와 소두(疏頭)[293] 및 동참한

289) 액정(掖庭) : 비빈(妃嬪)과 궁녀들이 거처하던 궁궐을 가리킨다.

290) 김정열(金廷說) 옥사 : 신미년(1691, 숙종17)에 발생한 옥사를 말하는데, 김정열은 바로 국구(國舅) 민유중의 막비(幕裨)였다. 《肅宗實錄 20年 10月 3日》 정언 이희무(李喜茂)의 논계(論啓)에 따르면 사건의 전모는 다음과 같다. 신미년 봄에 이의징이 김정열이 민유중의 막비였다는 사실을 알고 온갖 계책으로 모함하여 감히 말을 할 수 없는 자리에 화를 끼치려고 했다. 이에 송도성(宋道成)을 시켜 도감 파총(都監把摠) 유자삼을 꾀어 무옥(誣獄)의 증인으로 만들었다. 당시 유자삼이 이의징에게 들려준 말은 "1690년 겨울에 김정열이 시골에 내려간다 하고는 서문(西門) 밖에 숨어 살며 늘 나라를 원망한다."라는 것뿐이었다. 《肅宗實錄 17年 2月 29日, 20年 閏5月 26日》

291) 이관징(李觀徵) : 1618~1695. 본관은 연안, 자는 국빈(國賓), 호는 근옹(芹翁)·근곡(芹谷)이다. 1639년(인조17) 사마시, 1653년(효종4) 별시문과에 급제하여 청요직을 두루 지냈다. 1660년(현종1) 예송이 벌어지자 3년상을 주장하다 쫓겨난 허목 등을 구제하려다가 좌천되었다. 숙종대 대사성·대사헌을 거쳐 예조판서에 올랐다. 갑술환국(1694) 당시 기사환국 때 장계를 발의한 인물로 지목되어 삭출되었다.

292) 경재(卿宰) : 동반(東班) 2품 이상의 벼슬아치를 통칭하여 이르는 말이다.

293) 소두(疏頭) : 연명하여 올린 상소문에서 맨 먼저 이름을 적은 사람을 가리킨다.

사람들인 봉조하 이관징 이하를 모두 삭출하십시오."

하니, 주상이 아뢴대로 하라고 하였다.

○ 영의정을 인견(引見)하였을 때, 남구만이 다음과 같이 말하였다.

"승정원에서 계사를 올려 말하기를,

'곤위(壼位, 중전)의 승출(陞黜), 이것이 얼마나 큰일인데 대신과 조정으로 하여금 일제히 논의하게 하지 않으십니까? 빨리 대신과 재신(宰臣, 정2품이상), 삼사로 하여금 모여서 논의하게 하는 것이 지당합니다.'

하였는데, 이러한 승정원의 계사는 매우 마땅함을 잃은 것입니다. 기사년(1689, 숙종15) 희빈이 곤위에 오를 때에는 조정에서 《예경(禮經)》을 근거로 쟁집(爭執)하는 것은 옳았지만 곤위에 오른 뒤로는 명호(名號)가 이미 정해져서 한 나라의 국모가 되었으므로 신하된 자들이 모두 이미 군모(君母)로 섬겼습니다. 지금에 이르러 또 도로 낮추는 거사가 있게 되었으니, 신자(臣子)의 마음에 있어서는 기사년과 무엇이 다르겠습니까? 신자의 상정(常情)으로 말한다면 또한 죽음으로써 다투는 것이 마땅합니다.

그러나 단지 오늘의 일이 기사년과 차이나는 점은 중궁 전하가 이미 애초 정위(正位)에 있던 분으로서 다시 위호(位號)를 회복하셨다는데 있으므로, 또 희빈의 강호(降號)에 대하여 다시 다툰다면, 이는 한 나라에 두 존위(尊位)가 있다는 혐의를 면하기 어렵게 될 것입니다. 이것이 오늘날 신자가 이미 복위를 경하(慶賀)하였지만 또 강호를 슬퍼하여 당황함을 형용할 수 없고 놀라서 안정하지 못하면서도 또한 감히 전하 앞에서 아뢰지 못하는 까닭입니다.

지금 만약 전하의 처분이 변화에 대처할 때 살피고 삼가는 도리에 흠결이 있다고 여겨서 도리어 여러 신하들로 하여금 모여서 의논하게 하여 결정하고자 한다면, 이것은 아들이 어머니를 의논하는 것이니, 천하에 어찌 이런 도리가 있겠습니까? 설령 여러 신하들이 헌의(獻議)[294]할지라도 반드시 감히

294) 헌의(獻議) : 신하들이 정사(政事)에 관한 의견들을 논의하여 그 결과를 임금에게 올리다.

그 사이에 한 마디라도 용납해서는 안 되니,[295] 조당(朝堂)에서 회의하는 것은 아마도 거행해서는 안 될 것 같기 때문에 감히 아뢰옵니다."

○ 국청 대신이 입시했을 때, 영의정 남구만이 말하기를,

"즉시 의금부의 공사(公事)를 보니 장희재를 엄하게 형문하여 실정을 밝히라는 명이 있었습니다. 장희재의 죄가 가볍거나 무거운 형률 어디에 해당하는지는 알지 못하겠습니다만 이미 이에 대해서는 주상께서 아실 것이니 다시 실정을 밝힐 일은 없을 듯합니다. 그리고 이 사람은 세자의 지친(至親)이므로 팔의(八議)[296]로써 논한다면, 문득 형신하는 것은 매우 편치 않습니다."

하니, 주상이 말하기를,

"대신이 진달한 것이 이와 같으니, 이전의 죄를 가지고 감단(勘斷)[297]하는 것이 좋겠다."

하였다. 남구만이 말하기를,

"장희재의 죄는 민암과 서로 관련되어 있는데, 민암이 실토하지 않으니 마땅히 국문해야 할 듯합니다만 국가에서 대신을 대우하는 도리는 가의(賈誼)[298]의 상소를 보면 알 수 있습니다. 또한 법문(法文)에 '나이가 80이면

295) 설령 …… 안 되니 : 남구만은 왕비는 복위된 것이 아니라 교체된 것이라고 보았다. 즉 이것은 기본적으로 국왕의 선택의 문제일 뿐이며, 이로 인해 초래된 정치의 파행은 국왕의 책임이라는 입장이었다. 이것이 소론계 왕권론(王權論)의 출발점이었다. 이에 대해 왕비가 복위된 것으로 보는 노론의 입장은 인현왕후에 대한 의리를 절대화하고 주자학 의리론으로 분식한 것으로서, 이를 국왕권보다 우선시하는 신권론(臣權論)으로 표출되었다.

296) 팔의(八議) : 죄를 감면받을 대상이 되는 여덟 부류의 사람들, 즉 의친(議親), 의고(議故), 의현(議賢), 의능(議能), 의공(議功), 의귀(議貴), 의근(議勤), 의빈(議賓)을 가리킨다. 장희재는 희빈의 동생이므로, '의친(議親)' 즉 왕비의 소공(小功) 이내 친족에 해당된다.

297) 감단(勘斷) : 죄상을 조사 심리(審理)하여 형벌을 정하다.

298) 가의(賈誼) : B.C. 200~B.C. 168. 한나라 문제(文帝) 때 유학자이다. 당시 대외적으로는 흉노가 강성하여 변경을 침범하고, 대내적으로는 회남왕(淮南王)과 북제왕(北齊王)이 역모로 처형되었다. 이때 가의가 나라를 바로잡으려는 뜻으로 통곡할 만한 일이 한 가지이고, 눈물을 흘릴 만한 일이 두 가지이고, 크게 탄식할 만한 일이 여섯 가지라고

형신하여 국문하지 않는다.' 하였으므로, 다시 더 신문(訊問)할 필요는 없으니 참작하여 처리하시는 것이 어떻겠습니까?"

하니, 주상이 말하기를, "신문하지 않은 것이 옳다." 하였다.

◯ 무장(茂長) 유학(幼學) 강민저(姜敏著)[299]가 상소하여 대략 다음과 같이 말하였다.

"신은 듣건대 천하 사람들이 당연하다고 하는 것을 일러 공론이라고 합니다. 사람은 오성(五性)[300]을 타고나서 각각 옳고 그름을 가릴 수 있는 천성을 갖추었으므로 국가에 큰일이 있으면 비록 여대(輿臺)[301]와 같은 하천(下賤)일지라도 모두 그 옳고 그름의 소재를 알아서 마치 한 입에서 나오는 것처럼 말하여 도모하지 않아도 같아진 뒤에야 바로 한 나라의 공론이 되는 것입니다. 그러므로 공론이 있는 곳이 곧 한 나라의 인심이며, 인심이 있는 곳이 곧 하늘의 도리입니다.

그리하여 우리 모후가 쫓겨나자 비록 여항(閭巷)의 아녀자나 어린아이일지라도 울부짖으며 원망하면서도 사모하지 않는 사람이 없었으며, 깊은 산속 궁벽한 골짜기까지 통탄하며 탄식하고 눈물을 흘리지 않는 사람이 없어서, 충직한 신하의 억울한 죽음을 불쌍히 여기고 전하가 은혜를 베푸는 것이 인색한 것을 원망하는 것이 온 나라 인심의 공론이었습니다.

그러므로 곤위가 궁궐에 들어가기에 이르자 도성의 사녀(士女)들이 길가에 넘칠 정도로 앞을 다투어 나와 공경하며 맞이하는 것이 오히려 늦어지게

하면서 상소를 올렸다.《漢書 賈誼傳》

299) 강민저(姜敏著) : 1651~1705. 본관은 진주, 자는 내숙(來叔), 호는 모산재(茅山齋)이다. 1694년(숙종20)에 희빈 장씨를 옹호하던 남구만을 탄핵하다가 과거에 응시할 자격을 박탈당하였다. 이듬해 다시 남구만의 죄를 규탄하는 상소를 올렸다가 유배되었다.

300) 오성(五性) : 사람이 가진 다섯 가지 성정(性情), 곧 기쁨, 노여움, 욕심, 두려움, 근심을 이른다.

301) 여대(輿臺) : 열 가지 등급의 신분 가운데에서 아주 천한 계급의 사람을 가리키는 말로, 노복이나 천역에 종사하는 사람들을 가리킨다.

될까 근심하였습니다. 변방에 이르러서는 밭 갈고 김매는 노비와 부녀자 또한 마치 갓난아이가 자애로운 어머니를 본 듯 기뻐하며 춤을 추지 않는 사람이 없었으니, 이 또한 온 나라의 인심이 똑같다는 것을 말하는 것입니다.

이전에 장희재는 민암과 함께 나쁜 짓을 같이하고 서로 도우며, 근거 없는 말로 선동하면서 국모(國母)를 해치려고 모의하여 반드시 위험한 지경에 몰아넣으려고 한 자입니다. 이것은 바로 하늘에 통하는 극악한 죄이므로 신인(神人)이 함께 분노하여, 안에서는 지위가 낮은 천한 사람도, 밖에서는 밭 갈고 김매는 노비와 부녀자들도 또한 '죽여야 한다.'고 말하지 않는 사람이 없으니, 온 나라 인심의 공의(公議)로서 이보다 큰 것이 무엇이 있겠습니까?

만약 혹 자식이 아비와 어미를 해치려 하고, 신하가 임금과 모후를 해치기 위해 사람들과 함께 은밀히 모의하다가 발각되었다면 그 죄는 진실로 천지에서 도망칠 곳이 없습니다. 그런데 지금 두 흉악한 사람이 터무니없는 말을 날조하여 꾸미고, 문자로 드러내어 버젓이 궁궐 안으로 유입시켜 주상이 열람하기까지 하였는데, 궁궐 안은 그 얼마나 지엄한 곳이며, 그 말은 그 얼마나 참혹하고 독한 말입니까?

그들의 마음가짐을 논한다면 곧 대역부도(大逆不道)이므로 국모를 고쳐서 책봉하던 날 맨 먼저 그 머리를 베어 도성 문에 내건 뒤에야 천지의 대의(大義)를 밝히고 온 나라 사람들의 마음을 안정시킬 수 있었을 것인데, 아직도 그들의 죄악을 밝힐 수 없어서, 죽일 것인지 살릴 것인지를 결정하지 못하는 것은 또한 무엇 때문입니까?

한글 편지 한 건에 대한 처리는 악을 토벌하려는 주상의 올바른 판단에서 나온 것인데, 유사(有司)의 신하가 거행하는 실상이 없고, 대신의 의견은 상정(常情)을 크게 뛰어넘는 것인데도 이로 인해 그만 전하의 뜻이 굽어졌으니, 온 나라의 인심이 어찌 심하게 억울하지 않겠습니까?

그가 조정에 나오던 날 맨 먼저 곤위의 승강(陞降)에 관해 아뢴 것은 앞을 보고 뒤를 돌아보며, 마음 씀씀이가 주도면밀하여 사람들로 하여금 예측할 수 없게 하였습니다. 오직 이 한 가지 일만으로도 대동(大同)의 인심을 크게 거스른 것인데, 악역(惡逆)을 구하려고 애쓰다가 억지로 인용해서는 안 되는 말을 인용하기까지 하여 마치 의심하고 비난하는 자들의 입을 막아버릴 것처럼 하였고, 또 법 바깥의 것을 가지고 전하를 인도하였습니다.

무릇 법이라는 것은 천하의 공법(公法)이니 비록 인주(人主)라 할지라도 터럭만큼도 사사로움을 허용할 수 없는 것은 진실로 법을 한번 잘못 적용하면 그 폐단이 끝이 없기 때문인데, 어찌 대신의 몸으로 인주를 불법으로 인도할 수 있겠습니까? 신은 괴이하게 생각합니다.

저 대신은 평소에 무거운 명망을 지고 있어 세상에서 우러러 보는 사람인데, 지금 어그러져 잘못된 것이 이와 같아서 판연(判然)히 두 사람 같으니, 비록 스스로 사생(死生)과 화복(禍福)을 두려워하지 않는다 할지라도 사람들이 누가 믿겠습니까? 만약 대신으로 하여금 두려워하며 공의(公議)의 소재를 알아서 자신을 굽혀 따르게 한다면 누가 '불가하다.' 하겠습니까? 전하께서 '범죄 사실은 남김없이 밝히되 죽을죄를 용서하라.' 하신 하교는 크게 온당함을 잃으신 것이니, 그 신하된 도리로는 마땅히 여론[輿情]을 갖추어 진달해서 임금을 잘못이 없는 데로 인도할 것을 생각했어야 합니다.

그런데 대신은 이미 질책하기에도 부족합니다만 그날 입시한 여러 신하들도 모두 입을 닫고 혀를 묶어서 한 사람도 진언(進言)하는 사람이 없었으니, 이것이 어찌 여러 신하들의 뜻이 과연 그 사이에서 다른 생각이 없어서 그랬겠습니까? 이것은 알 수 없는 일입니다.

하물며 의친(議親)[302]의 의리는 이 사람에게 논할 것이 못 되고, 권도(權道)를 쓰는 것 또한 이 일에는 합당하지 않습니다. 왕세자가 만약 원대한 식견이 있다면 반드시 불쌍하다고 여겨서 치우치지 않고 오직 오늘날에 법을 굽히지 않으려 하실 것입니다. 하물며 온 나라의 공론이란 마땅히 온 나라와 함께 공유해야지 한 사람이 사사로이 할 수 있는 것이 아니지 않습니까?

---

302) 의친(議親) : 팔의(八議)의 하나이다. 범죄자를 처벌할 때에 죄를 감면해 주었다.

오늘날 항간에 떠도는 논의에 따르면 이를 갈지 않는 사람이 없는데, 유독 전하께서만 아래의 청의(淸議)를 듣지 않으시니 신은 매우 통탄스럽게 생각합니다. 양사의 신하들이 바야흐로 법을 살펴서 다투어 논하고 있는데, 만약 그렇게 하지 못한다면 그만이지만, 이것이 과연 온 나라의 정론(正論)에서 나온 것이라면 먼저 그 일을 그르친 신하를 거론한 뒤에야 말이 될 수 있을 것인데, 전후로 아뢴 말이 도무지 한 마디도 이에 대해 언급하지 않는 것은 무엇 때문입니까?

또한 지난번 대간이 처음에는 박상경(朴尙絅) 등을 정거한 벌[303]을 환수하라고 청하였는데, 귀양 보내라는 명이 있었을 때는 감히 다시 논하는 자가 없었습니다. 그의 죄가 단지 귀양 보내는 것은 합당하지만 정거는 합당하지 않아서 그렇습니까? 혹시 군상을 범하고 대신을 논하면 그 몸을 보존할 수 없기 때문입니까?

대신의 언론이 이미 저와 같고, 대간의 풍절(風節, 절개)도 또한 이와 같으므로, 말하기를, '묘당(廟堂, 조정)에서 실수한 것을 대각에서 구한다.'는 것은 오늘날 바랄 수 없으니, 신은 전하의 정령이 그렇게 만든 것은 아닌지 두렵습니다."

장령 심극(沈極)이 아뢰기를,

"오늘 강민저의 상소는 종이 가득 적은 내용이 오로지 대신을 공격하는 데 있습니다. 밖으로는 명의(名義)를 가탁하여, 안으로는 기울여 무고하니, 아! 국가의 체통은 높지 않고 세도는 크게 무너졌습니다. 박상경이 앞에서 제창하고 강민저가 뒤를 이어서 얼굴을 바꾸고 교대로 나와서 온갖 방법으로 얽어서 모함하여 대신으로 하여금 마침내 나라를 떠나게 만들기에 이르렀으니, 진실로 한심합니다. 신은 이미 그의 배척을 받았으니, 청컨대 체직을 명하십시오."

하니, 주상이 사직하지 말라고 답하였다.

---

303) 박상경(朴尙絅) 등을 정거한 벌 : 1694년(숙종20) 경기도 양주(楊州) 유생 박상경이 상소하여 민암과 장희재 등에 대한 엄벌을 강력히 요구하였다가 정거 당했다. 《肅宗實錄 20年 潤5月 11日》

◯ 헌납 윤성경(尹誠敬), 지평 이인병(李寅炳), 정언 이정겸(李廷謙)[304] 등이 서로 이어서 인피(引避)[305]하며, 유생[306]의 상소가 때를 틈타 뒤흔들려고 한 죄를 힘껏 논척하니, 주상이 모두 의례적인 비답[307]을 내렸다.

◯ 장령 홍숙(洪璛)[308]이 인피(引避)하여 사직을 청하면서 대략 말하기를, "장희재의 죄악은 만 번 죽더라도 오히려 가벼운데, 단지 대신이 내뱉은 한마디 말 때문에 끝내 사형을 감하게 되었으므로, 여론이 분개하여 오래도록 더욱 격렬해졌습니다. 초야(草野)에서 슬퍼하며 분개하는 상소가 서로 이어서 일어나 광망(狂妄)스럽게 말을 가리지 못한 것은 진실로 질책해야 하지만 그 본뜻을 헤아려 보면 충의(忠義)로 인해 생기는 분한 마음이 격해져서 제어하여 그칠 줄 모르는 것에 불과할 뿐입니다.

다만 이인병과 심극이 인피하며 올린 사직하는 글을 보면 도리어 더욱 욕하고 꾸짖어서 매우 거침없이 업신여겨 짓밟으면서 단지 어리석고 민첩하지 못하다고 그 사람을 지목하고, 음험하고 교활하다고 그 말을 배척하였습니다. 그 위태로운 직언과 분개하는 표현으로 대의(大義)를 밝히고, 청론을 세운 곳에 대해 곧 '음험하다.'거나 '모함한다.' 등의 말로써 꺾어버리고 꾸짖은

---

304) 이정겸(李廷謙) : 1648~1709. 본관은 전의(全義), 자는 경익(景益)이다. 1682년(숙종8) 문과에 급제한 뒤 청요직을 두루 지냈다. 1694년 정언 재직 시 윤성교(尹誠教)와 함께 안여익(安汝益) 등이 장희재·민암 등과 결탁한 점을 들어 유배를 청하였다. 또한 경연에 참여하여 박세채를 조정에 불러들이라고 건의하였다. 1697년 집의 재직 시 장희재의 사형을 주장하였다. 1708년에 대사헌으로서 《예기유편(禮記類編)》을 둘러싼 논쟁이 벌어지자 최석정을 두둔하였다. 이후 이조참판·예조판서 등을 역임하였다.

305) 인피(引避) : 벼슬아치가 직무상 입장이 다르거나 논의가 일치하지 않아서 그 벼슬을 사양하여 물러나는 것을 가리킨다.

306) 유생 : 강민저를 가리킨다.

307) 의례적인 비답 : 원문은 "例批"이다. 조정의 관료나 일반 유생이 올린 상소에 대해서 정해진 규정에 따라 임금이 내린 답변을 가리킨다.

308) 홍숙(洪璛) : 1654~1714. 본관은 남양(南陽), 자는 옥여(玉汝)이다. 정사공신(靖社功臣) 홍진도(洪振道)의 후손이다. 1675년(숙종1) 진사시에 오르고, 1683년 봉사로 증광문과에 급제한 뒤 승지를 거쳐 호조참판 등을 역임하였다. 남계군(南溪君)을 습봉하였다.

것이 남김이 없어서, 마치 말이 시골 유생에게서 나왔다고 해서 그 사람을 무시하여 제멋대로 경솔하게 꾸짖는 것이 거리낌이 없는 것 같았습니다.

그래서 혹은 성상께서 상소를 올린 유생을 유배 보낸 것을 가지고 '주상의 결단이 매우 밝다.' 하고, 혹은 '이런 길을 막지 못한다면 끝내 마침내 반드시 엎어져서 멸망하는 지경에 이를 것이다.' 하였는데, 이것은 장차 초야의 거만하고 오만한 말을 다시는 주광(紸纊)[309] 아래 올리지 못하게 하려는 것이니, 선비들의 거칠지만 곧은 기운은 성명의 세상에 펴지지 못할 것입니다."

하였다. 주상이 다음과 같이 답하였다.

"지금 피사를 보니, 감히 위험한 논의를 부식(扶植)하여 대신을 침해하고 핍박한 것이 전혀 거리낌이 없다. 시골 유생이 얼굴을 바꾸어 번갈아 나와 군부를 가볍게 보는 것은, 반드시 너희들처럼 일 만들기 좋아하는 무리들이 격동시킨 것이 아님이 없으니, 어찌 애통하지 않겠는가?"

○ 부제학 오도일이 상소하여 대략 다음과 같이 말하였다.

"전 장령 홍숙은 자신이 대각(臺閣)에 있으면서 공의(公議)는 돌보지 않고 드러내 놓고 강민저를 두둔할 의도를 갖고 있어서, 언뜻 억누르다가도 별안간 들어 올리고, 오른쪽에서는 막다가 왼쪽에서는 보호하니, 사용한 말의 의미가 전혀 조리(調理)가 없습니다. 비록 공의를 두려워하여 감히 대놓고 말하지 못하였지만 실제로는 강민저의 상소가 마치 곧은 말[讜言]이고 청의인 것처럼 간주하였습니다.

비록 조정에서 한마음으로 힘을 합쳐 공의를 부식(扶植)하더라도 이들 귀신과 물여우[310]같은 무리들이 오히려 그치지 않을까 걱정인데 하물며

309) 주광(紸纊) : 누런 솜으로 둥글게 만들어 관(冠) 양쪽에 붙여 드리워서 귀를 막는 물건이다. 임금은 긴요한 일 외에는 듣지 말아야 한다는 뜻이다. 임금에게 함부로 아무 말이나 듣지 않도록 경계하는 것이다. 임금의 귀를 가리키기도 한다.

310) 물여우 : 물여우가 모래를 머금고 있다가 물에 비치는 사람의 그림자에 쏘면 그 사람이 병에 걸린다고 하였다.

대각에 이런 일종의 논의가 있으니 어찌 하겠습니까? 강민저는 일개 시골 유생이므로 그 말이 매우 패란(悖亂)하더라도 진실로 그 경중을 따질 가치도 없지만, 대각의 의론이 오히려 또한 이와 같이 강민저를 편드니 세도의 근심이 어찌 끝이 있겠습니까?"

○ 가을, 정언 박권(朴權)[311]이 아뢰기를,

"죄인 이의징은 타고난 성품이 간악하고 독하며, 마음씨가 음험하고 간특하여 천유(穿窬)[312]하는 지혜를 끼고 제멋대로 거간꾼[313] 일을 하면서 간특한 외척과 체결하여 안으로는 궁액을 엿보아 도당을 널리 심어두고, 밖으로는 크게 세력을 과시하면서 간사하고 교활한 늙은이들을 농락하지 못한 사람이 없어서, 흉악한 음모와 은밀한 계략을 모두 주장하여 마침내 기사년의 하늘을 뒤덮는 화를 이루었으니, 그 죄가 죽어 마땅한 첫째 이유입니다.

곤전(坤殿)이 사제로 거처를 옮기게 되자, 유자삼(柳自三)과 송도성(宋道成)을 위협하여 김정열의 일을 발고(發告)하게 하였지만[314] 단서를 얻지 못하여 옥정(獄情)이 터무니없는 데로 귀결되었는데도, 스스로 '서문(西門, 서소문)

---

311) 박권(朴權) : 1658~1715. 본관은 밀양(密陽), 자는 형성(衡聖), 호는 귀암(歸菴)이다. 1686년(숙종12) 별시문과에 급제하여 전적(典籍)으로 재직 시 윤하제(尹夏濟)·조사기 등의 잘못을 상소하였다가 유배되었다. 갑술환국(1694) 이후 병조좌랑을 거쳐 정언이 되었다. 이때 장희재를 처벌할 것과 남구만을 공격하다 정거(停擧)된 유생의 처벌을 완화해줄 것을 청하다가 체직되었다. 이후 이조판서 등을 역임하였다.

312) 천유(穿窬) : 벽을 뚫고 담을 넘는[穿壁踰墻] 도둑을 가리킨다. 《논어》 양화(陽貨) 편에 "낯빛은 근엄하지만 마음은 유약한 것을 소인에 비유하면 벽을 뚫고 담을 넘는 도적과 같다.[色厲而內荏, 譬諸小人, 其猶穿窬之盜也與.]" 하였다.

313) 거간꾼 : 원문은 "駔儈"이다. 물건이나 곡식 등을 중개하여 이익을 취하는 것이다. 혹은 이러한 일을 하는 거간꾼을 말한다.

314) 유자삼(柳自三)과 …… 하였지만 : 신미년(1691, 숙종17)에 발생한 김정열 옥사를 가리킨다. 김정열은 바로 국구(國舅) 민유중의 막비(幕裨)였다. 신미년 봄에 이의징이 김정열이 막비였다는 사실을 알고 온갖 계책으로 모함하여 감히 말을 할 수 없는 자리에 화를 끼치려고 했다. 이에 송도성을 시켜 도감파총(都監把摠) 유자삼을 꾀어 무옥(誣獄)의 증인으로 만들었다. 《肅宗實錄 17年 2月 29日, 20年 閏5月 26日》

밖에서 은밀히 잠복하고 있다.'는 말을 지어내어 전지(傳旨)를 다시 받아냈으며, 문목을 첨가하여 만들어서 감히 말할 수 없는 곳에까지 미치게 하였으니 그 죄가 죽어 마땅한 두 번째 이유입니다.

군문(軍門)의 재물을 모두 풀어 무뢰하고 간특한 사람들을 길러서 널리 눈과 귀로 활용하여, 몰래 그물을 펼쳐놓고 기찰 한다는 명목에 가탁하여 어육으로 만드는 계략을 멋대로 부렸습니다. 신영원(申英元)은 실로 그가 지휘하여 부린 핵심 인물이었는데 개기(改紀)[315] 초에 두려워하여 목매달아 죽었고, 음흉한 정적이 남김없이 드러났으니, 그 죄가 죽어 마땅한 세 번째 이유입니다. 청컨대 빨리 나라의 형벌을 바로잡도록 하십시오."

하였다. 주상이 번거롭게 하지 말라고 답하였다.

○ 보덕(輔德) 박만정(朴萬鼎)[316]이 상소하여 대략 다음과 같이 말하였다.

"장씨(張氏)의 강위(降位)는 다른 죄가 아니라, 단지 국가에는 존위(尊位)가 둘일 수 없다는 의리에 따른 것이므로 인수(印綬)[317]를 회수하고 위호(位號)를 낮춘 것은 사리와 형세로 보아 진실로 당연한 일이었습니다. 다만 원량(元良, 세자)을 낳아서 키우고 지존의 배필이 되어 한 나라의 국모로 군림한 것이 또한 여러 해였는데, 갑자기 하루아침에 도리어 빈어(嬪御, 후궁)의 반열에 처하게 되었으니, 그 사체에 비추어 보아 어떨지 알지 못하겠습니다. 신의 어리석은 생각으로는 널리 전대(前代)의 고사를 살펴서 별도로 거처하는 궁궐의 이름을 지어주고, 받들어 모시는 의절(儀節, 예절)을 조금이라도 갖추어서, 감히 곤극(坤極, 왕후)과 동등하게 높일 수 없다는 것을 보이면서도 또한

315) 개기(改紀) : 정세가 바뀌는 것을 뜻한다. 여기서는 갑술환국(1694)을 가리킨다.

316) 박만정(朴萬鼎) : 1648~1717. 본관은 밀양(密陽), 자는 사중(士重), 호는 동계(東溪)·설정(雪汀)이다. 윤휴의 문인이다. 1683년(숙종9) 증광문과에 급제하여, 1689년 기사환국 이후 청요직을 두루 역임하였다. 1694년 갑술환국으로 중전에서 희빈으로 강등된 장씨를 따로 명호를 세워서 예우할 것을 주장하였다가 1701년 희빈이 사사된 뒤 중도부처되었다. 저서로 《동계집》이 있다.

317) 인수(印綬) : 신분이나 관직의 등급을 나타내는 관인(官印)을 몸에 차기 위한 끈이다.

여러 빈(嬪)들과는 특별히 다르게 대우하여 6년 동안 국모로 있었던 의리를 표시한다면 그 강등된 처지를 예로써 대우하는 도리에 혹 불가할 것이 없을 것입니다.”

○ 정언 홍중주(洪重周)[318]가 인피하여 사직을 청하면서 대략 다음과 같이 말하였다.

“본원에서 장희재에 대한 안률(按律)[319]과 이의징에 대한 정형(正刑)을 청하였는데, 장희재가 사형을 면한 것은 진실로 깊고 원대한 염려에서 나온 것입니다만, 이의징은 국청(鞫廳)의 계사(啓辭)에서 이미 역적의 누명을 완전히 벗게 되었습니다. 그런데 지금 이 대계(臺啓)에서 늘어놓은 것이 원래 드러난 형적(形迹)이 아닌데 극률(極律)에 처하려고 하는 것은 실로 너무 심하여 신은 구차하게 함께 할 수 없습니다.”

○ 수찬 정사신(丁思愼)[320]이 상소하여 대략 다음과 같이 말하였다.

“아! 양기(陽氣)는 펴지고 음기(陰氣)는 쇠퇴하는 것이 비록 천지가 움직이는 원리이지만, 덕을 밝게 하고 벌을 신중히 주는 것은 진실로 성상(聖上)의 정치이니, 반드시 정상(情狀)과 죄를 참작하여 어렵고도 신중하게 한 뒤에야 너무 지나쳤다는 후회가 없을 것이며, 충분히 조사하는 도리를 다 할 수 있을 것입니다.

---

318) 홍중주(洪重周) : 1659~1719. 본관은 풍산(豊山), 자는 성범(聖範)이다. 1678년(숙종4) 진사가 되고, 1691년(숙종17) 증광문과에 급제하여 청요직을 두루 지냈다. 1694년 정언 재직 시 장희재와 이의징의 처벌을 완화시켜 줄 것을 청하다가 탄핵 당하였다. 이후 장령을 거쳐 제주목사 등을 역임하였다.

319) 안률(按律) : 법률에 비추어서 헤아려 따지다.

320) 정사신(丁思愼) : 1662~1722. 본관은 나주(羅州), 자는 성공(聖功), 호는 기수(畸叟)이다. 할아버지는 정시한(鄭時翰)이다. 1687년(숙종13) 사마양시에 모두 합격, 생원·진사가 된 뒤, 1691년 증광문과에 급제하여 청요직을 두루 거쳤다. 1694년 수찬 재직 시 상소하여 권대운·목내선 등을 구원하다가 삭탈관작 되었다. 1707년 다시 등용되어 안성 군수·호조참의 등을 역임하였다.

이번에 죄로 쫓겨난 사람들이 범한 죄의 가볍고 무거움이나 죄명이 어떤지는 신은 들어서 알지 못합니다. 하지만 개괄해서 논하자면 그 수가 많아서 손가락으로 꼽아서 셀 수 없을 정도여서, 전고(前古)에 구하여도 실로 드문 일이니, 변방에는 빈 고을이 없고 해도(海島)에도 빈 곳이 없어서 주객(主客)이 다 같이 곤궁해지는 폐단이 있으며, 골육이 이별하는 한탄이 있으니, 이것이 어찌 성세(聖世)의 좋은 모습이겠습니까?

권대운과 목내선은 네 조정에서 복무한 기구(耆舊)[321]의 신하입니다. 기사년 곤성(坤聖, 왕후)께서 궁궐을 떠나실 적에 권대운은 입대(入對)하여 차자(箚子)를 올렸는데, 사의(辭意)가 정성스럽고 뜻이 간절하여 비록 천위(天威, 임금의 위엄)를 되돌리지 못하여 지나친 거조는 구하기 어려웠지만 정성스러운 충성심은 온 세상이 알고 있습니다.

목내선은 일공(日供)[322]을 치우도록 명하신 처음부터 홀로 먼저 청대(請對)하여 반복하여 간쟁하였으며, 끝에 가서도 다시 차자를 올려 논하여 그 뜻을 펼쳤습니다. 비록 성상께서 엄하게 대처하여 위로 전달되지는 못했지만 처음부터 끝까지 그 심사(心事)는 결코 다른 뜻이 없었다는 것을 미루어 알 수 있습니다.

그런데 오늘날 모두 큰 죄를 받아 장독(瘴毒)[323] 가득한 바닷가에 던져져서 도깨비들과 이웃하며, 흰 머리의 늙은 나이에 죽을 날이 얼마 남지 않았습니다. 만일 전하께서 잠리(簪履)[324]의 오래된 은혜를 유념하신다면 어찌 슬퍼하면서

---

321) 기구(耆舊) : 늙은이인 기로(耆老)와 옛 신하인 구신(舊臣)을 합쳐 부르는 말이다. 원로(元老)의 노성(老成)한 신하를 가리킨다.

322) 일공(日供) : 매일 공물(供物)을 바치는 일이다. 여기서는 폐위된 인현왕후에게 공물을 바친 일을 가리킨다. 즉 남인 대신들이 인현왕후 폐위를 막기 위해 노력하였으며, 그 뒤로도 폐비를 보호하는데 힘쓴 사실을 환기시킴으로써, 남인에게 씌워진 '명의죄인'의 죄명에서 벗어나려 했다. 이러한 관점은 남인계 당론서인 《동소만록》에 잘 기술되어 있다.

323) 장독(瘴毒) : 더운 지방의 산과 숲, 안개가 짙은 곳에서 습열(濕熱)이 위로 올라갈 때 생기는 나쁜 기운으로 전염을 일으켜 발생하는 악성 질환이다.

324) 잠리(簪履) : 비녀와 신발에 관한 두 개의 고사를 묶어서 하는 말이다. 공자(孔子)가

불쌍하게 여길 일이 아니겠습니까?

이현일이 곤성을 위해 상소하여 다툰 것은 앞뒤로 한두 번이 아니었는데, 설령 사용한 표현이 혹 자세히 살피지 못한 점은 있었지만, 이는 초야에 살면서 어리석고 우활한 소치(所致)에 불과하고, 그 큰 뜻을 헤아려 보면 이미 임금을 바르게 돕기 위한 데에서 나온 것이니, 충애(忠愛)한 정성 또한 충분히 세상에 드러낼 만합니다.

지난번 이봉징(李鳳徵)[325]과 이만원 등은 외람되게 큰 은혜를 입었는데도 유독 이현일만이 원비(圜扉, 감옥)의 삼목(三木)[326]에서 겨우 풀려나자마자 아주 먼 변방으로 보내져서 천극되었습니다. 당시 피를 쏟는 듯한 상소문이 도리어 망극한 죄를 초래하였으니, 보통 사람이 원통함을 품어도 오히려 마땅히 용서해 주는데, 하물며 일찍이 예우(禮遇)하던 신하이겠습니까?

아! 옛사람이 이르기를, '조화로운 기운은 상서로움을 불러들이고, 어그러진 기운은 재이(災異)를 부른다.'[327] 하였습니다. 지금 천지의 조화로운 기운이

소원(少源)의 들판을 유람하다가 연못가에서 몹시 슬피 우는 부인을 보았다. 공자가 괴이하게 여겨 제자에게 물어보게 하였다. 제자가 말하기를, "부인은 어찌 슬피 우십니까?" 하니, 부인이 말하기를, "지난번에 시초(蓍草)를 캐다가 시초로 만든 비녀[簪]를 잃어버렸기 때문에 슬피 웁니다." 하였다. 제자가 말하기를, "시초를 베면서 시초로 만든 비녀를 잃어버렸다고 어찌 슬피 웁니까?" 하니, 부인이 말하기를, "비녀를 잃어버린 것을 상심해서가 아니라 오래된 옛 물건을 잃어버렸기 때문입니다." 하였다. 《韓詩外傳 卷9》 초(楚)나라 소왕(昭王)이 오(吳)나라와 싸웠는데 초나라 군대가 패하였다. 이에 소왕이 달아나다가 신[履]이 터지는 바람에 잃어버렸는데 30리를 가다가 다시 돌아와 신을 찾았다. 좌우의 신하들이 묻기를 "어찌 그리 신 한 짝을 아끼십니까?" 하니, 소왕이 말하기를, "초국(楚國)이 비록 가난하나 어찌 신 한 짝을 아끼겠는가. 함께 나왔다가 함께 돌아가지 못하는 것을 싫어해서이다." 하였다. 《太平御覽 卷697》 오래되어 소중한 것을 의미하는데, 대체로 선왕(先王) 때 옛 신하를 잊지 않는다거나 미천한 옛 신하를 기억하여 등용한다는 뜻으로 주로 사용되었다.

325) 이봉징(李鳳徵) : 1640~1705. 본관은 연안(延安), 자는 명서(鳴瑞), 호는 은봉(隱峰)이다. 숙종대 수찬을 거쳐 전라도관찰사 등을 지냈다. 1694년 대사헌 재직 시 파직되었다가 이후 형조참판에 복직하였다. 1701년 오위도총부 부사를 지낼 때 희빈 장씨 처벌에 반대했다가 유배되었다.

326) 삼목(三木) : 죄인의 목과 손발에 채우는 세 개의 형틀을 가리킨다.

327) 옛사람이 …… 부른다 : 《한서(漢書)》 〈유향전(劉向傳)〉에서 나온 구절이다. "조화로운

호응하지 않고 건문(乾文, 천문)이 빈번하게 경계를 보여서 때에 맞지 않는 서리와 싸락눈이 내리고 천둥과 우박이 정상이 아닙니다. 재이의 대응은 비록 '깊고도 멀어서 알기가 어렵다.' 하지만 어그러진 기운이 재이를 부른 것을 또한 볼 수 있습니다.

삼가 바라옵건대 전하께서 자신의 몸을 돌이켜 허물을 살피시고 뭇 신하들[群工]을 책려(責勵)하여 위에서 건극(建極)하시고 아래에는 교화를 펼쳐서 치우침도 없고 편당함도 없는 다스림을 회복하시고, 실상으로 하늘에 응답하는 도리를 다하여 재앙을 없애는 근본으로 삼으신다면 국가에는 매우 다행일 것입니다."

○ 승정원 -김두명과 이동욱- 에서 다음과 같이 아뢰었다.

"신 등이 삼가 수찬 정사신의 상소를 보니 장황한 사설(辭說)로 힘써 당론을 심고, 죄인을 구원하는 것이 오직 미치지 못할까 근심하였으니, 그 말에 거리낌이 없는 것이 심합니다. 삼가 성명께서 반드시 그 정상을 환히 알고 계시리라고 생각하고, 신 등도 또한 이 상소가 천청(天聽)을 현혹하고 시비를 어지럽히기에 부족하다는 것을 알고 있습니다. 그렇지만 이미 소회(所懷)라고 핑계 댔으므로 봉입하지 않을 수 없기 때문에 구차스러운 뜻을 감히 우러러 진달합니다."

○ 다음과 같이 비망기를 내렸다.

"지금 수찬 정사신의 상소를 보니 종이에 가득 장황하게 늘어놓은 것은 오로지 큰 악인을 구원하려 애쓰는 데에서 나와서 시비를 어지럽히고 천청을 현혹하려 했으니, 진실로 놀랍고 괴이하다. 그 임금을 망각하고 편당을 위해

기운은 상서로움을 가져오고 어그러진 기운은 재이를 가져오니, 상서로움이 많으면 나라가 안정되고 재이가 많으면 나라가 위태로운 것은 천지의 일정한 법칙이요 고금에 통하는 원리이다.[和氣致祥, 乖氣致異, 祥多者其國安, 異衆者其國危, 天地之常經, 古今之通義也.]" 하였다.

죽으려 한 죄를 엄하게 징계하지 않을 수 없으니, 관작을 삭탈하고 도성 밖으로 내쫓으라."

○ 지평 최중태(崔重泰)[328]가 다음과 같이 아뢰었다.

"방금 삼가 정사신의 상소문을 보니, 성학(聖學)을 논하고 경계하는 가르침을 아뢴다고 핑계 댔지만 그 핵심 의도는 간괴(奸魁)를 구원하고, 국시(國是)를 어지럽히려는 계략이었습니다. 그리하여 권대운·목내선·이현일 무리의 일에 이르러서는 곤전이 궁궐에서 쫓겨날 때 마치 큰 절개를 우뚝 세웠는데도 재앙에 걸려들어 억울하게 쫓겨난 것처럼 말하였으니, 그 언어가 지극히 패악하여 차마 똑바로 쳐다볼 수 없는 점이 있습니다. 아! 정사신도 또한 일개 신하일 뿐인데 군부가 있다는 것을 알지 못하고 어찌 감히 이렇게까지 멋대로 업신여기고 조롱한단 말입니까?

국모가 궁궐에서 쫓겨나는 날에 온 나라의 신민이 가슴을 치고 피눈물을 흘리면서 모두 홀연히 죽어서 아무것도 모르기를 원하였습니다. 오두인과 박태보가 죽음을 무릅쓰고 규혼(叫閽)[329]하여 목숨을 바쳐서 논의를 지켰는데, 권대운과 목내선 등은 국가의 은혜를 입은 몸으로 보상(輔相, 재상)의 지위에 있었으면서도 충신이 형벌에 빠진 것을 눈앞에서 보고 마음속으로는 돌을 던지면서, 군부의 큰 과오를 장순(將順)[330]하였으니, 속으로는 실제로 화를 즐기고 있었던 것입니다.

반나절 정청(庭請)한 것[331]은 길거리의 사람들도 또한 책임만 때우기 위한

---

328) 최중태(崔重泰) : 1656~1712. 본관은 경주(慶州), 자는 중여(重汝)이다. 1686년(숙종12) 별시문과에 급제하여 청요직을 두루 거치고, 승지·강원도관찰사 등을 역임하였다.

329) 규혼(叫閽) : 호소할 일이 있을 때 여러 사람이 궁궐 문 앞에서 억울함을 알리는 일이다.

330) 장순(將順) : 임금의 뜻을 받들어 성취시켜 주는 것이다. 즉 아랫사람이 윗사람을 간할 때 윗사람의 미덕을 선양하며 보다 나은 결과가 이루어지도록 촉구하는 것이다.

331) 반나절 정청(庭請)한 것 : 1689년 기사환국 당시 숙종이 인현왕후를 폐위하려 하자 좌의정 목내선과 우의정 김덕원 등이 정청하였는데, 왕명에 따라 다음날 곧바로 정지하였다. 이후 1694년(숙종20) 갑술환국 때 이 사안이 다시 거론되었는데, 정청을 지속하여 계속

것이라는 것을 알고 있었습니다. 그 사행(使行) 갈 때 목내선이 말한 '공경(恭敬)' 두 글자[332]에 대해 치대(置對, 대질심문)하던 날 끝내 명백하게 변명하여 벗어나지 못하였으니, 본심의 소재는 명백하여 가릴 수 없었으므로 정사신이 이른바 '사의(辭意)가 정성스럽고 간절하여 심사(心事)에 아무런 다른 뜻이 없었다.' 한 것은 또한 하늘을 속이는 짓이 아니겠습니까?

그 나머지 '죄로 내쫓긴 사람의 수가 많고, 골육이 갈리어 이별하게 되었다.'는 말은 모두 국법을 무시하고 사당(私黨)을 비호한 것에 지나지 않으니 떠들 것도 없습니다. 한번 천심이 화를 내린 것을 후회하고 간흉을 모두 물리친 뒤로부터 한 무리의 간사하고 더러운 무리들이 속으로 원망하는 독기를 품고서 몰래 틈을 엿보았습니다.

성명이 어질고 너그러워 나라의 법[邦憲]이 관대해져서 거괴(巨魁) 이외 남은 무리들을 불문에 부치니 홍중주와 정사신이 서로 이어서 상소하여 멋대로 그 당여를 옹호하면서 스스로 나라를 저버리는 죄에 빠지는 것을 알지 못하였습니다. 지금 이 비망기에서 비록 다행히도 그 사람들의 정상을 통촉하여 삭탈관작의 벌을 내리셨지만 결코 간특함을 다스리는 법은 아니며, 또한 뒷날 시끄러워질 폐단을 막기 어려울 것이니 청컨대 정사신을 극변으로 멀리 귀양 보내십시오."

주상이 답하기를, "윤허하지 않겠다." 하였다.

○ 경상도 유생 안일리(安日履)[333] 등이 상소하여 다음과 같이 말하였다.

간하지 않고 반나절만 정청했다는 탄핵을 받아 영의정 권대운 등이 위리안치 처분을 받았다. 《肅宗實錄 15年 4月 26日, 20年 4月 25日》 노론계 당론서인 《진감(震鑑)》에서는 상소문을 인용하여 이를 '반나절 정청한 죄'로 규정하였다.

332) 목내선 …… 두 글자 : 청나라에 사신 갈 때 왕비가 바뀐 것을 알리는 주문(奏聞)에 인현왕후가 폐출된 이유를 어떻게 쓸 것인가 물으니, 목내선이 대답한 말은 '불공순(不恭順)'이었는데, 그 사돈인 신후재(申厚載)의 공초에 '불공경(不恭敬)'으로 기록되어 논란이 되었다. 《肅宗實錄 20年 6月 13日》

333) 안일리(安日履) : 1661~1731. 본관은 순흥(順興), 자는 길보(吉甫), 호는 낙애(洛厓)이다.

"문성공 이이와 문간공 성혼이 성묘(聖廟, 문묘)에서 출향된 지 이미 여러 해가 지났으므로 공론이 하나로 정해져서 사설(邪說)이 저절로 잦아들었습니다. 그리하여 금년 정월에는 비망기를 내려 말하기를,

'지금 이후 감히 이이와 성혼의 일로써 앞장서서 기치를 세우는 자가 있다면 성묘를 모독하는 죄로써 처벌할 것이며, 이는 고칠 수 없는 법전으로 만년이 지나도록 전하는 것이 좋겠다.'

하셨습니다. 그런데 최근에 한쪽 편 사람들이 멋대로 상소하여 감히 복향(復享)을 청하자 전하께서 갑작스럽게 그 청을 따르셨습니다.

아! 두 신하가 갑자기 출향되었다가 또 갑자기 복향되어 그 출입이 일정하지 못한 것은 이미 말하기에도 부족합니다만, 전하께서 덕을 지키는 것이 견고하지 못함이 어찌하여 이 지경에 이르렀단 말입니까?

만약 불가함을 알면서도 짐짓 한쪽 편 사람들의 마음을 위로하기 위해서라면 성묘(聖廟)가 얼마나 중요한 장소이고 종사가 얼마나 큰일입니까? 사습(士習)의 추향(趨向)과 사문(斯文)의 어두워지고 밝아짐, 치도(治道)의 쇠퇴와 번성, 이륜(彝倫)의 막히고 펴짐이 모두 여기에 연관되어 있으므로 결코 구차스러운 조치를 막중한 장소에 더해서 신인(神人)을 위로하고 기쁘게 하는 바탕으로 삼아서는 안될 것입니다."

좌승지 김구(金構)[334]가 이 상소 내용이 사론(邪論)을 주워 모은 죄를 지었다고 경연 석상에서 아뢰니, 주상이 소수(疏首)[335]를 멀리 변방으로 유배 보내라

1690년(숙종16) 사마시에 합격하여 성균관에 들어가 박태보를 신원(伸冤)하려다가 유생들의 반대로 실패하였다. 1694년 문묘에서 출향된 이이와 성혼의 복향(復享)에 반대하는 상소를 올렸다가 부령(富寧)에 유배되었다. 1717년 세자에게 대리청정(代理聽政)하라는 하교가 있자 세자를 보호하기 위한 상소를 올렸다. 저서로 《낙애문집(洛厓文集)》이 있다.

334) 김구(金構) : 1649~1704. 본관은 청풍(淸風), 자는 사긍(士肯), 호는 관복재(觀復齋)이다. 1669년(현종10) 사마시에 합격하고, 1682년(숙종8) 춘당대 문과에 장원하여 청요직을 두루 지냈다. 육조의 판서를 거쳐 1703년 우의정에 올랐다. 시호는 충헌(忠憲)이다.

335) 소수(疏首) : 소두(疏頭)라고도 한다. 연명(連名)하여 상소를 올릴 때 제일 먼저 이름을 적는 우두머리이다.

고 명하였다.

○ 우의정 윤지완이 차자를 올려 대략 다음과 같이 말하였다.

"권대운이 유배된 죄목은 진실로 너그럽게 용서하기 어렵습니다만 당시 대죄(待罪)하는 상소에는 가상한 말이 없지 않았습니다. 뭇 간신들이 해치려는 계략에 대해서도 또한 이론(異論)을 제기한 자취가 있었는데, 그가 스스로 빠져나와서 입장을 세우지 못한 것은 혹 쇠잔하고 혼모(昏耗)[336]한 결과였던 것 같습니다. 하물며 지금 나이가 80이 넘어 남은 날이 많지 않으니, 특별히 전리(田里)로 돌아가도록 명하여 그로 하여금 은혜를 품고 땅속으로 들어가게 하는 것이 천지의 살리기 좋아하는 덕에 해로움이 없을 것 같습니다."

주상이 마땅히 다른 대신들과 의논해서 처리하겠다고 답하였다.

○ 특별히 비망기를 내려서, "송시열을 복관시키고 제사를 내려서 나의 뜻을 나타내라." 하였다.

○ 또 비망기를 내려서, "중궁 민씨의 작위와 명호를 회복시키고, 장씨의 인수(印綬)를 거둬들이며, 곧 희빈의 옛 작호를 내려주라." 하였다.

○ 고(故) 판서 오두인과 고 응교 박태보 모두 관작을 회복하고, 정려(旌閭)[337] 하라고 명하였다.

○ 다음과 같이 하교하였다.

"경신년(1680, 숙종6) 옥사는 역절(逆節, 역적에 관한 범죄)이 분명히 드러났는데, 기사년(1689) 권간(權奸)들에게 기만을 당하여 결국 번안(飜案)하기에

---

336) 혼모(昏耗) : 늙어서 정신이 흐릿하고 기력이 쇠약하다.

337) 정려(旌閭) : 충신·효자·열녀 등을 그 동네에 정문(旌門)을 세워 표창하는 것이다.

이르렀으니, 내가 일찍이 후회하고 한스러워하였다. 그것을 대신과 의논하여 김석주 등 다섯 명의 훈작(勳爵)을 복구한다. 그렇지만 이사명 등을 추록(追錄)하는 일에 대해서는 다시 거론하지 말라."

○ 진사 박순(朴洵) 등이 상소하여 대략 말하기를,

"저 두 어진 신하의 도덕이 이전에는 높았다가 뒤에 낮아진 것이 아닌데도 8, 9년 사이에 오르내리기를 서로 반복한 것은 성상께서 덕을 지키는 것이 한결같지 않아서 간사한 사람의 말이 그 사이에 끼어들었기 때문입니다. 앞서서 안전(安璵)·이현령(李玄齡)처럼 귀신과 물여우 같은 무리들이 간신배들이 무함한 사실을 조술하였는데,[338] 성상께서 유교를 숭상하는 정성으로도 어찌 초심을 이어가지 못하고[339] 참소하는 말에 변동하였습니까?"

하니, 주상이 특별히 복향(復享)을 명하였다.

○ 우의정 윤지완이 입시하여 함이완이 고변한 여러 죄인들을 국문할 것을 청하니, 주상이 말하기를,

"강만태(康晩泰)의 공초를 보니 이는 역모가 아닌데, 어찌 반드시 안문(按問, 심문)하겠는가?"

하니, 윤지완이 말하기를,

"중궁의 복위는 주상께서 깨달으시고 단연히 거행한 것이니, 광명정대함이

---

338) 안전(安璵)·이현령(李玄齡)처럼 …… 조술하였는데 : 1689년(숙종15) 3월 12일과 15일에 진사 이현령(李玄齡)이 이이(李珥)와 성혼(成渾)을 문묘(文廟)에서 출향(黜享)할 것을 청하는 상소를 올렸는데, 이 상소로 인해 같은 달 18일에 이이와 성혼의 문묘 출향이 결정되었다. 《肅宗實錄 15年 3月 12日·15日》 여기의 '간신배들이 무함한 사실'이란 선조대 성혼이 기축옥사에서 최영경을 죽게 만들었다고 북인들이 주장한 일을 가리킨다.

339) 초심을 이어가지 못하고 : 원문은 "不承權輿"이다. 《시경》 〈권여(權輿)〉에서, "내게 크고 넓은 집이 있더니 이젠 끼니마저 남는 것이 없구나. 아! 하는 일이 처음을 잊지 못하는도다.[於我乎, 夏屋渠渠, 今也每食無餘. 于嗟乎! 不承權輿.]" 하였다. 진(秦)나라 임금이 선비들을 대우하기를 처음부터 끝까지 일관되지 못하였음을 풍자한 것이다.

마치 해와 달이 다시 광명을 찾은 것과 같습니다. 만약 강만태가 말한 바와 같다면 이것이 무슨 일이기에 저들이 감히 도모하며, 또 감히 어느 곳에 도모한단 말입니까?"

하자, 주상이 낯빛을 고쳤다. 영의정 남구만이 또 상소하여 한중혁(韓重爀)[340] 등을 엄하게 국문하여 다시 새롭게 교화한 것을 밝히라고 힘껏 청하니, 주상이 따랐다.

처음에 판서 김진귀의 아들 춘택[341]이 문장에 뛰어난 재능이 있었지만 교활하여 행동을 조심하지 않고 호협(豪俠)으로 자처하며 은밀히 불령(不逞)한 무리들을 끌어모으고, 동류(同類)가 아닌 자들과 결탁하여 중전의 복위를 도모하겠다고 칭하였다. 이에 민암 등이 정탐하여 그 실정을 알아내고 이것을 빌미로 진신을 어육으로 만들고자 주상에게 고하여, 김춘택과 그 무리인

---

340) 한중혁(韓重爀) : ?~1697. 본관은 청주이고, 승지 한구(韓構)의 아들이다. 1694년(숙종20) 김춘택 등과 함께 폐비 민씨의 복위를 도모하고, 자금을 모아 요로(要路)의 인물들을 매수하려다가 함이완의 고발로 발각되었다. 남인 측에서는 이들의 최종 목표가 동궁을 제거하려는데 있다고 확신하였다. 그리고 갑술년 김춘택과 한중혁의 여얼들이 1721년(경종1) '삼수(三手)의 그림자'였다고 규정하였다. 실제로 갑술환국을 통해 인현왕후가 복위한 뒤 희빈 장씨를 강등시켰으나, 축출하는 데는 실패하였다. 이에 1701년(숙종27) 무고의 옥사를 만들어 반드시 엮어 죽이고야 말았다. 이어서 1717년 정유독대가 이루어졌고, 그 뒤 1721년 삼수의 역옥이 일어났다는 주장이었다. 이상의 일련의 사건은 모두 의도된 순서에 따라 발생한 것으로 반드시 일어나고야 말 형세였다는 것이 남인의 시각이다.

341) 김춘택(金春澤) : 1670~1717. 본관은 광산(光山), 자는 백우(伯雨), 호는 북헌(北軒)이다. 생원 김익겸(金益兼)의 증손으로, 할아버지는 숙종의 장인인 김만기(金萬基)이며, 아버지는 호조판서 김진귀(金鎭龜)이다. 종조부 김만중(金萬重)에게 문장을 배웠다. 1694년 재물로 궁중에 내통하여 폐비 민씨를 복위하게 하고, 정국을 뒤엎으려 한 혐의로 체포되고 심문받았으나, 갑술환국으로 남인이 축출되면서 풀려났다. 그 뒤 노론에서는 환국의 공로자로 칭송받았으나, 남구만(南九萬) 등의 소론에게는 음모를 이용한 파행적 정치활동을 자행하였다고 공격받았다. 1701년 소론의 탄핵을 받아 부안(扶安)에 유배되었으며, 희빈 장씨(禧嬪張氏)의 소생인 세자를 모해하였다는 혐의를 입어 서울로 잡혀가 심문을 받고, 1706년 제주로 옮겨졌다. 김만중의 소설 《구운몽(九雲夢)》과 《사씨남정기(謝氏南征記)》를 한문으로 번역하였다. 이조판서를 추증받았으며, 시호는 충문(忠文)이고, 저서로 《북헌집(北軒集)》과 《만필(漫筆)》이 있다.

한중혁 등을 잡아들이니, 장차 사태를 헤아릴 수 없었다. 또 장희재에게 곤전과 귀인이 은화를 많이 모아서 바야흐로 복위를 도모하려는 뜻이 있다고 무고하니, 희재가 한글 편지를 써서 희빈에게 알렸다.

주상이 그 편지를 발견하고 장희재와 민암을 국문하라고 명하니, 남구만이 생각하기를, "만약 장희재에게 형벌을 가하면 일이 반드시 희빈에게 미칠 것이고, 희빈이 불안하면 세자 또한 반드시 불안해질 것이다." 하고, 청대하여 장희재에게 형벌을 가해서는 안 된다고 힘껏 말하였다. 주상이 그 말에 따라 제주도에 장희재를 안치하게 하니, 이리하여 집안사람에게만 화(禍)가 미쳤다.

전 참의 김창협(金昌協)[342]이 편지를 보내 책망하면서, 심지어 다른 날 번복한 뒤에 복을 구하려고 한다고까지 말하였지만 남구만은 끝내 들어주지 않았다. 이로 말미암아 노론의 무리들 가운데 분개하지 않는 자가 없었다.

◯ 좌의정 박세채가 계해년(1683, 숙종9) 희정당(熙政堂, 청덕궁 소재)에서 올린 두 번째 차자에서 대략 다음과 같이 말하였다.[343]

---

342) 김창협(金昌協) : 1651~1708. 본관은 안동, 자는 중화(仲和), 호는 농암(農巖)·삼주(三洲)이다. 좌의정 김상헌(金尙憲)의 증손자이고, 영의정 김수항(金壽恒)의 아들이자 영의정 김창집(金昌集)의 아우이다. 1669년(현종10) 진사시에 합격하고, 1682년(숙종8) 증광문과에 전시장원으로 급제하여 청요직을 두루 역임하다가 1689년(숙종15) 기사환국으로 아비가 사사되자, 사직하고 은거하였다. 갑술옥사(1694) 이후 아비가 신원됨에 따라 호조참의 등에 임명되었으나, 모두 사직하고 학문에만 전념하였다. 저서로는 《농암집(農巖集)》·《주자대전차의문목(朱子大全箚疑問目)》·《논어상설(論語詳說)》·《오자수언(五子粹言)》·《이가시선(二家詩選)》 등이 있고, 편저로는 《강도충렬록(江都忠烈錄)》·《문곡연보(文谷年譜)》 등이 있다. 숙종 묘정에 배향되었으며, 양주의 석실서원(石室書院), 영암의 녹동서원(鹿洞書院)에 제향되었고, 시호는 문간(文簡)이다.

343) 박세채가 …… 말하였다 : 계해년 당시 박세채는 노·소론 대립으로 초래된 정치의 난맥상을 극복하기 위해 송시열과 윤증을 동시에 조정에 불러오자고 제안하였다. 여기에 송시열은 찬성하였지만 윤증은 세 가지 이유를 내세우며 반대하였다. 하나는 남인의 원한을 풀어줄 수 없다는 것이고, 둘째는 척신의 횡포를 막을 수 없다는 것이고, 셋째는 송시열의 독선적 행태를 막을 수 없다는 것이었다. 박세채 역시 이러한 현실을 인정하고, 그것을 극복하는 방안으로 황극탕평론(皇極蕩平論)을 제출하기에 이르렀다.

"무릇 황극(皇極)[344]의 도(道)는 천하 사방의 사람들에게 올바른 것을 취하게 하는 것이 마치 북극성(北極星)은 제자리에 있는데 여러 별이 이것을 둘러싸는 것[345]과 같게 하여 서민으로부터 군자에 이르기까지 치우치거나 공정하지 못할 근심이 있어서 그 도를 어지럽히는 일이 없게 하려는 것입니다. 이것은 기자(箕子)[346]가 무왕(武王)[347]에게 정녕 밀물(密勿)[348]하게 충고한 것이었는데, 대개 왕 노릇을 하려고 하는 자가 반드시 이것에 힘쓰게 하여 정대(正大)한 본체를 세워서 동인협공(同寅協共)[349]의 경지에 이르러 만세토록 잘 다스려서 평화롭게 되는 기틀로 삼게 하려는 것이었습니다.

생각건대, 우리나라 동인과 서인의 색목(色目)은 선조[宣廟]대 시작되었습니다. 그러나 그 처음에는 군자와 소인의 분별이 마치 흑백과 음양이 서로 용납하지 않는 것처럼 심하지 않았습니다. 그리하여 선정신(先正臣) 이이(李珥)

그의 탕평론은 선조대 이이가 주장한 조제보합설(調劑保合說)을 계승한 것으로서 영·정조대에 이르러 탕평책을 본격적으로 시행할 수 있는 중요한 기반을 제공하였다.

344) 황극(皇極) : 임금이 국가를 다스리기 위해 정한 대도(大道)로서 한쪽에 치우치지 않는 중정(中正)의 도이다. 곧 요순(堯舜) 이래로 전해오는 대법(大法)이었다. "황극이란 임금이 표준을 세움이니 이 오복을 거두어 펼쳐 백성들에게 주는 것이다." 하였다. 《書經 周書 洪範》

345) 북극성(北極星)이 …… 옹위하는 것 : 북극성은 임금을 가리킨다. 공자(孔子)가 말하기를 "정사를 덕으로써 하는 것은 비유하건대, 북극성이 그 자리에 있는데 모든 별이 그에게로 향하는 것과 같다.[爲政以德, 譬如北辰, 居其所, 而衆星拱之.]" 하였다. 《論語 爲政》

346) 기자(箕子) : 은나라 말 현자(賢者)이다. 중국측 기록에 따르면, 주나라 무왕으로부터 조선을 봉해 받고 팔조(八條)의 가르침을 펼쳤다고 한다.

347) 무왕(武王) : 주나라 문왕(文王) 희창(姬昌)의 둘째 아들로, 이름 발(發)이다. 맹진(盟津)에서 8백여 제후들의 회맹(會盟)을 이끌어 상(商)나라를 공격하여 정벌하였다. 무왕은 호경(鎬京)으로 천도하고, 비간(比干)의 장례를 지내고, 기자를 풀어주었다. 그리고 공신들에게 분봉(分封)하여 봉건제를 실시하였다.

348) 밀물(密勿) : 임금의 곁에서 기밀(機密)에 참여하는 일이다. 대신과 같이 임금과 그 사이가 긴밀한 자리를 말하기도 한다. 혹은 중요한 일을 뜻하기도 한다.

349) 동인협공(同寅協恭) : 《서경》 〈고요모(皐陶謨)〉에서 조정 신하들이 함께 경건하고 공손한 자세로 화합함을 뜻하는 말로, 그 주에서 "군신은 마땅히 조심하고 두려워함을 함께 하고, 공경함을 합쳐야 한다.[君臣當同其寅畏, 協其恭敬.]"고 하였다. 이것은 성스러운 임금과 지혜로운 신하가 서로 의기투합하여 국정에 힘쓰는 모습을 형용하고 있다.

가 일찍이 깨끗이 씻어내어 진정시키려는 뜻으로 선조에게 진달한 것이 지금 벌써 백여 년이 넘었습니다.

그러나 그 뒤로 두 당(黨)의 득실이 앞뒤로 서로 교차되어 그 대략만을 비교해 보아도 첫 번째는 정여립(鄭汝立)[350]의 변고에서 패하였고, 두 번째는 이이첨(李爾瞻)[351]의 난(亂)에서 패하였으며, 셋째로는 지난날 권간(權奸)의 당이 패하였는데, 모두 동인 한쪽 편에서 나오자, 논하는 자들이 이것을 가지고 사(邪)와 정(正)을 분별한 것은 진실로 지나친 말은 아니었습니다.

그러나 그 사이에 이른바 '남인(南人)' 가운데에도 조금 구별되는 자가 있어서 또한 이름난 유학자[名儒]와 훌륭한 신하[碩輔]들이 많이 나왔는데, 광해군대 인륜이 무너진 날[352]에 이르러서 이들은 임야(林野)로 물러나거나 혹은 항의하는 언론으로 직간(直諫)하였습니다. 그리하여 인조(仁祖)가 즉위하자 왕성하게 등용(登庸)되어 서인과 별 차이가 없었으며, 이후 열성(列聖)께서 다스리는 중요한 방도가 되었으므로 이것이 오래 지나간 뒤에야 비로소 허물어지기 시작한 이유입니다.

대옥(大獄, 경신환국)이 완전히 끝나고부터 간당(奸黨)은 내쳐서 없어지고 성지(聖志)가 굳어져 조정 의논이 화목해졌으니, 마땅히 사정(邪正)이 크게 밝혀지고 다스리는 교화가 날로 융성해야 하는데, 도리어 곧 혼동되고 소란스러워져서 위란(危亂)의 조짐이 이미 사업과 행동에서 형성되는 것을 면하지 못하게 되었습니다.

그것은 대체로 세도가 타락하고 인심이 잘못에 빠져들어 식견은 사사롭게

---

350) 정여립(鄭汝立) : 1546~1589. 본관은 동래(東萊), 자는 인백(仁伯)이다. 수찬 등을 역임하였다. 1589년(선조22) 반란 혐의로 고발되어 관군에 쫓기다가 죽도에서 자살하였다. 이 사건 처리 과정에서 기축옥사가 발생하여 다수의 동인이 죽임을 당하였다.

351) 이이첨(李爾瞻) : 1560~1623. 본관은 광주(廣州), 자는 득여(得輿), 호는 관송(觀松)·쌍리(雙里)이다. 대북(大北)의 영수로서 정인홍 등과 광해군대 정국을 주도하면서 영창대군의 죽음과 폐모 논의 등에 깊숙이 간여하였다. 인조반정 당시 사로잡혀 주살되었다.

352) 광해군대 …… 날 : 어머니인 인목대비(仁穆大妃)를 폐위하고, 이복동생 영창대군(永昌大君)을 살해한 일을 가리킨다.

되기 쉽고 논의가 공정하기 어려워서 앞선 수레가 비록 엎어져도 뒤따르던 수레가 오히려 깊이 경계하지 못하였기 때문입니다. 그리하여 다시 들어온 자가 실로 현부(賢否)를 뚜렷하게 분별하여 지극히 공정한 도리를 행할 수 없게 되어 그 패퇴한 자에 대해서 또한 매우 가혹하고 지나치게 하는 폐단이 있으니 어째서입니까?

예로부터 권간(權奸)이 죄를 받았을 때 주벌(誅罰)된 자는 단지 당여(黨與)와 복심(腹心)이었을 뿐입니다. 그런데 지금은 그렇지 않아 색목에 따라서 거의 모든 한쪽 사람들을 의심하여 귀양 보내고 파직하고 삭탈할 때 반드시 이것으로 구실을 삼습니다. 비록 그 가운데에는 드물지만 기축년(1589, 선조22)[353]처럼 물러나거나 은거한 사람도 있었고, 계해년(1623, 인조즉위) 이전처럼 언론으로 대항한 사람도 있었습니다. 그렇지만 나라를 다스리는 도리로 보아 또한 어찌 마땅히 한결같이 이것을 견지하여 지난날의 잘못된 전철을 바꾸지 않겠습니까?

근년 이래 추가로 너그럽게 풀어주었지만 그러나 그 죄상은 밝혀지지 않았고 경중(輕重)도 많이 문란하였습니다. 신은 청컨대, 그 역옥에 관련된 간당 및 다른 죄에 관련되어 크게 용서할 수 없는 자는 더욱 명백하게 처리하기를, 고려 말엽 정몽주(鄭夢周)[354]가 정한 오죄(五罪)[355]의 사례와 같이 하십시오.

---

353) 기축년 : 기축옥사가 일어난 해이다. 정여립(鄭汝立) 옥사로 촉발된 동인과 서인 간의 정쟁은 3년여에 걸쳐 전개되면서 이발(李潑)·정개청(鄭介淸)·최영경(崔永慶) 등 1천여 명에 달하는 동인이 피해를 입었다.

354) 정몽주(鄭夢周) : 1337~1392. 본관은 영일(迎日), 자는 달가(達可), 호는 포은(圃隱)이다. 고려 말 신진사대부로서 정도전과 함께 권문세족의 적폐(積弊)를 일소하려 했다. 그러나 조선 개창에 반대하다가 선죽교(善竹橋)에서 이방원의 문객 조영규(趙英珪) 등에게 죽임을 당하였다.

355) 오죄(五罪) : 당시 정몽주가 상주한 다섯 가지 죄목은 다음과 같다. 왕씨(王氏)를 세우려는 의논을 저지하고 아들 창(昌)을 추대하여 세운 자, 역적 김종연(金宗衍)의 모의에 참여하여 내응이 된 자, 여러 장수들이 천자(天子)의 명을 받아 신우(辛禑) 부자가 왕씨가 아니라 하여 다시 왕씨를 세우려 의논할 때 신우를 영립(迎立)하여 왕씨를 영구히 끊으려 한 자, 윤이(尹彝)와 이초(李初)를 중국(中國)에 보내어 천하의 군사를 움직이도록 청한 자, 선왕의 얼손(孼孫)을 몰래 길러서 불궤(不軌)를 가만히 도모한 자 등이다. 《圃隱集

이런 부류에 해당되지 않고 어질고 능력이 있어 등용할만한 자는 곧 죄나 허물을 사면하고 깨끗이 씻어 주어 그로 하여금 스스로 새로워져서 점차 등급을 갖추게 하여 원통함을 품거나 인재를 빠뜨렸다는 탄식이 없게 해야 합니다. 그 그릇됨을 고집하여 돌이키지 않는 자는 곧 억눌러서 제재하고 거듭 도를 권하여 반드시 감화되는 지경에 이를 것을 기약해야 할 것입니다. 비록 다시 들어온 자라도 만약 사사롭게 보호하여 편중(偏重)될 근심이 있으면 더욱 징계하고 힘껏 경계하여 모두 동인협공의 아름다움에 이르도록 해야 할 것입니다.

그러나 그 대체는 참으로 전하께서 우뚝하게 자립하여 인륜을 살피고 정성을 다하여, 저 황극의 도를 세워서 밝게 군림함으로써 여러 신하들의 옳고 그름과 맑고 사특한 것이 형감(衡鑑, 저울과 거울)의 아래에서 도망할 수 없게 하고, 피차를 의논할 것 없이 어진 자는 반드시 등용하여 가까이 두시고 불초한 자는 반드시 물리쳐서 멀리하여 공평하고 명백한 이치를 밝히지 않는다면 비록 정사를 부지런히 돌보고[356] 근심과 수고로움을 배로 더해도 이익이 없을 것입니다. 삼가 바라옵건대 성명께서 유념하시기 바랍니다.

신이 적이 듣건대 지난해 전하께서 일찍이 〈홍범(洪範)〉[357]을 읽고, 기자가 동방에 공이 있다고 하시면서 근신(近臣)을 보내 그 묘에 제사를 드리게 하셨다고 하는데, 이것은 백왕(百王)의 성전(盛典)을 바르게 하는 것입니다. 그렇지만 그 예(禮)를 융성하게 하는 것은 그 도를 행하는 것만 같지 못하고, 그 정성을

圃隱先生集本傳》

356) 정사를 부지런히 돌보고 : 원문은 "宵衣旰食"이다. 즉 날이 새기 전에 일어나 옷을 입고 해가 진 뒤 늦게야 저녁밥을 먹는다는 뜻이다.

357) 홍범(洪範) : 《서경(書經)》 주서(周書)의 편명이다. 중국 하(夏)나라 우(禹) 임금이 홍수를 다스릴 때 하늘로부터 받은 낙서(洛書)를 보고 만들었다고 하는 홍범구주(洪範九疇)를 말한다. 홍범은 세상의 큰 규범이라는 뜻이며, 구주는 9개의 조항으로 곧 9조목의 큰 법, 또는 정치이념을 말한다. 주나라 무왕(武王)이 기자(箕子)에게 선정(善政)의 방법을 물었을 때 기자가 홍범구주로 교시하였다고 전해진다. 9개의 조항은 오행(五行)·오사(五事)·팔정(八政)·오기(五紀)·황극(皇極)·삼덕(三德)·계의(稽疑)·서징(庶徵)·오복(五福)·육극(六極)이다.

드리는 것은 그 다스림을 본받는 것만 같지 못하니, 다시 바라옵건대 이것을 거듭 살펴서 빨리 도모하신다면 매우 다행이겠습니다. 처분을 바랍니다."

《皇極編二》校勘·標點

皇極編 卷之四

西南 大北·小北

辛丑三十四年春, 體察使李德馨遣李貴往嶺南, 董治軍務, 前掌令鄭仁弘豪橫, 多不法事, 貴侵責之. 仁弘怒, 嗾其門徒文景虎等, 疏劾成渾, 略曰 : "往在庚寅年間, 處士崔永慶爲權奸鄭澈所陷挐繫, 以致瘐死. 何幸, 諍臣論列, 聖鑑洞燭, 永慶之冤獄既已伸雪, 姦臣之情狀亦頗暴露. 姦魁老死於牖下, 鷹犬顯揚於朝著, 彼[1]翕翕附會之流, 不足置齒牙間也."

且曰 : "雖甚無道, 安有殺處士之時乎? 必欲殺之而無辭, 則亦知殿下之不聽也, 枉加以三峰之名, 拘繫困毒之, 必至於死而後已, 慘矣, 奸人之禍歟! 梁千頃招辭云 : '澈招而啗之曰 : 「汝若上疏, 而指永慶爲吉三峰, 則好官可做.」' 當初臺諫之辨斥詳矣, 聖敎有曰'永慶爲毒澈所殺', 又曰'澈事論之汙口.' 雖然澈特酒色之徒, 輕佻之人, 其黨之推重, 不及成渾, 而澈亦倚重, 澈不足論, 而渾之罪重矣.

當永慶之在都下, 恬靜自守[2], 不交當世, 渾納贄求見, 喜登龍門, 嘗稱譽於稠人, 曰 : '非但當今第一人, 求之古人, 亦不可易得.' 厥後永慶將訪渾, 聞渾與義謙謝客語, 中道而返, 自此不復往見, 猜嫌之積, 此其權輿矣. 義謙不容於朝, 渾不勝憤怨, 其視士類同仇讎, 至於盧守愼之遭母喪, 折簡致賀, 然後永慶遂絶交焉. 渾之磨牙鼓吻, 欲一肆毒於永慶久矣.

---

1) 彼 : 底本에는 없다. 국립중앙도서관 소장 《御製皇極編》(청구기호 : 한古朝56-나105)에 근거하여 보충하였다. 이하 '《御製皇極編》'이라 칭한다.

2) 守 : 底本에는 "在"로 되어 있다. 《御製皇極編》에 근거하여 수정하였다.

及至己丑逆變出於縉紳, 運與澈幸國家禍, 爲一身釋憾之地. 遂攘臂入城, 指揮其黨, 卒成搆陷之計. 至於金宗儒, 運之門客, 其時自嶺南往見運, 運密問曰 : '汝知崔永慶之爲吉三峰者乎?', 宗儒愕然, 曰 : '何爲此言耶?.' 運默然不悅, 因謝宗儒, 則[3]澈之指永慶爲三峰[4], 果不出運乎? 其時澈日率三司, 相與聚會於運家, 遂使運門庭爲治獄之一衙門. 永慶臨死亦曰 : '平生無一毫罪犯, 只與運絶交, 至於此極.' 其言慽矣.

論其迹, 則運罪輕·澈罪重 ; 原其情, 則澈罪小·運罪大. 其鬼蜮之謀·誣陷之計, 非假臣一二談, 而毒澈之罪, 薄施貶削, 而凶運之死, 尙保名位, 至於門生·徒黨, 忝據要津, 羞辱清朝, 其何以慰旣骨之冤魂, 而伸已屈之士氣乎? 壬辰之變, 大駕過其門, 偃然閉門不出, 其遺君·負國之罪, 此亦極矣, 殺永慶一事, 固不足言也."

○ 大司憲黃愼啓曰 : "伏見文景虎等疏, 盛言成運搆殺崔永慶, 辭意譸張, 極其詆斥, 臣竊痛之. 臣自弱冠以來, 受學於成渾之門, 每聞稱永慶家行節孝, 惟以不讀書·少識見, 不能善居鄕爲短處耳.

及己丑逆變之起, 賊黨招辭稱吉三峰爲賊魁, 而繼有賊招以吉三峰爲崔三峰者, 又有智異山下居生之說. 于時飛語, 遂指崔永慶爲三峰, 中外喧傳, 殆不勝其嘵嘵. 臣於庚寅春, 適忝正言, 訪渾於其第, 渾謂臣曰 : '永慶居家孝友, 且有氣節, 雖多病痛, 其長處則可尙. 近有飛語極爲無理, 或有發言者, 切不可雷同.'

其後臺諫果有發言完席者, 臣以爲[5] : '聖明之世, 不可以飛語罪人. 況永慶負重名一道, 今以曖昧之言罪之, 則必失一道人心, 此不可不慮也.' 其時司諫柳根亦以爲然, 其論遂止. 此時臣實不知永慶之爲人, 而因篤信師友之論, 力

---

3) 則 : 底本에는 "曰"로 되어 있다. 《御製皇極編》에 근거하여 수정하였다.
4) 三峰 : 底本에는 없다. 《御製皇極編》에 근거하여 보충하였다.
5) 爲 : 底本에는 없다. 《御製皇極編》에 근거하여 보충하였다.

辨至此. 柳根尙在, 今可驗問.

運果有意害永慶, 則其時臺諫中, 與運相切者, 宜莫如臣, 必須先以語臣. 而運之所言於臣, 旣如此, 則運之心事, 以此可想. 厥後臣補外邑, 運亦退歸, 經月之後, 獄事始發. 再鞫之啓, 在於永慶蒙放之卽日, 運在百里之外, 何能及知乎? 然則運之終始無一毫干預於此獄, 不待辨說而明矣. 景虎輩敢肆誣罔, 受人指嗾, 欲試傾軋之計, 何足與之相較? 而其疏有曰'門生·徒黨, 忝據要津', 臣是運之門生, 旣被其斥, 何敢仍冒?" 上答曰:"勿辭".

執義李成祿【掌令趙翊·持平閔有慶】等啓略曰:"崔永慶之終被拿鞫, 實由兩南監·兵使之狀啓. 及鞫問之際, 永慶略陳其與賊識面通書之事, 繼之曰'某年以後, 絶不通書'云, 而自上下兩紙書札, 則乃永慶某年以後所通之書也. 以此仍下'天網恢恢, 渠固難逃'之敎, 命削其職而放之, 此聖上至仁之德也. 而其時臺諫遽有再鞫之啓, 此則識者之所共歎惜, 是豈出於一時同然之論?

惟其逮死之爲冤也, 至贈大司憲之秩, 廩給其妻子, 朝家之伸永慶, 可謂至矣. 況如成渾者, 於其三峰不根之說, 顯有救解之言, 且稱其孝友, 則詎可以一時形迹稍異之故, 而輒指爲成渾搆殺哉? 株連波及, 指以爲門生·徒黨, 以爲網打之地, 吁! 亦慘矣.

近年以來, 風習不淑, 如欲傾陷朝廷, 則必先假托草野之論, 以售其計. 今此景虎等疏[6], 其心豈專在於已死之朽骨乎? 古所謂'公論在草野'者, 豈此輩言哉? 此習誠不可長也. 成渾於永慶獄事, 初不相干, 終始救解, 人所共知. 大司憲黃愼雖曰'渾之門生', 元無可避之嫌, 何可因其誣, 輕遞言官, 以中其所欲哉?"

答曰:"崔永慶已往之事, 不須紛紛追論. 但永慶已鞫之後, 君命旣放之, 而兩司論之, 是何意? 此則必有其以終爲[7]所殺, 則人之稱冤, 不亦宜乎? 指成渾云云等語, 非予所知, 但嶺南士人自前有此說, 則是非·虛實中, 其道人心則必

---

6) 疏 : 底本에는 "書"로 되어 있다. 《御製皇極編》에 근거하여 수정하였다.

7) 爲 : 底本에는 이 뒤에 "人"이 더 있다. 《御製皇極編》에 근거하여 삭제하였다.

如是矣. 若以此機穽云云, 則嶺南士心不服矣. 成渾之爲人, 後來心迹敗露, 不足責之人也. 儒生之疏, 雖出於誣妄, 自有公論, 置之度外可也. 黃愼阿[8]其所師, 謂之'爲人指嗾', 箝制杜絶, 俾不得發言. 設使嶺南之儒聞其言, 不勝其憤, 人人投袂而起, 抗章而不顧, 亦將謂之爲人所嗾乎? 近來銓曹, 敢擬毒種於守宰之任, 肆然無憚, 人不敢出頭一言, 朝廷之上, 是非安在? 出仕事依啓."

李成祿又啓略曰: "惟其發於流聞者, 久而乃驗, 故知其必爲設穽打網之計也. 雖稱一道, 而高靈以下三四邑若干人, 自八月通文, 聚會之後, 議論不一, 旣合復散, 初同後異. 至於疏頭李屹[9]等相繼避之, 文偉等以終不苟合[10], 被自中所謂'士林停擧', 閱三箇月, 始爲拜疏. 及其入京之後, 則所當卽卽封進, 而猶且散落閭閻, 出入聞見, 徘徊觀望, 延至數旬, 其間擧措, 必有所以. 以此觀之, 其志豈在於伸救永慶, 亦豈在於已死之成渾? 而非出一道同然之論者, 章章明矣. 初以成渾爲名, 而繼之以門生·徒黨, 則在朝名流擧將有不安之意, 而引去之不暇矣. 其假[11]托草野, 乘機陷人之狀, 實有不可掩矣."

○ 大司憲奇自獻啓曰: "人之以成渾爲殺崔永慶者, 以成渾於己丑年間, 負一世重望, 其言必行, 一不爲陳疏救之, 故疑其心, 乃有此語, 此《春秋》誅心之法也. 若未詳曲折之後進, 則不欲輕易爲言, 亦爲無妨.

但崔永慶之寃死, 自有萬古公論. 而臣得見頃日憲府處置黃愼辭, 則首曰'三峰之說, 初出於其時賊徒之招, 閭巷之間, 因此喧傳, 遂以三峰爲永慶別號'云. 當初賊招所出者, 乃吉三峯也, 非崔三峯也. 今不曰'吉三峰之說轉成崔三峰之說', 乃直曰'崔三峯之說, 初出於賊招', 若初無吉三峯之說. 永慶之姓適崔, 所謂'崔三峰之說, 出於賊招', 則永慶之死, 雖是似寃, 而亦有所以疑似當死

8) 阿 : 底本에는 "何"로 되어 있다. 《御製皇極編》에 근거하여 수정하였다.
9) 屹 : 底本은 "忔"로 되어 있다. 《宣祖實錄 34年 12月 24日》 기사 및 《混定編錄》에 근거하여 수정하였다.
10) 合 : 底本에는 없다. 《御製皇極編》에 근거하여 보충하였다.
11) 假 : 底本에는 "暇"로 되어 있다. 《御製皇極編》에 근거하여 수정하였다.

之意也.

且曰'終被拿鞫者, 實出於兩南監·兵使[12]之狀啓'云. 是其時造言而自唱自和, 使其言傳播國中, 使作尋常之說話, 而方始起獄者罪也, 是豈其時爲浮言所動狀啓, 而任朝廷處置者之罪也? 且曰'鞫問之際, 永慶略陳其與賊通書之事'云, 有若永慶於平日與賊相知, 自有其罪者然. 臣未知方崔永慶瘦死之時, 顯揚得志者, 其果與逆賊, 皆無平日一二番通書之事乎? 且曰'贈職·廩妻子, 朝廷之伸永慶, 可謂至矣'云, 雖不敢顯然言之, 而若以贈·廩爲過中之擧者然.

然而不能盡掩其時之事, 乃曰'其時臺諫, 遽有再鞫之啓, 此則識者之所共歎惜'云. 以此言觀之, 則亦可謂知其時用事者之罪矣, 而今乃曰'仍下天網恢恢, 渠固難逃之敎'云, 有若以永慶之罪爲實由於上敎, 而非其時用事者之所爲者然, 欲以竝脫其時用事者, 而殺士之事, 則欲令君父而當之.

當其時, 自上雖終無放釋之事, 是固當初造言請鞫者之罪, 不可以歸之於上. 自下以逆賊而請鞫, 自上因從其請, 使之鞫問, 固其宜也. 旣鞫之後, 自上知其虛事, 特命放之, 而固請還鞫, 必致其死地, 此固國人之所共知, 天地鬼神昭布森列, 非可誣也. 而乃敢拈出命放時傳敎間一語, 欲以爲非其時用事之者之所知, 亦不可怪之甚者乎? 爲此處置之辭者, 皆是後進之人, 必不知其時之事, 如是爲言矣, 但立言必爲如此, 未免乎錯謬[13]之歸, 臣不可與同僚苟且竝容矣."

上答曰："崔永慶事, 其時湖南 梁千頃等進告矣. 勿辭."

壬寅三十五年春, 掌令呂裕吉·司諫洪遵, 爲運分疏引避. 持平尹[14]義立啓曰："崔永慶林下一處士, 不幸姦兇成獄, 加以逆名, 寃死大理. 今者嶺儒以爲, 構殺永慶, 實由於成運. 運與鄭澈, 交契最密, 明其寃死, 未嘗一言以救,

12) 使 : 底本에는 없다. 《御製皇極編》에 근거하여 보충하였다.
13) 謬 : 底本에는 "繆"로 되어 있다. 《御製皇極編》에 근거하여 수정하였다.
14) 尹 : 底本에는 "李"로 되어 있다. 《宣祖實錄 34年 12月 30日》 기사에 근거하여 수정하였다.

雖曰永慶由渾而死, 可也, 若謂'力主搆殺, 罪甚於澈'云, 則其論亦不中. 且累及門生·徒黨, 豈不過哉? 大抵論渾之罪, 目以搆殺, 人所不服；責以不救, 渾亦無辭矣. 爲諫官, 徒知爲[15]渾分疏, 猶恐不及, 殊失論事以直之道. 掌令呂裕吉等, 勢難苟且相容, 請遞."

上答曰："自古有與奸兇交契最密, 合爲一體, 而得免爲小人者乎? 勿辭."

◯ 備忘記："年前嶺南人朴惺上疏, 極陳成渾陰殺崔永慶之狀, 其言虛實, 不必計, 而予知南中有此議論. 今日南儒之疏, 固非始爲之言也, 諫院啓辭以爲：'前後絶無指成渾爲言者, 始爲歸罪.'云云, 乃敢下一'始'字, 又謂之'前後所無', 是欲欺人, 其不正甚矣. 黃愼所謂·憲府之啓辭, 固不足責, 朝廷者是非所在, 是非不正, 何以爲國?"

執義李成祿·獻納李軫賓等皆引避, 司諫趙希輔·掌令呂裕吉以簡通, 不爲異同, 引避.

副提學申欽【校理崔尙重·李顯英·修撰洪遵】等箚曰："永慶之死, 果[16]爲稱冤, 而歸罪於不相干與之成渾, 仍及於門徒, 則其所蔓延, 將無所不至矣. 景虎等疏中之論, 蓋通[17]於陜川·高靈之間, 而朴惺實其一派也, 特疏之上, 先後異耳, 非此等外, 又有一道公共之論, 足以可據也.

諫院所謂'絶無論列'者, 指前後三司所論而言也. 惺之疏, 則在數年前, 日月已久, 聞見或有所不及, 其勢誠然. 然而論事之體貴於審詳, 而諫院之啓, 果有不察之失, 勢難仍在其職.

近年以來, 士習不美, 浮議肆行, 假托公論, 搖動朝廷；揑造無形, 擠陷士流者, 前後滔滔, 此聖上之所洞燭·有識之所共憤. 景虎之疏亦其一轍, 則憲府所論誠不爲過, 不可以此輕遞言官. 請司諫趙希輔·獻納李軫賓·正言李卿雲[18]·

15) 爲 : 底本에는 없다. 《御製皇極編》에 근거하여 보충하였다.

16) 果 : 底本에는 "過"로 되어 있다. 《御製皇極編》에 근거하여 수정하였다.

17) 通 : 底本에는 "俑"으로 되어 있다. 《宣祖實錄 34年 12月 26日》 기사에 근거하여 수정하였다.

金止男遞差, 執義李成祿·掌令呂裕吉·持平閔有慶等出仕."

○ 大司憲洪履祥【執義李效元·掌令尹義立·持平柳希奮[19]·金光燁[20]】等避嫌啓曰: "逆變出於搢紳, 波及之禍, 延於林下之士. 旣無其實, 特釋之後, 必請再鞫, 終置之死, 雖曰'承望權奸風旨', 其搆殺之罪, 則實由於此輩, 今日之論, 亦已晩矣. 若論首事之罪, 則其時謀議, 一出於鄭澈, 捨澈論此, 似爲不倫, 而討賊之典, 已加於朽骨, 今難更論.

至於成渾, 負一世之重望, 爲澈親友, 凡所論議宜無不預知者. 苟能一力擔當, 終始救之, 則必無不從之理, 設或不從, 上章訟冤, 亦無不可, 而觀其冤死, 終無一言救之, 不救之罪有不可辭者. 但以不救之故, 與搆殺者同科議罪, 則渠亦不服. 臣等愚見大槪如是, 故止請再鞫臺諫之罪, 不及其他. 今承聖批, 以'緦功不須是察'爲敎, 不職之罪大矣, 請罷臣職."

上答曰: "崔永慶斥鄭澈索性小人, 澈之磨牙鼓吻, 狺[21]然傍伺者, 蓋未嘗一日忘于懷. 及起逆獄, 抵掌雀躍, 始焉使其黨告[22]之·終焉使其黨論之.[23] 永慶之死日, 澈必置酒高會矣. 然澈之恣行至此者, 以其成渾爲之主也. 今憲府之言曰'爲澈親友, 論議無不預知', 是憲府而知之 ; 諫院之言曰'與澈最親密, 澈之心計, 渾無不知', 是諫院而知之. 然則渾者乃澈之分身, 一澈雖已伏辜, 其無一澈乎? 又捨其魁, 僅論其枝葉, 此所謂'網漏呑舟'·'緦功是察', 公論何時而得行? 又自古黨於奸兇, 爲其心腹者, 其時稍有公論, 則得免夫天討否? 若其殺人之慝, 人所難測, 予非以成渾爲可加以殺永慶之律也. 是非者人君之不

---

18) 卿雲 : 底本에는 "雲卿"으로 되어 있다. 《宣祖實錄 34年 12月 26日》 기사에 근거하여 수정하였다.

19) 奮 : 底本에는 "春"으로 되어 있다. 《宣祖實錄 35年 2月 7日》 기사에 근거하여 수정하였다.

20) 燁 : 底本에는 "曄"으로 되어 있다. 《宣祖實錄 35年 2月 7日》 기사에 근거하여 수정하였다.

21) 狺 : 底本에는 "信"으로 되어 있다. 《御製皇極編》에 근거하여 수정하였다.

22) 告 : 底本에는 "論"으로 되어 있다. 《宣祖實錄 35年 2月 7日》 기사에 근거하여 수정하였다.

23) 終焉使其黨論之 : 底本에는 없다. 《宣祖實錄 35年 2月 7日》 기사에 근거하여 보충하였다.

可不正者, 予雖欲無言, 其可得乎?"

鄭光績等上箚曰："崔永慶林下士, 而忠孝大節爲一代所推重·危言淸論爲群小所媢嫉. 奸臣鄭澈見斥於永慶, 磨牙鼓吻, 其欲舍沙而射之者久. 逆變之出於搢紳, 恣行凶臆 聚黨而謀之·合勢而圖之. 然論其迹, 則鄭澈殺之；而原其情, 則成渾實主之[24]也. 何者, 非渾, 澈不得售其奸也. 澈與渾交親情密, 合爲一體, 澈之勢, 藉渾而重；渾之心, 托澈而行. 論議之際, 無不預知, 況於殺永慶之大事, 而獨不知之乎? 以《春秋》誅心之法, 按定是非, 則渾爲主而澈次之, 千載之下, 必不免斧鉞之誅."

又曰："今有二人焉, 有操刃而殺人者·有熟視而不救者, 執法之官, 當先治其不救者乎? 先治其刃之者乎? 此臣等之所以誅成渾不救之心, 而不欲加殺人之罪者也."

又曰："再鞫論啓之諫臣, 則賊賢之兇, 不以事在旣往, 而有所饒貸. 臣等之請罪, 固非捨本而治末也. 噫! 殿下之於成渾, 如見肺肝, 深惡痛絶, 則今日之是非, 不患不定. 伏願殿下, 終始體念, 使是非皆得其當·好惡一出於正, 幸矣.

上答以"今見箚論, 良用嘉焉". 臺諫請追罪前日崔永慶再鞫時發啓臺官, 上從之. 故大司諫李海壽·司諫李廷立追奪, 獻納李洽·正言具宬·李尙吉等削奪.

○ 草溪生員李大約等疏略曰："奸兇餘黨, 鼓簧妖舌, 以'不讀書·少識見'數語, 咎疵崔永慶. 永慶閉門自修, 尙友前賢, 則涉獵前史, 特餘事耳. 早知兇渾之情, 遂與相絶, 其爲見識固已高明, 安知渾·澈餘刃, 復藏於黃愼輩袖中也? 一道之人心, 豈能一一爲人指嗾, 而投袂齊奮也? 至以機穽之計, 反加臣等, 此古所謂'小人之情, 必以其所有, 反疑[25]於人'者也.

當初渾在都下, 國人所共知, 而愼則以爲'遠在百里之外.' 國人耳目尙不可

24) 之：底本에는 없다.《御製皇極編》에 근거하여 보충하였다.

25) 疑：底本에는 "擬"로 되어 있다.《混定編錄》에 근거하여 수정하였다.

誣, 況四目之明, 豈能一手而掩之也? 況不謀來會者百有餘人, 讒人罔極, 敢爲數邑若干人之說, 其爲用心蓋亦慝矣. 鄭澈乃殺永慶之鏌鋣也；成運乃殺永慶之奧主, 而愼也曲庇奧主·潛礪鏌鋣, 正所謂'傳法沙門'也.

永慶以儒林領袖, 瘦死冤獄, 一時士氣莫可收拾, 安知壬辰之變, 不因此致也? 殿下既知運·澈奸狀, 而於澈則薄施貶削, 於運則猶假名位. 至於鷹犬之中, 亦有漏網之歎, 是殿下之明, 有所未及而然. 噫! 前日之愼輩, 知有運而不知有殿下；今日之臺諫, 知有愼等而不知有朝廷, 殿下之勢, 其亦孤矣."

上答曰："朝廷之上, 是非稍定；朝廷之下, 公議稍行, 爾等知悉."

◯ 大司諫權憘【司諫鄭轂·獻納崔忠元·正言李久澄·權泰一】等啓曰："參贊成運, 托迹林下, 厚誣一世. 聚合門徒, 稱曰'師弟', 日與浮薄之輩, 論議朝廷·是非人物, 交結戚畹, 藉其權勢, 以爲拔身之地, 未見有建白事, 報答聖恩, 平生心事, 無一可觀.

逆獄之初, 攘臂大言, 與奸臣鄭澈, 乘時合謀. 非不知崔永慶無罪, 而終乃不救, 竟至瘦死. 運雖不殺永慶, 永慶由運而死, 構殺[26]之迹, 雖曰難明, 黨奸之罪, 實所難免, 運雖更生, 安得而辭之乎?

運之罪, 非止黨奸而已. 去邠之日, 大駕過其門閭, 所當奔走迎候之不暇, 而恬然退在, 終始不動, 君臣大義, 滅絶無餘. 人臣負此罪, 尙保官爵, 不可以既死, 有所饒貸. 請命追奪."

執義李效元【掌令朴震元·姜弘立·持平宋錫慶】等啓曰："鄭澈千古之奸兇, 而成運與澈交深情密, 凡其謀議無不預知. 庚寅年, 澈出文中外, 收合米布, 運父守琛之聽松堂舊基, 構一廈屋. 而澈率其徒黨, 逐日聚會, 聽其指揮, 恣行兇臆, 運則澈之謀主也. 且辛卯年, 澈遠竄江界, 則運自坡州追至松都, 信宿敍別而還. 及壬辰, 賊逼京師, 則運以宰列之臣, 在畿甸一日之程, 非徒聞變不赴, 大駕經過其居之時, 亦不出覲. 其黨奸·後君之罪, 至此而無所逃矣.

---

26) 殺：底本에는 "死"로 되어 있다.《御製皇極編》에 근거하여 수정하였다.

厥後王世子駐伊川之時, 聞運避亂於不遠之地, 宣召非一, 而竟不來赴, 及其移[27]駐成川, 最後始來. 旋聞此賊將踰獐峙, 世子急移龍岡, 則運乃或先或後, 不爲陪行, 而以龍岡近於箕城之賊, 徑向義州. 當時大臣, 乃以'善人爲[28]國之紀', 啓請陞秩. 其於黨奸之魁, 固難責之以大義, 運嘗以徵士自許, 而平生所爲乃如此, 不可以已死而貸其罪云." 上答曰 : "朝廷之上, 是非歸正, 不須追奪."

副提學尹暾【應教朴而章·姜籤】等箚曰 : "成運盜竊儒名, 厚誣一世 ; 交結戚里, 以爲三窟 ; 名托山林, 心縻好爵, 祝公五經, 掃地已久矣. 永慶唾之而絶交, 以此也 ; 成運銜之以結怨, 亦以此也. 逮遭逆獄之變, 足蹈穽擭, 則一時羣小之徒無不彈冠, 日夜相慶, 輻輳其門, 而永慶於是乎魚乎肉乎.

昔賈彪之入洛也, 以其解禍[29]也 ; 成運之入城也, 以其樂禍也. 不然, 大駕蒼黃咫尺過廬之日, 何其邁邁不顧 ; 駭機火急戕殺善人之時, 何其于于而入城乎? 大概澈與運合爲一身, 而澈則其身也·運則其首也. 擊蛇者, 必先擊其首, 今乃論澈不先運, 是捨其頭也, 寧有是理哉? 嗚呼! 遺君之罪, 天地不容, 黨奸之惡, 王法難赦, 天討不擧, 輿情久鬱. 快從公論."

上不許, 兩司三啓固爭, 上答曰 : "公論如此, 依啓. 但以黨奸遺君之罪, 罪之可也." 仍命刪去'卵育逆賊'·'嘯聚黨類'等語.

◯ 左議政李恒福擬救成運箚略曰 : "運少讀書於野·老不仕於朝, 四方之人擧指以爲儒士. 儒而見罪, 則遠外流聞, 而未詳朝廷議論者, 必將曰'成運獲罪'矣. 土中朽骨, 何知榮辱, 來世後生, 只自摧沮, 無益[30]國家, 有損瞻聆.

況論運者, 始言'構殺永慶', 不可得, 則曰'永慶由運而死', 曰'吹噓逆賊', 皆不

---

27) 移 : 底本에는 없다. 《御製皇極編》에 근거하여 보충하였다.
28) 爲 : 底本에는 없다. 《御製皇極編》에 근거하여 보충하였다.
29) 禍 : 底本에는 "罟"로 되어 있다. 《混定編錄》에 근거하여 수정하였다.
30) 益 : 底本에는 없다. 《御製皇極編》에 근거하여 보충하였다.

近理, 迂曲繚繞, 盤回旋轉, 而後僅成今名, 渾之罪凡幾遷而幾易乎? 是爲人求罪, 非所以因罪治人也.

今新進後生, 未會心迹, 仰人唇舌, 定我黑白, 欣然攘臂曰'渾可罪·可罪', 非憎渾也, 蓋自功之道在攻渾爾. 由此言之, 攻渾之功只關臣下, 罪渾之名終歸君上, 此不可爲也."

翁將上, 淸州儒生朴以儉者上疏, 攻恒福謂以"成渾門生, 尙保官爵". 恒福力辭而遞.

○ 儒生金翬, 宗儒之子, 爲父辨誣疏, 略曰 : "景虎之疏曰 : '渾密問於臣父宗儒, 「汝知崔永慶之爲吉三峯乎?」, 臣父愕然, 曰 : 「何爲出此言也? 久在南中, 只知其人負高士重名, 不知其他.」 渾默然不悅, 仍謝臣父. 云云.'

臣父平生固嘗從於成渾之門, 而有師生之分. 若使其時渾有言, 則必先言於一家之人, 而後方及於他. 臣於是時年已二十三, 臣父師友間問答之辭, 無不與聞, 而獨於斯說, 略未曾聞. 臣父愕然, 明其不然云爾, 旣知其言之爲非, 則必不肯拈出師友間密語, 不以告其子, 而先洩於他人, 章章明矣. 況永慶旣死之後, 臣父往來渾門猶舊也. 臣父雖病風喪心, 亦豈一邊往來·一邊倡[31]說, 竝與見絶之故, 而言於他人, 如景虎等所言者乎?

景虎等, 雖同道之人, 而與臣父未嘗有相識之分. 其意[32]不過曰'其身已死, 更無可辨之端', 立證於已死之人·成罪於難明之事, 不惟其肝肺盡露, 而其言之無所據, 據此可知矣.

臣南中之人, 故景虎等之爲此疏, 蓋嘗聞其故. 只緣鄭仁弘與成渾, 從前有隙, 以永慶爲傾陷之一奇貨, 做暗昧之說. 嗾其族[33]類·門徒之在近邑者, 聚謀, 裝送都下, 出沒閭閻, 往返京外, 刪定已構之疏, 屢閱月而始呈. 厚誣成渾,

---

31) 倡 : 底本에는 없다. 《御製皇極編》에 근거하여 보충하였다.
32) 意 : 底本에는 없다. 《御製皇極編》에 근거하여 보충하였다.
33) 族 : 底本에는 없다. 《混定編錄》에 근거하여 보충하였다.

而竝與臣父, 陷於賣師造言之域矣."

上答曰："予未知爾何許人, 又不知此疏之果出於爾手也. 夫崔永慶之枉死, 天下之至冤；鄭澈之邪毒, 千古之奸兇也. 成渾爲鄭澈之腹心, 澈之心, 卽渾之心；渾之心, 卽澈之心, 二而一者也. 此則天地鬼神, 昭布森列, 未燥之兒, 亦已知之. 雖借辭於子貢·學字於揚雄, 儀·秦弄其舌·賁·育騁其勇, 亦不能逃也.

渾之殺人, 言者非一, 豈無其由乎? 夫以閭巷間至微賤之人, 不敢加以殺人之名, 今之多士, 皆以永慶之死歸咎於渾, 得非滄浪自取乎? 渾雖發迹終南, 嘗以徵士自擬, 終乃有殺人之慝, 此朝廷之上, 千萬不可洗之汙衊也. 安得快注銀漢, 滌此羞辱? 徒自痛恨而已.

且爾知其成渾爲人乎? 黨奸陰秘之狀, 姑置之勿擧, 當君父枕戈對壘之日, 攘臂大言, 乞和於讎賊, 未知此義何居? 予卽面責之, 而不勝憤憤, 題詩壁上, 以爲"彼哉! 彼哉!". 又嗟乎! 此則渾之罪案也. 古之徵士, 繫漢鼎於一絲；今之徵士, 斷國脈於一髮, 異乎哉! 此豈徵士[34]也? 又汝以汝父爲不言, 汝父之言與不言, 汝何以知乎? 汝父之所往東西南北, 汝必隨之, 如影之於形乎?"

太學儒生韓孝祥等上疏辨成渾之誣, 略曰："伏見亡臣成渾, 以名世宏儒, 服訓家庭, 藏修有素, 學問之功·踐履之實, 爲儒標的. 而不測之名, 遽加於旣骨之後, 豈意[35]聖明之下, 如是妨賢媢嫉之輩, 欲以爲網打士林? 非罪渾, 則不可, 而罪渾, 必以鄭澈爲言. 臣等實不知澈罪何許, 而旣罪其身, 又及於相識也. 渾與澈生竝一世, 分爲同閈. 渾嘗責澈之罪, 而取澈之長；澈亦慕渾之爲人, 服渾之義. 朝廷論澈, 亦已甚矣, 罪澈, 亦已甚矣, 日滋月蔓, 其禍漸新, 至於儒林之宗匠, 亦不得免焉.

又壬辰之變起於倉卒, 而去邠之日, 車駕蒼黃, 淸道之令, 不遑於遠邇. 渾家僻巷, 距大路二十里, 則此必急遽之際, 勢有所不及, 而臨亂後君之說, 職此由

34) 士：底本에는 없다.《御製皇極編》에 근거하여 보충하였다.

35) 意：底本에는 "望"으로 되어 있다.《御製皇極編》에 근거하여 수정하였다.

焉. 近者人心陷溺·士習澆薄, 末路迷方之士無所依歸, 而至於宏儒亦陷於罪罟之中. 一線公論在於臣等, 而不敢以負殿下, 其亦不自量[36]也."

上以"朝廷是非, 非所預", 責之.

司諫鄭穀避辭曰:"鄭澈心事路人皆知, 書之穢史·言之汚口, 加罪旣死之後者, 亦聖世之寬典也. 孝祥等以爲'不知澈之罪何許'云, 非特救渾, 實欲救澈也. 臣爲掌令時, 論啓此事, 而有'澈爲渾構室嘯聚者, 乃盜賊之事.' 臣素惡鄭澈之奸兇, 書之不饒, 下字之失誤."

大司諫權憘·執義李效元等, 因韓孝祥'網打'等語, 引避, 上答曰:"勿辭".

持平鄭弘翼啓曰:"執義李效元等, 今因韓孝祥疏, 引嫌, 而掌令姜籤, 以前玉堂箚時, 應敎同參, 竝引嫌而退. 臣竊念成渾與鄭澈交厚, 且大駕西狩之時, 不卽扈從, 其爲物論所斥, 固其宜也. 但論人之道貴得其中, 若與鄭澈之奸, 同被削職之罰, 則實爲過中. 臣之所見如此, 而時論不如臣意, 決難冒沒, 處置同僚. 請命罷職."

玉堂處置, 箚曰:"朝廷之是非旣明·萬世之公議已定, 不可以一時浮薄·阿好之論, 輕遞言官. 請遞鄭弘翼, 出權憘等."

○ 執義李效元等啓曰:"坡州牧使李成祿·光州牧使趙翊·全州判官閔有慶等, 頃在憲府處置, 其時大司憲[37]黃愼因[38]文景虎上疏避嫌之時, 多費辭說, 極其營救. 至曰'崔永慶之終被拿鞫者, 實由兩南監司之狀啓', 又曰'仍下天網恢恢, 渠固難逃之敎.' 李成祿等徒知庇護, 而不知公議之難掩, 非但救渾, 竝與奸澈而救之. 此邪論之所以橫生, 而浮誕之輩無所忌憚也, 請竝命罷職."

上答曰:"依啓. 但監·兵使, 因梁千頃等進告而狀啓, 則自當推鞫, 此是自然之獄體也. 雖皐陶爲方伯, 義不可掩置矣. 前臺諫啓辭中, 隱其千頃等進告

---

36) 量 : 底本에는 "重"으로 되어 있다. 《御製皇極編》에 근거하여 수정하였다.

37) 其時大司憲 : 底本에는 없다. 《混定編錄》에 근거하여 보충하였다.

38) 因 : 底本에는 없다. 《御製皇極編》에 근거하여 수정하였다.

一節, 有若監·兵使因風聞, 自爲狀啓者然, 設心極巧. 此不過欲掩其迹之計. 千頃等聽鄭澈之陰謀·密諭, 進告之狀, 千頃等一一自吐矣, 今此啓辭中無此一款, 似爲欠實."

執義李效元【掌令姜弘立·持平趙庭[39]堅】等引避, 略曰 : "鄭澈陰嗾梁千頃·姜海等, 誘以好官, 使之進告之狀, 畢露於渠輩供招中. 李成祿泛以監·兵使狀啓爲說, 隱羅織之謀, 其設心之巧·阿好之狀, 尤極可惡. 而臣等措語疏漏, 不能直論其失, 請遞." 答以勿辭.

◯ 大司憲鄭仁弘自鄉上來, 欲請鞫永慶再鞫時臺諫, 僚議不一, 改以竄配, 蒙允.

◯ 右議政尹承勳等, 言於上曰 : "朴以儉者, 至謂李恒福爲澈腹心, 臣聞恒福與澈, 未嘗往還. 第恒福素不迎合, 且不撓浮議. 頃者冢宰缺, 議者屬望於柳永慶, 恒福不以爲薦擬, 人皆嚴憚, 必欲擊去而已也."

承旨朴以章曰 : "臣聞鄭澈謫去之時, 李恒福作詩送之, 澈亦和之, 何可謂之不相親乎? 大臣之言, 不當如是."

後數日經席, 特進官宋言愼啓曰 : "辛卯, 鄭澈謫江界有詩, 曰'生涯薜罕嶺, 心事弼雲山'".【弼雲山, 李恒福號也.】左議政金命元曰 : "鄭澈雅喜李恒福, 所以有是作也. 恒福與澈, 年位懸絶, 素無[40]情分. 臣則與澈, 自少相過從, 如以交澈爲罪, 臣先伏法." 上曰 : "昨日右相云云, 然則右相之爲人, 非矣." 仍令書入鄭澈詩全篇.

於是憲府論承勳曰 : "大臣於告君之際, 所當盡去偏私之意·明正是非之說, 一以鎭靖朝著·一以扶植士類, 爲國家之泰山. 而右議政尹承勳, 頃於榻

---

39) 庭 : 底本에는 "廷"으로 되어 있다. 《宣祖實錄 35年 潤2月 12日》 기사에 근거하여 수정하였다. 이하 동일 사례는 校勘記를 달지 않는다.

40) 無 : 底本에는 "有"로 되어 있다. 《御製皇極編》에 근거하여 수정하였다.

前, 阿其所好, 以同心事之人, 爲初不相知. 仍欲沮抑淸議, 引進同己之類, 其循私蔑公如此, 則餘何足取哉? 請命遞差." 上曰："言語間似是偶然. 大臣豈可輕遞? 且其'同心事'指何事, '沮抑淸議'指何言, '引進同類'指何人乎?" 憲府回啓, 曰："鄭澈有詩曰'心事弼雲山', 其心事之同可知矣. 做出無根之說, 至謂身在積謗[41]之中, 陰排永慶, 一時淸議, 將不得容於世. 依阿恒福, 爲渾·澈遺黨進用之地, 此所以沮抑淸議·引進同己之[42]類也."

正言朴健又欲發承勳之啓, 大司憲權愭·司諫鄭瞉·獻納崔忠元等以爲'所失不過言語間差謬, 其他罪狀未聞', 不從. 大司憲鄭仁弘·執義李效元·掌令趙庭堅·持平蔡衡, 竝引避, 玉堂金大來獨啓力主朴楗之說, 請出鄭仁弘等, 遞權愭以下. 蓋承勳亦南人, 故愭等力救之.

◯ 忠州人李德亨等疏論："洪汝諄在辛卯年, 有功於攻鄭澈, 稱之以斥邪扶正, 請[43]釋其罪." 吏曹回啓"命議大臣", 大臣皆病不獻議, 獨領議政李德馨議曰："近年以來, 朝廷用人·進退, 皆由一人疏章, 此實弊風. 放釋之典[44], 請俟他日." 事遂不行.

◯ 湖南前參奉崔弘宇等請伸冤鄭介淸·李潑·李洁·柳夢井·曺大中等.

◯ 副司果李貴疏略曰："臣常奮不顧身, 以殉國家之急. 臣行過嶺南時, 訪得弊瘼, 則名爲士人者, 至於劫制使命·守令, 徒·流·杖·殺之權皆出於其手. 湖南則害至州縣·嶺南則害及國家, 究厥所由, 則實鄭仁弘爲之倡也. 臣見安陰縣下吏之狀, 則'陜川 鄭參議行次過去, 故縣監境上出待'云. 臣意謂, 臣雖秩

41) 謗 : 底本에는 "訪"으로 되어 있다. 《御製皇極編》에 근거하여 수정하였다.
42) 之 : 底本에는 없다. 《御製皇極編》에 근거하여 보충하였다.
43) 請 : 底本에는 "淸"으로 되어 있다. 《御製皇極編》에 근거하여 수정하였다.
44) 典 : 底本에는 "曲"으로 되어 있다. 《御製皇極編》에 근거하여 수정하였다.

卑, 公行也 ; 仁弘雖官高, 私行也, 守令不顧公行, 皆奔走出待於仁弘之私過, 仁弘之勢焰, 據此可見.

欲上章直斥, 而體察使李德馨以爲'此人以士爲名, 不可輕易處之.' 仁弘乃使其門徒, 通文右道, 乃黜臣之族姪[45]居居昌 李時益, 臣[46]所經宿廬舍, 亦欲焚火[47], 其擅作威福之狀, 槪可知矣.

臣歷陳其見聞. 倭奴退還已經三年, 而義兵所屬官奴·牛·馬, 至今留置其家而使喚之狀, 則一道無不知之, 非所聞於時益也. 星州牧使柳永詢一言仁弘過惡, 而其徒極其詆斥, 做'聾體察'·'盲從事'·'暗巡察'等語. 陜川郡守李濾, 憤仁弘所居一面拒逆官令, 以叛民詆之, 仁弘與濾對坐監司之前, 公然數罪.

儒生停擧四館之事也, 而道內士子見忤仁弘, 輒稱停擧之狀, 一道之所共言. 頃者文偉[48]·李景一等十餘人, 不參文景虎之疏, 而竝被損徒, 通文行於一道. 仁弘被虜婦女, 脅嫁逃唐兵之看地理者, 又以士族之女, 劫婚微賤人之救已病者.

蓋仁弘平生每以私怨陷人, 無所不至. 故兵使金沔, 仁弘之親友也, 情若兄弟, 而責其擁兵不討賊, 則因此銜之, 沔之喪柩, 過其門前, 而終不出弔. 故僉知梁憘, 仁弘之妻父也, 憘死於上國, 柩至京邸, 仁弘與其妻弟梁弘澍有隙, 則至於六日, 不往哭. 許[49]潛之廉人[50]所共知也, 潛爲星州牧使, 言其薄行, 則卽與其徒, 做出盜米百石之說.

韓浚謙道主也, 而初不往見, 則嗾其黨, 搆陷論罪. 柳成龍之淸, 人所共稱, 而語及仁弘劾李敬中之事, 則嗾其門徒文弘道·朴而章等, 以'貨賂公行, 田園遍滿'等語劾之. 李德馨其道體察使也, 一杖金大虛色吏之後, 與其徒黨恣意

---

45) 姪 : 底本에는 "侄"로 되어 있다. 《御製皇極編》에 근거하여 수정하였다.
46) 臣 : 底本에는 없다. 《御製皇極編》에 근거하여 보충하였다.
47) 焚火 : 底本에는 없다. 《御製皇極編》에 근거하여 보충하였다.
48) 偉 : 底本에는 "▨"로 되어 있다. 《御製皇極編》에 근거하여 수정하였다.
49) 許 : 底本에는 없다. 《御製皇極編》에 근거하여 보충하였다.
50) 人 : 底本에는 이 앞에 "廉"자가 더 있다. 《御製皇極編》에 근거하여 수정하였다.

嘲罵.

李時發爲星州牧使時, 出一號令則境內儒生等曰'必稟於仁弘而後, 可從.' 時發以'地主之令不可稟於隣邑品官'責之. 近日嶺南方伯, 韓浚謙爲最, 而至於時發, 則過於浚謙, 不啻百倍, 頌聲洋溢, 而亦爲此輩所忤, 坐待遞罷.

退屛鄕曲之中, 其禍猶少, 今則顯揚朝廷之上, 其縱恣之狀, 必將十倍於前日, 又將使其徒黨, 肆其毒, 國家之危難可指日而待.

臣成渾門生也, 臣非無意於辨渾之冤也, 公論之在國人者終不可泯沒, 則辨白之責非臣所及. 仁弘縱恣之狀, 臣愚妄不計禍福者, 終無一人言之, 故玆敢履蛇觸虎, 不自知避."

鄭仁弘上箚自明, 上答曰："頃日右相之啓, 固是以致人之疑, 李貴豈不知乎? 卿曾言成渾構殺崔永慶之事, 今此上疏, 安知不因此而發乎? 李貴之爲人, 卿知之乎? 曾做出金德齡兩腋兩虎之出入之說者也. 此說可做, 何言不可做? 不過欲使卿狼狽[51]退歸而已, 且未知必皆出於李貴之手也."

○ 特贈崔餘慶戶曹[52]參議. 文景虎爲松羅察訪, 崔弘言爲社稷參奉. 餘慶, 永慶之弟；弘言, 永慶之子.

○ 大司憲[53]鄭仁弘啓曰："李成祿等欺君庇黨之罪, 削職爲輕. 禮曹參議鄭經世以年少名流, 不能以禮法自飭. 亂初居憂, 出入官舍, 飮食之際, 或不免人言. 至於復讎之日, 所當悲哭相對之不暇, 而出使關東, 公然挾妓. 瞻聽難掩, 請罷職."

上以成祿前旣削職, 經世事出風聞, 不允, 持平姜籒啓論之, 依啓.

51) 狽 : 底本에는 "貝"로 되어 있다. 《御製皇極編》에 근거하여 수정하였다.
52) 戶曹 : 底本에는 없다. 《混定編錄》에 근거하여 보충하였다.
53) 憲 : 底本에는 "諫"으로 되어 있다. 《御製皇極編》에 근거하여 수정하였다.

○ 司諫鄭轂以仁弘箚中柳成龍徒黨之語引避, 語多侵弄[54]仁弘. 執義文勵自稱仁弘之門生, 論[55]斥李貴之構陷·鄭轂之侮弄. 掌令李久澄·鄭協·持平睦長欽·大司諫趙正立·獻納崔忠元相繼攻李貴而救鄭轂, 有曰："李貴有喜事爲行身妙策, 前後陳疏, 世皆以'疏魔'目之, 輿臺下賤, 莫不怪笑之矣."

宜寧進士吳汝穩疏斥李貴, 盛稱仁弘之賢, 比之於靑天白日.

前都事梁弘澍, 卽仁弘之妻弟也, 疏論仁弘, 略曰："仁弘其論篤·色莊, 則惟專事粉飾；其外善內賊, 則惟專務巧詐. 人見其强愎, 疑其峭直；見其陰邪, 疑其操守, 此所以竊取虛名, 以致至尊之傾嚮者也. 其心逆而險·行僻而堅, 居足以聚[56]徒成[57]黨·强足以反是獨立, 則似少正卯. 其訐人陰私而爲直, 以致大臣之疑懼；經情直行而爲勇, 以便行己之無忌憚. 生五鼎食·死五鼎烹, 而不避太橫之誚, 則似主父偃；其矯情干譽而外爲謙恭·好人佞己而妄[58]自尊大, 則似王莽；其豪俠武斷, 假借名義, 以力折公議, 威行州里, 則似郭解, 此奸邪情狀之所猝難辨也."

又曰："奸邪之尤者, 所以爲國家無窮之禍祟也. 凡物之爲禍者, 老而益神；凡禍之[59]罔極者, 常生於所忽. 毒草之殺人者, 其臭馨香, 必異於衆草；小人之亡國者, 其譽灼然, 能眩惑一世. 殿下見其山野庸陋之態, 則必笑其乖劣局促, 而其在外張皇勢焰·擅作威福者, 殿下必不信也；其在後日, 竊弄太阿·貽憂社稷者, 殿下必不信也."

丁未四十年春, 上自兵亂以來, 憂勞成疾, 閱歲未差. 中殿以手書下敎賓廳, 諭以傳禪之意, 領議政柳永慶密啓, 防塞他大臣不得預聞. 時永昌生而光

54) 弄：底本에는 "論"으로 되어 있다. 《御製皇極編》에 근거하여 수정하였다.
55) 論：底本에는 없다. 《御製皇極編》에 근거하여 보충하였다.
56) 聚：底本에는 "取"로 되어 있다. 《御製皇極編》에 근거하여 수정하였다.
57) 成：底本에는 "盛"으로 되어 있다. 《御製皇極編》에 근거하여 수정하였다.
58) 妄：底本에는 "忘"으로 되어 있다. 《御製皇極編》에 근거하여 수정하였다.
59) 之：底本에는 없다. 《御製皇極編》에 근거하여 보충하였다.

海昏愎, 上方憂其不克負荷. 外間盛言有易樹之意 而永慶知其機, 有此防塞之擧云矣.

戊申四十一年春, 前參判鄭仁弘疏略曰 : "自上下傳攝之敎, 領議政柳永慶心忌原任大臣, 揮斥盡去, 使不得參看, 累上防啓云. 永慶動搖東宮·謀危宗社之罪, 無異於史彌遠. 請正常刑, 勿使繼恩·昌齡[60]之奸得以交作於他日, 以固國本·以定社稷." 不踏啓字而還下.

永慶陳疏自明曰 : "第自上不得親御萬機, 纔一兩日, 偶感之症[61], 自當勿藥有喜, 一日二日庶幾乃瘳. 顒顒群下之望, 惟在於此, 而內旨遽[62]下. 於此時回啓中, 所謂'今日之敎, 出於群情之外'者, 實爲此而言[63]也. 今其言曰'揮斥原任大臣, 使不得參看', 獨與時任[64]共之, 臣等未至賓廳, 原任大臣已出去, 則所謂'揮斥'者, 臣實未曉也.

仁弘乃敢假托傳禪之事, 陰圖嫁禍之計, 做此凶慘之說, 無所不用其極 ; 一則曰'携貳如此'·一則曰'猜忌日甚'·一則曰'凶謀秘計'·一則曰'謀危之言已露', 至以爲'間殿下之父子', 其言之慘凶誣罔, 非但不忍言, 亦所不忍聞. 臣負惡名, 一日未雪[65], 則是一日悖逆之臣, 不得不呼籲於聖明下."

上特命下備忘記, 竄鄭仁弘·李爾瞻·李慶全等. 或云李效元潛以此構捏之言, 通于仁弘, 使之上疏故也[66]. 仁弘門人鄭蘊疏救仁弘, 極言永慶之罪, 李惺亦疏伸仁弘, 斥永慶之罪.

---

60) 齡 : 底本에는 "領"으로 되어 있다. 《御製皇極編》에 근거하여 수정하였다.
61) 症 : 底本에는 "證"으로 되어 있다. 《御製皇極編》에 근거하여 수정하였다.
62) 遽 : 底本에는 "據"로 되어 있다. 《御製皇極編》에 근거하여 수정하였다.
63) 言 : 底本에는 "然"으로 되어 있다. 《御製皇極編》에 근거하여 수정하였다.
64) 任 : 底本에는 없다. 《御製皇極編》에 근거하여 보충하였다.
65) 雪 : 底本에는 이 앞에 "嘗"자가 더 있다. 《御製皇極編》에 근거하여 삭제하였다.
66) 也 : 底本에는 없다. 《御製皇極編》에 근거하여 보충하였다.

二月, 宣祖薨, 光海君卽位.

○ 以李元翼·李恒福·沈喜壽竝拜相, 召還鄭仁弘等三竄, 拜官以次. 安置永慶于慶興, 金大來于慶源, 李弘老于濟州, 李效元于巨濟, 成俊耉于南海, 其餘連累者甚多.

○ 吏曹判書成泳以柳黨論遞, 以鄭昌衍代之. 昌衍[67]王妃[68]之表叔, 故三命加望, 始擬入矣.

○ 太學生李棨【一百五十餘人】等上疏, 請辨成渾之被誣, 答以"今難輕議".

○ 校理崔起南陳疏, 辨成渾之寃, 至曰："渾自草墓誌, 其略曰：'吾盜名欺世, 以負國恩, 孰有如我者乎? 吾死, 目不瞑矣.' 又於將死之際, 遺書其子, 曰：'吾得罪君父, 惶恐而死, 汝當衣以布衣, 斂以布衾, 取茅覆棺, 牛車歸葬, 略爲掩土, 無違我志.'云, 其情慽矣. 顧其被誣之端, 發於朴惺·文景虎之疏, 此則遐遠之人傳聞之誤[69], 而其所以搆成罪案者, 則實鄭仁弘·柳永慶所主張也. 其時三司之官, 呈告或立異, 至於三司盡空, 雖預於其論者, 特出於不能違異, 而未皆有娼嫉之心也, 則渾之被罪爲之至痛者, 此國人共公之論也."

○ 湖南儒生高敬履疏辨成渾之被誣, 而與鄭汝昌·金宏弼·趙光祖·李滉并稱之, 兩司請燒其疏. 太學生鄭世美等又繼論斥, 而幷斥李棨等救渾之失.

○ 湖南儒生朴濬哲【八十人】等爲敬履伸辨. 廣州牧使申應榘疏, 辨成渾·鄭

67) 代之昌衍：底本에는 없다.《御製皇極編》에 근거하여 보충하였다.
68) 妃：底本에는 "妣"로 되어 있다.《御製皇極編》에 근거하여 수정하였다.
69) 誤：底本에는 "語"로 되어 있다.《御製皇極編》에 근거하여 수정하였다.

澈之寃, 渾之門人裵弘重· 韓璿, 相繼陳請.

庚戌【光海君二年】初, 因諸儒之疏請從祀五賢於文廟.【文敬公 金宏弼·文獻公 鄭汝昌·文正公 趙光祖·文元公 李彦迪·文純公 李滉】

辛亥【光海君三年】贊成鄭仁弘以李彦迪·李滉嘗論其師曺植之短, 謂之以'老·莊爲崇', 而目成運以'淸隱'之類, 深懷憤懟, 陳疏搆詆, 至謂之'誑[70]後學而害斯道, 非細慮也.' 於是都承旨金時獻等疏斥之, 館學儒生李榘等聯章辨誣, 典翰閔德南【應敎李廷馡·副應敎成晋善·副校理李埈·金瑬·修撰蘇光震·趙翼·李顯英】等箚辨之. 館學至削仁弘名於靑衿錄[71]. 大司憲鄭賜[72]湖·大司諫柳寅吉【執義鄭岦·掌令崔東式·尹重三·獻納柳希發·正言金光煜·韓仁及】等合辭, 論仁弘, 持平朴汝樑自稱仁弘門人, 引避不參.

◯ 左議政李恒福陳箚, 請勿覈削名之儒生, 末曰："曺植之門, 無仁弘, 卽道益尊；仁弘之箚, 得汝樑, 而罪益深", 時以爲名言.

丁巳【光海君九年】鄭造·尹訒·李偉卿等凶黨, 悖倫日甚. 許筠使金闓·李茳, 誘聚湖·嶺無賴之徒, 僞若儒生, 相繼投疏. 進士鄭渾·鄭澮·生員金宇成·幼學鄭晩·李之澔·尹惟謙·李溥芳·韓輔吉·朴世俊·宋永緖·徐義中·徐铣者, 或獨疏·或聯名, 或曰'速定大計', 或曰'貶降', 或稱大妃[73]國賊也, 或曰'永與讐絶'矣. 於是兩司合啓, 前後儒生疏直下廟堂, 速令大臣, 廣議處置事, 依啓.

領議政奇自獻多引古人處變之義, 首先立異, 仍請廷議. 鰲城府院君 李恒

---

70) 誑：底本에는 "誆"으로 되어 있다.《御製皇極編》에 근거하여 수정하였다.

71) 錄：底本에는 "綠"으로 되어 있다.《御製皇極編》에 근거하여 수정하였다.

72) 賜：底本에는 "錫"으로 되어 있다.《光海君日記 3年 2月 13日》기사에 근거하여 수정하였다.

73) 妃：底本에는 "妣"로 되어 있다.《御製皇極編》에 근거하여 수정하였다.

福·行司直鄭弘翼·金德誠等, 竝引經獻議, 相繼竄逐, 朝著殆空. 爾瞻之黨專擅朝權, 而柳希奮等亦以外戚用事, 背公植私, 互相排擊.

尹善道之慘劾爾瞻, 實承柳黨之風旨. 李慶全與其父山海, 陰唱廢母論, 而外掩其跡, 至是微知爾瞻等之必敗, 欲自崖異, 使其子進士袤, 請斬爾瞻. 是日慶全與爾瞻對棊, 爾瞻見袤之疏槪大驚, 謂慶全曰 : "令公之子欲殺我乎!", 慶全怡然曰 : "豈有是理? 必有同名者矣." 竟卒局而起, 其凶譎如此.【仁祖反正. 李[74]爾瞻·鄭[75]仁弘·韓繼男·鄭造·李偉卿·尹訒凌遲[76]處斬. 統制使元守愼·府使李元燁正刑. 諸道調度使及害民者王明恢[77]·金恂·宋致信·朴弘道·朴應犀·鄭夢弼·姜翼·尹天生·閔深·尹惟謙·元悰·李茳·兪世曾·蔡兼吉·黃德符·李挺元[78]·韓嘻皓·尹三聘·內官趙龜壽等, 所在處梟首. 承旨朴宗胄·府使池應鯤·郡守權元男·李忠輔等竝誅之矣.】

癸亥仁祖元年春, 上反正, 而勳臣金瑬·李貴·洪瑞鳳·張維·崔鳴吉·李曙·具仁垕·金自點等, 皆昏朝見枳之西人也. 於是治爾瞻等悖倫之罪, 名爲大北者盡伏其辜. 西人專局而通用南人·小北, 然小北亦不能自立, 或爲南人·或爲西人, 而小北之名至小矣. 功臣等恃勢驕恣, 上苦之, 欲示扶抑, 凡南人臺諫之攻斥西人者, 必右南人. 金瑬知上意, 或恐失勢, 陰令自中, 吏曹參判以下, 不拘南人, 皆許同升, 而長銓及政府竝不許通, 故南人自知力弱, 不敢爲抗爭之計.

乙丑三年[79]春, 南以恭自宣廟朝久處權要, 癸丑被譴. 改紀初蒙宥, 而以

---

74) 李 : 底本에는 없다. 《御製皇極編》에 근거하여 보충하였다.
75) 鄭 : 底本에는 없다. 《御製皇極編》에 근거하여 보충하였다.
76) 遲 : 底本에는 "支"로 되어 있다. 일반적인 용례에 근거하여 수정하였다.
77) 明恢 : 底本에는 "會命"으로 되어 있다. 《仁祖實錄 1年 3月 13日》 기사에 근거하여 수정하였다.
78) 挺元 : 底本에는 "元挺"으로 되어 있다. 《仁祖實錄 1年 4月 3日》 기사에 근거하여 수정하였다.
79) 年 : 底本에는 "月"로 되어 있다. 《御製皇極編》에 근거하여 수정하였다.

其曾與柳·朴親切, 故淸論之士尙多不悅. 及金瑬秉銓, 務爲調停之論, 推轂以恭, 少輩益不平, 又以以恭除大憲, 物議譁然. 玉堂【副應敎兪伯曾·應敎朴炡·校理羅萬甲】箚論"以恭當昏朝附權門, 不合是任", 瑬怒, 斥其傾[80]軋, 目爲朋黨, 至以老西·少西之說, 達於筵中. 上怒, 出補三人於外邑, 時謂之三學士. 大臣·三司爭之不得, 李貴盛言其無罪, 仍斥銓曹. 上以爲勳臣不睦由此, 三人更命遠竄. 右議政申欽箚救之, 上意稍解, 特寢其竄.

己巳七年春, 朴炡等數人, 以年少名官主張淸論, 與金瑬諸勳臣不協, 而李貴頗右萬甲等, 深不平於金瑬, 老西·少西分黨之說, 盛言於世. 李景稷, 少有名譽, 交遊士類, 而與爾瞻有戚誼, 故謗議甚多, 至是擬諫長望, 羅萬甲譏其不合. 右議政金瑬曾以南以恭事惡萬甲, 因入侍, 言"萬甲主張通塞, 將成朋黨", 上怒, 亟命遠竄. 大提學張維箚救, 上特補維爲羅州牧使.

完城君 崔鳴吉箚, 略曰:"今日之事, 臣受由在外, 未詳曲折, 入城之後, 始聞其槪, 相臣語意, 專主金世濂銓望事, 而羅萬甲朋黨之說, 挾出於其間. 萬甲設或有罪, 金世濂事, 條貫自別. 又見李貴登對時日記, 則七八人老·少西之說, 繼達天聽, 雷威益震, 萬甲之罪又加一節矣.

盛世臺諫之頻數請推銓官, 以相責勉者, 其意甚好. 臣以此每見臺諫, 冀以增臺閣之直風·革朋私之弊習. 於是朴炡以藐然少年, 倡言於同僚曰:'情疏之地, 有過必論; 分厚之處, 輒相蒙護, 非破黨之道也.', 首論趙希逸·韓仁及居鄕不謹之狀. 希逸之文學·仁及之才華, 當初淸選, 皆出於臣參政席之時, 及是聞之, 則兩人果不免人言云矣.

繼聞前輩中有[81]一種議論, 以爲'親厚之間, 指摘微瑕以要直名, 非人之情', 後輩之言曰:'趙·韓兩人, 皆是前輩婚媾所親, 故辟於親愛, 不可謂公論也.' 其後朴炡論金慶徵殺人之狀·趙纘韓[82]落後之罪, 其時亦有一場爭端, 至形於

80) 傾:底本에는 "輕"으로 되어 있다.《御製皇極編》에 근거하여 수정하였다.
81) 前輩中有:底本에는 없다.《遲川集 論諸學士不爲朋黨箚》에 근거하여 보충하였다.

章牘, 而朴炡之見過於時相[83]益甚矣. 南以恭雖曰柳, 朴所親, 平日不能擇交之致, 不可深非也. 金瑬秉銓, 欲擬淸望, 臣遂同席贊助, 爲年少輩所不容, 大生風波. 學士三人一時補外, 持淸議之人皆懷不平. 以朝廷言之[84], 則容此若干任怨之輩, 使人有所畏憚, 不亦可乎?

今年春後, 金瑬·李貴兩家氣色[85]尤不佳. 臣偶歷李時白之家, 李貴先到其處, 適見李景稷諫長之望, 貴大罵景稷及銓官, 至以榻前陳達爲言, 臣翌日移書時白, 使之力止. 其後權濤來言曰 : '聞銓相家歷數峻論六人, 吾亦在其中, 深可慮也.' 未久萬甲到臣家, 亦如權濤之言. 臣素知不能愼[86]密, 戒之曰 : '浮薄之人, 因此指目, 則禍且不測, 千萬愼之.'

六月間, 臣受由辭朝, 告行於金瑬, 瑬曰 : '羅萬甲有動搖銓曹之言, 聞之否?' 臣[87]答以'愼勿輕信行言', 未幾風浪作矣. 臣私謂瑬曰 : '苟有此心, 何不明言於我乎?' 瑬曰 : '初無此心, 有人來傳老西·少西之說, 心甚驚愕, 不得不上達云', 始知相臣之見賣於人也. 老西·少西之說, 士夫間絶無傳之者, 而獨及於金·李兩人, 尤可怪也.

蓋[88]景稷足及權奸之門, 未免瓜田之嫌, 則後輩之不欲輕許淸望, 亦出於公心. 南, 李二人, 未入淸擬者, 久矣, 乃於亞席皆空, 郎僚未備之日, 遽爾擬望, 未免率爾. 萬甲竊[89]言於銓相子弟, 欲使銓相謹於政體, 則亦非全然防塞之意也. 設或失言, 不過屋下私談, 指摘[90]成罪, 豈爲聖朝之美事乎?

噫! 末俗浮薄, 喜造名目. 辛丑年間有尹西·申西之目, 反正之初又有淸西·

---

82) 韓 : 底本에는 "朝"로 되어 있다. 《御製皇極編》에 근거하여 수정하였다.
83) 時相 : 《御製皇極編》에는 "前輩"로 되어 있다.
84) 之 : 底本에는 없다. 《御製皇極編》에 근거하여 수정하였다.
85) 氣色 : 底本에는 없다. 《御製皇極編》에 근거하여 보충하였다.
86) 愼 : 底本에는 없다. 《御製皇極編》에 근거하여 보충하였다.
87) 臣 : 底本에는 없다. 《御製皇極編》에 근거하여 보충하였다.
88) 蓋 : 底本에는 없다. 《御製皇極編》에 근거하여 보충하였다.
89) 竊 : 底本에는 "切"로 되어 있다. 《御製皇極編》에 근거하여 수정하였다.
90) 摘 : 底本에는 "適"으로 되어 있다. 《御製皇極編》에 근거하여 수정하였다.

功西之目, 而終至無事者, 朝廷未嘗分別, 無心[91]而處之故也. 今也不然, 今日竄一人, 明日貶一人, 又明日斥一人, 斥之愈多, 人愈不平. 伏願聖上, 燭[92]觀於昭曠之道, 無以偏係之私, 致累清明之德焉."

己亥十年夏, 孝宗薨, 世子卽位.

○ 禮曹以慈懿大妃服制, 請議大臣. 儒臣宋時烈等, 引《儀禮》喪制, 雖承重不得三年之說, 以爲大行大王雖已[93]承統, 然於倫序當爲次嫡[94], 大妃當服期年. 進善尹鑴在外哭班, 乃引《儀禮》賈疏中'第一子死, 取嫡妻所生第二長子立之, 亦名長子'之文, 以爲大妃當服齊衰三年, 錄送于延陽府院君 李時白.

時烈遂據賈疏所論'正體非傳重'·'傳重非正體'·'體而不正'·'正而不體'等四種之說以辨之, 領議政鄭太和搖手止之, 曰: "帝王家事, 始雖甚微, 終成大禍者多. 萬一有姦人執此說, 構成禍機, 於國家何? 四種之說, 不可援引." 時烈曰: "《大明律》·國制[95], 無論長子·衆子, 皆服朞年, 據此爲說, 亦合從周之義也." 太和曰: "此可爲據矣." 與諸大臣, 皆以時王之制爲對, 遂定爲朞年.

尹鑴又引《儀禮》斬衰章'外宗猶內宗'之文, 謂大妃[96]當服斬衰, 時烈又辨之, 曰: "內宗皆是臣子, 故不敢以私戚戚君而服[97]斬. 今大妃殿先王之所臣事也, 乃不服本服而反同於臣子乎?" 鑴又引武王臣文母之說以難之, 時烈曰: "朱子旣引劉侍讀之說, 以爲'子無臣母之義, 此謂邑姜, 非文母也." 鑴說不得行.

---

91) 無心 : 底本에는 없다. 《御製皇極編》에 근거하여 보충하였다.

92) 燭 : 底本에는 "獨"으로 되어 있다. 전남대학교 중앙도서관 소장 《皇極編》(청구기호 : OC 2A5 황18ㅈ, 이하 '전남대본 《皇極編》'이라 칭한다)에 근거하여 수정하였다.

93) 已 : 底本에는 "未"로 되어 있다. 《御製皇極編》에 근거하여 수정하였다.

94) 嫡 : 底本에는 "適"으로 되어 있다. 일반적인 용례에 근거하여 수정하였다.

95) 制 : 底本에는 이 앞에 "家"가 더 있다. 《御製皇極編》에 근거하여 수정하였다.

96) 妃 : 底本에는 "妣"로 되어 있다. 《御製皇極編》에 근거하여 수정하였다. 이하 동일 사례에 대해서는 校勘記를 생략하였다.

97) 而服 : 底本에는 "服而"로 되어 있다. 《御製皇極編》에 근거하여 수정하였다.

◯ 議卜山陵, 卜地於水原及健元陵局內. 前參議尹善道卽大行潛邸時師傅, 而素解堪輿之術, 謂'水原最吉', 諸地師亦多從善道言, 上意亦傾嚮. 而水原民家多毁, 又爲三路要衝, 大臣·臺閣多言不便, 上不聽, 已令始役. 領府事李景奭主先陵內, 李時白主弘濟洞, 而俱上箚爭之, 皆以爲'水原有五患, 不可用.' 上以弘濟洞則路遠, 改卜於健元陵局內.

庚子顯宗元年春, 掌令許穆上疏論服制, 略曰："《儀禮註疏》喪服斬衰章'父爲長子', 傳曰：'何以三年也? 正體於上, 將爲傳重也.' 鄭玄曰：'不言嫡子, 通上下也, 亦言立嫡以長者.' 釋曰[98]：'嫡妻所生, 皆名嫡子. 第一子死, 則取嫡妻所生第二子, 亦名長子. 若言嫡子, 則惟據第一子言, 若言[99]長子, 則通立嫡以長故也[100].'

齊衰章註曰：'子爲母齊衰, 母爲之不得過於子爲已, 故亦齊衰也.' 傳曰：'何以三年也[101]? 父之所不降, 母亦不敢降也.' 鄭玄曰：'不敢以己之尊, 降祖禰之正體.' 嫡嫡相承謂之正體, 乃得爲三年, 衆子承統者同. 立庶子爲後者, 謂之'體而不正', 不得爲三年, 妾子故也.

期服章註曰'天子·諸侯爲正統之親·后夫人與長子·長子之妻等不降', 所謂立庶子爲後是也. 立嫡以長則三年, 以庶子爲後則朞年, 重嫡嫡相承之義也.

昭顯早世, 孝考以仁祖第二長子, 旣已承宗廟, 則大妃殿爲孝考齊衰三年, 禮無可疑, 而今降爲朞年. 夫三年之喪, 爲父, 父至尊也；爲君, 君至尊也；爲長子, 重其當祖禰之正體, 而又爲其將代己主宗廟也. 今孝考之於[102]大妃, 旣爲嫡子, 又踐阼卽位, 當正體之尊, 而其服則與'體而不正', 不得三年者同, 臣不

98) 釋曰：底本에는 없다.《記言 追正喪服失禮疏 庚子三月》에 근거하여 보충하였다.
99) 言：底本에는 없다.《御製皇極編》에 근거하여 보충하였다.
100) 也：底本에는 없다.《御製皇極編》에 근거하여 보충하였다.
101) 也：底本에는 없다.《御製皇極編》에 근거하여 보충하였다.
102) 於：底本에는 없다.《御製皇極編》에 근거하여 보충하였다.

知其何[103]所據也.

設令第一子死, 旣爲之三年, '爲第二長子承重者, 當服朞年', 不見於經傳. 而'爲長子'傳'何以三年?' 註曰 : '雖承重, 不得三年有四. 嫡子有廢疾·他故, 死而無子, 不受重者, 謂之「正體不得傳重」, 曰「立庶孫爲後」, 謂之「傳重非正體」, 曰「立庶子爲後」, 謂之「體而不正」, 曰「立嫡孫爲後」, 謂之「正而不體」', 若經所謂'立嫡以長', 亦云'體而不正'耶? 不然, 何謂'爲長子三年'也? 請令禮官·儒臣雜議, 追正喪服之失."

上命禮官議處, 禮曹判書尹絳等以"朞制之改三年, 此是變禮之大者, 請更令大臣·儒臣, 博議以聞." 右贊成宋時烈議, 略曰 : "臣始聞服制之議, 以爲必有別樣可據禮律, 及見臺臣·大臣之論, 則眞與魏徵 獻·昭陵事相類也. 今許穆引證雖多, 其緊要只有二段. 其一, 長子死, 立第二長子, 亦名長子[104]而服斬也. 其二, 立庶子爲後, 不得爲三年, 妾子故也. 臣之所疑 正在於此, 而穆之爲證, 亦在於此.

夫所謂'長子死'者, 未知其死於何等時耶? 謂已成人而死, 其父旣爲服斬, 然後又立次嫡, 謂之長子, 而其次嫡死, 又爲服斬, 則其於'無二統'·'不貳斬'之義, 何如耶? 抑以爲死在幼穉, 不含·不贈·不立主, 其父不爲之服, 不成爲嫡, 然後立次嫡爲嗣, 而謂之長子, 此長子死, 則乃服三年耶? '立庶子, 不爲三年, 妾子故也'云, 此固疏說, 而'妾子故'三字, 是穆自下之說. 庶固妾子之號也, 而嫡子第二子, 同名庶子也. 然則孝廟不害爲仁廟之庶子, 庶非賤稱, 乃衆子之義也."

又曰 : "文王傳國, 則捨伯邑考立武王, 而周公制禮, 則必眷眷於長·庶之辨. 許穆必以庶子爲妾子, 而次長則不與焉, 今必得'次長不爲庶子'之明文, 然後許穆說可從也. 賈疏只言'第一子死', 而不言'無後而死', 此恐未成人者也. 今穆不考立文之本意, 遽然立說, 則檀弓之免·子游之衰, 果皆不足恤乎?"

又曰 : "世宗聖壽無疆, 皆服斬於八大君, 則當爲九三年. 雖士庶人必不然

---

103) 何 : 底本에는 없다. 《御製皇極編》에 근거하여 보충하였다.

104) 子 : 底本에는 없다. 《御製皇極編》에 근거하여 보충하였다.

也, 況帝王之尊·其正統至嚴者[105)]乎?"

右參贊宋浚吉亦疏, 辨許穆之議如時烈言. 上命考《實錄》使之更議, 史官以德宗·睿宗之喪, 貞熹王后用以日易月之制, 而實行朞年, 文定事無徵. 諸大臣以喪制從先祖爲對, 命依大臣議施行. 許穆復陳疏, 因以喪服長子斬衰及嫡子·庶子之別, 條列爲圖而附以經傳·註疏說獻之. 上以穆所進《喪服圖》, 後詢於時烈, 時烈亦持前議, 以"賈疏中'第一子死'者, 恐是死於殤年或廢疾, 而其父不爲三年, 然後方可爲[106)]第二長子三年也", 復伸四種之說, 上遂從朞年議.

尹善道上疏, 略曰："聖人於喪禮, 制爲五服[107)], 親疏·厚薄, 非此則無以別；輕重·大小, 非此則無以定. 用之家而父子之倫明；用之國而君臣之分嚴. 承統之子與祖爲體, 必服斬衰者, 非爲子也, 乃爲祖宗之統. 私家如此, 況於國家乎[108)]?

先王之喪, 大妃之服, 考諸禮經, 實合與祖爲體之義. 而時烈以'文王傳國, 則捨伯邑考立武王, 而周公制禮, 則必眷眷於長·庶之辨.' 臣以爲文王之事, 聖人之大權；周公之禮, 聖人之大經, 周公豈爲伯邑考作此禮[109)]也?"

又曰："時烈之議, 稱長子成人死者至三, 而斷之'嫡統不嚴', 其意蓋云'成人而死, 則嫡統在於此, 次長雖踐位承[110)]宗廟, 終不得爲嫡統也', 豈不悖乎? 今承父詔·受天命, 體祖主器之後, 猶不得爲嫡統, 則是假世子乎? 攝皇帝乎? 嗚呼! 古公雖立季歷, 而泰伯有後, 則古公之嫡統, 猶在於泰伯之後耶? 然則一國之群志未定, 而季歷之子孫, 又何可[111)]保也?

---

105) 至嚴者 : 底本에는 없다. 《宋子大全 卷26 大王大妃服制議 庚子三月二十三日》에 근거하여 보충하였다.

106) 爲 : 底本에는 "謂"이다. 《御製皇極編》에 근거하여 수정하였다.

107) 聖人於喪禮, 制爲五服 : 底本에는 "聖人之於制喪禮"로 되어 있다. 《孤山遺稿 卷3 論禮疏》에 근거하여 수정하였다.

108) 乎 : 底本에는 없다. 《御製皇極編》에 근거하여 보충하였다.

109) 禮 : 底本에는 없다. 《御製皇極編》에 근거하여 보충하였다.

110) 承 : 底本에는 없다. 《御製皇極編》에 근거하여 보충하였다.

111) 可 : 底本에는 없다. 《御製皇極編》에 근거하여 보충하였다.

時烈以宗統歸於主廟社之君, 以嫡統歸於已死之長子乎? 宗統·嫡統岐而貳之者, 豈有此理也? 時烈之稱成人而稱'嫡統不嚴'之意, 至以世宗朝八大君設辭而證之, 乃爲此必無之事, 雖儀·秦之辯[112], 無以禦人. 時烈又'不貳斬'爲言, 此不過一時無二尊之義也. 況我孝廟以世子時論之, 則其爲長·爲尊, 與昭顯等矣 ; 以君臨時論之, 則其[113]爲長·爲尊, 非昭顯比也, 豈可於昭顯獨爲斬衰, 而於孝廟獨不當斬衰乎?"

又斥宋浚吉議禮之失, 且曰 : "斯二人者, 如齊桓之於[114]管仲, '一則仲父, 二則仲父[115]', 昭烈之於[116]孔明, '猶魚有水', 不辭儒賢之名. '安富尊榮', 而處於賓師之位, 不能輔導[117]我先王, 至有銜橛之虞, 安在其傅德義·保身體之義乎[118]?

又如梓宮之不得用, 乃萬古國家所未有之變也.【大行初喪, 宋時烈引禮經, 請待大斂後結絞. 時當盛暑, 玉體浮高, 梓宮不可容, 不得已用附板.】用賢之效如此, 其學識·心術, 臣不能知, 而非不仁則不智也."

又論山陵捨吉地不用之非, 語極危險, 其意專在於借論禮, 攻時烈. 疏入, 承旨金壽恒等論其用意凶險, 請張眩亂之罪, 上命還給其疏, 責之以心術不正. 初命削黜, 副提學兪棨【校理安後說[119]·修撰沈世鼎】等請對, 極論善道凶悖姦慝之狀, 請焚其疏於廟堂, 上從之, 命竄善道於三水. 館學儒生李稐等請善道亟正邦刑, 大司諫李慶億【司諫朴世模·正言權格·掌令尹飛卿·持平李堥·鄭脩[120]】等合啓,

---

112) 辯 : 底本에는 "辨"으로 되어 있다. 《御製皇極編》에 근거하여 수정하였다.
113) 其 : 底本에는 없다. 《御製皇極編》에 근거하여 보충하였다.
114) 於 : 底本에는 없다. 《孤山遺稿 論禮疏》에 근거하여 보충하였다.
115) 二則仲父 : 底本에는 없다. 《孤山遺稿 論禮疏》에 근거하여 보충하였다.
116) 於 : 底本에는 없다. 《孤山遺稿 論禮疏》에 근거하여 보충하였다.
117) 導 : 底本에는 "尊"으로 되어 있다. 《御製皇極編》에 근거하여 수정하였다.
118) 乎 : 底本에는 "也"로 되어 있다. 《御製皇極編》에 근거하여 수정하였다.
119) 後說 : 底本에는 "沃"으로 되어 있다. 《顯宗實錄 1年 4月 19日》 기사 및 《顯宗改修實錄 1年 4月 19日》 기사에 근거하여 수정하였다.
120) 脩 : 底本에는 "修"로 되어 있다. 《顯宗實錄 1年 4月 21日》 기사 및 《顯宗改修實錄 1年 4月 21日》 기사에 근거하여 수정하였다.

言善道之疏, 非爲論禮, 直一告變, 請鞫問, 上不從之, 只命安置. 自善道疏出, 彼此議論, 互相磯激, 不可復合矣.

◯ 上引見大臣·三司, 更議服制. 領議政鄭太和以善道疏中梓宮附板事, 引罪, 且言："《國朝》無爲子三年之制, 臣不敢强對. 三司亦言古禮無可據, 則當從國制." 上從之.

◯ 右尹權諰疏, 略曰："宋時烈所謂先王不害爲庶子之說, 謬之甚矣. 一世知其非而不敢言, 此所以[121]來善道之讒也. 善道之詆讒娟嫉, 誠可惡, 而不計其身之禍, 能言人所不敢言, 其亦敢言之士也. 又是先王龍潛時, 有師傅舊恩者, 其不可輕殺明矣." 上溫批諭之.

承旨金壽恒繳還批旨, 兩司以權諰疏引避. 副提學兪棨【校理金萬基·李時術·修撰沈世鼎】等上箚, 斥權諰以救護凶人, 正言權格發啓, 請罷職, 諰遂出城. 上下旨敦召, 政院請還收, 上不許, 遣史官慰諭. 宋時烈又作〈服制辨〉而辨之.

辛丑二年夏, 以旱灾審理疏釋. 前判府事趙絅疏, 略曰："今殿下側身警災, 審理冤獄, 尹善道之獨不入於審理, 何也? 未知善道之罪, 何罪也? 惟以宗統·嫡統爲孝廟左袒也.

當善道投疏之日, 誰爲殿下進焚疏之策也? 高麗 恭愍焚李存吾疏, 光海焚鄭蘊疏. 光海·恭愍, 非亂亡之主乎? 異日國史書以'某朝·某時焚尹善道論禮疏', 其累聖德, 何如也?" 又曰："古之人君有斥其人而用其言者. 今雖屛善道, 其所進宗統·嫡統之說, 斷不可置也."

承旨南龍翼【元萬里·李殷相·李翊漢·朴世模·鄭萬和】等啓曰："趙絅之疏爲善道立幟鼓煽. 禮論引喩陰慘, 固不當捧入, 而是非·邪正莫逃於聖鑑之下, 姑爲捧入之意, 敢啓."

121) 以：底本에는 "謂"로 되어 있다. 《御製皇極編》에 근거하여 수정하였다.

上喩："以陰邪不正之疏, 覽之無益, 使之還給." 三司請趙絅削黜. 相臣鄭太和·沈之源以"絅三朝元老, 應旨進言, 以此得罪, 亡國之事也", 上只命罷職. 執義郭之欽【正言權格】等請竄絅屢啓, 不允.

○ 嶺南人金鋼等疏, 論故儒臣成渾不赴國難之罪·李珥早耽禪學之失. 館學儒生柳延力辨兩賢臣被誣之狀·鋼等醜正之罪, 優批之.

癸卯四年春, 修撰洪宇遠上疏, 訟尹善道之寃, 曰："善道論宋時烈議禮之失, 朝論大發, 圍置極邊, 後因審理, 纔得量移, 則臺章復發, 還置前配. 善道之疏實爲過激, 其宗統·嫡統之說誠亦有不可易之論也. 時烈雖山林宿望, 其議禮之錯固不可掩也. 聖人猶過, 時烈雖賢, 豈得每事盡善? 今之護時烈者專爲覆蓋, 至使人不敢議, 指善道爲凶賊. 許穆再上論禮之疏, 則斥逐遠郡, 權諰纔立赤幟, 則卽被重劾, 趙絅一言救善道, 則目爲姦邪, 竝其子而錮之. 善道立節昏朝, 且有師傅舊恩, 而今以言語之過, 久竄風霜. 白首殘齡, 死亡無日, 恐貽聖朝殺士之名."

上優批之. 兩司執義鄭繼胄·司諫金萬均·正言宋時喆·元萬里等, 啓請削黜, 玉堂李敏迪【李翔·鄭喆】等亦箚攻宇遠, 上皆不納.

丙午七年春, 嶺南儒生柳世哲【一千四百餘人】上疏, 極言宋時烈己亥議禮之非, 以爲"國朝相傳宗嫡之統, 終歸於暗昧不明之地", 仍進冊子曰《喪服考證》, 專襲善道之言.

承旨金壽興等, 以驚動上心·網打善類之意, 啓稟捧入, 上嚴批斥之, 仍曰[122]："己亥服制一遵《五禮儀》, 而憑藉論禮, 顯有不正之態. 此後若有此等疏, 則當重施刑杖之意, 戒飭中外." 館學儒生洪得雨·湖西儒生尹澤等, 各上疏, 爲時烈伸辨, 俱優批嘉納.

---

122) 曰：底本에는 "以"로 되어 있다.《顯宗實錄 7年 3月 25日》기사에 근거하여 수정하였다.

壬子十三年春, 下教求言, 前正言趙嗣基上陳弊疏, 仍論服制之失, 有曰 : "殿下承大統, 當極尊親之道, 而嫡統·庶子等說未免貶降短喪之歸, 百世之下, 必有議之者. 不可不追悔, 以慰孝考在天之靈."

都承旨張善瀓等言"其疏語怪妄, 請付有司, 使之勘罪", 初命編配, 大司諫李柙【獻納尹深·正言閔宗道】等, 復請遠竄, 不從, 旣而特命放釋.

癸丑十四年春[123], 宗室靈林令 翼秀上疏, 言寧陵封築有罅, 上命公卿·三司齊進奉審, 遂定遷陵之議.【或言 : "失志者嗾翼秀, 言寧陵事, 欲以罪時烈." 時烈貽書相臣金壽興以自明, 其書, 略曰 : "庚子聖上親自奉審之時, 不爲改封, 而因補罅隙, 實出聖斷, 而諸臣唯諾而已. 至於今日, 聖上乃無一言自反之語, 專責諸臣, 此豈聖人省己反身, 躬厚·薄責之道耶? 都兪之際, 不可不以子家駒對昭公之意, 密進規戒. 且竊伏念庚子以後, 聖上連以違豫, 廢闕展陵, 然溫泉則逐年行幸, 此不能無疑於識者之心也. 庚子以後, 若有更親審之擧, 則豈有今日之事? 而亦未聞有自反之辭, 亦恐於聖德有慊也."

又曰 : "新陵果吉, 何幸? 當初水原之說, 發於一二人之口, 而皆歸咎於賤臣, 以爲'如用水原, 寧有此事?'. 此事果由卜地不審[124]之致, 則賤臣[125]雖萬被[126]誅戮, 實所甘心矣. 當初賤臣實不以水原爲是,[127] 而亦不以寧陵爲吉, 蓋瞢[128]於地術故也. 然以今日之事勢觀, 則似當歸宿於水原矣." 又曰 : "當初聖意弘濟洞爲遠不用云. 如是則是又有說, 若寧陵之近而不能展省, 與弘濟洞, 何異哉?】

甲寅十五年春, 仁宣大妃昇遐. 禮曹【判書趙珩, 參判金益炅, 參議洪柱國】曰 : "慈

---

123) 春 : 底本에는 없다. 《御製皇極編》에 근거하여 보충하였다.
124) 審 : 底本에는 "靈"으로 되어 있다. 《宋子大全拾遺 卷之二 答金起之 癸丑五月十日》에 근거하여 수정하였다.
125) 賤臣 : 底本에는 없다. 《御製皇極編》에 근거하여 보충하였다.
126) 被 : 底本에는 없다. 《御製皇極編》에 근거하여 보충하였다.
127) 是 : 底本에는 "非"로 되어 있다. 《宋子大全拾遺 卷之二 答金起之 癸丑五月十日》에 근거하여 수정하였다.
128) 瞢 : 底本에는 "魯"로 되어 있다. 《宋子大全拾遺 卷之二 答金起之 癸丑五月十日》에 근거하여 수정하였다.

懿大妃服制節目以朞年啓下, 而己亥旣服朞年, 則當爲大功. 請改付標."

○ **秋**, 嶺南儒生都愼徵疏, 略曰 : "夫長子·長婦之服以爲朞年, 乃國典, 而己亥大妃殿朞服之制, 旣曰'遵用國典', 則今玆大功之制, 又是國制之外, 何其前後各異也? 曾以國制長子之服, 爲朞年於己亥, 乃以國制衆庶婦之服, 爲大功於今日, 欲人之無惑難矣." 又曰 : "殿下之於大妃殿, 若曰'衆庶婦誕生', 則便是衆庶孫也, 他日殿下129)將不以嫡長孫傳重者自處乎? 自古及今, 其有承大統而不得爲嫡長130)者乎哉?"

疏入數日, 上召大臣·諸臣, 以愼徵疏示之, 曰 : "己亥服制蓋用時王之制. 今番大功之服與己亥異同與否, 使之考奏."

領議政金壽興【判中樞金壽恒·吏曹判書洪處亮·兵曹判書金萬基·戶曹判書閔維重·刑曹判書李殷相·判尹金宇亨·大司憲姜栢年·禮曹參判李俊耉·參議李奎齡131)·應敎崔後尙·獻納洪萬鍾】等, 會賓廳, 議啓曰 : "取考己亥議禮時前後文書, 則因大臣受議, 以時王之制施行. 庚子因許穆疏, 考《實錄》, 引貞熹王后 德宗·睿宗喪已行之禮, 定行朞年之制. 其後以朞年·三年之義·長子·次子之說, 論議紛紜, 屢度收議, 終以國制爲定. 中外之人, 皆以爲'不行三年而爲朞年者, 出於古禮服衆子之制', 故此該曹之直請付標, 改以大功者, 亦出於此也."

上以啓辭欠明, 更令議啓. 壽興等屢啓, 終未能明白.

上下敎曰 : "今使大臣會議者, 考出己亥服制時文書, 以定今日大妃殿當服朞與大功, 以滿紙所寫, 只是謄錄考出之辭, 結以此外無他考據云. 若考謄錄, 則一承旨足矣, 豈必132)使大臣·六卿·三司會議哉? 己亥服制, 予則以爲用133)

---

129) 下 : 底本에는 없다. 《御製皇極編》에 근거하여 보충하였다.

130) 嫡長 : 底本에는 "長嫡"으로 되어 있다. 《顯宗實錄 15年 7月 6日》 기사에 근거하여 수정하였다.

131) 齡 : 底本에는 "岺"으로 되어 있다. 《顯宗實錄 15年 7月 13日》 기사에 근거하여 수정하였다.

132) 必 : 底本에는 "可"로 되어 있다. 《顯宗實錄 15年 7月 13日》 기사에 근거하여 수정하였다.

133) 用 : 底本에는 없다. 《御製皇極編》에 근거하여 보충하였다.

國制, 而今乃以'雖用國典, 中外之人, 則以爲用古禮'云, '禮官付標亦出於此[134]'云云. 是國家所用爲輕, 諸臣所爭爲重, 禮曹之付標爲當然矣, 是何道理? 當爲大功云者, 何所據而云耶? 自有三年之論, 疏章之間始有此論, 朝家皆不採用, 到今議禮, 何敢以衆·庶之言倡說乎? 兩日所議啓者, 終無所定. 昨日引見, 已示大功未安之意, 必欲固守大功之制者, 何意也?"

壽興等再啓曰[135]: "考見《大典》五服條, 則'子'之下只書'朞年', 長子·衆子, 不爲區別, 而其下'長子妻', 書以'朞年'; '衆子妻', 書以'大功', 承重與否, 亦不擧論. 以此觀之, 則大王大妃服制, 當爲大功, 莫重典禮, 不敢只憑國典斷定. 貞熹王后之於章順王后之喪, 昭惠王后之於恭惠王后之喪, 必有已行之制, 請考出《實錄》."

上敎曰: "己亥服制時, 未聞長·衆之說, 收議之時, 雖或有之, 亦非朝家採施之事, 到今敢發衆·庶大功之說. 五服條無承統一款, 則雖曰時王[136]之制, 乃未備之處, 而不爲參考禮經, 今日會議之意, 安在?"

壽興等議啓曰[137]: "今日服制, 依己亥已定之議, 遵用國典, 而議啓之[138]際, 不得不以倫序一款, 有所論列[139]." 又引己亥所論四種之說爲證, 啓曰[140]: "就此諸條所論, 反復參互, 則今此服制之用國典大功, 似不悖於禮經之意."

上下敎略曰: "觀此啓辭, 尤不覺驚駭無狀也. 卿等皆蒙先朝恩渥, 而敢以'體而不正'之說爲今日之禮. 啓辭中四種之說, 予則以爲大相乖戾也. 卿等以

134) 此: 底本에는 없다. 《御製皇極編》에 근거하여 보충하였다.

135) 再啓曰: 底本에는 "更以"로 되어 있다. 《顯宗實錄 15年 7月 13日》 기사에 해당 내용이 "賓廳再啓曰 …… 而今以時王之制言之, 則大典五服條……"라고 되어 있는 것에 근거하여 수정하였다.

136) 王: 底本에는 "日"로 되어 있다. 《御製皇極編》에 근거하여 수정하였다.

137) 議啓曰: 底本에는 "以"로 되어 있다. 《顯宗實錄 15年 7月 15日》 기사에 근거하여 수정하였다.

138) 議啓之: 底本에는 없다. 《御製皇極編》에 근거하여 보충하였다.

139) 列: 底本에는 "說"로 되어 있다. 《御製皇極編》에 근거하여 수정하였다.

140) 啓曰: 底本에는 "以"로 되어 있다. 용례에 근거하여 수정하였다.

如此不近理之悖說, 定爲禮律, 可謂薄於君親, 厚於何地耶? 予實痛惡也. 莫重之禮, 不可以附[141]托之論, 斷爲定制, 更以朞年之制定行. 禮曹之初以朞年定制, 又以大功付標. 遽動浮言, 不稽古禮", 禮官竝命拿鞫定罪.

又下敎[142]以"領相金壽興, 當服制會議之時, 初啓滿紙胡亂之說, 無所歸屬, 再啓又引不當引之古禮, 泛然回啓, 三啓以國典數語塞責, 四啓倡'體而不正'之語. 其忘先王之恩·附他論之罪, 不可不正, 中道付處."【春川府定配.】

金壽恒以下諸臣皆待命. 承旨李端錫·校理趙根等請對, 上敎曰: "氣甚不平, 請對者, 何事? 無乃爲大臣耶? 君臣之義甚嚴, 爾等都不念及耶?"

校理趙根【修撰權愈】上箚, 請還收金壽興付處之命, 兩司亦啓請還收禮官拿鞫之命. 上嚴批斥之, 趙根特補江西縣令, 臺官李光迪·柳之發·李嶅等, 竝命削黜. 大司諫南二星疏, 救壽興, 上責其阿附前後之論·忘君負國[143]之罪, 仍命絶島遠竄.

八月, 顯宗薨, 世子卽位.

○ 晋州幼學郭世楗上疏, 復論服制事, 仍曰: "附邪論之金壽興, 猶被編配, 倡邪論之宋時烈, 豈漏憲章乎? 壞禮亂統之罪, 時烈自不得辭矣. 然則時烈, 孝廟之罪人也·先王之罪人也, 擧王法而不撓, 是殿下之責也, 豈可使兩朝罪人, 濫握彤[144]管, 以溷先王之盛德也? 噫! 嫡統之歸正, 先王實錄中第一盛德也, 爲時烈者, 將欲紀實, 則自首負犯; 將欲掩美, 則聖德湮沒, 時烈之握此筆難矣."【宋時烈方撰誌文】

疏入報聞. 大司憲閔蓍重【司諫李嶅】等請世楗嚴鞫, 上曰: "儒生之疏, 不用

141) 附 : 底本에는 "拊"로 되어 있다. 《御製皇極編》에 근거하여 수정하였다.
142) 下敎 : 底本에는 없다. 《顯宗實錄 15年 7月 16日》 기사에 근거하여 보충하였다.
143) 國 : 底本에는 "君"으로 되어 있다. 《御製皇極編》에 근거하여 수정하였다.
144) 彤 : 底本에는 "丹"으로 되어 있다. 《肅宗實錄 卽位年 9月 25日》 기사에 근거하여 수정하였다.

而已, 事在先朝, 尤不當鞫問", 仍以大小臣僚, 不能寅協, 嚴批責之.

○ 上引見三公, 領議政許積曰："前後議禮之臣, 只是意見之差而已, 爲臣子者, 豈有一毫貶薄之意? 今世楗假托禮論, 作爲攻時烈之資, 心術不正矣. 臣意則此疏當有還給之命, 今乃循例批下. 至於臺閣鞫問之請, 亦非新化之美政, 請施儒罰."

都承旨金錫冑曰："輾轉乖激, 至有今日, 皆由於前日之見屈, 今日之乘機, 而嶺南人之皆被閉塞, 誠欠穩當." 積曰："若尹善道者, 雖可罪之, 至於論禮者, 皆廢枳. 擧措若此, 何以鎭服人心?"

右議政金壽恒曰："此後此輩議論之繼起者, 當不止一世楗." 上命施世楗儒罰, 錫冑以爲："儒罰太[145]輕, 此輩將接跡而起, 朝著必不靖. 請此後如世楗之疏, 自政院稟旨退却宜矣." 壽恒曰："名以言事, 則不可自下不捧." 積曰："自政院與臣等相議, 啓稟其疏之大旨, 然後還給似好矣[146]." 上曰："可之[147]." 積曰："領府事宋時烈因世楗疏, 聞已下鄕, 請加敦喩, 使之製進誌文." 上遣史官慰諭, 時烈以"嶺人疏明有尉薦, 眞得其人, 不敢代斲"之意, 回啓.

○ 持平李秀彦辨世楗之誣, 政院·玉堂請對, 極言："世楗侵斥宋時烈議禮之外, 其所構捏無所不至, 自上宜明示好惡." 修撰權愈·姜碩昌等亦言："世楗之疏悖亂·危險, 時烈以三朝禮遇之臣, 狼狽而去, 宜治世楗構誣之罪, 而自上終無以禮挽留之擧, 只施儒罰於世楗, 豈明好惡之道哉? 宜從兩司之請[148], 屛諸四裔.[149]"

上曰："予初不欲停擧世健, 而勉從大臣之言,[150] 今何獨罪世楗而不請秀

145) 太：底本에는 "大"로 되어 있다.《御製皇極編》에 근거하여 수정하였다.
146) 矣：底本에는 "宜"로 되어 있다.《御製皇極編》에 근거하여 수정하였다.
147) 之：底本에는 없다.《御製皇極編》에 근거하여 보충하였다.
148) 司之請：底本의 글자는 판독이 불가하다.《御製皇極編》에 근거하여 수정하였다.
149) 屛諸四裔：底本에는 없다.《御製皇極編》에 근거하여 보충하였다.

彦之罪也?" 許積曰："世楗若只論禮, 則不必停擧, 其疏蓋多危險之言, 今此'勉從'之敎, 似未安矣." 金壽恒曰："秀彦疏只言時烈事, 別無他意." 上曰："世楗之疏亦出於積怨.", 仍命前後停擧·儒罰之類, 一併解之, 積以"付黃·削籍等罰, 出於儒生, 非朝家所知", 仰達, 壽恒亦言其不可.

碩昌等亦以"世楗事若不痛斥, 則紛紜之患無所不至", 屢屢陳達, 上皆不納, 仍命："此後投疏之人, 泛稱議禮, 語涉先王者, 當繩重律." 使政院勿捧. 持平李秀彦·修撰姜碩昌姑先遞[151]差, 政院請繳還備忘, 上嚴責政院, 秀彦·碩昌幷罷職不敍, 玉堂陳箚請寢, 皆不納.

○ 館學儒生韓聖佑等·禮曹正郎金光璒竝疏救時烈, 上下敎責之, 光璒則以阿附時論, 特命罷職. 政院[152]請還收, 不許·不聽.

○ 京畿儒生李必益等[153]疏救時烈, 敎曰："陳疏議禮, 繩以重律事, 頃已下敎, 而今儒生等, 不有禁令, 如是紛紜, 不可不痛懲以杜後弊. 此疏儒竝邊遠定配."【因大諫鄭晳等啓請還收, 只命定[154]配疏頭.】前正郎金壽弘嘗移書時烈, 責服制主事之失. 至是上特除掌令[155].

○ 館學生李胤[156]岳等疏論世楗之凶悖·必益之無罪, 上切責之, 仍命解世楗罪[157].

---

150) 上曰 …… 大臣之言 : 底本에는 없다. 《御製皇極編》에 근거하여 보충하였다.
151) 遞 : 底本에는 "削"으로 되어 있다. 《御製皇極編》에 근거하여 수정하였다.
152) 政院 : 底本에는 없다. 《御製皇極編》에 근거하여 보충하였다.
153) 等 : 底本에는 없다. 《御製皇極編》에 근거하여 보충하였다.
154) 定 : 底本에는 없다. 《御製皇極編》에 근거하여 보충하였다.
155) 上特除掌令 : 底本에는 없다. 《御製皇極編》에 근거하여 보충하였다.
156) 胤 : 底本에는 "允"으로 되어 있다. 《肅宗實錄 卽位年 11月 11日》 기사에 근거하여 수정하였다.
157) 罪 : 底本에는 이 뒤에 "上特除掌令"이 더 있다. 《御製皇極編》에 근거하여 삭제하였다.

○ 館學生李徵明等疏陳宋時烈之寃, 上特命還給.

○ 特除禮賓正尹鑴·正郎洪汝河爲司諫.

○ 進士朴鳳祥等疏言："釐正服制, 何等重事；行狀·誌文, 何等文字, 而從其說者, 旣受其罪；倡其說者, 不爲直斥? 至若哀冊之文, 殊涉朦朧, 及今改之, 尙未晩也." 又論閔愼代父服喪之事, 上答曰："愛君進言, 予甚嘉尙."

○ 備忘記："觀此行狀, 殊欠明白, 大提學李端夏, 從重推考, 使之改入." 又敎曰："'忘先王之恩, 附托他論'一款, 行狀中, 使之添入." 領議政許積曰："行狀中, '不從禮經, 從他人論, 罪首相'等語, 請改入." 上從之.

○ 傳曰："誌文·行狀中議禮釐整一款, 語意不明, 朴鳳祥疏符合予意. 行狀中議禮乖舛者, 指名改入.[158]

○ 李端夏疏略曰："聖敎'議禮乖舛者', 必指領府事宋[159]時烈也. 臣考見《日記》, 則時烈嘗以論者貶抑之目爲至[160]寃, 先王亦以'可[161]見卿忠赤'爲敎. 且庚子獻議, 雖有四種之說, 此不過言三年之制不能無疑而已, 末乃歸之於闕疑, 以從《明律[162]》·國制. 時烈於此, 何嘗爲固必之說, 以行己言·以行己見也? 及至仁宣大妃之喪, 禮官遽定[163]爲大功之制, 此則非時烈所知也. 今殿下

---

158) 者指名改入：底本에는 없다.《御製皇極編》에 근거하여 보충하였다.

159) 李端夏疏 …… 必指領府事宋：底本에는 없다.《御製皇極編》에 근거하여 보충하였다.

160) 爲至：底本에는 "以爲"로 되어 있다.《御製皇極編》에 근거하여 수정하였다.

161) 以可：底本에는 "可以"로 되어 있다.《御製皇極編》에 근거하여 수정하였다.

162) 律：底本에는 "典"으로 되어 있다.《肅宗實錄 卽位年 11月 30日》 기사에 근거하여 수정하였다.

163) 定：底本에는 없다.《肅宗實錄 卽位年 11月 30日》 기사에 근거하여 수정하였다.

令[164]臣必書其人之名, 書亦何難? 而兩朝尊禮賓師之臣, 不忍遽指其名, 以示踈斥."

上以面諭之後, 又爲投疏, 嚴責之, 還給其疏, 姑先牌招, 使之改入. 端夏承命入來, 以爲:"伏見下教, 惶怖震悚, 而人臣苟有自守之見, 則古有抵死不奉詔之人[165], 臣亦非不知此. 但念前日改進[166], 似有未詳盡者, 臣當悉取前後文書, 撰次而進, 而披覽之際, 恐或遲延, 願賜寬暇."

下敎曰:"一節改入, 有何文書披覽之事? 留在政院, 卽爲改入." 端夏遂以時烈名改入, 上敎曰:"予年少, 且不能善文, 至於禮制, 又不知如何, 而蓋觀此事, 自己亥誤議爲張本, 然後可以明白·痛快. 今此行狀中, 只'所引'改入, 安有改入之意乎? '所'字以'誤'字改入."

○ 獻納李宇鼎【正言睦昌明】等以時烈首事乖禮之罪, 及賓廳會議諸臣, 幷宜請罪事發論. 大司諫鄭晳以徐待卒哭爲言, 持平權愭以其父謂嘗主三年之論, 重被臺斥, 司諫沈攸以意見不合, 各引避, 掌令南天漢【持平李沃】等以晳爲遷就, 以攸爲不忠, 俱啓遞之.

○ 吏曹參判李端夏上疏[167]言:"嘗師事時烈, 當行狀改撰之日, 迫於嚴敎, 斥書其名, 又承聖敎, 書一誤字於[168]其名之下. 宇鼎等以'載於金石, 定爲國是'爲言, 行狀雖與金石文字有異, 自斥其師, 以啓宇鼎等之論." 引義. 上以"端夏只知有師, 不知有君", 嚴敎罷職, 還給其疏.

○ 大司諫李柙【司諫李藼·正言任弘望】等引避, 上責以護黨, 或遞·或罷.

---

164) 令:底本에는 "今"으로 되어 있다.《御製皇極編》에 근거하여 수정하였다.
165) 人:底本에는 없다.《御製皇極編》에 근거하여 보충하였다.
166) 進:底本에는 이 앞에 "之"가 더 있다.《御製皇極編》에 근거하여 삭제하였다.
167) 疏:底本에는 "書"로 되어 있다.《御製皇極編》에 근거하여 수정하였다.
168) 於:底本에는 없다.《御製皇極編》에 근거하여 보충하였다.

○ 冬, 掌令南天漢【持平李沃·獻納李宇鼎·正言睦昌明】等啓曰 : "領府事宋時烈, 當己亥大喪之日, 大小執禮無不主張. 大王大妃服制, 自有次長之禮, 初非義起之事, 而乃棄而不用, 牽合於四種'體而不正'之條, 致令[169]降服庶子朞年之制. 人情大駭, 公議繼作, 而自是謬見, 終不回惑.

其所獻議有曰'孝宗大王不害爲庶子', 又曰'次長服斬, 則嫡統不嚴.' 任意粧撰, 自不覺爲貶損君父之歸. 言之悖倫, 何至此極? 及其辭窮·理屈, 不能自解, 則諉以遵用明制, 而乃其本意, 實不在此, 故今春仁宣之喪, 大王大妃服制, 又降爲庶子婦之大功, 於此益驗. 卽今典禮已定, 國是旣定, 首論壞禮之人, 豈可罷職而止? 請遠竄." 依啓.

○ 四學儒生李世弼等上疏, 訟時烈寃, 上命遠配, 諸生相繼上章, 伸救.

---

169) 令 : 底本에는 "今"으로 되어 있다. 《肅宗實錄 卽位年 12月 18日》 기사에 근거하여 수정하였다.

皇極編 卷之五

西南

乙卯肅宗元年春, 掌令南天漢【正言李壽慶】等啓略曰："時烈假托山林, 把握朝權, 專務植黨, 排擯異己. 君父之所倚任, 而非黨類, 則四縱鋒銛, 恣意斥逐；君上之所處分, 而不愜意, 則含慍寓諷, 必勝乃已."

又曰："關節狼藉, 請托橫行, 詞訟立落, 一視親踈, 監司·守令莫敢自斷. 至於去年遷陵, 退壙水患, 時烈目覩, 移陵之後, 敢肆譏嘲. 平生負犯, 固難殫擧, 而敗常亂倫, 至使閔愼廢父而極矣."

又曰："尹善道宗·嫡統之說可質百世, 而受時烈之旨者, 遽請殺之. 其子仁美抱才登第, 終於廢固. 士林重望, 搢紳淸流, 坐此淪陷者, 凡幾人也? 當其禮訟, 理屈辭窮, 則諉以《明律》, 乃其本意, 實主貶降. 仁宣之喪, 大妃之服, 又降爲衆子婦大功, 先王赫怒, 群枉莫逃, 嫡統歸正, 倫紀復敍. 討罪之典, 寧容少緩?"

又曰："朝廷之議, 盡其腹心；賢士之關, 盡其爪牙, 皆以庶子之說爲必是, 殿下之事爲失德. 請時烈遠竄, 浚吉追奪, 惟泰削黜." 上以削黜之罰亦是懲矣, 不從. 請賓廳會議時, 終始參啓諸臣, 竝命罷職, 不允. 前司諫沈攸避辭中, 滿紙游辭, 無非陰慘, 請削黜, 依啓.

○ 領議政許積上箚略曰："服制之三年是亘古不易之典, 元無微奧難知之蘊. 《禮經》所謂'長子死'者, 豈非向日昭顯之謂乎, '立嫡妻所生第二子爲嗣, 亦名長子', 亦豈非孝廟之謂乎? 昭顯雖有子, 仁祖旣不立爲嫡孫, 則其不當爲昭顯服三年, 而孝廟之爲長子, 尤無可疑. 典禮之旨昭如日星, 則時烈恥辱吝改, 嫉人駁正, 樹黨援而擯異論·慮敗露而盛誘脅, 遂使一國臣民不敢言而敢怒者, 凡幾年所.

至於合啓中, '乃其本意, 實主貶降'等語, 實是時烈至寃處也. 其所獻議中妄發之語, 眚之大者也, 必非知而故爲者也. 時烈身榮名輝, 擧國趨風, 皆孝廟試可之恩·尊顯之賜也. 報主之誠, 犬馬攸同, 時烈雖無狀, 寧有主貶降之理乎[1]? 臣愚以爲今之罪時烈者, 若不刪去'貶降'一款, 則無以服時烈之心, 厭公正之論." 上優批嘉納.

○ 持平吳挺昌【司諫金寊·獻納李宇鼎·正言睦昌明】請對, 極論宋時烈之罪以爲: "諫啓斬允, 公議益激. 速賜允從, 然後庶可鎭定." 上從之, 竄時烈于德原府. 左議政鄭致和上箚救時烈, 極言"貶薄之說非本情, 爲至寃", 豊陽君 張善瀓·兵曹判書李尙眞俱疏救時烈, 上俱嚴批斥之. 於是京外儒生及朝官中, 或爲師訟寃·或應旨進言, 爲時烈伸辨者, 編配相繼.

○ 淸風府院君 金佑明疏論: "福平君 㮒[2]·福昌君 楨[3]【皆麟平大君之子】出入禁闥, 醜聲出外. 此先王之所駭憂·慈聖之所難處·聖明之所承敎·微臣之請早善處於前席者也. 由家以及朝廷, 關係至重, 日磾斷義, 後世稱美. 沙門犯戒, 僧徒猶恥, 乃使各殿紅袖, 至爲有子之人, 而莫之禁遏, 則其傷乖殿下家法爲如何, 而亦何可以爲國乎?"

疏入, 許穆·尹鑴等請對入侍, 請召問佑明, 佑明詣金吾待罪. 慈殿與上夜御宣政[4]殿, 召大臣許積等, 泣諭: "楨·㮒事是實, 此非一朝一夕之故, 先王亦嘗

---

1) 理乎 : 底本에는 없다. 《肅宗實錄 1年 1月 8日》 기사에 근거하여 보충하였다.
2) 㮒 : 底本에는 "楨"으로 되어 있다. 《肅宗實錄 1年 3月 12日》 기사에 근거하여 수정하였다.
3) 楨 : 底本에는 "㮒"으로 되어 있다. 《肅宗實錄 1年 3月 12日》 기사에 근거하여 수정하였다.
4) 政 : 底本에는 "仁"으로 되어 있다. 《御製皇極編》 및 《宋子大全 明聖王后誌文》에 근거하여 수정하였다.

憂歎而言之者." 積等始驚惶, 請鞫問楨等及宮女, 宮女皆首實自服. 慈殿又勸上寬楨等罪, 上以"誤聽人言, 使骨肉之親至此", 釋楨等囚, 而宮女只命竄配.
【《青野謾輯》云："甲寅後, 福平兄弟與淸風及諸南交結日深, 至於潛奸宮女, 將有不利之漸. 明聖大妃雖憂之, 而以淸風不應, 末如之何. 有長安大俠許珽者, 知其機. 一日突入淸風家, 謂之曰：'吾外南而內西, 而公內南而外西. 今日供[5]爲偏論, 可乎?' 淸風曰：'何謂也?' 珽曰：'仁祖氏, 吾父之別交也, 仁祖子孫與吾父子係爲世交, 今仁祖之孫, 如彼孤危, 不保朝夕, 吾是以憂之.' 因涕泗滂沱.

淸風忽思'聖體幼弱多疾, 且無兄弟親子, 又無宿昔大臣可以保護者, 而彼諸福·諸南日與相結.' 遂感悟卽入, 白楨·㮒交通宮女之事, 仍上箚言之. 福平之舅吳挺緯等恐動鑴·穆, 以爲'淸風欲殺王孫, 將有反坐之議.' 許積以首相入, 告諸福之寃·淸風之誣, 慈殿御閤內, 大聲哭, 敎積曰：'汝以累朝舊臣, 受恩如何, 敢以吾之目覩之事爲曖昧耶?' 積惶恐失措, 乃[6]請罪諸福而出[7]".】

◯ 參判洪宇遠疏略曰："臣聞《易》家人之彖曰'女正位乎內, 男正位在外', 夫男位在外, 女位在內. 是以婦人正位乎內, 不預外事, 無專制之義, 有三從之道. 殿下沖年嗣服, 躬自聽斷, 慈聖初未有垂簾之擧. 向者楨·柟等汚衊之行, 實近古未有之變, 治之苟失其律, 大臣陳之·臺諫執之.

而當君臣引見之日, 慈聖猝御殿室, 親自隔壁, 臣僚顚倒, 幷失所措. 固知聖意欲明楨·柟等罪犯, 爲此不得已之擧, 而遠外瞻聆, 安得不駭也? 親有過擧, 不能諫止, 終爲非義之歸, 則子之過也. 願殿下深惟'幹蠱不可貞'之義, 克殫其誠, 使事合乎義·無害於理, 則慈聖不貳過之懿德, 將與姙·姒匹休矣."

◯ 前敎官黃世禎爲其師宋時烈, 上疏伸辨, 上命配絶島. 四學儒生朴泰斗【二百二十八人】等[8]亦爲時烈上疏, 司藝金益廉又疏辨, 或停擧·或遞職.

---

5) 供：底本에는 "共"으로 되어 있다. 《御製皇極編》에 근거하여 수정하였다.
6) 乃：底本에는 뒤에 "其"가 더 있다. 《御製皇極編》에 근거하여 삭제하였다.
7) 出：底本에는 뒤에 "之"가 더 있다. 《御製皇極編》에 근거하여 삭제하였다.
8) 等：底本에는 없다. 전남대본 《皇極編》에 근거하여 보충하였다.

○ 秋, 司業尹鑴疏略曰："宋時烈卽臣少時交遊也, 雖知有暗滯之性, 而亦與其慕學之誠. 及己亥成服之日, 時烈與臣書, 欲用四種之說, 臣以帝王家宗統有重, 不可用四種之意爲報. 及庚子許穆之疏出, 而時烈已去國, 獨李惟泰在朝, 主四種說甚力. 時烈之不得歸正, 亦惟泰之爲也. 臣與惟泰書, 曰：'太王之宗, 不得歸於泰[9]伯, 而歸於王季；漢室之宗, 不得歸於臨江, 而歸於茂陵. 宗之所在, 卽服之所隆也；服之所降, 卽宗之所替也.'

又與許穆書曰：'今長者所論, 有倫有稽. 古之「諸侯奪宗, 聖庶奪嫡」, 旣繼序承統, 受宗廟社稷之重, 則宗在於此, 長在於此. 武王爲天子, 則伯邑考雖有子, 不得爲太王·王季之嫡矣；漢 高祖爲皇帝, 則劉仲雖爲長, 不得持豐沛宗祊之祀矣. 武王死, 太姒尙存, 則當爲繼體之服[10], 而不得歸於伯邑考, 漢 高死, 太公無恙；光武死, 樊后無恙, 則不可以劉仲·伯升爲嫡而降高·光之服也.'

今世禎謂臣與許穆書有'卑宗貳尊之說', 蓋指此也. 時烈見臣書, 謂臣意在戕殺, 與臣絶. 世禎亦嘗是臣說而非時烈, 不意今者盛言費辭, 爲時烈分[11]疏也. 其所謂'士禍大起'·'凶悖'·'害正'云者, 臣又未知其何事也."

上以'忠言切直'優批而奬之. 忠淸·全羅兩道儒生鄭祥龍等數百餘人疏, 伸宋時烈之冤, 特命定配疏頭.

○ 護軍金壽弘疏言："吏曹官案以己亥服制事, 指臣爲邪論, 勒成諸臣之罪案. 玆以〈辨[12]長〉·〈論庶〉文一部投進云." 上答以"國是已定, 官案之書, 何足爲後日之證乎?"

---

9) 泰：底本에는 "太"로 되어 있다.《白湖集 卷6 引黃世禎疏辭職疏》에 근거하여 수정하였다.
10) 服：底本에는 뒤에 "矣"가 더 있다.《白湖集 卷6 引黃世禎疏辭職疏》에 근거하여 삭제하였다.
11) 分：底本에는 없다.《御製皇極編》에 근거하여 보충하였다.
12) 辨：底本에는 "辯"으로 되어 있다.《肅宗實錄 1年 4月 9日》 기사에 근거하여 수정하였다.

○ 吏曹參判許穆上疏言："殿下誕降已移襁褓之年, 而未與建儲之禮, 臣於疏中嘗有'國本未定'之語, 時烈聞之, 頗有不悅之言. 今之攻臣者, 以'付托宗統·嫡統之說爲罪', 臣不知其所謂也." 上以"陰險之說, 不足爲嫌", 慰諭之.

○ 文義儒生黃錩[13]疏論宋時烈之罪, 請擧告廟之禮, 上留其疏, 不下.

○ 淸州儒生柳弼明疏論服制, 仍投進殷·周世系宗統之圖, 政院不捧. 大司憲尹鑴白上曰："日者寧海儒生李萬亨投疏, 醜辱朝紳, 至以爲怪鬼滿朝, 今又淸州儒生柳弼明至論宗·嫡統所歸, 語多悖逆. 如此之疏, 當捧入以竢聖上痛斥, 而政院不宜朦然還給."

上命推入原疏, 下教曰："弼明乃敢以宗統自有所歸之意, 滿紙張皇, 猥引太丁·太甲之說, 比擬無倫. 又以近日天災時變, 皆由於時烈被罪之致, 此正只知有時烈, 不知有孝廟者也. 卽令設鞫, 嚴問其指嗾製給之人, 期於摘發. 萬亨疏則以時烈爲一世之儒宗, 誠不滿一哂, 以己亥議禮爲一時偶然之事, 亦極痛駭, 使之邊遠定配."【後因許穆陳達, 施以儒罰.】

領議政許積箚言："弼明非謀逆不軌, 而大臣推鞫, 有關聽聞, 請令禁府鞫問." 上嚴批不許.【弼明自稱尤菴門人, 爲師訟冤, 而目不知書, 故倩人製呈. 其疏語以宗統·嫡統之說, 反實時人構誣之言, 故至於設鞫, 蓋爲時人所欺也.】

掌令趙嗣基論前大司憲李惟泰·前執義李翔, 黨比眩惑·附會乖禮之罪, 幷施遠竄. 又論前司藝[14]金益廉疏救時烈之罪, 施以削黜, 竝從之.

○ 大司憲尹鑴【掌令趙嗣基·持平兪夏益·李沆】等啓曰："宋時烈以首罪之人, 名雖遠竄, 實處北路初程. 朝廷之意出於寬大, 而時烈昏迷不恭, 無改悔之心.

---

13) 錩：底本에는 "錫"으로 되어 있다.《燃藜室記述 肅宗朝故事本末》및《宋子大全 答朴公翼商皓 ◯乙卯四月》에 근거하여 수정하였다.

14) 藝：底本에는 "乂"로 되어 있다.《燃藜室記述 肅宗朝故事本末》에 근거하여 수정하였다.

況北路, 豐沛之鄉, 人心淳古, 時烈處之, 有足以誑誘. 請移南安置.【改配長鬐縣】

大司憲李袤【執義吳挺昌·掌令趙嗣基·持平兪夏益·李沆】等又請宋時烈荐棘.

○ 幼學朴瀗疏略曰："宋時烈當先王卽位之初, 自知國勢危急, 陰爲後日之計, 敢引檀弓免·子游衰之說, 外眩耳目·內有所附, 自以爲在我深秘之謀, 人誰覺察? 及尹善道之疏, 微露其心跡, 趙絅·柳世哲等之疏, 益彰其凶計, 自知難掩, 陰嗾鷹犬, 或請焚疏·或請按律, 欺蔽天聽, 以掩其跡."

又曰："'先王之所以照其肝肺者, 必由於數三公子故', 倡爲陰險之言, 以爲網打之計, 及其聖明洞燭, 渠遭竄逐, 則百計窺覘, 內以驚動慈聖之心·外以疑惑殿下之聽. 及至楨·柟等自陷於罔測, 則又欲乘機構誣以售前日之計. 時烈不欲歸嫡統於孝廟, 使殿下不得爲宗·嫡之主, 徒擁虛器, 孤立於上也."

許積上箚, 言："朴瀗之疏, 語意凶譎, 至於'先王照其肝肺, 必由數三公子'之說, 從何得聞, 乃敢筆之於書乎? 若夫'內以驚動慈聖之心·外以疑惑殿下之聽'云者, 尤極無狀."

又曰："肆爲僭通之說, 輕加慈聖之尊, 其爲不敬, 又非言及乘輿之比也. 且聞此人短於爲文, 尋常擧業亦不成樣云. 今若招致政院, 使著一通文字, 情僞莫遁, 事狀必露." 上答以"瀗疏陰險, 將欲究問. 今覽卿箚, 實合孤心."

○ 慈殿以諺書下敎于藥房略曰："生固無益之人, 至今生存, 實爲痛恨. 不忍聞之辱及於先王, 而且以予之故貽累主上聖德者多, 以予不能卽死之故, 得聞如此之言, 只望速死. 此心靡定, 又遭此罔極之事, 不知所以爲心, 精神迷亂, 惟欲閉口不言而歿矣. 如此之意, 自下何以盡知乎?"

○ 都承旨李弘淵啓曰："招朴瀗, 依擧子例, 坐於庭下, 出題以給, 則初以爲'此擧前史所無, 決不可創行'云, 臣責以君命, 不可違拒. 瀗始乃起草, 故使之正書以呈, 則不但窘作, 以代'趙括[15]母上書'爲題, 而有若泛論, 揷入渠前日陳疏,混合爲文字. 大臣所謂'短於爲文'者, 似是實狀, 敢啓."

傳曰："昨年議禮時, 先王親考《禮經》, 釐正大禮[16], 豈有二三公子論於其間之理乎? 況'驚動慈聖之心'者, 尤極痛駭. 卽爲拿囚, 指嗾製給之人, 鞫問以啓."

承旨趙嗣基疏救之略曰："今君臣上下盡誠一意者, 孰有大於安慈聖之心·悅慈聖之意乎? 殿下上失先王, 所恃者慈聖, 所以克敬·克孝洞洞屬屬者, 曷有其極? 臣知殿下之事慈聖, 必無一事之或闕, 以朝臣言之, 則思所以輔導殿下益盡誠孝. 以見殿下之止於孝·慈聖之止於慈, 融融[17]洩洩, 無所間斷者, 爲如何哉? 以慈聖淵懿之德, 有若不安於心, 至下惻怛之敎, 臣反覆思惟, 未得其故. 臣請伏誅以當其罪, 以明殿下之無過.

慈敎有曰'不忍聞之辱及於先王', 又曰'由我而貽累於主上聖德.' 嗚呼! 慈聖此敎, 殿下之過耶? 朝臣之過耶? 若一毫有此事, 而殿下及朝廷不自覺悟, 則臣下之罪也；若一毫無此事, 而使慈聖有此過慮, 則亦臣下之罪也. 伏願殿下, 下氣怡聲, 負罪引慝, 稟覆于慈聖, 明知慈聖之所不悅者在於何事, 過在殿下, 則亟自改圖；罪在朝廷, 則明正典刑.

臣伏聞大臣入侍, 以慈聖下教奉問於殿下, 則殿下以'朴瀗疏入之時, 方侍慈聖之側, 慈聖覽此疏而未安, 有此下敎'云, 臣驚魂自定, 心切喜幸. 慈聖所未安者, 果在於一朴瀗, 則夫瀗腐雛之輩, 雖置重辟, 不足贖罪.

然瀗疏一上, 擧朝欲殺, 蓋其疏意陰僻, 能巧中一時之忌諱也. 若語及先王·慈聖者, 蓋言外間造言者之無狀, 非欲自毁先王與慈聖也. 此與誹謗有間, 今若一向重治, 則徒快外人之心, 適足歸怨於慈聖也."

上不賜答, 敎曰："觀此嗣基之疏, 身居近密之地, 敢以人子不忍聞之說, 肆然投疏, 營救危險之人. 削奪官爵[18]."

---

15) 括：底本에는 "适"로 되어 있다.《御製皇極編》에 근거하여 수정하였다.

16) 禮：底本에는 "體"로 되어 있다.《肅宗實錄 11年 6月 25日》기사에 근거하여 수정하였다.

17) 融融：底本에는 "瀜瀜"으로 되어 있다.《春秋左氏傳 隱公元年》기사에 근거하여 수정하였다.

18) 爵：底本에는 "職"으로 되어 있다.《肅宗實錄 1年 6月 29日》기사에 의거하여 수정하였다.

○ 傳曰："先王行狀中議禮一款, 終欠明白, 吏曹判書尹鑴命招, 使之改撰."

○ 判府事金壽恒箚略曰："今日朝臣論宋時烈之罪, 輒以執國命·作威福爲罪. 假令時烈誠有擅國之罪, 終始委任者, 非孝廟與先王乎? 以孝廟之聖·先王之明受制於下, 任其把弄, 莫之正乎?

向者'臣强'之說發於譯舌, 君臣上下莫不憤痛, 將有辨誣之擧, 此豈爲臣而言哉? 旣曰'臣强', 則主弱在其中. 其時慈聖痛先王之受誣者, 亦在'臣强'二字. 人臣之强, 孰如執國命·擅威福乎? 然則今日當辨之誣, 不在於異國而在於朝廷. 在異國則辨之, 在朝廷則置之, 果何如也?"

又曰："前後進言者, 率多悖倫, 至有勸殿下以照管慈聖之動靜. 從古以來, 未聞有以子而照管父母者, 豈非逆理之言也? 國舅之於國家, 休戚與同, 則疏中所陳, 只是至誠憂愛, 而至請招致廷詰, 此何意也?

《易》之家人之彖曰'女正位乎內, 男正位乎外', 其下文曰'家人有嚴君焉, 父母之謂也', 註曰'旣言男女之正, 又推本於父母之嚴.' 此則男女內外之謂, 非母與子之謂也, 以此援喩, 固已悖倫. 至於'不貳過'之說, 尤非臣子所敢發者, 指斥慈聖之過於殿下之前, 曰'毋使貳其過', 是何分義·是何道理?

殿下猶且假借太過, 曾不嚴斥, 如朴瀗狐鼠之輩, 固不足怪也. 瀗疏所謂'驚動慈聖'者, 其言大不敬·其心極叵測. 未知何人以何說驚動慈聖, 慈聖所驚動者亦何事耶? 毋論指嗾與否, 不可不嚴加鞫正罪."

又曰："慈聖下藥房之敎, 非臣子所忍聞. 慈敎之由於瀗疏, 大臣亦已承敎. 慈聖宿患沈痼之中, 今若因此以致不豫, 則殿下當作何如懷耶?"

仍論趙嗣基之疏, 至以'歸怨慈聖', 恐動君上, 及右瀗之徒, 百計營救, 合辭請釋之非. 又言楨·柟等竄配半年, 遽命全釋之失.

上批略曰："觀卿箚辭, 不覺體寒而心冷. 予聞大臣之責不在於護黨, 而在於爲國. 近日亢旱, 別爲疏決, 以答天怒. 時烈忘孝廟之厚恩·誤孝廟之宗統, 此實孝廟之罪人, 豈有釋孝廟之罪人, 而後方可回天怒·弭災異之理乎?"

又曰："'至有勸殿下以照管慈聖之動靜'云者, 是將欲離間予母子也. 卿居大臣之列, 乃以人子所不忍聞之說, 筆之於書, 駭惑中外. 母子之間, 人所難言, 以萬萬不近理之說, 詬辱君父, 是可忍也, 孰不可忍也? 一覽卿箚, 仰天叩胸, 生不如死也.

楨·柟等以骨肉之親, 雖有罪, 仰體慈聖仁愛之心, 放還京師. 楨·柟則不過不謹, 時烈則身犯一罪, 卿反救一罪之人, 而欲使我骨肉陷于不測之地. 卿雖急於救黨, 何面目復謁兩廟於地下乎? 卿箚非爲應旨, 積怒於時烈之被罪, 爲此眩亂朝廷之擧. 大臣如此, 豈非召災之一助? 予實痛國家之將亡也."

○ 罪人朴瀗供稱："宋時烈等誤禮之罪人, 以爲'己亥以後尹善道·趙絅·柳世哲諸人相繼陳疏, 終不得請, 而先王晩年自然覺悟, 必是數三公子交相浸潤之致'云. 愚意書其情態, 欲爲上達, 文短所致, 措辭未瑩. 至於'政令必由某宦侍'之說, 頃聞鄭維岳之疏有是說, 故偶然插入. 云云."

上以瀗情狀叵測, 使之加刑嚴問.

○ 兩司【大司憲金徽·掌令金海一·持平李沆·司諫李沃·正言李瑞雨·權瑍】合啓請判中樞金壽恒罷職, 答曰："壽恒忘君負國之罪, 不可不屛諸四裔, 中道付處."

○ 右議政許穆·吏曹判書尹鑴等上疏救瀗, 又言趙嗣基之冤.【瀗則屢訊不服, 後命減死遠配.】

○ 兩司【上同】合辭請付處罪人金壽恒遠竄, 上從之.【靈巖郡遠竄】19)

○ 尹鑴上疏復論宗統·嫡統之說, 又曰："向者尹善道·許穆等正體三年之說, 固足以破時烈體不正庶子之說, 臣謂得其一而猶未得其二. 孝宗之喪, 大

19) 靈巖郡遠竄：底本에는 없다.《御製皇極編》에 근거하여 보충하였다.

妃之服宜在斬衰三年之科, 今旣往不可追, 惟大妃殿之於先王之服, 尙未盡正.

先王於大妃, 雖在孫服朞年之列, 旣居君位·履至尊, 當服斬衰三年, 不宜便服齊衰與士夫比也. 此臣所謂'禮未盡正·義未盡明[20]'者也.

是故民心疑惑, 邪說潛騰, 來秋大練之時, 大妃服制改以斬衰以終三年, 仍使有文辭者, 作爲大誥, 曉諭中外." 仍進其所著《典禮私議》.

領議政許積·右議政[21]許穆·領府事鄭知和等皆言"'尊同則服其服',《五禮儀》所謂'大王喪, 則皆服斬衰'云者, 指五屬之親爲臣者言, 不宜并指母后言也, 今難容別議"爲對. 上是鑴言, 將從之, 引見大臣·六卿及三司長官, 使之論難. 鑴與許積及許穆, 論辨不已, 鑴引'臣文母'之言, 以爲"母后亦在五屬之中", 積曰"子無臣母之義, 已有劉侍讀之言", 許穆曰"父母之爲五屬, 斷無是理也".

禮曹判書閔熙·兵曹判書金錫冑·副提學李堂揆等, 皆以積等言爲是, 鑴語屈, 檢閱趙持謙又以臣母之說有傷倫理, 斥之. 上以參之《禮經》, 終無明白可據之文, 大妃殿服制, 依前施行.

丙辰二年春, 議定祔廟時配享諸臣. 校理柳命堅以金佐[22]明不合輿論, 許積上箚言:"異議於朞服之論者, 如許穆·尹善道等若干人外, 獨佐明力言時烈議論之失, 不少撓於群咻·衆誹之中, 其見識之明·操守之確有過於人."

副護軍李沃疏論:"鄭太和雖曰'引用國制', 以掩四種之證, 其捨三年而從朞制, 一也. 太和爲時烈順非則可也, 爲孝廟致隆則未也." 太和之子載嵩方爲大司諫, 亦以[23]亡父嘗主朞年之議引避, 諫院請削載嵩職, 上從之. 兩司請黜

---

20) 明:底本에는 "正"으로 되어 있다.《御製皇極編》및《白湖集 論服制疏 閏五月初一日》에 근거하여 수정하였다.

21) 許積右議政:底本에는 없다.《御製皇極編》에 근거하여 보충하였다.

22) 佐:底本에는 "佑"로 되어 있다.《肅宗實錄 2年 7月 21日 24日》기사 및《燃藜室記述 肅宗朝故事本末 顯宗廟庭配享陞黜議》에 근거하여 수정하였다. 이하 동일 사례에 대해서는 校勘記를 생략하였다.

23) 以:底本에는 "爲"로 되어 있다.《御製皇極編》에 근거하여 수정하였다.

太和於配享之列, 亦從之.

◯ 掌樂正趙嘉錫·廣州儒生李永敷等疏, 論當局者以禮論爲操縱, 前後諸臣竄逐之冤, 竝留中不下.

◯ 幼學李㵢等上疏言："宜以釐正邦禮, 上告太廟." 持平金璁·權瑍等亦以"旣紊之統復正·旣貶之位復尊, 不可不告于先王. 請以正邦禮·明宗統之意祗告太廟, 頒示中外", 上嚴批不許.

◯ 前縣監洪得禹【趙相愚·安世徵·安相億·高晦】疏辨其師宋浚吉被誣之寃, 冀以一身之死, 庶感悟[24]君之聽, 上命姑先削板.

◯ 判府事鄭知和箚略曰："曷嘗有人臣罪辜, 上告太廟, 亦安有告廟之後, 其人保全者乎?" 又曰："金安老事, 告廟於已死之後, 大臣箚中所云, 實與今日事不類. 至於尹元衡, 則明廟晩年已爲罪死, 而宣廟初年, 始爲削黜, 則其時告廟, 只爲削勳. 而近聞筵臣【李元楨曾有此言云】以'元衡之罪, 雖告太廟, 亦不加罪'云, 何其誣罔之甚也? 只行告廟, 不爲加律云者, 此萬萬不近理之說也."

上納其言, 引見三公, 責大臣以不能鎭定, 許積·權大運等對曰："臺諫雖云只欲告廟, 不欲加律, 告廟之後, 臣等亦無以調劑. 今若殺時烈, 終傷聖主寬大之德." 仍言："聖心激惱, 摧折臺閣之太過."

許穆曰："今時烈乖禮亂統之罪, 不可不告. 或言告廟之後, 將有加律之請, 而所重在太廟乎? 在時烈乎? 此非奉承宗廟之意也." 上以爲："旣從付處之論, 又發安置之論；旣從安置之論, 又發告廟之論. 告廟之後, 必請加律, 不從."

兵曹判書金錫胄亦言："今亢旱如此, 而民憂國計, 不以爲念, 惟以告廟一

24) 悟：底本에는 "吾"로 되어 있다.《觀瀾齋遺稿 乙卯聯名辨誣疏》에 근거하여 수정하였다.

事擧措紛挐. 今宋時烈只去死一間, 何關於國事? 議禮之臣皆先朝倚重之人, 告廟之後, 決不容於世矣." 上以"今覽鄭相箚, 始知元禎用意欺瞞"爲敎, 許積爲之救解, 不得. 議禮諸臣以告廟論峻, 皆待命於金吾, 上命勿待罪.

○ 生員尹樓等【五百四十二人】疏辨宋時烈之寃, 且斥告廟之議, 上命還給其疏. 許穆及大司諫柳命天·判決事趙嗣基·應教柳命賢·校理李鳳徵·李聃命等亦上疏言告廟之宜, 仍請罪尹樓, 上命尹樓邊遠定配. 尹鑴亦疏斥樓等, 復請告廟, 上以"過時之後, 不可瀆告", 不從.

○ 尹憲卿等【一百八十人】亦以疏救宋時烈, 施以邊配之典. 四學儒生李碩徵等[25]【一百十一人】復上疏[26]請告廟, 以'僞朝'·'閏位'等說詆議禮諸臣. 仍言參判呂聖齊所寫玉冊箋文中, 王字缺一劃, 有不臣之心. 兵曹判書金錫胄入對, 言碩徵等悖慢誣陷之事, 又言告廟之不可從. 碩徵復疏, 攻錫胄·聖齊, 至引神武門及韓侂[27]胄等事, 語極悖毒, 上命停擧碩徵. 大臣權大運伸救碩徵, 上不從, 大運以言不見信引咎, 上不得已, 遂寢停擧.

○ 館學儒生李震翼等[28]【六十六人】又疏請告廟, 不從. 諫院【大司諫李元禎·正言朴鎭圭】請從告廟之論, 亦宜頒示中外, 上不從, 兩司爭論不已.

○ 設增廣試, 賦題出'美疢不如惡石'【事見《左傳》襄公二十三年】, 擧子輩幾半起立, 曰:"此題不可製, 請開門出去." 試官問其緣由, 則擧子輩以爲"題意大有觸諱"云, 乃改題, 以此草記. 上於書講以試題事下詢, 知經筵閔熙曰:"題意與

25) 等:底本에는 없다. 《御製皇極編》에 근거하여 보충하였다.
26) 疏:底本에는 "書"로 되어 있다. 《御製皇極編》에 근거하여 수정하였다.
27) 侂:底本에는 "近"으로 되어 있다. 《肅宗實錄 3年 8月 10日》 기사에 근거하여 수정하였다.
28) 等:底本에는 없다. 《御製皇極編》에 근거하여 보충하였다.

檀弓免·子游衰, 無異矣." 上以"文字之可合書題者甚多, 事雖無情, 不可無警", 命諸試官推考.【前判書李正英·左尹尹深·校理睦天成·護軍金璁·司藝李華鎭·禮曹佐郎朴泰輔·監試官掌令柳挺·正言申澤】

右[29]議政許穆箚, 略曰："陰附時烈亂統之說者, 當試士之日, 引《左傳》, 陰然試諸生. 引喩之事, 專以捨伯立弟爲譬, 其意顯有貶先王釐正邦禮之意, 掌言責者, 無一人敢言. 其所謂'美疢'喩於何, '惡石'喩於何? 此皆大禮旣正之後, 罪罪人不嚴, 使朝廷羞辱至於如此. 臣冒據大臣之列, 不敢不言."

左議政權大運·大司憲尹鑴亦以爲言, 上更命拿問諸試官.

○ 咸安幼學鄭東耉疏言："告廟之典不擧·邪說之源不塞, 黨惡之徒窺覘上意, 嘗試多士, 請速從告廟之論." 不許.

○ 拿覈諸試官. 參試官朴泰輔供言："初場出題, 上試官搜覓賦題, 不能得, 問於諸試官, 故偶取《左傳》翻閱, 見'美疢·惡石'一句語, 拈出示座中, 諸試官皆以爲可. 偶然拈出, 本無他意, 爲人臣而譏貶君父, 此是天理之所必無·人情之所不到."

領議政許積等白上以"朴泰輔以最末試官, 敢出書題, 引'廢長立少'之文, 以試多士, 情狀可駭. 請繩以重律". 上命諸試官則徒配, 朴泰輔則邊遠定配.

戊午四年春, 校理崔錫鼎疏略曰："殿下臨御未幾, 竄逐大臣, 輕開荊棘之路. 言事之臣罷黜聯翩, 韋布之士譴罰相隨, 人心渙散, 士氣鬱抑."

又曰："今以貶薄君父爲宋時烈之罪, 離間骨肉爲金壽恒之罪, 時烈, 林下之一寒士, 壽恒, 顧命之大臣. 時烈蒙孝廟不世之遇, 情踰父子, 以此爲罪, 豈非天下之至寃? 壽恒言辭剴切, 深陳諸臣誤事之咎, 痛斥尹鑴悖理之言. 孤忠未暴, 罪網橫加, 一落炎陬, 屢經寒暑, 天涯戀闕, 隻影堪憐, 臣恐一朝溘然,

29) 右 : 底本에는 "左"로 되어 있다. 전남대본《皇極編》에 근거하여 수정하였다.

使聖朝有殺賢士之名."

上溫批, 不從. 大司憲吳挺緯·大司諫閔宗道等請治錫鼎營護之罪, 不從.

◯ 以特旨除[30]前大司諫鄭載嵩爲承旨, 載嵩上疏辨其父太和引[31]用國制·不用四種之事, 上優批報聞.

◯ 嶺南生員李在憲等【一千五十人】累疏請告廟, 生員蔡河徵等【一百六十人】亦上疏, 斥在憲等之疏. 政院以河徵等疏, 伸救罪魁, 請還給.

上從許積·權大運等之言, 此後爲如此悖亂之疏者, 絶島定配事下敎, 河徵竄于慶興, 進士李東亨獨疏救之, 亦遠竄.

己未五年春, 左尹南九萬疏略曰 : "臣所叨之職, 卽漢之左右內史·京兆之任也, 掌京都四山·鬪殺等事. 臣竊聞街談巷議, 則故淸風府院君妾之弟, 卽校書正字許堅之妻也, 府院君之妾有與堅相詰之事, 爲堅所歐, 至於折齒毁傷, 號哭還歸, 穿過街市, 惡聲載路. 府院君之妾, 雖曰賤人, 乃慈殿之庶母, 堅乃敢驅打僇辱, 無爲殿下言者.

又聞大司憲尹鑴斫伐京山禁松幾千株, 造其家舍. 凡生松斫伐[32]滿十株, 則罪至全家, 而宰相·權門, 盡山斫取, 置不以聞, 獨於市井傭奴毆擊·罵詈之事, 樵童·牧叟枯松落葉之採, 則據理處決, 考法而治, 以爲申禁之計, 豈不寒心?

且聞近日勢力之家掠人妻妾, 奸騙狙詐, 醜辱萬端. 京都以首善四方之地, 壞亂至此, 國之滅亡, 將在目前."

上覽疏驚駭, 下該府覈處.【堅卽領相積之妾子, 藉其父勢, 放恣無忌. 掠人妻妾, 畜之家內, 憤其妻之妬恚, 將手殺之, 幷毆其妻兄, 人言藉藉. 尹鑴又盜斫三角山松木, 故九萬疏及之.】 鑴疑懼

30) 除 : 底本에는 "持"로 되어 있다. 《御製皇極編》에 근거하여 수정하였다.
31) 引 : 底本에는 "仍"으로 되어 있다. 《御製皇極編》에 근거하여 수정하였다.
32) 斫伐 : 底本에는 없다. 《肅宗實錄 5年 2月 10日》 기사에 근거하여 보충하였다.

不安, 權大運請竄九萬以安鑴, 從之, 九萬定配海南.

○ 生員宋尚敏備述禮訟始末, 作一冊子, 又陳尹鑴等奸邪誣悖之狀, 上疏投進. 敎曰 : "典禮已定, 大憝屛黜[33]之後, 時烈之黨, 攘臂憤恚, 益肆惡讟, 徒知有時烈, 不知有君父, 造意興謗, 日加月增. 今玆幺麽尚敏奸回之徒, 投進疏·冊, 上誣先王·下陷朝廷, 語意凶險, 敢曰'孝廟非長子, 而服之以長子,[34] 則不亦不誠乎?' 此豈人臣所敢言者? 卽爲鞫問." 尚敏受刑五次而死, 寫疏人朴世徵亦杖斃, 辭連人趙根·申啓澄·李橝·具時經, 幷分輕重定配.

○ 兩司【大司憲吳挺緯·執義宋挺濂·掌令李命殷·趙祉錫·持平裵正徽·大司諫權大載·司諫具崟·獻納李壽慶·正言權歆·李玄錫等】啓言 : "弼明曾配於絶島, 尚敏又斃於王刑, 則討罪之典, 何獨不及於首惡之人乎? 且其徒黨往來相續, 出入無忌, 請宋時烈移配絶島, 嚴加荐棘, 以絶外人交通之路." 從之, 移配巨濟.

○ **夏**, 江都有投書之變. 時兵曹判書金錫冑議築江都墩臺, 受命董役, 調集僧徒, 工役方始, 而忽有投書之事. 尹鑴以爲"將有叵測之事, 請環衛宮城", 又引武元衡事, 扈衛諸公卿之家, 蓋出於恐動之意也.

既而捕得可疑人李有湞者, 設廳究問變書中辭意. 有湞供稱 : "'宗統失序'云, 近來所訟之禮, 在於嫡子則當歸於長子, 在於庶子則當歸於衆子, 故以宗統爲言者, 蓋云於此. 而孝宗以衆子繼統, 慶安之子以嫡統失位, 西人以此相爭, 此所以宗統爲朋黨之根柢."

有湞就服行刑. 干連人李弘式·弘道·有漮等【皆有湞弟侄】或斃·或竄, 宗室臨昌君 焜·臨城君 煌, 名入凶書, 幷濟州安置.

許積仍言 : "逆賊斯得, 既已正刑, 則不可不告廟頒敎." 權大運等亦以"邦禮

33) 黜 : 底本에는 "出"로 되어 있다. 《御製皇極編》에 근거하여 수정하였다.
34) 而服之以長子 : 底本에는 없다. 《御製皇極編》에 근거하여 보충하였다.

旣正之後, 不爲告廟, 故終至有凶書之變." 三司諸臣亦言宜卽告廟, 上從之, 命大提學金錫胄製文以進.

○ 京城內把[35]子橋有匿名卦書者, 列書西人姓名以爲謀逆. 大臣權大運等啓上購捕, 旣而事解.【其書曰: "南黨溷濁·西類怨恨, 人心離散·國事無律, 宗社爲急·天意未定. 云云." 又曰"大變已迫於初九日", 其下有"北部私奴居昌捉之"之說. 捕詰居昌, 則辭連於鑴客李煥, 煥就鞫承款, 而鑴連上密箚救之. 人多疑以鑴等所嗾事, 遂得解.】

尹鑴密箚, 略曰: "臣聞南橋頭日昨有一掛榜書, 其言危惡[36]·其機暴迫. 言之眞妄·事之虛實, 雖不可知, 事關緊急, 不可不登時上聞, 以爲應變之道. 凡匿名書不可傳云者, 或因私憤發陰事, 有不可究詰之謂也. 此則異於是, 人心之所疑懼·世變之所難測, 豈可視之以匿名而不爲動念耶?"

又曰: "榜書中諸臣, 將兵在職者, 亟爲易置之[37]." 又再箚, 引光海朝朴承宗不治李興立以致大禍, 仁祖朝許禴告柳孝立等事, 欲以恐動聖聽.【此兩箚, 庚申命下鞫廳.】

上從諸臣言, 以討逆告廟, 頒教中外. 教文乃金錫胄所製也, 錫胄因事出外, 權瑎等私自添入'大憝'以下三句.【祗緣大憝之罔悛, 以致邪說之益熾, 夷倫斁紀, 終爲無父無君[38]之歸. 履霜堅氷, 實非一朝一夕之故[39], 久矣黨與之煽動, 果能逆節之釀成.】

錫胄歸後, 以告廟·頒教條貫各異之意, 陳於筵席. 又疏言: "臣見頒教文, 則與伊日所見, 大相別焉, 而仍冒臣名, 此正'張三操刀, 李二償命'."

○ 兩司【大司諫崔文湜·持平李漢命·裵正徽·獻納李華鎭·正言金儁相·李寅賓】合啓論宋

---

35) 把: 底本에는 "笆"로 되어 있다. 《서울지명사전》(서울역사편찬원)에 근거하여 수정하였다.

36) 惡: 底本에는 "迫"으로 되어 있다. 《御製皇極編》에 근거하여 수정하였다.

37) 之: 底本에는 뒤에 "人"이 더 있다. 《御製皇極編》에 근거하여 수정하였다.

38) 君: 底本에는 "父"로 되어 있다. 《御製皇極編》에 근거하여 수정하였다.

39) 故: 底本에는 없다. 《御製皇極編》에 근거하여 보충하였다.

時烈之罪, 又曰："今擧告廟之禮, 當正按律之典." 判府事許穆上箚論[40]時烈三大罪, 又曰："江都凶書之變, 時烈雖爲禍本, 同謀之迹未著, 今遽加律, 在王者用法之道, 恐或未盡." 兩司仍此引[41]避, 穆又上箚曰："時烈之罪, 不擧其三大罪以爲禍本, 則罪名不明, 故前箚以王者用法, 不當如此爲言. 而今具擧罪惡, 告廟致法, 則罪人無辭, 國人皆快." 上答以"箚辭已知."

◯ 大臣·卿宰·三司請對, 請從三司之論,【領議政許積·左議政權大運·右議政閔熙·吏曹判書李元禎·戶曹判書睦來善·刑曹判書鄭榏·工曹判書吳挺緯·護軍尹深·禮曹參判權大載·江華留守尹以濟·右承旨李堥·副校理柳命天·睦林儒·校理沈檀·睦天成·修撰吳始萬·金聲久·持平李漢命·裵正徽·獻納李華鎭·正言金儁相·李寅賓】迭奏宋時烈之罪, 上不從.【兩司凡五十七啓.】

上親臨疏決. 右議政吳始壽言："遠竄罪人李惟泰所見稍異, 追悔其當初獻議之失, 以三年之制爲是, 嘗言于時烈, 則時烈不悟, 反以爲怒. 惟泰以長書遺時烈, 時烈答書詆毁, 其文字傳播於縉紳間. 如此改過之人, 宜施放釋之典, 以開自新之路." 上歷詢大臣諸臣, 特放惟泰.

◯ 判府事許穆箚略曰："今領相許積, 先王之所顧托, 上之所親信, 如齊桓之於管仲, '一則仲父, 二則仲父.' 任大責重, 權位旣盛, 締結戚里, 以爲形勢, 宦侍貴[42]近, 結爲[43]密客, 伺上動靜, 以爲迎合, 有相門內官之譏. 勸興作, 深山險阻, 城壘萬杵, 百姓苦之, 以勤事感上意[44], 以專權力. 其庶孼子堅所爲多無狀, 掌邦法者莫之禁. 因南九萬之疏, 始發覺, 而全掩匿覆蓋, 九萬竄, 堅卒無事, 人心益不快.

---

40) 論 : 底本에는 없다. 《御製皇極編》에 근거하여 보충하였다.
41) 引 : 底本에는 없다. 《御製皇極編》에 근거하여 보충하였다.
42) 貴 : 底本에는 없다. 《御製皇極編》에 근거하여 보충하였다.
43) 爲 : 底本에는 앞에 "以"가 더 있다. 《御製皇極編》에 근거하여 삭제하였다.
44) 意 : 底本에는 없다. 《御製皇極編》에 근거하여 보충하였다.

彼與時烈相善, 今時烈敗後, 付合公議. 然告廟之議起, 見外戚貴家多陰護罪人者, 乃曰'此論若行, 終有難處之事', 沮抑不行, 大義所重, 在宗廟乎? 在時烈乎? 事之難處者, 何事也?

江都賊書旣出, 事變叵測, 彼又不卽上聞. 彼得君不爲不專·行政不爲不久, 朝廷大潰, 天理晦塞, 臣不敢知誰任其咎. 臣老矣, 荷聖明雨露盛德, 返身鄕廬, 今一年, 復入脩門, 世道之變·人事之難, 極矣."

箚入, 答曰："觀卿箚辭, 不覺心寒骨冷也. 不念寅協共濟之義, 動搖於峻激媢嫉之輩, 以人臣之極罪加於首揆, 將使朝廷潰裂, 此何擧措? 無非予凉德之致, 慙愧而已也."

○ 備忘記："大司諫權大載·正言朴慶後·金龜萬, 身爲臺官, 是非不明, 肆然救護之狀, 誠極駭然. 幷黜沿海."

○ **秋**, 幼學李后平疏略曰："宋時烈之業已委質, 迎勅不扈；寧陵有變, 誣以無故；身在田野, 權傾人主. 此三事, 時烈死[45]有餘罪, 若以此明言誅之, 則時烈何敢自解? 而若稱之貶薄孝廟, 則揆以常情, 似無是理. 今又以有湞引時烈之說爲口實, 物議遂以時烈爲逆魁, 然時烈亦未嘗顯有與有湞通謀形迹, 與其勒加以逆名, 寧不如送獄, 鉤尋其實狀而處斷之爲正大也.

李尙眞·南九萬·閔鼎重·閔維重·李翻·李翊·洪處亮·李端夏八人, 雖有妄推時烈·背公護黨之罪, 而平日知識·操執實爲可稱, 當此叔季, 如[46]許人才亦難易得也.

領議政許積本來挑撻, 不齒士流. 當官所務亦只刀筆, 雖其聰明·剛決, 實有遠過人者, 而其於大體, 全所昧昧. 若任以治事之職, 豈非能臣? 而若使居廟堂之上, 贊元經體, 則誠不能也.

---

45) 死：底本에는 "固"로 되어 있다.《肅宗實錄 5年 7月 14日》기사에 근거하여 수정하였다.
46) 如：底本에는 "何似"로 되어 있다.《御製皇極編》에 근거하여 수정하였다.

今者判府事許穆箚, 擧許積六件事, 其一山城誤築也, 其二誤禮不卽告廟也, 其三交通宦侍也, 其四曲護子罪也, 其五締結戚里也, 其六凶書不卽啓達也. 臣雖未諳曲折之如何, 而至於曲護子罪, 國言藉甚. 惑於奸妾, 薄其正妻, 棄置別所, 敎其孽子, 又無法度, 恃勢犯分, 全無顧忌.

奧我世祖大王凡係强近戚里, 勿許淸要職, 永爲金石之典. 而許積薦金益勳爲[47]忠淸兵使·御營大將, 薦金錫冑爲兵曹判書·御營大將, 良非世祖本意也, 締結戚里, 孰甚於此乎?

左議政閔熙乃許積死友也, 閔家子弟事許積如父兄. 左相之兄弟歷數許穆相親, 斥之者, 實護私黨, 而殿下信聽甚矣. 殿下之易欺也, 乃以權大載等未有公言現出之事, 公然以爲指嗾, 竄逐之, 罪實無名, 人皆不服.

尹鑴於許穆, 則以爲'精神·思慮非復昔日, 有此不擇之言', 於[48]許積, 則不言其老, 而請優禮召還, 其爲賓主之別判然矣. 洪宇遠亦淸名之士也, 平昔直節, 凜若秋霜, 閔黯惡其害己也而訴之, 殿下亦未悟, 而遽使黯代宇遠之職,【宇遠遞禮判, 特除黯代之.】可勝歎哉?"

備忘記:"今觀后平疏, 滿紙張皇, 極其凶慘, 專在凌轢[49]大臣, 爲大載等左袒者也. 近來朝廷大潰, 論議攜貳, 其習可惡, 故略施竄逐之罰矣. 今此后平肆然投疏, 略無顧忌, 誠極痛駭. 卽爲拿鞫捧招."

◯ 前判書洪宇遠疏略曰:"近日風波起於平地·雷霆震於白日, 兩司多官, 或投之絶島·或[50]竄之遠地[51], 瞻聆駭惑, 莫知其由. 又聞都承旨閔黯敢以臺官直請補外. 古之納言, 以防讒說之殄行, 今之納言, 身爲殄行之言以掩蔽天聽, 而殿下又銳然信聽, 臣切大憂以懼焉.

---

47) 爲 : 底本에는 없다. 《御製皇極編》에 근거하여 보충하였다.
48) 於 : 底本에는 없다. 《肅宗實錄 5年 7月 14日》 기사에 근거하여 보충하였다.
49) 轢 : 底本에는 "鑠"으로 되어 있다. 《御製皇極編》에 근거하여 수정하였다.
50) 或 : 底本에는 없다. 《御製皇極編》에 근거하여 보충하였다.
51) 地 : 底本에는 "配"로 되어 있다. 《御製皇極編》에 근거하여 수정하였다.

噫! 判府事許穆之專攻許積, 請爲殿下論之. 積之爲人, 才猷英敏而凝重不足, 勤於事務而不達大體. 身爲首相, 得主政柄, 自甲寅至今六年之間, 治效未著, 朝綱日紊, 其不能爲救時之相, 亦可知矣. 穆亦國之耆儒, 名德之臣也, 豈有聽人指囑以陷人爲心哉? 殿下待穆太薄, 乃以怒穆者移之於臺閣, 竄之·流之以快奸讒之心, 此豈大聖人不遷怒之德乎?"

備忘記："今觀洪宇遠之疏, 以白首之年受國厚恩, 所當竭忠圖報, 而不此之爲, 初因妖悖之事, 分作二黨, 務樹黨與, 不顧國事, 全爲大載等報復之地. 由此觀之, 賢邪之分, 果在何人乎? 洪宇遠削奪官爵[52]. 頃日承旨李聃命阿諛宇遠, 敢以無偏無黨等語, 偃然陳達, 殊甚可駭. 罷職."

○ 許穆·權大運·洪宇遠·吳挺緯·李觀徵·李沃·李鳳徵·李湜輩常主峻激之論, 時謂之淸南. 許積·閔熙·柳命天·兪夏益·吳挺昌·始復等常主寬緩之論, 謂之濁南. 及[53]宋時烈按律之論作, 許穆等淸南力主之, 有庭請之議, 許積·閔熙等以爲不可. 由是主淸論者, 必欲去積矣.【《淸野謾輯》】

忠淸道生員蔡範夏·慶尙道生員李顯命【各六十餘人】等上疏罪狀宋時烈, 或以"越海招寇, 指日犯闕", 或以爲"貶薄孝廟", 紛紜請罪.

庚申六年春, 備忘記："災異荐臻, 危疑多端, 輦轂親兵之任, 不可不以國家至親·位高之人爲之, 光城府院君 金萬基卽拜訓鍊大將. 柳赫然三朝宿將, 予甚倚重, 而二十年長在此任, 及今年老, 姑爲遞任, 申汝哲爲摠戎大將.

近來公道淪喪, 私意大行, 注擬之際, 專用一邊. 權勢偏重, 而頗有驕縱之習, 小無相規之道, 尋常痛惋. 吏曹判書李元禎姑先削黜. 噫! 銓選之循私, 非特一元禎一朝一夕之罪, 而今施略薄[54]罰矣. 國有三公, 不務寅協, 恬憘度日, 有若

---

52) 爵 : 底本에는 "職"으로 되어 있다. 《肅宗實錄 5年 7月 18日》 기사에 근거하여 수정하였다.
53) 及 : 底本에는 없다. 《御製皇極編》에 근거하여 보충하였다.
54) 薄 : 底本에는 없다. 《肅宗實錄 6年 3月 20日》 기사에 근거하여 보충하였다.

觀望者然, 此豈忠誠體國之道乎? 予嘗寒心, 政院知悉."

○ 領議政許積·左議政閔熙·右議政吳始壽等皆引咎乞免, 上許之.

○ 承旨引見入侍, 上曰:"金壽恒箚中王尊之言, 非有他[55]意, 伊時臺諫, 至以漢 元昏弱比擬先朝爲言. 尹鑴所謂'照管慈聖', 壽恒論斥, 而臺諫反以壽恒離間兩宮爲言, 肆然誣罔, 予以沖年, 未及覺察. 金壽恒敍用, 其時臺諫, 政院考啓."

【○ 三月二十八日, 卽領議政許積之延謚日也. 盛設宴席, 車馬塡咽, 擊牛二十頭, 酒肉如山. 是日天雨, 上顧謂內侍曰:"領相家謚宴, 雨勢如此, 油遮日欲賜之." 內侍對曰:"內儲油幄, 已盡持去矣." 上怒曰:"御用帳幕, 任意持去, 此韓明澮之所不爲也." 卽命掖隷, 往偵之. 掖隷變服, 直造宴所, 權宰巨卿無不畢至, 而訓將柳赫然·福善君 枏等居右, 西人則吳斗寅·李端瑞數人而已. 掖隷以所見還奏, 上決意除之. 時已向昏, 禁扃垂閉, 特命留門, 特命牌招柳赫然·申汝哲及光城府院君.

坐客見小報, 相顧失色. 光城方在宴所, 積遽前執手, 曰:"此何擧措? 大監必知之." 光城答以"不知", 拂衣而出. 吏參柳命天謂積與閔熙等曰:"將兵諸臣之命招, 火色可知. 若三公具進請對, 則庶可隨事彌縫矣." 積曰:"自去十月間, 上意顯示厭薄, 今雖請對而無益矣." 命天强之, 積等乃趣駕詣闕, 則備望記已下, 諸將皆易置矣. 積等勢無奈何, 惶忙退歸, 翌日陳箚, 幷許遞. 未幾鄭元老等變書出, 南黨敗矣.

○ 或云:"次玉事, 由於南九萬疏, 故積之庶子堅痛恨西人, 凶謀益肆. 兵曹判書金錫胄因造屛事, 適得堅家休紙, 有'麗水辛女除去'之說. 蓋以金內殿辛丑誕降, 故作隱謎凶言也. 錫胄輒與光城密聞於上, 上卽遣別軍職李立身·南斗北·朴斌等, 陰察其動靜. 三人托以婢夫, 出入於堅·枏之家, 一日枏家婢痛其指端, 怪問之, 答曰'吾宮多造戰服, 連旬執針, 指端磨傷而然也.' 立身等益知其陰謀情節, 而人莫有知者, 惟錫胄及光城與聞也, 密爲之備. 當其宴日, 皆辭疾不赴, 領相使堅躬請五六次. 光城恐其生疑, 薄暮暫往, 便稱虛乏, 徑取他盃飮之, 只喫菜蔬, 或慮其行毒也."】

55) 他:底本에는 없다.《御製皇極編》에 근거하여 보충하였다.

○ 備忘記："金壽恒爲領議政, 鄭知和爲左議政."

○ 夏, 吏曹參判柳命天辭職, 許遞, 特除鄭載嵩爲吏曹判書, 李翊爲都承旨, 沈濡爲掌令, 趙持謙爲持平, 柳尙運爲大司諫, 李彦綱爲正言.

○ 大司諫柳尙運【正言李彦綱·朴泰遜】啓略曰："右贊成尹鐫以昏朝孼臣之子, 世濟其惡, 欺世盜名, 肆無忌憚. 包藏樂禍之心, 公肆斁倫之說, 敢以'照管慈聖'之語, 欲爲詿誤聖孝之計. 至於伸救犯罪之宗戚, 潛受謝宴於其處, 蹤迹詭秘, 國言藉藉. 請極邊遠竄. 護軍吳挺緯, 持身賤汚, 公肆貪黷, 請遠竄. 許堅賦性陰賊, 濟以文墨, 乘父之老耄·藉父之權勢, 奸騙欺誑, 閭里共憤. 至於狎曬名流·締結驍弁, 可謂國之妖人·家之亂子, 請絶島定配." 幷依啓.

又曰："楨·柟·㮒等俱以王室至親, 蕩滅法制, 交結外人, 肆無忌憚. 㮒則頃年紅袖之變, 罪固難貸, 而少無懲艾, 若不嚴防, 恐有滋蔓難處之患. 請[56]絶島安置." 依啓.

○ 兵曹判書金錫胄密白於上曰："今觀體府廳文書, 則伊川·平康兩邑別設屯兵, 其數數千, 臣所不知也. 別將則姜萬松·姜萬鐵, 乃許堅妻娚也. 孝廟別擇武士, 宿衛近密, 而外人與[57]宗班勿爲交結者, 意非偶然, 而別武士李尙立與福昌兄弟極親, 稱以游觀·川獵, 縱横放恣, 極爲殊常. 李尙立爲先拿問定配." 上曰："依啓."

○ 鄭元老等上變, 告許積孼子堅與宗臣楨·柟等謀逆, 命設鞫究問. 柟等素驕橫, 上之初年, 數有違豫之候, 楨·柟陰蓄不逞之心, 覬覦非望, 遂與南人合密謀, 曰："宋時烈乃西人領袖, 若排時烈, 則西人必盡起而扶護. 若次第擯去,

56) 請：底本에는 없다.《御製皇極編》에 근거하여 보충하였다.
57) 與：底本에는 없다.《御製皇極編》에 근거하여 보충하였다.

則可以盡逐西人. 已亥禮論終拂人情, 以此爲罪, 則可以去宋矣."

及許積[58]爲首相, 堅登文科, 以庶孼子, 不得通淸, 常憤不得志. 楨·柟等交驩於堅, 乃曰:"上有不諱, 汝父爲首相, 若使我爲嗣, 則我當兵判汝也." 堅大喜, 遂歃[59]血爲盟. 金錫胄方掌西銓, 知其謀, 密令鄭元老等伺察, 仍使上變.

初錫胄之父佐明以戚里, 見擯於山林. 佐明葬其父用隧道, 宋時烈嘗斥其僭禮. 及宋時烈使閔愼代其父持喪, 佐明斥其亂倫,【愼之父狂易, 不受喪, 愼問禮, 時烈引宋 寧宗事, 使代主喪.】彼此互相詆排. 錫胄登第, 有門學·地閥, 滯堂下十年, 不得通銓郞, 以故錫胄深懷忿憾. 甲寅引進南人, 自玉堂一歲中超拜兵曹判書, 與許積親密, 故獨以西人柄用於南人之世. 至是見群南濁亂, 陰有復進西人之意, 遂起[60]鞫獄.

○ 備忘記:"柟以王室至親, 自孝廟·先朝養育宮中, 蒙被不世之恩. 渠雖謀逆, 予不忍斷以邦刑, 特爲處絞." 又曰:"已正之邦禮, 若有强臣·凶孼, 敢爲投疏, 眩亂國是者, 乃先王之罪人, 直以逆律論斷事, 頒布中外."【'强臣·凶孼'四字, 後以過中, 改付標.】

○ 定配罪人朴瀗, 特命拿鞫, 從臺啓也.

○ 上以先王行狀尹鑴之所改撰, 今鑴凶心彰露, 凶人之所製不可仍存, 令大提學改撰, 前本使之毁去.

○ 大臣入侍. 領議政金壽恒曰:"尹鑴亟正邦刑[61]事, 雖允臺啓, 臺臣措語,

---

58) 積:底本에는 없다.《御製皇極編》에 근거하여 보충하였다.
59) 歃:底本에는 "揷"으로 되어 있다.《御製皇極編》에 근거하여 수정하였다.
60) 起:底本에는 없다.《御製皇極編》에 근거하여 보충하였다.
61) 刑:底本에는 없다.《御製皇極編》에 근거하여 수정하였다.

'以照管慈聖動靜之語, 欲襲爾瞻·仁弘之餘奸'云, 又聞金錫胄之語, 則初非照管, 直以管束爲請, 許積亦於榻前面斥其非云. 然則尤爲無狀, 其心所在固不可測, 而若斷以爾瞻·仁弘之罪, 則用法之道未知如何, 不可不詳愼. 鑴之罪狀, 雖無可惜, 直爲置辟, 恐涉不當, 拿來鞫問, 後正明其罪似宜矣."

鄭知和曰："此外體府復設一款, 鑴旣力主其議, 似有包藏凶謀之迹, 爲先究覈, 然後處之未晩也." 上曰："乙卯引見時, 鑴以照管之意, 肆然陳達, 此實人臣不敢言, 不忍聞者. 臺啓中以此爲言, 故一啓卽允矣." 仍命拿鞫.

◯ 禁府尹鑴二次, 不服, 加刑啓辭, 上特命參酌, 還發配所. 判義禁李尙眞疏略曰："臣於昨日入侍罷後, 會坐鞫廳, 得見《政院日記》, 乃上年四月尹鑴密疏批答也. 原疏雖不得見, 想其疏辭, 必因李煥凶書, 欲起大獄, 嫁禍魚肉之計. 言念及此, 不覺心驚骨寒也. 煥之情狀, 旣已輸服, 則鑴之藉其凶言, 欲殲文武諸臣之狀, 敗露無餘. 原其凶計, 鑴亦煥也." 上卽命馳撥, 還爲拿來鞫問.

◯ 鞫廳大臣引見, 上曰："尹鑴照管之語, 已極凶悖, 且聽逆堅之陰嗾, 贊成體府之復設, 專爲逆柟地者, 出於元老招辭. 差出副察之時, 怒其不得自爲, 顯有不悅之色, 至發憤懥之言. 己未密疏, 因李煥匿名掛榜, 至請易置諸將臣, 欲魚肉親臣, 空人國家, 陰慘凶逆, 尤不可不嚴, 當直用邦刑, 而有所不忍, 特爲賜死. 渠之前後罪犯, 亦皆歷數, 頒示中外."

◯ 上特命追復宋浚吉官爵, 前大司憲李惟泰亦命敍用. 惟泰上疏, 言其議禮之論, 本與時烈相同, 初無變易前見之意. 上下敎曰："宋時烈誤禮之罪, 專在取賈疏中'體而不正'之語, 故特施流竄之典. 今觀惟泰之疏, 時烈之意亦與惟泰無異, 使之撤籬量移."【移配淸風】旋命全釋.

◯ 錄保社功臣金錫胄等六人, 以討逆, 頒敎中外. 旣而有武人李元成者, 又告吳挺昌等通謀事, 鞫獄再起, 追錄李師命·金益勳·趙泰相·申範華·李光漢等五人. 掌令沈濡啓言 : "保社諸臣雖有微勞, 固人臣之職, 旂常事重, 不宜輕施. 請寢還錄勳之命."

時逆獄事以鉤探爲證, 無明白贓迹, 錄勳只是戚畹數人, 廷臣亦不與聞. 故物情疑惑, 人多不平, 及追錄五人, 時議轉激. 範華初出賊招, 而與元勳金錫胄爲至親, 錫胄以詗察來告爲範華功而錄之. 師命方爲玉堂, 而上以爲有主[62]謀之功, 特命錄之, 卽日皆超資封君. 於是三司諸臣趙之謙·朴泰輔·韓泰東·林泳·宋光淵等, 皆以[63]年少名官, 主張淸論, 敢言自任, 尤力攻追錄之議[64].

○ 右議政閔鼎重等請告廟首發者摘發罪之, 上命考《日記》, 李沃邊遠定配.

○ 領府事宋時烈到城外, 陳疏引咎, 上慰諭引見. 時金益勳等追錄事, 大臣·臺閣意各崖異, 上問于時烈曰"欲聞大老之言, 俾得明決". 時烈對曰 : "臣病不能與人相接, 不知此事顚末, 無以仰對." 屢問而終不對, 退而陳疏略 : "益勳是臣師門子孫, 臣有兄弟之義. 然終不敢一言相救, 只於日前, 略擧趙穆事自引其咎者, 誠以臺啓方張, 不敢[65]齟齬以惹鬧端故也. 雖以當事[66]大臣之知其曲折, 而猶不敢明其實狀, 則況如臣之衰朽, 顧何敢出氣力救人哉?"

少輩主峻激之論者, 以是尤不滿於宋, 遂爲老·少岐貳之端.

62) 主 : 底本에는 "謀" 뒤에 있다. 《御製皇極編》에 근거하여 수정하였다.
63) 以 : 底本에는 없다. 《御製皇極編》에 근거하여 보충하였다.
64) 議 : 底本에는 "意"로 되어 있다. 《御製皇極編》에 근거하여 수정하였다.
65) 敢 : 底本에는 "能"으로 되어 있다. 《御製皇極編》에 근거하여 수정하였다.
66) 事 : 底本에는 "日"로 되어 있다. 《御製皇極編》에 근거하여 수정하였다.

皇極編 卷之六

西南老少

辛酉七年春, 生員朴性義【七十餘人】等上疏詆毁先正臣李珥之從事禪門·成渾之不赴國難, 請寢從祀文廟之命. 上嚴批斥之, 停擧性義等.

○ 館學儒生鄭齊泰等疏辨朴性義等毁賢之狀, 優批嘉納.

○ 前持平李日翼·前正言李徵龜·生員趙信乾等, 俱疏斥兩賢從祀之典. 特命日翼等削黜, 信乾遠配.

○ 校理朴泰輔疏略曰："吏曹判書李端夏, 曩在甲寅, 撰進先王行狀, 天威之下, 恇㤼失措, 爲公議所斥. 乃生彌[1]縫之計, 疏薦李宇鼎·睦昌明, 欲與通知共事, 爲人所[2]嗤笑, 固已久矣. 頃日驪陽府院君 閔維重之仍掌本兵, 毁累朝之大防, 啓外戚之干政. 而端夏時爲憲長, 不思匡救, 乃反請爲維重別設一司於常職之外, 以重其權, 其求媚上下之意, 又不但迫於天威, 喪其所守而已. 冢宰之重, 衆望不到." 上命罷泰輔之職.

○ **秋**, 吳始壽賜死. 先是庚戌, 宗臣福善君 枏奉使彼中, 還傳皇帝之言曰："汝國百姓貧, 不能聊生, 皆由於臣强之致." 及今上元年弔勅[3]之來, 始壽以儐

---

1) 彌：底本에는 "彌"로 되어 있다.《御製皇極編》에 근거하여 수정하였다.

2) 所：底本에는 없다.《肅宗實錄 7年 12月 20日》기사에 근거하여 보충하였다.

使往接歸奏："通官張孝禮以爲：'汝國臣强, 國王不能有所施爲, 故皇帝特賜二度之祭.' 海伯尹堦與孝禮私覿時, 亦聞'臣强'之說, 傳之於臣云."

堦上疏自辨孝禮初無是言, 始壽疏辨其欺罔之狀. 由是上命下堦于攸司覈問, 竟不得實. 人或疑始壽與柟和應, 謀陷宋時烈, 做出此言, 大妃殿聞之驚駭, 責諸臣之不爲辨誣. 而大臣以彼人之言, 難於質問, 仍寢之.

昨年換局後, 臺論復發, 遂因使行査問於孝禮, 則謂以初無是[4]言. 於是設鞫, 推問始壽及同行諸譯, 諸譯皆稱不聞通官之言, 始壽亦不服, 獄久不決. 上又令備局招致庚戌使行時副使鄭榏, 詰問皇帝之言, 則榏以爲"坐處比上使稍遠, 不能詳聞"云. 上乃下敎曰："吳始壽做出不忍言之[5]說, 以實逆柟'臣强'之說. 到今推問, 飾辭納招, 尤極痛惋, 必欲嚴刑得情. 大臣及諸臣之意, 欲以已著之罪, 參酌處置, 特爲賜死."

政院及兩司爭之, 請寢賜死之命, 更加鞫問, 上不聽. 又下敎曰："伏奉慈敎'渠蒙先朝厚恩, 敢以罔測之說加於先王, 論其心跡, 豈不痛惋? 第念今番鞫獄, 正法旣多, 且與逆謀有間, 特用減死之典.'爲言, 敢不奉承乎? 吳始壽仍其配所, 圍籬安置." 臺諫又爭之. 至是修撰洪萬遂·李玄錫等上箚以爲："慈聖好生, 特命減死, 則閱歲爭執, 近於已甚." 銓曹以玄錫等幷黜補察訪.

司諫趙持謙以爲："始壽未自服之前, 徑先[6]賜死, 有欠詳盡. 諸譯未窮訊之前, 先訊始壽, 亦違法意." 持平[7]李世白劾遞持謙. 大司諫尹趾完啓曰："吳始壽罪犯, 固所痛疾, 而第言根是異國之人, 證左象胥之輩, 必爲日後之是非. 無寧特貸其死, 使之沒齒荒裔."

持平金鎭龜論罷趾完. 領議政金壽恒箚論持謙當初倡論之罪, 請罷其職. 校理朴泰輔疏請鞫諸譯, 大司憲洪萬容·持平金鎭龜·正言金萬[8]埰等, 論遞泰

---

3) 勅：底本에는 "勑"으로 되어 있다. 전남대본《皇極編》에 근거하여 수정하였다.
4) 是：底本에는 없다.《御製皇極編》에 근거하여 보충하였다.
5) 言之：底本에는 "之言"으로 되어 있다.《御製皇極編》에 근거하여 수정하였다.
6) 先：底本에는 "往"으로 되어 있다.《御製皇極編》에 근거하여 수정하였다.
7) 平：底本에는 없다.《御製皇極編》에 근거하여 보충하였다.

輔, 力請始壽之罪. 大臣亦言當誅, 上從之.

壬戌八年春, 武人金煥上變告許堅·許瑛等謀逆, 設鞫訊治. 御營大將金益勳詣兒房密告柳命堅等亦爲謀逆, 而有全翊戴者知其謀. 逮翊戴, 與命堅按治, 無驗, 翊戴自服, 金煥以御營大將意誘脅來告, 誣告是實. 於是誅翊戴, 黜益勳, 旋命宥之. 持平兪得一·朴泰維等論益勳貪功希賞·脅人誣告之罪, 大臣庇護之, 上命斥補得一等【得一 珍島, 泰維 巨濟】. 三司政院, 合辭力爭, 幷命還, 仍前職.

○ 大司成趙持謙上疏言："獄者萬民之命, 不可低昂. 今翊戴誣告命堅之事, 有三件, 而其一件則翊戴之做出也, 二件則金煥之所指嗾也. 翊戴初無上變之意, 而金煥誘脅萬端之狀, 盡露於面質之時. 夫爲人教誘而誣告, 及教誘人誣告, 其間幾何? 翊戴則伏法, 煥則猶未正罪, 翊戴之獨死, 豈不爲冤乎?"

○ **夏**, 奉朝賀宋時烈請豫定孝廟世室, 又言："太祖徽號, 不可無威化回軍之義, 請以'昭義正倫'等字, 追上徽號[9]." 上命博議大臣·儒臣, 司業朴世采獨以爲："太祖回軍, 假借大義, 以濟化家爲國之業, 未必出於尊周之誠, 不可表章."

正言朴泰維亦言："謚號加上, 何等重事? 而上下皆知其未當, 惟難於違覆, 求遠小嫌, 使宗廟重典, 不免爲未協之歸." 疏旣俱而不果上.【泰維時在鄕, 寫疏送州, 有挽止者, 不果上, 而草稿已傳播於中外.】

於是時議大譟以爲"少輩欲立私黨, 陰誹大老", 疑阻乖激, 不可復合.

右議政金錫冑白上曰："近來朝著不靖, 分門割戶, 有各立私黨之漸, 自上

8) 萬 : 底本에는 없다. 《御製皇極編》에 근거하여 보충하였다.

9) 不可無威化回軍之義 …… 追上徽號 : 底本에는 없다. 《御製皇極編》에 근거하여 보충하였다. 단, 여기에는 '昭義定倫'으로 되어 있는데, 《肅宗實錄 9年 3月 25日》 기사에 근거하여 '昭義正倫'으로 수정하였다.

何以盡燭之乎? 近日時輩雖稱'尊慕大老', 而類皆陽慕陰斥, 乃一世變. 朴泰維疏論廟禮一款, 若於初議之時, 各陳所見, 則固無不可, 而議定之後, 何敢更爲追論? 至於'上下皆知其非'等語, 專出臆逆, 旣徑[10]縣·道, 傳播中外, 不可置而不論.

其中甚者趙持謙·吳道一爲最. 持謙憑藉師儒[11]之威[12], 沮抑多士, 時烈還鄕之日, 不得爲請留之疏, 繼爲上疏, 還收其致仕而請復召還. 人臣懸車之後, 豈有還奪而便赴朝堂之理乎? 雖常調凡類不可, 況大老乎? 持謙非不知此, 故爲此疏, 其用意不常, 他日得志, 必誤國事.

道一則[13]外似疎脫, 內實凝密, 矜己傲人, 大段病痛[14]. 前爲銓郞, 引進私黨, 宋時烈亦嘗非之. 故道一啣之, 陰主非斥, 卽今浮薄之論, 道一皆主之. 韓泰東不無疎黨[15]之節, 而頃於召對時, 旣知李宏之將論朴泰維, 而韓泰東與趙持謙, 不但不以泰維當罰, 反進褒揚之言, 此亦可駭. 此三人者, 不可不警責, 以鎭朝著."

上以東西分黨, 已成痼弊, 卽今目[16]中又爲分黨, 至於如此, 大臣所達誠爲得宜, 罷持謙·泰東職, 斥道一爲蔚珍縣監, 貶泰維爲高山察訪.

朴世采上疏論斥錫胄, 有"擧枉措直"等語. 錫胄又箚言："若以持謙·道一爲直者, 則其爲持謙·道一之所浮慕而陰排之者, 可爲枉者乎? 加大凌長, 敬老之風已衰；順非堅僞, 淫朋之跡日彰. 山林讀書之人, 不慣世情, 徒以一時歸趣牽係顧念, 或至於見鐵稱金, 認賊爲子."

箚出物議大激, 又以錫胄爲侵侮儒賢, 館儒黃霦等陳疏, 請罪錫胄. 上命遠

---

10) 徑 : 底本에는 "往"으로 되어 있다. 《御製皇極編》에 근거하여 수정하였다.
11) 師儒 : 底本에는 "儒師"로 되어 있다. 《御製皇極編》에 근거하여 수정하였다.
12) 威 : 底本에는 "位"로 되어 있다. 《御製皇極編》에 근거하여 수정하였다.
13) 則 : 底本에는 "等"으로 되어 있다. 《御製皇極編》에 근거하여 수정하였다.
14) 病痛 : 底本에는 "痛病"으로 되어 있다. 《御製皇極編》에 근거하여 수정하였다.
15) 黨 : 底本에는 "讜"으로 되어 있다. 《御製皇極編》에 근거하여 수정하였다.
16) 目 : 底本에는 "自"로 되어 있다. 《御製皇極編》에 근거하여 수정하였다.

配 霱, 停擧諸生. 老少之色目始分, 世采起自山林, 與少輩合, 年少主淸論者, 皆依歸焉.

【先是辛酉監試, 有一試券, 乃告變書, 卽南人十三大家也. 試官等以爲"此雖匿名書, 不是尋常事", 遂[17]堅封入啓, 上密招金錫胄示之. 錫胄[18]以武人金煥本以西人, 得官於南人者也, 遂招煥使之詷察. 煥辭不能, 錫胄脅之以死, 煥始應諾.

錫胄曰 : "今許璽·許瑛方在龍山, 汝托以避接, 往住隣家, 交結博賭, 因以其勝負之際, 汝必曰'取人之國, 亦當如此'云, 觀其氣色, 與之同寢, 密議共逆, 則眞僞可察矣." 煥曰 : "彼無叛意, 反以我爲逆則奈何?" 錫胄曰 : "此則吾在, 勿畏也." 仍資給銀錢, 使之結交.

煥一如其言, 璽·瑛果向應. 錫胄又使察柳命堅, 煥與命堅, 素不相親, 因命堅之戚人全翊戴者, 以探命堅動靜.[19] 而錫胄旋以事奉使彼國, 乃招金益勳, 以金煥事付之. 益勳督煥急探命堅, 煥潛問全翊戴, 但答以頗有殊常之事, 實無的實之報. 此際忽有物議"金煥佯托譏察, 實爲謀逆"之說[20], 中外喧傳. 益勳卽招煥, 以告[21]其說, 因令上變. 煥大懼, 請得軍牢曰"願與翊戴, 同爲告變", 益勳卽與軍牢一雙.

煥乘昏至翊戴家, 使軍牢縛翊戴, 至其家, 囚之密室, 脅之曰 : "汝與我當告急變, 可免禍." 翊戴曰 : "柳也本無叛狀, 吾何爲誣告?" 拒不聽. 煥乃白益勳曰 : "吾當告變, 設鞫之初, 當招問翊戴, 願牢囚以俟." 煥卽走上變, 遂設鞫廳, 推問璽·瑛, 則不下一杖而自服. 煥卽爲勳臣, 陞坐中堦, 自念若捉來翊戴亂語無實, 則恐妨己事, 遂不擧翊戴名.

益勳囚翊戴, 終日甚難處置, 自詣鞫廳告之. 金壽恒爲委官, 答曰 : "鞫廳事, 非出於上敎及罪人招辭, 則不敢請拿." 益勳悶切[22], 不知所爲. 時錫胄亦已還朝, 方參鞫, 勸令往兒房密啓. 益勳曰 : "吾本不文, 何以草啓辭?" 錫胄卽席取簡皮, 草啓辭以給, 此卽兒房密啓.

啓下鞫廳, 招問翊戴. 翊戴初雖不從, 及入鞫廳, 見煥爲勳臣坐中階, 心艶之"我若告變, 亦當如此", 乃告柳命堅謀逆. 命拿[23]堅面質, 事皆無驗, 遂反坐, 翊戴斬之.

---

17) 遂 : 底本에는 없다. 《御製皇極編》에 근거하여 보충하였다.
18) 錫胄 : 底本에는 없다. 《御製皇極編》에 근거하여 보충하였다.
19) 動靜 …… 命堅 : 底本에서는 알아볼 수 없다. 《御製皇極編》에 근거하여 보충하였다.
20) 說 : 底本에는 "議"로 되어 있다. 《御製皇極編》에 근거하여 수정하였다.
21) 以告 : 底本에는 "告以"로 되어 있다. 《御製皇極編》에 근거하여 수정하였다.
22) 悶切 : 底本에는 "悶"으로 되어 있다. 《江上問答》에 근거하여 수정하였다.

少輩清議不知其間委折, 遂斥益勳曰："益勳之誘致人叛逆者, 其設心甚於自爲叛逆." 又曰："逆賊一人, 告者三人." 物議轉激. 宋時烈時在驪江, 上遣承旨趙持謙偕來. 持謙留在數日, 日言益勳所爲無狀[24], 時烈聞之, 亦以'所爲如此, 則死不足惜.' 少輩大喜以爲："大老之言與吾輩合."

及時烈入京, 壽恒·閔鼎重·錫胄俱爲益勳來訴曲折, 益勳一家諸人亦往來游說, 時烈乃曰"益勳非其罪矣". 少輩大憤以爲："長者亦爲偏私, 變其初見." 趙持謙等一隊清流, 始與角立.

○ 考異. 時朴世采[25]亦造朝, 而朴方爲清議領袖, 主斥益勳. 故宋初不崖異, 益勳之族無敢出入於門外. 後宋與朴, 論事不合, 朴子泰殷從傍參說, 宋責以王雱[26]. 及世室事出, 大失人望, 人皆歸朴, 宋門可以羅雀矣. 諸金因其機, 復得出入宋門, 慫慂無所不至. 由是宋出力救解, 於是清議大激, 不可合. 右《江上問答》·《艮齋漫筆》矣.】

○ 沃川儒生趙匡[27]漢疏略曰："前者聖廡陞黜之時, 泰維之弟泰輔上疏立異, 今者泰維之言又如此, 是何侵侮大老之多萃於泰維之家也? 頃者逆賊出於許·吳兩家, 此兩家[28]之黨與, 是一邊之人, 故體府復設之謀, 中壼[29]動搖之計, 鮮有不與者. 坐是斥廢亦多, 而人皆謂：'東西一盛一衰, 隨時翻覆, 早晚此輩得志, 則今之所謂士類, 擧皆魚肉矣.' 於是奸黠畏禍者, 外托公道而有陰爲後日之地者矣. 庚申以後, 失志之徒, 倡爲邪說以爲：'討逆之擧, 出於外戚之手, 暗昧陰秘, 不免後世之譏議.'

傾危喜名者, 自稱清議, 有排擊元勳之意, 餙名[30]於目前·邀福於日後. 大老嘗惡此輩之用意, 引宋 范純仁·本朝沈義謙事以曉之. 少輩自知大老之必不

---

23) 命拿：底本에는 "拿命"으로 되어 있다. 《御製皇極編》에 근거하여 수정하였다.
24) 狀：底本에는 없다. 《御製皇極編》에 근거하여 보충하였다.
25) 朴世采 …… 不崖異：底本에서는 알아볼 수 없다. 《御製皇極編》에 근거하여 보충하였다.
26) 雱：底本에는 "雱"으로 되어 있다. 《宋子大全 附錄 年譜》에 근거하여 수정하였다.
27) 匡：底本에는 "光"으로 되어 있다. 《肅宗實錄 9年 8月 4日》 기사에 근거하여 수정하였다.
28) 家：底本에는 "族者"로 되어 있다. 《御製皇極編》에 근거하여 삭제하였다.
29) 壼：底本에는 "外"로 되어 있다. 《御製皇極編》에 근거하여 수정하였다.
30) 餙名：底本에는 "名餙"로 되어 있다. 《御製皇極編》에 근거하여 수정하였다.

助也[31), 而所引純仁事, 正觸其所諱, 故慙憤怨疾, 其所詆毁大老者, 益無忌憚. 殿下試取持謙輩, 數年以來所建請者, 合臣此言而觀之, 則其儉邪奸巧, 可羞可惡之態, 必不能逃於日月之明矣." 仍論相臣請有洪宇遠之失, 上責其語不擇發.

○ 執義韓泰東啓曰 : "益勳之密啓, 固可駭之擧. 如使翊戴果有實狀, 則益勳私自拘留, 累日淹延, 末乃代告, 情態叵測. 及至鞫問, 終無端緖, '奸慝[32]'二字, 非臣私言."

又曰 : "益勳依憑門閥, 起身白徒, 無片善之可錄, 恐一惡之不備. 涎垂逆家之財而取其婦, 手攫文士之稿而囚其家. 相臣之騎, 躬請加鐵, 千古諂媚之夫, 未嘗有此, 蠲減之稅, 督輸歸家, 一世貪縱之徒, 所不敢爲. 其他奸淫之行, 汚鄙之習, 不欲凂耳.

尤可痛者, 奸凶柄國, 士類奔迸, 微臣庶僚尙不欲趍走當路, 以圖進取. 益勳以儒賢之孫, 不顧忝辱, 依附賊積, 媚悅甚於僕隷, 恩情逾於骨肉. 寅緣攀附, 擢至闔任, 覘候喘息, 變幻逃閃, 追占勳錄, 冒帶功號. 設使益勳有一分微勞, 亦彭寵之子密也, 置之勳班, 不失其祿[33], 足[34]矣. 何可使司[35]一國之命而領三軍之士乎?" 上責之.

甲子十年夏, 修撰金萬埰上疏訟其父益勳被趙持謙等誣陷. 持謙對疏略曰 : "當初益勳兒房之啓, 不出朝報, 故初未聞之, 其後入政院, 始聞心駭. 且見益勳行己, 決不宜處之登壇重任, 請推榻前, 陳其不審虛實·密啓謬戾之狀. 仍言譏察是衰季之事, 非盛世所宜有, 則聖明亦頷可矣. 其後益勳嗜利蔑恥,

---

31) 也 : 底本에는 "己"로 되어 있다. 《御製皇極編》에 근거하여 수정하였다.
32) 慝 : 底本에는 "匿"으로 되어 있다. 《御製皇極編》에 근거하여 수정하였다.
33) 祿 : 底本에는 "錄"으로 되어 있다. 《御製皇極編》에 근거하여 수정하였다.
34) 足 : 底本에는 "是"로 되어 있다. 《御製皇極編》에 근거하여 수정하였다.
35) 使司 : 底本에는 "司使"로 되어 있다. 《御製皇極編》에 근거하여 수정하였다.

廣營私第, 至買故淑儀宮, 爲軍官廳. 益勳家六大門之說, 盛行於世, 故臣又言其貪縱之狀.

及翊戴與金煥面質之後[36], 誘脅之狀昭不可揜, 於是臺論增加, 請竄益勳. 及其門黜[37]兩月, 遽爾蒙放, 臣以[38]火藥潛投等事爲衆心所不是, 率爾仰對. 如使益勳, 善於鉤探, 多得繫徒, 則加之以茅土, 以稱其意望, 夫誰曰'不可.'

而萬垛疏言'譏察事, 受托於相臣, 出給銀貨, 爲供其聚會'云. 而今一邊急投戎物於空家, 爲其證成之具, 一邊捕拘賊人於軍門, 有若變在呼吸. 及其淑問, 斯得只是一璽, 所引俱無端緖, 只令朝廷震驚, 其所張大終成草草."

又極言兒房密啓後, 奬爲禍源.

○ 直長崔愼疏略曰 : "欒共子之言曰 : '民生於三, 事之如一.' 而前大司憲尹拯托跡山林, 陰懷醜正, 詆斥臣師宋時烈, 不有餘力. 貽書於朴世采, 極口肆詈, 其言曰 : '木川事, 必出於函丈門下, 而不肯說破.'

又曰 : '義利雙行, 王伯并用, 同春【宋浚吉號】所謂「都是機關」, 草廬【李惟泰號】所謂「全用權數」者, 恐是函丈之實病.' 又曰 : '函丈之於先人, 自碣銘以來, 實非一言一事, 至於木川事而極矣, 人子之心, 安能晏然?'【函丈指宋時烈.】

先是時烈與拯之父宣擧, 嘗與爲友, 拯於時烈, 自少師事累十年, 一朝棄之如遺. 時烈之於義利·王伯, 毫分縷析, 精密嚴謹, 豈有雙行·並用之理哉? 如拯之言, 時烈之學僞而非眞·邪而非正, 噫嘻! 人心之危險, 胡至於斯耶?

拯之父宣擧, 當丙子亂, 入於江都, 與妻及友人約死, 其妻死, 其友死, 惟宣擧獨不能死. 厥後杜門爲學, 終身不仕, 多有可觀之事, 然以責備而言之, 則豈[39]無可議者乎? 昔年賊鑴[40]之未敗也, 士林信之, 時烈亦不能免焉, 己亥大喪後,

---

36) 後 : 底本에는 없다. 《御製皇極編》에 근거하여 보충하였다.
37) 門黜 : 底本에는 "黜門"으로 되어 있다. 《御製皇極編》에 근거하여 수정하였다.
38) 以 : 底本에는 "始"로 되어 있다. 《御製皇極編》에 근거하여 수정하였다.
39) 豈 : 底本에는 그 뒤에 "可"가 더 있다. 《御製皇極編》에 근거하여 삭제하였다.
40) 鑴 : 底本에는 "鐫"으로 되어 있다. 《御製皇極編》에 근거하여 수정하였다. 이하 동일사례에

禮以爲弃, 則孰不深疾而痛絶, 而惟宣擧獨不絶.

時烈與惟泰·宣擧等, 語及鑴與善道事, 宣擧以爲 : '善道小人, 鑴則君子.' 時烈曰 : '善道之事, 本自鑴發, 原始者爲君子, 末流者爲小人耶? 此則善道之至冤.' 宣擧無可辨答, 乃曰 : '鑴亦小人也, 吾當絶之.' 厥後竟無絶鑴之事.

故宣擧之沒, 鑴爲祭文, 時烈聞之大駭. 於其練祭之日, 時烈爲祭文, 略示其可疑. 其文曰 : '惟是江說【尹鑴居驪江.】, 少有未契, 兄若於海【尹善道居南海.】, 並加原貸, 我之疑晦, 片言卽解.' 夫宣擧謂鑴爲君子, 若幷善道而許君子, 原貸其罪, 則我之所疑, 卽解之意也.

其後拯請墓文於時烈, 只因其家狀, 敍其言行而已, 末因朴世采言稱道之. 拯以'其父與時烈自少交遊, 不自爲辭, 反因後輩之言, 必有不滿之心', 往復論辨, 請改再三. 時烈平日辭嚴義直, 故悅之者少, 怨之者多. 若使時烈果有'雙行'·'並用', '機關'·'權數'之心, 如拯之言, 則必徇其顔情而爲之, 有何仇惡於宣擧而不從其請乎? 拯之含怨挾憾, 專在於此.

頃年木川人有'江都俘虜, 不合享祀'之說, 蓋指宣擧也. 時烈聞其言而駭之, 及見李翔爲木川院長, 謂翔曰 : '君何不感化侮辱美村【尹宣擧號】之人耶?' 翔仍令書院, 覈得其人而不得. 拯反疑其言做出於時烈之門下, 迫問於時烈. 此所謂'木川事'也."

又曰 : "一種士論, 以拯之事比之於子路之慍見, 子路何嘗攻斥其師而陰與人譏議耶? 拯讀古人書殆四十年, 以古人自處, 而今乃倒[41]戈其師如此. 噫嘻! 如拯者, 天下萬古, 更有何人耶?" 上以其爲師辨誣, 優批嘉納.

朴世采上疏辨之曰 : "崔愼以尹拯之貽臣書中, 言及其師, 上章陳辨, 辭極狼藉. 蓋拯有所叩質於時烈, 而未得其開釋, 每欲作長書, 幷效平日爲師之誠. 臣恐或觸激, 再三止之. 凡愼所擧諸說, 皆尹拯答臣之書. 今愼猝見謄本, 若得奇寶, 截去首尾, 汲汲攻斥. 遂幷拯父故執義臣宣擧而侵侮之, 私義·國體無一

대해서는 별도의 校勘記를 달지 않는다.

41) 倒 : 底本에는 "到"로 되어 있다. 《御製皇極編》에 근거하여 수정하였다.

顧忌, 以至時烈師生之間, 殿下君臣之際, 俱不得其當."

又曰："臣聞'師生之義, 有犯無隱.' 我國文敬公 金宏弼一代大儒, 乃或略異於其師金宗直, 其後朴衡·黃愼諸人, 亦莫不因事獻規於師席. 雖拯之意, 固亦不出於此矣."

領議政金壽恒·閔鼎重等, 因崔愼疏, 斥拯甚力, 乃曰："臣雖未見拯, 聞其姿質甚高, 素[42]負重名, 今乃有此事, 是必見識猶未明透, 不覺其流入於不是處. 朝家不可復以待儒賢之禮待之矣." 上從之.【右議政南九萬同入而無一語.】

乙丑十一年春, 館學儒生以前大司憲尹拯誣辱先賢, 通文八路, 翰林金洪福等停擧發通儒生. 幼學李震顔上疏論朴性義等誣賢之罪, 仍言："尹拯與人之書, 有曰：'今或以江都事疵病先人者, 卽何異於指栗谷「以妄塞悲」之說? 而栗谷則猶有入山之失, 先人初無可死之義.' 噫嘻! 人言之無倫, 一至於此耶? 拯之父宣擧不死丙丁之亂, 深自痛恨, 終身不仕.

孝廟授以憲職, 其辭疏曰：'士友皆不負其志, 而臣不得同死, 又妻決子棄, 而臣猶爲奴苟免.' 宣擧之自引如此, 則拯乃以其父爲無[43]可死之義. 乃敢牽拖先正, 比擬一科, 置其父於無過, 斥先正爲有失." 仍斥洪福.

政院以"震顔等拈出私書, 情涉不韙", 措辭捧入, 上以士習不美, 命停擧震顔, 還給其疏. 後因大臣言, 震顔停擧還收.

【先是拯貽書實錄廳曰："城陷之日, 先妣自決, 先人微服, 從珍原君奉使南漢之行. 蓋在城中者, 旣得免於兵鋒, 則微服避亂, 固無不可. 其時權·金二公, 隸在南門, 故與仙源同死, 不[44]然則亦無必死之義. 況先人之只欲歸見老親, 同死於南漢者乎? 其不死則天也, 雖律以十分道理, 亦無可疑. 而只爲先人自道之辭, 故自以爲'苟免.' 亦爲孝廟言之, '效古人無忘在莒之意.'

若其終身不出, 則實守量而後入之義, 亦非以江都一款爲之主[45]意也. 今以江都事訾[46]病先人者,

42) 素：底本에는 "早"로 되어 있다. 《御製皇極編》에 근거하여 수정하였다.
43) 無：底本에는 없다. 《御製皇極編》에 근거하여 보충하였다.
44) 不：底本에는 없다. 《御製皇極編》에 근거하여 보충하였다.

卽何異栗谷'以妄塞悲'之疏, 謂之'自道盡之者'耶? 栗谷則猶不免眞有入山之失, 先人則初無可死之義. 孝廟批旨中'未聞陳東終致尹穀之死'云者, 聖人精義之言, 眞可萬世不惑矣."】

丁卯十三年春, 奉朝賀宋時烈上疏歷陳烈聖志事《春秋》大義, 末論尹拯事自引曰："不幸有尹鑴者, 厲氣所鍾, 誣悖朱子, 一世風靡, 以爲'其學勝於朱子.' 尹拯之父宣擧, 其尤者, 臣不自量度, 始則忘身而斥鑴, 今又捨鑴而斥宣擧. 至曰：'鑴是斯文[47]之亂賊,《春秋》之法, 先治黨與, 有王者作, 宣擧當先鑴而伏法矣.' 拯之與臣書, 所謂'痛刻'云者, 乃其眞心也. 其所詆臣於人者, 一皆考實而非誣, 眞所謂以直報怨者."

又曰："當丙子[48]之夏[49], 宣擧倡多士請斬虜使, 大義克明, 其父煌力主尊周之義, 人以爲一國正氣, 萃於其家. 不料江都之變, 其所處[50]與權順長等相反, 渠亦慙憤自廢, 從事於儒門. 故與其新而不念其舊, 旣有同門之誼, 常以爲畏友. 不幸爲鑴毒所中, 便成別人, 以爲世道之害. 拯以其父江都事, 咎臣甚深, 臣若笑而[51]受之則善矣, 乃有多少說話, 是臣之爲淺丈夫也."

又曰："臣於宣擧, 雖所見背[52]馳, 交誼則未嘗替, 猶以生前未盡之說, 質之於祭文, 死者有知, 必諒臣心矣." 上優批答之.

前縣監羅良佐【成至善·趙得重】等, 因宋時烈疏爲其師辨誣, 略曰："臣師尹宣擧節義道學爲一世所宗, 仰爲後學所誦慕, 兩朝禮遇, 終始無替, 朝無異議, 士無異評. 今者宋時烈封進一疏, 詆誹宣擧, 直驅於詖邪·黨鑴之科. 方鑴之矯情餙行, 盜竊聲譽, 一時名士皆慕而與之交, 宣擧之於鑴, 亦未嘗不厚.

---

45) 之主：底本에는 "主之"로 되어 있다.《御製皇極編》에 근거하여 수정하였다.
46) 訾：底本에는 "疵"로 되어 있다.《御製皇極編》에 근거하여 수정하였다.
47) 文：底本에는 "門"으로 되어 있다.《御製皇極編》에 근거하여 수정하였다.
48) 子：底本에는 "丁"으로 되어 있다.《御製皇極編》에 근거하여 수정하였다.
49) 夏：底本에는 "亂"으로 되어 있다.《宋子大全》에 근거하여 수정하였다.
50) 處：底本에는 "謂"로 되어 있다.《宋子大全》에 근거하여 수정하였다.
51) 而：底本에는 "以"로 되어 있다.《御製皇極編》에 근거하여 수정하였다.
52) 背：底本에는 "輩"로 되어 있다.《御製皇極編》에 근거하여 수정하였다.

及禮訟作, 而善道之疏祖述鑴語, 時烈以爲'禮說必欲殺己.' 宣擧以爲 : '鑴誠妄矣, 謂有禍心, 則不可臆逆. 況以禮訟爲邦禁, 尤人情所不厭.' 蓋其意謂'士友之間, 有此爭端, 乃是不祥', 左右戒責, 冀其息爭.

常曰 : '禮訟已歸筌蹄, 黨禍將成大亂.' 鑴旣傲然自是, 不受規戒, 時烈又謂'宣擧扶抑之不力', 此宣擧所以旣與[53]鑴絶, 又不合於時烈者也. 夫宣擧之於鑴, 固未嘗逆覩未形之惡, 其心初何樂於輕絶故舊哉? 嘗與權諰論鑴事曰'希仲【鑴之字】知悔, 愚當書賀', 猶以遷改望於鑴, 此眞仁人君子之用心也."

又曰 : "今之言者, 以宣擧〈己酉擬書〉·尹拯受鑴奠酹爲言. 所謂〈己酉擬書〉, 時烈戊申秋赴朝也, 宣擧以爲'此是時烈己亥後一初[54]也, 若能改絃易轍, 國事可爲', 會時烈有書相詢, 遂草書將答, 旋聞其去國而不果. 其後拯以爲此是先人懇懇之遺意, 因求墓文, 而持以相示.

其書畧曰 : '欲吾君之無私意, 則當先去吾之私意 ; 欲吾君之開言路, 則當先開吾之言路. 昔市南【兪棨號】每言 : 「執事篤於親舊, 故有情勝之弊 ; 過[55]於疾惡, 故有量隘之病.」所愛則牽己而[56]從之, 所惡則過察而疑之, 加膝墜淵, 一任己意, 此私意之所當去也. 石湖【尹文擧號】嘗言 : 「儒者出世, 必行己志, 故承順者爲知我, 而疑難者爲不知, 訑訑之聲色, 未免於拒人 ; 附會之風習, 無耻於面諛.」以執事好問之勤, 人或病聽納之不弘, 此言路之所當開也.

其論禮說曰 : '彼海尹者貪濫者也, 實未可用, 其餘趙·洪【趙絅·洪宇遠】, 雖所論無據, 被錮旣久, 誠可蕩滌而用之. 此栗谷再入, 還用癸未三司之義也. 況如尹·許【尹鑴·許穆】二人, 縱有詿誤之失, 安可斷[57]以讒賊而不之容乎?'

時烈見書大恨, 遽謂'宣擧勸用尹·許, 可見其未嘗絶', 執以相詬者也.

所謂'受鑴奠酹'者. 宣擧與鑴, 非有深讎, 雖於常日不通聞問, 及姊喪, 慰問報

53) 與 : 底本에는 "無"로 되어 있다. 《御製皇極編》에 근거하여 수정하였다.
54) 一初 : 底本에는 "初一"로 되어 있다. 《御製皇極編》에 근거하여 수정하였다.
55) 過 : 底本에는 "果"로 되어 있다. 《魯西遺稿 擬答宋英甫》에 의거하여 수정하였다.
56) 而 : 底本에는 없다. 《御製皇極編》에 근거하여 보충하였다.
57) 斷 : 底本에는 "俱"로 되어 있다. 《御製皇極編》에 근거하여 수정하였다.

謝. 當宣擧喪, 鑴爲來奠, 未見有必却之義. 今時烈又若己之斥鑴, 專在於改註《中庸》, 以宣擧爲尤中鑴毒, 有若尊奬鑴學, 相率投歸者然, 必欲被人父子以黨鑴之名, 是未可知也.

鑴之改註, 爲日已久, 時烈入都, 與鑴無間[58], 至謂'如鑴英才, 不可不用', 超資遷擢, 實在時烈秉銓之時【戊戌, 時烈爲吏判, 以鑴超八資擢進善, 以資級未準, 筵白陞授.】. 今所云'忘身斥鑴', 已過其實, 又安有斥宣擧之事哉?

又曰 : "時烈祭宣擧之文, 奬其節則曰 : '衆流奔趍, 砥柱不傾, 兩儀昏濛, 一星孤明.' 讚其學則曰 : '愼老【金集號】之沒, 型範有在, 一方之士, 以所事事.' 美其操則曰 : '荷衣蕙佩, 皭然不滓, 頑廉[59]懦立, 灑落淸風.' 敍其情則曰 : '追遊切磨, 兩忘所趍, 書䟽往復, 三日爲疎.' 其相許如此, 而今日斥之以爲世道害者, 固不似一人之言也.

所謂'江都事.' 宣擧於丙子避兵江都, 與權順長·金益兼[60]等約爲義旅. 及[61]甲津告急[62], 與賊約和, 旣無交鋒遺矢之事, 又無同力致死之所, 倉卒顚沛, 或生或死, 事勢所然. 死固爲感奮取義, 生亦豈渙涊偸生? 與妻約死, 又非其實. 宣擧以江都·南漢等是死耳, 欲更見病父而死, 遂微服爲珍原從者.

其癸巳辭疏曰 : '與士友同志共事, 士友俱死, 仲父致命, 而臣則頑然. 妻死子棄, 獨隨使臣, 冀見病父, 進不及城下, 退不塡溝壑, 爲奴苟免, 處義無狀.' 其所撝謙自咎如此, 可見其慷慨惻怛, 當是時, 旣無必死之義, 又非有不得不死之勢, 其不可爲友妻決死明矣.

至其引咎不仕[63], 則又以䟽斥虜使, 免死虜亂, 爲至恨[64]深恥, 微意所存, 實

---

58) 間 : 底本에는 "問"으로 되어 있다. 《御製皇極編》에 근거하여 수정하였다.

59) 廉 : 底本에는 그 뒤에 "廣"이 더 있다. 《御製皇極編》에 근거하여 삭제하였다.

60) 益兼 : 底本에는 "兼益"으로 되어 있다. 《御製皇極編》에 근거하여 수정하였다.

61) 及 : 底本에는 없다. 《御製皇極編》에 근거하여 수정하였다.

62) 急 : 底本에는 그 뒤에 "及"이 더 있다. 《御製皇極編》에 근거하여 삭제하였다.

63) 仕 : 底本에는 "死"로 되어 있다. 《肅宗實錄補闕正誤 13年 3月 19日》 기사에 근거하여 수정하였다.

64) 恨 : 底本에는 없다. 《御製皇極編》에 근거하여 보충하였다.

在扶植大義, 自[65]靖遯世獨立. 故其丁酉疏曰 : '始而妄學陳東之所爲, 終焉不免爲尹穀之罪人.' 孝廟賜批曰 : '未聞陳東終致尹穀之死耳. 所謂死罪, 無非耿介出俗之行, 予所惓惓必欲致者也.'

時烈嘗作《三學士傳》, 係之曰 : '潔身不汚, 以守其志, 如尹公宣擧, 事雖不同, 而歸於一致, 此不須別立傳記.' 而今忽更謂'與益兼·順長相反', 何不顧察於前後之相戾歟? 且時烈以江都事, 足以慙憤自廢云, 則雖宣擧欲出, 勸之勿出可也. 當時每以己出而宣擧獨不出, 嘗有'汝望【尹文擧字】脚伸【有脚病故云[66].】, 吉甫【宣擧字】回頭, 然後可以做事'之語, 其望出而助己也深矣. 及至[67]今日, 反以其撝謙之辭, 爲其瘢痕之資, 果何心哉?" 仍極言宣擧道德學問, 辨其被誣之狀.

上以尹拯得罪之後, 朝著潰裂, 士論乖張, 假托伸辨, 擯斥大老, 特命良佐遠竄, 至善等削版. 承旨吳道一繳還備忘, 以良佐等爲師伸辨, 不可罪, 命罷道一職. 副提學崔錫鼎亦疏救良佐, 上嚴批不從. 司諫李墩請還收遠竄之命, 玉堂洪受瀗·宋相琦[68]等以李墩之救解良佐, 殊涉無據, 請遞差. 持平兪集一·李益壽救解良佐及道一等甚力. 仍言"受瀗等身爲玉堂, 肆意迎擊, 請遞受瀗等職". 上下備忘切責之, 集一等幷施削黜之典.

○ 右尹李秀彦·前府使韓聖輔【三十三人】等俱上疏, 痛斥羅良佐詆誣之狀, 優批嘉納[69].

【宋時烈所撰尹宣擧碣銘, 摠論起頭曰 : "蓋公學問之淵源·去就之終始, 人皆見而知之, 至其造詣之淺深·義理之精粗, 固非人人之所可知者. 又況余於公不翅黃鵠·壤虫之相懸, 雖從公久而服公深,

65) 自 : 底本에는 없다. 《肅宗實錄補闕正誤 13年 3月 19日》 기사에 근거하여 보충하였다.
66) 故云 : 底本에는 "云故"로 되어 있다. 《御製皇極編》에 근거하여 수정하였다.
67) 至 : 底本에는 없다. 《御製皇極編》에 근거하여 보충하였다.
68) 琦 : 底本에는 "埼"로 되어 있다. 《御製皇極編》에 근거하여 수정하였다.
69) 納 : 底本에는 없다. 《御製皇極編》에 근거하여 보충하였다.

不足以窺閫閫奧. 又以老病將死, 其於狀德之文益復茫然, 不知所以措辭也. 竊觀諸賢敍述之文, 多且盛矣, 而惟玄石 朴和叔之狀該貫[70]遍包, 據以爲說, 則庶免僭率之咎矣."

全引狀語曰: "云云. 此和叔心悅[71]誠服之語, 而人不以爲阿所好者也." 銘曰: "惟智仁勇, 是曰'三德', 苟不由此, 其何能入? 學·問·思·辨, 是之謂'知', 篤行不措, '仁'·'勇'是耳. 從事於斯, 不流不倚, 公志于此, 天閼其年. 斯文氣喪, 士林涕漣, 今世何人, 以褒以彰? 允矣玄石, 極其揄揚, 我述不作, 揭此銘章."】

戊辰十四年春, 持平尹世喜疏略曰[72]: "兵曹判書李師命, 自在[73]章甫, 敢懷貪天之計, 旣竊科第, 歷敭淸要之職, 求錄追勳, 圖點高爵. 及授[74]南臬, 稱以賑資, 漁奪一道之利, 以售營私之計, 在廷之臣, 有聲名之出於己者, 百計中傷. 頃日筵中, 以春秋閱武之意, 別爲應行之節目, 以啓君上黷武之心. 至於腹釰口蜜, 交構搢紳, 苞苴絡繹, 居處侈靡, 其忝辱名祖·毁傷身名, 爲如何哉? 以臣見之, 便嬖使令, 雖或有餘, 觀眸聽言, 終非吉士."

上獎之以驤樸. 玉堂兪得一繼上箚論之, 命竄師命於極邊.

己巳十五年春, 上以國勢單弱, 召諸臣, 議定王子爲元子, 冊昭儀張氏爲禧[75]嬪. 於是幼學柳緯漢疏, 略曰: "王子誕生, 無一人請定國本者, 今日睿斷乃決. 而或以汲汲之言, 顯有持難之意, 雖緣殿下震之以威, 退而默默, 其不心悅誠服, 蓋可想矣. 不若直封爲世子, 使一國之人皆知有嗣子矣." 又請放在謫[76]之臣, 上惡其迎合誣訐[77], 命竄之.

---

70) 貫 : 底本에는 "實"로 되어 있다.《宋子大全》에 근거하여 수정하였다.
71) 悅 : 底本에는 "說"로 되어 있다.《御製皇極編》에 근거하여 수정하였다.
72) 日 : 底本에는 없다.《御製皇極編》에 근거하여 보충하였다. 이하 동일사례에 대해서는 별도의 校勘記를 달지 않는다.
73) 在 : 底本에는 "任"으로 되어 있다.《御製皇極編》에 근거하여 수정하였다.
74) 授 : 底本에는 "按"으로 되어 있다.《肅宗實錄 14年 2月 9日》기사에 근거하여 수정하였다.
75) 禧 : 底本에는 "嬉"로 되어 있다.《御製皇極編》에 근거하여 수정하였다. 이하 동일사례에 대해서는 별도의 校勘記를 달지 않는다.

○ 奉朝賀宋時烈疏略曰："今日諸臣有位號太早之說, 蓋哲宗十歲, 尙在藩王之位, 至於神宗有病, 而始冊太子. 時有嘉·岐二王之嫌逼[78], 猶且如此, 況今日無有嫌逼之憂[79]乎? 昔年許穆上疏, 進國本未定之言, 故相臣鄭太和曰'元子誕生之辰, 卽國本已定之日也', 由是其言不售. 其後賊鑴等幷緣穆言, 潛挑[80]禍機, 竟逐金壽恒以下, 而逆堅之謀益肆矣. 雖聖明在上痛斥讒人, 而安知不有繼此而求逞[81]者乎?"

上怒下備忘曰："儲嗣已建, 君臣之分大定之後, 宋時烈以儒林領袖, 乃敢以早定國本, 顯有不滿之意. 引諭極其放肆, 則柳緯漢疏中'不悅服'云者, 不是異說也, 政院知悉."

夜召入直承旨【李玄紀·尹彬】·玉堂【南致薰·李益壽】, 出示其疏, 仍敎曰："時烈爲儒林領袖, 其言如此, 風浪之起, 自可推知." 李玄紀曰："聖慮所及深遠矣." 南致薰曰："可見聖慮之無所不及矣." 李益壽曰："名位已定, 分義至嚴, 苟非悖逆之臣, 豈有異意於其間, 亦豈有因此致不靖之端乎?" 上曰："益壽居公論之地, 終無明白陳達, 罷職."

上曰："名號已定之後, 敢於疏章之中, 至引宋 哲宗時事, 隱然歸之於太早. 當此國勢單弱·人心波蕩之日, 此而置之, 則無將之徒, 當接跡而起, 姑從輕典, 宋時烈削出." 又敎曰："以尹拯微細之事, 竟致紛紜. 以此推之, 則今者時烈門徒, 豈不藉此而紛紜乎?" 玄紀曰："尹拯事, 擧世稱寃. 君師父雖曰'一體', 旣詬辱其父, 則爲其子者, 何可晏然乎?" 上曰："曾前以尹拯事, 勿爲待之如初之敎, 還收可也."

---

76) 讁 : 底本에는 "謗"으로 되어 있다. 《御製皇極編》에 근거하여 수정하였다.
77) 訐 : 底本에는 "許"로 되어 있다. 《御製皇極編》에 근거하여 수정하였다.
78) 逼 : 底本에는 빠져 있다. 《肅宗實錄 15年 2月 1日》 기사에 근거하여 보충하였다.
79) 憂 : 底本에는 "理"로 되어 있다. 《肅宗實錄 15年 2月 1日》 기사에 근거하여 보충하였다.
80) 挑 : 底本에는 "排"로 되어 있다. 《肅宗實錄 15年 2月 1日》 기사에 근거하여 수정하였다.
81) 逞 : 底本에는 "違"으로 되어 있다. 《御製皇極編》에 근거하여 수정하였다.

◯ 政院三司, 皆[82]以特旨除授, 睦來善·金德遠, 并拜左·右相.

◯ 兩司【大司諫李沆·掌令李允修·持平李濟民·正言睦林一】啓略曰："宋時烈以昏朝孼臣子, 托以山林之名, 濟以陰戾之性, 首倡長庶之論, 陰售貶薄之計, 得保首領, 已是失刑. 及今國有大慶, 名分已定, 而將心尙存, 舊惡未悛, 肆然因宋朝不幸之事, 爲人臣不忍聞之言, 疑亂人心, 搖動國本, 請施荐棘."

上初命遠竄, 旋命濟州荐棘.

◯ 上下敎曰："向者朝議潰裂, 皆因尹拯私書, 而爲宋者所言皆苟且, 不若爲尹拯者之所言白直也. 李震顔停擧時, 壽恒伸救多端, 終至於反其是非, 大臣之推波助瀾如此, 不可置之. 金壽恒罷職."

後因臺啓, 金壽興·壽恒絶島安置, 閔鼎重遠竄.

◯ 參贊官兪夏益·持平李萬元疏, 訟柳赫然之寃, 言於上曰："尹鑴遇事直前, 疎闊是病. '照管'二字初非管束之意, 匿名之書萬無干涉之理. 而變幻文字, 勒加罪名, 豈不寃乎?"

同經筵柳命天曰："尹鑴己亥三年之說, 取怨[83]於時烈, 尹拯以鑴爲寃, 故時烈怒拯. 以此觀之, 彼中亦有公論, 而因李煥匿名書, 至於拿來賜死矣." 侍讀官李允修亦稱其寃曰："故監司李德周·故判書李元禎, 旣蒙伸雪, 獨鑴未蒙伸寃矣." 檢討官沈檖繼陳之, 上命登對時稟處.

◯ 儒生安璥及李玄齡等, 請黜文成公 李珥·文簡[84]公 成渾之從祀. 上答

---

82) 皆 : 底本에는 "啓"로 되어 있다. 《御製皇極編》에 근거하여 수정하였다.
83) 怨 : 底本에는 "寃"으로 되어 있다. 《御製皇極編》에 근거하여 수정하였다.
84) 簡 : 底本에는 "康"으로 되어 있다. 《肅宗實錄 15年 3月 18日》 기사에 근거하여 수정하였다. 이하 동일사례에 대해서는 별도의 校勘記를 달지 않는다.

曰："一自兩臣陞祀之後，時烈之掇拾餘論，戕人病國，至於力排尹拯事，無復餘地，幾不免彝倫斁絶，寧不痛心？特允所請."

進士沈齊賢等疏，辨兩賢之被誣，承旨李聃命等捧入而啓，斥其公肆邪說.

○ 吏曹判書沈梓率諸宰【禮判閔黯·戶判權大載·兵判尹深·刑判李宇鼎·工判閔宗道·右參[85)]贊柳命天·判尹吳始復·吏參兪夏益·戶參權愈[86)]·刑參朴相馨·工參申厚載·左尹尹以濟·江留鄭樸·禮議[87)]兪夏謙·兵議李瑞雨·參知李玄紀·戶議李義徵·工議朴廷薛[88)]·大成柳命賢·副護軍睦林儒.】上疏略曰："金壽恒之前後秉政殆二十年矣，處心陰狡，議讞慘刻，哀我無辜，駢首就殲. 至曰'金益勳有罪，則臣亦有罪'，又曰'兒房密啓，臣不知其不可.' 表裏構禍，罔赦之罪，一也；又始壽之死也，賫[89)]銀貨而陰圖，嗾譯舌而變說，恣意羅織，必致大辟，罔赦[90)]之罪，二也[91)]；潛通宮禁，密交主家，伺上動靜，驅除[92)]異己，罔赦之罪，三也. 亟允三司之請，以正邦刑." 上從之，賜死.

又疏曰："宋時烈貶薄君父，搖動國本，前後負犯，莫非將心. 貫高，漢之逆臣，而竊比其躬；昭公，魯之闇君，而敢擬先朝. 包藏禍心，誣上不道狀，不可不拿鞫正法." 又論洪致祥之罪，幷不從.

○ 左議政睦來善言於上曰："頃日有兩臣黜享之命，而守令中不欲擧行，多罷歸. 各道監司，從重推考，守令則使之査實以聞." 上許之.

○ 夏，三司請對入侍，三司【大司憲睦昌明·持平裵正徽·鄭善鳴[93)]·獻納李萬元·正言成

85) 參：底本에는 없다.《御製皇極編》에 근거하여 보충하였다.
86) 愈：底本에는 "兪"로 되어 있다.《御製皇極編》에 근거하여 수정하였다.
87) 議：底本에는 "參"으로 되어 있다.《御製皇極編》에 근거하여 수정하였다.
88) 薛：底本에는 "孼"로 되어 있다.《御製皇極編》에 근거하여 수정하였다.
89) 賫：底本에는 "賚"로 되어 있다.《御製皇極編》에 근거하여 수정하였다.
90) 罔赦：底本에는 없다.《御製皇極編》에 보충하였다.
91) 也：底本에는 그 뒤에 "罔赦"가 더 있다.《御製皇極編》에 근거하여 삭제하였다.
92) 除：底本에는 "諸"로 되어 있다.《御製皇極編》에 근거하여 삭제하였다.

瓘·趙浞[94]·應教李湜·校理姜銑·李允修·副校理權珪·修撰沈季良·副修撰沈檝】啓略曰："宋時烈以一人之身, 兼八凶之罪. 罔上妬賢, 背公死黨, 罪之大者也；政令廢置, 盡出其指揮, 慶賞與奪, 一任其好惡, 罪之大者也；異己者汲汲排擊, 附麗者汲汲獎拔, 吹噓者無非李惟泰·李尙眞之類, 引用者無非金益勳·李[95]師命之徒, 罪之大者也；假稱道學, 自擬朱子, 轉相誑誘, 詿誤一世, 罪之大者也；庇護黨與, 讐視公議, 縱益勳之輩, 開告密之門, 罪之大者也；欲掩貶降之罪, 豫定世室於孝廟, 欲亂豫定之跡, 追加徽號於太祖, 罪之大者也；己亥誤禮之後, 愈病異己之人, 庚申之獄, 竟售網打之計, 罪之大者也.

隱然以閏位之隱公, 待我孝廟, 廢嫡之文字, 譏我仁廟, 將心一也；誤禮之後, 上章辨論, 則目之以凶人, 斥之以嫁禍, 故參議尹善道[96], 仍此荐棘, 故相臣許穆, 因此禁錮. 三朝宿望之趙絅, 一時淸名之洪宇遠, 幷加收司之律, 以杜一國之口, 將心二也；元良誕降, 名號已定, 而投進一疏, 語極陰險, 將心三也. 時烈罪惡, 固不止此, 而不係於無將不道之罪, 又不可殫記. 洪致祥誣上不道, 東朝之罪人也. 兩人罪狀, 萬無可恕之道矣, 請亟正邦刑."

依啓. 兵曹判書閔黯·領議政權大運等以爲"不必鞫問, 斟酌賜死, 可也", 上命以"鞫問"二字, 以賜死改付標. 洪致祥則更爲取招後, 使之處斷.

◯ 李壽徵·李玄紀等陳達庚申被罪人, 皆令伸寃復官, 堅則只論其妖惡, 削黜. 陽興君 李立身拷死, 宜豊君 南斗北瘦死獄中, 密林君 朴斌被刑.

◯ 坤殿遜于私第, 政院三司請對, 不許. 獻納李萬元·玉堂李湜, 陳疏爭之, 命竄萬元, 削湜職. 領議政權大運等, 率百官庭請, 未終日而止.

---

93) 嗚：底本에는 "明"으로 되어 있다.《御製皇極編》에 근거하여 수정하였다.

94) 浞：底本에는 없다.《御製皇極編》에 근거하여 보충하였다.

95) 李：底本에는 없다.《御製皇極編》에 근거하여 보충하였다.

96) 善道：底本에는 "道善"으로 되어 있다.《御製皇極編》에 근거하여 수정하였다.

前判書吳斗寅·前參判李世華·前應教朴泰輔【八十餘人】等疏, 略曰：“今我母后, 先后之所親選[97], 殿下之所與[98]共經[99]先后之喪者也. 昨日下賓廳之批旨, 有非臣子所可忍聞者, 王言一播, 視聽震駭. 宮闈之內, 非外人所知, 所謂‘假托矯誣’者, 果是何事? 而設令內殿微有過差, 夢想所記, 不過言語之失, 此胡大過, 不少假貸? 况元子誕降, 實宗社無疆[100]之休, 內殿之心, 寧有不悅者乎?

頃年嬪御之選, 出於內殿之勸, 則悶儲嗣之久曠, 忘爲我之私心, 蓋可見矣. 及元良載誕之後, 反懷不平之心, 揆以常情, 必無是理. 婦人性[101]偏, 鮮不妬忌, 前世后妃, 誰能免此? 閭巷匹庶之有一妻一妾者, 必須愼名分, 略苛細, 以防閨門不靖之端. 苟或不然, 釁生於相軋, 嫌起於相逼[102], 巷間之說交亂其間, 浸潤稔熟, 不復究察, 則其禍之所流, 可勝言哉?”

又曰：“元子進號, 上係於嫡, 則卽中宮之子矣, 安有傾中宮[103], 而後方安元子之理哉?” 前校理李后定, 亦上疏極言, 而政院還送后定疏, 獨斗寅等疏捧入. 上怒親鞫斗寅等, 因大臣言, 減死定配, 泰輔道卒.

◯ 判府事李尙眞上箚爭之, 命極邊荐棘.

◯ 右議政金德遠等相繼陳庚申獄案之寃, 命柟·堅外皆復官, 削保社勳名, 追奪金錫冑等官爵. 仍施孥籍, 頒敎中外.

---

97) 親選：底本에는 “稱善”으로 되어 있다. 《肅宗實錄 15年 4月 25日》 기사에 근거하여 수정하였다.

98) 與：底本에는 없다. 《肅宗實錄 15年 4月 25日》 기사에 근거하여 보충하였다.

99) 經：底本에는 “更”으로 되어 있다. 《肅宗實錄 15年 4月 25日》 기사에 근거하여 수정하였다.

100) 疆：底本에는 “强”으로 되어 있다. 《御製皇極編》에 근거하여 수정하였다.

101) 性：底本에는 “情”으로 되어 있다. 《肅宗實錄 15年 4月 25日》 기사에 근거하여 수정하였다.

102) 相逼：底本에는 “逼相”으로 되어 있다. 《御製皇極編》에 근거하여 수정하였다.

103) 中宮：底本에는 “宮中”으로 되어 있다. 《御製皇極編》에 근거하여 수정하였다.

庚午十六年秋, 大司憲尹拯疏略曰："臣於宋時烈, 自少以師事之. 不幸以書札間事, 橫生鬧端, 以致數年紛紜. 畢竟兩臣黜享之批, 亦及此事, 終至上玷聖敎, 追累前賢, 皆臣之罪也.

尹鑴亦先臣之所嘗善, 禮訟之初, 先臣已斥其失身, 告戒不從, 終至相絶, 至於末梢無狀, 尤不足論. 向來疏章, 每以賤臣爲扶護鑴, 抑勒爲說, 無所不有, 乃者筵臣之伸鑴也, 擧臣而證之, 雖前以爲罪, 後以爲援, 皆非臣之情也. 先臣旣斥絶其人, 謂之扶護者謬也, 臣又未嘗言其冤死, 謂之稱冤者妄也. 杜門病伏, 不能一暴本心, 未免爲保任非人之歸."

又曰："臣自聞朴泰輔[104]死後, 心神驚隕. 泰輔卽臣之甥也. 不料聖明之世, 乃見如此之事." 上命還給其疏.

執義金一夔【掌令成瓘·持平趙湜·洪埜】等啓略曰："尹拯之疏, 矯誣變幻之態, 誠極駭然. 己亥禮論之時, 拯之父宣擧, 初是尹鑴, 及時烈怒而欲絶, 則宣擧乃作兩是之論. 且鑴死之後, 拯往見鑴婿, 再三嗟傷, 比諸士禍, 此實搢紳之所共聞也. 時烈伏法之後, 凶徒歸咎拯身不有餘力, 拯乃怵於餘威, 圖免後患之說, 流播已久. 今乃掩其前跡, 變其父說, 以爲苟免彌縫之計, 此何人哉? 請削奪官爵."

答曰："尹拯之急於他日立幟, 反覆矯誣之狀, 誠可痛甚. 依啓."

甲戌二十年春, 下敎曰："頃日右議政閔黯以咸以完事陳達, 仍請囚禁, 予姑允之. 纔遇一日, 張大獄情[105], 昔之囚推者, 反爲鞫獄, 轉相告引, 輒請[106]面質, 面質纔了, 幾盡請刑. 次第羅織, 則主家及一邊之人, 其得免於拷掠, 殛竄者, 鮮矣. 其愚弄君父·魚肉搢紳之狀, 極爲痛惋. 參鞫大臣以下幷削黜."

---

104) 朴泰輔 : 底本에는 "泰輔朴"으로 되어 있다.《御製皇極編》에 근거하여 수정하였다.

105) 情 : 底本에는 "請"으로 되어 있다.《御製皇極編》에 근거하여 수정하였다.

106) 請 : 底本에는 "稱"으로 되어 있다.《肅宗實錄 20年 4月 1日》기사에 근거하여 수정하였다.

承旨三司, 一體罷職, 前正郎金夢臣應教除授, 副司猛尹德駿校理除授, 前正郎李寅燁修撰除授, 前縣監兪集一掌令除授. 前判官金時傑持平除授, 佐郎李寅炳·前縣監柳尙載正言除授. 吏判李玄逸在外改差, 前判書柳尙運除授, 前領議政南九萬拜相, 金斗明·李東郁爲承旨.

○ 傳曰："竄配中金鎭龜等爲先放釋, 前領議政金壽興·前左議政趙師錫, 幷復官賜祭."

○ 正言柳尙載等啓曰："副護軍李聃命, 廣植黨與, 主張論議, 日夜經營, 無非傷人害物之意, 請遠竄."

○ 備忘記："大靜安置罪人閔黯, 每以一邊之人皆懷患失之心, 將無所不至, 累次陳達, 末梢魚肉之計, 至于告密而極矣. 黯與以完, 可謂一而二, 嚴加荐棘."

○ 傳曰："金錫冑·金益勳, 特爲復官, 籍沒一一出給. 曩時筵臣, 至請削奪鄭澈官爵於百年之後者, 實爲已甚. 勿追奪."

○ 持平金時傑啓曰："罪人趙嗣基快施邦刑, 其時營護者, 亟命覈出, 從輕重定配." 依啓.

○ 禁府咸以完刑推, 判付曰："希功密告, 嫁禍搢紳, 決非一以完之所獨辦, 必有經營指囑之人. 勿拘齋忌, 嚴刑鉤問."

○ 持平金時傑啓曰："捕盜大將張希載罷職, 康陵參奉柳緯漢極邊定配. 判府事柳命天, 沴氣所鍾, 世濟其惡, 脅持君父·魚肉搢紳之罪, 極邊安置. 故相臣宋時烈昭雪至寃, 其時首發合啓之臺臣, 及入侍諸臣戕賢之罪, 不可不懲. 請令政院考出, 分輕重論罪.[107]" 依啓.

○ 持平金時傑啓曰："頃以凶人趙嗣基營救人覈出定罪事, 蒙允矣. 李玄逸假托儒名, 急於護黨, 肆然投疏, 一則曰'情或可恕', 二則曰'情無可惡.' 至於金德遠, 身爲大臣, 全沒嗣基之罪狀, 諉之於耄荒妄擧, 不可削職·削[108]黜而止. 請金德遠·李玄逸, 幷極邊遠竄." 答曰："李玄逸依啓, 金德遠付處."

○ 禁府閔黯·閔章道等原情, 判付曰："'王妃在本宮時, 與貴人互相出銀, 交結掖庭', 造言流入, 亦可推諉[109]於以完輩乎? 此說之流入在於庚午冬間, 金廷說之獄事, 起於辛未春. 而彼輩必欲齮齕廷說者, 以其廷說曾爲驪陽廳軍官也, 今日繼起此獄, 脈絡相通, 極其陰凶, 黯·章道處以此爲先嚴問."

○ 宋時烈啓首發人.【李觀徵·吳始復·尹以濟·兪夏益·朴相馨·申厚載·權愈·李瑞雨·睦林儒】

○ 司諫朴世㒞啓曰："故相臣金壽恒論罪時, 卿宰疏頭及同參之人, 奉朝賀李觀徵以下幷削黜." 依啓.

○ 領議政引見時, 南九萬曰："政院啓辭以爲：'壼位陞黜, 是何等大事, 不令大臣朝廷齊議乎? 亟令大臣·宰臣·三司, 會議至當.'云. 政院之啓, 甚是失當. 己巳年, 禧嬪陞位之時, 朝廷以《禮》爭執, 可也, 陞位之後, 名號既[110]定,

---

107) 輕重論罪：底本에는 작은 글씨로 되어 있다. 《御製皇極編》에 근거하여 수정하였다.
108) 削：底本에는 없다. 《肅宗實錄 20年 4月 11日》 기사에 근거하여 보충하였다.
109) 諉：底本에는 "誘"로 되어 있다. 《御製皇極編》에 근거하여 수정하였다.
110) 既：底本에는 "改"로 되어 있다. 《御製皇極編》에 근거하여 수정하였다.

母儀一國, 則凡爲臣子者, 皆已事之君母矣. 到今又有還降之擧, 其在臣子之心, 與己巳年何異? 以臣子常情言之, 亦當以死爭之.

而但今日事與己巳差別者, 中宮殿下旣以當初正位, 再復位號, 而又爭禧嬪之降號, 則難免一國二尊之嫌. 此今日臣子所以旣以復位爲慶, 且以降號爲戚, 惝怳難狀, 驚愕靡定, 而亦不敢有所陳白於殿下之前者也. 今若以殿下處分爲有欠於處變審愼之道, 而反欲使諸臣會議以定, 則是子而議母, 天下寧有是理哉? 設令諸臣獻議, 必不敢容一辭於其間, 朝堂會議, 似不可擧行, 故敢稟."

○ 鞫廳大臣入侍時, 領議政南九萬曰 : "卽見禁府公事, 有張希載[111]嚴刑得情之命. 希載之罪, 未知於律輕重如何, 而旣是自上所知, 則似無更爲得情之事. 而乃是世子至親, 論以八[112]議, 遽加刑訊, 殊甚未安." 上曰 : "大臣所達如此[113], 以前罪勘斷, 可也."

九萬曰 : "希載之罪, 與閔黯相連, 黯不吐[114]實, 似當鞫問, 而國家處大臣之道, 以賈誼疏觀之可知. 且法文'年八十, 不可訊鞫', 不必更加訊問, 參酌處置, 何如?" 上曰 : "勿爲訊問, 可也."

○ 茂長幼學姜敏著疏略曰 : "臣聞天下以爲當然者, 謂之公論. 人稟五性, 各具是非之天, 故凡國有大事, 雖輿臺下賤, 皆知是非所在, 如出一口, 不謀而同, 然後乃爲一國之公論也. 然公論所在, 卽一國之人心也, 人心所在, 卽天之道也.

惟我母后之出也, 雖閭巷婦孺, 莫不呼泣怨慕, 以至深山窮谷, 亦莫不痛咨

111) 載 : 底本에는 이 아래에 "有"가 더 있다. 《御製皇極編》에 근거하여 삭제하였다.
112) 八 : 底本에는 "公"으로 되어 있다. 《御製皇極編》에 근거하여 수정하였다.
113) 此 : 底本에는 없다. 《御製皇極編》에 근거하여 보충하였다.
114) 不吐 : 底本에는 "吐不"로 되어 있다. 《御製皇極編》에 근거하여 수정하였다.

流涕, 憐直臣之枉死, 怨[115]殿下之少恩, 一國人心之公論也. 及夫壼位之入宮也, 士女傾城塡滿街市, 爭先祗迎, 猶恐或後. 以至遐荒耕奴·耘婦, 亦莫不欣欣鼓舞如赤子之見慈母也, 此又一國人心之所同也.

乃者希載之與黯, 同惡相濟, 胥動浮言, 謀害國母, 必欲致之危地者. 此乃通天極罪, 神人所共憤也, 內以輿儓[116]下賤, 外以耕奴·耘婦, 亦莫不曰'可殺', 則其爲一國人心之公議, 孰有大於此者乎?

苟或以子而害父與母, 以臣害君與母后, 與人陰謀而發覺, 則罪固難逃於天地. 而今兩凶人構捏虛無之言, 形諸文字, 偃然流入於闕內, 至經睿覽, 則闕內是何等尊嚴之地, 其言是何等慘毒之辭也? 論其設心, 便是大逆不道也, 改冊國母之日, 首斬其頭, 懸於國門, 然後可以明天地之大義, 定一國之人心, 而尙不能明其罪惡, 置之死生之間者, 抑亦何哉?

諺書一款出於睿斷之討惡[117], 而有司之臣無擧行之實, 大臣意見, 超出常情之外, 仍致殿下之意堅, 一國之人心, 豈不鬱抑之甚者哉?

當其造朝之日, 首論壼位陞降之啓, 瞻前顧後, 用意縝密, 令人莫測. 惟此一事, 大拂大同之人心, 而至於營救惡逆, 强引不當引之說, 有若疑難防口者然, 而又以法外, 導引殿下. 夫法者, 天下之公法, 雖人主不可一毫容私, 誠以法一誤, 其弊無窮也, 安有身爲大臣, 導人主以非法乎? 臣竊怪之.

夫大臣素負重名, 爲世所仰, 而今之謬戾如此, 判若二人, 雖自謂不怵於死生禍福, 人誰信之? 若令大臣竦然知公議之所在, 屈己而從之者, 誰曰'不可'哉? 殿下'輸情貸死'之敎, 大是失當, 其在臣隣[118]之道, 所當備陳輿情, 思納君於無過. 而大臣已不足責, 伊日入侍諸臣, 率皆緘口結舌, 無一人進言者, 豈諸臣之意果皆無異同於其間者耶? 是未可知也.

---

115) 怨 : 底本에는 없다. 《御製皇極編》에 근거하여 보충하였다.

116) 儓 : 底本에는 "臺"로 되어 있다. 《御製皇極編》에 근거하여 수정하였다.

117) 討惡 : 底本에는 "付送"으로 되어 있다. 《肅宗實錄 20年 6月 15日》 기사에 근거하여 수정하였다.

118) 隣 : 底本에는 "憐"으로 되어 있다. 《御製皇極編》에 근거하여 수정하였다.

況議親之義, 非所論於此人, 權變之道, 亦不合於是事. 王世子若有遠識, 必不以哀矜而辟焉, 而惟欲不屈法於今日矣. 而況一國之論, 當與一國共之, 非一人所可得而私者乎[119]? 今日街談巷議, 無不切齒, 而獨殿下不聞在下之清議, 臣切痛之. 兩司之臣方以按法爭論, 而若其不爲則已, 此果出於一國正論, 則先擧其誤事之臣, 然後乃可成說, 而前後之啓了無一言及此者, 何哉? 且向日臺諫, 初請還收朴尙絅等停擧之罰, 而因有竄謫之命, 無敢有復論者. 抑以其罪只合竄謫, 而不合停擧也歟? 或以犯君上而論大臣, 則其身不可保者耶? 大臣之言論旣如彼, 臺諫之風節又如此, 其曰'失在廟堂, 救在臺閣'者, 非所望於今日也, 臣恐殿下之政令, 有以致之也."

掌令沈極啓曰 : "今者敏著之疏, 滿紙臚列, 專在於侵攻大臣. 外托名義, 內售傾誣, 噫! 國體不尊, 世道大壞. 尙絅唱之於前, 敏著繼之於後, 換面迭出, 百端構陷, 使大臣終至去國, 誠可寒心. 臣旣被其斥, 請命遞職." 答以勿辭.

○ 獻納尹誠敬·持平李寅炳·正言李廷謙等相繼引避, 而力論儒疏乘時敲撼之罪, 幷賜例批.

○ 掌令洪璛避辭略曰 : "希載罪惡, 萬戮猶輕, 而只出於大臣之一言, 終至減死, 輿情憤惋, 久而彌激. 草野慷慨之章相繼而起, 狂妄不擇, 固可責也, 原其本意, 則不過忠憤所激, 不知裁停耳. 第觀李寅炳·沈極避辭, 反加詬詆, 大肆凌踏, 只以愚蠢目其人·陰巧斥其言. 其所危言憤辭, 明大義·立清論處, 而輒以'陰險'·'傾陷'等語, 摧詆無遺, 若以言出鄕儒, 微藐其人, 恣意輕[120]罵, 無所顧藉[121]. 而或以聖上之竄配疏儒, 謂[122]之'聖斷孔昭', 或以'此路不塞, 終必

---

119) 乎 : 底本에는 "也"로 되어 있다.《御製皇極編》에 근거하여 수정하였다.
120) 輕 : 底本에는 "驚"으로 되어 있다.《御製皇極編》에 근거하여 수정하였다.
121) 藉 : 底本에는 "籍"으로 되어 있다.《御製皇極編》에 근거하여 수정하였다.
122) 儒謂 : 底本에는 "謂儒"로 되어 있다.《御製皇極編》에 근거하여 수정하였다.

至於覆亡之域'云, 則是將使草野倨傲之言, 不復徹於[123]紸纊之下, 而韋布狂直之氣, 不見伸於聖明之世也."

答曰 : "今觀避辭, 乃敢扶植危險之論, 侵逼大臣, 略不顧藉. 鄕儒之換面迭出, 輕視君父, 未必非如爾喜事輩之所激動也, 寧不痛哉?"

○ 副提學吳道一疏略曰 : "前掌令洪璛, 身居臺閣, 不恤公議, 顯有右敏著之意, 乍抑乍揚·右遮左護, 遣辭之意殆無倫脊. 雖外畏公議, 不敢顯言, 而其實則有若以敏著之疏, 爲讜言淸議者然.

雖使朝廷之上一心幷力, 扶植公議, 似此鬼蜮之輩, 猶懼其不戢, 況臺閣之上, 有一種如許議論乎? 敏著, 一鄕生也, 其言雖甚悖亂, 固不足[124]爲輕重, 而臺閣議論, 猶且右敏著如此, 則世道之憂, 庸有極乎?"

○ 秋, 正言朴權啓曰 : "罪人李義徵, 賦性奸毒, 秉心陰慝, 挾其穿窬之智, 肆爲駔儈之事, 締結奸戚, 內而伺探宮掖, 布植徒黨, 外而張大聲[125]勢, 老奸巨猾無不籠絡, 凶謀密計舉皆主張, 卒售己巳滔天之禍, 罪之當死者一也 ; 當坤殿之屛處私第也, 威脅自三·道成等, 發告金廷說事, 而端緖未得, 獄情歸虛, 自做'西門外隱伏'之說, 改捧傳旨, 添酌問目, 欲以延及於不敢言之地, 罪之當死者二也 ; 散盡軍門貨財, 畜養無賴奸人, 廣張耳目, 密布網罟, 假托譏察之名, 欲肆魚肉之計. 申英元實其指使腹心之人, 而改紀之初, 恐懼自經, 陰凶情跡, 畢露無餘, 罪之當死者三也. 請亟正邦刑." 答以勿煩.

○ 輔德朴萬鼎疏略曰 : "張氏降位, 非有他罪, 只仍國無二尊之義, 收其印綬, 降其位號, 理勢固然. 但誕育元良, 配體至尊, 母儀一國, 亦多年所, 而[126]居

---

123) 於 : 底本에는 없다. 《御製皇極編》에 근거하여 보충하였다.

124) 足 : 底本에는 없다. 《御製皇極編》에 근거하여 수정하였다.

125) 聲 : 底本에는 그 뒤에 "色"이 더 있다. 《御製皇極編》에 근거하여 삭제하였다.

然一朝, 反處於嬪御之列, 其在事體, 未知如何. 臣之愚意, 博考前代故事, 別立所處之宮號, 稍存供奉之儀節, 示不敢尊等於坤極, 亦使特異於諸嬪, 以表六載母臨之義, 則其於降處禮待之道, 或無不可也."

○ 正言洪重周避辭略曰 : "本院有張希載按律·李義徵正刑之請, 而希載之貸死, 固出於深長之慮, 義徵則鞫廳啓辭旣已白脫於逆名. 而今此臺啓臚列, 元非形迹可見, 則置之極律, 實涉已甚, 臣不可苟同."

○ 修撰丁思愼疏略曰 : "嗚呼! 陽舒陰慘, 雖是天地之用, 明德愼罰, 固是聖上之政, 必須參酌情罪, 其難其愼, 然後可無濫觴之悔, 能盡審克之道矣. 今番罪逐之人, 其負犯之輕重·罪名之如何, 臣未聞知. 而槪以論之, 厥數夥然, 指不勝屈, 求之前古, 實所罕有, 邊地無虛邑·海島無空處, 主客有俱困之弊·骨肉有分離之歎, 此豈聖世之[127]好景像也哉?

至於權大運·睦來善, 以四朝耆舊之臣. 當己巳坤聖出宮之日, 大運則入對出箚, 辭意懇切, 雖天威莫回, 過擧難救, 而款款之忠擧世所知. 來善則獨先請對於命輟日供之初, 反復陳爭, 末復箚論, 以伸其意. 雖因嚴不得上徹, 其始終心事斷斷無他, 可以推見. 而乃今俱被大罪, 投之瘴海, 魑魅爲隣, 白首耈耄之年[128], 死亡無日. 倘殿下念簪履之舊恩, 則豈不爲之盡然愍惻也哉?

李玄逸之爲坤聖抗疏, 前後非一, 設使措語之間[129]或有未得詳審者, 此不過山野疎闊之致, 原其大意, 旣出於匡輔, 則忠愛之悃亦足表見於世矣. 向者李鳳徵·李萬元等獲霈曠蕩之恩, 而獨玄逸纔脫圓扉之三木, 遠赴絶塞之荐棘. 當時瀝血之章, 反媒罔極之罪, 凡人抱冤尙宜恕究, 而況於曾所禮遇之臣

---

126) 而 : 底本에는 "以"로 되어 있다. 《御製皇極編》에 근거하여 수정하였다.
127) 之 : 底本에는 없다. 《御製皇極編》에 근거하여 보충하였다.
128) 年 : 底本에는 없다. 《御製皇極編》에 근거하여 보충하였다.
129) 語之間 : 底本에는 "間語之"로 되어 있다. 《御製皇極編》에 근거하여 수정하였다.

乎?

嗚呼! 古人云'和氣致祥[130], 乖[131]氣致異.' 今者天地之和氣不應, 乾文之示警斯頻, 霜霰非時·雷雹異常. 災異之應雖曰'深遠難知', 而乖氣致異亦可見. 伏願殿下反身省[132]愆, 責勵群工, 建極於上·敷錫於下, 恢無黨無偏之治·盡應天以實之道, 以爲消災沴之本, 則國家幸甚."

◯ 政院【金斗明·李東郁】啓曰："臣等伏見修撰丁思愼之疏, 張皇辭說, 力樹黨論, 營救罪人, 惟恐不及, 甚矣, 其言之無忌憚也. 伏惟聖明必燭其情狀, 臣等亦知此疏不足以眩惑天聽, 變亂是非. 而旣稱所懷, 則不得不捧入, 故區區之意敢此仰達."

◯ 備忘記："今觀修撰丁思愼上疏, 則滿紙張皇, 專出於營救巨慝, 疑亂是非, 眩惑天聽之計, 誠可駭異. 其忘君死黨之罪, 不可不痛懲, 削奪官爵, 門外黜送."

◯ 持平崔重泰啓曰："卽伏見丁思愼疏本, 則托以論聖學·陳戒誨, 而用意張本伸救奸魁·眩亂國是之計. 至以大運·來善·玄逸輩之事, 有若卓立大節於坤殿出宮之時, 而因以媒禍, 枉被竄逐者然, 其言語之絶悖, 有不忍正視者. 噫嘻! 思愼亦一人臣耳, 不知有君父, 安敢肆然慢弄若是哉?

當國母出宮之日, 擧國臣民莫不叩心涕血, 咸願溘然無知. 吳斗寅·朴泰輔蹈死叫閽, 效命扶論, 而大運·來善等身被國恩, 位在輔相, 目見忠臣之陷刑, 心在投石；將順君父之大過, 意實樂禍. 半日庭請, 路人亦知其塞責. 及其使行時, 來善之'恭敬'二字, 終不能明白辨脫於置對之日, 本心所在昭不可掩, 則

---

130) 祥 : 底本에는 "乖"로 되어 있다. 《御製皇極編》에 근거하여 수정하였다.
131) 乖 : 底本에는 "祥"으로 되어 있다. 《御製皇極編》에 근거하여 수정하였다.
132) 省 : 底本에는 "首"로 되어 있다. 《御製皇極編》에 근거하여 수정하였다.

思愼所謂'辭意懇切, 心事斷斷'云者, 是不欺天乎?

其他'罪逐數多, 骨肉分離'之說, 都不過蔑國法·護黨私之論, 不足呶呶也. 一自天心悔禍, 奸凶屛斥之後, 一番奸穢之徒陰懷怨毒, 潛伺間隙. 而聖明仁厚, 邦憲寬緩, 巨魁之外, 餘[133]黨不問, 而重周·思愼相繼投疏, 肆護其黨, 不覺自陷於負國之罪. 今此備忘, 雖幸洞[134]燭此人之情狀, 而削黜之罰決非治奸之法, 而亦難杜日後鬧擾之弊, 請丁思愼極邊遠竄." 答曰 : "不允."

○ 慶尙道儒生安日履等疏略曰 : "文成公 李珥·文簡公 成渾黜享聖廟, 已有年所, 公論一定[135], 邪說自息. 今年正月備忘記, 有曰 : '今後敢以珥·渾事, 挺身立幟者, 以侮聖廟之罪罪之, 不刊之典可垂萬年.' 而乃者一邊之人肆然投疏, 敢請復享, 殿下遽從其請.

噫! 兩臣之旋黜旋陞·出入無定者, 已不足道, 而殿下之執德不固, 何至於此也? 若知其不可, 而姑慰此一邊之心, 則聖廟其何等重地, 從祀是何等大事也? 士習之趍向·斯文之晦明·治道之汚隆·彛倫之斁敍, 皆係於此, 決不可以苟且之擧, 加之莫重之地, 以爲慰悅神人之資也."

左承旨金構筵白其掇拾邪論之罪, 上命疏首邊遠竄配.

○ 右議政尹趾完箚略曰 : "權大運之被竄罪目, 固難寬恕, 而其時待[136]罪之疏, 不無可尙之語. 群奸戕害之計, 亦有崖異之跡, 其不能自拔而樹立者, 或是衰殘昏耄之致. 況今年過八十, 餘日無多, 特令放歸田里, 俾得含恩入地, 似不害於天地好生之德." 上答以當與他大臣議處.

---

133) 外餘 : 底本에는 "餘外"로 되어 있다. 《御製皇極編》에 근거하여 수정하였다.
134) 洞 : 底本에는 "同"으로 되어 있다. 《御製皇極編》에 근거하여 수정하였다.
135) 定 : 底本에는 "正"으로 되어 있다. 《御製皇極編》에 근거하여 수정하였다.
136) 待 : 底本에는 "被"로 되어 있다. 《肅宗實錄 20年 9月 23日》 기사에 근거하여 수정하였다.

○ 特下備忘："宋時烈復官賜祭, 以表予意."

○ 又下備忘："復中宮閔氏位號[137], 收張氏印綬, 仍賜禧嬪舊爵."

○ 故判書吳斗寅·故應教朴泰輔, 并命復官·旌閭.

○ 下教曰："庚申獄事, 逆節昭著, 而己巳爲權奸所欺, 終至飜案, 予嘗悔恨. 其議大臣, 復金錫胄等五人勳爵. 追錄李師命等, 更勿擧論."

○ 進士朴洵等疏略曰："彼兩賢臣道德, 非高於前·卑於後也, 八九年來, 陞黜相反者, 蓋以聖上之執德不一, 宵人之說得以間焉. 伊時安璵·李玄齡, 鬼蜮之輩, 祖述群奸之構誣, 而夫何聖上崇儒之誠, 不承權輿, 爲讒舌所變遷哉?"

上特令復享.

○ 右議政尹趾完入侍, 請鞫咸以完所告諸囚, 上曰："以康[138]晩泰所供觀之, 此非逆謀, 何必按問?" 趾完曰："中宮復位, 自上覺悟, 斷然行之, 光明正大, 如日月之更. 若如晩泰所言, 此何等事, 而渠敢圖之, 又敢圖於何所乎?" 上爲之改容. 領議政南九萬又陳疏, 力請嚴鞫韓重赫等, 以昭更新之化, 上從之.

初判書金鎭龜之子春澤, 有文章才傑, 黠無行, 自許以豪俠, 陰聚群不逞之徒, 締結非類, 稱以圖復坤位. 閔黯等偵得其狀, 因欲藉此魚肉搢紳, 白於上, 收春澤 及其黨韓重赫等, 事將叵測. 又教希載, 誣稱坤殿·貴人多聚銀貨, 方圖復位之意, 作諺札, 通于禧嬪.

上幷發其書, 命鞫希載·黯, 九萬以爲'若加刑希載, 則事必延及於禧嬪, 禧嬪

137) 位號：底本에는 "號位"로 되어 있다.《御製皇極編》에 근거하여 수정하였다.
138) 康：底本에는 "姜"으로 되어 있다.《肅宗實錄 20年 潤5月 29日》기사에 근거하여 수정하였다.

不安, 則世子亦必不安', 請對力言希載之不可刑. 上從之, 安置希載於濟州, 於是禍家人. 前參議金昌協等移書責之, 至以爲邀福於他日翻覆之後, 九萬終不聽. 由是老論一隊, 莫不憤激矣.

○ 左議政朴世采投進癸亥熙政堂第二箚略曰："夫皇極之道, 使天下四方之人 有所取正[139], 如北[140]極之居其所, 而衆星拱之, 則其自庶民以及君子, 宜無有偏比不公之患, 以亂其道. 而箕子之告武王, 丁寧密勿者, 蓋欲王者因此必務, 以立正大之體, 致寅恭之效, 而爲萬世治平之基.

竊惟我國東西之目, 始於宣廟朝. 然其初非甚, 有君子小人之[141]辨, 如黑白·陰陽之不相容. 故先正臣李珥嘗以洗滌鎭定之意, 陳於宣廟, 今已百有餘年矣. 自後兩黨之得失前後相掩, 較其大致, 則一敗於汝立之變, 再敗於爾瞻之亂, 三敗於向日權奸之黨, 而皆出於東之一邊, 論者執以爲邪正之辨, 固非過言矣.

然其間所謂'南人'中稍別立者, 亦多名儒碩輔, 而至光海斁倫之日, 皆能屛退林野, 或抗言直諫. 是以仁祖卽位, 登庸之盛, 與西人無別, 重以列聖御莅有方, 此所以久而後始壞者也.

粤自大獄完畢, 奸黨屛黜, 聖志堅定, 朝論翕然, 宜其邪正大明, 治化日升, 而顧乃混同擾攘, 不免有危亂之兆[142]已形於事爲. 蓋以世道淪喪, 人心陷[143]溺, 識見易私, 論議難公, 前車雖覆, 而後車猶不深戒. 其復入者固未能甄別賢否, 行之以至公之道, 而於其[144]已敗者, 亦頗涉刻核, 過濫之弊, 何者?

自古權奸之被罪也, 所誅者只是黨與腹心而已. 今則不然, 色目所及, 殆擧

139) 正 : 底本에는 "止"로 되어 있다. 《御製皇極編》에 근거하여 수정하였다.
140) 北 : 底本에는 "此"로 되어 있다. 《御製皇極編》에 근거하여 수정하였다.
141) 之 : 底本에는 없다. 《御製皇極編》에 근거하여 보충하였다.
142) 兆 : 底本에는 "非"로 되어 있다. 《御製皇極編》에 근거하여 수정하였다.
143) 陷 : 底本에는 "滔"로 되어 있다. 《御製皇極編》에 근거하여 수정하였다.
144) 於其 : 底本에는 "其於"로 되어 있다. 《御製皇極編》에 근거하여 수정하였다.

一番之人而疑之, 流竄罷削, 必以此爲口實. 雖於其中, 鮮有稍別如己丑屛退, 抗言如癸亥以前者, 有以致之. 然在治國之道, 又豈宜一向持是而無變轍耶?

比歲以來, 頗加疏釋, 而然其罪狀未明, 輕重多紊. 臣請其係逆獄奸黨, 及他罪大[145]斷不容貸者, 處之益[146]加明白, 如麗末鄭夢周所定五案之例. 非在此類, 而賢能可用者, 則仍得蕩滌而拂拭之, 使之自新, 俱有漸次等級[147], 俾無抱冤遺才之歎. 如其執謬不回者, 輒加裁抑, 申以勸道, 必期至於感化之域. 而雖其復入者, 若有私護偏重之患, 則益加懲艾而勉厲, 庶幾並臻寅恭之美.

然其大體, 苟非殿下卓然自立, 察倫盡誠, 有以建夫皇極之道而明臨之, 使其群臣之是非淑慝, 莫逃於衡鑑之下, 無論彼此, 賢者進而親之, 不肖者必退而遠之, 以昭平明之理, 則雖宵衣旰食, 倍加憂勞而無益矣. 伏願聖明留念焉.

臣竊聞曩歲殿下嘗讀〈洪範〉, 以箕子有功於東方, 遣近臣致祭其廟, 此正百王之盛典. 然隆其禮不如行其道, 致其誠不如法其治, 更願於此, 有以申省而亟圖之, 甚幸. 取進止."

---

145) 罪大 : 底本에는 "大罪"로 되어 있다. 《御製皇極編》에 근거하여 수정하였다.
146) 益 : 底本에는 "蓋"로 되어 있다. 《御製皇極編》에 근거하여 수정하였다.
147) 級 : 底本에는 "及"으로 되어 있다. 《御製皇極編》에 근거하여 수정하였다.

찾아보기

_ㄱ

_ ㄴ

_ ㄷ

_ ㅁ

_ ㅂ

_ ㅅ

_ ㅇ

_ ㅈ

_ ㅊ

역주 |

김용흠

서울대학교 국사학과 학사, 연세대학교 대학원 문학석사·박사
현 연세대학교 국학연구원 연구교수

주요논저 | 《조선후기 정치사 연구 I - 인조대 정치론의 분화와 변통론》(2006), 《조선후기 실학과 다산 정약용》(2020), 《목민고·목민대방》(역주, 2012), 《형감》(공역, 2019), 《대백록》(공역, 2020), 《당의통략》(역주, 2020), 《동남소사》(공역, 2021), 《수문록 1》(공역, 2021), 《수문록 2》(공역, 2022), 《황극편 1》(공역, 2022), 〈조선의 정치에서 무엇을 볼 것인가 - 탕평론·탕평책·탕평정치〉(2016), 〈조선후기 노론 당론서와 당론의 특징 - 《형감(衡鑑)》을 중심으로〉(2016), 〈《경세유표》를 통해서 본 복지국가의 전통〉(2017), 〈晩靜堂 徐宗泰의 정치 활동과 탕평론〉(2020)

원재린

성균관대학교 사학과 학사, 연세대학교 대학원 문학석사·박사
현 연세대학교 국학연구원 연구교수

주요논저 | 《조선후기 성호학파의 학풍연구》(2002), 《임관정요》(역주, 2012), 《동소만록》(역주, 2017), 《형감》(공역, 2019), 《대백록》(공역, 2020), 《동남소사》(공역, 2021), 《수문록 1》(공역, 2021), 《수문록 2》(공역, 2022), 《황극편 1》(공역, 2022), 〈조선후기 남인당론서 편찬의 제 특징〉(2016), 〈성호사설과 당쟁사 이해〉(2018)

김정신

덕성여자대학교 사학과 학사, 연세대학교 대학원 문학석사·박사
현 연세대학교 국학연구원 연구교수

주요논저 | 《형감》(공역, 2019), 《대백록》(공역, 2020), 《동남소사》(공역, 2021), 《수문록 1》(공역, 2021), 《수문록 2》(공역, 2022), 《황극편 1》(공역, 2022), 〈주희의 묘수론과 종묘제 개혁론〉(2015), 〈기축옥사와 조선후기 서인 당론의 구성·전개·분열〉(2016), 〈16~7세기 조선 학계의 중국 사상사 이해와 중국문헌〉(2018)

황극편皇極編 2 번역과 주해

김용흠·원재린·김정신 역주

초판 1쇄 발행 2023년 3월 27일

펴낸이 오일주
펴낸곳 도서출판 혜안

등록번호 제22-471호
등록일자 1993년 7월 30일

주소 04052 서울시 마포구 와우산로 35길 3(서교동) 102호
전화 02-3141-3711~2 / 팩스 02-3141-3710
이메일 hyeanpub@daum.net

ISBN 978-89-8494-673-6 93910

값 36,000 원